Buch-Updates
Registrieren Sie dieses Buch
auf unserer Verlagswebsite.
Sie erhalten damit
Buch-Updates und weitere,
exklusive Informationen
zum Thema.

Galileo
BUCH UPDATE

Und so geht's
> Einfach **www.galileocomputing.de** aufrufen
<<< Auf das Logo **Buch-Updates** klicken
> Unten genannten **Zugangscode** eingeben

Ihr persönlicher Zugang
zu den Buch-Updates

127857021593

André Willms

Einstieg in Visual C++ 2008

Galileo Press

Liebe Leserin, lieber Leser,

Visual C++ 2008 bietet ein C++, mit dem sich sauber .NET-Anwendungen entwickeln lassen und das dabei alle seine Vorteile voll ausspielen kann. Einer springt besonders ins Auge: C++ ist nicht an .NET gebunden. Es können auch C++-Programme auf anderen Systemen geschrieben werden.

Wenn Sie schon mit C++ programmiert haben, werden Sie sich vor allem für die Erweiterungen und Änderungen der Sprache interessieren, die unter .NET notwendig sind. Dieses Thema wird im zweiten Teil des Buches, *C++/CLI*, behandelt. Hier wird auf die Auswirkungen auf die Klassen und die Vererbung eingegangen und es werden u. a. die Dateiverwaltung, Delegaten und Ereignisse, Collections und der Debugger behandelt. Der dritte Teil widmet sich dann ganz der Programmierung einer grafischen Oberfläche und behandelt die Steuerelemente unter Windows.

Der erste Teil des Buches, *ANSI C++*, sei vor allem Einsteigern in die Programmierung mit C++ empfohlen. Hier finden Sie eine Einführung in die Sprache, angefangen bei den Variablen über Klassen und Vererbung bis hin zu den Templates. Aber auch wenn Sie schon Erfahrung mit C++ haben, möchten Sie vielleicht das ein oder andere zu den Grundlagen noch einmal nachlesen.

Dieses Buch wurde mit großer Sorgfalt begutachtet, lektoriert und produziert. Sollten sich dennoch Fehler eingeschlichen haben oder Fragen auftreten, zögern Sie nicht, mit uns Kontakt aufzunehmen. Sagen Sie uns, was wir noch besser machen können. Ihre Anregungen und Fragen sind uns jederzeit willkommen.

Ihre Judith Stevens-Lemoine
Lektorat Galileo Computing

judith.stevens@galileo-press.de
www.galileocomputing.de
Galileo Press · Rheinwerkallee 4 · 53227 Bonn

Auf einen Blick

Der Name Galileo Press geht auf den italienischen Mathematiker und Philosophen Galileo Galilei (1564–1642) zurück. Er gilt als Gründungsfigur der neuzeitlichen Wissenschaft und wurde berühmt als Verfechter des modernen, heliozentrischen Weltbilds. Legendär ist sein Ausspruch *Eppur se muove* (Und sie bewegt sich doch). Das Emblem von Galileo Press ist der Jupiter, umkreist von den vier Galileischen Monden. Galilei entdeckte die nach ihm benannten Monde 1610.

Gerne stehen wir Ihnen mit Rat und Tat zur Seite:
judith.stevens@galileo-press.de bei Fragen und Anmerkungen zum Inhalt des Buches
service@galileo-press.de für versandkostenfreie Bestellungen und Reklamationen
stefan.krumbiegel@galileo-press.de für Rezensions- und Schulungsexemplare

Lektorat Judith Stevens-Lemoine, Anne Scheibe
Korrektorat Roswitha Leferink, Düsseldorf
Cover Barbara Thoben, Köln
Titelbild Corbis
Typografie und Layout Vera Brauner
Herstellung Vera Brauner
Satz Typographie & Computer, Krefeld
Druck und Bindung Bercker Graphischer Betrieb, Kevelaer

Dieses Buch wurde gesetzt aus der Linotype Syntax Serif (9,25/13,25 pt) in FrameMaker. Gedruckt wurde es auf chlorfrei gebleichtem Offsetpapier.

Bibliografische Information der Deutschen Bibliothek
Die Deutsche Bibliothek verzeichnet diese Publikation in der Deutschen Nationalbibliografie; detaillierte bibliografische Daten sind im Internet über http://dnb.ddb.de abrufbar.

ISBN 978-3-8362-1193-2

© Galileo Press, Bonn 2008
2., aktualisierte Auflage 2008

Inhalt

3 Eingabe & Rechenoperatoren 59

4 Verzweigungen 73

17   Klassen II 261

18   Vererbung II 293

19   Strings & StringBuilder 307

Einleitung

C++ goes .NET.

Diese Parole wird von Microsoft seit den Anfängen von .NET verbreitet, und auch bereits die erste Version von Visual Studio mit integriertem .NET-Framework (bezeichnenderweise »Visual Studio .NET« genannt) präsentierte tatsächlich das Debut einer C++-Sprache, mit der über Spracherweiterungen .NET-Anwendungen programmiert werden konnten. Diese erweiterte Sprache bekam den Namen »C++ with managed extensions« – C++ mit verwalteten Erweiterungen –, oder kurz »Managed C++«, in Anspielung an die verwalteten Elemente des .NET.

Soweit die Theorie. Obwohl in der Lage, mit Managed C++ eine .NET-Anwendung zu schreiben, war die Praxis des Programmierers ein nicht enden wollender, syntaktischer Krampf. Besagte Erweiterungen besaßen unschöne Schlüsselwörter mit zwei führenden Unterstrichen (wie __ref, __val, __gc, etc.). Ein Array wurde beispielsweise so erzeugt:

```
int vf __gc[]= new int __gc[20];
```

Es konnte der Eindruck entstehen, dass auf der einen Seite die C++-Programmierer mit einer .NET-tauglichen Variante ruhig gestellt werden sollten, diese Sprache aber so unhandlich gestaltet wurde, dass Entwickler freiwillig zur neu vorgestellten Sprache C# wechseln würden.

Während viele .NET-Eigenschaften von C# implizit unterstützt wurden, musste in C++ eine kryptisch anmutende Folge von Befehlen verwendet werden, während die grafische Benutzeroberfläche der Anwendung in C# mit Designern visuell zusammengestellt werden konnte, musste in C++ alles zu Fuß programmiert werden. Selbst das Überladen von Operatoren, in nativem C++ eine Leichtigkeit, konnte unter .NET nur eingeschränkt eingesetzt werden.

Mit der nächsten Version des Visual Studio wurde dieser Eindruck gerade gerückt. Obwohl immer noch mit einer furchtbaren Syntax geschlagen, konnten in C++ nun immerhin die Designer zur Gestaltung der Oberfläche eingesetzt werden.

Fast vollends zufriedengestellt hat Microsoft die C++-Welt jedoch mit dem nun vorliegenden Visual C++ 2008. Bezogen auf die .NET-Aspekte steht C++ anderen Sprachen wie C# nun in nichts mehr nach. Im Gegenteil: Wenn es um die Interoperabilität geht – also der Kombination von verwalteten .NET-Komponenten mit bereits bestehenden, unverwalteten Anwendungen oder Bibliotheken –, dann ist C++ unschlagbar.

Selbst die STL ist nun in verwalteten Umgebungen einsetzbar.

Zielgruppe und Aufbau des Buches

Wegen der thematischen Teilung des Buches richtet es sich sowohl an den Programmiereinsteiger als auch an Leser mit C++-Kenntnissen, die sich für C++/CLI interessieren.

Der erste Teil dient dem Einstieg in die Sprache C++ und ist auch für Programmieranfänger verständlich angelegt. Alle hier besprochenen Spracheigenschaften sind native C++-Elemente und von jedem beliebigen C++-Compiler zu verstehen, auch beispielsweise einem GCC unter Linux.

Der zweite Teil befasst sich mit den für die Programmierung unter .NET notwendigen Änderungen und Erweiterungen der Sprache. Dieser Teil ist der optimale Einstiegspunkt für Leser, die bereits in C++ programmieren können, und nun die Welt des .NET-Framework erobern wollen. Verweise zu bereits im ersten Teil besprochenen Themen erleichtern das eventuell notwendige Auffrischen.

Der dritte Teil dreht sich primär um die Programmierung einer grafischen Benutzeroberfläche. Die gängigen Steuerelemente unter Windows werden mit ihren Eigenschaften und Fähigkeiten vorgestellt, besprochen und in praktischen Anwendungen in Aktion gezeigt.

Im Buch werden viele Beispiele in Form von Listings präsentiert. Die meisten Kapitel besitzen zudem einen Übungsabschnitt mit Anregungen zu Programmen, die Sie zur Übung selbst programmieren können. Sowohl die Listings als auch Musterlösungen zu den Übungen finden Sie auf der Website zum Buch www.galileo-press.de/1787.

Doch nun wünsche ich Ihnen viel Spaß und vor allem viel Erfolg bei Ihrer Reise durch eine der interessantesten und vielfältigsten Programmiersprachen, die es zur Zeit gibt.

André Willms

TEIL I
Ansi C++

Der Beginn ist eine sehr delikate Phase.
– Der Wüstenplanet

1   Visual C++ 2008

Visual C++ ist Microsofts Entwicklungsumgebung zur Erstellung von C++-Programmen, die mit Visual C++ 2008 in der aktuellen Version vorliegt.

1.1   Installation von Visual C++ 2008

Bevor wir uns genauer mit der Bedienung von Visual C++ und dem Erstellen eigener C++-Programme beschäftigen, soll zunächst die Installation der Entwicklungsumgebung genauer aufgezeigt werden.

Sollte das Setup-Programm nach Einlegen der DVD nicht automatisch ausgeführt werden, starten Sie es bitte durch Doppelklick auf *setup.exe* im Verzeichnis *VCExpress*.

Abbildung 1.1 zeigt das Fenster nach dem Start des Setup-Programms.

Ob Sie die Informationen über Ihre Erfahrungen mit dem Setup an Microsoft senden wollen, müssen Sie selbst entscheiden und ist für den weiteren Verlauf des Setups unwesentlich. Um fortzufahren, klicken Sie auf **Weiter**.

Daraufhin werden Sie, wie in Abbildung 1.2 zu sehen, mit dem Endbenutzer-Lizenzvertrag vertraut gemacht, dem Sie zwangsläufig zustimmen müssen, bevor Sie das Setup mit **Weiter** fortführen können. Darüber hinaus besteht noch die Möglichkeit, den Empfang von Neuigkeiten innerhalb der Entwicklungsumgebung durch Entfernen des entsprechenden Hakens abzuschalten.

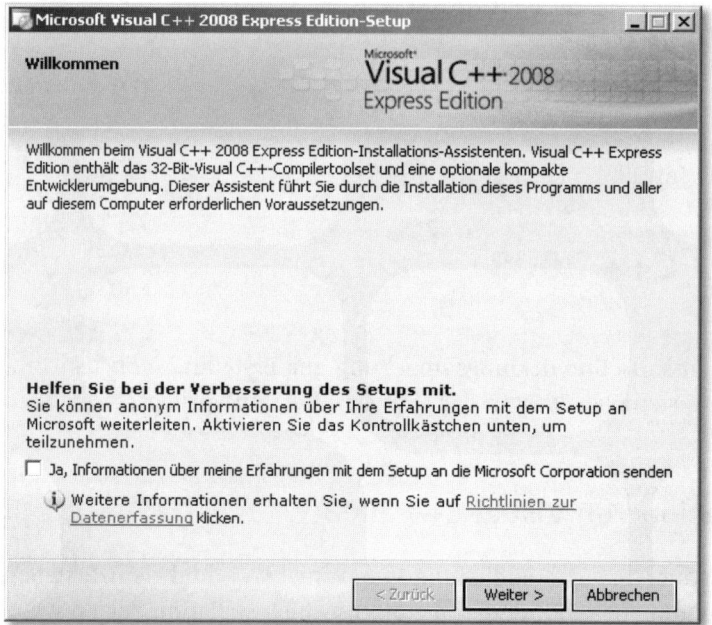

Abbildung 1.1   Startfenster des Setup-Programms

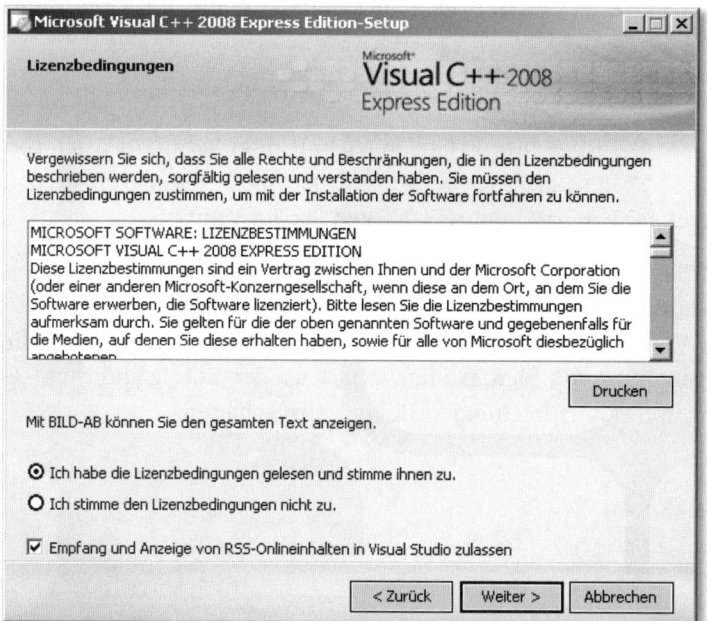

Abbildung 1.2   Der Endbenutzer-Lizenzvertrag

Nun werden Sie aufgefordert, die zu installierenden Komponenten anzugeben, von denen zunächst alle ausgewählt sind. Abbildung 1.3 zeigt, dass für unsere Zwecke die Express Edition des SQL-Servers und Silverlight nicht mit installiert werden sollen.

Auch hier wird die Installation mit **Weiter** fortgesetzt.

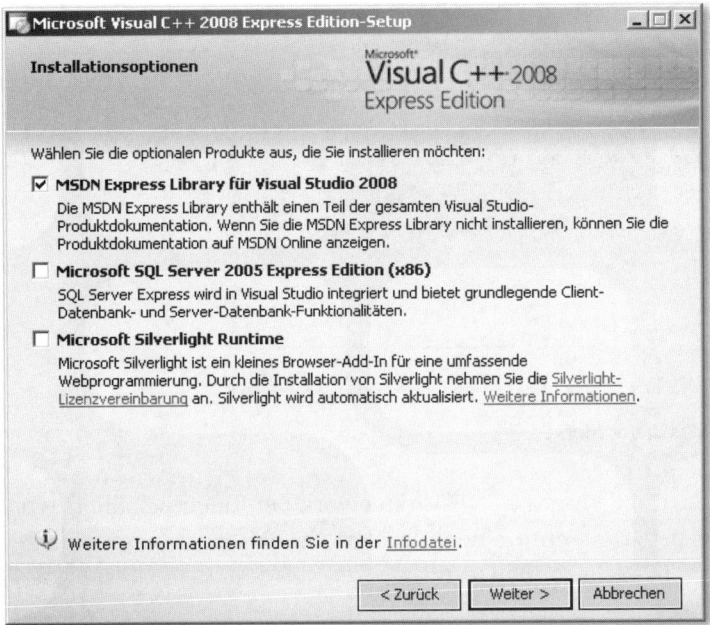

Abbildung 1.3 Installationsoptionen

Im nächsten Installationsabschnitt (Abbildung 1.4) wird der Zielordner zur Wahl gestellt. Sollten Sie mit dem vorgegebenen Zielordner nicht einverstanden sein, können Sie Ihren Wunschordner mit **Durchsuchen** auswählen.

Die zur Installation aufgeführten Produkte können, je nachdem, ob bereits Komponenten auf dem System installiert sind (wie z. B. der Windows Installer oder das .NET-Framework), variieren.

Anschließend wird der tatsächliche Installationsvorgang mit einem Klick auf **Installieren** gestartet.

Während der Installation, die durchaus einige Minuten in Anspruch nehmen kann, versucht das Setup-Programm eine Verbindung ins Internet aufzubauen. Es ist für die Installation jedoch nicht hinderlich, wenn diese Verbindung nicht zustande kommt.

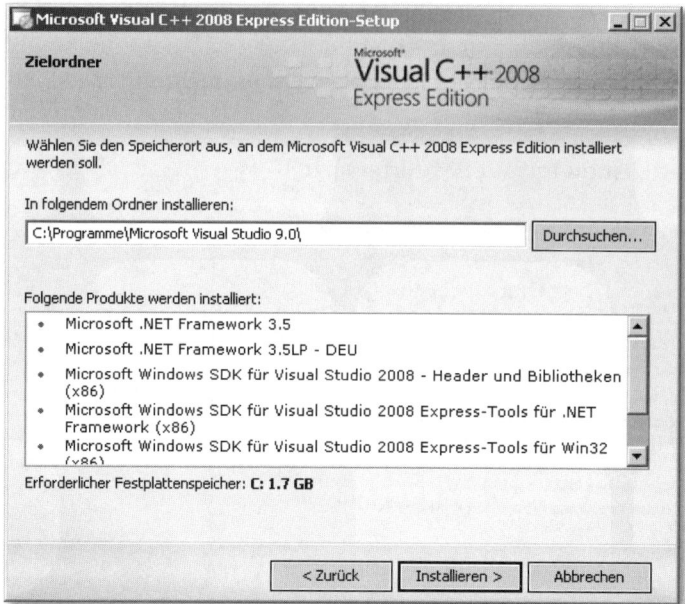

Abbildung 1.4 Wahl des Zielordners

Sollte zu Beginn der Installation das .NET-Framework bei Ihnen installiert worden sein, dann verlangt das Setup einen Neustart des Systems, bevor mit der Installation von Visual C++ begonnen wird.

1.2 Der erste Start

Wenn Sie Visual C++ zum ersten Mal starten, werden einige Konfigurationsschritte automatisiert durchgeführt, worüber Sie mit dem in Abbildung 1.5 gezeigten Fenster auf dem Laufenden gehalten werden.

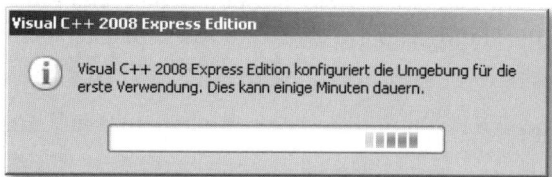

Abbildung 1.5 Automatische Konfiguration

Danach präsentiert sich die Entwicklungsumgebung wie in Abbildung 1.6 zu sehen.

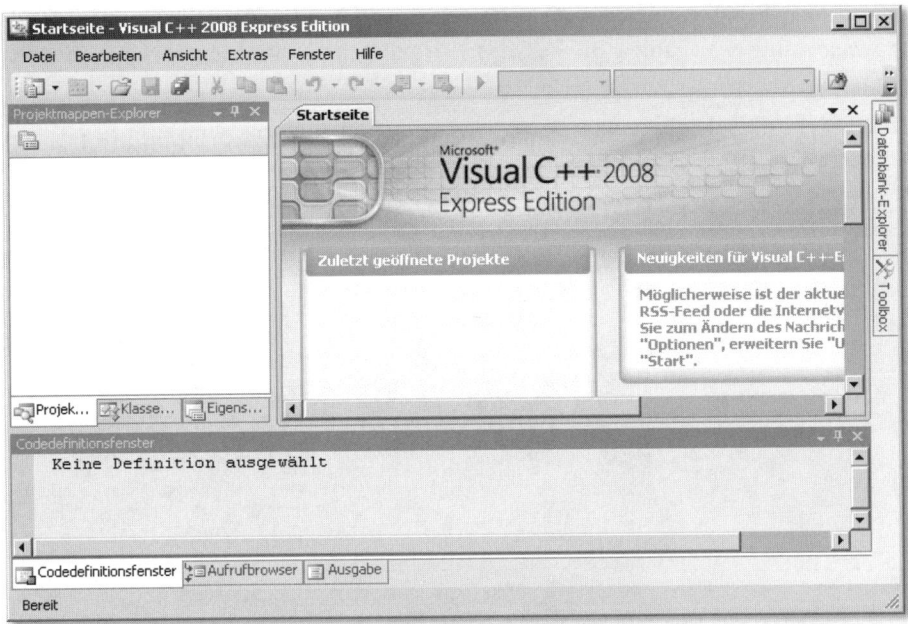

Abbildung 1.6 Visual C++ nach dem Erststart

Die im Fenster »Startseite« angezeigten News werden bei jedem Start über das Internet aktualisiert. Diese Aktualisierung ist nicht zwingend. Besteht keine Internetverbindung, werden schlicht die News des letzten Starts angezeigt.

In der linken Spalte sehen Sie das Fenster »Projektmappen-Explorer«. In diesem Fenster werden später die in einer Projektmappe enthaltenen Projekte angezeigt.

Unterhalb des Fensters befinden sich drei Karteireiter. Der linke holt den **Projektmappen-Explorer** in den Vordergrund, der mittlere die **Klassenansicht**, die die logische Struktur Ihrer Projekte beinhaltet wird, und der rechte Reiter ist für den **Eigenschaften-Manager**. Den werden wir vorerst nicht benötigen, Sie können ihn daher, nachdem Sie ihn über seinen Karteireiter in den Vordergrund geholt haben, mit dem üblichen Schließmechanismus (Klick auf das oben rechts im Fenster befindliche Kreuz) schließen.

Die Startseite selbst kann auch geschlossen werden, denn sie ist bei der Arbeit eher hinderlich.

Ganz rechts sehen Sie eine schmale Spalte, auf der vertikal **Datenbank-Explorer** und **Toolbox** stehen. Bewegen Sie die Maus auf diese Texte, klappen die dazugehörigen Fenster automatisch auf. Fürs Erste können Sie die beiden Fenster aber schließen.

Das untere Fenster besitzt die Karteireiter »Codedefinitionsfenster«, »Aufruf-browser« und »Ausgabe«. Bis auf das Ausgabefenster können Sie die anderen schließen.

Nun sollte Visual C++ für die weitere Arbeit aussehen wie in Abbildung 1.7.

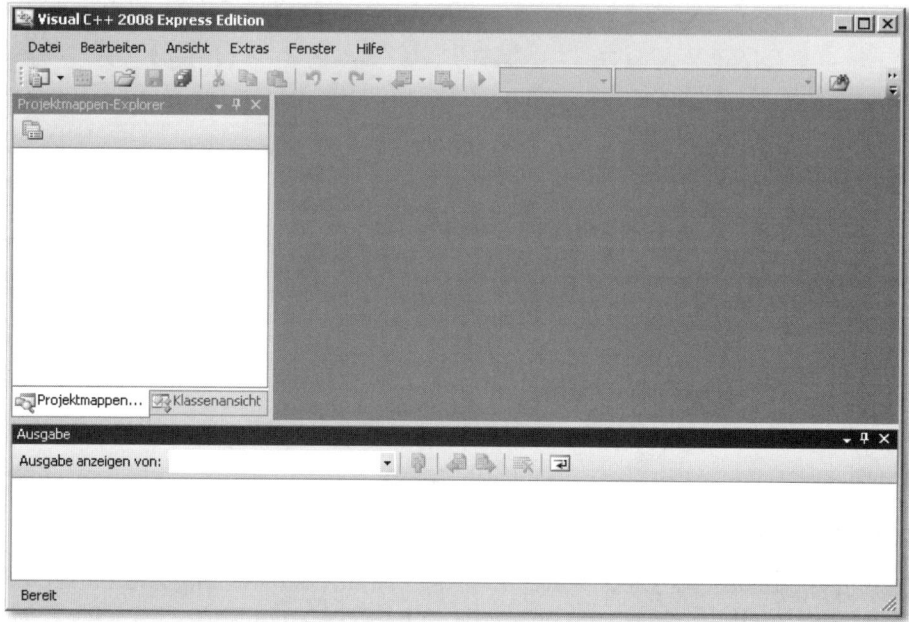

Abbildung 1.7   Visual C++ nach der »Säuberungsaktion«

1.3 Anlegen eines Projekts

Um ein neues Projekt anzulegen, ohne dass bereits eine Projektmappe existiert, wählen Sie im Menü **Datei • Neu • Projekt**. Daraufhin öffnet sich ein Fenster wie in Abbildung 1.8 zu sehen.

Als Projekttyp wählen wir **Win32**. Unter dieser Rubrik sind Projektvorlagen zusammengefasst, die ohne .NET-Framework auskommen. Als Vorlage bietet Visual C++ 2008 Express unter anderem die **Win32-Konsolenanwendung**, die wir zur Erarbeitung der Sprachgrundlagen einsetzen werden.

Andere Versionen von Visual C++ bieten hier unter anderem noch die Möglich-keit, Windows-Programme mit MFC[1] zu programmieren.

---

1   Die MFC (Microsoft Foundation Classes) kapseln die Funktionalität der Oberflächenprogram-mierung unter Windows objektorientiert in Klassen.

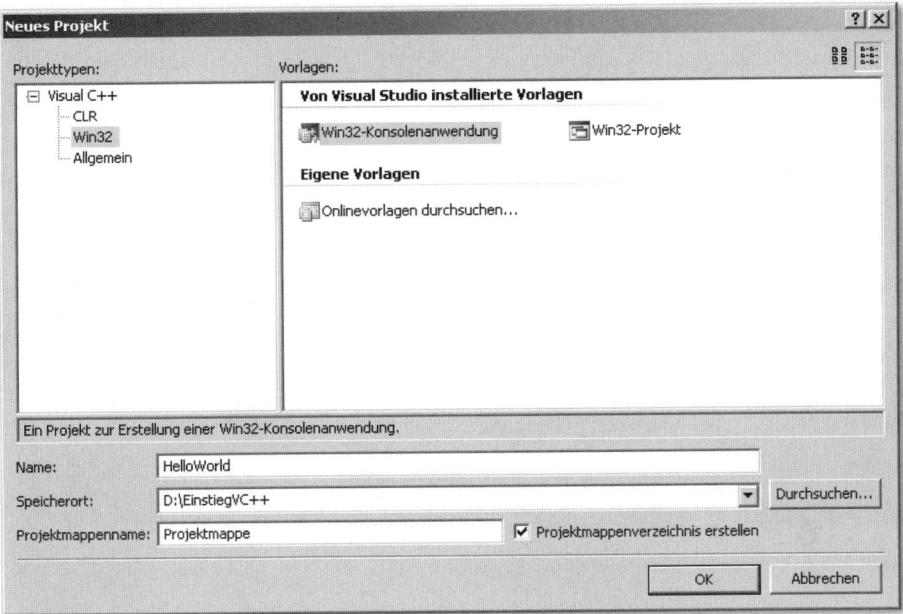

Abbildung 1.8 Das Fenster »Neues Projekt«

Unter **Name** geben Sie den für das Projekt gewünschten Namen an. Unser erstes Projekt wollen wir »HelloWorld« nennen – ohne Leerzeichen.

Der **Speicherort** definiert, wo und auf welchem Datenträger das neue Projekt abgespeichert werden soll. Über **Durchsuchen** bekommen Sie den unter Windows üblichen Verzeichnisbaum, über den Sie bequem das gewünschte Verzeichnis auswählen können.

Als **Projektmappenname** ist erst einmal der Name des Projekts eingetragen. Um Namensverwirrungen zu vermeiden, wählen wir den Namen »Projektmappe«.

Die Option **Projektmappenverzeichnis erstellen** entscheidet, ob für die Projektmappe ein eigenes Verzeichnis angelegt wird, in dem dann die Verzeichnisse der zur Projektmappe gehörenden Projekte abgelegt werden, oder ob das Projektverzeichnis direkt in den unter »Speicherort« angegebenen Ordner gespeichert wird. Wir möchten ein eigenes Projektmappenverzeichnis und haken die Option daher ab.

Wir beenden den Dialog mit **OK**. Daraufhin erscheint der Win32-Anwendungsassistent wie in Abbildung 1.9.

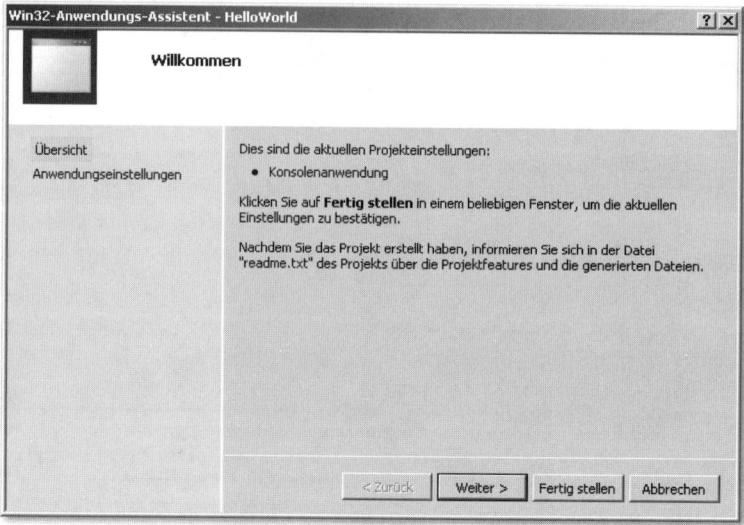

Abbildung 1.9 Der Win32-Anwendungsassistent

Wählen Sie hier auf jeden Fall die **Anwendungseinstellungen**, die sich wie in Abbildung 1.10 darstellen.

Dort ist es wichtig, den Punkt **Leeres Projekt** abzuhaken, damit von der Entwicklungsumgebung kein unnötiger Ballast hinzugefügt wird. Dann kann das Fenster mit **Fertig stellen** beendet werden.

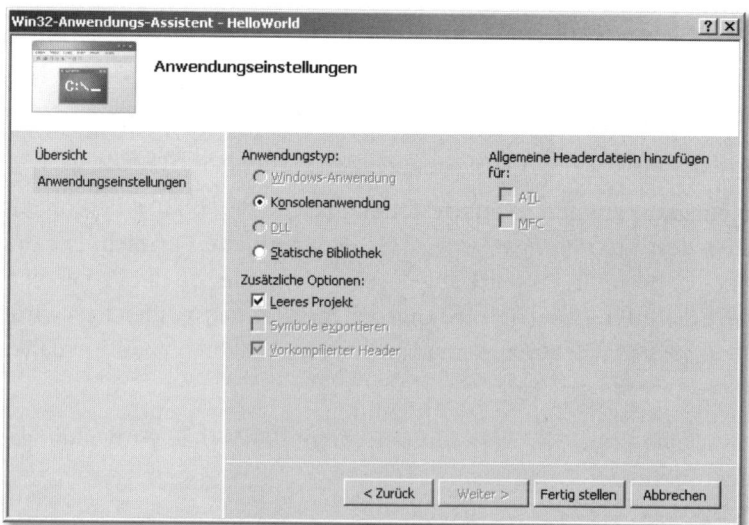

Abbildung 1.10 Die Anwendungseinstellungen

Der Projektmappen-Explorer (Abbildung 1.11) zeigt die angelegte Projektmappe mit dem enthaltenen Projekt.

Abbildung 1.11   Projekt und Projektmappe im Projektmappen-Explorer

Das Projekt wird von der Entwicklungsumgebung in drei Bereiche unterteilt:

▶ **Headerdateien** – hier stehen später die .h-Dateien des Projekts.

▶ **Quelldateien** – dieser Ordner enthält die .cpp-Dateien des Projekts.

▶ **Ressourcendateien** – eine Rubrik von Visual Studio, mit der wir in Ansi-C++ nichts anfangen können und die daher auch gefahrlos gelöscht werden kann.

1.4   Neue Datei dem Projekt hinzufügen

Bisher ist das Projekt leer, denn es enthält keine Datei, in der ein C++-Programm stehen könnte. Dem soll abgeholfen werden, indem wir im Projektmappen-Explorer mit der rechten Maustaste auf den Projektnamen klicken und dort **Hinzufügen • Neues Element** auswählen.

Daraufhin öffnet sich das in Abbildung 1.12 dargestellte Fenster.

Als **Kategorie** wählen wir Code. Dort gibt es zwei für uns wichtige Vorlagen; die **C++-Datei** mit der Endung .cpp und die **Headerdatei** mit der Endung .h.

Üblicherweise steht der Programmcode in C++-Dateien, weswegen wir eine solche Datei anlegen. Der Dateiname muss nicht zwingend etwas mit dem Inhalt der Datei zu tun haben, in der Praxis bietet sich diese Vorgehensweise jedoch an, um Programmelemente einfacher auffinden zu können.

Wir nennen die erste Datei »hauptdatei«. Wird die Dateiendung (in diesem Fall .cpp) nicht mit angegeben, dann hängt die Entwicklungsumgebung sie selbsttätig an.

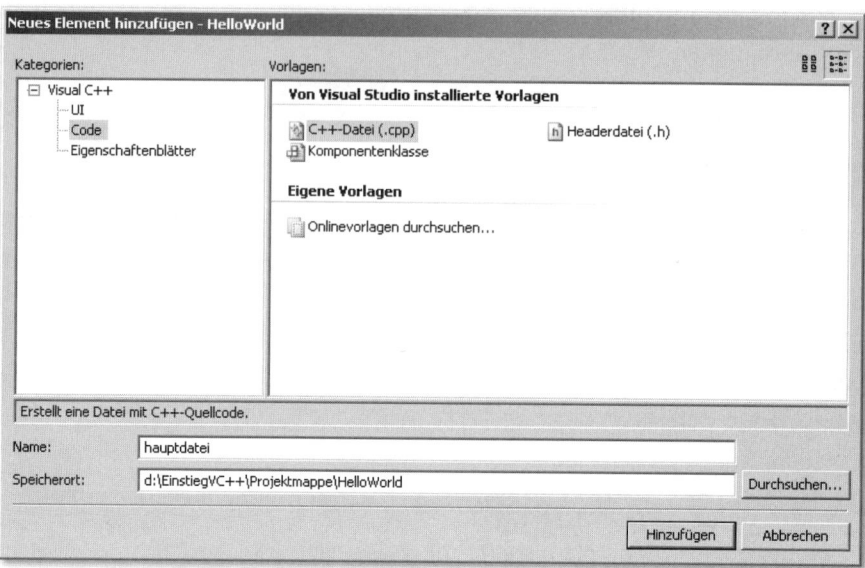

Abbildung 1.12 Neues Element hinzufügen

Durch Klick auf **Hinzufügen** wird die neue Datei angelegt. Abbildung 1.13 zeigt das aktuelle Projekt in der Entwicklungsumgebung.

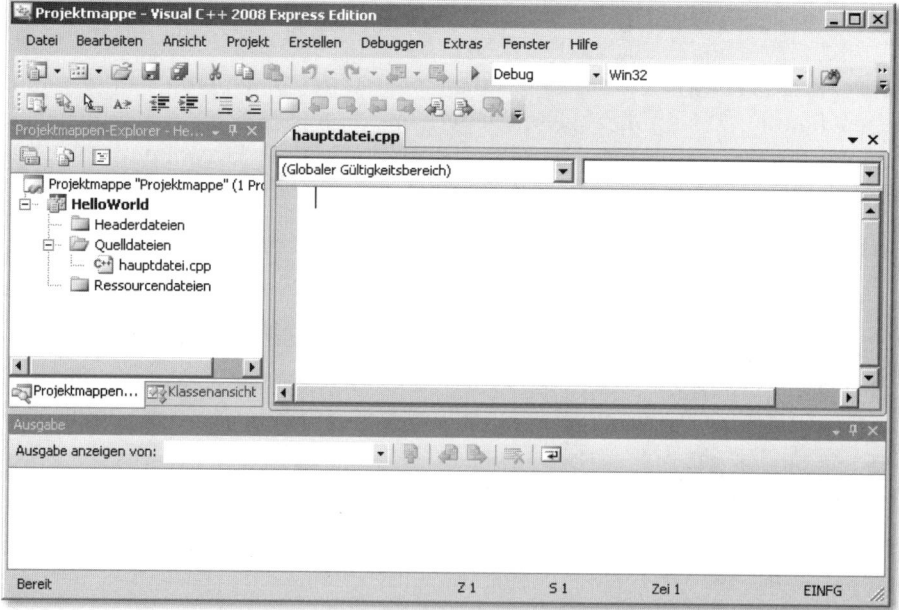

Abbildung 1.13 Projekt mit Datei

Die hinzugefügte Datei wurde im Projekt automatisch in die Rubrik Quelldateien eingeordnet und im Editor geöffnet.

1.5 Eigenes Programm kompilieren

C++ ist eine Hochsprache, die von dem im Computer befindlichen Prozessor nicht direkt »verstanden« wird. Damit ein C++-Programm auf einem Computer laufen kann, muss daraus ein ausführbares Programm erstellt werden. Der Fachbegriff lautet *Kompilation*.

Um das Kompilieren mit einem kleinen C++-Programm zu testen, können Sie das folgende Programm abtippen. Die Erklärung der einzelnen Anweisungen folgt im nächsten Kapitel.

```
#include<iostream>

int main() {
    std::cout << "Hello World" << std::endl;
}
```

Listing 1.1 Ein Programm für die Kompilation

Alle die Kompilation betreffenden Punkte finden sich im Menü unter dem Punkt **Erstellen**, der in Abbildung 1.14 zu sehen ist.

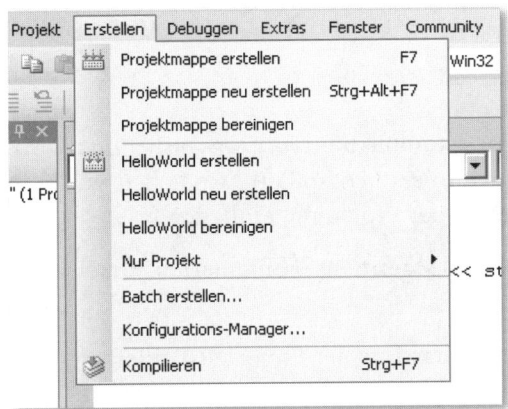

Abbildung 1.14 Die Möglichkeiten des Erstellens

Die erste Gruppe von Menüpunkten betrifft die gesamte Projektmappe, also alle in der Projektmappe enthaltenen Projekte.

Die zweite Gruppe bezieht sich nur auf das aktuelle Startprojekt. Das Startprojekt ist im Projektmappen-Explorer daran zu erkennen, dass es fett ausgezeichnet ist.

Für beide Gruppen existieren folgende Möglichkeiten:

▶ **Erstellen** – alle noch nicht kompilierten Bestandteile werden kompiliert und ein ausführbares Programm erstellt.

▶ **Neu erstellen** – alles wird neu kompiliert, egal, ob es bereits kompiliert war oder nicht, und dann ein ausführbares Programm daraus erstellt.

▶ **Bereinigen** – alle für das Projekt unwesentlichen Dateien werden gelöscht.[2] Dieser Punkt sollte ausgeführt werden, bevor ein Projekt beispielsweise auf CD gebrannt wird, um unnötigen Speicherverbrauch zu vermeiden.

Für den normalen Kompilationsvorgang reicht der Punkt **Projektmappe erstellen**, der auch bequem über F7 aufgerufen werden kann.

Wurde die Projektmappe mit dem oben vorgegebenen C++-Programm erstellt, dann sollte das Ausgabefenster dem in Abbildung 1.15 entsprechen.[3]

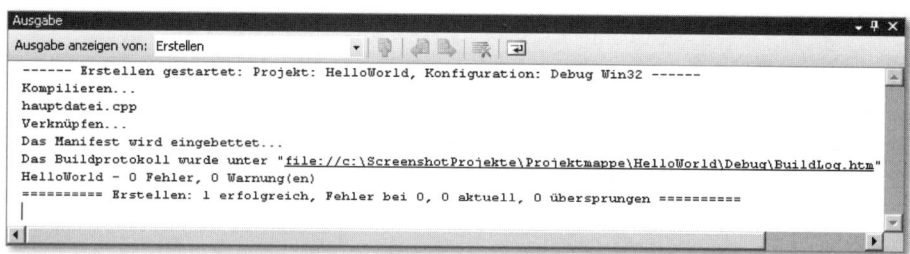

Abbildung 1.15   Das Ausgabefenster nach erfolgreichem Erstellen

Es lässt sich erkennen, dass zuerst der Kompilationsvorgang ausgeführt wird. Dabei werden alle .cpp-Dateien eines Projekts kompiliert. Zusätzlich wird ein Manifest erstellt, das Informationen über das Programm enthält.

Der Verknüpfungsvorgang verbindet alle getrennt kompilierten Dateien zu einem ausführbaren Programm.

Die letzte Zeile gibt eine kurze Zusammenfassung der Projektzustände:

▶ **Erfolgreich** – Anzahl der erfolgreich kompilierten Projekte

---

2 Dabei handelt es sich zum Beispiel um die kompilierten Dateien des Projekts. Diese sind nicht wichtig für das Projekt, da sie immer wieder aus den Quellcodedateien erzeugt werden können.

3 Sie können das Ausgabefenster vergrößern, indem Sie die obere Grenze des Fensters mit der Maus »packen« und nach oben ziehen.

▶ **Fehler bei** – Anzahl der Projekte mit Fehlern.[4]

▶ **Aktuell** – Anzahl der Projekte, an denen nichts geändert wurde und die daher auch nicht kompiliert werden mussten.

▶ **Übersprungen** – Anzahl der Projekte, die von der Kompilation ausgenommen sind. Wie diese Einstellung vorgenommen wird, erfahren Sie in Abschnitt 1.9.7.

1.6 Eigenes Programm starten

Die verschiedenen Möglichkeiten, das selbst geschriebene Programm zu starten, nachdem es erfolgreich erstellt wurde, finden Sie im Menü unter **Debuggen**. Abbildung 1.16 zeigt den Inhalt des Menüpunkts.

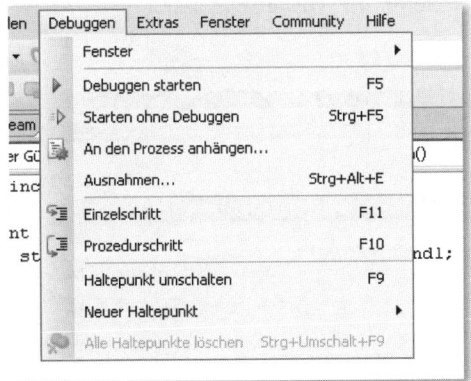

Abbildung 1.16 Der Menüpunkt »Debuggen«

Normalerweise starten Sie Ihr Programm über **Starten ohne Debuggen**, beziehungsweise mit Strg + F5. Bedenken Sie, nur das als Startprojekt festgelegte Projekt wird ausgeführt.[5]

Da es sich bei unserem Projekt um eine Konsolenanwendung handelt, öffnet sich eine DOS-Box, in der das eigene Programm ausgeführt wird. Das Ende des Programms wird von der Entwicklungsumgebung mit dem Text »Drücken Sie eine beliebige Taste ...« angezeigt. Wenn Sie dann eine Taste drücken, schließt sich die DOS-Box.

---

4 Aus einem fehlerhaften Projekt wird keine ausführbare Datei erzeugt. Sollte das Projekt vorher einmal fehlerfrei kompiliert worden sein, dann entspricht die ausführbare Datei diesem Stand.

5 Wie ein Programm im Debug-Modus gestartet wird, erfahren Sie in Kapitel 24, »Debugger«.

Diese Frage nach dem Drücken einer Taste am Ende des Programms wird nur gestellt, wenn Sie das Programm über den Punkt »Starten ohne Debuggen« der Entwicklungsumgebung aufrufen. Dadurch haben Sie die Möglichkeit, eventuelle Ausgaben Ihres Programms in Ruhe zu studieren, bevor das Fenster geschlossen wird.

1.7 Fehler beheben

Normalerweise ist die erste Version eines Programms nicht frei von syntaktischen Fehlern. Um diese Situation zu simulieren, ändern Sie die erste Zeile in Ihrem Programm so, dass include mit zwei i geschrieben ist:

```
#iinclude<iostream>
```

Wenn Sie das Projekt nun erstellen, erscheint im Ausgabefenster der in Abbildung 1.17 gezeigteText.

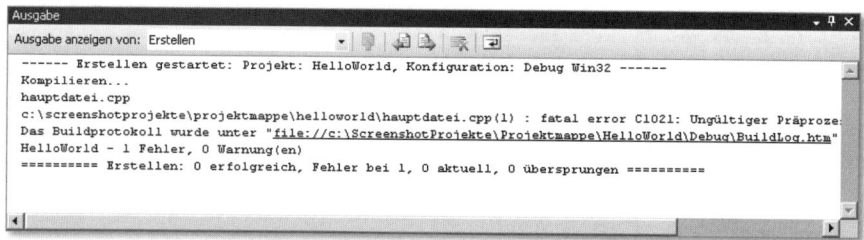

Abbildung 1.17   Die Ausgabe bei einem Fehler

Ein erster Hinweis auf einen Fehler liefert die Statuszeile am Schluss mit »0 erfolgreich, Fehler bei 1«.

Um einen besseren Überblick zu bekommen, sollten Sie die Fehlerliste im Menü unter **Ansicht • Weitere Fenster • Fehlerliste** oder über die Tastenkombination `Strg`+`^` und `Strg`+`E` öffnen.

Abbildung 1.18 zeigt die Fehlerliste zu unserer aktuellen Situation.

Abbildung 1.18   Die Fehlerliste

In dieser Fehlerliste können Sie sich die aufgetretenen Fehler, Warnungen und Meldungen ansehen. Um die Darstellung einer bestimmten Kategorie zu aktivieren/deaktivieren, klicken Sie auf den Namen der Kategorie. In Abbildung 1.18 wurde nur die Darstellung der Fehler aktiviert.

Um einen Fehler schnell im Projekt zu finden, klicken Sie doppelt darauf. Der Editor öffnet automatisch die fehlerhafte Datei und markiert den Fehler mit einem kleinen Pfeil links vor der betreffenden Zeile.

Sollte die Fehlerliste mehrere Fehler beinhalten, versuchen Sie möglichst, den ersten Fehler zu beheben, da die weiteren Fehler häufig nur Folgefehler sind.

Der Compiler liegt nicht immer hundertprozentig richtig mit der Zeile, in der er den Fehler vermeintlich ausgemacht hat. Insbesondere bei Fehlern, die ein fehlendes Semikolon bemängeln, findet sich der tatsächliche Übeltäter eine Zeile darüber. Es lohnt also manchmal, auch die nähere Umgebung der scheinbaren Fehlerquelle zu betrachten.

1.8   Projektmappe öffnen

Wenn Sie eine Projektmappe öffnen möchten, haben Sie grundsätzlich zwei Möglichkeiten:

▶ Sie öffnen das Verzeichnis Ihrer Projektmappe – zum Beispiel im Windows-Explorer – und klicken doppelt auf die Datei mit der Endung .sln. Wenn Sie häufig mit einer bestimmten Projektmappe arbeiten, bietet sich eine Verknüpfung zu dieser .sln-Datei auf dem Desktop an.

▶ Sie starten Visual C++ 2008, wählen im Menü **Datei • Öffnen • Projekt/Projektmappe**, wechseln im daraufhin erscheinenden Verzeichnisbaum in das Verzeichnis Ihrer Projektmappe und wählen dort die Datei mit der Endung .sln aus.

1.9   Arbeiten mit Visual C++ 2008

In diesem Abschnitt werden einige Themen behandelt, die Sie während der weiteren Arbeit mit Visual C++ 2008 garantiert interessieren werden, die zum jetzigen Zeitpunkt aber noch nicht unbedingt durchgearbeitet werden müssen.

Wenn Sie lieber direkt mit C++ beginnen wollen, schlagen Sie Kapitel 2, »Ausgabe & Variablen«, auf und fangen Sie an. Im weiteren Verlauf des Buches wird an gegebener Stelle auf die hier folgenden Abschnitte verwiesen, die Sie dann immer noch nachlesen können.

1.9.1 Projekt in Projektmappe anlegen

Wenn Sie in einer bestehenden Projektmappe ein weiteres Projekt anlegen wollen, klicken Sie mit der rechten Maustaste auf den Namen der Projektmappe und wählen **Hinzufügen** • **Neues Projekt**.

Wie Sie eine Win32-Konsolenanwendung erstellen, sehen Sie in Abschnitt 1.3, »Anlegen eines Projekts«.

Eine CLR-Konsolenanwendung können Sie anlegen wie in Abschnitt 16.1, »CLR-Konsolenanwendung« erklärt.

Die erforderlichen Schritte für eine Windows Forms-Anwendung stehen in Kapitel 25, »Windows Forms«.

1.9.2 Projekt einer Projektmappe hinzufügen

Falls Sie ein bestehendes Projekt einer Projektmappe hinzufügen möchten, klicken Sie mit der rechten Maustaste auf den Namen der Projektmappe und wählen **Hinzufügen** • **Vorhandenes Projekt**. Wechseln Sie im Dateifenster in den Ordner des hinzuzufügenden Projekts und wählen Sie die Datei mit der Endung .vcproj aus.

Wenn Sie ein Projekt hinzufügen wollen, sollten Sie den Projektordner zuerst in das Verzeichnis Ihrer Projektmappe kopieren und den Schreibschutz der Dateien und Ordner entfernen, bevor Sie das Projekt hinzufügen.

1.9.3 Datei einem Projekt hinzufügen

Um eine vorhandene Datei einem Projekt hinzuzufügen, klicken Sie mit der rechten Maustaste auf den Projektnamen und wählen **Hinzufügen** • **Vorhandenes Element**. Anschließend wählen Sie die hinzuzufügende Datei aus (die Auswahl mehrerer Dateien ist erlaubt) und fügen sie mit **Hinzufügen** hinzu.

Um gerade Header-Dateien einfacher im Programmcode ansprechen zu können, sollten diese im Projektverzeichnis abgelegt werden.

1.9.4 Projektdatei kopieren

Eine in einem Projekt enthaltene Datei lässt sich nicht einfach in ein anderes Projekt kopieren, indem Sie lediglich den Eintrag im Projektmappen-Explorer kopieren.

Stattdessen müssen Sie die gewünschte Datei zuerst physikalisch mit dem Windows-Explorer kopieren und die Kopie dann zum Projekt hinzufügen wie in Abschnitt 1.9.3 beschrieben.

1.9.5 Projektdatei löschen

Eine Projektdatei wird gelöscht, indem Sie sie anklicken, und dann entweder über die rechte Maustaste **Entfernen** auswählen oder die Taste ⌈Entf⌉ drücken. Im darauf folgenden Dialog haben Sie drei Möglichkeiten:

- **Entfernen** – die Datei wird aus dem Projekt entfernt, aber nicht physikalisch gelöscht. Sie existiert weiterhin an ihrem Speicherort.

- **Löschen** – die Datei wird aus dem Projekt entfernt und physikalisch gelöscht. Sie ist danach nicht mehr existent.

- **Abbrechen** – der Löschvorgang wird abgebrochen.

1.9.6 Startprojekt festlegen

Bei dem Startprojekt handelt es sich um das Projekt, welches startet, wenn eine der Startoptionen unter **Debuggen** ausgewählt wird. Der Name des Startprojekts wird in der Projektmappe fett ausgezeichnet.

Um das Startprojekt innerhalb einer Projektmappe zu wechseln, klicken Sie den Namen des gewünschten Startprojekts mit der rechten Maustaste an und wählen **Als Startprojekt festlegen**.

1.9.7 Der Konfigurations-Manager

Der Konfigurations-Manager (zu sehen in Abbildung 1.19) ermöglicht es Ihnen einzustellen, ob und wie die Projekte Ihrer Projektmappe kompiliert werden sollen.

In der Spalte **Projekt** werden alle Projekte der Projektmappe mit ihrem Namen aufgeführt.

Unter **Konfiguration** können Sie einstellen, ob eine Debug- oder eine Release-Version des Projekts erstellt werden soll. Eine Debug-Version ist primär während der Entwicklung des Projekts interessant, denn sie enthält sogenannte Debug-Informationen, die für das Debuggen benötigt werden.

Die Release-Version des ausführbaren Programms enthält diese Informationen nicht mehr und ist dadurch kürzer. Zusätzlich wird die Release-Version bei der Kompilation optimiert und besitzt ein besseres Laufzeitverhalten.

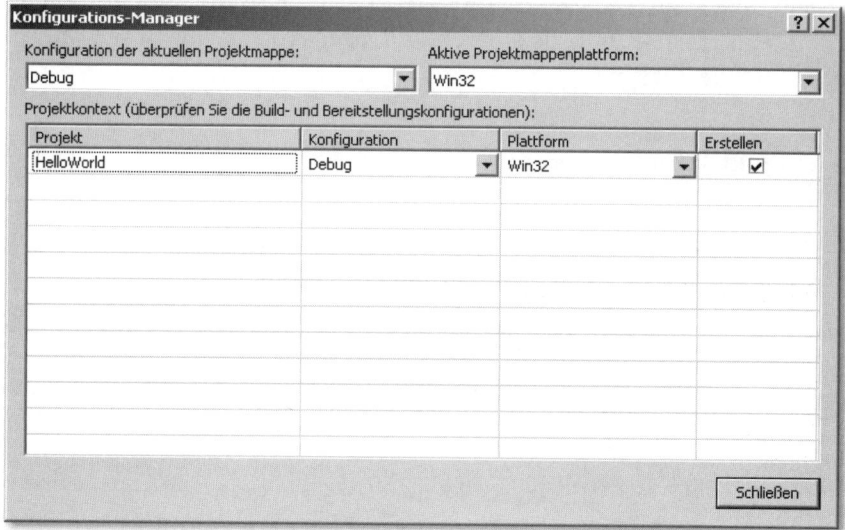

Abbildung 1.19   Der Konfigurations-Manager

In der Spalte **Erstellen** legen Sie fest, ob das entsprechende Projekt überhaupt kompiliert werden soll. Wenn in einem Projekt ein Fehler enthalten ist, Sie diesen aber erst einmal nicht suchen wollen, dann nehmen Sie dieses Projekt aus der Erstellung heraus, und Sie werden nicht weiter von seinen enthaltenen Fehlern belästigt.

1.10 Zusammenfassung

Dieses Kapitel behandelte schwerpunktmäßig die Bedienung von Visual C++, angefangen bei der Installation über Anlegen von Projektmappen, Projekten und Dateien, bis hin zum Kompilieren, Löschen und Kopieren eines Projekts.

Sie wissen, dass die oberste logische Einheit in Visual C++ die Projektmappe ist. Eine Projektmappe kann ein oder mehrere C++-Projekte enthalten, dabei spielt es keine Rolle, welcher Art diese Projekte sind (Konsolen-, CLR- oder Windows Forms-Anwendung).

Ein Projekt besteht aus einer oder mehreren cpp- oder h-Dateien. Ein Projekt muss kompiliert werden, um die Hochsprache C++ in eine maschinenverständliche Form zu überführen.

Über den Konfigurations-Manager können Sie bestimmen, ob ein Projekt als Debug- oder Release-Version oder überhaupt kompiliert wird.

Denn was man schwarz auf weiß besitzt,
kann man getrost nach Hause tragen.
– Goethe

2 Ausgabe & Variablen

Als Grundlage unserer ersten Schritte in C++ nehmen wir das Beispielprogramm aus Abschnitt 1.5, »Eigenes Programm kompilieren«, und bröseln es in seine Bestandteile auf:

```
#include<iostream>

int main() {
    std::cout << "Hello World" << std::endl;
}
```
Listing 2.1 Das Programm »Hello World«

2.1 Die Hauptfunktion

Das Herzstück eines jeden C++-Programms – auch des obigen – ist die Hauptfunktion, in C++ `main` genannt:

```
int main()
{
}
```
Listing 2.2 Die Hauptfunktion

Achten Sie bei der Programmierung in C++ auf die Groß- und Kleinschreibung, denn im Gegensatz zu Sprachen wie Visual Basic ist sie in C++ ein Unterscheidungsmerkmal. Die Namen `main`, `Main` und `maiN` bezeichnen daher drei unterschiedliche Funktionen.

Die erste Zeile der Funktion (`int main()`) wird als *Funktionskopf* bezeichnet. Sein Aufbau wird an dieser Stelle in den Hintergrund gestellt und später bei den in Abschnitt 6.1, »Funktionen«, dailliert betrachtet.

Hinter dem Funktionskopf steht der *Anweisungsblock*, gebildet von einem Paar geschweifter Klammern. Die Anweisungen dieses Anweisungsblocks werden ausgeführt, wenn die Funktion aufgerufen wird. In einem C++-Programm wird die `main`-Funktion aber nie direkt aufgerufen, sondern indirekt über den Start des Programms.

> Der Start eines C++-Programms hat immer den Aufruf der `main`-Funktion zur Folge. Analog dazu endet ein C+-Programm, wenn die `main`-Funktion beendet ist.

Von daher muss jedes C++-Programm genau eine `main`-Funktion besitzen. Deswegen stellt die oben isoliert aufgeführte `main`-Funktion auch das kürzest mögliche C++-Programm dar.

Was die Formatierung eines C++-Programms im Editor angeht, ist die Sprache nicht wählerisch. Die Variante

```
#include<iostream>
int main(){std::cout<<"Hello World"<<std::endl;}
```
Listing 2.3   Komprimierter Quellcode

wird ebenso fehlerfrei kompiliert wie die Folgende:

```
#include<iostream>
     int
main(
) {std::
  cout         <<
     "Hello World"
<<std
                ::endl
        ;
}
```
Listing 2.4   Quellcode bei fragwürdiger Eingabe

Wobei von letzterer Schreibweise abzuraten ist, denn als übersichtlich ist sie nicht zu bezeichnen. Üblicherweise schreibt man den Funktionskopf in eine eigene Zeile (mit der öffnenden geschweiften Klammer aus Platzgründen dahinter) und rückt die Anweisungen innerhalb des Anweisungsblocks der Optik wegen etwas ein. Die schließende geschweifte Klammer steht vertikal bündig mit der Zeile der dazugehörenden öffnenden Klammer.

2.2   Die Ausgabe

Das hier zu betrachtende Beispiel besitzt im Anweisungsblock der `main`-Funktion nur eine einzige Anweisung:

```
std::cout << "Hello World" << std::endl;
```

Ein Hinweis kurz vorweg:

In C++ wird jede Ausdrucksanweisung[1] mit einem Semikolon abgeschlossen.

Der Befehl zur Ausgabe lautet **cout**. Nun steht davor aber noch std::. Bei std
handelt es sich um den Namensbereich der C++-Standardbibliothek, in dem alle
Elemente der Standardbibliothek enthalten sind.

2.2.1 Namensbereiche

Namensbereiche kapseln Elemente der Sprache zu logischen Einheiten. Nehmen
wir als Vergleich eine Stadt, die unserem gesamten C++-Programm entspricht. In
dieser Stadt stehen Häuser; die Namensbereiche. Wenn Sie in den Straßen dieser
Stadt die Wohnung von Anton Müller finden wollten, dann würden Sie sie
zwangsläufig nicht finden, denn die Wohnung befindet sich in einem Haus.

Sie müssen daher die Adresse des Hauses kennen, um Anton Müller dort in seiner Wohnung anzutreffen. Der Vorteil dieses Verfahrens liegt in der Möglichkeit, mehrere Müller eindeutig zu finden, wenn sie an unterschiedlichen Adressen wohnen. Liefen alle Müller in den Straßen der Stadt herum, könnte der
Name Müller nicht mehr eindeutig einer bestimmten Person zugewiesen werden.

Die gleiche Motivation stand hinter den Namensbereichen. Statt alle Elemente
der C++-Standardbibliothek in den globalen Namensraum zu setzen, wurden sie
in den Namensbereich std[2] verlagert. Daher haben Sie die Möglichkeit, beispielsweise einen eigenen Namensbereich Willms anzulegen, der Ihr eigenes cout enthält. Ohne Namensbereiche läge sowohl das Standard-cout als auch Ihr cout im
globalen Namensraum und der Compiler wüsste bei der Angabe cout nicht
mehr, welches der beiden gemeint ist.

2.2.2 Bezugsrahmenoperator

Um Elemente eines Namensbereichs anzusprechen, wird der Bezugsrahmenoperator :: verwendet. Die Anweisung std::cout heißt demnach »Im Namensbe-

---

1 Eine Ausdrucksanweisung ist eine Anweisung, die einen Ausdruck bildet. Abgesehen von den
   Operatoren mit einem oder drei Operanden ist die typische Form eines Ausdrucks »Operand
   Operator Operand«, wobei jeder Operand selbst wieder ein Ausdruck sein kann. Demnach ist
   3+4 ebenso ein Ausdruck wie a-b, x=5 oder cout << "x".
2 std ist die Abkürzung für »standard«.

reich std das Element cout«. Wie eigene Namensbereiche definiert werden können, behandelt Abschnitt 10.11, »Namensbereiche«.

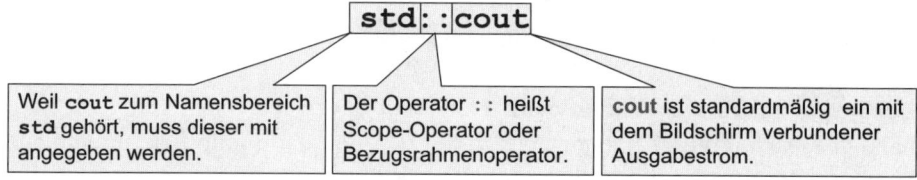

Abbildung 2.1 cout im Namensbereich std

2.2.3 cout

Bei cout[3] handelt es sich um ein Objekt mit der Fähigkeit, Zeichenketten und elementare Datentypen[4] auf dem Standard-Ausgabegerät (im Normalfall die Konsole) auszugeben.

Diese Ausgabe geschieht mithilfe des Operators <<, hinter dem das auszugebende
Element steht.

Ausgegeben wird in diesem Fall zunächst der Text »Hello World«. Es handelt sich
hierbei um eine Zeichenkette, die in C++ immer in doppelten Anführungszeichen
steht. Weitere Informationen über den internen Aufbau von Zeichenketten finden Sie in Abschnitt 8.2, »C-Strings«.

Abbildung 2.2 fasst die Syntax noch einmal zusammen.

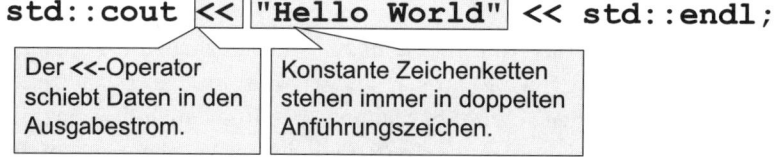

Abbildung 2.2 Ausgabe von Zeichenketten

2.2.4 endl

Hinter der Zeichenkette steht nochmals der Operator << und dahinter std::endl.
Diese Schreibweise ist möglich, weil der <<-Operator verkettet werden kann.
Alternativ hätten auch zwei Anweisungen geschrieben werden können:

---

3 cout ist die Abkürzung für »console out« beziehungsweise »character out«. Diese beiden
Begriffe werden in gleichem Maße verwendet, ich bevorzuge jedoch »console out«.

4 Als elementare Datentypen versteht man die in C++ enthaltenen Datentypen, die nicht zusammen gesetzt sind.

```
std::cout << "Hello World";
std::cout << std::endl;
```

Das **endl**, wie wir nun syntaktisch erkennen können, ist ein Element des Namensbereichs std und gehört damit zur Standardbibliothek. Es beendet die Zeile, indem es ein New Line-Zeichen (NL) ausgibt und anschließend einen Flush ausführt.

Dazu muss man wissen, dass es sich bei der Ausgabe über cout um eine gepufferte Ausgabe handelt. Die Ausgabe wird zuerst in einen Puffer geschrieben und anschließend in einem Gang auf den Bildschirm gebracht. Es sind also Situationen denkbar, in denen sich ausgegebener Text im Puffer befindet, der noch nicht auf dem Bildschirm zu sehen ist. An dieser Stelle kann ein Flush seine Wirkung entfalten. Der Ausgabepuffer wird aber bei Programmende und vor einer Eingabe automatisch geleert, von daher kommt ein isoliertes Flush nur selten zum Einsatz.

Interessant an endl ist für uns die Ausgabe des New Line. Zu Testzwecken können Sie einmal das endl mitsamt dem vorhergehenden <<-Operator entfernen, und Sie werden sehen, der vom Compiler ausgegebene Text »Drücken Sie...« steht direkt hinter dem »Hello World« und nicht mehr in einer eigenen Zeile.

2.2.5 Escape-Sequenzen

Unter Escape-Sequenzen versteht man die Codierung besonderer Zeichen, die sonst in einer Zeichenkette nicht ausgegeben werden könnten.

Nehmen wir als Beispiel das doppelte Anführungszeichen. Es wird in C++ verwendet, um Zeichenketten einzugrenzen. Schreibt man ein Anführungszeichen in eine Zeichenkette, wird es nicht ausgegeben, sondern als Ende der Zeichenkette interpretiert.

Mit einer Escape-Sequenz ist die Ausgabe eines Anführungszeichens kein Problem. Eine Escape-Sequenz beginnt mit dem Backslash \ und einem Zeichen, im Fall der doppelten Anführungszeichen dem ". Soll der Text »Hello World« auch bei der Ausgabe in Anführungszeichen stehen, schreibt man das demnach so:

```
std::cout << "\"Hello World\"" << std::endl;
```

Die wichtigsten Escape-Sequenzen sehen Sie in Tabelle 2.1 aufgeführt.

Escape Sequenz	Zeichen
\n	Der Cursor springt zum Anfang der nächsten Zeile.
\r	Der Cursor springt zum Anfang der aktuellen Zeile.
\t	Der Cursor springt zur nächsten Tabulatorposition.

Tabelle 2.1 Die wichtigsten Escape-Sequenzen

Escape Sequenz	Zeichen
\"	Das Zeichen " wird ausgegeben.
\'	Das Zeichen ' wird ausgegeben.
\?	Das Zeichen ? wird ausgegeben.
\\	Das Zeichen \ wird ausgegeben.

Tabelle 2.1 Die wichtigsten Escape-Sequenzen (Forts.)

2.3 Die include-Direktive

Zum Schluss bleibt noch die erste Zeile des Programms zu klären:

```
#include<iostream>
```

Bei diesem Befehl handelt es sich um eine sogenannte *Präprozessordirektive*. Der Präprozessor durchläuft eine Quellcodedatei vor der Kompilation und sucht nach an ihn gerichteten Befehlen. Das Ergebnis seiner Textbearbeitung wird dann dem Compiler zur Kompilation vorgesetzt.

Zu erkennen ist eine Präprozessordirektive an dem einleitenden #. Die Direktive in unserem Fall heißt include und ersetzt die Direktive temporär für die Kompilation mit der dahinter angegebenen Datei.

Die spitzen Klammern besagen, dass die angegebene Datei an von der Entwicklungsumgebung vorgegebenen Orten gesucht wird. Auf diese Weise werden im Normalfall die Header-Dateien der Standardbibliothek eingebunden. Wie eigene Header-Dateien eingebunden werden können, beschreibt Abschnitt 6.6.2.

In unserem Programm wird die Header-Datei iostream eingebunden, welche die Definition der Input- und Outputstreams, unter anderem auch cout, beinhaltet. Abbildung 2.3 fasst die Syntax von include noch einmal zusammen.

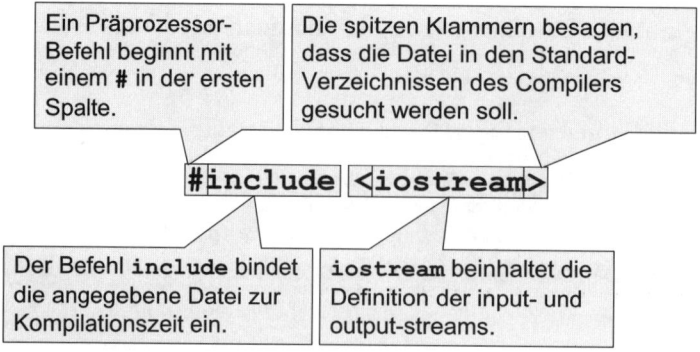

Abbildung 2.3 Die Syntax von include

2.4 using

Dem Compiler immer explizit anzugeben, dass er die Elemente der Standardbibliothek in `std` zu suchen hat, ist lästig. Viel schöner wäre es doch, wenn wir ihm sagen könnten, suche auch im Namensbereich `std`, wenn du im globalen Namensraum nicht fündig wirst.

Diese Möglichkeit besitzen wir mit der **using namespace**-Anweisung, die wir für `std` angeben:

```
using namespace std;
```

Mit dieser Anweisung teilen wird dem Compiler mitgeteilt, dass unqualifizierte Namen[5] auch im Namensbereich `std` liegen können. Er sucht daher auch dort nach, wenn er global nichts gefunden hat. daher muss nun der Namensbereich nicht mehr angegeben werden. Die Anweisung steht vor der `main`-Funktion, aber hinter dem `include`. Das komplette Programm folgt:

```
#include<iostream>

using namespace std;

int main() {
    cout << "\"Hello World\"" << endl;
}
```

Listing 2.5 Der Einsatz von using namespace

2.5 Variablen

Nachdem wir uns mit dem Grundgerüst eines C++-Programms und der Ausgabe von Text beschäftigt haben, wollen wir nun die Basis für die Verarbeitung von Daten in unserem Programm schaffen.

Ein Programm ist in so gut wie allen Fällen dafür geschrieben, Daten einzulesen (Über die Tastatur, vom Anwender, aus einer Datei oder Datenbank etc.), diese zu verarbeiten (Berechnungen anstellen, Daten sortieren usw.) und anschließend wieder auszugeben (auf den Bildschirm oder Drucker, in eine Datei oder Datenbank etc.).[6]

---

5 Ein Name ist qualifiziert, wenn der Bezugsrahmen vollständig angegeben wurde: `std::cout`. Nur der Name ohne Bezugsrahmen ist unqualifiziert: `cout`.

6 Dieses Prinzip wird EVA-Prinzip genannt, nach den Anfangsbuchstaben von »Eingabe, Verarbeitung, Ausgabe«.

Daran ist zu erkennen, dass die Daten neben dem Programm selbst eine ausgesprochen wichtige Rolle spielen.

Bleibt nur noch zu klären, wie wir in unserem C++-Programm mit Daten arbeiten. In gewisser Weise haben wir das bereits getan, nämlich, indem wir Text ausgegeben haben. Unser Programm hatte zwar weder eine Dateneingabe noch eine Datenverarbeitung, aber definitiv eine Datenausgabe. Der praktische Nutzen der Datenausgabe, wie wir sie bisher betrieben haben, ist indes begrenzt, weil die Daten in unserem Programm konstant waren.

Daher benötigen wir die Möglichkeit, mit veränderbaren Daten zu arbeiten, und das sind die Variablen.

Prinzipiell liegt Ihr Programm im Arbeitsspeicher des Computers, auf dem es läuft. Die vom Programm zu verarbeitenden Daten müssen ebenfalls in diesem Arbeitsspeicher liegen. Dabei spielt der Ursprung der Dateien keine Rolle. Ob die Daten ursprünglich auf der Festplatte, in einer Datenbank, im Internet oder im Hirn des Anwenders lagen, ist unerheblich; wenn das Programm sie bearbeiten soll, müssen sie im Arbeitsspeicher liegen.

Wenn wir die Frage einmal außer Acht lassen, wie wir die Daten von ihren unterschiedlichen Quellen in den Arbeitsspeicher transportieren können, bleibt immer noch das Problem, wie wir überhaupt an Arbeitsspeicher herankommen.

Immerhin muss das Betriebssystem wissen, dass wir einen Bereich des Speichers beanspruchen, damit andere Programme diesen nicht für ihre eigenen Zwecke nutzen und unsere Informationen damit überschreiben.

Dies alles erledigen Variablen für uns, denn sie abstrahieren in einer Hochsprache den Zugriff auf den Arbeitsspeicher.

2.5.1 Ganzzahlige Variablen

Variablen sind in C++ *typisiert*. Von daher hat jede Variable einen festen Datentyp, der bei der Erzeugung der Variablen angegeben werden muss. Dieses Verhalten ist vergleichbar mit einer Person, die in jede Schublade ihres Kleiderschranks nur eine Sorte von Kleidungsstück ablegt. Die oberste Schublade nur für Socken, die mittlere nur für Unterhosen usw.

Andere Sprachen wie beispielsweise JavaScript nehmen diese Unterscheidung nicht vor. Dort kann eine Schublade mal Socken, mal Unterhosen und mal was vollkommen anderes beinhalten.

Der Vorteil der typisierten Programmiersprache liegt darin, dass der Compiler Fehler leichter feststellen kann; legen Sie eine Unterhose in die Sockenschublade, dann kann etwas nicht stimmen und der Compiler weist sie darauf hin, dass er keine Möglichkeit sieht, aus einer Unterhose eine Socke zu machen.

Bei JavaScript liegt es in Ihrer eigenen Verantwortung nachzuhalten, von welchem Typ der aktuelle Schubladeninhalt ist, denn dieser Compiler hätte kein Problem damit, wenn Sie über jeden Ihrer Füße eine Unterhose zögen; er könnte die Problematik nicht erkennen.

Mit dem beruhigenden Gedanken im Hinterkopf, dass der C++-Compiler uns nicht herumlaufen lässt wie ein Clown, schauen wir uns an, wie eine Variable angelegt wird. Der prinzipielle Aufbau sieht so aus:

```
Typ Variablenname;
```

Dabei steht `Typ` für den Datentyp der Variablen und `Variablenname` für den Namen, auch *Bezeichner* genannt.

Namen – oder Bezeichner – müssen Sie in C++ jedes Mal angeben, wenn Sie eigene Elemente, Strukturen, Klassen etc. anlegen. Für uns ein Grund, die Regeln gültiger Bezeichner genauer zu betrachten:

▶ Jeder Bezeichner muss als erstes Zeichen einen Buchstaben oder einen Unterstrich besitzen.

▶ Alle weiteren Zeichen dürfen Buchstaben, Unterstriche oder Zahlen sein.

▶ Es wird zwischen Groß- und Kleinschreibung unterschieden.

▶ C++-Schlüsselwörter dürfen nicht als Bezeichner verwendet werden.

Obwohl gültig, sollten Sie auf zwei Unterstriche zu Beginn des Bezeichners verzichten, weil so häufig interne Namen aufgebaut sind.

Als Datentypen für ganzzahlige Variablen[7] existieren in C++ die vorzeichenbehafteten Typen `short`, `int` und `long`, sowie die vorzeichenlosen Typen `unsigned short`, `unsigned int` und `unsigned long`.

Wie groß der Wertebereich eines Datentyps ist, legt der C++-Standard nicht fest. Es ist lediglich gewährleistet, dass der Wertebereich von `long` mindestens so groß ist wie der von `int`, und dieser mindestens so groß ist wie der von `short`.

Als Empfehlung für die Compilerhersteller gilt, dem Datentyp `int` die Größe der auf dem System üblichen Datengröße zu geben. Auf einem 16-Bit-System wäre `int` und `unsigned int` damit 16 Bit groß und deckten den Wertebereich von −32768 bis +32767 beziehungsweise von 0 bis 65535 ab.

---

7 Genau genommen zählt `char` auch zu den ganzzahligen Typen, wird aber erst in Abschnitt 8.1, »char«, besprochen. Ebenso `bool`, zu finden in Abschnitt 4.1, »Bedingungen & bool«.

Unter Visual C++ sind `int` und `long` beide 32 Bit und `short` 16 Bit groß.

Wenn wir nun eine Variable mit dem Namen x und dem Datentyp `int` definieren wollten, dann schreiben wir nach der oben vorgestellten Regel:

```
int x;
```

Diese Anweisung sorgt dafür, dass im Arbeitsspeicher genügend Platz reserviert wird, um eine `int`-Variable darin unterzubringen und sie unter dem Namen x zugänglich zu machen. Wir können den Inhalt von x mit `cout` ausgeben, indem wir x mit dem Verschiebeoperator in den Ausgabestrom schieben:[8]

```
cout << "Der Wert von x ist " << x << endl;
```

Allerdings wird der Compiler eine Warnung ausgeben, dass eine uninitialisierte Variable verwendet wurde. Wird das Programm als Debug-Version kompiliert und dann gestartet, bricht das Programm mit der Fehlermeldung »Run-Time Check Failure #3 – The variable 'x' is being used without being defined« ab. Diese Fehlermeldung lässt sich nicht eins zu eins ins Deutsche übersetzen, weil wir x durchaus definiert haben, lediglich die Initialisierung wurde vergessen.

> Lokale Variablen[9], die nicht initialisiert wurden, besitzen einen unvorhersagbaren Wert.

Weisen wir der Variablen x vor der Ausgabe einen Wert zu, wird das Programm fehlerfrei ausgeführt:

```
x=5;
```

Weil Variablen häufig direkt nach der Definition initialisiert werden, können Definition und Initialisierung zu einer Anweisung zusammengefasst werden:

```
int x = 5;
```

Die Leerzeichen vor und hinter dem Gleichheitszeichen haben nur kosmetischen Zweck und sind nicht notwendig.

---

8 Beachten Sie, dass bei der Ausgabe einer Variablen diese nicht in Anführungszeichen steht. Steht sie in Anführungszeichen, dann handelt es sich nicht mehr um die Variable x, sondern um die Zeichenkette »x«, was eine Ausgabe des Buchstabens x zur Folge hat.

9 Unter lokalen Variablen versteht man Variablen, die innerhalb eines Anweisungsblocks definiert wurden. Die Variable x wurde im Anweisungsblock von `main` definiert und ist somit lokal. Weitere Informationen zu lokalen Variablen finden Sie in Abschnitt 6.2, »Lokale Variablen«.

Benötigen Sie mehrere Variablen desselben Typs, können Sie deren Definitionen zusammenfassen. Das folgende Beispiel definiert die Variablen x, y und z, alle vom Typ int:

```
int x,y,z;
```

Auch hier könnten die Variablen direkt initialisiert werden:

```
int x=20,y,z=-10;
```

Die obige Anweisung initialisiert x mit dem Wert 20 und z mit dem Wert –10. Die Variable y bleibt uninitialisiert, vielleicht, weil sie später das Ergebnis einer Berechnung aufnehmen soll, das jetzt noch nicht bekannt ist.

2.5.2 Fließkommavariablen

Analog zu den ganzzahligen Variablen, die eben nur ganze Zahlen speichern können, stellt C++ noch die Fließkommavariablen zur Verfügung, die auch Werte mit Nachkommastellen aufnehmen können.

Die entsprechenden Datentypen heißen float, double und long double. Auch hier macht der C++-Standard keine konkrete Aussage über die Wertebereiche der einzelnen Datentypen, nur eine Beziehung wird wieder geliefert: Ein long double ist mindestens so groß wie ein double, und der ist mindestens so groß wie ein float.

Beachten Sie, dass in C++ das im deutschen Sprachraum übliche Komma ein Dezimalpunkt ist:

```
double pi = 3.14;
```

Numerische Fließkommakonstanten sind grundsätzlich vom Typ double. Findet eine Zuweisung an eine float-Variable statt, meldet der Compiler eine Warnung, weil float vom Wertebereich möglicherweise kleiner ist als double und die Umwandlung einen Verlust an Genauigkeit mit sich bringen könnte.

Um diese Warnung zu vermeiden, muss die Konstante explizit als Typ float deklariert werden. Das geschieht mit einem nachgestellten f oder F:

```
float pi = 3.14F;
```

2.6 Konstanten

Analog zu den Variablen gibt es auch Konstanten. In deren Natur liegt es, nach ihrer Definition nicht mehr verändert werden zu können. Sie werden genauso definiert wie eine Variable, nur dass ihnen das Schlüsselwort `const` vorangestellt wird:

```
const int c=20;
```

> Da der Wert einer Konstanten nach ihrer Definition nicht mehr geändert werden kann, ist eine Initialisierung bei der Definition zwingend.

Der Vorteil von Konstanten liegt auf der Hand. Wenn Sie beispielsweise ein Programm schreiben, welches an mehreren Stellen den Mehrwertsteuersatz benötigt und dieser Satz sollte sich einmal ändern, müssen Sie alle Stellen finden und korrigieren. Die Wahrscheinlichkeit, eine Stelle zu übersehen, ist nicht klein. Wird aber eine Kontante verwendet:

```
const double mwst = 16;
```

muss bei Bedarf nur noch diese eine Stelle verändert werden.

2.6.1 define

Aus früheren Zeiten stammt noch die Möglichkeit, Konstanten über den Präprozessor mithilfe der Direktive `define` zu definieren:

```
#define mwst 16
```

Weil das ein Befehl des Präprozessors und nicht von C++ ist, wird er nicht mit einem Semikolon abgeschlossen.

Der Nachteil gegenüber den C++-Konstanten fällt bei genauerer Betrachtung direkt ins Auge: Die Konstante besitzt keinen Datentyp.

Das liegt an der Eigenschaft des Präprozessors, nur auf Textebene zu arbeiten. Von der C++-Semantik hat er keine Ahnung.

Dem Compiler ist es damit nicht möglich, eventuelle Inkompatibilitäten zwischen Datentypen zu erkennen. Er wird damit einer wichtigen Möglichkeit der Fehlererkennung beraubt. Aus diesem Grund sollte heutzutage auf die Verwendung von `define` zur Definition von Konstanten verzichtet werden.

2.7   Kommentare

Auch wenn die meisten Programmierer ihre Wichtigkeit ungerne zugeben und sich häufig mit Händen und Füßen dagegen wehren, sie zu schreiben, sollten Kommentare ein elementarer Bestandteil eines jeden Programms sein.

Wenn sie auch keinerlei Aussagekraft für den Compiler besitzen, sind sie eine wertvolle Informationsquelle für jeden, der den Versuch unternimmt, das Programm zu verstehen. Natürlich immer unter der Voraussetzung, dass der Verfasser der Kommentare ernsthafte Inhalte geschrieben hat.

2.7.1   Einzeilige Kommentare

Die einfachste Form von Kommentar ist der einzeilige Kommentar, der mit // beginnt und mit dem Ende der Zeile endet:

```
int x; // Variablendefinition
int y;
```

Listing 2.6   Ein einzeiliger Kommentar

Die zweite Zeile (int y;) gehört nicht mehr zum Kommentar, weil er sich nur bis zum Ende der ersten Zeile erstreckt.

Soll der Kommentar aus mehreren Zeilen bestehen, dann bleibt mit dieser Variante keine andere Möglichkeit, als jede Zeile mit // beginnen zu lassen.

2.7.2   Mehrzeilige Kommentare

Glücklicherweise sind in C++ auch mehrzeilige Kommentare möglich. Sie beginnen mit **/*** und enden mit ***/**:

```
/* Ein
mehrzeiliger
Kommentar */
```

Listing 2.7   Ein mehrzeiliger Kommentar

Der Kommentartext muss nicht unbedingt in derselben Zeile wie /* beginnen, theoretisch kann direkt vor und hinter dem mehrzeiligen Kommentar sogar noch Code stehen, auch wenn das nicht gerade die Lesbarkeit erhöht:

```
int x; /* Ein
mehrzeiliger
Kommentar */ int y;
```

2.7.3 Kommentare verschachteln

Es ist in bestimmten Grenzen möglich, Kommentare zu verschachteln, so zum Beispiel einzeilige Kommentare:

```
//int x;   // Eine Variablendefinition
```

Oder einzeilige Kommentare innerhalb eines mehrzeiligen Kommentars:

```
/*
int x;   // Definition von x
int y;   // Definition von y
*/
```

Nicht unterstützt wird jedoch die Verschachtelung von mehrzeiligen Kommentaren.

2.7.4 Kommentare mit Visual C++ 2008

Das Markieren von Kommentaren wird in Visual C++ 2008 über zwei Schaltflächen unterstützt, wie Abbildung 2.4 zeigt.

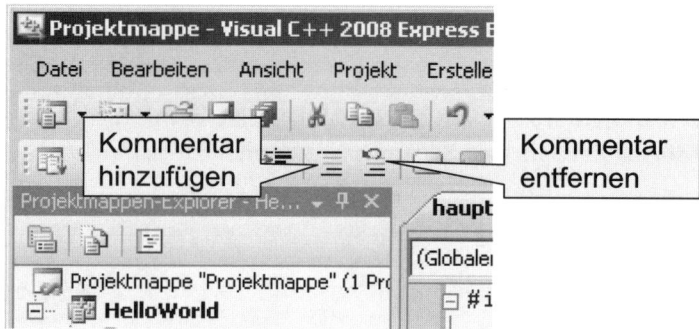

Abbildung 2.4   Kommentare in Visual C++ 2008

2.8 Zusammenfassung

In diesem Kapitel drehte sich alles um die Grundstruktur eines C++ Programms, die Ausgabe und Variablen.

Sie kennen nun den prinzipiellen Aufbau eines C++-Programms und wissen, dass in jedem C++-Programm eine `main`-Funktion enthalten sein muss, die beim Programmstart aufgerufen wird und deren Ende dem Programmende gleichkommt.

Elemente der Standardbibliothek stehen in Header-Dateien, die mit `#include` eingebunden werden müssen, bevor die Elemente zugänglich sind. Darüber hinaus befinden sie sich logisch im Namensbereich `std`, der entweder explizit mit `std::` vor jedem Element angegeben oder über `using namespace` global verfügbar gemacht werden muss.

Variablen müssen in C++ definiert werden, dazu zählt die obligatorische Angabe eines Datentyps. Variablen besitzen vor ihrer erstmaligen Wertzuweisung einen unvorhersagbaren Wert. Es gibt ganzzahlige Typen (`short`, `int`, `long`), die auch als vorzeichenlose Varianten (`unsigned short`, `unsigned int`, `unsigned long`) existieren. Außerdem stehen Fließkommatypen (`float`, `double`, `long double`) zur Verfügung.

Zur Kommentierung des Programmcodes existieren Kommentare, die vom Compiler ignoriert werden. Die einzeiligen Kommentare werden mit `//` eingeleitet. Mehrzeilige Kommentare beginnen mit `/*`, enden mit `*/` und dürfen nicht verschachtelt werden.

Und Neun ist Eins,
Und Zehn ist keins.
Das ist das Hexen-Einmaleins!
– Goethe

3   Eingabe & Rechenoperatoren

Um vernünftig mit den Variablen arbeiten zu können und sie nicht immer mit festen Werten zu initialisieren, benötigen wir eine Möglichkeit, Eingaben vom Anwender einzulesen.

3.1   Die Eingabe

Glücklicherweise gibt es passend zu cout das Gegenstück cin[1], mit dem Tastatureingaben in der Konsole eingelesen werden können. Dazu wird der Rechtsverschiebeoperator >> verwendet. Es folgt ein komplettes Beispiel:

```
#include <iostream>
using namespace std;

int main() {

  int x;

  cout << "Bitte Wert eingeben:";
  cin >> x;
  cout << "Sie haben " << x << " eingegeben." << endl;
}
```

Listing 3.1   Beispiel einer Eingabe über cin

Genau wie bei der Ausgabe steht auch bei der Eingabe der Variablenname nicht in Anführungszeichen. Die Eingabe über cin funktioniert sowohl für ganzzahlige als auch für Fließkommadatentypen.

---

1 Auch hier gehen die Ansichten auseinander, ob die Abkürzung für »console in« oder »character in« steht.

Damit der Eingabecursor hinter dem Text »Bitte Wert eingeben« steht, wurde in der `cout`-Anweisung auf ein `endl` verzichtet. Andernfalls hätte der Anwender seine Eingabe eine Zeile tiefer tätigen müssen.

Falls Sie sich fragen, warum hinter »Sie haben« ein Leerzeichen vor dem Anführungszeichen oder vor »eingegeben« ein Leerzeichen hinter dem Anführungszeichen steht, dann entfernen Sie einmal die Leerzeichen und schauen Sie sich das Ergebnis an.

3.2 Der Zuweisungsoperator

Der Zuweisungsoperator ist einer der wichtigsten Operatoren in C++, denn abgesehen von den Inkrement- und Dekrementoperatoren[2] ist dieser der einzige Operator, mit dem die Werte von Variablen geändert werden können. Begegnet ist er uns schon bei der Initialisierung:

```
int x=88;
```

Er darf keinesfalls mit dem Gleichheitszeichen aus der Mathematik verwechselt werden, denn es findet keine Aussage über Gleichheit, sondern ein dynamischer Prozess statt, bei dem das Ergebnis des Ausdrucks auf der rechten Seite des Zuweisungsoperators der Variablen auf der linken Seite zugewiesen wird. In der oberen Codezeile liefert der rechte Ausdruck den Wert 88, dieser wird dann der Variablen `x` zugewiesen; `x` hat damit den Wert 88.

Um auch den letzten Zweifel auszuräumen, dass der Zuweisungsoperator nichts mit dem mathematischen Gleichheitszeichen gemein hat, betrachten wir folgende Zeile:

```
8=8;    // FEHLER!
```

Obwohl mathematisch vollkommen korrekt, wird sich der Compiler beschweren, weil einer Konstanten nichts zugewiesen werden kann. Sie ist ja konstant.

3.3 Die Grundrechenarten

In C++ steht für die Grundrechenarten jeweils ein Operator zur Verfügung. Sie sind in Tabelle 3.1 aufgeführt.

---

2 Abschnitt 3.6, »Inkrement & Dekrement«.

Operator	Bedeutung
+	Addition
-	Subtraktion
*	Multiplikation
/	Division[3]

Tabelle 3.1 Die Grundrechenarten

Diese Operatoren können nun auf Konstanten, Variablen oder einer Kombination von beiden angewendet werden:

```
8+2;
a-2;
b*c;
```

Obwohl diese Ausdrücke kompiliert und ausgeführt werden, haben sie in einem Programm keinen Nutzen. Denn was machen wir mit dem Ergebnis der Operationen? Nichts!

Eine Grundrechenoperation verändert nicht die beteiligten Operanden. Das muss so sein, denn sonst könnte die Addition zweier Konstanten, wie sie in der ersten Zeile des obigen Listings zu sehen ist, nicht kompiliert werden.

Die zu stellende Frage lautet: Was können wir mit dem Ergebnis einer Operation machen? Wir können es einer Variablen zuweisen:

```
int x = 8 + 2;
```

Die Variable x hat nach dieser Anweisung den Wert 10.

```
int y = x - 4;
```

Die frisch definierte Variable y enthält den Wert 6. Der Inhalt von x bleibt durch diese Operation unverändert, also 10.

Listing 3.2 zeigt ein vollständiges Programm, welches die Rechenoperatoren nutzt, um das Quadrat einer zuvor eingelesenen Zahl zu berechnen.

```
01    #include <iostream>

02    using namespace std;

03    int main() {
04      cout << "Bitte Zahl eingeben:";
05      double zahl;
```

---

3 Bei der Divison von Ganzzahlen wird das Ergebnis immer abgerundet.

```
06        cin >> zahl;
07        double quadrat=zahl*zahl;
08        cout << "Das Quadrat von " << zahl << " ist "
09            << quadrat << endl;

10    }
```
Listing 3.2 Quadratberechnung

Es fällt vielleicht auf, dass in Zeile 4 zuerst der Text ausgegeben und dann erst in Zeile 5 die Variable definiert wird. Sie hätte technisch auch vor der Ausgabe definiert werden können, aber aus Optimierungsgründen sollte eine Variable immer so spät wie möglich definiert werden. Wir werden diese Empfehlung noch genauer in Abschnitt 6.2, »Lokale Variablen« betrachten.

Die Variable zahl ist vom Typ double, um auch das Quadrat von Fließkommazahlen zu ermöglichen.

In Zeile 7 wird die Variable quadrat definiert und ihr das Ergebnis der Quadratberechnung (zahl*zahl) zugewiesen.

Anschließend wird das Ergebnis mit einem erklärenden Text ausgegeben.

Wenn die ursprünglich eingelesene Zahl im weiteren Programmverlauf nicht mehr benötigt wird, dann könnte die zweite Variable eingespart werden, indem zahl mit dem Ergebnis der Berechnung überschrieben wird. Die Zeilen 7–9 würden sich dadurch wie folgt ändern:

```
07    zahl=zahl*zahl;
08    cout << "Das Quadrat lautet " << zahl << endl;
```

Durch diesen Handgriff ist es nicht mehr möglich, das Ergebnis mit der ursprünglichen Zahl auszugeben, weil diese überschrieben wurde.

Wenn wir das Quadrat der Zahl nur ausgeben und nicht für weitere Berechnungen verwenden wollen, dann können wir den Ausdruck, der das Quadrat berechnet (zahl*zahl), bei der Ausgabe angeben, anstatt ihn einer Variablen zuzuweisen:

```
07    cout << "Das Quadrat von " << zahl << " ist "
08        << zahl*zahl << endl;
```

Wie Sie sehen, führen viele Wege zum Ziel. Welcher schlussendlich eingeschlagen werden sollte, hängt von den Umständen ab. Hier noch einmal die verschiedenen Fälle für die Quadratberechnung:

▸ Werden sowohl die ursprüngliche Zahl als auch das Quadrat im weiteren Programmverlauf benötigt, dann müssen zwei Variablen definiert werden.

▸ Ist nur das Quadrat notwendig, dann kann die bei der Eingabe verwendete Variable später mit dem Ergebnis überschrieben werden.

▸ Wird lediglich die eingegebene Zahl benötigt und das Quadrat nur zu Informationszwecken ausgegeben, dann kann die Berechnung des Quadrats in der Ausgabe erfolgen.

3.3.1 Bindungsstärke

In C++ besitzt jeder Operator eine Bindungsstärke, auch Priorität genannt. Die Bindungsstärke entscheidet, wie stark der Operator seine Operanden an sich bindet. Nehmen wir folgendes Beispiel:

```
int a = 7 - 2 * 3;
```

Würde der obige Ausdruck von links nach rechts abgearbeitet, dann würde zuerst die Differenz 7 – 2 bestimmt und diese dann mit 3 multipliziert. Das Ergebnis wäre 15.

Der Operator * bindet jedoch stärker als -, man sagt auch, er besitzt eine höhere Priorität. Deswegen wird zuerst das Produkt 2*3 bestimmt und dieses dann von 7 abgezogen. Das Ergebnis ist 1.

Wenn aber trotzdem die Differenz zuerst gebildet werden soll, dann müssen Klammern eingesetzt werden:

```
int a = (7 - 2) * 3;
```

Demnach verhalten sich die Operatoren der Grundrechenarten von ihrer Priorität her wie aus der Mathematik bekannt.

3.3.2 Ausdrücke mit unterschiedlichen Typen

Nehmen wir zu Anschauungszwecken einmal folgendes Codefragment:

```
int x=10;
int y=4;
double z = x / y;
cout << z << endl;
```

Listing 3.3 Division zweier ganzzahligen Variablen

Die Frage lautet natürlich: Welcher Wert wird auf dem Bildschirm ausgegeben?

Die Herleitung könnte folgendermaßen lauten: Die Variable z ist vom Typ double und kann damit Fließkommazahlen speichern. Die Division von 10 durch 4 ergibt 2.5, also wird genau das ausgegeben.

Dieser Gedankengang berücksichtigt eine entscheidende Tatsache von C++ nicht. Denn der Datentyp eines Ausdrucks hängt salopp gesprochen vom Operanden mit dem größeren Wertebereich ab. Die Operanden des Ausdrucks (x und y) sind aber beide int, damit ist auch das Ergebnis int. Und weil bei einer Division von int-Werten das Ergebnis immer abgerundet wird, liefert der Ausdruck den Wert 2. Dabei spielt es keine Rolle, dass die 2 nachträglich einer double-Variablen zugewiesen wird. Denn die Ganzzahl 2 in eine Fließkommazahl umgewandelt, liefert 2.0.

Nun soll eine der beiden Variablen double sein:

```
int x=10;
double y=4;
double z = x / y;
cout << z << endl;
```

Listing 3.4 Division von int und double

Der Divisionsoperator besitzt jetzt als Operanden einen int- und einen double-Wert.[4] Der größere Wertebereich ist double und demnach auch der Typ des Ergebnisses. Also erhalten wir als Ergebnis 2.5, das in z gespeichert als 2.5 erhalten bleibt.

Wäre z im obigen Beispiel vom Typ int, würde das Ergebnis des Ausdrucks auf 2 abgerundet und als Ganzzahl in z gespeichert.[5]

3.3.3 Explizite Typumwandlung

Um ein vernünftiges Ergebnis zu erhalten, mussten wir im obigen Abschnitt den Typ einer der beiden Variablen abändern.

Diese Vorgehensweise ist nicht immer möglich. Beispielsweise könnten die beiden Werte von Programmteilen geliefert werden, die nicht von uns programmiert wurden und deshalb nicht änderbar sind.

Eine Variante wäre das Hinzufügen einer zusätzlichen Variablen mit dem gewünschten Typ, die dann in die Rechnung einfließt:

---

4 Dabei spielt es keine Rolle, welcher der beiden Operanden vom Typ double ist.

5 Bei dieser Umwandlung kann der Compiler eine Warnung melden, weil der Wertebereich eingeschränkt wird und dadurch Informationen verloren gehen können (in unserem Fall konkret die Nachkommastelle).

```
int x=10;
int y=4;

double tmp = y;
double z = x / tmp;
cout << z << endl;
```

Auf diese Weise erhalten wir das gewünschte Ergebnis, ohne die Datentypen der Variablen x und y zu verändern.

Nun kann man einwenden, dass es recht mühselig ist, jedes Mal eine zusätzliche Variable einzufügen, wenn bei der Division zweier int-Variablen eine Fließkommazahl als Ergebnis herauskommen soll.

Das sahen auch die C++-Entwickler ein, die der Sprache deswegen die Möglichkeit der *expliziten Typumwandlung* gegeben haben. Im obigen Beispiel wurde nichts anderes gemacht, als mithilfe der Variablen z den Typ des in y gespeicherten Wertes implizit – also ohne konkret formuliert zu werden – umzuwandeln. War der Wert in y noch die Ganzzahl 4, so ist er in z die Fließkommazahl 4.0. Der Typ von y und der darin enthaltene Wert bleiben natürlich weiterhin int. Der Typ einer Variablen kann nachträglich nicht mehr geändert werden.

Die explizite Typumwandlung versetzt uns in die Lage, den Typ eines Werts umzuwandeln, ohne ihn dazu in einer anderen Variablen zwischenspeichern zu müssen. Der dazu notwendige Befehl heißt `static_cast` und hat folgende Syntax:

```
static_cast<Zieltyp>(UmzuwandelderWert)
```

Der obige Ausdruck steht für den Wert UmzuwandelnderWert, der in den Typ Zieltyp umgewandelt wurde. Schauen wir uns das einmal praktisch angewendet an unserem vorigen Beispiel an:

```
int x=10;
int y=4;

double z = x / static_cast<double>(y);
cout << z << endl;
```
Listing 3.5 Division mit expliziter Typumwandlung

Der rechte Operand des Divisionsoperators ist nun der mit `static_cast` in `double` umgewandelte Wert von y. Auch hier gilt es zu beachten, dass sich durch diese Umwandlung der Typ von y nicht verändert hat.

Es reicht aus, einen der beiden an der Division beteiligten Werte in double umzuwandeln, weil sich der Ergebnistyp immer nach dem Operandentyp mit dem größeren Wertebereich richtet. Dabei spielt es auch keine Rolle, welcher der beiden Operanden umgewandelt wird.

Theoretisch könnten auch beide Operanden umgewandelt werden, fällt jedoch unter die Rubrik »unnötige Mühe«, weil der Compiler den verbliebenen int-Wert automatisch in double umwandeln muss, um eine vernünftige Division durchführen zu können.

3.4 Zusammengesetzte Zuweisungsoperatoren

In der Programmierung muss häufig der Wert einer Variablen geändert werden, entweder absolut, indem ihr mit dem Zuweisungsoperator der Wert einer anderen Variablen oder Konstanten zugewiesen wird, oder relativ durch eine Veränderung des in der Variablen gespeicherten Werts. Folgender Codeschnipsel zeigt Beispiele für die relative Variante.

```
meinErsterIntwert = meinErsterIntwert + 4;
meinZweiterIntwert = meinZweiterIntwert - 2;
meinDritterIntwert = meinDritterIntwert / 8;
meinVierterIntwert = meinVierterIntwert * 3;
```

Die zu verändernde Variable wird auch rechts des Zuweisungsoperators verwendet. Was in der Mathematik für die meisten Werte eine unlösbare Gleichung darstellt, ist in C++ leicht zu verstehen. Der Zuweisungsoperator weist der Variablen auf der linken Seite das Ergebnis des Ausdrucks auf der rechten Seite zu. Dazu muss der Ausdruck auf der rechten Seite erst einmal berechnet werden. In der ersten Zeile wird dazu die Summe von meinErsterIntwert und 4 gebildet. Diese Summe wird anschließend meinErsterIntWert zugewiesen.

Ergebnisorientiert betrachtet ist der Wert von meinErsterIntwert nach der ersten Zeile um 4 größer als zuvor.

Das Gleiche gilt für die anderen Zeilen, die den Wert einer Variablen mithilfe eines Rechenoperators ändern.

Weil diese Form der Variablenänderung häufig vorkommt – und Programmierer von Natur aus zu den bequemeren Menschen zählen – gibt es für die Kombination aus Operator und Zuweisung spezielle Operatoren; die *zusammengesetzten Zuweisungsoperatoren*.

Anstatt beispielsweise

```
meinErsterIntwert = meinErsterIntwert + 4;
```

zu schreiben, kürzen wir mit dem zusammengesetzten Zuweisungsoperator ab:

```
meinErsterIntwert += 4;
```

Tabelle 3.2 zeigt die zusammengesetzten Zuweisungsoperatoren der Grundrechenarten.

Operator	Bedeutung
+=	Addition
-=	Subtraktion
*=	Multiplikation
/=	Division[6]

Tabelle 3.2 Die zusammengesetzten Zuweisungsoperatoren der Grundrechenarten

Auch kompliziertere Ausdrücke können mitunter vereinfacht werden. So lässt sich

```
x = x + a * b;
```

vereinfachen zu

```
x += a * b;
```

Dieses Beispiel funktioniert aber nur deshalb reibungslos, weil der *-Operator stärker bindet als der +-Operator und somit die Multiplikation vor der Addition ausgeführt wird.

Nehmen wir einmal folgendes Beispiel:

```
x = x * a + b;
```

Wenn jetzt stupide die Umwandlungsregel angewendet wird, erhalten wir

```
x *= a + b; // FALSCH!
```

In der ausführlichen Schreibweise wird wegen der Bindungsstärke zuerst die Multiplikation x*a durchgeführt und anschließend das b hinzuaddiert.

Die abgekürzte Schreibweise benutzt einen Zuweisungsoperator, der zuerst immer den Ausdruck auf der rechten Seite bestimmt. Auf der rechten Seite steht aber a+b. Hier wird im Gegensatz zur ursprünglichen Fassung die Addition vor der Multiplikation ausgeführt.

---

6 Bei der Divison von Ganzzahlen wird das Ergebnis immer abgerundet.

Es muss daher penibelst auf die Ausführungsreihenfolge der Operatoren geachtet und diese bei der verkürzten Schreibweise unbedingt beibehalten werden.

Das obige Beispiel kann mit zusammengesetzten Zuweisungsoperatoren nicht in einer Anweisung geschrieben werden. Es würden zwei dieser Operatoren benötigt:

```
x *= a;
x += b;
```

Der Einsatz der zusammengesetzten Zuweisungsoperatoren ist ausgesprochen fragwürdig, weswegen hier von einer Anwendung abgesehen werden sollte.

Eine weitere, beliebte Fehlerquelle ist die Rückführung der Kurzschreibweise in die ausführliche Version, weil auch hier gerne die Reihenfolge der Operationen missachtet wird. Die Anweisung

```
x *= a + b;
```

könnte leichtfertig in

```
x = x * a + b; // FALSCH!
```

umgewandelt werden.

Allerdings wurde in der Kurzschreibweise noch die Addition vor der Multiplikation ausgeführt, was in der ausführlichen Fassung nicht mehr der Fall ist.

Um die ursprüngliche Reihenfolge beizubehalten, muss die Summe geklammert werden:

```
x = x * (a + b);
```

3.5 Modulo

Ein weiterer, die Grundrechenart Division ergänzender Operator ist der Modulo-Operator, auch Restwertoperator genannt.

> Der Modulo-Operator ist nur auf Ganzzahlen anwendbar und liefert den Rest einer Division.

Während a/b das abgerundete Ergebnis der Division bestimmt, liefert a%b den Rest der Division von a/b.

Listing 3.6 zeigt ein komplettes Beispiel für den Modulo-Operator.

```
#include <iostream>

using namespace std;

int main() {
  cout << "Bitte Zahl1 eingeben:";
  int zahl1;
  cin >> zahl1;
  cout << "Bitte Zahl2 eingeben:";
  int zahl2;
  cin >> zahl2;
  int quot=zahl1/zahl2;
  int rest=zahl1%zahl2;
  cout << "Das Ergebnis von " << zahl1 << " / " << zahl2;
  cout << " lautet " << quot << ", Rest " << rest << endl;
}
```

Listing 3.6 Bestimmung von Quotient und Restwert

Auch für den Modulo-Operator gibt es mit %= einen zusammengesetzten Zuweisungsoperator.

3.6   Inkrement & Dekrement

Wir haben mit den zusammengesetzten Zuweisungsoperatoren bereits eine Möglichkeit kennengelernt, die Addition und Subtraktion eines Werts zu und von einer Variablen verkürzt zu formulieren.

Nun kommt die Addition oder Subtraktion von 1 nochmals weitaus häufiger vor, was in C++ gleich mit zwei zusätzlichen Operatoren quittiert wurde, dem Inkrement- und dem Dekrementoperator.

```
int a=10;
int b=10;
a++;
b--;
```

Nach der Ausführung der obigen Codezeilen enthält a den Wert 11 und b den Wert 9.

Diese Funktionalität ist recht einfach, solange die Operatoren isoliert angewendet werden. Als Bestandteil eines komplexeren Ausdrucks gibt es jedoch einige Dinge zu berücksichtigen.

3.6.1 Post-Operatoren

Schauen wir uns folgendes Beispiel an:

```
int w=10,q;
q = w++;
```

Welchen Wert hat q? Eine mögliche Antwort könnte 11 lauten, weil w durch das Inkrement von 10 um 1 auf 11 erhöht wird und q diesen Wert dann zugewiesen bekommt.

Hier spielt jedoch eine Eigenschaft des Inkrementoperators eine wichtige Rolle: Das ++ steht hinter der Variablen, daher handelt es sich um ein Postinkrement.

> Bei den Post-Operatoren steht der Ausdruck für den *alten* Wert der Variablen.

Mit w gleich 10 ist der alte Wert von w++ 10, der neue Wert hingegen 11. Also besitzt im obigen Beispiel q den Wert 10 und w den Wert 11.

3.6.2 Prä-Operatoren

Als Gegenstück zu den Post-Operatoren gibt es in C++ die Prä-Operatoren, bei denen das ++ (oder --) vor der Variablen steht.

> Bei den Prä-Operatoren steht der Ausdruck für den *neuen* Wert der Variablen.

Ändern wir das vorige Beispiel entsprechend um:

```
int w=10,q;
q = ++w;
```

Nun hat q den Wert 11, denn der neue Wert von ++w beträgt 11.

3.6.3 Anwendungsgebiete

Grundsätzlich bieten der Inkrement- und Dekrementoperator bei elementaren Datentypen keine zusätzliche Funktionalität. Das Erhöhen oder Vermindern um 1 kann auch mit dem Additions- oder Subtraktionsoperator beziehungsweise den entsprechenden zusammengesetzten Zuweisungsoperatoren durchgeführt werden.

Trotzdem werden die Inkrement- und Dekrementoperatoren gerne eingesetzt:

- ▶ Bei Zählvariablen in Schleifen (Kapitel 5, »Schleifen«)
- ▶ Im Rahmen der Zeigerarithmetik (Abschnitt 9.7, »Zeigerarithmetik«)

▶ Bei eigenen Klassen. Im Zuge der Operatorüberladung können die Operatoren eine besondere Rolle spielen und nicht unbedingt durch andere Operatoren ersetzt werden. In diesem Buch wird später nur auf das Überladen der .NET-Operatoren eingegangen (Abschnitt 17.7, »Operatoren überladen«). Einzelheiten zum Überladen von C++-Operatoren können Sie in [Willms05] nachlesen.

3.7 Zusammenfassung

Dieses Kapitel befasste sich mit der Konsoleneingabe und den Rechenoperatoren.

Inhalte können mit `cin` über die Konsole in Variablen eingelesen werden.

Zur Verknüpfung von Variablen stehen die Grundrechenoperatoren +, -, * und /, sowie der Modulo-Operator % zur Verfügung, die jeweils noch in Kombination mit dem Zuweisungsoperator existieren: +=, -=, *=, /= und %=.

Bei den Operatoren ist die unterschiedliche Bindungsstärke (Priorität) zu berücksichtigen.

Zusätzlich wurden der Inkrement- (++) und der Dekrementoperator (--) besprochen, die beide in der Präfix- und Suffixform (Prä- und Postinkrement/-dekrement) vorkommen. Bei der Präfix-Form (++c) steht der Ausdruck für den neuen Wert von c, in der Suffix-Form (c++) für den alten Wert.

Werden Variablen unterschiedlichen Typs mit einem Operator verknüpft, dann ist der Ergebnistyp bestimmt durch den Operandentyp mit dem größeren Wertebereich. Soll demnach eine Division zweier ganzzahliger Typen eine Fließkommazahl ergeben, muss zuvor einer der Typen explizit mit `static_cast` in einen Fließkommatyp umgewandelt werden.

3.8 Übungen

1. Schreiben Sie ein Programm, welches den Anwender nach drei Zahlen fragt. Das Programm soll den Durchschnittswert der drei Zahlen berechnen und das Ergebnis ausgeben.

2. Schreiben Sie ein Programm, welches nach dem aktuellen Mehrwertsteuersatz in Prozent fragt. Anschließend soll der Anwender einen Nettopreis eingeben und das Programm liefert den dazugehörigen Bruttopreis.

Das Unsympathische an den Computern ist, dass sie nur »ja« oder
»nein« sagen können, aber nicht »vielleicht«.
– Brigitte Bardot

4   Verzweigungen

Bisher liefen unsere Programme schnurstracks vom Anfang zum Ende. Jeder
Befehl wurde immer ausgeführt, keiner ausgelassen. Häufig ist es aber sinnvoll,
die Ausführung eines Anweisungsbocks von einer Situation abhängig zu machen.

Nehmen wir ein Beispiel aus der Praxis. Sie haben soeben ein Ticket für eine Achterbahnfahrt erworben und wollen nun einsteigen. Als Brillenträger wäre nun
vielleicht ein guter Zeitpunkt, die Brille abzunehmen.

Wollten wir diesen Sachverhalt mit unserem bisherigen Wissen programmieren,
hätten wir ein Problem. Denn entweder jeder muss die Brille abnehmen, was
eine Hürde für Personen ohne Brille darstellen könnte, oder niemand muss die
Brille abnehmen.

Es wird die in Abbildung 4.1 dargestellte Möglichkeit benötigt, die Brille nur
dann abnehmen zu lassen, wenn die Person auch tatsächlich eine Brille trägt.

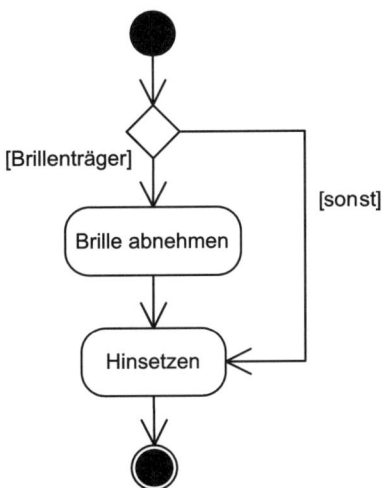

Abbildung 4.1   Mögliches Einsteigen bei einer Achterbahnfahrt

Die Abbildung zeigt, dass jemand ohne Brille gleich Platz nehmen kann, während Brillenträger zunächst die Brille abnehmen müssen. Und genau das ist eine **Verzweigung**. Anhand einer Bedingung (Brillenträger oder nicht) wird ein Programmteil abgearbeitet oder nicht.

4.1   Bedingungen & bool

Wie am obigen Beispiel schön zu erkennen ist, hängt die Ausführung einer Aktion von einer *Bedingung* ab. In der Programmierung können solche Bedingungen entweder wahr oder falsch sein. Dazwischen gibt es nichts.[1]

Für diese beiden Zustände existieren in C++ die Schlüsselwörter `true` und `false`. Zusätzlich wurde der Datentyp `bool` eingeführt, der diese beiden Werte – und nur diese – speichern kann.

```
bool a = true;
```

Speziell für Java-Programmierer gehört es zu den Merkwürdigkeiten von C++, dass folgender Code trotzdem problemlos kompiliert wird:

```
bool a = 5;
cout << a << endl;
```

Noch größer werden die Augen bei der Betrachtung der Ausgabe. Dort steht nämlich 1.

Das ist aber nicht verwunderlich, wenn man weiß, dass in C++ jeder Wert außer 0 wahr ist.

> In C++ ist jeder Wert außer 0 wahr.

Zugewiesen an eine `bool`-Variable wird aus der 5 dann `true`, was als Wert 1 ist. Dementsprechend steht `false` für den Wert 0. Möchte man bei der Ausgabe von `bool`-Variablen Wörter statt Zahlen haben, muss man zuvor einen Manipulator namens `boolalpha` in den Ausgabestrom schicken:[2]

```
bool a = 5;
cout << boolalpha << a << endl;
```

---

1   Die Aussagen »vielleicht Brillenträger« oder »ein bisschen Brillenträger« sind mit »herkömmlichen« Bedingungen nicht abzubilden.

2   Die Manipulatoren stehen in der Header-Datei `iomanip`, die für deren Einsatz eingebunden werden muss.

Dieser Manipulator hält nun für alle weiteren Ausgaben vor. Soll wieder zur numerischen Ausgabe gewechselt werden, muss `noboolalpha` ausgegeben werden.

4.2 Vergleichsoperatoren

Bleibt noch die Frage zu klären, wie in C++ eine Bedingung formuliert wird. Grundsätzlich wird eine Bedingung immer durch einen Vergleich definiert, der dann wiederum nur wahr oder falsch sein kann. Der Vergleich x>5 beispielsweise kann zu einem Zeitpunkt nur wahr oder falsch sein.

Diese Vergleiche werden mit **Vergleichsoperatoren** formuliert. Tabelle 4.1 listet alle Vergleichsoperatoren auf.

Operator	Bedeutung
<	Kleiner
<=	Kleiner gleich
==	Gleich
!=	Ungleich
>=	Größer gleich
>	Größer

Tabelle 4.1 Die Vergleichsoperatoren

Sehen wir uns dazu folgendes Fragment an:

```
1    int x=10;
2    bool a = (x>=10);
3    bool b = (x<5);
4    cout << boolalpha << a << endl;
5    cout << b << endl;
```

Listing 4.1 Der Einsatz von Vergleichsoperatoren

In den Zeilen 2 und 3 werden die Ergebnisse zweier Bedingungen jeweils einer `bool`-Variablen zugewiesen und anschließend ausgegeben.

4.3 if

Das Ausgeben des Ergebnisses einer Bedingung ist schön und gut, aber unser ursprüngliches Ziel war es, aufgrund einer solchen Bedingung Programmcode ablaufen zu lassen, oder eben nicht. Und dazu dient die `if`-Anweisung. Sie hat folgenden Aufbau:

```
if( boolescherWert )
{
}
```

Listing 4.2   Die Syntax von if

Abgearbeitet wird die Anweisung wie in Abbildung 4.2 dargestellt.

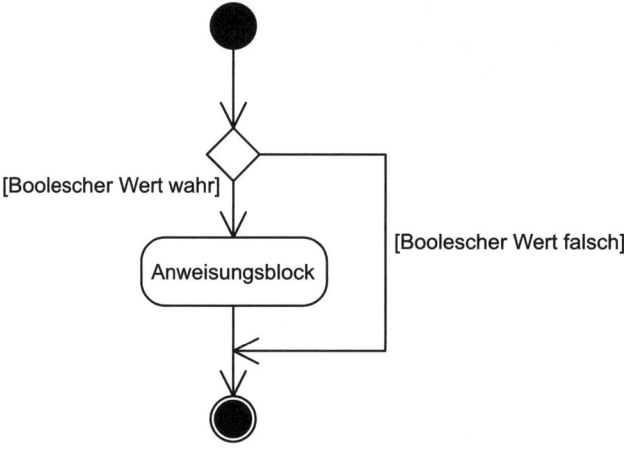

Abbildung 4.2   Funktionsweise der if-Anweisung

Sollte der boolesche Wert innerhalb der runden Klammern von `if` wahr sein, dann wird der in geschweiften Klammern stehende Anweisungsblock ausgeführt. Andernfalls wird er einfach übersprungen. Wir haben es hier mit einer *Wenn-Dann-Verzweigung* zu tun.

In den runden Klammern von `if` kann eine boolesche Variable stehen:

```
bool b=true;
if(b)
{
}
```

Auch die Angabe einer Bedingung ist möglich, weil diese ebenfalls einen booleschen Wert liefert:

```
int i=23;
if(i>50)
{
}
```

Und auch eine beliebige Variable ist möglich, weil alle Werte außer 0 wahr sind:

```
double d=3.14;
if(d)
{
}
```

Im obigen Fall wird der Anweisungsblock hinter if abgearbeitet, weil 3.14 definitiv nicht 0 ist.

In 4.3 sehen Sie ein komplettes Beispiel für die Anwendung von if.

```
#include <iostream>

using namespace std;

int main() {
  cout << "Bitte Wert eingeben:";
  int x;
  cin >> x;

  if(x<0) {
    cout << "Sie haben einen negativen Wert eingegeben!"
         << endl;
  }

  cout << "Der Wert lautet " << x << endl;
}
```

Listing 4.3 Ein Beispiel für if

Das Programm gibt den eingegebenen Wert aus, quittiert jedoch zusätzlich die Eingabe einer negativen Zahl.

Die Formatierung des Beispiels zeigt die übliche Vorgehensweise, die öffnende Klammer des Anweisungsblocks direkt hinter die vorhergehende Anweisung zu schreiben.

4.4 else

Häufig möchte man aber nicht nur eine Aktion ausführen, wenn eine Bedingung wahr ist, sondern auch noch Programmcode abarbeiten lassen, wenn die Bedingung wahr ist. Wir haben es dann mit einer *Entweder-Oder-Verzweigung* zu tun.

Bevor wir für die oben beschriebene Achterbahnfahrt Platz nehmen können, müssen wir ein Ticket erwerben. Das könnte wie in Abbildung 4.3 präsentiert vonstatten gehen.

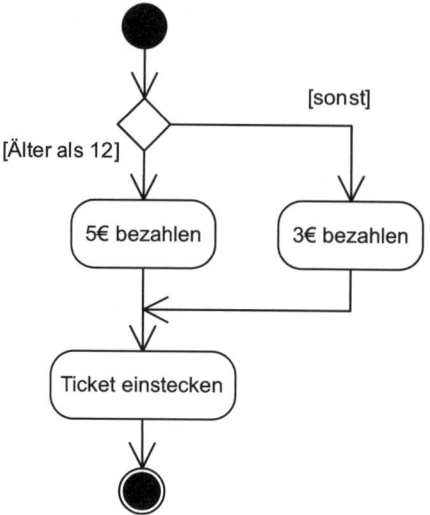

Abbildung 4.3 Kartenverkauf an der Achterbahn

Ist der Mitfahrer älter als 12 Jahre, muss er 5 Euro bezahlen, andernfalls 3 Euro. Er muss auf jeden Fall einen der beiden Preise bezahlen, entweder den einen oder den anderen, aber niemals beide oder keinen.

Ein numerisches Beispiel ist das Prüfen auf 0. Wenn eine Variable den Wert 0 hat, soll ein entsprechender Text erscheinen. Ist sie ungleich 0, dann soll auch dies über eine Ausgabe mitgeteilt werden. Auch hier haben wir wieder eine Entweder-Oder-Verzweigung. Entweder die Zahl ist 0 oder nicht. Eins von beiden muss zutreffen, niemals beides und niemals keins.

Mit unserem bisherigen Kenntnisstand können wir das Problem bereits lösen, indem wir zwei if-Verzweigungen hintereinander setzen; die erste prüft auf gleich 0, die zweite auf ungleich 0:

```
int x=1;
if(x==0) {
   cout << "Der Wert ist null." << endl;
}
if(x!=0) {
   cout << "Der Wert ist ungleich null." << endl;
}
```

Listing 4.4 Zweimal if für entweder-oder

Diese Lösung wirkt aber irgendwie doppelt gemoppelt, denn letztlich ist die zweite Bedingung nichts anderes als die negierte erste Bedingung. Weil eine solche Konstruktion häufiger vorkommt, gibt es das Schlüsselwort `else`, welches bezogen auf einen vorangehenden `if`-Anweisungsblock einen zweiten Anweisungsblock definiert, der immer dann ausgeführt wird, wenn die Bedingung bei `if` falsch ist:

```
if( boolescherWert ) {
  // Ausführen, wenn boolescher Wert wahr
}
else {
  // Ausführen, wenn boolescher Wert falsch
}
```

Das vorige Beispiel der Prüfung auf 0 kann dann wie folgt umgeschrieben werden:

```
int x=1;
if(x==0) {
  cout << "Der Wert ist null." << endl;
}
else {
  cout << "Der Wert ist ungleich null." << endl;
}
```

Listing 4.5 Entweder-oder mit if und else

4.4.1 Vereinfachungen

Für Anweisungsblöcke gibt es die angenehme Vereinfachung, die geschweiften Klammern weglassen zu können, wenn der Anweisungsblock nur aus einer Anweisung besteht. Damit lässt sich das obige Beispiel wie folgt verkürzen:

```
int x=1;
if(x==0)
  cout << "Der Wert ist null." << endl;
else
  cout << "Der Wert ist ungleich null." << endl;
```

Jedoch kann insbesondere bei verschachtelten Anweisungsblöcken durch diese Vereinfachung ein erhebliches Maß an Übersichtlichkeit verloren gehen. Deswegen sollten die Klammern im Zweifel lieber einmal zu viel als einmal zu wenig gesetzt werden.

4.5 Logische Operatoren

Stellen Sie sich vor, aus einem an dieser Stelle irrelevanten Anlass ist eine Zahl gültig, wenn sie größer 0 und kleiner 100 ist. Mit unserem bisherigen Wissen müssten wir für diese Abfrage zwei if-Anweisungen verschachteln:

```
int x=1;
if(x>0) {
  if(x<100) {
    cout << "Der Wert ist gueltig." << endl;
  }
}
```

Listing 4.6 Und-Verknüpfung mit zwei verschachtelten if-Blöcken

Oder mit den aus Abschnitt 4.4.1 vielleicht schon lieb gewonnenen Vereinfachungen:

```
int x=1;
if(x>0)
  if(x<100)
    cout << "Der Wert ist gueltig." << endl;
```

Listing 4.7 Eine verkürzte Form von Listing 4.6

Weil eine if-Anweisung samt Anweisungsblock (und ihrem vielleicht vorhandenen else-Block) als eine Anweisung gilt, kann auch bei der äußeren if-Anweisung auf die geschweiften Klammern verzichtet werden.

Bevor Sie weiter lesen: Wenn auch ausgegeben werden soll, dass ein Wert außerhalb des gültigen Bereichs ungültig ist, wo müsste diese Ausgabe im obigen Beispiel untergebracht werden?

Die Lösung mag auf den ersten Blick verwirren:

```
int x=1;
if(x>0)
  if(x<100)
    cout << "Der Wert ist gueltig." << endl;
  else
    cout << "Der Wert ist ungueltig." << endl;
else
  cout << "Der Wert ist ungueltig." << endl;
```

Listing 4.8 Zusätzliche Ausgabe bei ungültigem Wert

Die gewünschte Information wird an zwei Stellen ausgegeben. Bei genauerem Hinschauen ist das auch logisch, denn sowohl die erste, als auch die zweite `if`-Anweisung könnten feststellen, dass der Wert ungültig ist, daher muss auch jede `if`-Anweisung diese Information mit ihrem eigenen `else`-Block mitteilen.

In der abgekürzten Schreibweise ist optisch eigentlich nur durch das Einrücken einigermaßen ersichtlich, welches `else` zu welchem `if` gehört. Im Zweifel sollte daher die Schreibweise mit geschweiften Klammern verwendet werden:

```
int x=1;
if(x>0) {
  if(x<100) {
    cout << "Der Wert ist gueltig." << endl;
  }
  else {
    cout << "Der Wert ist ungueltig." << endl;
  }
}
else {
  cout << "Der Wert ist ungueltig." << endl;
}
```

Listing 4.9 Die ausführliche Fassung von 4.8

Worauf es in diesem Abschnitt aber hauptsächlich ankommt, ist die Erkenntnis, dass wir eine Verknüpfung von Bedingungen bisher nur durch die Verschachtelung von `if`-Anweisungen bewerkstelligt bekommen.

Es fällt nicht schwer zu glauben, dass die Verknüpfung von Bedingungen bei der Programmierung eher der Regelfall ist, deswegen gibt es – selbstverständlich – auch hier wieder eine einfachere Variante.

Es existieren nämlich zwei sogenannte *logische Operatoren*, in Tabelle 4.2 aufgeführt, die zwei Bedingungen zu einer Bedingung verknüpfen.

Operator	Bedeutung
&&	Logisches Und
||	Logisches inklusives Oder

Tabelle 4.2 Die logischen Operatoren

Der Und-Operator liefert genau dann `true`, wenn beide durch ihn verknüpften Bedingungen wahr sind. Ist nur eine der Bedingungen wahr oder keine, dann liefert er `false`.

Er ist damit der ideale Kandidat, um unser Beispiel mit der gültigen Zahl aufzupeppen:

```
int x=1;
if(x>0 && x<100)
  cout << "Der Wert ist gueltig." << endl;
else
  cout << "Der Wert ist ungueltig." << endl;
```
Listing 4.10 Die Und-Verknüpfung mit &&-Operator

Der zweite logische Operator ist der inklusive Oder-Operator, der genau dann `true` liefert, wenn mindestens eine der von ihm verknüpften Bedingungen wahr ist. Andernfalls liefert er `false`. Es handelt sich dabei also nicht um ein Entweder-Oder, bei dem die gleichzeitige Gültigkeit zweier Bedingungen ausgeschlossen ist. Aus diesem Grund ist es auch das inklusive Oder. Das exklusive Oder – für das es in C++ keinen eigenen Operator gibt – wäre damit ein Entweder-Oder.

Stellen wir uns einen Internetshop vor, der allen Personen, die aktuell 20 Jahre alt sind oder im Januar geboren wurden, einen Rabatt gewährt. Die Anweisung sähe dann so aus:

```
if(alter==20 || geburtsmonat==1) {
  // Rabatt gewähren
}
```

Theoretisch kann im obigen Codebeispiel jemand 20 Jahre alt und im Januar geboren sein, und bekommt trotzdem Rabatt. Dieses Verhalten würde man auch erwarten, funktioniert aber nur deshalb, weil es sich um ein inklusives Oder handelt. Wie mit den in C++ vorhandenen Mitteln ein exklusives Oder formuliert werden kann, behandelt Abschnitt 4.6, »Negationsoperator«.

4.5.1 Kurzschlusseigenschaften

Die logischen Operatoren besitzen noch ein besonderes Verhalten, das **Kurzschlusseigenschaft** genannt wird.

Schauen wir uns folgendes – zugegebenermaßen an den Haaren herbeigezogenes – Beispiel an:

```
int x=20, y=20, z=1;
if(--x==0 && --y==0)
  z--;
cout << "x = " << x << ", y = " << y << endl;
```

Wenn sowohl x als auch y gleich 0 sind, wird z um eins vermindert.

Die interessante Frage lautet aber: Welche Werte werden in der letzten Zeile für x und y ausgegeben?

Völlig unabhängig davon, ob das Dekrement nun Prä oder Post ist, bis zur letzten Zeile ist es auf jeden Fall ausgeführt. Daher sollte für x und y jeweils 19 ausgegeben werden.

Aber betrachten wir den Code etwas genauer. Da --x den neuen Wert von x liefert, prüft der erste Vergleich den Wert 19 auf 0, was natürlich false liefert.

Und jetzt kommt die Kurzschlusseigenschaft ins Spiel: Bei einer Und-Verknüpfung kommt nur dann true heraus, wenn beide verknüpften Bedingungen wahr sind. Wenn aber die erste Bedingung bereits als falsch identifiziert wurde – und das ist hier der Fall –, dann kann der Und-Operator nur noch false liefern, völlig unabhängig von dem Ergebnis der zweiten Bedingung. Es ist also eigentlich überhaupt nicht mehr notwendig, ja sogar Zeitverschwendung, die zweite Bedingung zu prüfen, weil das Gesamtergebnis längst feststeht. Und das sieht C++ auch so. Die zweite Bedingung wird nicht mehr ausgewertet und damit auch das Dekrement für y nicht ausgeführt.

Das Ergebnis der Ausgabe ist daher 19 für x und 20 für y.

Mal abgesehen davon, dass bei dem Einsatz der logischen Operatoren wegen der Kurschlusseigenschaft höllisch aufgepasst werden muss, wo könnte dieser Sachverhalt von Vorteil sein?

Dazu wieder einmal ein kleines Beispiel. Stellen Sie sich vor, Sie wollten überprüfen, ob der Wert 10 durch die Variable x geteilt größer 2 ist. Was müssen Sie dann auf jeden Fall sicherstellen? Genau, dass x nicht 0 ist, denn durch 0 teilen macht keinen guten Eindruck:

```
int x=20;
if(x!=0)
  if(10.0/x > 2)
    cout << "groesser 2" << endl;
```

Es wurde hier 10.0 geschrieben, weil es eine double-Konstante ist und deshalb das Ergebnis der Division ebenfalls vom Typ double sein wird.

Das obige Beispiel ist mit dem Wissen um die Kurzschlusseigenschaft der logischen Operatoren nun einfacher zu implementieren:

```
int x=20;
if(x!=0 && 10.0/x>2)
  cout << "groesser 2" << endl;
```

Bitte beachten Sie, dass ein Vertauschen der Operanden von && wegen der Kurz-schlusseigenschaft eine völlig andere Bedeutung ergeben würde.

In C++ sind die logischen Operatoren nicht kommutativ.

Dies läuft entgegen dem Verhalten, wie es vielleicht aus der booleschen Algebra bekannt ist.

4.6   Negationsoperator

Der *Negationsoperator* ! dient – wie der Name erahnen lässt – der Negation einer booleschen Aussage. Schauen wir uns dazu die folgenden Zuweisungen an:

```
bool a = true;
bool b = !a;
```

Listing 4.11   Der Einsatz des Negationsoperators

Die boolesche Variable a besitzt den Wert true. Anschließend wird der negierte Wert von a (false) der Variablen b zugewiesen. Es ist zu erkennen, dass der Negationsoperator nur einen Operanden erwartet.

Die Negation lässt sich auch auf eine Bedingung anwenden:

```
int x=15;
if( !(x > 20) )
  cout << "x kleiner gleich 20" << endl;
```

Die Klammerung der Bedingung ist wichtig, weil der Negationsoperator stärker bindet als die Vergleichsoperatoren. Die Schreibweise

```
if( !x > 20 )
```

würde zuerst die Variable x negieren. Diese hat den Wert 15 und ist damit aus boolescher Sicht true, die Negation davon ergibt false. Der Vergleichsoperator vergleicht numerisch, weswegen false als 0 angesehen wird. Wir haben also den Vergleich 0>20 erzeugt, was false ergibt.

4.6.1   Exklusives Oder

Kommen wir nun auf die Frage aus Abschnitt 4.5 zurück, wie das in C++ nicht vorhandene exklusive Oder formuliert werden kann.

Wenn entweder das eine oder das andere wahr ist, dann dürfen niemals beide gleichzeitig wahr sein. Das schreibt sich so:

```
if( (a && !b) || (!a && b) )
```

Entweder a ist true und b ist false oder a ist false und b ist true. Obwohl hier wieder der inklusive Oder-Operator eingesetzt wird, schließen sich die damit verknüpften Bedingungen logisch aus, denn a kann nicht gleichzeitig true und false sein, was ebenso für b gilt.

4.7   ?:-Operator

An manchen Stellen kann in C++ keine Anweisung stehen, wohl aber ein Ausdruck. Ein Beispiel ist die Elementinitialisierungsliste eines Konstruktors.[3]

Aus diesem Grund gibt es einen Operator, der die Funktionalität eines if-else-Konstrukts besitzt.

Betrachten wir das folgende Programmfragment, das der Variablen erg den größeren der beiden Werte von a und b zuweist:

```
int a=15, b=30, erg;
if(a>b)
  erg=a;
else
  erg=b;
```

Der Wert von erg hängt im obigen Beispiel von einer Bedingung ab; ist a>b wahr, dann wird erg der Wert von a zugewiesen, andernfalls der Wert von b.

Dies sieht mit dem ?:-Operator so aus:

```
int a=15, b=30, erg;
erg = (a>b)?a:b;
```

Listing 4.12   Der Einsatz des ?:-Operators

Die Bedeutung der einzelnen Teile ist in Abbildung 4.4 dargestellt.

Vor dem Fragezeichen steht die Bedingung, die den Wert des Ausdrucks bestimmt. Ist diese Bedingung wahr, dann nimmt der ?:-Operator den hinter dem Fragezeichen stehenden Wert an. Ist die Bedingung falsch, dann steht der ?:-Operator für den Wert hinter dem Doppelpunkt.

Weil der ?:-Operator auch viel kürzer ist und weniger Schreibarbeit erfordert, wird er gerne anstelle eines if-Konstrukts verwendet, auch wenn if problemlos einsetzbar wäre.

---

3   Abschnitt 10.5.3.

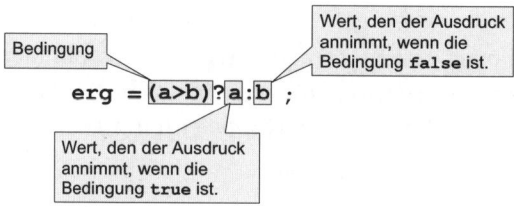

Abbildung 4.4 Die Funktionsweise des ?:-Operators

4.8 switch & case

Stellen Sie sich folgende Situation vor: Es wird eine Zahl eingelesen und wenn diese 3, 5 oder 7 ist, dann soll die Zahl als Wort (drei, fünf, sieben) ausgegeben werden. Bisher können wir dies nur mit drei if-Anweisungen bewerkstelligen:

```
cout << "Zahl eingeben:";
int x;
cin >> x;

if(x==3)
   cout << "drei" << endl;

if(x==5)
   cout << "fuenf" << endl;

if(x==7)
   cout << "sieben" << endl;
```
Listing 4.13 Fallunterscheidung mit if

Im konkreten Fall schließen sich die drei Bedingungen logisch aus (Der Wert kann zum Beispiel nicht gleichzeitig 3 und 5 sein). Theoretisch – und praktisch allemal – könnte aber in einem if-Anweisungsblock etwas geschehen, wodurch die nächste Bedingung wahr wird. Wir simulieren das einmal ganz plump, indem der Variablen der entsprechende Wert zugewiesen wird:

```
if(x==3) {
   cout << "drei" << endl;
   x=7;
}
if(x==5)
   cout << "fuenf" << endl;
if(x==7)
   cout << "sieben" << endl;
```

Sollte x zu Beginn nun 3 sein, dann wird »drei« und »sieben« ausgegeben. Obwohl dieses Verhalten in seltenen Fällen gewünscht sein mag, versucht man überwiegend, das Phänomen, das sich hier als mehrfache Ausgabe präsentiert, zu vermeiden. Doch wie?

Am einfachsten geht das, indem das folgende if-Konstrukt immer in den else-Teil des vorhergehenden if gepackt wird. Im Folgenden sehen Sie die das Ergebnis ausführlich mit Klammern und korrekter Einrückung (Das Setzen von x auf 7 wurde wieder entfernt):

```
if(x==3) {
  cout << "drei" << endl;
}
else {
  if(x==5) {
    cout << "fuenf" << endl;
  }
  else {
    if(x==7) {
      cout << "sieben" << endl;
    }
  }
}
```

Listing 4.14 Simulation eines else-if (ausführlich)

Wir haben auf diese Weise ein in C++ nicht vorhandenes else-if-Konstrukt simuliert. Um dies zu verdeutlichen, wird der Code formatiert, als gäbe es ein else-if:

```
if(x==3) {
  cout << "drei" << endl;
}
else if(x==5) {
  cout << "fuenf" << endl;
}
else if(x==7) {
  cout << "sieben" << endl;
}
```

Listing 4.15 Simulation eines else-if (kompakt)

Der eigentliche Punkt ist jedoch, dass es für die Unterscheidung verschiedener Fälle anhand von Werten die Fallunterscheidung gibt. Das obige Beispiel sieht mit der Fallunterscheidung so aus:

```
switch(x) {
  case 3:
    cout << "drei" << endl;
    break;

  case 5:
    cout << "fuenf" << endl;
    break;

  case 7:
    cout << "sieben" << endl;
    break;
}
```

Listing 4.16 Die Funktionsweise von switch

Die Funktionsweise ist in Abbildung 4.5 noch einmal grafisch dargestellt.

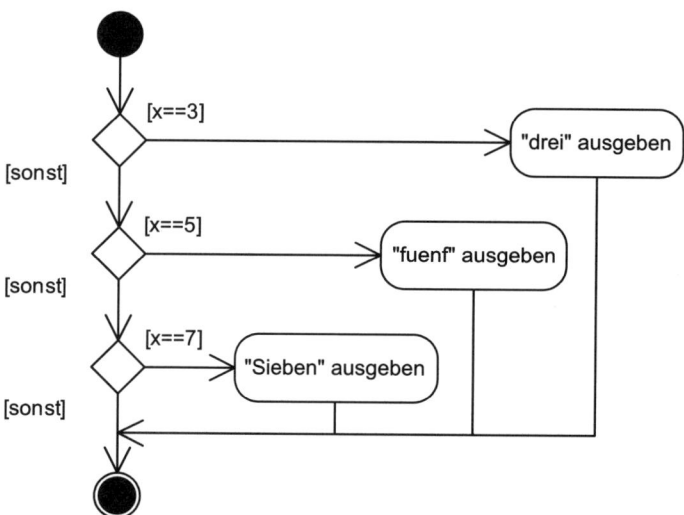

Abbildung 4.5 Die Funktionsweise von switch mit break

In den runden Klammern hinter switch wird angegeben, für welche Variable die
Fallunterscheidung getroffen werden soll. Erlaubt sind nur ganzzahlige Variablen
sowie die Variablentypen bool und char[4], die technisch auch zu den ganzzahligen Typen gezählt werden.

---

4 Abschnitt 8.1, »char«.

Hinter case steht eine ganze Zahl[5], die den Wert definiert, bei dem der case-Block abgearbeitet wird. Die Angabe von Bereichen ist nicht möglich.

Das break zum Abschluss jeden case-Blocks ist wichtig, damit nach der Ausführung des Blocks der switch-Block verlassen wird.

Es ist syntaktisch auch erlaubt, auf die break-Anweisungen zu verzichten:

```
switch(x) {
  case 3:
    cout << "drei" << endl;
  case 5:
    cout << "fuenf" << endl;
  case 7:
    cout << "sieben" << endl;
}
```

Allerdings ist das Verhalten etwas gewöhnungsbedürftig. Abbildung 4.6 zeigt den Ablauf.

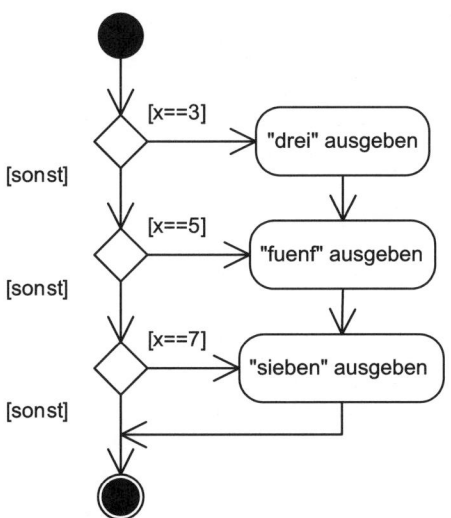

Abbildung 4.6 switch ohne break

Der Programmfluss zeigt sehr schön, dass die case-Anweisungen eigentlich nur Sprungmarken innerhalb des switch-Blocks sind. Der Wert 5 hat zum Beispiel die Ausgabe von »fuenf« und »sieben« zur Folge.

---

5 Es können auch die Schlüsselwörter true oder false sein oder ein Zeichen in einfachen Anführungszeichen (Abschnitt 8.1).

Ohne das break wird die entsprechende case-Marke angesprungen und das Programm von dort aus bis zum Ende des switch-Blocks durchlaufen.

Es stellt sich vielleicht die Frage, warum dieses Verhalten existiert und nicht automatisch nach Ende eines case-Blocks der gesamte switch-Block verlassen wird. Die Antwort ist einfach: Auf diese Weise können Codeverdopplungen vermieden werden.

Es kommt häufiger vor, dass für mehrere Fälle derselbe Programmcode abgearbeitet werden soll. Dies wäre mit switch nicht möglich, wenn ein case-Block automatisch beendet würde. Nehmen wir als Beispiel ein Programm, das nach einem Monat als Zahl fragt (1=Januar, 2=Februar etc.) und dann die Anzahl der Tage dieses Monats ausgibt. Schaltjahre sollen dabei unberücksichtigt bleiben. Mit switch könnte die Lösung so aussehen:

```cpp
#include <iostream>

using namespace std;

int main() {
  cout << "Bitte Monat eingeben (1-12):";
  int monat;
  cin >> monat;

  switch(monat) {
    case 1: case 3: case 5: case 7:
    case 8: case 10: case 12:
      cout << "Der Monat hat 31 Tage" << endl;
      break;

    case 4: case 6: case 9: case 11:
      cout << "Der Monat hat 30 Tage" << endl;
      break;

    case 2:
      cout << "Der Monat hat 28 Tage" << endl;
      break;
  }
}
```

Listing 4.17 Bestimmung der Tage eines Monats

Aus Platzgründen wurden einige case-Anweisungen nebeneinander geschrieben, was durchaus erlaubt und in diesem Fall auch sinnvoll ist.

4.8.1 default

Für `switch` gibt es noch einen besonderen Fall, nämlich denjenigen, der alle nicht behandelten Fälle abdeckt. Immer wenn die bei `switch` angegebene Variable einen Wert besitzt, für den es kein `case` gibt, dann wird – falls vorhanden – die `default`-Marke angesprungen.

Die `default`-Marke können wir bei der Bestimmung der Tage eines Monats in Listing 4.17 verwenden, um ungültige Monatsangaben abzufangen. Hier der aktualisierte `switch`-Block:

```
switch(monat) {
  case 1: case 3: case 5: case 7:
  case 8: case 10: case 12:
    cout << "Der Monat hat 31 Tage" << endl;
    break;

  case 4: case 6: case 9: case 11:
    cout << "Der Monat hat 30 Tage" << endl;
    break;

  case 2:
    cout << "Der Monat hat 28 Tage" << endl;
    break;

  default:
    cout << "Ungueltige Monatsangabe!" << endl;
    break;
}
```
Listing 4.18 switch-Block mit default-Marke

Die `default`-Marke muss nicht zwingend die letzte Marke im `switch`-Block sein.

4.9 Zusammenfassung

Dieses Kapitel legte den Schwerpunkt auf Verzweigungen. Die Grundlage einer Verzweigung bildet die Bedingung, die entweder wahr oder falsch sein kann. Diesem Sachverhalt wird der Datentyp `bool` gerecht, dessen Wertebereich nur diese beiden Werte (`true` und `false`) umfasst.

Über `if` wird die Ausführung eines Anweisungsblocks vom Wert einer Bedingung abhängig gemacht. Optional kann hinter einem `if`-Anweisungsblock ein else-Block folgen, der dann ausgeführt wird, wenn die Bedingung hinter if falsch ist.

Eine andere Art der Verzweigung ist die Fallunterscheidung (switch), bei der über den Wert einer Variablen (case) entschieden wird, welcher Programmcode zur Ausführung kommt.

Die bei den Verzweigungen zur Anwendung kommenden Bedingungen können über die logischen Operatoren (&& und ||) zu einer Bedingung verknüpft werden.

4.10 Übungen

1. Schreiben Sie ein Programm, das den Anwender nach seinem Alter fragt. Das Programm soll dann ausgeben, ob der Anwender volljährig oder minderjährig ist.

2. Schreiben Sie ein Programm, das den Anwender nach einer Ganzzahl fragt. Das Programm soll dann ausgeben, ob die Zahl negativ, null oder positiv ist.

3. Es soll ein Programm geschrieben werden, dass den Anwender nach zwei Zahlen fragt. Das Programm soll bestimmen und ausgeben, ob die zweite Zahl ein Teiler der ersten Zahl ist.[6]

4. Schreiben Sie ein Programm, das nach einer Zahl fragt und anschließend bestimmt, ob die Zahl gerade oder ungerade ist.

5. Schreiben Sie ein Programm, welches drei Zahlen eingeben lässt und dann die größte der drei Zahlen ausgibt.

6. Es soll eine Jahreszahl eingegeben werden. Das Programm bestimmt, ob es sich bei dem eingegebenen Jahr um ein Schaltjahr handelt. Zunächst soll die einfache Regel programmiert werden, nach der jedes durch 4 teilbare Jahr ein Schaltjahr ist.

7. Das Schaltjahrprogramm soll durch eine weitere Regel ergänzt werden: Ist das Jahr durch 4 teilbar und durch 100 teilbar, dann ist es doch kein Schaltjahr.

8. Das Schaltjahr soll durch eine weitere Regel ergänzt werden: Ist das Jahr durch 4, durch 100 und durch 400 teilbar, dann ist es doch wieder ein Schaltjahr.

---

6 Kleiner Tipp: Eine Zahl ist dann ein Teiler einer anderen Zahl, wenn die Division glatt, also ohne Rest erfolgt.

Wer A sagt, der muss nicht B sagen.
Er kann auch erkennen, dass A falsch war.
– Bertolt Brecht

5 Schleifen

Dieses Kapitel behandelt als Schwerpunkt die Schleifen. Sie dienen der Wiederholung von Code-Abschnitten. Vielleicht stellt sich die Frage, warum Code wiederholt werden soll. Es reicht doch aus, wenn das Ergebnis einmal auf dem Bildschirm erscheint.

Das stimmt, aber stellen Sie sich vor, Sie müssten zehn Zahlen einlesen und diese aufaddieren. Dann macht es sehr wohl einen Unterschied, ob Sie die Eingabe für jede Zahl einzeln – also zehnmal – programmieren, so wie wir es mit dem jetzigen Stand machen müssten, oder ob die Eingabe einmal programmiert und dann zehnmal wiederholt wird.

5.1 while

Die einfachste Form der Wiederholung ist die `while`-Schleife. Ihr syntaktischer Aufbau gleicht der `if`-Anweisung:

```
while( boolescherWert )
{
}
```
Listing 5.1 Die Syntax von while

Der Programmablauf unterscheidet sich aber wesentlich, wie Abbildung 5.1 zeigt.

Genau wie bei der `if`-Anweisung wird der Anweisungsblock nur ausgeführt, wenn der in den runden Klammern angegebene boolesche Wert `true` ist. Nach der Ausführung des Anweisungsblocks springt das Programm aber wieder zurück zum Schleifenkopf und prüft den booleschen Wert erneut. Sollte er immer noch `true` sein, dann wird der Anweisungsblock nochmals ausgeführt, und so weiter.

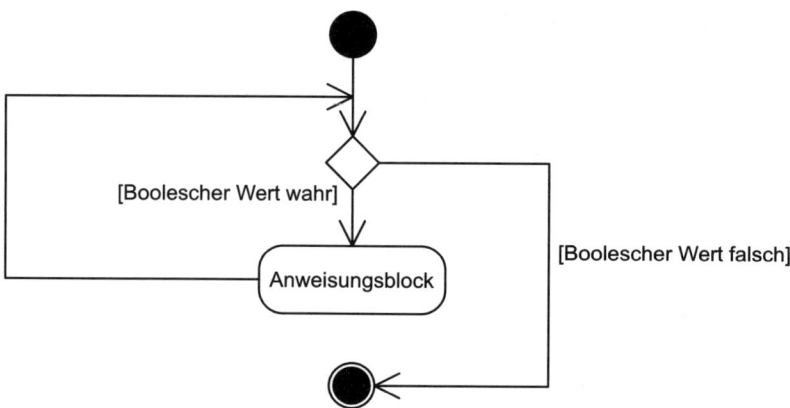

Abbildung 5.1   Die while-Schleife

Erst wenn der boolesche Wert `false` ist, wird die Schleife beendet und das Programm fährt hinter der Schleife fort.

Die simpelste Form der Schleife sieht so aus:

```
while(true) {
    cout << "Ich bin eine Schleife" << endl;
}
```

Listing 5.2   Eine Endlosschleife

Diese Schleife gibt wiederholt einen Text aus. Der Programmablauf zieht sich allerdings dahin, und wer den Sportsgeist besitzt, auf das Ende des Programms zu warten, sollte Zeit mitbringen.

Wir haben bei `while` als booleschen Wert `true` angegeben. Da `true` den Wert `true` hat und sich das auch nicht so schnell ändert, wird die Schleife niemals enden. Wir haben eine Endlosschleife konstruiert.

In den meisten Fällen ist eine solche Schleife unerwünscht. Sie ist nur dann sinnvoll, wenn es innerhalb der Schleife einen anderen Mechanismus zum Schleifenabbruch gibt, wie zum Beispiel `break`[1] oder `return`[2].

An dieser Stelle wollen wir den Fokus aber auf eine Programmierung lenken, bei der die Schleife sauber beendet wird. Dies geschieht nur, wenn der boolesche Wert bei `while` irgendwann einmal `false` wird. Das schließt den Einsatz von Konstanten schon mal aus.

---

1   Abschnitt 5.5, »break«.
2   Abschnitt 6.4, »Rückgabewerte«.

Wir brauchen also eine Variable, die eine Zeit lang `true` liefert und dann zu `false` wechselt. Am einfachsten erreichen wir dies durch die Formulierung einer Bedingung:

```
int a=1;
while(a<=10) {
  cout << a << endl;
  a++;
}
```

Listing 5.3 Eine Schleife, die von 1-10 zählt

Die Variable `a` wird zu Beginn mit dem Wert 1 initialisiert. Die Bedingung der `while`-Schleife (`a<=10`) ist damit `true` und der Anweisungsblock der Schleife wird ausgeführt. Darin wird die Variable ausgegeben und um 1 erhöht.

Am Ende des Anweisungsblocks springt das Programm wieder zum Schleifenkopf und prüft die Bedingung erneut. Nun ist `a` gleich 2 und die Bedingung immer noch `true`; der Anweisungsblock wird wieder ausgeführt.

So läuft die Schleife, bis `a` den Wert 11 erreicht und die Bedingung damit `false` wird. Die Schleife bricht ab.

Wenn wir uns den Anweisungsblock genauer ansehen, stellen wir fest, dass die Ausgabe `a` ausgibt, bevor es inkrementiert wird. Gewissermaßen wird der alte Wert von `a` ausgegeben. Nun sollte es klingeln. Alter Wert ... da war doch was. Genau, Postinkrement. Wenn ohnehin der alte Wert ausgegeben wird, dann können wir gleich bei der Ausgabe ein Postinkrement tätigen und haben so den Anweisungsblock auf eine Anweisung verkleinert. Und bei einer Anweisung im Anweisungsblock können wir die Klammern weglassen:

```
int a=1;
while(a<=10)
  cout << a++ << endl;
```

Listing 5.4 Die Schleife in kompakter Form

Um sich noch ein wenig mit der Schleifenmechanik zu beschäftigen, können Sie darüber nachdenken, wie die Schleife noch verändert werden müsste, wenn anstelle von `a++` das Präinkrement `++a` verwendet wird. Die Schleife soll dann natürlich weiterhin die Zahlen von 1 bis 10 ausgeben.

Die Lösung sieht so aus (die veränderten Stellen sind hervorgehoben):

```
int a=0;
while(a<10)
   cout << ++a << endl;
```
Listing 5.5 Mit Präinkrement von 1-10 zählen

Aus Gründen der Lesbarkeit sollte die erste Variante bevorzugt werden.

5.2 do

Der zweite Schleifentyp in C++ ist die `do-while`-Schleife. Sie sieht syntaktisch so aus:

```
do {
} while( boolescherWert);
```
Listing 5.6 Die Syntax von do

Bitte beachten Sie das abschließende Semikolon hinter `while` (weil kein Anweisungsblock folgt).

Im Vergleich zur `while`-Schleife steht das `while` nun am Ende des Schleifenblocks, was sich auch in der Schleifenlogik niederschlägt, die in Abbildung 5.2 dargestellt ist.

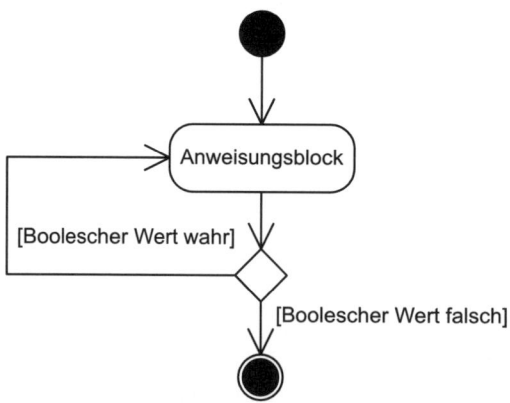

Abbildung 5.2 Die do-while-Schleife

Wie die Abbildung klar zeigt, wird der Anweisungsblock beim Eintritt in die Schleife auf jeden Fall einmal ausgeführt, völlig unabhängig davon, ob der boolesche Wert `true` oder `false` ist.

Wir erinnern uns: Bei der `while`-Schleife ist es theoretisch auch möglich, dass der Schleifenblock überhaupt nicht ausgeführt wird, nämlich wenn der boolesche Wert zu Beginn bereits `false` ist.

Die `do-while`-Schleife führt ihren Schleifenblock aber definitiv einmal aus. Wozu kann das nützlich sein? Immer dann, wenn die Bedingung der Schleife von Anweisungen im Schleifenblock abhängig ist.

Nehmen wir als Beispiel ein Programm, das den Anwender nach einer Zahl fragt. Liegt diese Zahl nicht im gültigen Bereich, muss der Anwender die Zahl erneut eingeben, bis er eine gültige Zahl eingegeben hat. Bei dieser Aufgabe hängt die Bedingung der Schleife (laufe, solange eingegebene Zahl ungültig) von der Eingabe im Schleifenblock ab. Der Schleifenblock muss demnach erst einmal ausgeführt werden, bevor die Schleifenbedingung sinnvoll geprüft werden kann. Schauen wir uns das dazugehörige Programm an, das von einem gültigen Bereich der Zahl zwischen einschließlich 1 und 100 ausgeht:

```
int a;
do {
  cout << "Zahl eingeben [1,100]:";
  cin >> a;
} while(a<1 || a>100);
```
Listing 5.7 Prüfen auf eine gültige Zahl

Es ist bei diesem Beispiel ausgesprochen wichtig, dass die Variable a außerhalb des Schleifenblocks definiert wird. Warum das so ist, erklärt Abschnitt 6.2.

Die im Schleifenblock eingelesene Variable wird am Schleifenende in `while` überprüft. Wenn der Wert nicht im gültigen Bereich liegt, wird nochmals der Schleifenblock durchlaufen und der Wert eingelesen.

Dieses Problem hätte auch mit einer `while`-Schleife gelöst werden können:

```
int a=0;
while(a<1 || a>100) {
  cout << "Zahl eingeben [1,100]:";
  cin >> a;
}
```
Listing 5.8 Prüfen auf gültige Zahl mit while

Der Ansatz mit der `while`-Schleife hat aber einen Schönheitsfehler: Weil die Bedingung bei `while` schon vor der Abarbeitung des Anweisungsblocks geprüft wird, müssen wir dafür Sorge tragen, dass die Schleife mit Sicherheit auch betreten wird. Die obige Lösung erreicht dies, indem die Variable a mit einem ungültigen Wert vorinitialisiert wird.

Diese Lösung ist aber weitaus fehleranfälliger, weil bei einem Wechsel des gültigen Bereichs (z. B. [–100,100]) der Initialisierungswert von a plötzlich gültig sein könnte. Er müsste deshalb ebenfalls angepasst werden. Bei einem kleinen Programm wie unserem Beispiel ist das noch überschaubar, aber in komplexeren Programmen kann diese zusätzliche Änderung leicht übersehen werden.

Der Ansatz mit der do-while-Schleife ist in diesem Fall der bessere.

5.3   for

Der komplexeste Schleifentyp in C++ ist die for-Schleife. Nehmen wir zum besseren Verständnis die folgende, von 1 bis 10 zählende Schleife zu Hilfe:

```
int a=1;
while(a<=10) {
   cout << a << endl;
   a++;
}
```
Listing 5.9   Zählen von 1–10

Wirklich als nützliche Anweisung wiederholt wird eigentlich nur die Ausgabe. Alle anderen Befehle sind technische Maßnahmen, um überhaupt eine kontrollierte Wiederholung zustande zu bringen. Schauen wir uns diese Teile einmal im Detail an:

```
int a=1;
```

Dieser Teil initialisiert die Zählvariable mit dem Wert 1.

```
while(a<=10)
```

Hier wird die Laufbedingung der Schleife formuliert (laufe, solange der Wert der Zählvariablen kleiner gleich 10 ist).

Der dritte und letzte Teil dient dazu, die Schleife in den nächsten Schritt zu überführen, indem die Zählvariable um 1 erhöht wird:

```
a++;
```

Man nennt diesen Schritt bei einer Schleife auch Iteration. Die for-Schleife fasst diese drei Aspekte syntaktisch komprimiert zusammen:

```
for(int a=1; a<=10; a++)
  cout << a << endl;
```

Abbildung 5.3 hebt die wichtigen Bestandteile hervor.

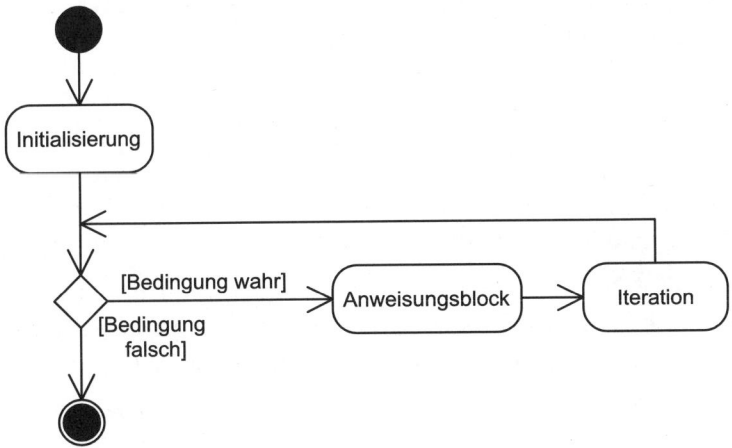

Abbildung 5.3 Die Bestandteile der for-Schleife

Die tatsächliche Reihenfolge der einzelnen Anweisungen ist der Syntax nur bedingt zu entnehmen. Sie ist in Abbildung 5.4 dargestellt.

Abbildung 5.4 Der Ablauf einer for-Schleife

Am Anfang wird einmalig der Initialisierungsteil ausgeführt. Danach wird – wie bei einer while-Schleife – die Bedingung geprüft, noch vor der Ausführung des Anweisungsblocks. Ebenso wie bei der while-Schleife ist es demnach möglich, dass bei einer ursprünglich falschen Bedingung der Anweisungsblock nie zur Ausführung kommt.

Sollte die Bedingung wahr sein, wird der Anweisungsblock und daran anschließend der Iterationsteil abgearbeitet. Obwohl also der Iterationsteil mit im Schleifenkopf steht, wird er erst *nach* dem Anweisungsblock ausgeführt.

Nach der Iteration wird wieder die Bedingung geprüft und gegebenenfalls eine weitere Wiederholung eingeleitet.

5.4 Wann welche Schleife?

Diese Frage wird häufig gestellt, eine eindeutige Antwort existiert jedoch nicht. Prinzipiell gibt es kein Problem, dass nicht mit allen drei Schleifenkonstrukten gelöst werden kann.

Die Praxis zeigt lediglich, dass bei bestimmten Problemen der ein oder andere Schleifentyp eine syntaktisch elegantere Formulierung erlaubt oder eine geringere Fehleranfälligkeit mit sich bringt. In diesem Zusammenhang sei auf das Beispiel mit dem Einlesen einer Zahl und anschließendem Prüfen auf Gültigkeit verwiesen. Unsere Betrachtungen haben gezeigt, dass hier ganz klar die do-while-Schleife die Nase vorn hat.

Folgende Tipps sollen als grobe, unverbindliche Richtlinien gelten:

▶ Verwenden Sie eine while-Schleife, wenn das Ende der Schleife im Vorfeld nicht bekannt ist, wie zum Beispiel beim Auslesen einer Datei, dem Herunterladen eines HTML-Dokuments aus dem Internet etc.

▶ Benutzen Sie eine do-while-Schleife, wenn die Schleifenbedingung von Ergebnissen abhängig ist, die erst im Schleifenblock ermittelt werden. Ein Beispiel ist das Abfragen einer Zahl aus Abschnitt 5.2.

▶ Eine for-Schleife sollte eingesetzt werden, wenn etwas durchlaufen werden soll, dessen Anfang und Ende bekannt ist, beispielsweise ein Feld, ein Datencontainer, ein Suchergebnis etc.

Es ist klar, dass es für diese Anregungen bestimmt genauso viele Gegenbeispiele wie Bestätigungen gibt, deswegen betrachten Sie die vorangehenden Abschnitte wirklich nur als Denkanstoß.

5.5 break

Der Befehl break ist uns bereits bei der Fallunterscheidung in Abschnitt 4.8, »switch & case« begegnet. Dort sorgte er für ein Verlassen des switch-Blocks. Innerhalb einer Schleife leistet er ähnliche Dienste; er beendet die innerste Schleife.

Mit seiner Hilfe ist es möglich, eine von der Bedingung her Endlosschleife zu programmieren, die praktisch allerdings ein Ende hat:

```
int a=1;
while(true) {
  if(a>10)
```

```
    break;
  cout << a++ << endl;
}
```

Listing 5.10 Schleifenabbruch mit break

Alleine von der `while`-Konstruktion haben wir eine Endlosschleife, wäre in ihrem Block nicht die `if`-Anweisung, die ein `break` ausführt, sobald a größer 10 ist.

Um zu zeigen, dass nur die innerste Schleife beendet wird, lassen wir den obigen Code mit einer weiteren Schleife zweimal ausführen. Zur Abwechslung nehmen wir eine `for`-Schleife[3]:

```
for(int b=1; b<=2; b++) {
  int a=1;
  while(true) {
    if(a>10)
      break;
    cout << a++ << endl;
  }
}
```

Listing 5.11 break bei verschachtelten Schleifen

Die äußere Schleife versieht zuverlässig ihren Dienst, während die innere Schleife wie gehabt von `break` beendet wird.

5.6 continue

Ein weiterer Befehl zur Kontrolle des Schleifenflusses ist `continue`. Er bricht nicht wie `break` die gesamte Schleife ab, sondern nur die Abarbeitung des Schleifenanweisungsblocks, um zum nächsten Iterationsschritt zu gelangen. Nehmen wir einmal folgendes, sinnloses Beispiel:

```
for(int w=1; w<=10; w++) {
  if(w==6)
    continue;
  cout << w << endl;
}
```

Wenn Sie dieses Codefragment kompilieren und starten, werden Sie sehen, dass die 6 nicht ausgegeben wird.

---

3 Eine `while`- oder `do while`-Schleife hätte natürlich denselben Zweck erfüllt.

Denn mit w gleich 6 wird der Befehl continue ausgeführt, der an das Ende des Anweisungsblocks springt – und damit die Ausgabe überspringt – und das Programm mit dem Iterationsschritt fortsetzt.[4]

5.7 Zusammenfassung

In diesem Kapitel haben Sie gelernt, Codeabschnitte zu wiederholen. Dazu werden Schleifen eingesetzt.

Die einfachste Schleife ist while, die ihren Anweisungsblock so lange wiederholt, wie die hinter while angegebene Bedingung wahr ist.

Mit der do while-Schleife gibt es die Möglichkeit, die Bedingung der Schleife erst am Ende des Anweisungsblocks zu prüfen. Der Anweisungsblock wird damit auf jeden Fall einmal ausgeführt.

Die for-Schleife kapselt syntaktisch die Initialisierung, Laufbedingung und Iteration im Schleifenkopf, ist technisch aber wie while eine Schleife, die erst die Bedingung prüft und dann gegebenenfalls den Anweisungsblock ausführt.

Durch break kann die innerste Schleife abgebrochen werden. Über continue wird zum nächsten Iterationsschritt der Schleife gesprungen.

5.8 Übungen

1. Schreiben Sie ein Programm, das alle Zahlen von 30 bis 90 in 5er-Schritten ausgibt (30, 35, 40, 45, … , 85, 90).

2. Schreiben Sie ein Programm, das nach einem Start- und einem Endwert fragt. Das Programm soll dann alle Zahlen einschließlich des Start- und Endwerts ausgeben. Bedenken Sie, dass das Programm die Zahlen absteigend ausgeben muss, wenn der Startwert größer als der Endwert ist.

---

4 Bedenken Sie, dass bei einer while- oder do while-Schleife die Erhöhung/Verminderung der Variablen zum Anweisungsblock gehört und daher mit continue ebenfalls übersprungen wird.

EDV-Systeme verarbeiten, womit sie gefüttert werden.
Kommt Mist rein, kommt Mist raus.
– André Kostolany

6 Funktionen & Module

Wir haben mit Schleifen die Möglichkeit, Codeabschnitte zu wiederholen. Was aber, wenn diese Codeabschnitte an verschiedenen Stellen im Programm liegen?

Nehmen wir als Arbeitsgrundlage folgendes Codefragment:

```
cout << "Blahblahblah" << endl;
cout << "------------" << endl;
cout << "Blahblahblah" << endl;
```

Die Ausgabe von »Blahblahblah« – die hier stellvertretend für komplexere Codeabschnitte steht – erfolgt in identischer Art und Weise an zwei verschiedenen Stellen im Code. Obwohl zweimal dasselbe geschieht, steht der dazu notwendige Code zweimal im Programm. Nicht nur, dass das Programm dadurch länger wird, bei eventuellen Änderungen an den Codeabschnitten müssen alle Abschnitte geändert werden. Die Gefahr, dass nicht alle in gleichem Maße geändert werden oder ein Abschnitt übersehen wird, ist groß.

Es wäre doch viel praktischer, wenn die Ausgabe von »Blahblahblah« nur einmal im Programm vorkäme und wir nur noch darauf verweisen müssten.

6.1 Funktionen

Die Lösung dieses Problems lautet Funktionen. Mithilfe einer Funktion haben wir die Möglichkeit, Programmcode in einer unabhängigen Einheit zu kapseln. Schauen wir uns zuerst in Abbildung 6.1 den grundlegenden Aufbau einer Funktion an.

Unsere Funktion soll keinen Rückgabewert besitzen (wir wissen augenblicklich ja noch nicht mal, was das ist), deswegen muss vor dem Funktionsnamen `void` stehen.

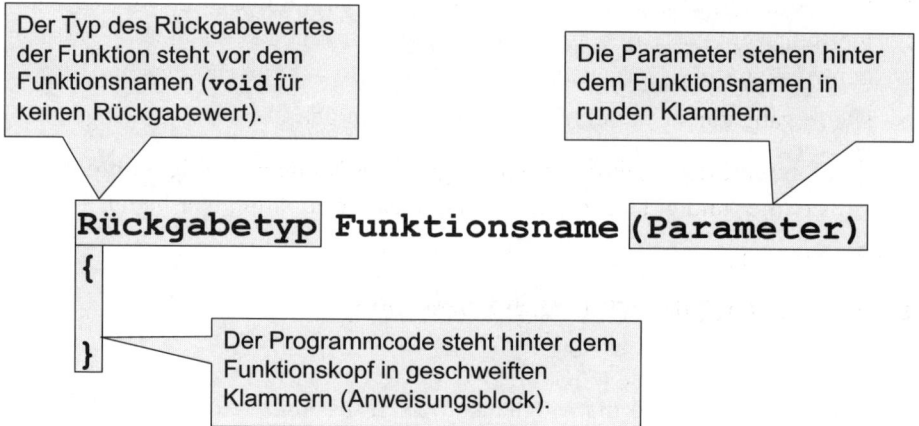

Der Typ des Rückgabewertes der Funktion steht vor dem Funktionsnamen (**void** für keinen Rückgabewert).

Die Parameter stehen hinter dem Funktionsnamen in runden Klammern.

Der Programmcode steht hinter dem Funktionskopf in geschweiften Klammern (Anweisungsblock).

Abbildung 6.1   Der grundlegende Aufbau einer Funktion

Der Funktionsname sollte möglichst aussagekräftig sein, damit der Anwender schnell erfassen kann, welchem Zweck die Funktion dient. Passend wäre hier blahausgabe.

Hinter dem Funktionsnamen stehen Funktionsparameter. Da wir noch nicht besprochen haben, was damit gemacht wird, verzichten wir bis auf Weiteres auf sie und lassen die runden Klammern leer.

Im Anweisungsblock hinter dem Funktionskopf steht der zur Funktion gehörende Programmcode, in diesem Fall die Ausgabe von »BlahBlahBlah«.

Daraus folgt die nachstehende Funktion:

```
void blahausgabe() {
  cout << "Blahblahblah" << endl;
}
```
Listing 6.1   Die Funktion »blahausgabe«

Für unsere ersten Ausflüge in die Programmierung von Funktionen ist es ausgesprochen wichtig, dass die neue Funktion *vor* main steht. Später werden wir in dieser Hinsicht noch flexibler.

Einige Punkte sind bei der Definition einer Funktion zu beachten:

▶ Auch wenn die Funktion keine Parameter besitzt, muss das leere, runde Klammerpaar vorhanden sein.

▶ Die Vereinfachungsregel aus Abschnitt 4.4.1 ist bei den geschweiften Klammern des Funktionsanweisungsblocks nicht anwendbar; sie müssen geschrieben werden, auch wenn der Funktionsblock nur aus einer Anweisung besteht.

▶ Die Angabe von `void` bei nicht erwünschtem Rückgabewert ist zwingend.

Aufgerufen wird die Funktion durch Angabe des Namens, gefolgt von der Parameterliste (die runden Klammern), die bei unserer Funktion leer bleibt:

```
blahausgabe();
```

Sehen wir uns nun das vollständige Programm an:

```
#include <iostream>

using namespace std;

void blahausgabe() {
   cout << "Blahblahblah" << endl;
}

int main() {
   blahausgabe();
   cout << "------------" << endl;
   blahausgabe();
}
```

Listing 6.2 Definition und Aufruf einer Funktion

Jedes Mal, wenn die Funktion `blahausgabe` aufgerufen wird, springt das Programm zur Funktion und merkt sich den Punkt, von dem aus es zur Funktion gesprungen ist. Nach Beendigung der Funktion springt das Programm dann an die Stelle zurück, an der die Funktion aufgerufen wurde, und fährt dort mit der Ausführung fort.

6.2   Lokale Variablen

Bevor wir uns mit Funktionsparametern befassen, müssen wir noch Klarheit darüber schaffen, was lokale Variablen sind. Nehmen wir dazu Listing 5.7 von Seite 97 und wandeln es leicht ab:

```
do {
   cout << "Zahl eingeben [1,100]:";
   int a;
```

```
   cin >> a;
} while(a<1 || a>100); // Fehler
```

Listing 6.3 Eine Schleife mit lokalen Variablen

Anders als im Original wird die Variable a jetzt innerhalb des Schleifenblocks definiert. Erstaunlicherweise meldet der Compiler in der letzten Zeile einen Fehler. Angeblich sei die Variable a überhaupt nicht deklariert. Und das Schlimme ist: Er hat recht.

Ohne dass wir es bisher wussten, arbeiten wir ausschließlich mit lokalen Variablen.

Lokale Variablen werden innerhalb eines Anweisungsblocks definiert und sind nur in ihm (und in darin eingeschlossenen Blöcken) zugänglich.

Und genau deshalb ist a in der letzten Zeile unseres Programms nicht mehr existent, weil while außerhalb des Anweisungsblocks liegt.

In diesem Fall haben wir die Variable zu spät definiert, denn damit sie hinter dem Schleifenblock noch existiert, muss sie vor dem Schleifenblock definiert werden.

Trotzdem hat die späte Definition von Variablen ihre Vorteile. Zur Demonstration wird der Fehler im vorigen Codeabschnitt behoben und eine Ergänzung vorgenommen:

```
cout << "Wollen Sie eine Zahl eingeben? (1=ja, 0=nein):";
int x;
cin >> x;

if(x==1) {
  int a;
  do {
    cout << "Zahl eingeben [1,100]:";
    cin >> a;
  } while(a<1 || a>100);
  cout << "Eingegebene Zahl: " << a << endl;
}
```

Listing 6.4 Sinnvoller Einsatz einer späten Definition

Nun wird der Anwender vorher gefragt, ob er überhaupt eine Zahl eingeben soll. Die Variable a wurde jetzt innerhalb des if-Blocks, aber außerhalb des Schleifenblocks definiert. Aber man hätte ja auch gleich Nägel mit Köpfen machen und a noch vor dem if-Block definieren können. Hätte man, aber die jetzige Variante ist performanter. Und zwar aus einem einfachen Grund:

Wozu wird die Variable a benötigt, wenn der Anwender gar keine Zahl eingeben möchte? Für nichts. Warum sie dann also definieren?

Durch die Definition im if-Block wird a nur dann angelegt, wenn der Anwender auch wirklich eine Zahl eingeben möchte. Wenn nicht, bleibt dem Rechner das Reservieren des für a nötigen Speichers erspart. Das Programm läuft schneller und benötigt weniger Speicher. Zugegeben, bei den heutigen Rechnern fällt diese Einsparung so gut wie überhaupt nicht ins Gewicht, aber in einer anderen Situation könnte solch ein Codeabschnitt in einer sich millionenfach wiederholenden Schleife stecken. Glauben Sie mir, dann macht sich die Optimierung auf jedem Rechner bemerkbar.

6.2.1 Lokale Variablen und for

Eine Besonderheit haben die lokalen Variablen im Zusammenhang mit for. Nehmen wir folgende Schleife:

```
for(int x=1; x<=5; ++x)
  cout << "-";
cout << endl;
cout << "Anzahl an Strichen:" << x << endl;
```

Was wird ausgegeben? Oder wird überhaupt etwas ausgegeben? Alles läuft auf die Frage hinaus, in welchem Anweisungsblock das x definiert wurde, im Anweisungsblock der Schleife oder im die Schleife umschließenden Anweisungsblock?

Auf diese Frage gibt es zwei Antworten. Nach der neuen Norm ist eine im for-Kopf definierte Variable eine lokale Variable des Schleifenblocks. Demnach ist sie nach dem Verlassen des Schleifenblocks nicht mehr existent und kann daher hinter der Schleife auch nicht ausgegeben werden.

Nach der alten Norm gehört x zu dem die Schleife umschließenden Block und kann daher hinter der Schleife ausgegeben werden. Da die Schleife so lange läuft, wie x kleiner gleich 5 ist, bricht sie bei x gleich 6 ab. Auf dem Bildschirm erscheint 6.

Visual C++ 2008 hält sich an die neue Norm. Das obige Beispiel wird daher nicht einwandfrei kompiliert.

6.3   Funktionen mit Parametern

Kommen wir zu den Funktionen zurück. Funktionsparameter sind immer dann nützlich, wenn die Funktion zur Erledigung ihrer Arbeit noch zusätzliche Informationen braucht.

Wenden wir uns dazu noch einmal der Ausgabe von »Blahblahblah« zu. Zwischen den beiden Ausgaben wurde ein aus Bindestrichen bestehender horizontaler Strich ausgegeben. Zwecks Wiederverwendung wäre es doch schön, eine Funktion `strich` zu besitzen, die einen Strich variabler Länge ausgibt. Diese variable Länge soll über einen Funktionsparameter mitgeteilt werden.

Ein Funktionsparameter wird innerhalb der runden Klammern wie eine typische Variable definiert, mit Typ und Namen:

```
void strich(int x) {
  for(int a=1; a<=x; ++a)
    cout << "-";
  cout << endl;
}
```

Listing 6.5 Die Funktion »strich«

Wenn nun ein Strich aus 15 Bindestrichen gezeichnet werden soll, dann sieht der Aufruf so aus:

```
strich(15);
```

Es ist auch möglich, anstelle der Konstanten eine Variable anzugeben:

```
cout << "Wie lang soll der Strich sein:";
int s;
cin >> s;
strich(s);
```

6.3.1   Parameter sind lokale Variablen

Ein Funktionsparameter ist technisch nichts anderes als eine lokale Variable der Funktion. Das bedeutet, er kann innerhalb der Funktion wie eine herkömmliche Variable verwendet werden.

Mit diesem Wissen im Hinterkopf können wir die Funktion `strich` so optimieren, dass sie ohne die Variable a auskommt:

```
void strich(int x) {
  for(; x>=1; --x)
    cout << "-";
```

```
  cout << endl;
}
```
Listing 6.6 Die optimierte Funktion strich

Wir lassen den Funktionsparameter x in der Schleife herunterzählen, solange er noch größer gleich 1 ist. Da x in der Schleife nicht initialisiert werden braucht – denn x wurde bereits automatisch mit dem an die Funktion übergebenen Wert initialisiert –, bleibt der Initialisierungsteil leer.

Wir bleiben noch kurz bei den Parametern und ihrer Bedeutung als lokale Variablen und schauen uns folgenden Code an:

```
void aendern(int x) {
  x=50;
}

int main() {
  int x=20;
  cout << x << endl;
  aendern(x);
  cout << x << endl;
}
```

Welche Werte werden ausgegeben?

Die Versuchung ist groß, bei der zweiten Ausgabe auf 50 zu tippen. Aber bleiben Sie standhaft. Sie haben gelernt, dass Funktionsparameter lokale Variablen sind. Das gilt demnach auch für das x in aendern. Das x in main ist ebenfalls eine lokale Variable. Und lokale Variablen sind nur innerhalb des sie umschließenden Anweisungsblocks gültig. Für Funktionsparameter ist das der Funktionsanweisungsblock, auch wenn das optisch nicht zu erkennen ist.

Wenn also das x in aendern nur in aendern gültig ist und das x in main nur in main existiert, dann muss es sich bei diesen beiden Variablen um unterschiedliche Variablen handeln. Jede Funktion besitzt ihr eigenes x. Von daher hat eine Zuweisung von 50 in aendern nur Auswirkung auf das x in aendern, nicht aber auf das x in main.

6.3.2 Mehrere Parameter

Eine Funktion kann beliebig viele Parameter besitzen. Zur Demonstration folgt eine Funktion rechteck, die ein aus Doppelkreuzen gezeichnetes Rechteck ausgibt:

```
void rechteck(int x, int y) {
  for(int a=1; a<=y; ++a) {
    for(int b=1; b<=x; ++b)
      cout << "#";
    cout << endl;
  }
}
```

Listing 6.7   Die Funktion »rechteck«

Beachten Sie, dass der Datentyp für jeden Funktionsparameter explizit angegeben werden muss.

Die äußere Schleife kann übrigens nicht auf die geschweiften Klammern verzichten, weil sie zwei Anweisungen enthält: die innere Schleife und die Ausgabe von endl.

6.4   Rückgabewerte

Die Funktion blahausgabe soll derart aufgepeppt werden, dass die Anzahl der ausgegebenen Blahs über einen Funktionsparameter variabel gehalten wird:

```
void blahausgabe(int blahs) {
  if(blahs>=1) {
    cout << "Blah";
    for(; blahs>=2; --blahs)
      cout << "blah";
    cout << endl;
  }
}
```

Listing 6.8   »blahausgabe« mit variabler Anzahl an Blahs

Die Funktion wird wegen der if-Anweisung erst dann richtig aktiv, wenn die Anzahl der auszugebenden Blahs größer gleich 1 ist.

Die Ausgabe des ersten Blahs ist wegen des großen B ein Sonderfall, deshalb wird sie außerhalb der Schleife getätigt. Innerhalb der Schleife muss nun ein Blah weniger ausgegeben werden, daher die Laufbedingung blahs>=2.

Damit uns diese Funktion zur Demonstration des Rückgabewerts auch ein »sinnvolles« Ergebnis liefern kann, soll sie bestimmen, aus wie vielen Zeichen das von ihr erzeugte »Blahblahblah« besteht.

Bevor Sie weiter lesen, können Sie einmal versuchen, die Funktion so zu erweitern, dass an ihrem Ende in einer Variablen anz die Anzahl der ausgegebenen Zeichen zur Verfügung steht.

Um einen Wert zurückzugeben, wird der Befehl **return** verwendet. Der Befehl sorgt für eine sofortige Beendigung der Funktion und liefert den hinter ihm angegebenen Wert zurück.

Damit es der Funktion aber überhaupt erst erlaubt ist, einen Wert zurückzugeben, muss das void im Funktionskopf durch den Datentyp des Rückgabewerts ersetzt werden:

```
01    int blahausgabe(int blahs) {
02      int anz=0;
03      if(blahs>=1) {
04        cout << "Blah";
05        anz=4;
06        for(; blahs>=2; --blahs) {
07          cout << "blah";
08          anz+=4;
09        }
10        cout << endl;
11      }
12      return(anz);
13    }
```

Listing 6.9 Die Funktion »blahausgabe« mit Rückgabewert

Wie die Anzahl der ausgegebenen Zeichen in der Funktion bestimmt wird, sollte für Sie kein Mysterium mehr sein.

Die Variable anz ist vom Typ int. Damit ihr Wert am Ende der Funktion zurückgegeben werden kann, muss der Rückgabetyp der Funktion ebenfalls int sein (und nicht mehr void).

Bei einer Funktion mit Rückgabewert steht der Funktionsaufruf für den zurückgegebenen Wert. Um den Rückgabewert beispielsweise in einer Variablen zu speichern, muss der Funktionsaufruf einfach einer Variablen zugewiesen werden:

```
int c=blahausgabe(3);
cout << "Ausgegebene Zeichen:" << c << endl;
```

Der Funktionsaufruf kann überall dort stehen, wo auch eine Konstante erlaubt ist.

Im Gegensatz zu anderen Sprachen muss `return` nicht zwangsläufig am Ende der Funktion stehen und darf auch mehrfach vorkommen:

```
int maximum(int x, int y) {
  if(x>y)
    return(x);
  else
    return(y);
}
```

Listing 6.10 Die Funktion »maximum«

Ein wichtiger Hinweis:

> Bei einer Funktion, die einen Wert zurückgibt, muss jeder Programmpfad einen Wert zurückliefern.

Ein Beispiel:

```
int fehlerhaft(int x) {
  if(x>=10)
    return(1);
}
```

Listing 6.11 Fehlerhafter Einsatz von return

Die obige Funktion liefert nur dann einen Wert zurück, wenn x größer gleich 10 ist. Obwohl der Compiler bei dieser Funktion »nur« eine Warnung ausgibt, sind die Auswirkungen auf den Rückgabewert bei x kleiner 10 fatal, weil dann ein unvorhersehbarer Wert zurückgegeben wird.

Ein solches Funktionsverhalten muss unter allen Umständen vermieden werden.

Übrigens: Eine Funktion ohne Rückgabewert kann ebenfalls an jeder beliebigen Stelle mit `return` beendet werden. Hinter `return` darf dann nur kein Wert stehen.

6.5   Funktionsdeklarationen

Um die Bedeutung von Funktionsdeklarationen nachvollziehen zu können, wollen wir die Funktionsdefinition von `maximum` hinter die `main`-Funktion setzen:

```
int main() {
  cout << maximum(10,20) << endl;
}
```

```
int maximum(int x, int y) {
  if(x>y)
    return(x);
  else
    return(y);
}
```

Listing 6.12 Funktionsdefinition hinter Funktionsaufruf

Durch diese Umpositionierung wird das Programm nicht mehr korrekt kompiliert: Der Compiler kompiliert eine Datei ordentlich von oben nach unten. An der Stelle des Aufrufs von maximum ist dem Compiler die Funktion aber noch nicht bekannt.

Allerdings reicht es dem Compiler, wenn die Funktion zum Zeitpunkt des Aufrufs nur deklariert ist. Die *Deklaration* einer Funktion gibt lediglich Auskunft darüber, von welchem Typ eventuelle Funktionsparameter oder Rückgabewerte sind. Für maximum sieht die Funktionsdeklaration so aus:

```
int maximum(int, int);
```

Für den Fall, dass die Namen der Funktionsparameter aussagekräftig gewählt wurden, bietet sich ihre Angabe ebenfalls an:

```
int maximum(int x, int y);
```

Im Falle von maximum ist die Aussagekraft der Parameternamen eher zweifelhaft, aber dafür sagt der Funktionsname eigentlich alles.

Die Ähnlichkeit der Funktionsdeklaration mit dem Funktionskopf ist frappierend. Eigentlich ist die Funktionsdeklaration nichts anderes, als der mit Semikolon abgeschlossene Funktionskopf ohne Anweisungsblock.

Eine Frage wird jetzt bestimmt aufkommen: Warum sollte die Funktionsdefinition hinter den Funktionsaufruf gesetzt werden, nur um dann vor den Aufruf eine Funktionsdeklaration zu platzieren? Hätte dann nicht gleich die Funktionsdefinition vor dem Aufruf stehen können?

Die Antwort gibt der nächste Abschnitt.

6.6 Module

Stellen Sie sich vor, sie hätten ein Programm mit fünfhundert Funktionen geschrieben, die, wie bisher alle, in einer Datei stehen. Wenn Sie nun eine klitzekleine Änderung an einer dieser Funktionen vornehmen, muss die gesamte Datei mit allen fünfhundert Funktionen neu kompiliert werden. Wäre es nicht besser, wenn nur die eine geänderte Funktion neu kompiliert würde?

Ein C++-Compiler kompiliert grundsätzlich immer dateiweise. Wenn etwas von einer Änderung nicht betroffen sein soll, dann muss es in einer anderen Datei stehen. Je feiner diese Aufteilung ist, desto weniger muss unnötig kompiliert werden.

6.6.1 Definition auslagern

Wir wollen daher exemplarisch die `maximum`-Funktion in einer eigenen Datei unterbringen.

Dazu muss im aktuellen Projekt eine neue Datei mit dem Namen »funktionen.cpp« angelegt werden. Der Name der Datei ist für den Compiler unwesentlich, sollte aber aussagekräftig gewählt werden, um schnell ihren Inhalt abschätzen zu können. Wie eine neue Datei im aktuellen Projekt angelegt wird, erklärt Abschnitt 1.4, »Neue Datei dem Projekt hinzufügen«.

In diese Datei wird nun die Funktionsdefinition verschoben. Die Deklaration von `maximum` sollte an ihrem alten Platz bleiben.

Eine Änderung an einer der beiden Dateien hat nun keine Neukompilation der anderen Datei mehr zur Folge.

Die Deklaration muss auf jeden Fall erhalten bleiben, denn der Compiler kompiliert jede Datei für sich getrennt. Wenn er die Datei mit der `main`-Funktion kompiliert, dann weiß er nicht, ob er »funktionen.cpp« bereits kompiliert hat oder überhaupt kompilieren wird.

Die Deklaration ist unser Versprechen an den Compiler, dass die Funktion in einer anderen Datei definiert ist. Ob dieses Versprechen eingehalten wird, stellt nach der Kompilation der Linker fest, der alle einzeln kompilierten Dateien zu einem ausführbaren Programm zusammenbindet.

6.6.2 Deklaration auslagern

Eine Deklaration immer dorthin zu schreiben, wo sie benötigt wird, ist nicht sehr effizient, denn bei einem komplexeren Projekt werden Funktionen in vielen Dateien benötigt, die dann alle ihre eigene Deklaration beinhalten müssten.

Aus diesem Grund wird auch die Deklaration ausgelagert und überall dort eingebunden, wo sie gebraucht wird. Funktionsdeklarationen werden in Header-Dateien mit der Endung ».h« gespeichert. Um eine einfachere Zuordnung herzustellen, sollte die Header-Datei genauso genannt werden, wie die dazugehörige cpp-Datei. Diese Namensgleichheit ist nicht vorgeschrieben, sondern nur eine stillschweigende Vereinbarung der C++-Programmierer, um die Dateistruktur eines Projekts besser erfassen zu können.

Abbildung 6.2 fasst die aktuelle Projektaufteilung noch einmal zusammen.

funktionen.cpp

```
int maximum(int
x, int y) {
  if(x>y)
    return(x);
  else
    return(y);
}
```

funktionen.h

```
int maximum(int, int);
```

main.cpp

```
#include <iostream>

#include "funktionen.h"

using namespace std;

int main() {
  cout << maximum(10,20) << endl;
}
```

Abbildung 6.2 Die Aufteilung des Projekts

Eine syntaktische Besonderheit ist an der Einbindung der eigenen Header-Datei zu erkennen:

Im Gegensatz zu `iostream`, wo der Name in spitzen Klammern steht, findet sich die eigene Header-Datei in Anführungszeichen wieder. Spitze Klammern teilen dem Präprozessor mit, die einzubindende Datei in den Standardverzeichnissen des Compilers zu suchen. Aus diesem Grund werden Header-Dateien der Standardbibliothek immer mit spitzen Klammern eingebunden.

Die Anführungszeichen besagen, dass die Datei ausgehend vom aktuellen Projektverzeichnis gesucht werden soll. Es sind auch relative Ordnerangaben möglich:

`#include "meineincludes/datei.h";`

Die obige Zeile veranlasst den Präprozessor, die Datei »datei.h« im Ordner »meineincludes« zu suchen, der sich im Projektverzeichnis befindet.

`#include "../datei.h";`

Diese Anweisung sucht nach der Datei im dem Projektverzeichnis übergeordneten Verzeichnis.

6.6.3 Kompilationsvorgang

Die aktuelle Projektkonfiguration erlaubt es, einige grundlegende Mechanismen der Kompilation eines Projekts zu betrachten, die so auch bei den komplexesten Projekten anzutreffen ist.

Als Grundlage dieser Betrachtung soll Abbildung 6.3 dienen.

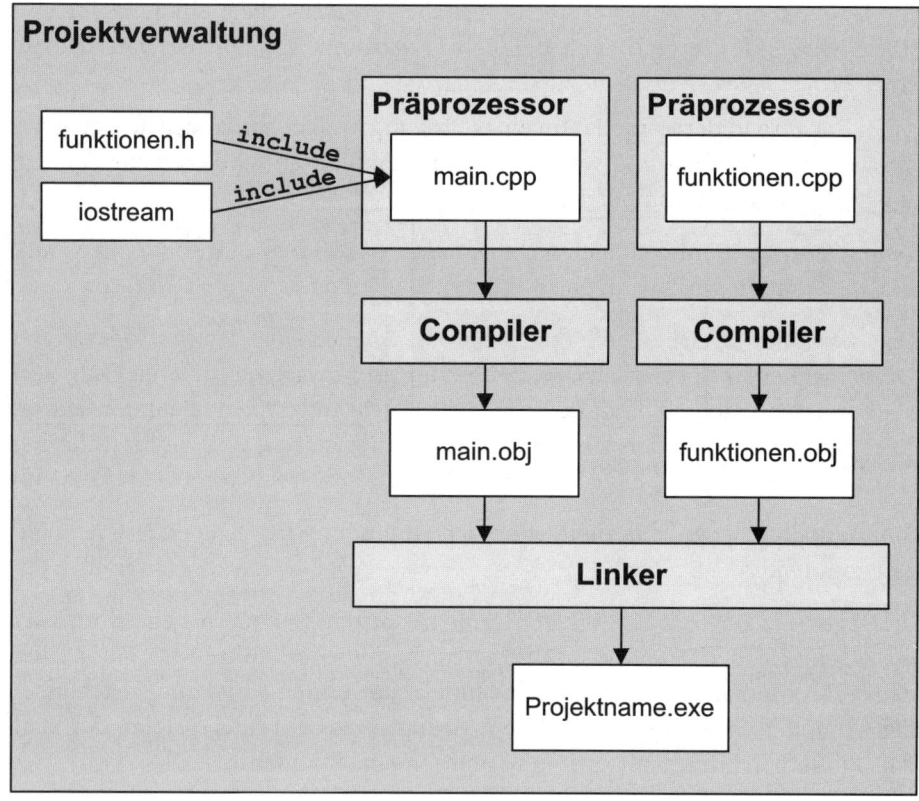

Abbildung 6.3   Der Kompilationsvorgang im Detail

Der steuernde Kern ist die Projektverwaltung. Sie prüft, welche Dateien wegen Änderung neu kompiliert werden müssen. Dabei werden auch Abhängigkeiten berücksichtigt. In unserem Projekt muss beispielsweise die Datei »main.cpp« neu kompiliert werden, wenn »funktionen.h« geändert wurde, denn sie wird von »main.cpp« eingebunden.

Bevor die Quellcode-Dateien (.cpp) dem Compiler zum Fraß vorgeworfen werden, durchläuft sie der Präprozessor und sucht nach Anweisungen für ihn. Das Einbinden der Header-Dateien (.h) geschieht zum Beispiel durch den Präprozessor.

Das vom Präprozessor erzeugte Zwischenergebnis wird nicht in einer Datei zwischengespeichert, sondern direkt zum Compiler durchgereicht. Die Abbildung zeigt sehr schön, dass der Compiler – und damit auch der Präprozessor – nur Quellcode-Dateien bearbeitet. Header-Dateien werden vom Compiler nur berücksichtigt, wenn sie zuvor mit #include in eine Quellcode-Datei eingebunden wurden.

Wichtig ist auch zu wissen, dass der Compiler jede Quellcode-Datei isoliert kompiliert. Während der Kompilation eines Projekts weiß er nicht, welche Dateien er bereits kompiliert hat und welche er noch kompilieren wird. Er kennt nur die Datei, die er gerade kompiliert.

Daher kann der Compiler auch nicht feststellen, ob für eine eingebundene Funktionsdeklaration wirklich in einer anderen Datei eine passende Definition steht.

Der Compiler speichert die kompilierten Quellcodedateien in sogenannten Objektdateien, die bei Visual C++ die Endung .obj haben, bei anderen Compilern aber durchaus andere Endungen (wie .o) besitzen können. Funktionsaufrufe bestehen in diesen Dateien nur in Form von Verweisen, weil die tatsächlichen Aufrufziele in den meisten Fällen nicht ausgemacht werden können (da sie häufig in anderen Dateien stehen).

Die vom Compiler erzeugten Objektdateien werden nun alle zusammen dem Linker übergeben. Er ist es, der dadurch den kompletten Überblick über alle Funktionsaufrufe und alle kompilierten Funktionen besitzt und die Aufrufe den Funktionen zuordnen kann. Er merkt auch, wenn eine Funktion deklariert, aber nicht definiert wurde. Die meisten der vom Linker gemeldeten Fehler beziehen sich auf Funktions- oder Objektverweise, zu denen keine Funktion oder kein Objekt passt.

Ist das Zusammenfügen fehlerfrei vonstatten gegangen, speichert der Linker das Ergebnis als ausführbare Datei (exe) mit dem Namen des Projekts.

6.6.4 Mehrfachdeklarationen vermeiden

Es ist durchaus möglich, dass innerhalb einer Header-Datei durch #include eine andere Header-Datei eingebunden wird. In der Praxis kommt es daher häufiger vor, dass eine Quellcode-Datei wegen einer Verkettung von #include eine Header-Datei mehrfach einbindet und Funktionen oder Klassen dadurch mehrfach deklariert werden.

Dies ist in C++ nicht erlaubt, weswegen Schutzmaßnahmen ergriffen werden müssen, die dies verhindern. Wenn Sie in Ihrem Projekt in der Zeile

```
#include <iostream>
```

mit der rechten Maustaste auf iostream klicken und dann über »Dokument <iostream> öffnen« die Datei öffnen, sehen Sie als erste Präprozessordirektive

```
#pragma once
```

Der Befehl #pragma dient dazu, Befehle anzusprechen, die an die Entwicklungsumgebung gebunden sind. Diese Befehle sind daher von Natur aus nicht unter jeder Entwicklungsumgebung verwendbar.

Die Direktive #pragma once ist ein Befehl speziell von Visual C++ und teilt dem Präprozessor mit, die Header-Datei, die diese Direktive beinhaltet, nur einmal pro Quellcode-Datei einzubinden, auch wenn die Datei durch Verkettung eigentlich mehrfach eingebunden werden müsste.

Soll das Programm auf ein anderes System portiert werden, auf dem #pragma once nicht existiert, dann muss ein anderer, standardkonformer Weg gegangen werden. Dieser Weg macht sich die Präprozessorfähigkeit der bedingten Kompilierung zu Nutze. Sehen wir uns dazu folgendes Beispiel an:

```
#ifndef FUNKTIONEN_H
#define FUNKTIONEN_H

// Hier steht der Inhalt der Datei

#endif
```
Listing 6.13   Bedingte Kompilation über den Präprozessor

Der erste Befehl #ifndef besagt, dass der Programmcode bis zum #endif nur dann an den Compiler weitergeleitet wird, wenn die Konstante hinter #ifndef nicht definiert ist.

Wurde sichergestellt, dass die verwendete Konstante nur einmal im Projekt vorkommt,[1] dann ist dies beim ersten Einbinden der Datei der Fall.

Direkt hinter #ifndef wird nun die besagte Konstante definiert. Sollte diese Datei nochmals eingebunden werden, dann ist beim zweiten Mal die Konstante definiert und der Bereich zwischen #ifndef und #endif wird nicht an den Compiler weitergeleitet. Ein mehrmaliges Deklarieren wird so vermieden.

Abbildung 6.4 fasst die Zusammenhänge noch einmal zusammen.

---

1   Diese Einzigartigkeit ist im Normalfall gewährleistet, wenn als Bezeichner der Dateiname verwendet wird. Aus syntaktischen Gründen – der Name einer Präprozessorkonstante darf keine Punkte enthalten – muss der Punkt durch einen Unterstrich ersetzt werden.

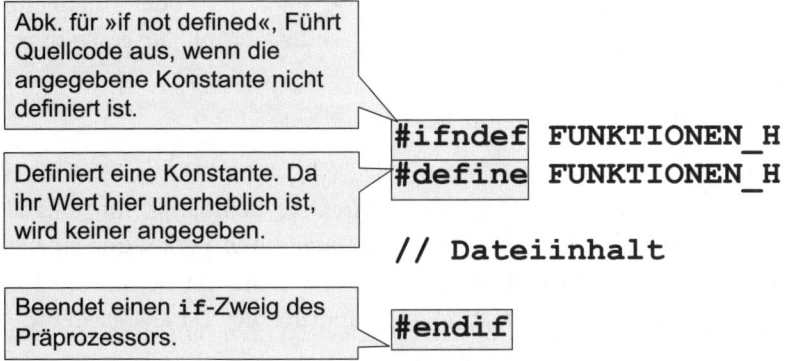

Abk. für »if not defined«, Führt Quellcode aus, wenn die angegebene Konstante nicht definiert ist.

Definiert eine Konstante. Da ihr Wert hier unerheblich ist, wird keiner angegeben.

Beendet einen **if**-Zweig des Präprozessors.

```
#ifndef FUNKTIONEN_H
#define FUNKTIONEN_H

// Dateiinhalt

#endif
```

Abbildung 6.4 Die Funktionsweise des bedingten Kompilierens

Dieses bedingte Kompilieren kann natürlich auch dazu eingesetzt werden, verschiedene Versionen des Programms zu erstellen. Beispielsweise könnten Ausgaben, die nur bei der Programmentwicklung getätigt werden sollen, in einen entsprechenden if-Block des Präprozessors gepackt werden:

```
#ifdef TESTVERSION
cout << "Programm läuft noch" << endl;
#endif
```

Die Direktive #ifdef ist das Gegenstück zu #ifndef; der ihr folgende Code wird dann an den Compiler weitergeleitet, wenn die Konstante definiert ist.

6.7   Zusammenfassung

Dieses Kapitel setzte das Hauptgewicht auf die Auslagerung von Code.

Dazu wurden zunächst eigene Funktionen definiert, die Funktionsparameter und einen Rückgabewert besitzen können. Die Funktionsparameter sind lokale Variablen der Funktion und daher nur in ihrem Anweisungsblock gültig.

Funktionen, die keinen Wert zurückgeben, müssen als Rückgabetyp void angeben.

Mithilfe von Funktionsdeklarationen müssen die Funktionsdefinitionen nicht zwangsläufig in der Datei stehen, in der sie aufgerufen werden. Dazu wird die Funktionsdefinition in eine cpp-Datei ausgelagert. Die Funktionsdeklaration wandert in eine Header-Datei, die überall dort mit #include eingebunden werden muss, wo ein Aufruf der Funktion steht.

Zur Sicherheit muss in jeder Header-Datei mittels #pragma once oder einem entsprechenden Präprozessorkonstrukt eine Mehrfachdeklaration ausgeschlossen werden.

6.8   Übungen

Im Folgenden sollen einige Funktionen geschrieben werden. Versuchen Sie, diese Funktionen korrekt in Module aufzuteilen, indem Sie die Definitionen in einer Quellcode-Datei und die Deklarationen in einer Header-Datei speichern.

1. Schreiben Sie eine Funktion maximum, der drei int-Werte übergeben werden und die den größten der drei Werte zurückliefert. Versuchen Sie sich zuerst an eine Lösung mit if (und else). Im Anschluss können Sie einmal versuchen, die Lösung nur mithilfe des ?:-Operators zu formulieren.

2. Programmieren Sie nochmals die Funktion maximum aus Übung 1, beschränken Sie sich diesmal bei der Lösung aber nur auf Aufrufe der maximum-Funktion aus Listing 6.10.

3. Bei den Übungen aus Abschnitt 4.10, »Übungen«, haben Sie das Problem der Schaltjahrbestimmung gelöst. Kapseln Sie Ihre Lösung jetzt in einer Funktion namens istSchaltjahr, die das zu prüfende Jahr (als int) übergeben bekommt und dann einen booleschen Wert (true oder false) zurückliefert, je nachdem, ob es ein Schaltjahr ist oder nicht.

4. Schreiben Sie eine Funktion signum, die eine ganze Zahl übergeben bekommt, und die –1 zurückliefert, wenn die übergebene Zahl negativ ist, 0 zurückliefert, wenn die übergebene Zahl 0 ist und 1 zurückliefert, wenn die übergebene Zahl positiv ist.

5. Es soll eine Funktion strich geschrieben werden, die einen aus Sternen bestehenden Schrägstrich erzeugen soll. Der Funktion wird übergeben, aus wie vielen Zeilen der Strich bestehen soll. Bei einem Wert von 3 kommt beispielsweise Folgendes heraus:

```
    *

   *

  *
```

Ein Wert von 5 erzeugt diesen Strich:

```
     *

    *

   *

  *

 *
```

6. Schreiben Sie eine Funktion `dreieck`, die ein aus Sternen bestehendes Dreieck zeichnet. Der Funktion wird übergeben, aus wie vielen Zeilen das Dreieck bestehen soll. Bei einem Wert von 3 kommt beispielsweise Folgendes heraus:

```
*****
 ***
  *
```

Ein Wert von 5 erzeugt dieses Dreieck:

```
*********
 *******
  *****
   ***
    *
```

Die schlimmste Kriminalstatistik gab es zu Kains Zeiten; auf einen Schlag löschte der Bursche ein Viertel der Menschheit aus.
– Gabriel Laub

7 Arrays & Vektoren

Unsere bisherigen Datentypen konnten immer nur jeweils einen Wert speichern. Wenn Sie mit dieser Technik ein Programm schreiben müssten, welches 100 Werte einliest, aufaddiert und daraus einen Durchschnittswert berechnet, dann wären Sie eine Weile beschäftigt.

Glücklicherweise gibt es in C++ ein Sprachmerkmal, mit dem diese Aufgabe im Handumdrehen gelöst ist.

7.1 Arrays

Sie erinnern sich vielleicht noch an die Indexschreibweise aus der Mathematik. Da hatte man es mit x_2 oder a_6 zu tun und konnte auf diese Weise mit einem Buchstaben verschiedene Werte abdecken, die durch den Index eindeutig benannt waren. Es ging sogar so weit, dass der Index selbst wieder eine Variable sein konnte, wie zum Beispiel x_n oder a_{m-1}. Dieser Schreibweise kann eine gewisse Eleganz nicht abgesprochen werden.

Grund genug, so etwas auch in C++ haben zu wollen. Und genau das gibt es in Form der Arrays. Rekapitulieren wir kurz die Definition einer Variablen eines beliebigen Typs, im Folgenden exemplarisch `int`:

```
int x;
```

Unter dem Namen x ist jetzt ein einziger Wert ansprechbar. Wenn wir mehrere Werte haben wollen, dann verwenden wir bei der Definition den *Indexoperator*, der in C++ durch eckige Klammern dargestellt wird, und schreiben die Anzahl der gewünschten Werte hinein:

```
int f[10];
```

Damit wurde ein *Array* erstellt, dessen einzelne Werte wiederum über den Index-operator angesprochen werden. Dabei gibt es eine wichtige Regel zu beachten:

Das erste Element eines Arrays hat immer den Index 0.

Das erzeugte Array hat damit den in Abbildung 7.1 dargestellten Aufbau:

Abbildung 7.1   Der interne Aufbau des Arrays

Soll das sechste Element den Wert 15 zugewiesen bekommen, sieht die entsprechende Anweisung so aus:

```
f[5] = 15;
```

Es ist vielleicht gewöhnungsbedürftig, das sechste Element mit Index 5 anzusprechen, aber eine direkte Konsequenz aus der Tatsache, dass das erste Element den Index 0 hat.

Achten Sie darauf, keinen Index außerhalb des gültigen Bereichs zu verwenden, da dies während der Kompilation nicht erkannt wird und während der Laufzeit unangenehme Probleme mit sich bringen kann, die nicht immer direkt der tatsächlichen Fehlerquelle zuzuordnen sind.

7.1.1   Variabler Index

Wie in der Mathematik besteht bei bei den Arrays die Möglichkeit, als Index eine ganzzahlige Variable zu verwenden:

```
int f[10];
for(int i=0; i<10; ++i)
  f[i]=0;
```

Listing 7.1   Feldelemente mit 0 initialisieren

Als komplettes Beispiel soll hier die zu Beginn des Kapitels angesprochene Durchschnittsberechnung demonstriert werden, allerdings nur für zehn Werte, um das Testen des Programms nicht allzu sehr in die Länge zu ziehen.

```
#include <iostream>

using namespace std;

int main() {
```

```
const int ELEM_ANZ=10;

double f[ELEM_ANZ];
double durchschnitt=0.0;

for(int i=0; i<ELEM_ANZ; ++i) {
  cout << "Bitte Wert " << i+1 << " angeben:";
  cin >> f[i];
  durchschnitt+=f[i];
}

durchschnitt/=ELEM_ANZ;
cout << "Durchschnitt: " << durchschnitt << endl;
}
```

Listing 7.2 Durchschnittsberechnung

Um das Programm einfacher an eine andere Anzahl von Werten anpassen zu können, wurde die Wertanzahl innerhalb des Programms als Konstante definiert. Das Ändern der Anzahl betrifft nun nur noch zentral eine Stelle im Programm, wodurch die Fehleranfälligkeit drastisch reduziert wird. Denn je mehr Stellen von einer Änderung betroffen sind, desto größer ist die Wahrscheinlichkeit, eine zu übersehen.

7.1.2 Mehrdimensionale Arrays

Mithilfe des Indexoperators ist es auf einfache Weise möglich, mehrdimensionale Felder zu definieren. Für jede Dimension wird bei der Definition ein eigener Index angegeben:

```
int g[4][20];
```

Analog dazu müssen auch bei der Bestimmung eines Elements beide Indexoperatoren angegeben werden:

```
g[0][0] = 4;
```

Diese Syntax ist beliebig auf weitere Dimensionen erweiterbar. Dabei ist zu berücksichtigen, dass bei der Definition der Speicher für alle Elemente – auch der unbelegten – reserviert wird und der Bedarf bei mehreren Dimensionen schnell explodieren kann.

7.1.3 Einschränkungen von Arrays

Im Vergleich zu den im nächsten Abschnitt besprochenen Vektoren besitzen Arrays einige Einschränkungen.

► Die Größe von Arrays ist fest.

► Ein Array kann keinem anderen Array zugewiesen werden.

► Es gibt keine direkte Möglichkeit, die Anzahl der Elemente in einem Array zu bestimmen.

► Arrays können nicht ohne besondere Vorkehrungen als Funktionsparameter verwendet werden.

7.2 Vektoren

Arrays sind ein Erbe von C und werden primär eingesetzt, um hardwarenahe Programmierung oder die Zusammenarbeit mit anderen C-Erbstücken zu ermöglichen. Im Zuge der Objektorientierten Programmierung entsprechen sie aber nicht mehr dem Zeitgeist.

In der OOP besteht alles nur noch aus Klassenobjekten (Das Thema Klassen wird in Kapitel 10, »Klassen«, behandelt). Die Vermutung liegt nahe, dass auch die Arrays durch eine Klasse abgelöst wurden. Diese Klasse heißt `vector`.

Um sie verwenden zu können, muss die Datei `vector` mit `include` eingebunden werden. Ein Vektor wird definiert, indem der Name `vector` angegeben wird, gefolgt von spitzen Klammern, in denen der zu verwaltende Typ steht. Dahinter kommt dann – wie bei einer Definition üblich – der Name des Vektors. Ein Vektor, der `int`-Werte speichert, wird demnach so definiert:

```
vector<int> v;
```

Genau genommen handelt es sich hierbei um ein Klassentemplate, das genauer in Abschnitt 14.2, »Klassentemplates«, besprochen wird. Zum jetzigen Zeitpunkt interessiert uns ausschließlich die Anwendung.

Einer der vielen Vorteile eines Vektors gegenüber einem Array ist seine variable Größe. Die Größe eines Arrays wird bei der Definition angegeben und kann sich während der Laufzeit nicht verändern. Der Vektor vergrößert sich bei Bedarf vollautomatisch.

An dieser Stelle soll dem Kapitel über Klassen mit der Information vorgegriffen werden, dass ein Klassenobjekt Methoden besitzt. Dabei handelt es sich um zur Klasse gehörende Funktionen, die über das Objekt aufgerufen werden. Um Elemente eines Klassenobjekts anzusprechen wird der *Elementzugriffsoperator* . (Punkt) verwendet.

Um beispielsweise in Erfahrung zu bringen, wie viele Elemente augenblicklich im Vektor gespeichert sind, wird die Methode `size` verwendet, die genau das zurückliefert:

```
cout << v.size() << endl;
```

Die Ausgabe zeigt, dass der Vektor leer ist.

7.2.1 IntelliSense

Wenn Sie hinter dem Vektor den Punkt für den Elementzugriff schreiben, klappt ein Menü wie in Abbildung 7.2 auf.

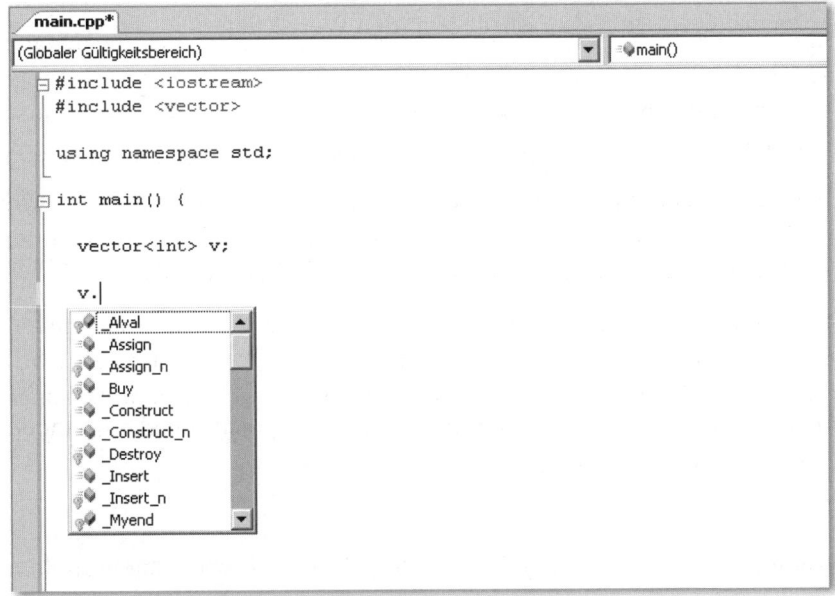

Abbildung 7.2 IntelliSense in Aktion

Dieses Popup-Menü nennt sich *IntelliSense*. Die Entwicklungsumgebung bietet mit dieser Auswahl alle Elemente des Objekts, auf das der Elementzugriffsoperator angewendet wurde.

Sie können aus der Liste das gewünschte Element mit ⬆ und ⬇ auswählen und mit Drücken der ⏎ übernehmen.

Sollten Sie stattdessen den Namen des gewünschten Elements fortschreiben, springt IntelliSense in der Auswahl immer tiefer nach unten, je mehr Sie vom Namen des Elements geschrieben haben.

Sie können auch auf ein Element gehen und IntelliSense mit `Strg`+`J` manuell starten. Ein bisschen damit zu spielen, lohnt sich.

7.2.2 Elemente anhängen

Um Elemente in den Vektor zu schreiben, gibt es die Methode `push_back`, die als Argument das an den Vektor anzuhängende Element übergeben bekommt. Der Typ des Elements muss mit dem Vektortyp übereinstimmen, im obigen Fall also `int`:

```
v.push_back(789);
```

Ein Auslesen der Größe mit `size` würde jetzt den Wert 1 liefern.

7.2.3 Das letzte Element ansprechen

Um das letzte Element im Vektor anzusprechen, existiert die Methode `back`.

```
cout << v.back() << endl;
```

Sie liest das Element am Ende des Vektors aus, ohne es aus dem Vektor zu entfernen.

7.2.4 Elemente am Ende entfernen

Um das Element am Ende des Vektors zu entfernen, braucht nur die Methode `pop_back` aufgerufen zu werden:

```
v.pop_back();
```

Im Gegensatz zur Stack-Operation Pop entfernt `pop_back` das Element nur, ohne es zurückzuliefern.

7.2.5 Ein beliebiges Element ansprechen

Um ein beliebiges Element des Vektors anzusprechen, wird der Indexoperator verwendet:

```
cout << v[0] << endl;
```

Auch hier beginnt der Index wieder bei 0. Es dürfen nur vorhandene Elemente angesprochen werden. Über den Indexoperator kann ein Element sowohl ausgelesen als auch beschrieben werden.

7.2.6 Ein beliebiges Element löschen

Um das Löschen eines beliebigen Elements im Vektor im Ganzen zu begreifen, bedarf es dem Verständnis des Iterator-Konzepts der STL[1].

Dieses Buch legt den Schwerpunkt auf Visual C++ mit dem Ziel, C++-Programme unter .NET zu schreiben.

Daher soll die Funktionsweise von Iteratoren hier nicht weiter vertieft werden. Es reicht an dieser Stelle zu wissen, dass Iteratoren eine besondere Form von Positionsangabe in einem Datencontainer sind.

Die Methode zum Löschen eines Elements im Vektor heißt `erase` und erwartet die Position des zu löschenden Elements als Iterator. Der Vektor stellt dazu die Methode `begin` zur Verfügung, die einen Iterator auf das erste Element des Vektors liefert. Soll beispielsweise das erste Element des Vektors gelöscht werden, sieht das so aus:

```
v.erase( v.begin() );
```

Die Leerzeichen innerhalb der Klammern von `erase` dienen nur der besseren Lesbarkeit.

Wie oben erwähnt, liefert `begin` einen Iterator auf das erste Element und `erase` erwartet einen Iterator auf das zu löschende Element. In obiger Kombination wird damit das erste Element gelöscht.

Soll das fünfte Element gelöscht werden, muss auf die Position des ersten Elements 4 aufaddiert werden:

```
v.erase( v.begin()+4 );
```

Weiter wollen wir die Anwendung von Iteratoren an dieser Stelle nicht betrachten.

---

1 Standard Template Library, ein mächtiger Teil der C++-Standardbibliothek.

7.2.7 Vektoren kopieren

Sie können Vektoren durch Zuweisung kopieren:

```
vector<int> v;
v.push_back(789);
v.push_back(567);
vector<int> w = v;
```

Eine Zuweisung ist nur dann möglich, wenn die an der Zuweisung beteiligten Vektoren denselben Datentyp verwalten. Einem `vector<int>` kann beispielsweise kein `vector<double>` zugewiesen werden.

7.2.8 Vektoren als Funktionsparameter

Weil Vektoren einander zugewiesen werden können, sind sie auch ohne Schwierigkeiten als Funktionsparameter einsetzbar. Im folgenden Beispiel wird eine eigene Funktion `vektorausgabe` verwendet, die den Inhalt von `int`-Vektoren ausgeben kann:

```
#include <iostream>
#include <vector>

using namespace std;

void vektorausgabe(vector<int> x) {
    for(unsigned int i=0; i<x.size(); ++i)
        cout << x[i];
    cout << endl;
}

int main() {

    vector<int> v;
    v.push_back(678);
    v.push_back(789);
    v.push_back(567);

    vektorausgabe(v);
}
```

Listing 7.3 Ein Vektor als Funktionsparameter

Um zu wissen, wie viele Elemente im Vektor enthalten sind, wird die Methode `size` verwendet. Die Schleifenvariable ist vom Typ `unsigned int`, weil `size` einen vorzeichenlosen Wert liefert. Wäre die Schleifenvariable `int`, würde der Compiler eine Warnung aufgrund eines signed-unsigned-Konflikts ausgeben.

7.3 Zusammenfassung

Dieses Kapitel erklärte, wie unter einem Variablennamen mehrere Werte verwaltet werden können.

Die erste Möglichkeit bieten Arrays, deren Größe bei der Definition mit dem Indexoperator angegeben wird. Die einzelnen Elemente werden ebenfalls über den Indexoperator angesprochen, wobei der Index des ersten Elements den Wert 0 hat.

Die objektorientierte Variante der Arrays sind die Vektoren, die im Gegensatz zur festen Größe der Arrays dynamisch wachsen können.

7.4 Übungen

1. Der Anwender soll eine beliebige Anzahl von positiven Ganzzahlen eingeben können. Bei Eingabe von –1 bricht die Werteingabe ab und das Programm gibt die eingegebenen Werte in umgekehrter Reihenfolge aus.

2. Versuchen Sie, die in der vorigen Übung eingelesenen Werte ihrer Größe nach aufsteigend auszugeben.

3. Es soll eine Durchschnittswertberechnung programmiert werden. Der Anwender soll zu Beginn angeben können, von wie vielen Werten der Durchschnitt berechnet werden soll. Anschließend werden die Werte eingelesen und der Durchschnittswert ausgegeben.

W§ssten S#e, dass Tastat§rtre#ber völl#g ?berfl?ss#g s#nd?
– Unbekannter Verfasser

8 Zeichen & Strings

Dieses Kapitel befasst sich eingehend mit der Speicherung und Verarbeitung von Zeichen und Zeichenketten. Wir besprechen die Darstellung eines Zeichens und wie sie zu Zeichenketten aneinandergereiht werden.

8.1 char

Ein Zeichen kann in C++ relativ einfach gespeichert werden. Benötigt wird dazu der Datentyp `char`:

```
char c;
```

Im Gegensatz zu Zeichenketten, die in doppelten Anführungszeichen stehen, werden einzelne Zeichen in einfache Anführungszeichen gesetzt:

```
c = 'X';
```

Der Datentyp `char` wird von `cin` und `cout` unterstützt:

```
cout << "Zeichen eingeben:";
char c;
cin >> c;
cout << "Zeichen:" << c << endl;
```

Intern ist `char` als ganzzahliger Wert organisiert, eine Zuweisung an einen anderen numerischen Datentyp ist daher möglich:

```
char c='A';
int i=c;
double d=c;
cout << i << endl;
```

Die Ausgabe am Ende des Codefragments liefert den für das Zeichen »A« stehenden Wert.

Wegen dieser »Doppeldeutigkeit« von `char` sind auch Rechenoperatoren anwendbar:

```
char x='A'+4;
cout << x << endl;
```

Auf dem Bildschirm erscheint ein »E«.

8.1.1 cctype-Funktionen

Wir wollen hier nicht allzu tief in C++-Eigenschaften einsteigen, die später ohnehin von .NET-Elementen abgelöst werden, trotzdem sollen Ihnen einige der Zeichenfunktionen aus der Header-Datei `cctype` nicht vorenthalten werden.

▶ `isalnum` liefert einen wahren Wert, wenn es sich bei dem Zeichen um einen Buchstaben oder eine Ziffer handelt.

▶ `isalpha` liefert einen wahren Wert, wenn es sich bei dem Zeichen um einen Buchstaben handelt.

▶ `isdigit` liefert einen wahren Wert, wenn es sich bei dem Zeichen um eine Ziffer handelt.

▶ `islower` liefert einen wahren Wert, wenn es sich bei dem Zeichen um einen Kleinbuchstaben handelt.

▶ `isspace` liefert einen wahren Wert, wenn es sich bei dem Zeichen um ein Leerzeichen, FF, NL, CR, HT oder VT handelt.[1]

▶ `isupper` liefert einen wahren Wert, wenn es sich bei dem Zeichen um einen Großbuchstaben handelt.

Dabei ist für die obigen Funktionen die Formulierung »einen wahren Wert« nicht als das boolesche `true` zu verstehen, sondern irgendeine Ganzzahl ungleich 0.

Das nachstehende Beispiel zeigt exemplarisch den Einsatz von `isalpha`:

```
cout << "Zeichen:";
char z;
cin >> z;
if(isalpha(z))
  cout << "Ein Buchstabe" << endl;
else
  cout << "Kein Buchstabe" << endl;
```

Listing 8.1 Eingabe auf Buchstaben prüfen

---

1 Form Feed, New Line, Carriage Return, Horizontal Tab, Vertical Tab.

Interessant sind noch die beiden folgenden Umwandlungsfunktionen:

▶ `tolower` liefert einen Kleinbuchstaben zurück, wenn das übergebene Zeichen ein Großbuchstabe ist. Andernfalls wird das übergebene Zeichen zurückgegeben.

▶ `toupper` liefert einen Großbuchstaben zurück, wenn das übergebene Zeichen ein Kleinbuchstabe ist. Andernfalls wird das übergebene Zeichen zurückgegeben.

Es ist wichtig zu berücksichtigen, dass die `cctype`-Funktionen nur auf den ASCII-Zeichensatz anwendbar sind. Umlaute beispielsweise sind mit den Funktionen nicht zu verarbeiten. Eine Lokalisierung – wie man die Anpassung des Programms an eine spezielle Menschensprache nennt – ist in reinem C++ etwas aufwendiger und soll hier nicht besprochen werden, da .NET dies bereits beherrscht.

Entsprechende Lösungen für Standard-C++ finden Sie beispielsweise in [Willms03].

8.2 C-Strings

Eine Zeichenkette ist eigentlich nichts anderes als eine Aneinanderreihung von Zeichen. Diesen Ansatz verfolgen die C-Strings, die ihren Namen der Tatsache verdanken, bereits unter C eingesetzt worden zu sein.

Wir können Zeichen mit der gleichen Technik aneinander reihen wie andere Datentypen, nämlich mit einem Array:

```
char s[20];
```

Das Array kann nun über den Indexoperator mit Zeichen bestückt werden:

```
s[0]='C';
s[1]='+';
s[2]='+';
```

Die Ausgabe von C-Strings wird von `cout` unterstützt:

```
cout << s << endl;
```

Allerdings wird die Ausgabe etwas überraschen, denn außer den drei von uns abgelegten Zeichen werden wahrscheinlich noch andere, ungewollte Zeichen erscheinen.

Sie konnten bei den Arrays in Abschnitt 7.1, »Arrays«, bereits erfahren, dass es keine direkte Möglichkeit zur Bestimmung der Elementanzahl im Array gibt. Es muss daher eine künstliche Kennung geschaffen werden, anhand deren die Anzahl der wesentlichen Elemente im C-String ermittelt werden kann.

Die Entwickler von C++ haben deshalb für C-Strings eine Endekennung eingeführt, die den Wert 0 hat. Wenn also ein C-String ausgegeben wird, dann werden so lange Zeichen ausgegeben, bis ein Zeichen mit dem Wert 0 (nicht dem Zeichen »0«) erreicht wird.

Wir brauchen demnach nur hinter unserem C-String eine Endekennung zu setzen:

```
s[3]=0;
```

Und schon wird die Ausgabe wie gewünscht ausgeführt.

Genau genommen haben wir schon früher mit C-Strings gearbeitet, ohne es vielleicht zu wissen. Folgende Ausgabe zum Beispiel gibt einen C-String aus:

```
cout << "Visual" << endl;
```

Denn tatsächlich ist die obige Zeichenkette »Visual« im Speicher abgelegt wie in Abbildung 8.1 dargestellt.

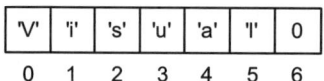

Abbildung 8.1 Interner Aufbau des C-Strings »Visual«

Daraus ist eine wichtige Erkenntnis abzuleiten:

> Ein C-String braucht wegen der notwendigen Endekennung immer ein Zeichen mehr an Speicherplatz als der zu speichernde String an Zeichen lang ist.

8.2.1 Texteingabe

Ein String kann auch mit `cin` eingelesen werden:

```
cout << "Text eingeben:";
char s[50];
cin >> s;
cout << "Eingegebener Text: " << s << endl;
```

Listing 8.2 Einen String mit cin einlesen

Dieser Ansatz hat leider ein kleines Manko. Wenn Sie einmal Text mit Leerzeichen eingeben, dann werden Sie sehen, dass nur der Text bis zum ersten Leerzeichen eingelesen wurde.

Das liegt an der Eigenschaft von cin, auch ein Leerzeichen als Ende einer Eingabe zu betrachten. Abhilfe schafft die Methode getline von cin:

```
cin.getline(s,50);
```

Die Methode bekommt als Parameter das zu füllende char-Feld sowie dessen Größe übergeben. Dabei wird die Notwendigkeit der Endekennung berücksichtigt. Aus diesem Grund werden über die obige Anweisung nur maximal 49 Zeichen eingelesen.

Leider tritt jetzt ein anderer unangenehmer Effekt im Zusammenspiel mit der herkömmlichen Eingabe über cin auf. Sehen wir uns dazu folgendes Beispiel an:

```
int i;
cin >> i;
cout << "Text eingeben:";
char s[50];
cin.getline(s,50);
cout << "Eingegebener Text: " << s << endl;
```

Listing 8.3 Unerwünschte Zeichen im Eingabepuffer

Führen Sie das obige Codefragment aus und Sie werden sehen, dass die Eingabe des Textes einfach übersprungen wird.

Der Grund ist einfach: Die Eingabe der Zahl wird vom Anwender mit der Eingabetaste beendet. Dieses Drücken der Eingabetaste wird ebenfalls als Zeichen repräsentiert und bleibt im Eingabepuffer.

Die Texteingabe liest als Erstes die Eingabetaste, denkt, die Eingabe sei beendet und bricht ab. Um einen reibungslosen Ablauf zu erhalten, muss die Eingabetaste aus dem Eingabepuffer entfernt werden. Und das geschieht, indem wir das Zeichen einfach ignorieren:

```
int i;
cin >> i;
cin.ignore();
cout << "Text eingeben:";
char s[50];
cin.getline(s,50);
cout << "Eingegebener Text: " << s << endl;
```

Listing 8.4 Der Einsatz von ignore

Nun klappt es auch mit der Texteingabe.

8.2.2 Initialisierung von C-Strings

Es ist lästig, einen C-String immer durch Beschreiben der einzelnen Zeichen zu erzeugen. Daher gibt es in der Header-Datei `cstring` eine Funktion `strcpy`, mit der ein C-String in einen anderen kopiert werden kann:

```
char s[40];
strcpy(s,"Andre Willms");
cout << s << endl;
```

Dabei kann der zweite C-String eine konstante Zeichenkette oder auch ein `char`-Feld sein. Wichtig ist nur, dass das aufnehmende Feld groß genug ist.

8.3 Strings

Doch genug von der Vergangenheit, schauen wir uns an, wie Strings objektorientiert behandelt werden. Dazu liefert die Header-Datei `string` die Klasse `string`:

```
string s;
```

8.3.1 Zuweisung

Ein String kann einem anderen String zugewiesen werden. Auch die Zuweisung eines C-Strings ist möglich:

```
string s;
s="Andre Willms";
string r = s;
```

8.3.2 Ein- und Ausgabe

Ausgegeben wird ein String wie gewohnt mit `cout`:

```
cout << s << endl;
```

Die Eingabe mit `cin` funktioniert für Strings nicht, stattdessen gibt es eine Funktion `getline`, die als ersten Parameter den Eingabestrom und als zweiten Parameter den Zeichen aufnehmenden String erwartet.

```
cout << "Text eingeben:";
string q;
getline(cin, q);
cout << "Text: " << q << endl;
```

Listing 8.5 Eingabe mit getline

Im obigen Beispiel wird als Eingabestrom der Standardeingabestrom von der Tastatur verwendet. Da ein String keine feste Größe hat, wird er automatisch an die Größe des eingegebenen Textes angepasst.

8.3.3 Strings verarbeiten

Die Anzahl der Zeichen in einem String kann mit der Methode `size` bestimmt werden:

```
cout << q.size() << endl;
```

Strings können mit dem +-Operator verknüpft werden:

```
string s1="Andre";
string s2="Willms";
string s3=s1+" "+s2;
cout << s3 << endl;
```

Die Zeichenketten von `s1` und `s2` werden verknüpft und dazwischen noch ein Leerzeichen eingebaut. In `s3` steht danach der Text »Andre Willms«. Der Operator `+=` ist ebenfalls verwendbar.

Mit der Methode `substr` kann ein Teil eines Strings als Kopie ermittelt werden. Dabei wird die Position des Teilstrings im String – das erste Zeichen hat wie immer Position 0 – und seine Länge übergeben:

```
string s4="Die C++-Sprache";
cout << s4.substr(4,3) << endl;
```

Die obigen Zeilen geben den Text »C++« auf dem Bildschirm aus.

Zum Schluss wollen wir uns noch anschauen, wie innerhalb eines Strings nach Text gesucht werden kann. Dazu dienen die Methoden **find** (Suche beginnt am Anfang des Strings und sucht vorwärts) und **rfind** (Suche beginnt am Ende des Strings und läuft rückwärts).

Übergeben wird der Methode der zu suchende String (als String oder C-String) und die Position, ab der gesucht werden soll. Wird keine Position angegeben, beginnt `find` am Anfang und `rfind` am Ende des Strings.

```
string s5="einer ist besser als keiner.";
cout << s5.find("ein") << endl;
cout << s5.find("ein",2) << endl;
```

Der erste Aufruf von `find` liefert 0, weil die Suche am Anfang des Strings beginnt und direkt zu Beginn bereits der Text »ein« vorkommt.

Die zweite Suche findet das »ein« in »keiner« an Position 22.

Was aber liefern die Suchfunktionen zurück, wenn der zu suchende Text nicht gefunden wurde? Die Konstante `string::npos`:

```
cout << "Bitte Satz mit C++ eingeben:";
string s6;
getline(cin,s6);
if(s6.find("C++")==string::npos)
  cout << "C++ nicht enthalten!" << endl;
else
  cout << "Gut gemacht." << endl;
```

Listing 8.6 Eingabe auf nicht vorhandenen Teilstring prüfen

Was genau der bereits in Abschnitt 2.2.2 angerissene Bezugsrahmenoperator im Zusammenhang mit Klassen bedeutet, besprechen wir in Abschnitt 10.8, »Statische Klassenelemente«.

8.3.4   Strings vergleichen

Strings können auch mit den üblichen Vergleichsoperatoren verglichen werden. Die Vergleiche werden lexikografisch durchgeführt. Ein String a ist demnach kleiner als ein String b, wenn a in einer alphabetischen Auflistung vor b steht.

Es gilt zu berücksichtigen, dass die Vergleiche zwischen Groß- und Kleinschreibung unterscheiden.

8.4   Zusammenfassung

In diesem Kapitel standen die Zeichen im Vordergrund. Mit dem Datentyp char kann ein Zeichen gespeichert werden. Zeichen als Konstanten stehen in einfachen Anführungszeichen.

Die einfachste Möglichkeit, einen String zu speichern, besteht in einem Array aus char-Elementen. Das Ende des Strings wird im Array mit dem Wert 0 markiert. Diese Form der Stringspeicherung wird C-String genannt.

Unter C++ steht zusätzlich die Klasse string zur Verfügung, die einen String speichert. Die besitzt Methoden, um Strings zu kopieren, Teilstrings zu bilden und in Strings zu suchen und zu vergleichen.

8.5 Übungen

1. Schreiben Sie eine Funktion `zaehleziffern`, die einen String übergeben bekommt und als `int`-Wert zurückliefert, wie viele Ziffern im String enthalten sind.

2. Schreiben Sie eine Funktion `toupperstring`, die einen String übergeben bekommt, alle Kleinbuchstaben in Großbuchstaben umwandelt und das Ergebnis zurückliefert.
   Analog dazu können Sie noch eine Funktion `tolowerstring` implementieren, die den übergebenen String in Kleinbuchstaben umwandelt und diesen zurückliefert.

3. Schreiben Sie eine Funktion `loescheleerzeichen`, die einen String übergeben bekommt, alle Leerzeichen entfernt und das Ergebnis zurückliefert. (Aus dem String »C++ ist cool« wird dann »C++istcool«.)

4. Schreiben Sie eine Funktion `umdrehen`, die einen String übergeben bekommt, ihn umdreht und das Ergebnis zurückliefert. (Aus »Josef« wird dann »fesoJ«.)

Immer mehr Kinder verbringen ihre Zeit mit dem Computer.
Die meisten, um Mama und Papa zu erklären, wie er funktioniert.
– Ingolf Lück

9 Zeiger & Referenzen

Dieses Kapitel beschäftigt sich mit der Möglichkeit, eine Variable oder ein Objekt nicht als Kopie, sondern als Verweis zu übergeben. Das Verständnis von Zeigern bildet eine wichtige Grundlage für die C++-Programmierung, sowohl für ANSI C++ als auch für C++/CLI.

9.1 Adressoperator

Wir verwenden Variablen schon seit einigen Kapiteln und haben bereits ohne das Wissen um die Erstellung von Klassen Objekte von bestehenden Klassen erzeugt.

All diese Elemente haben eins gemeinsam: Sie müssen irgendwo im Arbeitsspeicher des Computers gespeichert sein. Wo genau im Computerspeicher war uns bisher egal, weil wir ohne Schwierigkeiten über den Bezeichner auf das Objekt oder die Variable zugreifen können. Nun ist der Punkt erreicht, etwas mehr über das Wo zu erfahren.

Der Arbeitsspeicher des Computers besteht als kleinste, nicht mehr teilbare Einheit aus Bits. Von diesen Bits werden jeweils acht zu einem Byte zusammengefasst. Diese Bytes sind durchnummeriert, man spricht auch von ihrer Adresse.

Wenn eine Variable definiert wird, sucht das Programm einen freien Speicherbereich für die Variable und legt ihren Inhalt dort ab:

```
int x=22;
```

Diesen Umstand zeigt Abbildung 9.1.

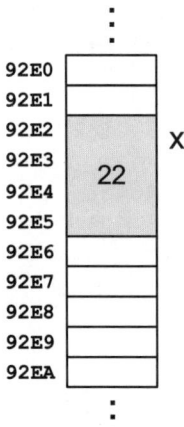

Abbildung 9.1 Variablen im Arbeitsspeicher

Die Adresse eines Bytes wird im Hexadezimalsystem angegeben. In der Abbildung wurden die vier Bytes ab Adresse 92E2[1] für x reserviert und der zugewiesene Wert darin gespeichert.

Wie kommt man aber an die Adresse heran, ab der die Variable gespeichert ist? Dazu dient der *Adressoperator* **&**. Er wird einfach vor die Variable oder das Objekt geschrieben:

```
cout << &x << endl;
```

9.2   Zeiger

Auf die Dauer wird es langweilig, die Adressen von Variablen einfach nur auszugeben. Um wirklich etwas Sinnvolles mit ihnen anstellen zu können, müssen wir sie speichern. Und genau dazu ist der Zeiger da.

Variablen speichern Werte, Zeiger speichern Adressen.

Wie schon in Abschnitt 2.5.1 beschrieben, ist C++ eine typisierte Programmiersprache. Bezogen auf Zeiger bedeutet das, dieser kann nur die Adresse eines bestimmten Typs speichern. Soll die Adresse einer int-Variablen gespeichert werden, dann wird ein Zeiger vom Typ Zeiger auf int, auch int* geschrieben,

---

1 Heutige Rechnersysteme besitzen die Möglichkeit eines so großen Speichers, dass die Adressen dort achtstellig sind. Der Einfachheit halber führen wir die Betrachtung aber mit vier Stellen durch.

benötigt. Deklariert und definiert wird ein Zeiger, indem vor dem Bezeichner ein * gesetzt wird:

```
int *p;
```

Der Zeiger p ist nun bereit, eine Adresse aufzunehmen:

```
p=&x;
```

Abbildung 9.2 zeigt den Inhalt des Zeigers grafisch.

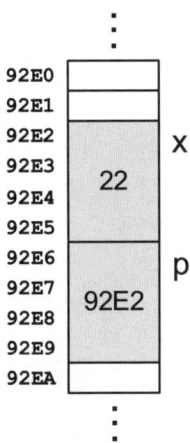

Abbildung 9.2 Der Inhalt eines Zeigers

In der Abbildung liegt der Speicherbereich des Zeigers direkt hinter der Variablen. Das muss nicht zwangsläufig so sein.

Der Inhalt eines Zeigers – die in ihm gespeicherte Adresse – kann wie der einer Variablen mit cout ausgegeben werden:

```
cout << p << endl;
```

9.3   Dereferenzierungsoperator

Wirklich interessant werden Zeiger aber durch die Fähigkeit, auf den Inhalt der Variablen zugreifen zu können, deren Adresse im Zeiger gespeichert ist. Dieser Vorgang wird *Dereferenzierung* genannt. Durchgeführt wird sie mit dem *Dereferenzierungsoperator* *.

Der Dereferenzierungsoperator wird vor den Zeiger geschrieben:

```
cout << *p << endl;
```

In p ist die Adresse von x gespeichert. Die Dereferenzierung von p liefert damit den Inhalt von x, also 22. Abbildung 9.3 zeigt die Zusammenhänge.

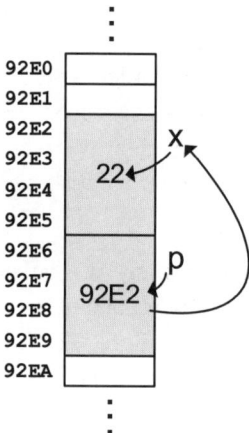

Abbildung 9.3 Der Vorgang der Dereferenzierung

9.4 Zeiger als Funktionsparameter

Die Praxistauglichkeit erhalten die Zeiger als Funktionsparameter. Es besteht dann die Möglichkeit, über sie die an die Funktion übergebene Variable zu verändern:

```
void aendern(int* x) {
  *x=20;
}

int main() {
  int a=30;
  cout << "a = " << a << endl;
  aendern(&a);
  cout << "a = " << a << endl;
}
```

Listing 9.1 Mit einem Zeiger auf die übergebene Variable zugreifen

Die Funktion aendern besitzt als einzigen Funktionsparameter einen Zeiger vom Typ int*. Es spielt keine Rolle, ob der Stern neben dem Typ steht (int* x) oder neben der Variablen (int *x). Die Schreibweise mit dem Stern am Typ spiegelt den Sachverhalt – Zeiger auf int – aber eher wider und wird hier deshalb bevorzugt.

Dass die Funktion einen Parameter vom Typ `int*` besitzt, hat einige Konsequenzen. Bei dem Funktionsaufruf darf nun nicht mehr eine bloße Variable angegeben werden, weil sonst ein Wert an die Funktion übergeben würde – Zeiger speichern aber Adressen. Stattdessen wird die Adresse der Variablen a übergeben.

In der Funktion kann nicht einfach der Name des Zeigers verwendet werden, denn damit würde der Inhalt – die in ihm gespeicherte Adresse – angesprochen. Wir greifen daher mithilfe des Dereferenzierungsoperators auf den Wert der Variablen zu, deren Adresse im Zeiger gespeichert ist, und ändern damit den Wert der Variablen a aus `main` auf 20.

Besprechen wir noch ein Beispiel aus der Praxis des Programmierens. Listing 6.10 zeigt eine Funktion `maximum`, die den größeren von zwei übergebenen Werten zurückliefert. Häufig ist aber nicht interessant, welches der größere Wert ist, sondern welche *Variable* den größeren Wert beinhaltet. Auf eine Variable verweisen wir mit einem Zeiger, weshalb die Funktion einen Zeiger zurückliefern muss. Um einen Zeiger auf die Variable mit dem größeren Wert zurückliefern zu können, muss die Funktion jedoch zunächst Verweise auf die beiden potenziellen Kandidaten besitzen. Daher müssen die Adressen der beiden zu vergleichenden Variablen an die Funktion übergeben werden. Um diese Adressen aufnehmen zu können, muss es sich bei den Parametern um Zeiger handeln.

Die Funktion bekommt also zwei Adressen übergeben (die in Zeigern gespeichert werden) und liefert eine Adresse zurück:

```
int* maximum(int* a, int* b) {
  if(*a>*b)
    return(a);
  else
    return(b);
}
```

Listing 9.2 Die Funktion »maximum« mit Zeigern

Bei dem Vergleich der Variablen muss dereferenziert werden, weil nicht die in den Zeigern gespeicherten Adressen verglichen werden sollen, sondern die Werte der Variablen, deren Adressen in den Zeigern gespeichert sind.

Die `return`-Anweisungen wiederum besitzen den jeweiligen Zeiger als Argument, weil die Funktion die im Zeiger gespeicherte Adresse zurückliefern soll.

Ein simples Anwendungsbeispiel der Funktion könnte so aussehen:

```
int x=30, y=40;
int *p=maximum(&x, &y);
cout << "Groessere Variable: " << *p << endl;
```

Die Funktion erwartet Adressen, deswegen der Einsatz des Adressoperators. Die Funktion liefert eine Adresse zurück, daher muss das Ergebnis in einem Zeiger gespeichert werden. Nach dem Aufruf beinhaltet p die Adresse der Variablen, die den größeren Wert enthält. In der letzten Anweisung wird dieser Wert über den Dereferenzierungsoperator ausgegeben.

9.5 Zeiger auf Klassenobjekte

Zeiger können nicht nur auf die elementaren Datentypen zeigen, sondern auch auf komplexe Typen wie Klassen. Analog zur bisherigen Zeigerdefinition wird der Zeiger definiert wie ein Objekt der Klasse, nur dass dem Bezeichner ein * vorgesetzt wird. Nehmen wir als Beispiel einen Vektor, wie Sie ihn in Abschnitt 7.2, »Vektoren«, kennengelernt haben. Definiert wird er so:[2]

```
vector<int> v;
```

Dementsprechend sieht die Definition eines Zeigers, der auf v zeigen kann, so aus:

```
vector<int> *p = &v;
```

Ebenfalls aus dem Vektorenkapitel wissen Sie, dass sich die Elemente eines Klassenobjekts über den Elementzugriffsoperator . (Punkt) ansprechen lassen. Wollten wir beispielsweise wissen, wie viele Elemente in v enthalten sind, ginge dies so:

```
cout << v.size() << endl;
```

Natürlich können wir die Methode size auch über den Zeiger aufrufen. Um an das Objekt zu kommen, dessen Adresse im Zeiger gespeichert ist, müssen wir dereferenzieren. Auf das so ermittelte Objekt kann dann der Elementzugriffsoperator angewendet werden. Dazu muss wegen der Bindungsstärke der Operatoren geklammert werden:

```
cout << (*p).size() << endl;
```

Diese Schreibweise ist aufwendig. Über Zeiger wird jedoch häufiger auf Klassenelemente zugegriffen, deswegen existiert für diesen Fall ein besonderer Operator, der *Zeigeroperator* ->. Angewendet wird er so:

```
cout << p->size() << endl;
```

---

2 Das Einbinden der Header-Datei vector nicht vergessen!

9.6   Zeiger auf Arrays

Zeiger auf Arrays stellen keine Besonderheit dar, weil beispielsweise ein Zeiger vom Typ `int*` sowohl auf eine einzelne Variable als auch auf ein `int`-Array zeigen kann.

> Die Adressermittlung eines Arrays benötigt keinen Adressoperator. Der Arrayname steht für die Adresse des Arrays.

Ein Beispiel:

```
int f[10];
int *p = f;
```

> Die Adresse eines Arrays entspricht der Adresse des ersten Arrayelements.

Demnach hätte der Zeiger auch so initialisiert werden können:

```
int *p = &f[0];
```

Um über den Zeiger die Arrayelemente anzusprechen, wird auf ihn der Indexoperator angewendet:

```
p[3] = 935; // 4. Element von f beschreiben
```

Wir können mit diesem Wissen eine Funktion schreiben, die uns die Anzahl von Zeichen eines C-Strings liefert:

```
int eigenes_strlen(const char* s) {
  int i=0;
  while(s[i]!=0)
    i++;
  return(i);
}
```

Listing 9.3   Die Funktion »eigenes_strlen«

Der verwendete Zeiger ist vom Typ `const char*`, weil C-Strings in `char`-Arrays gespeichert werden. Durch das vorgestellte `const` kann über den Zeiger das Feld nur gelesen, aber nicht verändert werden. Das ist notwendig, um auch konstante Zeichenketten bearbeiten zu können, wie das folgende Beispiel zeigt:

```
cout << eigenes_strlen("andre") << endl;
```

Das Ergebnis ist 5.

Es ist nicht verwunderlich, dass solch eine nützliche Funktion bereits in der Standardbibliothek existiert. Sie ist in der Header-Datei `cstring` zu finden und heißt `strlen`.

Etwas ist zu beachten: Arrays speichern ihre Größe nicht explizit. Deswegen kann über einen Zeiger die Größe eines Arrays nicht ermittelt werden. Dazu müssen andere Techniken angewendet werden, wie z. B. die Endekennung eines C-Strings oder ein zusätzlicher Funktionsparameter, dem die Größe des Arrays übergeben wird.

9.7 Zeigerarithmetik

Zeiger besitzen die Fähigkeit einer einfachen Arithmetik. Gehen wir von folgender Situation aus:

```
int f[20];
int *p = f;
```

Wir wissen, dass p nun auf das erste Element des Arrays zeigt. Es ist nun möglich, über p durch Addition die Adresse des fünften Elements zu bestimmen. In der folgenden Anweisung wird diese Adresse dem Zeiger q zugewiesen:

```
int *q = p+4;
```

Das Ergebnis der Addition muss nicht unbedingt gespeichert werden, um es verwenden zu können. Die Summe kann auch direkt dereferenziert werden:

```
cout << *(p+4) << endl;
```

Die Klammerung ist wichtig, weil andernfalls auf das dereferenzierte p der Wert 4 addiert würde.

Um einen Offset von vier Elementen zu erzeugen, muss zwangsläufig bekannt sein, wie viel Speicher ein Element belegt. Beispielsweise muss bei vier 2 Byte großen Elementen der Offset 8 Byte betragen, wohingegen er bei vier 4 Byte großen Elementen 16 Byte groß sein muss.

Glücklicherweise geschieht diese Berücksichtigung der Elementgröße bei der Zeigerarithmetik vollautomatisch.

Die Anwendung der Inkrement- und Dekrementoperatoren auf Zeiger funktioniert ebenso. Der Zeiger zeigt danach auf das nächste oder vorherige Element. Ob es ein solches Element gibt, muss vom Programmierer sichergestellt werden. Grundsätzlich kann ein Zeiger auch eine Adresse enthalten, die keiner passenden

Variablen entspricht. Problematisch wird es erst, wenn dereferenziert und schreibend darauf zugegriffen wird.

Zu Demonstrationszwecken soll hier die Funktion `eigenes_strlen` aus Listing 9.3 mit Zeigerarithmetik implementiert werden:

```
int eigenes_strlen(const char* s) {
  int i=0;
  while(*(s++)!=0)
    i++;
  return(i);
}
```

Listing 9.4 Die Funktion »eigenes_strlen« mit Zeigerarithmetik

9.8   Referenzen

Referenzen sind den Zeigern sehr ähnlich, besitzen aber durch Einschränkung der Fähigkeiten eine einfachere Syntax.

Eine Referenz ist, wie der Name bereits zum Ausdruck bringt, ein Verweis auf etwas. Im Gegensatz zu einem Zeiger kann eine Referenz aber nur auf ein einziges Element verweisen. Der Verweis selbst kann nicht mehr geändert werden.

Aus diesem Grund muss eine Referenz bei ihrer Definition initialisiert werden. Bei ihrer Definition wird eine Referenz durch ein & gekennzeichnet:

```
int w=3;
int &r = w;
```

Da die Referenz von nun an immer auf die Variable w verweist und dieser Verweis nicht abgeändert werden kann, braucht syntaktisch nicht mehr unterschieden werden zwischen Inhalt und Dereferenzierung. Die Referenz r ist nun ein Synonym für die Variable w:

```
r=11;
cout << w << endl;
```

Die Referenz hat gegenüber dem Zeiger zwei syntaktische Vereinfachungen:

▶ Bei der Initialisierung der Referenz muss von der Variablen, auf die verwiesen wird, nicht explizit die Adresse ermittelt werden.

▶ Die Dereferenzierung erfolgt implizit und kommt daher ohne speziellen Operator aus.

Als Beispiel soll die Funktion `maximum`, die in Listing 9.2 mit Zeigern realisiert wurde, nun mit Referenzen implementiert werden:

```
int& maximum(int& a, int& b) {
  if(a>b)
    return(a);
  else
    return(b);
}
```

Listing 9.5 Die Funktion »maximum« mit Referenzen

Im Vergleich zu der Lösung mit Zeigern können der Funktion nun die Parameter so übergeben werden, als würden bloße Kopien erwartet:

```
int x=30, y=40;
int &r=maximum(x, y);
```

Die Referenzen sollen hier nicht weiter vertieft werden, weil sie unter .NET eher eine untergeordnete Rolle spielen – dort läuft alles über spezielle Zeiger.

9.9   Zusammenfassung

Dieses Thema behandelte die Thematik, wie auf Variablen oder Objekte verwiesen werden kann.

Zeiger speichern die Adressen von Variablen und Objekten, die über den Adressoperator & ermittelt werden. Über den Zeiger kann durch Dereferenzierung mit * auf den Wert der Variablen zugegriffen werden, deren Adresse im Zeiger gespeichert ist. Ein Zeiger kann auch auf Felder zeigen und mit dem Indexoperator zusammenarbeiten. Mit dem Operator -> kann über den Zeiger direkt das Element eines Klassenobjekts angesprochen werden.

Mit der Zeigerarithmetik können Addition und Subtraktion von Ganzzahlen sowie der Inkrement- und Dekrementoperator auf Zeiger angewendet werden.

Referenzen bieten eine andere Möglichkeit des Verweises. Sie besitzen den Nachteil, während ihrer Lebenszeit nur auf ein Objekt verweisen zu können, haben aber den Vorteil einer einfacheren Syntax.

9.10   Übungen

1. Schreiben Sie eine Funktion `zaehleziffern`, die einen C-String übergeben bekommt und als `int`-Wert zurückliefert, wie viele Ziffern im String enthalten sind.

2. Schreiben Sie eine Funktion `toupperstring`, die einen C-String übergeben bekommt, und im Originalstring alle Kleinbuchstaben in Großbuchstaben umwandelt.
   Analog dazu können Sie noch eine Funktion `tolowerstring` implementieren, die den übergebenen C-String in Kleinbuchstaben umwandelt.

3. Schreiben Sie eine Funktion `umdrehen`, die einen C-String übergeben bekommt und ihn umdreht. (Aus »Josef« wird dann »fesoJ«)

4. Schreiben Sie eine Funktion `maximum`, die zwei Adressen von `int`-Variablen übergeben bekommt und die Variable mit dem größeren Wert als Referenz zurückliefert.

Für das große Chaos haben wir Computer.
Die übrigen Fehler machen wir von Hand.
– Unbekannter Verfasser

10 Klassen

Dieses Kapitel dreht sich um die Klassen. Zunächst werden wir Klassen als eine Möglichkeit kennenlernen, Variablen unterschiedlicher Datentypen zu einer Einheit zusammenzufassen. Anschließend werden die von Klassen unterstützten Mechanismen der Objektorientierten Programmierung betrachtet.

10.1 Definition einer Klasse

Definiert wird eine Klasse mit dem Schlüsselwort `class`, gefolgt von dem Namen der Klasse und einem Paar geschweifter Klammern, die mit einem Semikolon abgeschlossen werden! Dieses Semikolon ist ein Erbe von C und ein beliebter Fehler. Nehmen wir als Beispiel eine Klasse namens `Becher`, die später als Komponenten den Inhalt als Text, das Fassungsvermögen in Millilitern und die Füllhöhe in Prozent beinhalten soll:

```
class Becher {
};
```
Listing 10.1 Die nackte Klasse Becher

Üblicherweise steht die Definition einer Klasse in einer eigenen Header-Datei mit dem Namen der Klasse. Die Header-Datei für die Klasse `Becher` heißt daher »Becher.h«.

10.1.1 Erstellen einer Klasse mit Visual C++ 2008

Genau wie die Dateien bisher kann die Header-Datei »Becher.h« manuell erstellt werden. Visual C++ bietet jedoch einen Assistenten, mit dem eine Klasse mitsamt den benötigten Dateien erstellt werden kann.

Klicken Sie dazu, wie in Abbildung 10.1 gezeigt, im Projektmappen-Explorer mit der rechten Maustaste auf den Projektnamen, wählen Sie dort **Hinzufügen** und im darauf erscheinenden Untermenü **Klasse**.

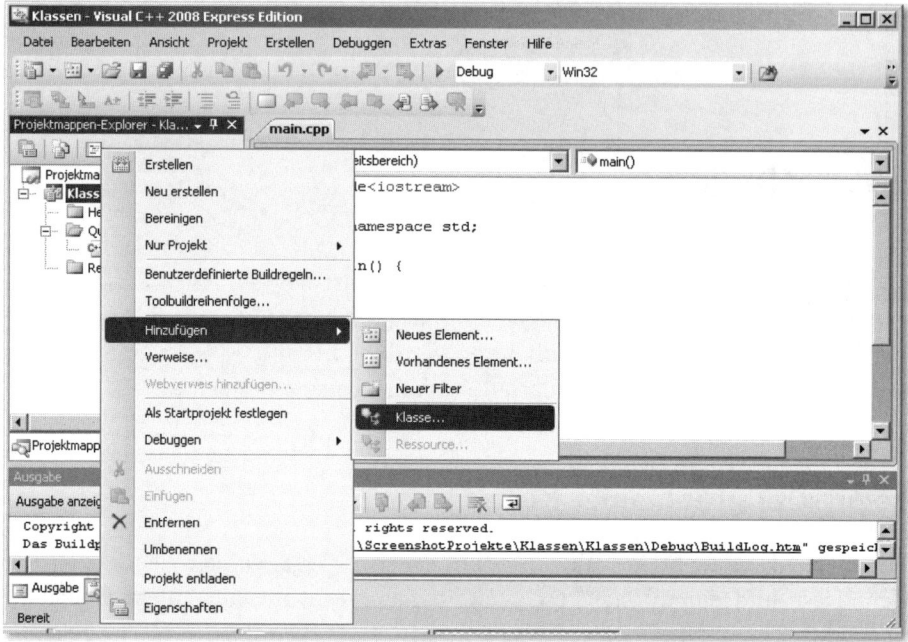

Abbildung 10.1 Erstellen einer neuen Klasse

Daraufhin öffnet sich das in Abbildung 10.2 gezeigte Fenster. Als Kategorie wird **C++** gewählt und dort die einzige Vorlage **C++-Klasse**. Bestätigt wird durch Anklicken von **Hinzufügen**.

Nachdem die Vorlage ausgewählt wurde, erscheint ein auf den ersten Blick reichhaltiger Dialog, mit dem die Klasse dann tatsächlich erstellt wird. Abbildung 10.3 zeigt ihn.

Unter **Klassenname** wird der Name der zukünftigen Klasse angegeben. Die Namen für die Header- und die Quellcode-Datei werden dem Klassennamen und der üblichen Benennung entsprechend vorgegeben, können bei Bedarf aber nachträglich beliebig verändert werden.

Die Punkte **Basisklasse**, **Zugriff** und **Virtueller Destruktor** kommen erst bei der Vererbung in Abschnitt 11.2.1 zum Tragen und werden hier ignoriert.

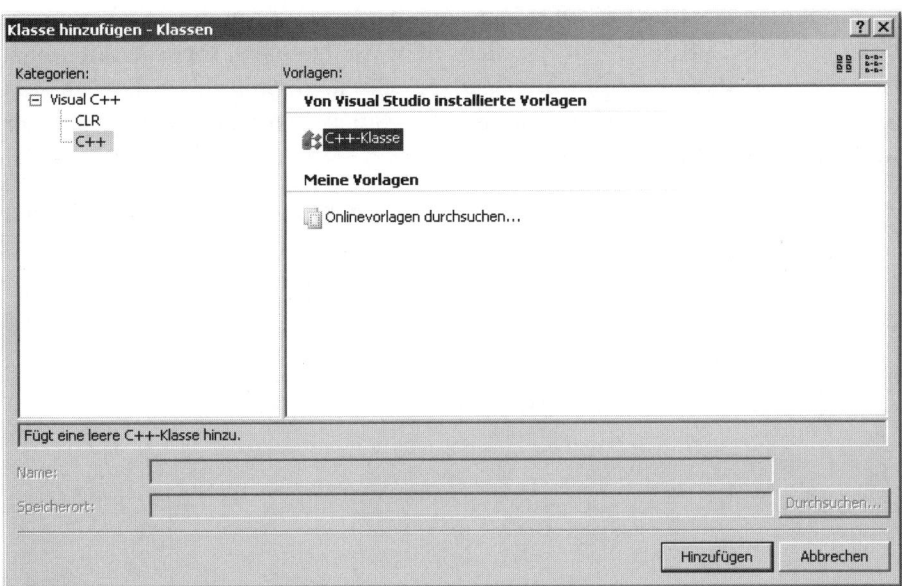

Abbildung 10.2 Klassentyp wählen

Abbildung 10.3 Klasseneinstellungen

In bestimmten Situationen, die später noch besprochen werden, macht es Sinn, die Klasse nicht in Header- und Quellcode-Datei aufzuteilen, sondern stattdessen die gesamte Klasse in die Header-Datei zu schreiben. Sollte dies der Fall sein, wird der Punkt Inline abgehakt und die Erstellung einer Quellcode-Datei unterbunden.

Durch Anklicken von **Fertig stellen** wird die Klasse erzeugt. Im Projektmappen-Explorer erscheinen die Header- und die Quellcode-Datei. Sie können durch Doppelklick auf den Dateinamen im Editor geöffnet werden.

Das folgende Listing zeigt die erstellte Klasse in »Becher.h«:

```
#pragma once

class Becher
{
public:
  Becher(void);
public:
  ~Becher(void);
};
```

Listing 10.2 Der Inhalt von Becher.h

Der erste Befehl dient der Vermeidung einer potenziellen Mehrfachdeklaration, wie in Abschnitt 6.6.4 gezeigt.

Die Klasse selbst besitzt schon einige Elemente – einen Konstruktor und den Destruktor. Wir kennen beide noch nicht,[1] daher werden sie gelöscht, sodass die geschweiften Klammern wie in Listing 10.1 leer bleiben.

Im Folgenden ist der Inhalt der Datei »Becher.cpp« aufgelistet:

```
#include "Becher.h"

Becher::Becher(void)
{
}

Becher::~Becher(void)
{
}
```

Listing 10.3 Der Inhalt von Becher.cpp

---

1 Konstruktoren sind Thema in Abschnitt 10.5, »Konstruktoren«. Destruktoren werden in Abschnitt 12.3 behandelt.

Als erste Amtshandlung wird die Datei »Becher.h« eingebunden. Das ist wichtig, weil in »Becher.h« beschrieben ist, aus welchen Elementen die Klasse besteht. Diese Informationen müssen dem Compiler vorliegen, bevor die Klassenelemente in der Quellcode-Datei genauer ausgeführt werden.

Alles andere sind die Definitionen des in »Becher.h« deklarierten Konstruktors und Destruktors. Da wir die Deklarationen in »Becher.h« bereits entfernt haben, müssen die Definitionen das gleiche Schicksal erleiden und werden aus der Datei gelöscht.

Das Projekt sollte sich nun immer noch fehlerfrei kompilieren lassen. Auch Objekte der Klasse lassen sich bereits problemlos erzeugen:

```cpp
#include "Becher.h"
int main() {
  Becher b;
}
```

Listing 10.4 Erzeugen eines »Becher«-Objekts

Um ein Klassenelement definieren zu können, muss die dazugehörige Klassendefinition verfügbar sein. Im obigen Beispiel wird dies durch Einbinden von »Becher.h« gewährleistet. Weder iostream wird eingebunden noch der Namensbereich std verfügbar gemacht, weil kein Element der Standardbibliothek benötigt wird.

10.2   Attribute

Nun soll die ursprünglich geplante Struktur der Klasse Becher weiter umgesetzt werden. Gewünscht war der Inhalt des Bechers als Text, das Fassungsvermögen in Millilitern und die Füllhöhe des Bechers in Prozent. Solche Datenelemente der Klasse werden Attribut genannt.

Die Attribute werden zunächst wie eine Variablendefinition in die geschweiften Klammern der Klasse hineingeschrieben. Das folgende Listing zeigt den aktuellen Inhalt von »Becher.h«:

```cpp
#pragma once

#include <string>

class Becher {
  std::string inhalt;
  int fassungsvermoegen;
```

```
    float fuellhoehe;
};
```
Listing 10.5 Die Klasse »Becher« mit Attributen

Damit der Datentyp `string` zur Verfügung steht, muss die Header-Datei `string` eingebunden werden.

In einer Header-Datei sollten keine `using namespace`-Anweisungen verwendet werden, weil Header-Dateien in Quellcode-Dateien eingebunden werden und die einbindende Quellcode-Datei eine in der Header-Datei enthaltene `using namespace`-Anweisung mit einbinden würde, völlig egal, ob gewollt oder nicht.

Deshalb muss bei der Definition von `inhalt` der Datentyp `string` mitsamt seinem Namensbereich angegeben werden.

10.3 Zugriffsrechte

Die Klasse `Becher` hat nun drei Datenelemente. Wir wissen bereits von den Vektoren[2], wie auf die Elemente einer Klasse zugegriffen werden kann; mit dem Elementzugriffsoperator.

Mit dessen Hilfe könnte ein erzeugter Becher zur Hälfte mit Milch gefüllt werden:

```
Becher b;
b.inhalt="Milch";
b.fassungsvermoegen=300;
b.fuellhoehe=50;
```

Der Compiler ist mit diesen Anweisungen jedoch nicht einverstanden. Er sagt unter anderem »Becher::inhalt: Kein Zugriff auf private Member...«. Der gleiche Fehler wird auch für die anderen beiden Attribute gemeldet. Diese Fehlermeldungen liefern zwei wesentliche Informationen:

▸ Unsere Attribute sind privat.

▸ Von der `main`-Funktion aus haben wir keinen Zugriff darauf.

Das wiederum wirft drei Fragen auf:

▸ Warum sind die Attribute privat?

▸ Was bedeutet »privat«?

▸ Warum hat die `main`-Funktion keinen Zugriff darauf?

---

2 Abschnitt 7.2, »Vektoren«.

Beginnen wir von vorne. Auf jedes Element einer Klasse besteht ein sogenanntes *Zugriffsrecht*. Dieses Zugriffsrecht bestimmt, von wo aus auf das Element zugegriffen werden kann. In C++ werden drei Zugriffsrechte unterschieden:

▸ Privat (`private`). Auf private Elemente dürfen nur Elemente der eigenen Klasse und Freunde der Klasse zugreifen.

▸ Geschützt (`protected`). Wie privat, nur dass auch Elemente abgeleiteter Klassen zugreifen dürfen.[3]

▸ Öffentlich (`public`). Keine Beschränkung des Zugriffs. Von überall kann auf das Element zugegriffen werden.

Wird kein Zugriffsrecht angegeben, dann besitzen die Klassenelemente privates Zugriffsrecht. Das erklärt auch, warum auf die Attribute nicht zugegriffen werden konnte, denn die `main`-Funktion gehört definitiv nicht zur Klasse.

Die zur Spezifikation des Zugriffsrechts verwendeten Schlüsselwörter (`private`, `protected` und `public`) werden in C++ als Zugriffsspezifizierer (access specifier) bezeichnet.

Obwohl es in der Objektorientierten Programmierung ein Sakrileg ist, für Attribute öffentliches Zugriffsrecht zu vergeben, wollen wir genau dies in den folgenden Abschnitten zu Anschauungszwecken tun.

Ein Zugriffsrecht wird spezifiziert, indem es irgendwo in der Klasse mit Doppelpunkt angegeben wird. Das so spezifizierte Zugriffsrecht gilt so lange, bis ein anderes Zugriffsrecht spezifiziert wird.

Um die Attribute von `Becher` als öffentlich zu spezifizieren, schreiben wir vor das erste Attribut `public:`, und schon wird der halbvolle Becher Milch kompiliert:

```
class Becher {
public:
  std::string inhalt;
  int fassungsvermoegen;
  float fuellhoehe;
};
```
Listing 10.6 Öffentliche Attribute

Zugriffsrechte können in einer Klasse beliebig oft spezifiziert werden.

---

3 Abgeleitete Klassen werden in Kapitel 11, »Vererbung«, besprochen.

10.4 Methoden

Eine weitere Art von Klassenelement sind die *Methoden*. Sie bilden den dynamischen Teil einer Klasse und sind technisch nichts anderes als zur Klasse gehörende Funktionen. Deswegen werden sie in C++ auch gerne *Elementfunktion* genannt.

Wir könnten unsere Klasse `Becher` mit der Fähigkeit ausstatten, auf dem Bildschirm ausgeben zu können, mit welchem Inhalt der Becher gefüllt ist. Die notwendigen Ergänzungen sind schnell vorgenommen:

```
#pragma once

#include <string>
#include <iostream>

class Becher {
public:
  std::string inhalt;
  int fassungsvermoegen;
  float fuellhoehe;

  void ausgabe() {
    std::cout << "Becher mit " << inhalt << std::endl;
  }
};
```

Listing 10.7 Die Methode »ausgabe«

Die Methode besitzt weder Rückgabewert noch Parameter und ist syntaktisch identisch mit einer Funktion. Zur Methode wird sie, weil sie innerhalb der Klasse steht. Als Methode – und damit Element der Klasse – kann sie auf alle Elemente von `Becher` zugreifen, ohne deren Zugriffsrechte berücksichtigen zu müssen. Sie selbst besitzt hier öffentliches Zugriffsrecht und kann von überall aus aufgerufen werden. Und der Aufruf läuft wieder über den Elementzugriffsoperator:

```
b.ausgabe();
```

Eine herkömmliche Methode muss immer über ein Klassenobjekt aufgerufen werden. Wird die Methode – wie in der obigen Anweisung – über das Objekt b aufgerufen,[4] dann hat sie für diesen Aufruf Zugriff auf die Attribute von b. Der Zugriff auf `inhalt` in `ausgabe` ist für diesen Fall das Attribut `inhalt` von b.

---

4 Dieser Aufruf ist in `main` möglich, weil das Zugriffsrecht auf `ausgabe` `public` ist.

10.4.1 Externe Definition

Die Definition der Methode `ausgabe` steht innerhalb der Klassendefinition. Man nennt eine solche Methode *inline*. Der Compiler versucht, den Aufruf einer Inline-Methode durch ihren Programmcode zu ersetzen. Dadurch wird das Programm zwar länger, weil der Programmcode der Methode so oft im Programm vorkommt, wie sie aufgerufen wurde. Aber das Programm gewinnt auch an Geschwindigkeit, weil beim Aufruf nicht zum Methodencode hin und am Methodenende wieder zurückgesprungen werden muss. Bei längeren Methoden ist der Nachteil durch Codevervielfältigungen aber weitaus höher als der Geschwindigkeitsvorteil, deswegen werden nur kleine Methoden auch wirklich vom Compiler als inline behandelt.

Inline-Methoden haben aber einen Geschwindigkeitsnachteil zur Kompilationszeit, denn ihr Programmcode steht in einer Header-Datei, die unter Umständen in vielen anderen Dateien eingebunden wird. Der Methodencode wird dadurch mehrfach kompiliert, obwohl einmal völlig ausreichen würde.

Für die Kompilation wäre es daher von Vorteil, wenn der Methodencode in eine eigene Datei ausgelagert werden könnte, die nur einmal kompiliert wird.

Es wird keine Überraschung sein, dass genau dies möglich ist. Das Prinzip ist identisch mit der Aufteilung einer Funktion in Deklaration und Definition.[5]

Innerhalb der Klassendefinition in »Becher.h« steht jetzt nur noch die Deklaration der Methode:

```
#pragma once

#include <string>

class Becher {
public:
    std::string inhalt;
    int fassungsvermoegen;
    float fuellhoehe;

    void ausgabe();
};
```

Listing 10.8 Die Deklaration von »ausgabe«

In »Becher.h« findet keine Ausgabe mehr statt, das Einbinden von `iostream` ist deshalb nicht mehr notwendig.

---

5 Abschnitt 6.6, »Module«.

Doch, wo wandert die Methodendefinition hin? Wie bei Funktionen in die dazu-gehörige .cpp-Datei, die im Folgenden aufgeführt ist:

```
#include "Becher.h"
#include <iostream>

using namespace std;

void Becher::ausgabe() {
  cout << "Becher mit " << inhalt << endl;
}
```

Listing 10.9 Die Definition von »ausgabe«

Eine Methode gehört bekanntermaßen zu einer Klasse. Aber zu welcher? Als Die Methodendefinition noch innerhalb der Klassendefinition stand, war die Zuord-nung klar. Nun aber wird die Definition ausgelagert und der direkte Klassenbe-zug fehlt. Schlimmer noch: Mehrere Methoden aus unterschiedlichen Klassen könnten denselben Namen besitzen.

Um dem Compiler mitzuteilen, zu welcher Klasse eine extern definierte Methode gehört, wird vor den Methodennamen der Klassenname, und dazwischen der Bezugsrahmenoperator gesetzt. Weil die Methode ausgabe zur Klasse Becher gehört, steht im Methodenkopf Becher::ausgabe. Zu lesen als »Von der Klasse Becher das Element ausgabe«.

Soll eine extern definierte Methode trotzdem als inline betrachtet werden, muss vor die Deklaration das Schlüsselwort inline geschrieben werden.

Inline ist immer nur eine Empfehlung. Unabhängig davon, ob die Methode expli-zit über das Schlüsselwort inline oder implizit durch Definition innerhalb der Klasse als inline gekennzeichnet wurde, der Compiler entscheidet, ob die Methode tatsächlich inline wird oder nicht

10.4.2 this

Manchmal ist es innerhalb einer Methode sinnvoll zu wissen, über welches Objekt die Methode aufgerufen wurde. Dazu stellt jede Methode einen Zeiger namens this bereit, über den das aufrufende Objekt angesprochen werden kann. Die Methode ausgabe von Becher könnte damit auch wie unten aufgeführt imp-lementiert werden:

```
void Becher::ausgabe() {
  cout << "Becher mit " << this->inhalt << endl;
}
```

Mit `this->inhalt` wird vom aufrufenden Objekt das Attribut `inhalt` angesprochen. Die bloße Angabe des Attributnamens spricht ebenfalls das Attribut des aufrufenden Objekts an, insofern ist `this` hier unnötig. Es wird aber klar, dass über `this` das aufrufende Objekt verfügbar ist und dieses bei Bedarf darüber an Funktionen oder Methoden anderer Klassen übergeben werden kann.

10.5 Konstruktoren

Die Erzeugung eines Bechers läuft bisher so ab:

1. Definition eines Klassenobjekts

2. Zuweisen von Werten an die Attribute

Aber wer zwingt uns, den zweiten Schritt korrekt oder überhaupt auszuführen? Es ist kein Problem, einen Becher mit undefiniertem Inhalt oder negativem Fassungsvermögen zu erstellen. Auch wenn Letzteres vielleicht manches Physikerherz höher schlagen lässt, sind diese Möglichkeiten nicht unbedingt praxistauglich. Um sicherzustellen, dass spätere Programmteile nicht mit Bechern aus einem Paralleluniversum konfrontiert werden, muss gewährleistet sein, dass alle Attribute einen korrekten Inhalt besitzen.

Und genau dazu dienen *Konstruktoren*. Ein Konstruktor ist eine besondere Form von Methode, die den Ersteller eines Klassenobjekts zwingt, bestimmte Informationen zur Initialisierung des Objekts anzugeben.

Wir könnten einen Nutzer der Klasse `Becher` bei der Objektdefinition zwingen, Inhalt, Fassungsvermögen und Füllhöhe anzugeben. Der Konstruktor benötigt dazu drei Parameter, die an ihn übergeben werden müssen und deren Typen mit den zu initialisierenden Attributen übereinstimmen sollten.

Konstruktoren besitzen den Namen ihrer Klasse und können keine Werte zurückliefern. Aus diesem Grund darf nicht einmal `void` angegeben werden.

Zunächst schreiben wir den Konstruktor inline in die Klassendefinition, wie im Folgenden zu sehen ist.

```
class Becher {
public:
  std::string inhalt;
  int fassungsvermoegen;
  float fuellhoehe;

  Becher(std::string i, int fa, float fu) {
    inhalt=i;
```

```
    fassungsvermoegen=fa;
    fuellhoehe=fu;
}

  void ausgabe();
};
```
Listing 10.10 Die Klasse »Becher« mit Inline-Konstruktor

Der Konstruktor macht nichts anderes, als die an ihn übergebenen Parameter zur Initialisierung der Attribute zu verwenden.

Wenn Sie nun behaupten, dass immer noch missratene Objekte erstellt werden können, weil für das Fassungsvermögen schlicht ein negativer Wert an den Konstruktor übergeben werden könnte, dann haben Sie recht.

Aber: Es kann kein Objekt mehr erzeugt werden, ohne dass der Konstruktor abgearbeitet wird. Von daher müsste im Konstruktor nur entsprechender Code untergebracht werden, der alle ungültigen Konstellationen abfängt. Wie auf solche entdeckten Fehler reagiert werden kann, wird bei den Ausnahmen in Kapitel 13, »Ausnahmen«, besprochen.

Uns soll an dieser Stelle die Gewissheit reichen, Missbrauch verhindern zu können, wenn wir es wollten.

Um nun ein Objekt zu erzeugen, müssen bei der Definition die vom Konstruktor geforderten drei Argumente übergeben werden. Das könnte so aussehen:

```
Becher b("Milch", 300, 50);
```

Die ursprüngliche Schreibweise

```
Becher b;
```

funktioniert nicht mehr, weil die Klasse dazu einen Konstruktor ohne Parameter besitzen müsste, den man *Standardkonstruktor* nennt.

10.5.1 Externe Definition

Nachdem die Grundlagen eines Konstruktors besprochen sind, soll auch an ihm die Aufteilung von Deklaration und Definition vollzogen werden. In der Klassendefinition steht nur noch die Konstruktordeklaration

```
Becher(std::string i, int fa, float fu);
```

Die Definition in der .cpp-Datei sieht so aus:

```
Becher::Becher(string i, int fa, float fu) {
  inhalt=i;
  fassungsvermoegen=fa;
  fuellhoehe=fu;
}
```

Listing 10.11 Der ausgelagerte Konstruktor von »Becher«

Die Schreibweise `Becher::Becher` mag etwas merkwürdig aussehen, aber sie gehorcht der bekannten Regel Klassenname::Methodenname.

10.5.2 Private Attribute

Nachdem wir nun mit den Konstruktoren Klassenobjekte initialisieren können und mit den Methoden die Möglichkeit haben, jegliche Funktionalität zur Verfügung zu stellen, gibt es keinen sinnvollen Grund mehr, die Attribute weiterhin öffentlich zu lassen. Wir werden sie – wie es sich für die Datenkapselung gehört – mit privatem Zugriffsrecht ausstatten:

```
class Becher {
private:
  std::string inhalt;
  int fassungsvermoegen;
  float fuellhoehe;

public:
  Becher(std::string i, int fa, float fu);
  void ausgabe();
};
```

Listing 10.12 Die Klasse »Becher« mit privaten Attributen

Die explizite Angabe von `private:` am Anfang der Klasse ist nicht zwingend notwendig, weil Klassenelemente ohne explizites Zugriffsrecht automatisch privat sind.

10.5.3 Elementinitialisierungsliste

Technisch gesehen wurden bereits alle Attribute eines Objekts von ihren Standardkonstruktoren initialisiert, bevor der Anweisungsblock des entsprechenden Konstruktors der Klasse abgearbeitet wird.

Für die Klasse `Becher` heißt das, die Attribute `inhalt`, `fassungsvermoegen` und `fuellhoehe` sind mit ihren Standardwerten initialisiert, bevor sie im Becher-Konstruktor mit den an ihn übergebenen Argumenten beschrieben werden. Der

String beinhaltet eine leere Zeichenkette, die numerischen Typen wurden mit 0 initialisiert.

Das erscheint irgendwie unnötig, denn warum die Attribute zuerst mit Standardwerten versehen, wenn sie anschließend mit den wirklichen Initialisierungswerten beschrieben werden. Diese Initialisierung vor der Abarbeitung des Konstruktor-Anweisungsblocks lässt sich nicht vermeiden, wohl aber angeben, womit die Attribute initialisiert werden sollen.

Und genau dazu dient die Elementinitialisierungsliste. Sie steht in der Konstruktordefinition zwischen Konstruktorkopf und Anweisungsblock und ist vom Kopf durch einen Doppelpunkt getrennt. Die einzelnen Initialisierungen werden durch Kommata getrennt:

```
Becher::Becher(string i, int fa, float fu)
: inhalt(i), fassungsvermoegen(fa), fuellhoehe(fu)
{
}
```

Listing 10.13 Konstruktor mit Elementinitialisierungsliste

Die Initialisierung der einzelnen Attribute in der Elementinitialisierungsliste sieht aus wie die Definition von Klassenobjekten mithilfe eines Konstruktors. Und technisch gesehen ist es auch so. Die Zuweisungen innerhalb des Anweisungsblocks sind nun überflüssig.

Im Falle des Becher-Konstruktors hat der Einsatz der Elementinitialisierungsliste lediglich eine Verbesserung der Performanz zur Folge, er ist aber nicht zwingend.

Es gibt jedoch zwei Fälle, die eine Elementinitialisierungsliste notwendig machen.

> Wurde ein Attribut als Referenz oder als Konstante deklariert, dann muss es in der Elementinitialisierungsliste initialisiert werden.

Das klingt einleuchtend, denn sowohl eine Referenz als auch eine Konstante müssen bei ihrer Definition initialisiert werden und können nicht nachträglich einen anderen Wert zugewiesen bekommen.

10.6 Konstanzwahrende Methoden

Es lassen sich mit dem Schlüsselwort const[6] auch konstante Klassenelemente erzeugen:

```
const Becher c("Kaffee", 200, 100);
```

Dieser Becher gefüllt mit Kaffee kann niemals ausgetrunken werden und eignet sich höchstens als Anschauungsmaterial. Dazu müsste aber die ausgabe-Methode aufgerufen werden:

```
c.ausgabe(); // Fehler
```

Erstaunlicherweise meldet der Compiler einen Fehler: »this-Zeiger kann nicht von 'const Becher' in 'Becher &' konvertiert werden.«

Der Compiler möchte damit auf seine ihm eigene Art sagen, dass die Methode ausgabe für variable Klassenobjekte gedacht ist und daher nicht für ein konstantes Klassenobjekt aufgerufen werden kann.

Die Frage ist nur, warum nicht? In ausgabe werden keine Änderungen an den Attributen vorgenommen, insofern bleibt das Objekt unverändert. Der Compiler möchte dies aber explizit mitgeteilt bekommen.

> Damit eine Methode über ein konstantes Klassenobjekt aufgerufen werden kann, muss die Methode als konstanzwahrend deklariert sein.

Eine Methode muss sowohl bei der Deklaration als auch bei der Definition als konstanzwahrend deklariert werden. Dazu wird hinter dem Methodenkopf das Schlüsselwort const geschrieben:

```
void ausgabe() const;
```

Listing 10.14 Deklaration einer konstanzwahrenden Methode

Und noch die Definition:

```
void Becher::ausgabe() const {
  cout << "Becher mit " << inhalt << endl;
}
```

Listing 10.15 Definition einer konstanzwahrenden Methode

Nun kann ausgabe auch für eine Konstante aufgerufen werden. Ein Hinweis ist noch zu beachten.

> Nur Methoden, die wirklich keine Änderungen an den Attributen vornehmen, können als konstanzwahrend deklariert werden.

Der Compiler prüft das nach!

---

6 Abschnitt 2.6, »Konstanten«.

10.6.1 Veränderliche Attribute

Wenn Sie gefragt werden, was die Aussage »ein Objekt ist konstant« bedeutet, was antworten Sie? Wahrscheinlich etwas wie »Das Objekt kann nicht verändert werden.«

Damit liegen Sie nicht falsch, nur was haben wir uns darunter vorzustellen, dass ein Objekt nicht verändert werden kann? Ist ein Objekt nur dann konstant, wenn sich wirklich nichts an ihm ändern lässt? Oder reicht es schon aus, wenn der von außen sichtbare Zustand sich nicht ändern lässt? Denn eine Änderung, die der Benutzer des Objekts nicht merkt, ist für ihn auch keine Änderung.

Vielleicht kommt Ihnen der letzte Absatz wie Erbsenzählerei vor, aber er ist von entscheidender Bedeutung. Wenn Sie an den Hüften ein Kilo abgenommen haben, dafür aber am Bauch ein Kilo zugelegt, ist Ihr Gewicht dann konstant?

In der objektorientierten Programmierung gilt die Regel, dass ein Objekt konstant ist, solange der äußere Zustand sich nicht ändert, beziehungsweise sich nicht ändern lässt. Es gibt aber Situationen, in denen aus verwaltungstechnischen Gründen Attribute eines konstanten Objekts geändert werden müssen.[7] Dazu können Sie vor das Attribut das Schlüsselwort `mutable` schreiben. Diese so gekennzeichneten Attribute sind auch in konstanten Objekten veränderbar.

Damit ist eine Methode, die ausschließlich `mutable`-Attribute verändert, immer noch konstanzwahrend.

10.7   Überladen von Methoden

Sie wissen jetzt, wie Methoden implementiert werden und könnten die Klasse `Becher` etwas erweitern. Für den Anwender ist es vielleicht wichtig zu wissen, ob eine bestimmte Menge noch in den Becher passen würde oder nicht. Wir schreiben dazu eine Methode `reichtKapazitaet`, die die fragliche Menge in Millilitern übergeben bekommt und als booleschen Wert zurückliefert, ob diese Menge noch in den Becher passt oder nicht.

Wenn Sie möchten, können Sie sich zuerst an eine eigene Implementierung von `reichtKapazitaet` wagen, bevor Sie weiterlesen.

```
bool Becher::reichtKapazitaet(int ml) const {
  float platz = fassungsvermoegen/100.0F*(100-fuellhoehe);
```

---

7 Diese Betrachtungen würden in einem Einstiegsbuch zu weit führen. Ich verweise Sie daher auf beispielsweise [Willms05].

```
    return(platz >= ml);
}
```

Listing 10.16 Die Methode »reichtKapazitaet« von Becher

Der Ausdruck `100-fuellhoehe` liefert die noch freien Kapazitäten des Bechers in Prozent, die dann in einen absoluten Wert in Millilitern umgerechnet werden. Das F hinter `100.0` zeigt an, dass es sich um eine Konstante vom Typ `float` handelt.[8]

Die beiden Anweisungen des Anweisungsblocks hätten auch zu einer zusammengefasst werden können:

```
    return(fassungsvermoegen/100.0F*(100-fuellhoehe) >= ml);
```

Als nächsten Schritt wollen wir eine Methode schreiben, die ein `Becher`-Objekt übergeben bekommt und ermittelt, ob der Inhalt dieses Bechers in den aufrufenden Becher hineinpasst. Aber wie sollen wir die Methode nennen? Der Name `reichtKapazitaet` ist bereits vergeben.

Die Problematik des gleichen Namens tritt nur auf, wenn die gleichnamigen Elemente sich im selben Bezugsrahmen befinden. Sind die Elemente in unterschiedlichen Klassen, Anweisungsblöcken oder Namensbereichen definiert, ist ein gleicher Name kein Problem.

Glücklicherweise erlaubt C++ unter bestimmten Bedingungen auch Methoden im selben Bezugsrahmen, denselben Namen zu besitzen. Existieren unter einem Namen mehrere Methoden im selben Bezugsrahmen, dann ist dieser Name *überladen*.

Ein Methodenname darf überladen sein, wenn

► die Methoden sich in der Anzahl ihrer Parameter unterscheiden oder

► sich Methoden mit gleicher Parameteranzahl in den Typen mindestens eines ihrer Parameter unterscheiden.

Die neu zu programmierende Methode `reichtKapazitaet` bekommt als Parameter ein Objekt des Typs `Becher` übergeben.[9] Damit unterscheiden sich die Parametertypen und das Überladen ist gültig:

```
bool Becher::reichtKapazitaet(const Becher* b) const {
    if(inhalt!=b->inhalt)
        return(false);
```

---

8 Abschnitt 2.5.2.

9 In reinem C++ wäre es üblich, das Objekt als Referenz zu übergeben. Zur Einstimmung auf C++ unter .NET wird hier ein Zeiger verwendet.

```
    return(reichtKapazitaet(
        static_cast<int>(b->fassungsvermoegen/100.0F*
                         b->fuellhoehe)));
}
```

Listing 10.17 Die zweite Methode »reichtKapazität«

Haben Sie eine Vorstellung, warum die Methode als Parameter einen Zeiger auf eine Konstante und nicht auf eine Variable erwartet?

Für die Methode reicht es aus, mit einem konstanten Parameter zu arbeiten, weil die Attribute des übergebenen Objekts nur ausgelesen werden. Der Vorteil liegt aber darin, dass der Methode auch eine Variable übergeben werden könnte. Denn es stört die Variable herzlich wenig, wenn sie als Konstante behandelt wird.

Anders herum wäre es schon schwieriger. Würde die Methode eine Variable erwarten, aber eine Konstante übergeben bekommen, dann könnte die Methode die Konstante ändern. Weil das nicht sein darf, meldet der Compiler in solch einem Fall einen Fehler.

Schauen wir uns die Implementierung etwas genauer an. Die Objekte der Klasse Becher sollen keine Mischungen enthalten, deswegen wird in der Methode zuerst geprüft, ob die beiden Becher dasselbe »Produkt« beinhalten. Anschließend wird berechnet, wie viel Milliliter Inhalt der übergebene Becher besitzt und damit dann die erste reichtKapazitaet-Methode aufgerufen. Weil diese Methode einen int-Wert erwartet, das Ergebnis der Berechnung aber float ist, muss dieses vorher mit einem static_cast[10] in int umgewandelt werden. Die dazugehörige Deklaration in der Klassendefinition dürfte kein Problem mehr darstellen.

10.8 Statische Klassenelemente

Statische Klassenelemente sind nicht an ein Objekt, sondern an die Klasse gebunden. Was das genau bedeutet und wo es nützlich sein kann, zeigen die nächsten Abschnitte.

---

10 Abschnitt 3.3.3.

10.8.1 Statische Methoden

Die bisherige Implementierung der Klasse benötigt des öfteren eine Umrechnung von prozentualen in absolute Werte. Eine reizvolle Gelegenheit, dafür eine kleine Hilfsmethode `berechneAbsolutwert` zu programmieren.

Weil nicht nur der Absolutwert des Becherinhalts, sondern auch der Absolutwert der noch verfügbaren Becherkapazität benötigt wird, soll die Methode nicht die Attribute des Objekts auslesen, sondern die beiden zur Berechnung notwendigen Werte als Parameter übergeben bekommen:

```
float Becher::berechneAbsolutwert(float gw,
                                  float ps) const {
  return(gw*ps/100.0F);
}
```

Listing 10.18 Die Methode »berechneAbsolutwert«

Die Methode bekommt den Grundwert und den Prozentsatz übergeben und liefert den Prozentwert zurück. Um ihren Einsatzbereich möglichst groß zu halten, arbeitet sie nur mit `float`-Werten.

Die beiden `reichtKapazitaet`-Methoden können die neue Methode gut verwenden:[11]

```
bool Becher::reichtKapazitaet(int ml) const {
  float platz = berechneAbsolutwert(
                static_cast<float>(fassungsvermoegen),
                100-fuellhoehe);
  return(platz >= ml);
}
bool Becher::reichtKapazitaet(const Becher* b) const {
  if(inhalt!=b->inhalt)
    return(false);
return(reichtKapazitaet(
        static_cast<int>(berechneAbsolutwert(
            static_cast<float>(b->fassungsvermoegen),
            b->fuellhoehe)))));
}
```

Listing 10.19 »reichtKapazitaet« mit Verwendung von »berechneAbsolutwert«

Sie überlegen noch, ob der Einsatz dieser Methode wirklich so sinnvoll war, mussten doch zwecks Typkompatibilität einige Casts hinzugefügt werden, kom-

---

11 Die Methode `berechneAbsolutwert` wird nur von anderen Methoden derselben Klasse aufgerufen. Sie könnte daher problemlos privates Zugriffsrecht besitzen.

men aber zu dem Schluss, dass eine Codeverdopplung vermieden wurde, was in komplexeren Projekten unbedingt erstrebenswert ist. Da flattert ein Werbeprospekt Ihrer Bank ins Haus und verspricht Ihnen sagenhafte 1,85 % auf Ihr Erspartes.

Sie wollen kurz überschlagen, wie viel das im Jahr für Ihre 3581,44 € bringt. Noch ganz in der Euphorie der gelungenen Becher-Klasse schwelgend, fällt Ihnen ein, dass dort doch eine Methode programmiert wurde, die genau das berechnen kann.

Aber wie rufen Sie die Methode am geschicktesten auf? Methoden müssen immer über ein Objekt aufgerufen werden, insofern müssen Sie zunächst einen beliebigen Becher konstruieren, der mit ihrem eigentlichen Problem nichts zu tun hat, um dann die gewünschte Methode aufzurufen:[12]

```
Becher b("BeliebigerInhalt", 300, 0);
cout << b.berechneAbsolutwert(1.85F, 3581.44F) << endl;
```

Auch wenn Sie bei der Betrachtung des Ergebnisses vielleicht froh wären, einen Becher mit entsprechendem Inhalt daneben stehen zu haben, ist es aus Sicht der Programmierung etwas befremdlich, dass zur Berechnung der Sparbuchzinsen ein Becher konstruiert werden muss.

Zumal es auch überhaupt keinen Sinn macht, berechneAbsolutwert über ein Objekt aufzurufen, denn die Methode greift auf keines der Objektattribute zu.

In ANSI-C++ gibt es eine einfache Möglichkeit: Statt einer Methode berechneAbsolutwert schreiben wir eine entsprechende Funktion, die von Natur aus ohne Objekt aufgerufen werden kann.

Nur wollen wir später unter .NET programmieren, wo es keine Funktionen mehr gibt. Die Lösung liegt im Titel dieses Abschnitts: *Statische Methoden.*

Statische Methoden sind nicht an ein Objekt gebunden, sondern an die Klasse. Um eine Methode als statisch zu deklarieren, wird vor die Methodendeklaration das Schlüsselwort static geschrieben:

```
static float berechneAbsolutwert(float gw, float ps);
```

Das const zur Deklaration der Methode als konstanzwahrend ist verschwunden, weil die Methode nicht mehr an ein Objekt gebunden ist und es ihr demnach egal sein kann, ob ein Objekt konstant oder variabel ist.

---

12 Dieser Methodenaufruf funktioniert natürlich nur dann, wenn die Methode öffentliches Zugriffsrecht besitzt.

Nun kann die Methode ohne ein Objekt und nur über den Klassennamen aufgerufen werden:[13]

```
cout << Becher::berechneAbsolutwert(1.85F, 3581.44F)
    << endl;
```

Der Aufruf über ein Objekt ist weiterhin möglich.

Wichtig ist nur, dass eine statische Methode nicht auf Attribute ihrer Klasse direkt zugreift, eben darum, weil sie nicht mehr zwingend über ein Objekt aufgerufen wird.

10.8.2 Statische Attribute

Analog zu den statischen Methoden sind statische Attribute nicht mehr an ein Objekt gebunden. Während die bisherigen Attribute für jedes Objekt einen eigenen Wert annehmen können, ist der Wert eines statischen Attributs für jedes Objekt gleich.

Wir könnten zum Beispiel sagen, dass ein Becher, dessen Fassungsvermögen ein gewisses Maß überschreitet, eher zur Kategorie »Eimer« zählt und daher nicht mehr von der Klasse Becher abgedeckt werden sollte. Diese Grenze gilt für alle Objekte der Klasse.

Es bietet sich an, hierfür ein Attribut zu verwenden, das für alle Objekte denselben Wert hat: ein *statisches Attribut*.

Genau wie statische Methoden wird ein statisches Attribut durch Voranstellen des Schlüsselworts static deklariert:

```
static int maxmenge;
```

Wie alle anderen Attribute auch wird es im private-Bereich der Klasse untergebracht. Zu klären ist noch, wo das statische Attribut mit einem Wert initialisiert wird. Zusammen mit den anderen Attributen im Konstruktor ist der falsche Ort, denn das statische Attribut wird von allen Objekten geteilt und muss nur einmal initialisiert werden.

Die Klasse besitzt bereits einen Platz für Elemente, die nur einmal »bearbeitet« werden sollen: die cpp-Datei. Dort hinein setzen wir die Initialisierung des statischen Attributs:

```
int Becher::maxmenge=1000;
```

---

13 Auch eine statische Methode kann von außerhalb der eigenen Klasse nur aufgerufen werden, wenn sie öffentliches Zugriffsrecht besitzt.

Durch die erneute Angabe des Datentyps von `maxmenge` wird dem Compiler mitgeteilt, dass es sich um die Initialisierung handelt. Besäße das Attribut öffentliches Zugriffsrecht, dann könnte es außerhalb der Klasse mit `Becher::maxmenge` angesprochen werden.

Im Falle des statischen Attributs `maxmenge` ist die Frage zu klären, ob das Attribut überhaupt während der Laufzeit geändert werden können soll oder ob der Wert einmal zur Kompilationszeit festgelegt wird und dann für die gesamte Laufzeit gleich bleibt. Um den letzteren Fall zu garantieren, kann das statische Attribut zusätzlich noch mit `const` als konstant deklariert werden:

```
static const int maxmenge;
```

Solche statischen, konstanten Attribute dürfen direkt bei der Definition initialisiert werden, wenn es sich um ganzzahlige Typen handelt:

```
static const int maxmenge=1000;
```

10.9 Typedef

Mithilfe des Befehls `typedef` besteht die Möglichkeit, ein Synonym für einen Datentyp zu erstellen. Die Motivation, ein solches Synonym zu erstellen, ist die gleiche, warum Konstanten verwendet werden. Wir erinnern uns: Der Vorteil einer Konstanten liegt an ihrer zentralen Wertzuweisung:

```
const float mwst = 1.19F;
```

Wenn nun im Programm nur noch `mwst` verwendet wird, dann kann durch eine Änderung der obigen Zeile der Mehrwertsteuersatz für das gesamte Programm verändert werden.

Ein `typedef` funktioniert ähnlich – nur für Datentypen:

```
typedef vector<Becher> BecherCon;
```

Für einen Vektor, der Becher speichert (`vector<Becher>`) wird ein Synonym namens `BecherCon` definiert. Der neuen Datentyp `BecherCon` kann nun zur Definition von Objekten des Typs verwendet werden:

```
BecherCon v;
```

Auch hier liegt der Vorteil klar auf der Hand. Sollte Bedarf nach einem anderen Container als `vector` entstehen, dann braucht nur der `typedef` geändert zu werden, und schon verwendet das gesamte Programm den neuen Container.

Nehmen wir als weiteres Beispiel die Methode berechneAbsolutwert von
Becher. Der Rückgabetyp der Methode ist float, es könnte aber durchaus sein,
dass sich vielleicht noch umentschieden wird auf int. Um dies auch noch in einer
späteren Phase der Programmentwicklung ohne größeren Aufwand zu ermöglichen, wird ein typedef verwendet. Der Übersichtlichkeit halber werden in diesem Zuge die private- und public-Bereiche der Klasse vertauscht:

```
class Becher {
public:
  typedef float AbsWertTyp;
  Becher(std::string i, int fa, float fu);
  void ausgabe() const;
  bool reichtKapazitaet(int ml) const;
  bool reichtKapazitaet(const Becher* b) const;
  static AbsWertTyp berechneAbsolutwert(float gw, float ps);

private:
  std::string inhalt;
  int fassungsvermoegen;
  float fuellhoehe;
  static int maxmenge;
};
```

Listing 10.20 Die Klassendefinition von »Becher« mit typedef

Der typedef steht im public-Teil der Klasse, damit er von außen zugänglich ist.
Wir betrachten gleich noch ein Beispiel dazu, müssen aber zuerst einen Blick auf
die Definition von berechneAbsolutwert werfen:

```
Becher::AbsWertTyp Becher::berechneAbsolutwert(float gw,
                                               float ps) {
  return(static_cast<AbsWertTyp>(gw*ps/100.0F));
}
```

Listing 10.21 Die Methode »berechneAbsolutwert« mit typedef

Es ist vielleicht überraschend, dass bei der Methodendefinition der Rückgabetyp
nun mit expliziter Klassenangabe (Becher::AbsWertTyp) deklariert wird, obwohl
bei der Methodendeklaration ein bloßes AbsWertTyp ausreicht. Die Erklärung ist
eigentlich ganz einfach: Wenn der Compiler beginnt, den Funktionskopf zu
lesen, beginnt er links mit dem Rückgabetyp. Zu diesem Zeitpunkt weiß er noch
nicht, dass es der Rückgabetyp einer Becher-Methode ist und wüsste auch nicht,
wo er AbsWertTyp suchen sollte, denn der Name könnte von mehreren Klassen
verwendet worden sein.

Erst, nachdem der Compiler mit der Information `Becher::berechneAbsolutwert` weiß, dass die Methode zur Klasse `Becher` gehört, kann einfach `AbsWertTyp` geschrieben werden, wie im Anweisungsblock zu sehen ist. Auch bei den Funktionsparametern hätte bereits der Typname ohne Klassenangabe ausgereicht.

Der `static_cast` in der `return`-Anweisung ist unverzichtbar, weil der Ausdruck einen `float`-Wert ergibt und umgewandelt werden muss für den Fall, dass `AbsWertTyp` nicht `float` ist. Aus diesem Grund ist auch bei den `reichtKapazitaet`-Methoden eine Anpassung oder Ergänzung der Casts notwendig, aber das sollten Sie einmal selbst versuchen.

10.10 Die Klassenansicht

Sie sind nun in der Lage, eigene Klassen zu programmieren und wollen abschließend noch einen Blick auf die Klassenansicht von Visual C++ 2008 werfen. Angezeigt wird sie durch Klick auf den Karteireiter Klassenansicht unterhalb des Fensters links neben dem Codefenster.

Sollte ein solcher Karteireiter noch nicht vorhanden – oder die Klassenansicht geschlossen worden – sein, dann kann sie über das Menü **Ansicht · Klassenansicht** geöffnet werden. Abbildung 10.4 zeigt die vergrößerte Klassenansicht.

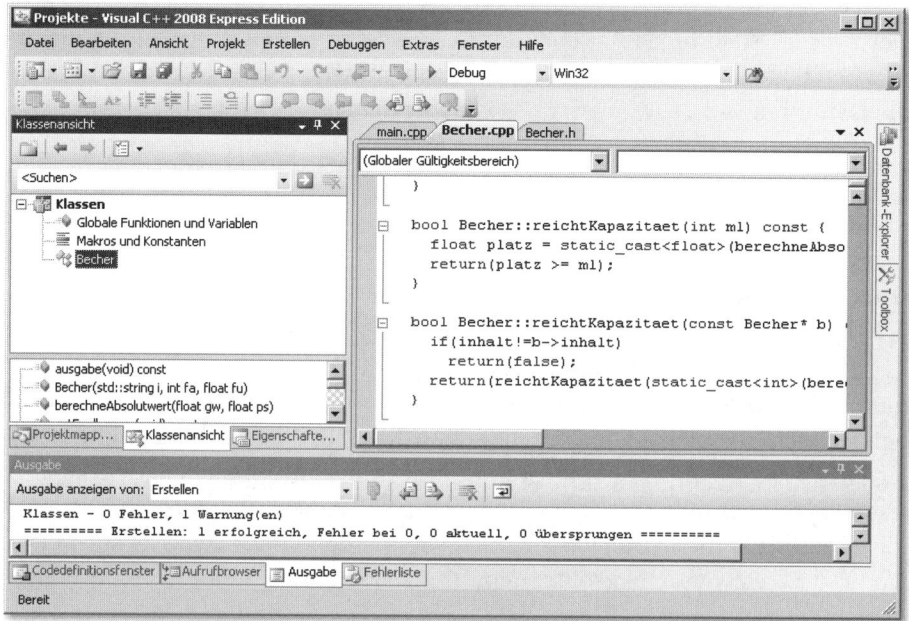

Abbildung 10.4 Die Klassenansicht

Der obige Bereich der Klassenansicht – auch *Objektbereich* genannt – zeigt die Einteilung der Bezugsrahmen. Unter »Globale Funktionen und Variablen« stehen alle Funktionen, die weder einem Namensbereich noch einer Klasse zugeordnet sind.

Darunter befinden sich Namensbereiche oder im globalen Namensbereich definierte Klassen (wie die Klasse `Becher`).

Wird im Objektbereich eine Klasse angeklickt, dann erscheinen deren Elemente (Methoden, Attribute, Typedefs etc.) im unteren Abschnitt – *Memberbereich* genannt. Fahren Sie mit der Maus auf eines dieser Elemente, wird die komplette Deklaration des Elements als Tooltip eingeblendet.

Durch Klick mit der rechten Maustaste auf ein Element erschließen sich weitere Möglichkeiten, wie Abbildung 10.5 zeigt.

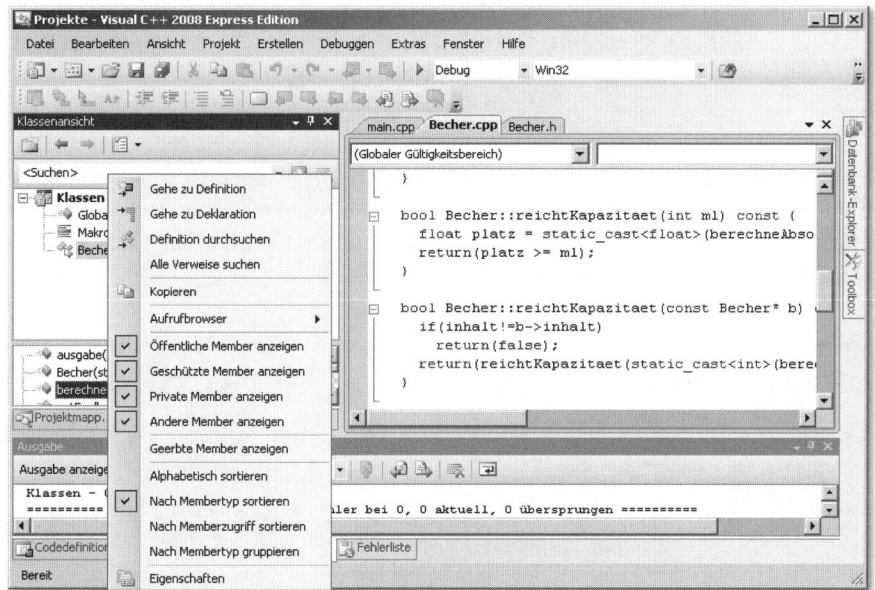

Abbildung 10.5   Das Kontextmenü für die Elemente

Gehe zu Definition und **Gehe zu Deklaration** öffnen die entsprechende Datei im Codefenster und springen zur Definition bzw. zur Deklaration des Elements.

Definition durchsuchen öffnet den Objektbrowser, der weiter unten erläutert wird.

Alle Verweise suchen öffnet im unteren Bereich der Entwicklungsumgebung ein Fenster, in dem alle Zeilen aufgeführt sind, die das entsprechende Element beinhalten. Abbildung 10.6 zeigt dieses Fenster für eine Suche aller Verweise auf das Element `berechneAbsolutwert`.

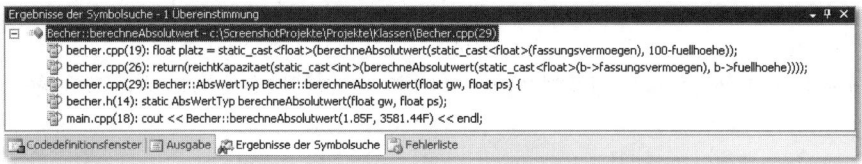

Abbildung 10.6   Ergebnis der Symbolesuche für »berechneAbsolutwert«

Alle Vorkommnisse werden aufgelistet, seien es Deklarationen, Definitionen oder Aufrufe.

Das Untermenü **Aufrufbrowser** bietet weitere Möglichkeiten zum Öffnen des Aufruf-Browsers, der weiter unten erklärt wird.

Die weiteren Punkte dienen der Auswahl, welche Elementtypen angezeigt werden und nach welchen Kriterien sie sortiert werden sollen.

10.10.1 Der Objektbrowser

Der Objektbrowser öffnet sich über das Kontextmenü der Klassenansicht (Abbildung 10.5). In Abbildung 10.5 ist der Objektbrowser zu sehen, nachdem er über `berechneAbsolutwert` aufgerufen wurde.

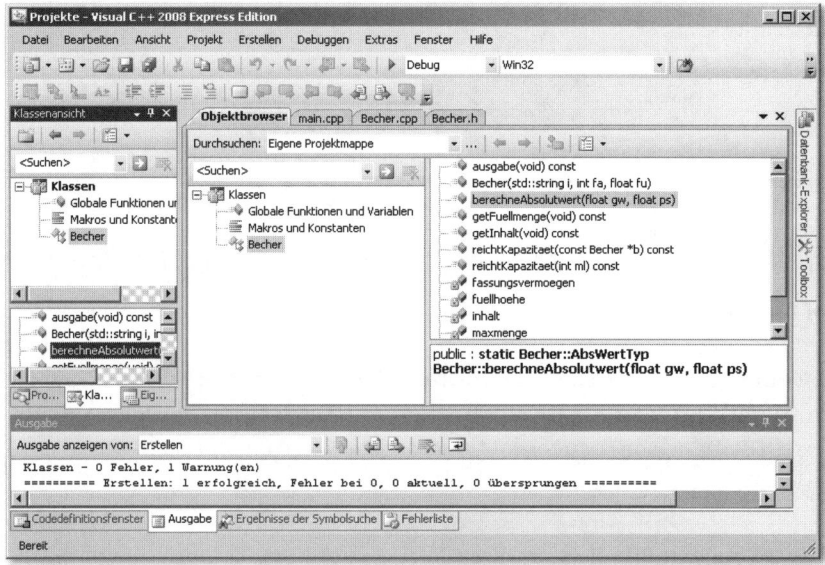

Abbildung 10.7   Der Objektbrowser

Der Objektbrowser ähnelt sehr der Klassenansicht, nur dass er einen eigenen Bereich zur Darstellung der Elementdeklaration besitzt und Objekte über die Grenzen der eigenen Projektmappe hinaus auflisten kann.

In Abbildung 10.7 wurden die dargestellten Objekte zur besseren Übersicht bei **Dursuchen** mit **Eigene Projektmappe** auf die eigene Projektmappe beschränkt.

10.10.2 Der Aufrufbrowser

Der Aufrufbrowser wird ebenfalls über die Klassenansicht (Abbildung 10.5) für ein ausgewähltes Element geöffnet. Abbildung 10.8 zeigt das Aufruferdiagramm für `berechneAbsolutwert`.

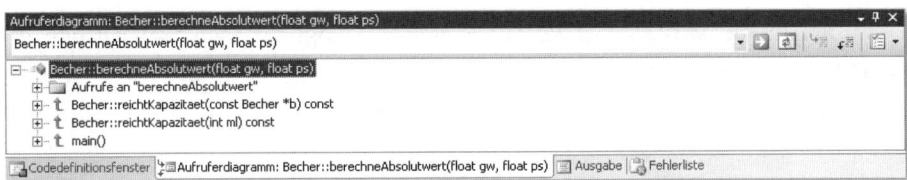

Abbildung 10.8   Der Aufrufbrowser für »berechneAbsolutwert«

Der erste Eintrag »Aufrufe an …« beinhaltet die Codezeilen, in denen das Element `berechneAbsolutwert` aufgerufen wird, wie Abbildung 10.9 demonstriert.

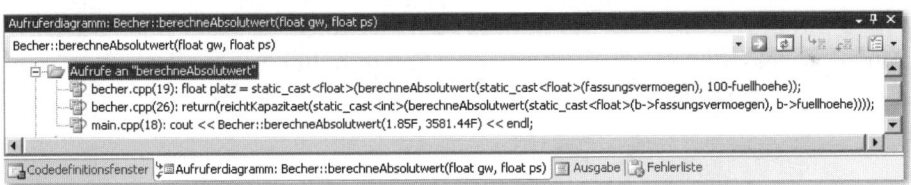

Abbildung 10.9   Aufrufe von »berechneAbsolutwert«

Im Vergleich zur Verweissuche werden hier wirklich nur die Aufrufe des Elements aufgeführt.

Unter »Aufrufe an …« werden im Aufrufbaum die aufrufenden Elemente aufgeführt, mit der Möglichkeit nachzusehen, von wem sie wiederum aufgerufen werden. Auf diese Weise kann die Aufrufhierarchie des Programms überprüft und sichergestellt werden, dass auch die gewünschte Funktion/Methode aufgerufen wird. Diese Frage ist gerade bei überladenen Funktions-/Methodennamen nicht immer direkt zu beantworten.

10.11 Namensbereiche

In Abschnitt 2.2.1 wurde bereits erklärt, was genau Namensbereiche sind. Hier soll besprochen werden, wie eigene Namensbereiche erstellt werden.

In den letzten Abschnitten haben wir die Klasse Becher erstellt, die Getränke aufnehmen soll. Theoretisch könnte ein Anderer ebenfalls eine Klasse Becher programmiert haben, die zur Mischung von Lacken verwendet wird. Es könnte geschmackliche Einbußen mit sich bringen, wenn die beiden Klassen verwechselt oder gemischt eingesetzt würden.

Glücklicherweise kann die oben geschilderte Problematik nicht eintreten, denn würden diese beiden gleichnamigen Klassen im selben Namensraum definiert, dann hätte dies einen Compilerfehler zur Folge.

Stattdessen tritt ein anderes Problem auf: Was, wenn in einem Projekt sowohl der Getränkebecher als auch der Lackbecher benötigt werden? Momentan hätten wir nur die Möglichkeit, die beiden Klassen umzubenennen, zum Beispiel in GetraenkeBecher und LackBecher.

Dieser Ansatz setzt allerdings voraus, dass die Klassen noch geändert werden können, was bei fremdentwickelten Klassen nicht immer möglich ist.

Die übliche Lösung für dieses Problem sind Namensbereiche. Und zwar erstellen wir unseren eigenen Namensbereich, in den wir unsere Klasse Becher hineinsetzen. Ein Namensbereich wird mit dem Schlüsselwort `namespace` und einem darauf folgenden Namen erstellt. In den dahinter stehenden geschweiften Klammern steht der Inhalt des Namensbereichs:

```
namespace Name
{
}
```

Im Gegensatz zu den Klassen steht hinter der schließenden geschweiften Klammer kein Semikolon.

Exemplarisch soll die Klasse Becher in den Namensbereich Getraenke verfrachtet werden. Nehmen wir uns zunächst die Klassendefinition vor:

```
#pragma once

#include <string>

namespace Getraenke {

  class Becher {
```

```
// Hier der bekannte Klasseninhalt

  };
}
```
Listing 10.22 Der Namensbereich »Getraenke« in Becher.h

Die Methodendefinitionen und Initialisierungen statischer Elemente in der cpp-Datei müssen ebenfalls in den Namensbereich Getraenke geschoben werden:

```
#include "Becher.h"
#include <iostream>

using namespace std;

namespace Getraenke {

  int Becher::maxmenge=1000;

// Hier stehen die Methodendefinitionen
}
```
Listing 10.23 Der Namensbereich »Getraenke« in Becher.cpp

Eine weitere Änderung erfährt die Verwendung der Klasse Becher. Da sie nicht mehr im globalen Namensraum steht, muss der sie enthaltende Namensbereich explizit angegeben werden:

```
Getraenke::Becher c("Kaffee", 200, 100);
c.ausgabe();

cout << Getraenke::Becher::berechneAbsolutwert(1.85F,
                                      3581.44F)
     << endl;
```

Oder wir verwenden die bekannte Vereinfachung durch ein using namespace:

```
#include <iostream>
#include "Becher.h"

using namespace std;
using namespace Getraenke;

int main() {
  Becher c("Kaffee", 200, 100);
  c.ausgabe();
```

```
    cout << Becher::berechneAbsolutwert(1.85F, 3581.44F)
        << endl;
}
```

Listing 10.24 Der Einsatz von using namespace

10.12 Zusammenfassung

Dieses Kapitel drehte sich um die Erstellung von Klassen. Sie werden mit dem Schlüsselwort `class` definiert und können Attribute und Methoden beinhalten.

Auf jedes Klassenelement existiert eins von drei Zugriffsrechten (privat, geschützt, öffentlich). Methoden der Klasse können ungeachtet des Zugriffsrechts auf alle Elemente ihrer Klasse zugreifen.

Methoden können innerhalb der Klasse definiert sein und sind damit inline. Bei einer außerhalb der Klasse definierten Methode muss ihre Deklaration in der Klasse verweilen.

Eine besondere Form von Methode ist der Konstruktor, der bei der Erzeugung eines Objekts aufgerufen wird und für die ordnungsgemäße Initialisierung des Objekts zuständig ist. Er hat denselben Namen wie seine Klasse und besitzt keinen Rückgabewert.

Methoden, die über ein konstantes Objekt aufgerufen können werden müssen, sind als konstanzwahrend zu deklarieren und dürfen keine Änderungen an Objektattributen vornehmen, es sei denn, diese sind als `mutable` deklariert.

Methoden mit demselben Namen im selben Bezugsrahmen sind erlaubt, solange sich die Methoden in ihrer Parameterliste unterscheiden. Der mehrfach verwendete Name ist dann überladen.

Statische Elemente sind an die Klasse, nicht an ein Objekt gebunden. Für Attribute heißt das, alle Objekte greifen auf dasselbe Attribut zu. Ändert ein Objekt den Wert eines statischen Attributs, dann ist dieser Wert auch für alle anderen Objekte geändert. Statische Methoden müssen nicht über ein Objekte aufgerufen werden, dürfen aber auch nicht auf Attribute der Klasse zugreifen.

Mit dem Befehl `typedef` ist es möglich einen Alias für Typen zu erstellen.

10.13 Übungen

1. Schreiben Sie für die Klasse `Becher` eine Methode `getFuellmenge`, die als `int`-Wert zurückgibt, wie viele Milliliter – basierend auf dem Fassungsvermögen und der Füllhöhe – tatsächlich im Becher enthalten sind. Beispielsweise wäre bei einem Fassungsvermögen von 300 Millilitern und einer Fuellhöhe von 50 % die tatsächliche Füllmenge 150 Milliliter.

2. Entwerfen Sie eine Klasse `Dvd`, deren Objekte Informationen über eine DVD (Titel, Genre, Erscheinungsjahr und FSK) speichern können. Überlegen Sie sich sinnvolle Konstruktoren und Methoden.

3. Schreiben Sie eine Klasse `DvdArchiv`, die `Dvd`-Objekte aufnehmen und verwalten kann. Es soll möglich sein, eine DVD nach ihrem Titel zu suchen.

4. Ergänzen Sie die Klasse `DvdArchiv` um die Methode `tauglicheFilme`, die ein Alter übergeben bekommt und alle Filme zurückliefert, die mit dem übergebenen Alter gesehen werden dürfen. Die Filme sollten in Form eines Vektors zurückgeliefert werden.

5. Erweitern Sie die Klasse `DvdArchiv` um die Möglichkeit, die Filme nach ihrem Titel sortieren zu lassen.

Es ist bemerkenswert, dass nur vielleicht 10 % aller Programmierer Programme ohne Verwendung von Flussdiagrammen erfolgreich schreiben können. Unglücklicherweise glauben aber 90 %, dass sie der Gruppe dieser 10 % angehören.
– Rodnay Zaks

11 Vererbung

Abgesehen von der Tatsache, dass Vererbung ein wesentliches Abstraktionsprinzip der Objektorientierten Programmierung darstellt, dient sie hauptsächlich einem einzigen Zweck: der Erweiterung bestehender Funktionalitäten.

Angenommen, die Klasse Becher aus Kapitel 10 soll um die Fähigkeit erweitert werden, einen Aufdruck zu besitzen (wie z. B. »Weltbester C++-Programmierer«). Sie könnten diese Eigenschaft problemlos in die Klasse Becher einbauen.

Dann tritt der Nächste mit einem Wunsch an Sie heran: Die Klasse Becher soll verschiedene »Stoffe« in unterschiedlicher Menge aufnehmen können (z. B. Kaffee, Milch und Zucker). Auch das bauen Sie in die Klasse ein. Nun hat der zukünftige Mischer aber auch noch den vorhin implementierten Aufdruck dabei, obwohl er ihn vielleicht nicht benötigt.

Sie können dieses Beispiel weiterspinnen, bis Sie eine riesige, monolithische Klasse erhalten, die zwar fast alles kann, wovon der Anwender aber immer nur maximal 10 % benötigt. Dieses Problem wird mit Vererbung umgangen.

Ein anderes Problem ist der Wunsch, eine Klasse zu erweitern, deren Quellcode Ihnen nicht zur Verfügung steht. Auch das ist mit Vererbung lösbar.

11.1 Das Wesen der Vererbung

Die in fast allen Fällen verwendete Vererbung ist die öffentliche Vererbung, die ein »ist ein(e)«-Verhältnis zwischen Klassen zum Ausdruck bringt.[1]

---

1 C++ kennt noch zwei andere Arten der Vererbung. Da vom .NET Framework aber nur die öffentliche Vererbung unterstützt wird, wollen wir uns hier auf sie beschränken. Weitere Informationen finden Sie in [Willms05].

Als einfaches Studienbeispiel soll die `Becher`-Klasse, wie im vorigen Abschnitt angesprochen, mit der Möglichkeit erweitert werden, einen Aufdruck zu bekommen. Wir können sagen: Ein Becher mit Aufdruck ist ein Becher, der zusätzlich noch einen Aufdruck besitzt. Der Kern dieser Aussage lautet: Ein Becher mit Aufdruck ist ein Becher. Das ist auch logisch, denn ein Becher mit Aufdruck kann all das, was auch ein normaler Becher kann, er hat eben nur noch einen Aufdruck.

Und genau das macht die Vererbung. Die Klasse, an die vererbt wird (auch »Subklasse« oder »abgeleitete Klasse« genannt), erbt alle Eigenschaften der vererbenden Klasse (auch Basisklasse oder Superklasse genannt) und kann diese nach Bedarf erweitern.

Bei der Vererbung stehen die öffentlichen Elemente der Basisklasse als öffentliche Elemente der Subklasse zur Verfügung. Die geschützten Elemente der Basisklasse sind als geschützte Elemente der Subklasse vorhanden.

Nur: Die privaten Elemente der Basisklasse werden zwar auch an die Subklasse vererbt, sie sind aber von der Subklasse aus nicht ansprechbar. Abbildung 11.1 stellt den Zusammenhang grafisch dar.

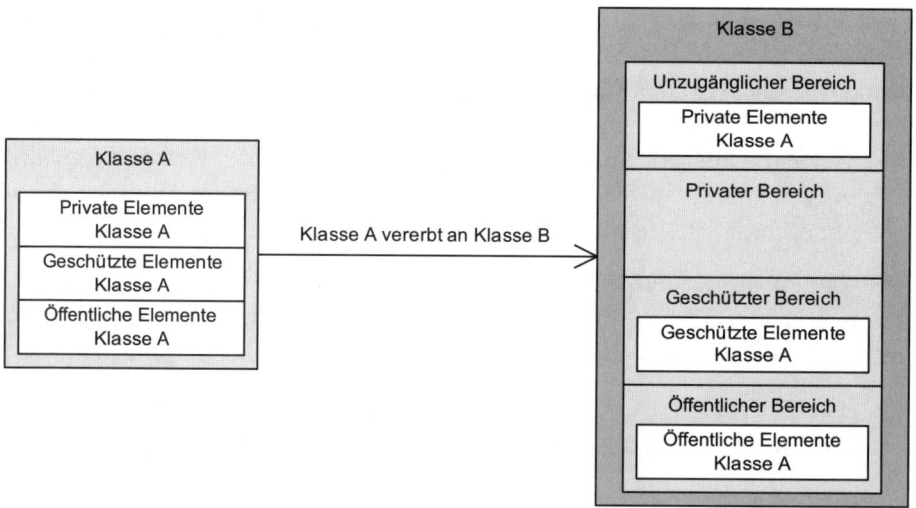

Abbildung 11.1 Das Prinzip der öffentlichen Vererbung

Es ist vielleicht etwas gewöhnungsbedürftig, dass im obigen Fall Klasse B Elemente von Klasse A geerbt hat, auf die sie nicht zugreifen kann. Aber andererseits ist dies eine logische Folge aus der Forderung, dass auf private Elemente einer Klasse nur die Klasse selbst zugreifen kann.

11.2 Die Syntax der Vererbung

Syntaktisch ist die Vererbung schnell umgesetzt. Die neue Klasse wird zunächst, wie in Abschnitt 10.1, »Definition einer Klasse«, beschrieben, mit leerem Anweisungsblock angelegt.

```
class BecherMitAufdruck
{
}
```

Hinter dem Klassennamen wird, durch einen Doppelpunkt getrennt, der Name der Basisklasse (in unserem Fall Becher) angegeben:

```
class BecherMitAufdruck : public Becher
{
}
```

Listing 11.1 Die Syntax der Vererbung

Das Schlüsselwort `public` vor dem Basisklassennamen leitet die gewünschte öffentliche Vererbung ein.

Sie erinnern sich, dass die Klasse `Becher` im Namensbereich `Getraenke` steht. Grundsätzlich ist es sinnvoll, die Klasse `BecherMitAufdruck` ebenfalls in diesem Namensbereich unterzubringen:

```
namespace Getraenke
  class BecherMitAufdruck : public Becher {
  }
}
```

Listing 11.2 Die Klasse »BecherMitAufdruck« im Namensbereich Getraenke

Sollte es aus logischer Sicht keinen Sinn ergeben, die Klasse `BecherMitAufdruck` in den Namensbereich `Getraenke` zu setzen, dann muss auf die Klasse `Becher` mit expliziter Angabe ihres Namensbereichs verwiesen werden. Es ist dabei unerheblich, ob `BecherMitAufdruck` in einem anderen oder in gar keinem Namensbereich steht:

```
class BecherMitAufdruck : public Getraenke::Becher
{
}
```

Listing 11.3 Angabe des Namensbereichs der Basisklasse

Im weiteren Verlauf soll der Ansatz aus Listing 11.2 weiterverfolgt werden.

11.2.1 Vererbung mit Visual C++

Die Entwicklungsumgebung unterstützt auch die Vererbung. Wenn eine Klasse, wie in Abschnitt 10.1.1 beschrieben, mit dem Klassenassistenten der Entwicklungsumgebung erstellt wird, erscheint irgendwann das in Abbildung 11.2 gezeigte Fenster.

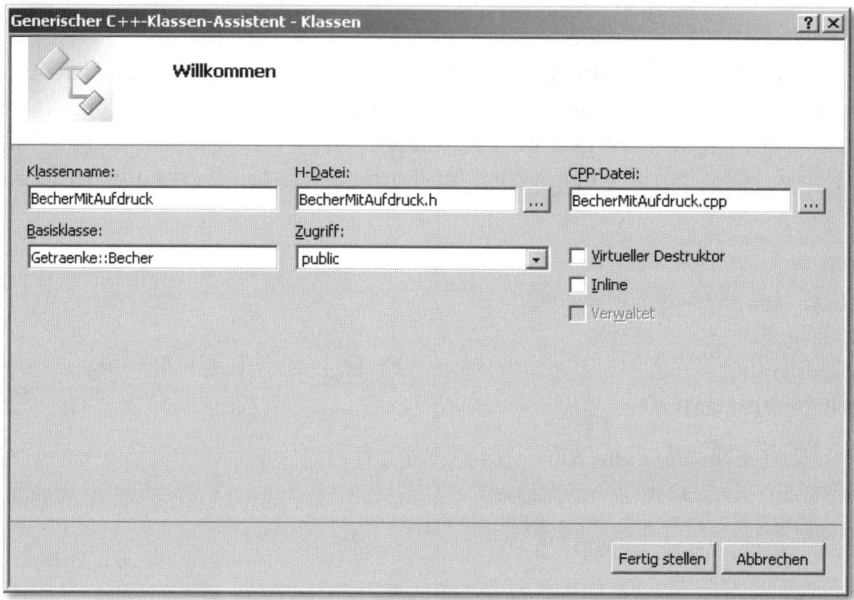

Abbildung 11.2 Die Vererbung im Klassenassistenten

Unter dem Punkt **Basisklasse** wird der Name der Basisklasse eingetragen. Der Assistent erstellt die Datei immer im globalen Namensbereich, deswegen muss der Namensbereich der Basisklasse auf jeden Fall angegeben werden.

Bei Zugriff ist `public` bereits eingetragen und muss nicht mehr verändert werden. Nach abschließendem Klick auf **Fertig stellen** erzeugt der Assistent die Header- und Quellcode-Datei für die Klasse. Die Header-Datei sieht so aus:

```
#pragma once
#include "becher.h"

class BecherMitAufdruck :
  public Getraenke::Becher
{
public:
  BecherMitAufdruck(void);
public:
```

```
  ~BecherMitAufdruck(void);
};
```

Listing 11.4 Vom Assistenten erzeugte »BecherMitAufdruck.h«

Der Assistent hat automatisch die Datei »becher.h« eingebunden, denn zum Ableiten muss dem Compiler die Definition der Basisklasse bekannt sein.

Auch besitzt die Klasse wieder einen Destruktor, dessen Bedeutung in Abschnitt 12.3, »Destruktoren«, besprochen wird und erst einmal entfernt werden kann. Auch das void in der Parameterliste des Konstruktors ist unnötig und kann gelöscht werden. Und der gewünschte Namensbereich muss noch manuell hinzugefügt werden. Nach entsprechender kosmetischer Aufbereitung sieht die Datei so aus:

```
#pragma once
#include "becher.h"

namespace Getraenke {
  class BecherMitAufdruck : public Becher {
  public:
    BecherMitAufdruck();
  };
}
```

Listing 11.5 Die aufbereitete »BecherMitAufdruck.h«

Die Datei »BecherMitAufdruck.cpp« muss dann noch entsprechend angepasst werden.

11.3 Konstruktoren

Völlig nebensächlich, ob Sie mit dem Klassenassistenten gearbeitet oder die Klassen »zu Fuß« erstellt haben, werden Sie die bittere Enttäuschung eines Fehlers während der Kompilation erfahren.

Und zwar beschwert sich der Compiler über einen fehlenden Standardkonstruktor in der Klasse Becher.

Ein guter Zeitpunkt also, ein wenig die Konstruktion von Objekten abgeleiteter Klassen zu beleuchten. Wir können der Lösung bereits mit einigen einfachen Fragen erstaunlich nahekommen.

Wie wird in einer Klasse ein Objekt erzeugt? Über den Konstruktor. Wie konstruiert ein Konstruktor ein Objekt? Indem er – entweder im Anweisungsblock oder in der Elementinitialisierungsliste – die Attribute des Objekts initialisiert – meist mithilfe übergebener Argumente. Hier tritt schon der erste Fauxpas zutage: Unser Konstruktor besitzt noch keine sinnvollen Parameter.

Diese kleine formale Unschärfe einmal kurz beiseite geschoben, tritt ein neues Problem auf: Wie soll der Konstruktor von `BecherMitAufdruck` die Objektattribute initialisieren? Einfach durch Zuweisung oder über die Elementinitialisierungsliste? Eher nicht, denn wie Abbildung 11.1 schön darstellt, können die Elemente der Subklasse – und dazu gehört der Konstruktor von `BecherMitAufdruck` – nicht auf die privaten Elemente der Basisklasse zugreifen.

Es wird also etwas benötigt, das auf der einen Seite Zugriff auf die privaten Elemente der Basisklasse hat – es kommt also nur ein Element der Basisklasse infrage – und in der Lage ist, die Basisklassenattribute zu initialisieren.

Einmal kurz über den Quellcode von Becher meditiert findet sich der geeignete Kandidat: Der Konstruktor von `Becher`. Er ist öffentlich und daher von der Basisklasse aus ansprechbar und er weiß, wie die Attribute zu initialisieren sind. Wir brauchen also nur vom Subklassenkonstruktor aus den Basisklassenkonstruktor aufzurufen.

Dummerweise benötigt der Basisklassenkonstruktor zur Initialisierung der Attribute drei Argumente. Damit ihm diese Argumente übergeben werden können, muss der Subklassenkonstruktor diese vom Anwender einfordern.

Die grobe Richtung steht also fest: Der Basisklassenkonstruktor benötigt drei Argumente, die der Subklassenkonstruktor über eigene Parameter beschaffen muss. Betrachten wir dazu kurz die Datei »BecherMitAufdruck.cpp«, die den aktualisierten Konstruktor enthält:

```cpp
#include "BecherMitAufdruck.h"

using namespace std;

namespace Getraenke {

  BecherMitAufdruck::BecherMitAufdruck(string i,
                                       int fa,
                                       float fu) {
  }
}
```

Listing 11.6 Die Datei »BecherMitAufdruck.cpp«

Die Konstruktordeklaration in der Klassendefinition muss ebenfalls mit den Parametern versehen werden.

Kompilieren lässt sich das Programm aber immer noch nicht, denn der Basisklassenkonstruktor wurde noch nicht aufgerufen. Dafür gilt:

Der Basisklassenkonstruktor wird in der Elementinitialisierungsliste des Subklassenkonstruktors aufgerufen.

Der endgültige Konstruktor sieht so aus:

```
BecherMitAufdruck::BecherMitAufdruck(string i,
                                     int fa,
                                     float fu)

: Becher(i, fa, fu) {

}
```

Listing 11.7 Aufruf des Basisklassenkonstruktors

Und wenn Sie sich fragen, wie der ursprüngliche Fehler entstanden ist und was er bedeutet:

In C++ *muss* der Subklassenkonstruktor einen Basisklassenkonstruktor aufrufen.

Welcher Konstruktor aufgerufen wird – es können durch Überladung mehrere existieren –, spielt keine Rolle. Diese Regel ist so wichtig, dass selbst dann ein Basisklassenkonstruktor aufgerufen wird, wenn der Programmierer keinen expliziten Aufruf angegeben hat:

Besitzt der Subklassenkonstruktor keinen expliziten Aufruf eines Basisklassenkonstruktors, dann wird der Standardkonstruktor der Basisklasse aufgerufen.

Als Standardkonstruktor wird der Konstruktor ohne Parameter bezeichnet. Zu Beginn wurde also automatisch dieser Standardkonstruktor von Becher aufgerufen. Da wir einen solchen aber nicht programmiert haben, kam die Fehlermeldung »kein geeigneter Standardkonstruktor verfügbar«.

Nun endlich kann ein Objekt der neuen Klasse erstellt werden:

```
BecherMitAufdruck b("Milch", 300, 90);
```

Die Klasse BecherMitAufdruck hat durch die Vererbung alle Fähigkeiten der Basisklasse Becher geerbt. Ohne weiter entwicklerisch aktiv zu werden, kann ein

`BecherMitAufdruck`-Objekt daher über die geerbte Methode `ausgabe` ausgegeben werden:

```
b.ausgabe();
```

Alle anderen in `Becher` implementierten Methoden sind ebenfalls verfügbar.

11.4 Erweitern durch Vererbung

Der bisher betriebene Aufwand für die Klasse `BecherMitAufdruck` hat uns zu dem Punkt gebracht, dass sie exakt die gleichen Fähigkeiten besitzt wie ihre Basisklasse `Becher`. Das klingt nicht nach einem großartigen Gewinn, aber: Wir haben über die Vererbung die Funktionalitäten von `Becher` übernommen, ohne die Klasse `Becher` verändern zu müssen. Diese Technik funktioniert daher auch bei Klassen, auf deren Quellcode wir keinen Zugriff haben.[2]

Die Klasse `BecherMitAufdruck` kann jetzt allerdings nach Belieben erweitert werden und soll im weiteren Verlauf ihrem Namen alle Ehre machen.

Der Becheraufdruck soll in der Klasse als Text gespeichert werden. Wir benötigen dazu in `BecherMitAufdruck` ein entsprechendes Attribut. Damit dieses Attribut initialisiert werden kann, muss der Konstruktor um einen Parameter erweitert werden:

```
class BecherMitAufdruck : public Becher {
  std::string aufdruck;
public:
  BecherMitAufdruck(std::string i, int fa, float fu,
                    std::string auf);
};
```

Listing 11.8 Die Klasse »BecherMitAufdruck« mit neuem Attribut

Das neue Attribut steht direkt am Klassenanfang und besitzt deshalb implizit privates Zugriffsrecht. Im obigen Beispiel wurde der zusätzliche Konstruktorparameter an die Parameterliste angehängt. Die Parameterreihenfolge ist allerdings beliebig und kann nach Bedarf verändert werden. Die Parameterlisten von Deklaration und Definition müssen aber übereinstimmen.

Die Definition des Konstruktors sieht so aus:

```
BecherMitAufdruck::BecherMitAufdruck(string i,
                               int fa,
```

---

2 In diese Rubrik fallen später die Klassen der .NET-Bibliothek.

```
                         float fu,
                         string auf)
  : Becher(i, fa, fu), aufdruck(auf) {
  }
```

Listing 11.9   Der neue Konstruktor von »BecherMitAufdruck«

Weitere Funktionalität kann auf diese Weise nach Belieben hinzugefügt werden. Diese Zugriffsmethode für den Aufdruck wäre beispielsweise nicht schlecht:

```
std::string getAufdruck() const {
  return(aufdruck);
}
```

Listing 11.10   Die Zugriffsmethode »getAufdruck«

Oben ist nur die Definition der Methode zu sehen. Handelt es sich bei dieser Definition um eine externe oder um eine Inline-Definition?

Wäre es eine externe Definition, müsste angegeben werden, zu welcher Klasse die Methode gehört (`BecherMitAufdruck::getAufdruck`), insofern muss es sich um eine Methodendefinition innerhalb der Klassendefinition handeln.

Falls Sie nicht mehr genau wissen, welche Auswirkungen das `const` hinter dem Methodenkopf hat, dann schlagen Sie schnell in Abschnitt 10.6, »Konstanzwahrende Methoden«, nach.

11.5   Methoden überschreiben

Sie wissen von den vorigen Abschnitten, dass in der Klasse `BecherMitAufdruck` durch die Vererbungsbeziehung zu `Becher` deren Methode `ausgabe` geerbt wurde und aufgerufen werden kann.

Nun wäre es für die Klasse `BecherMitAufdruck` aber schön, wenn bei der Ausgabe auch der Becheraufdruck ausgegeben würde. Aber wie geht das?

Die bestehende `ausgabe`-Methode entsprechend abzuändern, ist aus einem einfachen Grund nicht möglich: Die Methode gehört zu `Becher` und dort existiert das auszugebende Attribut `aufdruck` noch nicht.

Die Konsequenz daraus führt zu einer neuen Methode für `BecherMitAufdruck`. Eine Methode mit demselben Namen ist auf den ersten Blick nicht möglich, denn die Parameterliste würde sich nicht von der geerbten Methode unterscheiden und ein Überladen unmöglich machen.

Eine Methode mit anderem Namen zu implementieren ist auch keine saubere Lösung, denn es würde weiterhin die geerbte `ausgabe`-Methode zur Verfügung stehen, die den Aufdruck nicht mit ausgibt.

Die Lösung ist erschreckend simpel: Wenn wir in `BecherMitAufdruck` eine Methode `ausgabe` implementieren, dann ist das kein Überladen. Zur Erinnerung[3]: Überladen ist ein Name nur dann, wenn er mehrfach im selben Bezugsrahmen definiert ist. Die geerbte Methode gehört zum Bezugsrahmen `Becher`, die neue Methode wird zum Bezugsrahmen `BecherMitAufdruck` gehören. Unterschiedliche Bezugsrahmen, daher kein Überladen, vielmehr:

> Wird in einer abgeleiteten Klasse eine Methode mit gleichem Namen und Parameterliste einer geerbten Methode definiert, wird die geerbte Methode mit der neuen Methode überschrieben.

Praktisch heißt das: Wir können in `BecherMitAufdruck` eine neue `ausgabe`-Methode definieren und haben damit einfach die alte überschrieben:

```
void BecherMitAufdruck::ausgabe() const {
  cout << "Becher mit " << inhalt <<
        " und Aufdruck \"" << aufdruck <<
        "\"" << endl;
}
```

Listing 11.11 Erster Versuch einer ausgabe-Methode

Fertig? Mitnichten! Die Methode wird bei der Kompilation einen Fehler melden. Der Grund müsste Ihnen bereits bekannt sein, wird aber im folgenden Abschnitt noch genauer besprochen.

11.6 Geschützte Attribute

Das Problem bei der Methode aus Listing 11.11 liegt im Zugriff auf das Attribut `inhalt`. Es handelt sich hierbei um ein privates Attribut von `Becher`, weshalb eine Methode von `BecherMitAufdruck` keinen Zugriff darauf hat.

Es gibt nun zwei Möglichkeiten. Die erste besteht darin, das Attribut mit geschütztem Zugriffsrecht zu versehen. Wie in Abschnitt 10.3, »Zugriffsrechte«, bereits beschrieben wurde, erlaubt das geschützte Zugriffsrecht auch abgeleiteten Klassen den Zugriff. Eigentlich genau das, was wir brauchen:

---

3 Abschnitt 10.7, »Überladen von Methoden«

```
class Becher {
public:
  typedef float AbsWertTyp;
  Becher(std::string i, int fa, float fu);
  void ausgabe() const;
  bool reichtKapazitaet(int ml) const;
  bool reichtKapazitaet(const Becher* b) const;
  static AbsWertTyp berechneAbsolutwert(float gw, float ps);

protected:
  std::string inhalt;

private:
  int fassungsvermoegen;
  float fuellhoehe;
  static int maxmenge;
};
```

Listing 11.12 Die Klasse »Becher« mit geschütztem inhalt-Attribut

Nun lässt sich das Programm problemlos kompilieren. Aber: Eine vollständige Datenkapselung ist nicht mehr gewährleistet, weil auf inhalt nun jede abgeleitete Klasse zugreifen kann.

Dieses Zugriffsrecht bezieht sich zwar nur auf das geerbte Attribut. Eine Methode der Klasse BecherMitAufdruck ist nicht in der Lage, auf das inhalt-Attribut eines Becher-Objekts zuzugreifen.

Trotzdem kann eine abgeleitete Klasse eventuell von der Basisklasse auferlegte Beschränkungen umgehen. Aus diesem Grund sieht ein sauberer Ansatz weiterhin private Attribute vor und ermöglicht den Zugriff über Methoden, die nach Bedarf dann mit geschütztem Zugriffsrecht versehen werden können. Dazu wird das Attribut inhalt wieder privat und die Klasse um eine öffentliche Methode getInhalt erweitert:

```
class Becher {
public:
  typedef float AbsWertTyp;
  Becher(std::string i, int fa, float fu);
  void ausgabe() const;
  bool reichtKapazitaet(int ml) const;
  bool reichtKapazitaet(const Becher* b) const;
  static AbsWertTyp berechneAbsolutwert(float gw, float ps);
  std::string getInhalt() const {
    return(inhalt);
```

```
    }

private:
  std::string inhalt;
  int fassungsvermoegen;
  float fuellhoehe;
  static int maxmenge;
};
```

Listing 11.13 Die Klasse »Becher« mit getInhalt

Die `ausgabe`-Methode von `BecherMitAufdruck` muss nun nur noch entsprechend angepasst werden:

```
void BecherMitAufdruck::ausgabe() const {
  cout << "Becher mit " << getInhalt() <<
        " und Aufdruck \"" << aufdruck <<
        "\"" << endl;
}
```

Listing 11.14 Die endgültige Fassung von »BecherMitAufdruck::ausgabe«

11.7 Polymorphie

Wir wissen mittlerweile, dass die öffentliche Vererbung eine »ist ein(e)«-Beziehung darstellt. In den letzten Abschnitten haben wir deshalb über die Vererbung zum Ausdruck gebracht, dass ein Becher mit Aufdruck ein Becher ist. Im Umkehrschluss muss es deshalb möglich sein, einen Becher mit Aufdruck als gewöhnlichen Becher zu behandeln, denn er ist ja ein Becher. Dieser Sachverhalt wird in der Objektorientierten Programmierung Polymorphie genannt:

> Überall dort, wo ein Objekt der Basisklasse erwartet wird, kann auch ein Objekt einer abgeleiteten Klasse verwendet werden.

Nehmen wir im einfachsten Fall einen Zeiger vom Typ `Becher`:

```
Becher *bptr;
```

Weil ein Becher mit Aufdruck ein Becher ist, kann die Adresse eines `Becher-MitAufdruck`-Objekts einem `Becher`-Zeiger zugewiesen werden:

```
BecherMitAufdruck b("Milch", 300, 90, "Meine Privattasse");
bptr = &b;
```

Über diesen Zeiger können dann die `Becher`-Methoden des Objekts aufgerufen werden:

```
cout << bptr->getFuellmenge() << endl;
```

Polymorphie funktioniert nur mit Zeigern und Referenzen. Über den Becher-Zeiger können allerdings keine speziellen Methoden der Klasse BecherMitAufdruck aufgerufen werden, denn der Zeiger »weiß« schließlich nicht, dass das Becher-Objekt, auf das er zeigt, in Wirklichkeit ein BecherMitAufdruck-Objekt ist.

Praktischer Einsatz der Polymorphie könnte eine maximum-Funktion sein, die zwei Becher-Objekte übergeben bekommt und den Becher mit mehr Inhalt zurückliefert:

```
Becher* maximum(Becher* b1, Becher* b2) {
  if(b1->getFuellmenge()>=b2->getFuellmenge())
    return(b1);
  else
    return(b2);
}
```

Listing 11.15 Eine maximum-Funktion für »Becher«

Die Funktion ist so geschrieben, dass bei gleicher Füllmenge das erste Objekt zurückgegeben wird, genau so verhalten sich auch die Funktionen der C++-Standardbibliothek.

Wegen der Polymorphie können maximum beliebige Becher übergeben werden, solange deren Klassen von Becher abgeleitet sind. Diese Art der Programmierung bietet ein enormes Maß an Wiederverwendbarkeit, denn es kann Programmcode geschrieben werden, der mit Objekten arbeitet, an die der Programmierer bis dato nicht einmal gedacht hat.

11.8   Virtuelle Methoden

Im Rahmen der Polymorphie können Effekte auftreten, die vielleicht nicht auf Anhieb klar sind. Nehmen wir folgendes Beispiel:

```
BecherMitAufdruck b("Milch", 300, 90, "Privattasse");
Becher *bptr = &b;
bptr->ausgabe();
```

Was wird ausgegeben? Oder programmtechnisch gefragt, welche ausgabe-Methode wird aufgerufen, die von Becher oder die von BecherMitAufdruck?

Es gibt zwei Argumente:

▶ Die `ausgabe`-Methode von `BecherMitAufdruck` wird aufgerufen, weil das Objekt ein `BecherMitAufdruck`-Objekt ist.

▶ Die `ausgabe`-Methode von `Becher` wird aufgerufen, weil der Zeiger vom Typ `Becher*` ist.

Im Normalfall werden Datentypen zur Kompilationszeit geprüft. Dies wird *statische Typüberprüfung* genannt. Und zur Kompilationszeit zeigt `bptr` auf ein `Becher`-Objekt, weil `bptr` vom Typ `Becher*` ist. Es spielt dabei keine Rolle, dass dem Zeiger während des Programmlaufs ein `BecherMitAufdruck`-Objekt zugewiesen wird.

Es wird also die `ausgabe`-Methode von `Becher` aufgerufen. Obwohl programmtechnisch nachvollziehbar, ist das Verhalten nicht unbedingt erwünscht. Denn nur, weil der Zugriff auf das Objekt über einen Zeiger vom Typ `Becher*` stattfindet, sollte trotzdem die richtige `ausgabe`-Methode aufgerufen werden.

Um die richtige `ausgabe`-Methode aufzurufen, muss das Programm den tatsächlichen Typ des Objekts, auf das `bptr` zeigt, zur Laufzeit prüfen. Dies wird *dynamische Typüberprüfung* genannt.

Aktiviert wird die dynamische Typüberprüfung für eine Methode, indem vor der Deklaration in der Basisklasse das Schlüsselwort `virtual` geschrieben wird. Daher wird eine solche Methode in C++ auch virtuelle Methode genannt.

Für die dynamische Typüberprüfung spielt es keine Rolle, wie weit der tatsächliche Typ in der Klassenhierarchie von der Basisklasse entfernt ist. Sollte beispielsweise von der Klasse `BecherMitAufdruck` eine Klasse `BecherMitAufdruckUndBild` abgeleitet werden, würde über den `Becher`-Zeiger, wenn er auf ein solches Objekt zeigt, die `ausgabe`-Methode von `BecherMitAufdruckUndBild` aufgerufen – falls die Methode in der Klasse existiert. Es muss sich aber um eine tatsächliche Überschreibung handeln; die Methode in der Subklasse muss genau so heißen wie die überschriebene Methode und in Parameterliste und Rückgabetyp komplett übereinstimmen.

> Virtuelle Methoden gewährleisten, dass sich das Verhalten eines Objekts nicht ändert, wenn über einen Basisklassenzeiger darauf zugegriffen wird.

Dynamische Typüberprüfung funktioniert nur mit Methoden. Ein Grund mehr, auf den direkten Attributzugriff zu verzichten.

11.9 UML

Um im weiteren Verlauf des Buches eine möglichst klare und einfache Darstellungsmöglichkeit für Klassen und deren Beziehungen einsetzen zu können, die darüber hinaus auch noch weit verbreitet ist, wollen wir diesen Abschnitt dem Klassendiagramm der UML[4] widmen. Die UML definiert einen Satz an Diagrammen, mit denen dynamische und statische Eigenschaften von Methoden und Klassen dargestellt werden können. Die bisher verwendeten Diagramme zur Darstellung des Programmflusses in diesem Buch sind Aktivitätsdiagramme der UML.

Um den statischen Aufbau von Klassen und deren Beziehungen untereinander darzustellen, wird das UML-Klassendiagramm eingesetzt. In Abbildung 11.3 ist die aktuelle Becher-Hierarchie als UML-Klassendiagramm dargestellt.

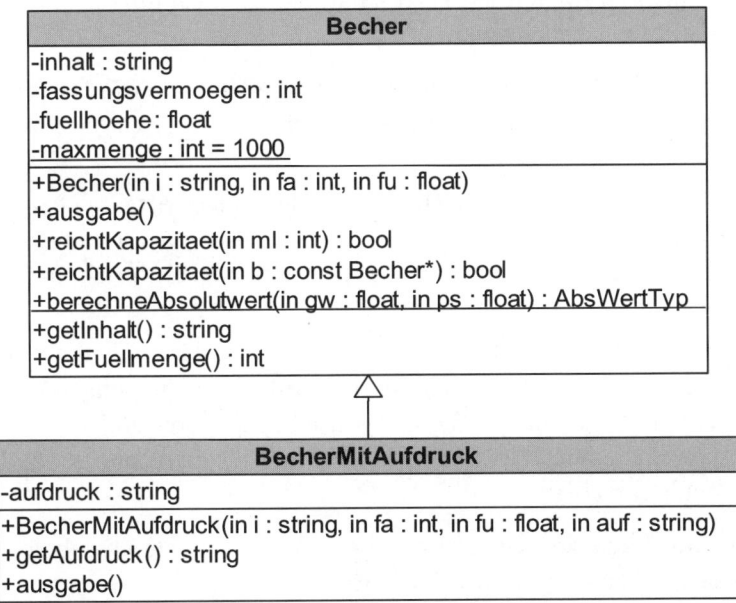

Abbildung 11.3   Die »Becher«-Hierarchie im UML-Klassendiagramm

Im Klassendiagramm wird eine Klasse durch ein in drei Bereiche aufgeteiltes Rechteck repräsentiert. Der obige Bereich beinhaltet den Klassennamen, darunter stehen die Attribute und im untersten Abschnitt die Methoden. Vor den Attributen und Methoden wird mit einem Zeichen das Zugriffsrecht des Elements angezeigt. Dabei steht

---

4 Abkürzung für »Unified Modeling Language«.

- ▶ - für privates Zugriffsrecht

- ▶ # für geschütztes Zugriffsrecht

- ▶ + für öffentliches Zugriffsrecht

Hinter Attributen steht, durch einen Doppelpunkt getrennt, deren Typ und dahinter optional mit Gleichheitszeichen der Initialisierungswert. Der Initialisierungswert wird nur angegeben, wenn er allgemeingültig ist, was nur bei statischen Elementen der Fall ist.

Statische Elemente sind unterstrichen.

Besitzt eine Methode einen Rückgabetyp, dann steht er, durch Doppelpunkt getrennt, hinter der Parameterliste. Ein Parameter besteht aus seinem Namen und seinem dahinter mit Doppelpunkt folgenden Datentyp.

Optional kann vor dem Parameternamen noch die Übergaberichtung spezifiziert werden. Hier gibt es drei Möglichkeiten:

- ▶ In – der Parameter dient nur zur Wertübergabe an die Methode. Für ihn muss beim Aufruf ein gültiges Argument angegeben werden. Entspricht der Wert- oder Adressübergabe in C++.

- ▶ inout – für diesen Parameter muss beim Aufruf ein gültiges Argument angegeben werden. Änderungen am Parameter innerhalb der Methode wirken sich jedoch auf das beim Aufruf übergebene Argument aus. Entspricht in C++ der Übergabe als Referenz.

- ▶ Out – das an die Methode übergebene Argument dient nur dazu, innerhalb der Methode beschrieben zu werden und muss beim Aufruf keinen gültigen Wert besitzen. Es wird innerhalb der Methode beschrieben und vom Aufrufer ausgelesen. Diese Variante wird von C++ nicht direkt unterstützt, kann aber mit Referenzen simuliert werden.

Die Vererbung wird durch den Generalisierungspfeil zum Ausdruck gebracht, der immer von der Subklasse zur Basisklasse weist.

Im weiteren Verlauf werden jeweils bei Bedarf noch einige Darstellungselemente hinzukommen.

11.10 Schnittstellen

Wir können nun für die Klasse Becher eine Bibliothek an Funktionen programmieren[5] und wissen, dass jede Subklasse von Becher, egal wie tief sie in der Hierarchie liegen mag, mit dieser Bibliothek arbeiten kann. Und mit den virtuellen

Methoden ist gewährleistet, dass sich das Verhalten der Subklassenobjekte nicht ändert, wenn über einen Basisklassenzeiger auf sie zugegriffen wird.

Da für die Erweiterung der Klassenhierarchie keine Änderungen an der Bibliothek vorgenommen werden müssen, ist die auf Becher basierende Klassenhierarchie beliebig erweiterbar. Auch die Funktionsbibliothek kann um Funktionen erweitert werden, ohne dass die tatsächlichen Subklassen von Becher bekannt sein müssen.

Die Vererbung erlaubt also ein hohes Maß an Wiederverwendbarkeit, wie es ohne sie nicht möglich wäre.

Der bisherige Ansatz hat nur noch einen Schönheitsfehler: Jede Klasse, die mit der bestehenden Funktionsbibliothek zusammenarbeiten will, muss von der Klasse Becher oder einer ihrer Subklassen abgeleitet werden. Was aber, wenn die Objekte der neuen Klasse gar keine Becher sind?

Das Problem entstand dadurch, dass die Funktionsbibliothek für eine konkrete Klasse programmiert wurde. Geschickter wäre es, wenn die Bibliothek nicht von einer konkreten Klasse, sondern lediglich von einer bestimmten Fähigkeit oder Funktionalität abhängig wäre.

Nehmen wir als einfaches Beispiel die Funktionalität der Ausgabe. Wir wollen Funktionen schreiben, die von den zu bearbeitenden Objekten lediglich die Fähigkeit erwarten, ausgegeben werden zu können. Dies soll über eine Methode ausgabe geschehen. Wir könnten denselben Fehler wie zuvor begehen und die Funktionen mit Zeigern des Typs Becher* versehen, denn Becher besitzt eine ausgabe-Methode. Wollten wir dann aber vielleicht eine geometrische Form ausgeben, dann müsste diese von Becher erben, womit die merkwürdige Aussage »Eine geometrische Form ist ein Becher« getätigt würde, nur um die Funktionsbibliothek nutzen zu können.

Um solch unrealistische Beziehungen zu vermeiden, muss die Basisklasse weiter abstrahiert werden. Wenn die Funktionsbibliothek nur eine ausgabe-Methode benötigt, dann sollte die oberste Basisklasse auch nur diese ausgabe-Methode besitzen.

Wir werden diese Klasse IAusgabe[6] nennen und als Inline-Klasse – also ohne Quellcodedatei – erstellen. Die Header-Datei sieht so aus:

---

5 Später unter .NET wird es keine Funktionen mehr geben. Dort wird eine solche Bibliothek durch statische Methoden einer Klasse realisiert.

6 Das vorangestellte »I« steht für »Interface«, auf Deutsch Schnittstelle.

```
#pragma once
#include <iostream>
class IAusgabe {
public:
  virtual void ausgabe() const {
    std::cout << "Basis-Ausgabe" << std::endl;
  }
};
```

Listing 11.16   Die Basisklasse »IAusgabe«

Die Methode `ausgabe` muss als virtuell deklariert werden, damit eine Überschreibung in der Subklasse korrekt aufgerufen wird. Die Klasse steht nicht im Namensbereich `Getraenke`, weil sie auch als Basisklasse anderer Hierarchien dienen kann.

Als primitives Beispiel einer auf dieser Basisklasse fußenden Bibliothek soll die folgende Funktion dienen:

```
void simpleAusgabe(IAusgabe* obj) {
  obj->ausgabe();
}
```

Listing 11.17   Die Funktion »simpleAusgabe«

Zugegeben, diese Funktion ist nicht würdig, in einer praxisrelevanten Bibliothek aufgenommen zu werden, sie demonstriert aber auf einfache Weise, worauf es ankommt. Auch eine komplexe Funktion wird nicht anders auf das Objekt zugreifen.

Noch kann die Klasse `Becher` aber nicht von der neuen Bibliothek bearbeitet werden, denn sie hat `IAusgabe` noch nicht als Basisklasse. Das ist schnell nachgeholt:

```
#pragma once
#include "IAusgabe.h"
#include <string>

namespace Getraenke {

  class Becher : public IAusgabe {
    // Klasseninhalt
  };
}
```

Listing 11.18   »Becher« als Subklasse von »IAusgabe«

Alles bestens. Aber immer noch hat der Ansatz drei Schönheitsfehler, die eine gemeinsame Ursache teilen. Betrachten wir IAusgabe etwas genauer. Sie besitzt eine Methode ausgabe, auf die die Klassenbibliothek zugreift und die von den Subklassen mit ihren spezifischen Methoden überschrieben wird. Die Methode in IAusgabe wird aber nie etwas Sinnvolles ausgeben können, weil sie nicht wissen kann, welche Klassen alle von ihr ableiten. Trotzdem mussten wir die Methode mit einem Anweisungsblock ausstatten, der einen sinnlosen Text ausgibt. Gut, die Ausgabe des Textes hat theatralische Gründe, denn der Anweisungsblock hätte auch leer bleiben können. Eine leere Methode ist aber auch kein sehr viel sauberer Ansatz.

Aber was wirklich verrückt ist: Obwohl die Klasse nichts macht, kann von ihr ein Objekt erzeugt und an eine der Bibliotheksfunktionen übergeben werden:

```
IAusgabe o;
simpleAusgabe(&o);
```

Und noch schlimmer: Da eine von ihr abgeleitete Klasse die unsinnige ausgabe-Methode erbt, ist die Subklasse nicht gezwungen, eine eigene ausgabe-Methode zu implementieren:

```
class Teddybaer : public IAusgabe {
  std::string fellfarbe;
public:
  Teddybaer(std::string ff)
    : fellfarbe(ff)
  {}
};
```

Listing 11.19 Die Klasse »Teddybaer«

Wenn jetzt jemand einen Teddybären mit der gewünschten Fellfarbe konstruiert, dann wird er bei der Ausgabe vermutlich mit einer Erwähnung eben jener Farbe rechnen, aber Pustekuchen:

```
Teddybaer baer("schwarz");
baer.ausgabe(); // Aufruf von IAusgabe::ausgabe
```

All das sind Auffälligkeiten im Verhalten der Klassenhierarchie, die im Optimalfall vermieden werden sollten.

11.10.1 Rein virtuelle Methoden

Es gibt in der Objektorientierten Programmierung glücklicherweise die Möglichkeit, die Existenz einer Methode einzufordern, ohne sie selbst implementieren zu müssen. Solche Methoden werden *abstrakte Methoden genannt*. C++ bezeichnet sie auch als *rein virtuelle Methoden*. Deklariert werden sie durch ein =0 hinter dem Methodenkopf. Schauen wir uns das einmal praktisch an der Klasse IAusgabe an:

```
class IAusgabe {
public:
  virtual void ausgabe() const =0;
};
```
Listing 11.20 Die Klasse »IAusgabe« mit rein virtueller Methode

Es wird auffallen, dass es sich bei der rein virtuellen Methode nur noch um eine Deklaration handelt. Eine Definition – also ausführbarer Programmcode – ist nicht mehr notwendig. Doch die abstrakte Methode hat weitreichende Konsequenzen:

Eine Klasse mit abstrakten Methoden ist eine abstrakte Klasse. Von abstrakten Klassen kann kein Objekt erzeugt werden.

Demnach kann IAusgabe nicht mehr instanziiert werden:

```
IAusgabe o; // Fehler
```

Eine abstrakte Methode wird erst dann konkret, wenn sie in einer Subklasse mit einer konkreten Methode – also einer Methode mit Definition – überschrieben wurde.

Dies ist bisher in der Klasse Teddybaer noch nicht geschehen. Die Klasse hat die abstrakte Methode von IAusgabe geerbt und ist damit ebenfalls eine abstrakte Klasse. Um einen Teddybären erzeugen zu können, muss ausgabe überschrieben werden:

```
class Teddybaer : public IAusgabe {
  std::string fellfarbe;
public:
  Teddybaer(std::string ff)
    : fellfarbe(ff)
  {}
  void ausgabe() const {
    std::cout << "Baer mit Fellfarbe " << fellfarbe
              << std::endl;
  }
};
```
Listing 11.21 Die Klasse »Teddybaer« mit eigener »ausgabe«-Methode

Nun kann auch wieder ein `Teddybaer`-Objekt erzeugt werden. Auf diese Weise wird jeder Programmierer, der von `IAusgabe` ableitet, gezwungen, eine `ausgabe`-Methode zu programmieren. Leider kann er nicht gezwungen werden, eine sinnvolle Methode zu implementieren, aber dass er eine implementieren muss, ist viel wert. Denn die auf `ausgabe` zurückgreifende Bibliothek hat die Gewissheit, dass immer eine `ausgabe`-Methode vorhanden ist. Denn eine Klasse ohne `ausgabe`-Methode ist abstrakt; von ihr kann kein Objekt erzeugt werden.

Eine abstrakte Klasse muss dabei nicht zwangsläufig von der direkt folgenden Subklasse implementiert werden. Im Gegenteil, eine Subklasse kann noch weitere abstrakte Methoden hinzufügen, wie `IGeometrischeFigur` zeigt:

```
namespace Geometrie {
  class IGeometrischeFigur : public IAusgabe {
  public:
    virtual double umfang() const =0;
    virtual double flaeche() const =0;
  };
}
```

Listing 11.22 Die Klasse »IGeometrischeFigur«

Die Klasse `IGeometrischeFigur` könnte die Basisklasse einer anderen Bibliothek sein, die mit Flächen und Umfängen arbeitet. Weil sie von `IAusgabe` abgeleitet ist, können ihre Subklassen zusätzlich noch die Ausgabebibliothek verwenden, die bisher nur aus der Methode `simpleAusgabe` besteht. Um `IGeometrischeFigur` von anderen Klassen abzugrenzen, wurde sie in einen eigenen Namensbereich `Geometrie` gesetzt. Eine Subklasse von `IGeometrischeFigur` muss die abstrakten Methoden von `IGeometrischeFigur` und `IAusgabe` implementieren, damit Objekte von ihr erzeugt werden können. Als Beispiel sei hier die Klasse `Rechteck` vorgestellt:

```
namespace Geometrie {
  class Rechteck : public IGeometrischeFigur {
    double x,y,b,h;
  public:
    Rechteck(double x, double y, double b, double h)
      : x(x), y(y), b(b), h(h)
    {}
    void ausgabe() const {
      std::cout << "Rechteck mit Breite " << b
        << " und Hoehe " << h << std::endl;
    }
    double umfang() const {
      return(2*b+2*h);
```

```
    }
    double flaeche() const {
      return(b*h);
    }
  };
}
```

Listing 11.23 Die Klasse »Rechteck«

Etwas merkwürdig mag der Konstruktor erscheinen, weil die Parameter denselben Namen wie die Attribute haben. Obwohl es problemlos funktioniert, sollte es in der Praxis vermieden werden. Da Sie in Ihrer C++-Karriere aber aller Wahrscheinlichkeit nach auch Code anderer Personen in die Finger bekommen werden, kann es nicht schaden, in loser Folge einige Unarten zu demonstrieren, damit Sie gewappnet sind. Deswegen gleich eine Frage: Welches h wird in der Ausgabe des Konstruktors unten ausgegeben?

```
Rechteck(double x, double y, double b, double h)
  : x(x), y(y), b(b), h(h) {
    std::cout << h << std::endl;
}
```

In diesem Fall spielt es natürlich keine Rolle, welches h ausgegeben wird, weil beide den gleichen Wert haben. Es gibt aber Situationen, in denen die Frage entscheidend ist.

Die Frage kann mit einer anderen Frage beantwortet werden: Welches h ist lokaler? Eindeutig der Parameter. Deshalb wird in der Ausgabe auch der Inhalt des Parameters ausgegeben. Aber wie kann das Attribut trotzdem angesprochen werden, obwohl es vom Parameter verdeckt ist? Wir verwenden einfach den Objektzeiger this[7]:

```
Rechteck(double x, double y, double b, double h)
  : x(x), y(y), b(b), h(h) {
    std::cout << h << std::endl;        // Parameter
    std::cout << this->h << std::endl; // Attribut
}
```

Schauen wir uns abschließend noch in Abbildung 11.4 die aktuelle Klassenhierarchie an:

---

7 Abschnitt 10.4.2.

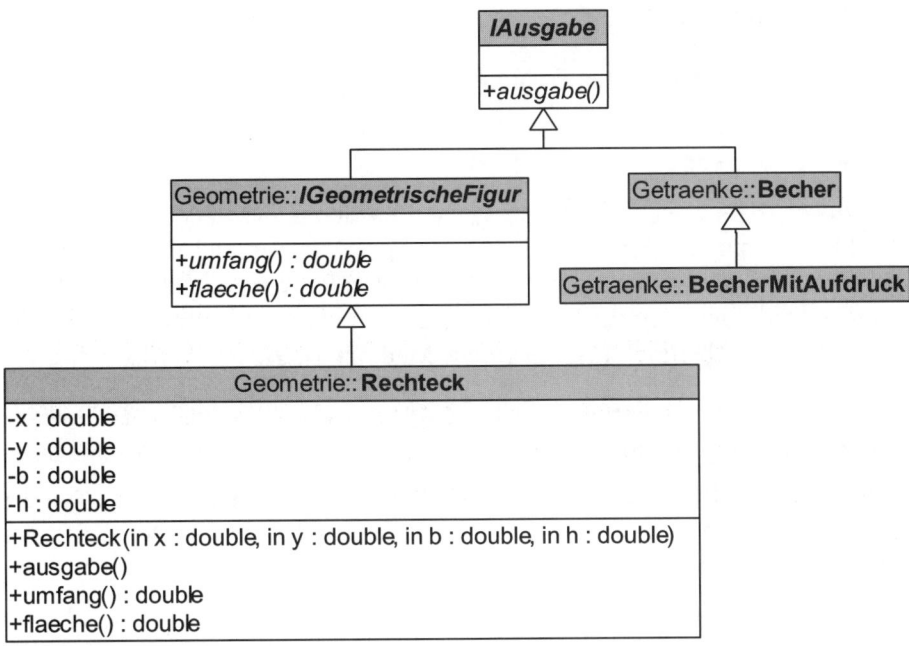

Abbildung 11.4   Die aktuelle Klassenhierarchie

Die Klassen `Becher` und `BecherMitAufdruck` sind ohne ihre Attribute und Methoden dargestellt, weil sich an ihnen nichts geändert hat. Wo vorhanden, sind die Namensbereiche der Klassen mit angegeben.

Im Diagramm ist zu erkennen, dass abstrakte Klassen und Methoden kursiv dargestellt werden.

11.10.2 Rein abstrakte Klassen

Klassen, die als Elemente nur abstrakte Methoden besitzen, werden als *rein abstrakte Klassen* bezeichnet. Sie entsprechen in Standard-C++ den Schnittstellen, die nicht direkt von C++ unterstützt werden, unter .NET (Abschnitt 18.5, »Schnittstellen«) aber eine wichtige Rolle spielen.

Grundsätzlich gilt als Regel – von der es natürlich auch Ausnahmen gibt –, dass ganz oben in der Klassenhierarchie immer eine Schnittstelle bzw. eine abstrakte Klasse stehen sollte.

11.11 Downcasts

Betrachten wir folgenden Codeschnipsel:

```
BecherMitAufdruck b("Tee", 200, 95, "Top-Becher");
Becher * bptr=&b;
```

Wir wissen, dass wegen der Polymorphie die Adresse des `BecherMitAufdruck`-Objekts in einem Zeiger des Typs `Becher*` gespeichert werden kann. Über diesen Zeiger können alle Methoden von `Becher` aufgerufen werden. Sollte es sich um virtuelle Methoden handeln, dann wird die Methode des tatsächlichen Typs aufgerufen, wie in Abschnitt 11.8, »Virtuelle Methoden«, gezeigt wurde.

Über den `Becher`-Zeiger können aber keine Methoden aufgerufen werden, die in der Subklasse neu angelegt wurden, wie in diesem Fall `getAufdruck`.

Manchmal ist aber genau das notwendig. Dazu muss der ursprüngliche Typ des Objekts über eine Typumwandlung wiederhergestellt werden. Der dafür notwendige Cast nennt sich **dynamic_cast**:

```
BecherMitAufdruck *p =
              dynamic_cast<BecherMitAufdruck*>(bptr);
```

Die in `bptr` gespeicherte Adresse wird in den Typ `BecherMitAufdruck*` umgewandelt und dem Zeiger p zugewiesen. Wir wissen an dieser Stelle, dass `bptr` tatsächlich auf ein `BecherMitAufdruck`-Objekt zeigt. Häufig wird der `dynamic_cast` aber in Situationen angewandt, bei denen keine hundertprozentige Klarheit darüber herrscht, von welchem Typ das Objekt wirklich ist. Sollte das Objekt nicht von dem Typ sein, in den umgewandelt wird, schlägt die Umwandlung fehl. Es ist in der Praxis daher meist nötig, den Erfolg der Umwandlung zu überprüfen. Sollte die Umwandlung misslingen, liefert der Cast einen Nullzeiger zurück:

```
if(p)
  cout << p->getAufdruck() << endl;
```

Der Aufruf der `BecherMitAufdruck`-Methode wird nur dann ausgeführt, wenn die Umwandlung erfolgreich war.

11.12 Zusammenfassung

Dieses Kapitel hat Ihnen den Mechanismus der Vererbung nähergebracht. Vererbung wird hauptsächlich eingesetzt, um bestehende Klassen zu erweitern.

Die bestehende Klasse wird Basisklasse genannt, die erweiterte Klasse Subklasse. Bei der hier besprochenen öffentlichen Vererbung werden die öffentlichen und geschützten Elemente der Basisklasse zu öffentlichen und geschützten Elementen der Subklasse. Diese erbt zwar auch die privaten Elemente der Basisklasse, hat aber keinen Zugriff darauf.

Der Konstruktor der Subklasse muss einen Basisklassenkonstruktor aufrufen, andernfalls wird implizit der Standardkonstruktor der Basisklasse aufgerufen.

Geerbte Methoden können überschrieben werden. Soll auch bei einem Aufruf über einen Basisklassenzeiger die überschreibende Methode der Subklasse aufgerufen werden, muss die Basisklassenmethode als virtuell deklariert werden.

Methoden können als abstrakt (rein virtuell) deklariert werden. Eine abstrakte Methode besitzt keinen Anweisungsblock und macht ihre Klasse ebenfalls abstrakt. Von einer abstrakten Klasse können keine Objekte erzeugt werden.

Eine von einer abstrakten Klasse abgeleitete Klasse ist ebenfalls abstrakt, bis sie die die geerbten abstrakten Methoden mit eigenen konkreten Methoden überschreibt.

11.13 Übungen

1. Sie möchten ein Programm schreiben, mit dem Sie Ihre auf Musikkassetten, CDs und DVDs befindliche Musiksammlung verwalten können. Erstellen Sie entsprechende Klassen. Welche Elemente besitzen diese Klassen und wie stehen die Klassen im Zusammenhang? Berücksichtigen Sie bei Ihrem Design typische Aktivitäten bei der Arbeit mit einem Archiv, wie »Finde alle Alben eines Interpreten«, Finde das Lied mit dem Titel XYZ« etc.

2. Sie planen, systematisch Ihre Vorfahren und Verwandten elektronisch zu erfassen und benötigen dazu ein Programm, mit dem die verwandtschaftlichen Verhältnisse datentechnisch abgebildet werden können. Überlegen Sie sich sinnvolle Klassen.

Wenn Debuggen der Vorgang ist, Fehler aus einem Programm auszu-
bauen, dann ist Programmieren der Vorgang, Fehler in ein Programm
einzubauen.
– Unbekannter Verfasser

12 Dynamische Speicherverwaltung

Wenn wir bisher Speicher benötigten, als Objekt oder Array, wurde er immer zur
Kompilationszeit – also statisch – angefordert:

```
Becher b("Limo", 500, 70);
int f[20];
```

Die obigen Zeilen definieren ein `Becher`-Objekt und ein 20elementiges `int`-
Array. Deren Inhalt und Größe wird bereits bei der Programmierung festgelegt.
Häufig kann die notwendige Größe eines Arrays aber erst zur Laufzeit bestimmt
werden, weil vielleicht der Anwender zuerst nach der gewünschten Größe
gefragt wird. Es muss also ein Mechanismus her, mit dem Objekte oder Arrays
zur Laufzeit erstellt werden können. Und genau dazu dient die *dynamische Speicherverwaltung.*

12.1 Erzeugen von Objekten

Objekte werden dynamisch mit dem Befehl **new** erzeugt. Hinter `new` wird der zu
erstellende Datentyp mit eventuell notwendigen Konstruktorparametern angegeben. `new` liefert dann die Adresse des erstellten Objekts zurück, die im Normalfall
in einem Zeiger gespeichert wird. Über den Zeiger kann dann in der bekannten
Syntax auf das Objekt zugegriffen werden:

```
Becher *p = new Becher("Suppe", 200, 98);
p->ausgabe();
```

In C++ geht die Verantwortung des über `new` reservierten Speicherbereichs an
den Programmierer über. Das heißt, entweder das Programm gibt dynamisch
reservierten Speicher wieder frei oder niemand! Speziell bei Programmen mit
langer ununterbrochener Laufzeit (wie Server) können die durch Nichtfreigabe

des Speichers entstehenden Speicherlecks (memory leak) das System in die Knie zwingen oder das Programm zum Absturz bringen.

Der Befehl zur Freigabe von Speicher heißt `delete`. Ihm wird die Adresse des freizugebenden Speichers übergeben:

```
delete(p);
```

Es sollte nur Speicher freigegeben werden, der auch vorher reserviert wurde. Nachdem der Speicher freigegeben wurde, darf über den Zeiger nicht mehr auf ihn zugegriffen werden. Speicher kann nur in den Portionsgrößen freigegeben werden, in denen er auch reserviert wurde.

12.2　Erzeugen von Arrays

Das dynamische Erzeugen von Arrays funktioniert ähnlich. Das folgende Beispiel fragt den Anwender nach der gewünschten Anzahl an Werten, reserviert das zur Speicherung nötige Array und liest die Werte von der Tastatur ein:

```
cout << "Wie viele Werte:";
int x;
cin >> x;
int *f = new int[x];
for(int i=0; i<x; ++i) {
  cout << "Wert " << i+1 << ":";
  cin >> f[i];
}
delete[](f);
```

Bei der Freigabe des Speichers mit `delete` wurden ebenfalls – leere – eckige Klammern verwendet. Diese sind notwendig, damit für jedes Element im Array ein eventuell vorhandener Destruktor aufgerufen wird. Was genau ein Destruktor ist, behandelt der nächste Abschnitt.

12.3　Destruktoren

Um die Arrays und deren dynamische Reservierung ein wenig zu kapseln, könnten Sie auf die Idee kommen, eine Klasse zu schreiben, deren Konstruktor übergeben bekommt, wie groß das Feld sein soll. Eine sehr gute Idee! Die folgende Klasse `IntFeld` speichert `int`-Werte in einem Feld, dessen Größe dem Konstruktor übergeben wurde:

```
class IntFeld {
  int *feld;
  int groesse;

public:
  IntFeld(int g)
  : groesse(g) {
    feld = new int[groesse];
  }

  void setWert(int pos, int wert) {
    feld[pos]=wert;
  }

  int getWert(int pos) const {
    return(feld[pos]);
  }
};
```

Listing 12.1 Die Klasse »IntFeld«

Beschrieben und gelesen wird das interne Feld über die Methoden `setWert` und `getWert`. Eine elegantere Möglichkeit werden wir unter .NET mit den Indexern[1] in Abschnitt 17.4, »Indexer«, kennenlernen. In der Praxis wäre es unverzichtbar, innerhalb von `getWert` und `setWert` die Position auf Gültigkeit zu prüfen. Hier soll die Klasse aber so schlank wie möglich gehalten werden.

Kommen wir auf den Punkt zu sprechen, auf den dieses Beispiel hinauslaufen soll. Der Speicher für das Feld wurde im Konstruktor dynamisch angefordert und wir wissen, dass dieser Speicher irgendwo wieder freigegeben werden muss. Nur wo? Momentan könnten wir alleinig eine Methode implementieren, bei deren Aufruf der Speicher freigegeben wird. Dieser Ansatz hat zwei Nachteile:

▶ Der Anwender der Klasse darf nicht vergessen, die Methode aufzurufen.

▶ Nachdem der Speicher über die Methode freigegeben wurde, könnte weiterhin mit `getWert` und `setWert` darauf zugegriffen werden, mit fatalen Konsequenzen.

Es wird also ein Gegenstück zum Konstruktor benötigt, etwas, das automatisch beim Abbau des Objekts aufgerufen wird. Und genau dazu ist der Destruktor da.

---

1 Standard C++ bietet als Alternative das Überladen des Indexoperators. Dieses Thema wird in diesem Buch nicht behandelt, kann aber zum Beispiel in [Willms05] nachgelesen werden.

Da ein Destruktor nicht explizit aufgerufen wird, kann er nicht über unterschiedliche Parameterlisten überladen werden; jede Klasse besitzt nur einen Destruktor, der eine leere Parameterliste enthält.

Der Name des Destruktors lautet wie der des Konstruktors, nur mit vorangestellter Tilde (~). Der Destruktor für die Klasse `IntFeld` sieht damit wie folgt aus:

```
~IntFeld() {
  delete[](feld);
}
```
Listing 12.2   Der Destruktor von »IntFeld«

Destruktoren werden in C++ für Aufräumarbeiten verwendet. Oft bewirken sie das Gegenteil des Konstruktors.

Übrigens, jede Klasse besitzt einen Destruktor. Sollten Sie keinen eigenen schreiben, fügt der Compiler einen Standard-Destruktor hinzu, der nichts macht.

12.3.1   Virtuelle Destruktoren

Eine virtuelle Methode dient der dynamischen Typüberprüfung. Sollte sie über einen Basisklassenzeiger aufgerufen werden, wird der wirkliche Typ des Objekts bestimmt und dessen Methode aufgerufen. Dieses Verhalten ist oft auch bei einem Destruktor erwünscht. Nehmen wir nachstehendes Fragment:

```
Becher *p = new BecherMitAufdruck("Suppe", 200,
                              98,"Toptasse");
delete(p);
```

Die letzte Anweisung löscht das Objekt, dessen Adresse in `p` gespeichert ist. Weil `p` vom Typ `Becher*` ist, wird der Destruktor der Klasse `Becher` aufgerufen.

Es handelt sich hier aber um ein Objekt der Klasse `BecherMitAufdruck`. Sollte deren Destruktor Aufräumarbeiten zu erledigen haben, dann werden diese nicht ausgeführt. Es müsste in diesem Fall sichergestellt werden, dass der richtige Datentyp ermittelt und dann dessen Destruktor aufgerufen wird. Genau wie bei jeder anderen Methode auch, muss dazu der Destruktor als virtuell deklariert werden.

Als Basisklassen fungierende Klassen sollten immer virtuelle Destruktoren besitzen.

12.4   Wenn new fehlschlägt

Bei den Speichermengen, mit denen heutige Computer gesegnet sind, ist es schon außerordentlich schwierig, mit einer eigenen ernsthaften Anwendung an das Speicherlimit zu gelangen.

Trotzdem können andere Programme den Speicher bereits stark geplündert haben, sodass die eigene Anwendung leer ausgeht.

Wird mit new eine Speichergröße angefordert, die nicht mehr an einem Stück verfügbar ist, dann wirft new eine Ausnahme namens bad_alloc.

Wie genau Ausnahmen behandelt werden, zeigt das nächste Kapitel.

12.5   Zusammenfassung

Dieses Kapitel drehte sich um die dynamische Speicherverwaltung. Speicher eines angegebenen Typs wird mit dem Befehl new reserviert, der die Adresse des reservierten Speichers zurückliefert.

Die Freigabe des Speichers liegt in der Verantwortung des Programmierers und wird mit delete vorgenommen.

Wurde ein Array reserviert, muss bei delete der Indexoperator angegeben werden, damit für alle Elemente des Arrays der Destruktor aufgerufen wird.

Basisklassen sollten immer virtuelle Destruktoren besitzen.

12.6   Übungen

1. Schreiben Sie eine Klasse DynIntFeld, die wie die Klasse IntFeld aus diesem Kapitel ein int-Feld verwaltet. Sie soll zusätzlich zu den Methoden getWert und setWert, die sich auf bereits bestehende Feldelemente beziehen, eine Methode Add besitzen, mit der ein neues Element an die bestehenden Elemente angehängt wird. Technisch könnte das so aussehen, dass Sie ein neues, größeres Array dynamisch reservieren, die Werte des alten Arrays in das neue kopieren und das alte Array löschen. Sie könnten natürlich auch intern ein vector-Objekt verwenden, davon sollten Sie jedoch wegen des Übungscharakters absehen.

Der Computer ist eine großartige Erfindung. Es passieren genauso viele Fehler wie früher, aber niemand ist daran schuld.
– Verfasser unbekannt

13   Ausnahmen

Dieses Kapitel besitzt als Schwerpunkt die objektorientierte Fehlerbehandlung. Der aufgetretene Fehler wird dabei durch ein Objekt repräsentiert, welches über den Ausnahmenmechanismus an die fehlerbehandelnde Stelle transportiert wird.

13.1   Ausnahmen werfen

Die Fehlerbehandlung soll an der Klasse Becher demonstriert werden. In Kapitel 10 haben Sie erfahren, dass der Vorteil des Zugriffs auf Attribute über Methoden und deren Initialisierung mit Konstruktoren darin besteht, Code für eine mögliche Fehlerbehandlung unterbringen zu können. Das soll nun in Angriff genommen werden. Hier zur Erinnerung noch einmal der Konstruktor von Becher:

```
Becher::Becher(string i, int fa, float fu)
: inhalt(i), fassungsvermoegen(fa), fuellhoehe(fu)
{
}
```
Listing 13.1   Der Konstruktor von »Becher«

Im Wesentlichen sollen Becher mit negativem Fassungsvermögen oder Füllmenge verhindert werden. Es wäre vielleicht auch noch interessant, nur bestimmte Inhalte zuzulassen und undefinierbare Flüssigkeiten wie »Blubberbrühe« zu unterbinden. Das soll an dieser Stelle aber vernachlässigt werden. Das Prüfen auf einen negativen Wert ist ein Kinderspiel:

```
Becher::Becher(string i, int fa, float fu)
: inhalt(i), fassungsvermoegen(fa), fuellhoehe(fu)
{
  if(fa<0)
    // Hier Fehler für negatives Fassungsvermögen
```

```
  if(fu<0)
    // Hier Fehler für negative Füllmenge
}
```

Ob nun der Wert des Attributs oder des Parameters überprüft wird, ist hier nebensächlich, weil beide den gleichen Wert haben. Die Parameter besitzen nur einen kürzeren Namen.

Es wurde oben kurz angerissen, dass bei Eintreten eines Fehlers ein Objekt den Fehler repräsentiert. Der Einfachheit halber entscheiden wir uns für einen Fehler in Textform und verwenden ein string-Objekt. Um mit dem Fehlerobjekt eine Ausnahme zu erzeugen, muss es – wie man sagt – geworfen werden. Der dafür notwendige Befehl heißt throw:

```
Becher::Becher(string i, int fa, float fu)
: inhalt(i), fassungsvermoegen(fa), fuellhoehe(fu)
{
  if(fa<0)
    throw string("Negatives Fassungsvermoegen");
  if(fu<0)
    throw string("Negative Fuellmenge");
}
```
Listing 13.2 Der »Becher«-Konstruktor mit Fehlerbehandlung

Die Aufrufhierarchie soll zu Demonstrationszwecken vertieft werden. Dazu wird eine Funktion erzeugeKaffee geschrieben, die immer 0,3l-Becher Kaffee erzeugt, nur die Menge ist variabel:

```
Becher* erzeugeKaffee(float menge) {
  return(new Becher("Kaffee",300,menge));
}
```
Listing 13.3 Die Funktion »erzeugeKaffee«

Innerhalb von main kann jetzt bequem eine halbvolle Tasse Kaffee bestellt werden:

```
Becher *k=erzeugeKaffee(50);
delete(k);
```

Die Tasse wird zwar direkt im Anschluss ihrer Erzeugung wieder ausgegossen, aber das Prinzip dürfte klar sein. Mit dieser Vorarbeit soll nun eine Tasse Kaffee mit negativer Füllmenge erzeugt werden:

```
Becher *k=erzeugeKaffee(-50);
```

Wenn das Programm nach der Kompilation ausgeführt wird, erscheint ein in Abbildung 13.1 dargestellter Dialog.

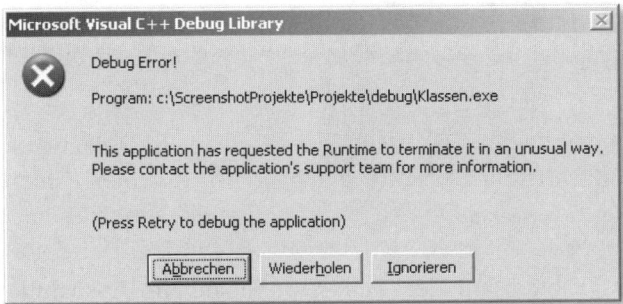

Abbildung 13.1 Ergebnis einer unbehandelten Ausnahme

An dieses Fenster können Sie sich schon einmal gewöhnen. Es erscheint nämlich immer, wenn eine Ausnahme geworfen wurde, auf die Ihr Programm nicht reagiert hat. Da .NET geradezu um sich wirft mit Ausnahmen, wird dies häufiger geschehen.

Wenn Sie auf **Ignorieren** klicken, erscheint folgender Text:

```
This application has requested the Runtime to terminate it in an
unusual way.
Please contact the application's support team for more information.
```

Gemeldet vom eigenen Programm hat die Nachricht etwas Deprimierendes, denn das support team der Applikation sind Sie selbst.

Im aktuellen Fall ist es aber nicht verwunderlich, dass eine Ausnahme geworfen wurde, denn genau das war die Aufgabe des in den Becher-Konstruktor eingefügten Codes.

Um zusätzliche Informationen über den Fehler zu erhalten, sollten Sie das Programm über den Menüpunkt **Debuggen · Debuggen starten** beziehungsweise über Drücken von F5 starten. Mit dieser Option wird der Debugger auf den Plan gerufen. Es erscheint der in Abbildung 13.2 dargestellte Dialog, der weitere Details enthüllt.

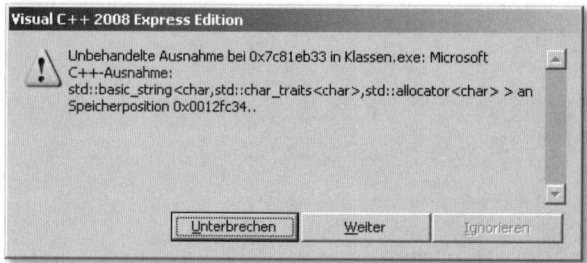

Abbildung 13.2   Eine unbehandelte Ausnahme

Der erste Satz bringt das Problem auf den Punkt: Unbehandelte Ausnahme. Dahinter steht noch der Typ der Ausnahme. Auch wenn es schwierig zu erkennen ist, handelt es sich bei dem Typ um den von uns verwendeten String.

Der Dialog wird mit **Unterbrechen** geschlossen und gibt den Blick frei auf das Debuggerfenster, das in Abbildung 13.3 gezeigt ist.

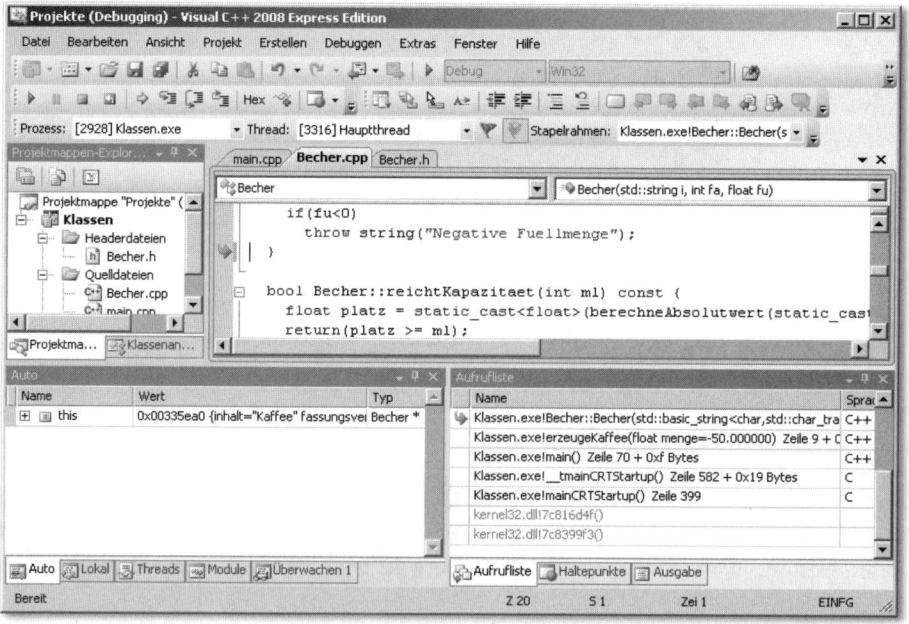

Abbildung 13.3   Das Debugger-Fenster

Das Codefenster zeigt die Methode, in der die Ausnahme geworfen wurde. Das mit »Aufrufliste« betitelte Fenster unten rechts zeigt die Aufrufhierarchie des Programms. Für uns sind nur die Einträge mit C++ als Sprache interessant. Es beginnt in der Funktion main, von dort aus wird die Funktion erzeugeKaffee aufgerufen, die wegen der Erzeugung des `Becher`-Objekts wiederum den `Becher`-Konstruktor aufruft.

Bei einer Ausnahme verlässt das Programm in umgekehrter Aufrufreihenfolge die Methoden/Funktionen, bis die Ausnahme irgendwo auf diesem Weg aufgefangen wird. Wird die Ausnahme wie im aktuellen Programm überhaupt nicht aufgefangen, hat dies die Beendigung des Programms »in an unusual way« zur Folge.

Wir, die bestrebt sind, das eigene Programm nicht so entwürdigend beenden zu lassen, können in jeder der Methoden/Funktionen, durch die die Ausnahme wandert, eine Fehlerbehandlung einbauen.

Doch erst einmal sollte der Debugger über das Menü mit **Debuggen • Debuggen beenden** beendet werden.[1]

13.2   Ausnahmen fangen

Obwohl es technisch möglich wäre, macht es im vorigen Beispiel keinen Sinn, die Ausnahme im Konstruktor aufzufangen, denn dort wurde der Fehler erkannt. Müsste dort eine Fehlerbehandlung stattfinden, dann könnte sie mit in den Anweisungsblock gepackt werden, der die Ausnahme wirft.

Erst einmal lassen wir die Ausnahme bis in die `main`-Funktion vordringen und fangen sie dort auf. Der erste Schritt zum Fangen einer Ausnahme liegt in der Kennzeichnung des Codes, für den im Fehlerfall eine Ausnahme gefangen werden soll. Der Code wird dazu in einen sogenannten **try**-block gesteckt:

```
try {
    Becher *k=erzeugeKaffee(-50);
    delete(k);
}
```

Der relevante Code in der `main`-Funktion besteht aus dem Aufruf der `erzeugeKaffee`-Funktion, der nun im `try`-Block steht. Der `try`-Block besagt jedoch nur, dass eine in ihm auftretende Ausnahme aufgefangen wird, nicht aber, welche. Für die zu fangenden Datentypen werden hinter dem `try`-Block in Form von **catch**-Blöcken entsprechende Ausnahme-Handler angegeben:

```
try {
    Becher *k=erzeugeKaffee(-50);
    delete(k);
```

---

1 Weitere Informationen über die Verwendung des Debuggers finden Sie in Kapitel 24, »Debugger«.

```
}
catch(string s) {
  cout << "Fehler: " << s << endl;
}
```

Die Ausnahme-Handler sind an den vorausgehenden try-Block gebunden. Tritt im try-Block eine Ausnahme auf, dann springt der Programmfluss entweder zu einem Ausnahme-Handler, der den passenden Datentyp als Parameter besitzt, oder bricht die aktuelle Funktion/Methode wegen ungehandelter Ausnahme ab. Die Ausnahme muss dann auf höherer Ebene gefangen werden, um einen kompletten Programmabbruch zu verhindern.

Sollen Ausnahmeobjekte unterschiedlicher Typen gefangen werden, dann ist für jeden Typ ein eigener Ausnahme-Handler mit eigenständigem catch-Block anzulegen, die hintereinander aufgeführt werden.[2]

Innerhalb eines Ausnahme-Handlers kann über den Parameter auf das geworfene Objekt zugegriffen werden. Im obigen Beispiel wird auf diese Weise der Text des string-Objekts ausgegeben.

Ist ein Ausnahme-Handler abgearbeitet worden, springt der Programmfluss hinter den letzten Handler und fährt dort fort.

13.3 Unterschiedliche Ausnahmen auffangen

Die oben angesprochene Möglichkeit, für einen try-Block mehrere Handler zu definieren, wollen wir genauer besprechen. Dazu wird im Konstruktor von Becher zusätzlich überprüft, ob die prozentuale Füllmenge den Wert 100 nicht überschreitet. Andernfalls wird der fehlerhafte Wert als Fehlerobjekt geworfen:

```
Becher::Becher(string i, int fa, float fu)
: inhalt(i), fassungsvermoegen(fa), fuellhoehe(fu)
{
  if(fa<0)
    throw string("Negatives Fassungsvermoegen");
  if(fu<0)
    throw string("Negative Fuellmenge");
  if(fu>100)
    throw fu;
}
```

---

2 Eine Ausnahme bildet hier das Abfangen verschiedener Subklassentypen über den Basisklassentyp. Das wird genauer im .NET-Teil des Buches in Abschnitt 16.9, »Ausnahmen«, besprochen.

Das neu geworfene Objekt ist vom Typ float, eine Ergänzung des try-Blocks in main um einen Ausnahme-Handler für float ist daher ratsam:

```
try {
  Becher *k=erzeugeKaffee(5000);
  delete(k);
}
catch(string s) {
  cout << "Fehler: " << s << endl;
}
catch(float f) {
  cout << "Zu viele Prozent: " << f << endl;
}
```

Der Aufruf von erzeugeKaffee wurde bereits abgeändert, um die neu implementierte Ausnahme zu provozieren. Schauen wir uns noch einmal in Abbildung 13.4 den genauen Ablauf an.

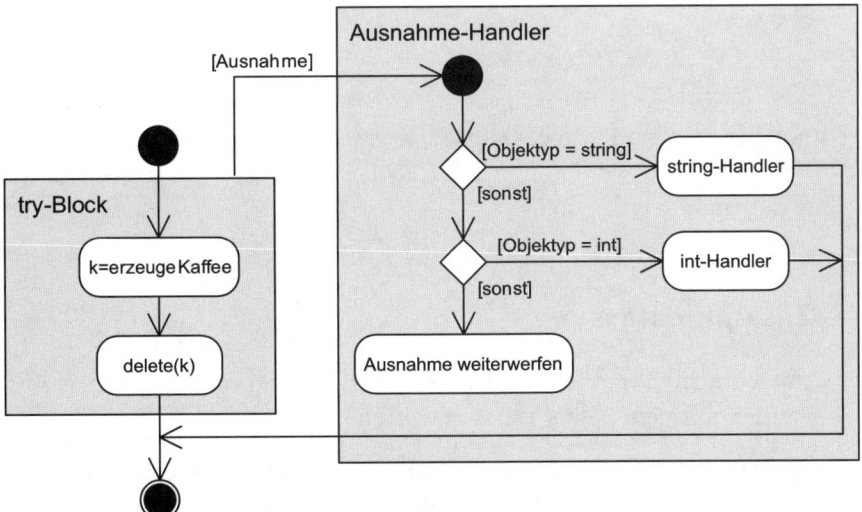

Abbildung 13.4 Die Ausnahmebehandlung als Aktivitätsdiagramm

Der try-Block definiert den Bereich, in dem eine Ausnahme potenziell aufgefangen wird. Wurde eine Ausnahme geworfen – und es spielt keine Rolle, bei welcher Anweisung dies geschah, dann wird die Abarbeitung des try-Blocks unterbrochen und die vorhandenen Ausnahme-Handler in der durch ihre Anordnung im Quellcode vorgegebenen Reihenfolge nach einem passenden Datentyp durchsucht. Der erste Handler, dessen Datentyp das in der Ausnahme geworfene Objekt aufnehmen kann, wird abgearbeitet. Nach Beendigung des Handlers fährt der Programmfluss hinter dem try-Block fort.

Ist kein passender Handler vorhanden, wird das Ausnahmeobjekt weiter geworfen, um auf einer höheren Ebene des Programms aufgefangen zu werden oder das Programm als unbehandelte Ausnahme zu beenden.

13.4 Ausnahmen weiter werfen

Die Titel der Abschnitte in diesem Kapitel klingen fast wie ein neuartiges Ballspiel, aber es besteht die Möglichkeit, innerhalb eines Handlers durch bloße Angabe des Befehls `throw` die aktuell bearbeitete Ausnahme weiterzuwerfen, damit an anderer Stelle nochmals auf sie reagiert werden kann:

```
try {
  Becher *k=erzeugeKaffee(-50);
  delete(k);
}
catch(string s) {
  cout << "Fehler: " << s << endl;
  throw;
}
```

Dieses Vorgehen ist zum Beispiel sinnvoll, wenn innerhalb einer Bibliothek auf eine Ausnahme reagiert werden muss, der Fehler aber auch dem Anwender der Bibliothek mitgeteilt werden soll.

13.5 Zusammenfassung

Dieses Kapitel brachte Ihnen die Fehlerbehandlung mit Ausnahmen näher. Ausnahmen werden mit dem Befehl `throw` geworfen.

Um sie aufzufangen, muss der potenziell fehlererzeugende Code in einen `try`-Block gesteckt werden, dem die mit `catch` definierten Ausnahme-Handler folgen.

13.6 Übungen

1. Überlegen Sie sich für die Klasse `IntFeld` aus dem vorigen Kapitel eine Fehlerbehandlung. Wo wäre es sinnvoll, Ausnahmen zu werfen?
2. Statten Sie die in vorigen Übungen erstellten Lösungen, z. B. für das CD-Archiv oder die Ahnengalerie mit einer Fehlerbehandlung aus.

Es gibt drei Möglichkeiten, eine Firma zu ruinieren: mit Frauen, das ist das Angenehmste; mit Spielen, das ist das Schnellste; mit Computern, das ist das Sicherste.
– Oswald Dreyer-Eimbcke

14   Templates

Templates – auch Vorlagen oder Schablonen genannt – sind eine speziell für C++ entwickelte Form der Abstraktion. Obwohl Templates von .NET und seiner Sprache C# nicht unterstützt werden, können sie bei der .NET-Programmierung mit C++ eingesetzt werden. Grund genug, sich etwas mit ihnen zu beschäftigen.

14.1   Funktionstemplates

Als Versuchskaninchen kramen wir die `maximum`-Funktion aus Kapitel 6, »Funktionen & Module«, hervor:

```
int maximum(int x, int y) {
  if(x>=y)
    return(x);
  else
    return(y);
}
```

Listing 14.1   Die Funktion »maximum« für int-Werte

Sie bekommt zwei `int`-Werte übergeben und liefert den größeren der beiden Werte zurück. Stellen Sie sich vor, die aktuellen Umstände erfordern eine weitere `maximum`-Funktion, die den größeren zweier `float`-Werte ermitteln soll. Mittlerweile geübt in Transferleistungen, ist die Funktion schnell geschrieben. Dank der Technik des Überladens aus Abschnitt 10.7, »Überladen von Methoden«, kann ihr sogar der gleiche Name gegeben werden:

```
float maximum(float x, float y) {
  if(x>=y)
    return(x);
  else
```

```
      return(y);
}
```
Listing 14.2 Die Funktion »maximum« für float-Werte

Und jetzt wird noch eine `maximum`-Funktion benötigt für `double`, `long`, `char`...

Spätestens jetzt sucht ein Programmierer nach Alternativen. Zumal sich die beiden Funktionen so frappierend ähneln. Nur die Typen im Funktionskopf sind unterschiedlich. Und genau hier kommen die Templates ins Spiel

> Mit einem Template können innerhalb einer Funktion oder Klasse Datentypen variabel gehalten werden.

Besprechen wir die Bedeutung an einem konkreten Beispiel:

```
template<typename Typ>
Typ maximum(Typ x, Typ y) {
  if(x>=y)
    return(x);
  else
    return(y);
}
```
Listing 14.3 Das Funktions-Template »maximum«

Die Definition eines Templates beginnt mit dem Wort `template`. Dahinter stehen in spitzen Klammern mit dem Schlüsselwort `typename` die Namen der variablen Typen. Im obigen Fall besitzt das Template einen variablen Typ namens `Typ`.[1] Hinter dem Templatekopf steht eine normale Funktion, die den variablen Typ des Templates verwenden kann, als wäre es ein gültiger Datentyp.

Die Definition des Templates erzeugt noch keinen Code. Jetzt sollte allerdings eine Funktion `maximum` aufgerufen werden:

```
cout << maximum(3,8) << endl;
```

Dann sucht der Compiler zuerst nach einer konkreten Funktion `maximum`, die zwei `int`-Werte erwartet. Die gibt es nicht mehr, also versucht er sein Glück mit den Templates, die `maximum` heißen. Sollte es ein Template geben, dessen feste und variable Typen zu dem Funktionsaufruf passen, dann wird aus dem Template eine konkrete Funktion für den konkreten Typ erstellt.

---

[1] Der Name des variablen Typs ist nach den Namensregeln für Bezeichner (Abschnitt 2.5.1) frei wählbar.

Im obigen Fall kann aus dem `maximum`-Template eine zum Aufruf passende Funktion erstellt werden, wenn der variable Typ `Typ` durch `int` ersetzt wird.

Für einen weiteren Aufruf mit anderen Datentypen geschieht das Gleiche:

```
cout << maximum(3.14, 22.67) << endl;
```

Nun wird aus dem Template eine `maximum`-Funktion erstellt, die zwei `double`-Werte erwartet und einen `double`-Wert zurückliefert.

Und das ist eine wichtige Konsequenz bei der Verwendung von Templates: Der entstehende Programmcode wird durch sie nicht kürzer. Im obigen Fall wurde `maximum` mit zwei verschiedenen Typen aufgerufen, weshalb der Compiler aus dem Template auch zwei unterschiedliche Funktionen erzeugt. Im kompilierten Programm sind ebenso zwei `maximum`-Funktionen vorhanden, als wären die beiden Funktionen konkret implementiert worden. Templates vereinfachen nur den zu schreibenden Programmcode. Und sie erhöhen die Wiederverwendbarkeit, weil sie auch mit Typen zusammenarbeiten können, die bei der Erstellung des Templates noch nicht bekannt waren. Das `maximum`-Template beispielsweise kann das größere von zwei Objekten eines beliebigen Typs ermitteln, auf den der >-Operator anwendbar ist.

Funktions-Templates können auch für Methoden definiert werden.

14.2 Klassentemplates

Aber nicht nur Funktionen oder Methoden können als Templates formuliert werden; auch Klassen!

In Listing 12.1 wurde eine Klasse `IntFeld` vorgestellt, die in der Lage ist, ein `int`-Array beliebiger Größe zu verwalten. Wollten wir jetzt aber lieber ein Feld mit `double`-Werten haben, müsste entweder die aktuelle Klasse angepasst oder eine neue Klasse programmiert werden. Sie sehen, worauf es hinausläuft: Könnte der zu verwaltende Typ variabel gehalten werden, dann wären zwei Fliegen mit einer Klappe erschlagen. Natürlich ist die Lösung unseres Problems ein Template. Um der Tatsache Rechnung zu tragen, dass mit dem Template beliebige Datentypen verwaltet werden können, heißt es nur noch `Feld`:

```
template<typename Typ>
class Feld {
  Typ *feld;
  int groesse;

public:
```

```
  Feld(int g)
  : groesse(g) {
    feld = new Typ[groesse];
  }

  ~Feld() {
    delete[](feld);
  }

  void setWert(int pos, Typ wert) {
    feld[pos]=wert;
  }

  Typ getWert(int pos) const {
    return(feld[pos]);
  }
};
```

Listing 14.4 Das Template Feld

Der Aufbau des Klassentemplates läuft analog zu den Funktionstemplates.

Im Template-Kopf wird der Name des variablen Datentypen bestimmt, der in der darauf folgenden Klasse als konkreter Datentyp verwendet wird.

Nur das Erzeugen eines Klassenobjekts sieht etwas anders aus. Bei der Objektdefinition kann der Compiler nicht ermitteln, welchen Typ der variable Datentyp annehmen soll, deswegen muss ihm dies in spitzen Klammern hinter dem Klassennamen angegeben werden:

```
Feld<int> f(20);
f.setWert(0,30);
cout << f.getWert(0) << endl;
```

Jetzt ist auch die Syntax für die Erzeugung eines Vektors[2] geklärt.

14.3 Zusammenfassung

Dieses Kapitel behandelte die Templates. Sie dienen dazu, in einer Funktion, Methode oder Klasse einen oder mehrere Typen variabel zu halten.

---

2 Abschnitt 7.2, »Vektoren«.

Definiert werden sie mit dem Schlüsselwort `template`. Innerhalb der spitzen Klammern hinter `template` stehen jeweils mit vorangestelltem `typename` die durch Komma getrennten Bezeichner der variablen Typen.

Während der Compiler bei einer Funktion oder Methode eigenständig erkennt, welches Template für die Erzeugung in Frage kommt, muss für ein Klassentemplate bei der Definition eines Objekts in spitzen Klammern der zu verwendende Datentyp angegeben werden.

14.4 Übungen

Wandeln Sie die hier bereits häufiger herangezogene Klasse Becher in ein Template um. Der Datentyp für die Kapazität des Bechers soll variabel gehalten werden.

TEIL II
C++/CLI

Erst wenn der letzte Programmierer eingesperrt und die letzte Idee patentiert ist, werdet ihr merken, dass Anwälte nicht programmieren können.
– Unbekannter Verfasser

15   .NET Framework

Endlich ist es soweit, wir betreten das Land Oz von Visual C++ 2008: .NET, einen für Microsoftverhältnisse geradezu offenen Standard.

Aber eine Frage muss zu Beginn erlaubt sein, gestellt zu werden: Warum überhaupt .NET? Hätte das Buch nicht auch ebenso gut von Java handeln können? Letztere Frage wird natürlich besonders gerne von den Java-Programmierern gestellt.

Java ist eine Kombination aus Sprache und Framework, aus diesem Grund müssten zwei Vergleiche angestellt werden: Java vs. C++ und Java vs. .NET.

Solche Vergleiche sind nach meinen Recherchen bisher noch nicht objektiv geführt worden und werden wahrscheinlich auch nicht geführt werden können. Außerdem wird ein Buch das behandelte Thema tendenziell in einem besseren Licht erscheinen lassen. Hier sollen daher die positiven Eigenschaften von C++ und .NET hervorgehoben werden, die Wahrung des Rufs der hier Benachteiligten kann ein anderes Buch übernehmen.

15.1   C++/CLI

Eine reine C++-Anwendung ist üblicherweise performanter als Java. Darüber hinaus kann in C++ hardwarenäher programmiert werden, weswegen Treiber oder an die Grenze der Rechnerleistung gehende Spiele so gut wie nie in Java geschrieben werden.

Zum Thema Performanz vielleicht noch ein Zitat von der Homepage des JCreator, einer Java-Entwicklungsumgebung: »JCreator is written entirely in C++, which makes it fast and efficient compared to the Java based editors/IDE's.«

Ein weiterer, großer Vorteil von C++ gegenüber der anderen Sprachen des Visual Studio 2008 ist die Möglichkeit, mit ihr als einzige Sprache auch von .NET unabhängige Programme schreiben zu können (was wir bisher ja auch getan haben).

Unter den .NET-Sprachen ist C++/CLI[1] ebenfalls performanter als andere .NET-Sprachen, was schlicht an der hohen Entwicklungszeit liegt, die über die Jahre in die Optimierung des C++-Compilers gesteckt wurde. Noch 2004 wurde von Microsoft eine um 20 % höhere Performanz im Vergleich zu einer C#-Anwendung angegeben. Dieser Vorsprung wird allerdings mit der Weiterentwicklung des C#-Compilers abnehmen.

15.2 .NET

Wenn .NET mit Java verglichen werden soll, dann fallen zunächst einmal viele Ähnlichkeiten auf. Nun wäre es gerade bei Microsoft naiv anzunehmen, dass diese Ähnlichkeiten zufälliger Natur sind.

Java hat seine Verbreitung zum einen seiner Plattformunabhängigkeit zu verdanken. Egal, auf welchem Rechner eine Java-Anwendung entwickelt wurde, es läuft überall dort, wo die Java-Laufzeitumgebung vorhanden ist. Ein weiterer Vorteil lag in der im Vergleich zum heimlichen Vorbild C++ stärkeren objektorientierten Ausprägung. Drittens ist Java bezogen auf C++ mit einer geradezu allmächtigen Klassenbibliothek gesegnet.

Der Entscheidung, ein stärker auf Windows fokussiertes Konkurrenzprodukt zu entwickeln, verdankt .NET seine Existenz. Dabei muss Microsoft zugute gehalten werden, dass die Entwicklungsarbeit bei weitem nicht nur im Kopieren der Konkurrenztechnologie, sondern verstärkt in die Verbesserung bestehender und Entwicklung neuer Ansätze gesteckt wurde.

Dabei entstand ein Framework, das unter anderem folgende Eigenschaften besitzt:

▶ Objektorientierung pur. Alles in .NET ist auf eine Klasse zurückzuführen, jedes Objekt, jede Funktion (die es unter .NET nur noch als statische Methoden gibt), jede Variable. Es besteht keine Wahlmöglichkeit mehr zwischen unterschiedlichen Programmierparadigmen; entweder objektorientiert oder gar nicht.

---

1 Das für .NET erweiterte C++ heißt C++/CLI mit CLI als Abkürzung für *Common Language Infrastructure*.

▶ Sprachunabhängigkeit. Unter .NET ist es unerheblich, welche Programmier-sprache verwendet wird, solange sie .NET-konform ist. Mehr noch: Projekte können in verschiedenen Programmiersprachen geschrieben sein. Weil jedes Programm in eine Zwischensprache übersetzt wird, kann beispielsweise ein C++-Entwickler eine in C# geschriebene Klasse ohne Einschränkungen ver-wenden. Die C#-Klasse greift vielleicht auf eine VB.NET-Klasse zu. Es gibt sogar Bestrebungen eines Java.NET.

▶ Performanz. Im Gegensatz zu Java, das auf allen Plattformen läuft und damit gewissermaßen auf den kleinsten gemeinsamen Nenner dieser Plattformen aufbauen muss, kann .NET direkt die bereits vorhandene Win32-API und alle ihre Features verwenden.

▶ Begrenzte Plattformunabhängigkeit. .NET-Anwendungen sind bezogen auf die einzelnen Windows-Versionen uneingeschränkt plattformunabhängig. Für Windows-Entwickler ist damit schon viel gewonnen. Es gibt zwar Pro-jekte, eine .NET-Laufzeitumgebung auch auf anderen Systemen wie Linux zu entwickeln. Eine vollständige Kompatibilität ist bisher aber noch nicht erreicht und wird auch nicht durch die Tatsache erleichtert, dass .NET viele windowstypische Elemente besitzt.

▶ Verwalteter Code. Eine .NET-Anwendung läuft vergleichbar mit Java in einer Laufzeitumgebung. Diese Laufzeitumgebung (CLR) überwacht Sicherheits-richtlinien, Speicherverwaltung etc. Das Programm läuft sozusagen abge-schottet vom System in einer Box, die den Zugriff auf das restliche System reg-lementiert.

Abbildung 15.1 zeigt die wichtigsten .NET-Komponenten, die nachstehend detaillierter vorgestellt werden.

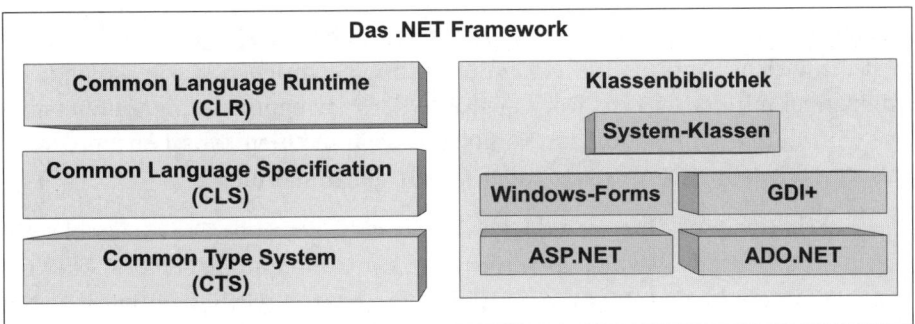

Abbildung 15.1 Das .NET Framework

15.2.1 Common Language Runtime (CLR)

Die CLR ist das Herzstück von .NET, denn sie ist der Teil, der die .NET-Anwendungen ablaufen lässt. Schauen wir uns zum genaueren Verständnis in Abbildung 15.2 die Kompilation einer .NET-Anwendung an.

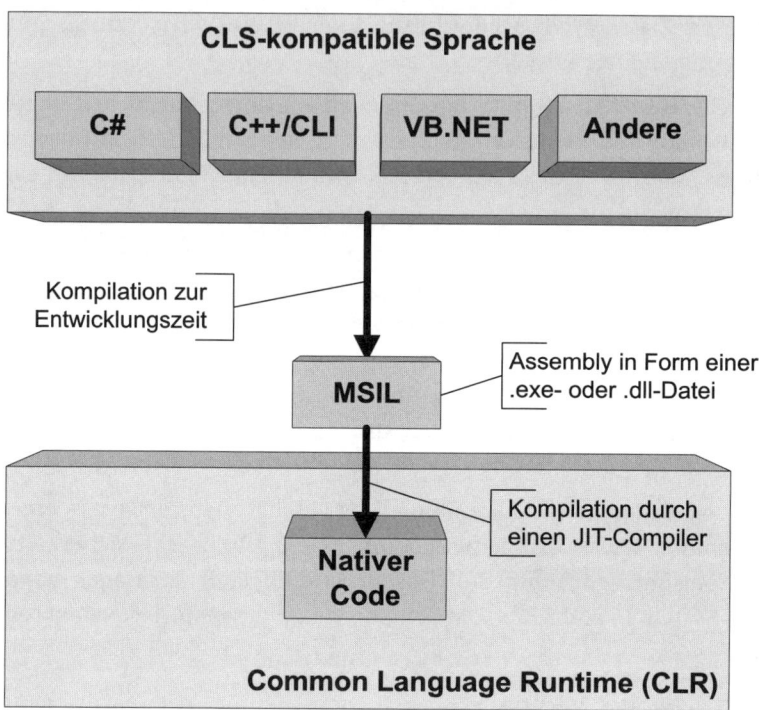

Abbildung 15.2 Kompilation einer .NET-Anwendung

Wie weiter oben bereits erwähnt wurde, spielt es bis auf kleinere Aspekte keine Rolle, in welcher Sprache die .NET-Anwendung geschrieben wurde, solange sie kompatibel mit der CLS ist. Der Quellcode der verwendeten Programmiersprache wird durch Kompilation zur Kompilationszeit in einen Zwischencode, MSIL (Microsoft Intermedia Language) oder kurs IL genannt, übersetzt.

Das Ergebnis dieser Übersetzung wird Assembly genannt. Die Assembly mit ihrem Zwischencode ist von außen nicht von einer herkömmlichen exe- oder dll-Datei zu unterscheiden. Wenn eine Assembly gestartet wird, dann wird sie der Obhut der CLR übergeben, die zunächst den Zwischencode mit einem JIT-Compiler[2] in nativen, auf der aktuellen Plattform ausführbaren Code kompiliert.

---

2 JIT ist die Abkürzung für »Just in time« und bezeichnet Compiler, die einen Code bei Bedarf kompilieren.

Dabei wird nicht zwangsläufig das gesamte Programm kompiliert, sondern je nach Bedarf auch nur einzelne Teile. Das Kompilat wird für schnellere zukünftige Zugriffe zwischengespeichert.

Auf Wunsch kann die Kompilation auch direkt bei der Installation der Anwendung durchgeführt werden, sodass auch beim Erststart keine Verzögerungen auftreten.

Während der Ausführung des kompilierten Codes stehen dem Programm diverse Dienste zur Verfügung, während es von anderen Diensten der CLR überwacht wird. Dazu zählen:

▶ Garbage Collection. Ein Dienst, der permanent nach nicht mehr benötigten Objekten Ausschau hält und diese freigibt. Ihm ist es zu verdanken, dass die Freigabe von dynamisch reservierten Objekten nicht mehr zu den Aufgaben des Programmierers zählt. Eine Annehmlichkeit, die Java-Programmierer zu schätzen wissen.

▶ Typenkontrolle. Es wird sichergestellt, dass ein Verweis eines bestimmten Typs auch tatsächlich nur auf Objekte dieses Typs zeigt. So wird eine außerordentlich hohe Typsicherheit erreicht.

▶ Sicherheit. Es ist möglich zu konfigurieren, wer oder von wo eine Assembly aufgerufen werden darf und welche Rechte sie dadurch erhält. Beispielsweise kann der Zugriff auf die Registry untersagt werden etc.

▶ Ausnahmebehandlung

▶ Interoperabilität zwischen verwaltetem und nicht verwaltetem Code

Es gibt noch andere Dienste, die hier aber nicht weiter besprochen werden sollen.

15.2.2 Common Language Specification (CLS)

Die CLS definiert die an eine .NET-konforme Programmiersprache gestellten Anforderungen. Dabei geht es nicht um die Syntax, sondern um die Eigenschaften der Sprache. Diese Anforderungen gelten nur für die Teile der Assembly, die offen gelegt sind, auf die also in anderen Sprachen programmierte Anwendungen zugreifen könnten. Die innerhalb der Assembly gekapselten Komponenten sind davon nicht betroffen. So ist es beispielsweise in C++ weiterhin möglich, Funktionen zu schreiben. Nur können diese nicht von anderen .NET-Sprachen aufgerufen werden.

Damit Sie eine Vorstellung erhalten, um welche Art von Anforderungen es sich handelt, werden einige von ihnen hier aufgeführt:

▶ Alle Bezeichner in einem Bezugsrahmen müssen eindeutig sein. Einzige Ausnahme ist das Überladen des Bezeichners.[3] Auch unterschiedliche Elementarten (zum Beispiel Attribut und Methode) dürfen nicht denselben Bezeichner besitzen. Es reicht nicht aus, wenn sich zwei Bezeichner nur in der Groß- und Kleinschreibung unterscheiden (Für VB-Programmierer eine Freude, für manchen C++-Programmierer ein herber Schlag).

▶ Ein Array darf nur CLS-kompatible Datentypen enthalten und seine Indizes müssen bei 0 beginnen.

▶ Überladene Methoden müssen sich in ihrer Parameterliste unterscheiden.

Einige Sprachen erfüllen in ihrer Grundform nicht alle Eigenschaften und müssen für .NET angepasst oder erweitert werden. Die Indizes von VisualBasic beispielsweise beginnen bei 1. Die .NET-Version von VB muss die CLS erfüllen und die Indizes daher bei 0 beginnen lassen.

Auch C++ ist in der ANSI-Form nicht CLS-konform. Einige Eigenschaften werden nicht unterstützt und mussten daher in C++/CLI hinzugefügt werden.

15.2.3 Common Type System (CTS)

Das CTS beschreibt, wie die Datentypen in .NET aufgeteilt sind. Abbildung 15.3 zeigt die Aufteilung hierarchisch.

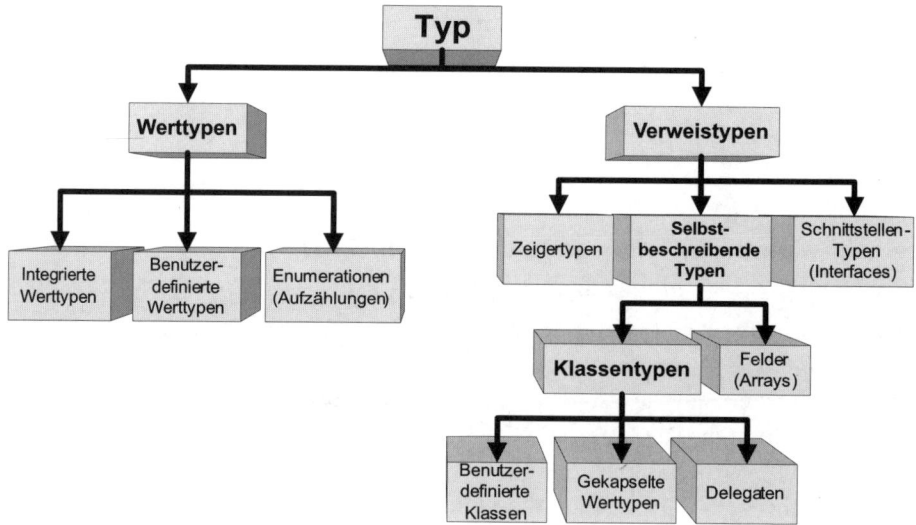

Abbildung 15.3 Aufteilung der CTS-Typen

---

3 Abschnitt 10.7, »Überladen von Methoden«

Jeder Typ in .NET ist entweder ein Werttyp oder ein Verweistyp. Werttypen sind Datentypen, deren Objekte statisch auf dem Stack angelegt werden. Auf diese Objekte kann direkt zugegriffen werden. Zu diesen Typen gehören:

▶ Integrierte Werttypen. Dazu zählen die ganzzahligen und Fließkomma-Datentypen sowie `char` und `bool`.

▶ Benutzerdefinierte Werttypen. Sie werden in Abschnitt 17.6, »Wertklassen«, besprochen.

▶ Aufzählungen. Sie sind Thema in Abschnitt 17.9, »Aufzählungen«.

Unter Verweistypen versteht man Datentypen, deren Objekte nicht direkt, sondern über einen Verweis[4] angesprochen werden. Sie werden dynamisch (in ANSI C++ mit `new`) auf dem Heap angelegt. Hierzu zählen:

▶ Zeigertypen. Unter .NET werden in C++ besondere Zeiger – Trackinghandles genannt – verwendet, mit denen sich Abschnitt 16.3, »Trackinghandle«, befasst.

▶ Arrays. Wurden für ANSI-C++ in Abschnitt 7.1, »Arrays«, abgehandelt. Die C++/CLI-Variante wird in Abschnitt 16.6 erklärt.

▶ Benutzerdefinierte Klassen. Die Grundlagen wurden bereits in Kapitel 10 erläutert, die Besonderheiten unter .NET erfahren Sie in Kapitel 17, »Klassen II«.

▶ Schnittstellentypen. Wie in ANSI-C++ Schnittstellen simuliert werden, ist Thema in Abschnitt 11.10.2. Echten Schnittstellen, wie sie in .NET gebräuchlich sind, widmet sich Abschnitt 18.5, »Schnittstellen«.

▶ Gekapselte Werttypen. Weil in .NET alles auf Objekte zurückzuführen ist, müssen die Werttypen in Objekte gekapselt werden können. Dieser Vorgang wird Boxing genannt.

▶ Delegaten. Die Eigenschaft, auf Methoden einer Klasse zu verweisen, stellt Abschnitt 21.1, »Delegaten«, vor.

Folgende konkrete Typen stehen unter C++/CLI Verfügung:

C++/CLI	.NET	CLS	Wertebereich
`bool`	`System::Boolean`	Ja	`true`, `false`
`char`	`System::SByte`	Nein	[−128, 127]
`unsigned char`	`System::Byte`	Ja	[0, 255]

Tabelle 15.1 Die C++-Typen unter .NET

---

4 Eine Möglichkeit, in ANSI-C++solche Verweise zu realisieren, sind Zeiger (Kapitel 9, »Zeiger & Referenzen«).

C++/CLI	.NET	CLS	Wertebereich
short	System::Int16	Ja	[–32768, 32767]
unsigned short	System::UInt16	Nein	[0, 65535]
int oder long	System::Int32	Ja	[–2^{31}, 2^{31}–1]
unsigned int oder unsigned long	System::UInt32	Nein	[0, 2^{32}–1]
long long	System::Int64	Ja	[–2^{63}, 2^{63}–1]
unsigned long long	System::UInt64	Nein	[0, 2^{64}–1]
float	System::Single	Ja	[+/–$1.5*10^{-45}$, +/–$3.4*10^{38}$]
double	System::Double	Ja	[+/–$5.0*10^{-324}$, +/–$1.7*10^{308}$]
System::Decimal	System::Decimal	Ja	[+/–$1.0*10^{-27}$, +/–$7.9*10^{27}$] bei 28 Ziffern Genauigkeit
wchar_t	System::Char	Ja	Unicode-Zeichen
System::String^	System::String	Ja	2^{31} Unicode-Zeichen
System::Object^	System::Object	Ja	Universell

Tabelle 15.1 Die C++-Typen unter .NET (Forts.)

Die Spalte **C++/CLI** listet den Datentyp auf, wie er unter C++/CLI verwendet wird. Das Zeichen ^ wird als Trackinghandle bezeichnet und in Abschnitt 16.3 erklärt.

Die Spalte **.NET** bezeichnet die dazugehörige .NET-Klasse.

Um eine Kompatibilität zu CLS zu gewährleisten, müssen verwendete Datentypen, die nicht innerhalb einer Klasse gekapselt und damit von außen zugänglich sind, CLS-kompatibel sein, in der Spalte CLS muss also »Ja« stehen.

Eine CLS-kompatible Sprache muss alle CLS-kompatiblen Datentypen unterstützen.

15.2.4 Klassenbibliothek

Wenn Sie bereits häufiger in C++ programmiert haben und sich nun mit C++/CLI beschäftigen wollen, dann wird Ihnen die .NET-Klassenbibliothek den Atem rauben. Sie ist so mächtig, dass – so heißt es – ein einzelner Mensch sie nie vollständig beherrschen wird und lässt so gut wie keine Wünsche offen. Gerade im Vergleich zur C++-Standardbibliothek ist sie ein regelrechtes Wunderwerk an Möglichkeiten. Obwohl Sie die STL trotzdem vermissen werden – bis sie endlich auch unter .NET verfügbar ist.

Die .NET-Klassenbibliothek ist thematisch in Namensbereiche aufgeteilt, die wiederum Namensbereiche enthalten, usw. Für einen groben Überblick werden die Hauptbestandteile der Bibliothek kurz vorgestellt.

▶ System-Klassen. Dieser Bereich deckt die Klassen für die alltägliche Arbeit ab und ist unter anderem unterteilt in String-Klassen, matematische Klassen, Konsolenoperationen, Dateiverwaltung etc.

▶ Windows-Forms. Diese Klassen stellen die grafischen Elemente für die Oberflächenprogrammierung zur Verfügung wie Fenster, Schaltflächen, Bildlaufleisten, Menüs, Statusleisten, Werkzeugleisten, Views etc.

▶ GDI+. Hier finden Sie die Klassen zum direkten Zeichnen, z. B. in ein Fenster oder zum späteren Drucken.

▶ ADO.NET. Beinhaltet die für die Datenbankanbindung und -verwaltung notwendigen Klassen.

▶ ASP.NET. Die hier enthaltenen Klassen unterstützen den Entwurf dynamischer Webseiten. Die Dynamik der Webseiten kann mit einer beliebigen .NET-Sprache programmiert werden.

Im weiteren Verlauf des Buches werden wir in einige oben vorgestellte Bereiche hineinschnuppern. .NET ist viel zu mächtig, um in einem Buch erschöpfend behandelt zu werden. Daher können hier nur einige Klassen, und diese auch nicht in ihrem kompletten Umfang, vorgestellt werden. Für weitergehende Informationen sei auf die Dokumentation zu .NET verwiesen, die über den Menüpunkt **Hilfe • Index** geöffnet wird.

Schizophrenie ist auch nur eine Form von Multitasking ...
– Unbekannter Verfasser

16 C++/CLI-Grundlagen

Wir beginnen in diesem Kapitel gewissermaßen zum zweiten Mal von vorne, indem wir eine .NET-Konsolenanwendung erstellen und damit die Grundlagen von .NET erschließen werden.

16.1 CLR-Konsolenanwendung

Wie Projekte mit Projektmappe erstellt[1] oder ein neues Projekt einer bestehenden Projektmappe hinzugefügt wird[2], wurde bereits besprochen. In beiden Fällen ist irgendwann der Punkt erreicht, wo ein Projekttyp gewählt werden muss.

Neu ist lediglich, wie in Abbildung 16.1 zu sehen, dass unter Projekttypen nun die Rubrik CLR Verwendung findet. Dort sind die beiden für uns wichtigen Projekttypen zu finden: Windows Forms-Anwendung (Kapitel 25, »Windows Forms«) und CLR-Konsolenanwendung, der Projekttyp, mit dem die Reise durch .NET beginnen soll.

Im obigen Fall wurde ein Projekt mitsamt Projektmappe erstellt, es ist aber auch ohne Weiteres möglich, ein CLR-Projekt in einer Projektmappe zu erstellen, die bisher nur Win32-Konsolenprojekte beinhaltet.

Das durch Klicken auf **OK** erzeugte Projekt ist in Abbildung 16.2 zu sehen.

---

1 Abschnitt 1.3, »Anlegen eines Projekts«.
2 Abschnitt 1.9.1.

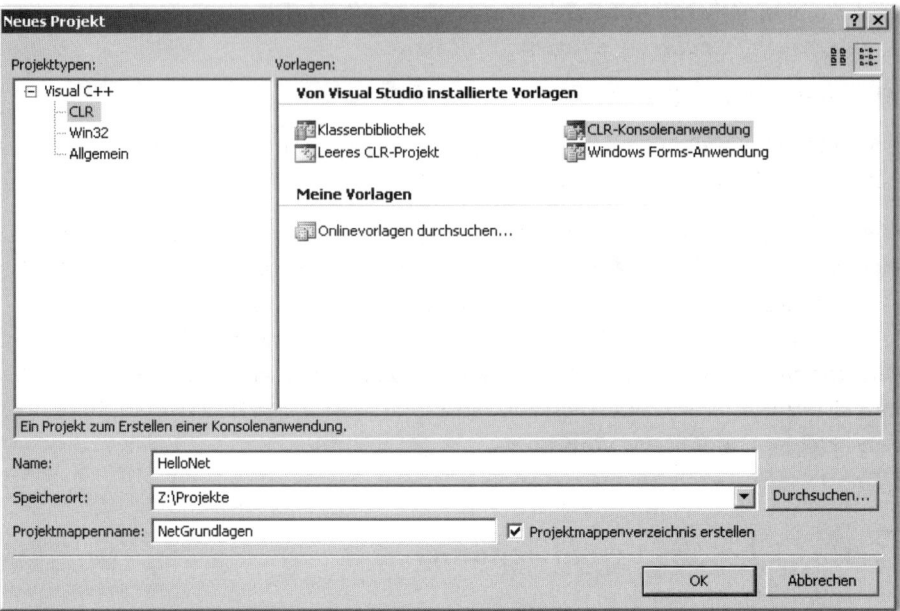

Abbildung 16.1   Erstellen einer CLR-Konsolenanwendung

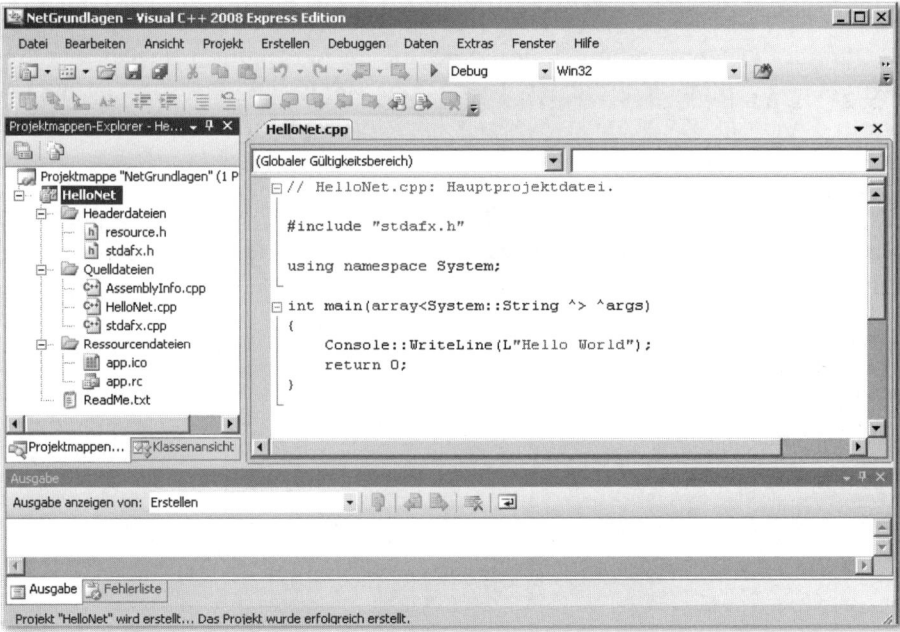

Abbildung 16.2   Die erzeugte CLR-Konsolenanwendung

16.1.1 Die Projekt-Dateien

Die erstellte Anwendung kommt gleich mit einigen Dateien daher, deren Relevanz und Bedeutung kurz angesprochen werden.

Die Ressourcedateien sind mit der Express-Version von Visual C++ nicht zu bearbeiten und für unsere Anwendungsbereiche uninteressant.

Die beiden stdafx-Dateien sind notwendig für das von Visual C++ unterstützte Prinzip der vorkompilierten Header-Dateien. Wird beispielsweise eine Header-Datei in viele andere Dateien eingebunden, selbst aber kaum geändert, dann bietet es sich an, diese Datei in stdafx.h einzubinden. Sie wird dadurch beim ersten Mal kompiliert und liegt ab dann in kompilierter Form vor. Die Buildzeiten können sich durch intelligenten Einsatz der vorkompilierten Header gerade bei großen Projekten auffallend verbessern.

Beachten Sie, dass die Datei »stdafx.h« in jeder cpp-Datei zu Beginn eingebunden werden muss.

In »AssemblyInfo.cpp« finden sich Informationen über die Assembly (Autor, Version, Copyright etc.), die auf Wunsch geändert werden können.

Die Datei »HelloNet.cpp« schließlich enthält den bisherigen Code der Anwendung, der einer genaueren Betrachtung bedarf.

16.2 Das Beispielprogramm

Das explizite `return` am Ende von `main` ist nicht notwendig und kann entfernt werden.

Unter .NET wird mit Unicode-Zeichen gearbeitet. Unicode-Zeichen können nicht nur 256, sondern 65536 verschiedene Zeichen darstellen und sind damit in der Lage, die Schriftzeichen nahezu jeder Sprache zu repräsentieren. Daher können Bezeichner jetzt auch Umlaute enthalten. Das »L« vor der konstanten Zeichenkette ist in C++/CLI nur wichtig, wenn eine Zeichenkette einem nativen String zugewiesen wird und kann bei .NET-Strings entfernt werden.

Das Programm sieht nun so aus:

```
#include "stdafx.h"

using namespace System;

int main(array<System::String ^> ^args)
{
```

```
    Console::WriteLine("Hello World");
}
```
Listing 16.1   Das HelloWorld-Programm der CLR-Anwendung

16.2.1   stdafx

Das Einbinden von »stdafx.h« muss in jeder Quellcodedatei als erste Amtshandlung vollzogen werden und dient der Unterstützung vorkompilierter Header-Dateien.

16.2.2   Namensbereich System

Der Namensbereich System ist der oberste Namensbereich aller .NET-Komponenten und vergleichbar mit std unter ANSI-C++. Ihn mittels using namespace global verfügbar zu machen, ist in Quellcodedateien außerordentlich sinnvoll.

16.2.3   main

Auch eine CLR-Konsolenanwendung besitzt eine main-Funktion, nur die Parameterliste unterscheidet sich ein wenig von der ANSI C++-Variante. Die Funktion bekommt einen Verweis auf ein Array mit String-Verweisen übergeben. Die verwiesenen Strings beinhalten mögliche Parameter, die beim Aufruf des Programms angegeben wurden.

Wie genau Verweise und Arrays unter .NET funktionieren, wird in späteren Abschnitten erklärt.

16.2.4   WriteLine

Die main-Funktion beinhaltet nur eine einzige Anweisung:

```
Console::WriteLine("Hello World");
```

Mit unserem bisherigen Wissen kann schon einiges von dieser Anweisung erklärt werden: Bei WriteLine muss es sich wegen der Parameterliste um eine Funktion innerhalb eines Namensbereichs oder um eine Methode innerhalb einer Klasse handeln. Nun ist .NET vollständig objektorientiert und unterstützt keine Funktionen, also muss es eine Methode sein.

Console kann kein Objekt sein, denn sonst müsste auf WriteLine mit dem Elementzugriffsoperator . (Punkt) zugegriffen werden. Ein Zeiger[3] fällt auch flach, denn mit ihm müsste der Zeigeroperator -> verwendet werden.

---

3 Abschnitt 9.5, »Zeiger auf Klassenobjekte«.

Der Bezugsrahmenoperator :: zeigt klar den Zugriff auf ein statisches Klassenelement[4] an. Es handelt sich also um die statische Methode WriteLine der Klasse Console.

Sie hat unter .NET die gleiche Bedeutung wie cout in ANSI C++; die Ausgabe auf die Konsole. Der Name WriteLine suggeriert, dass es sich um die Ausgabe einer Zeile handelt, also wie cout mit abschließendem endl.

Es existiert auch noch die statische Methode **Write**, die eine Zeile nicht beendet.

16.3 Trackinghandle

Es wurde in Kapitel 15, ».NET-Framework« gezeigt, dass in .NET zwei Arten von Typen unterschieden werden: Wert- und Verweistypen.

Werttypen[5] sind wie üblich zu definieren:

```
short a;       // 2 Bytes groß
int b;         // 4 Bytes groß
long long c;   // 8 Bytes groß
```

Es wurde auch erwähnt, dass es sich bei Verweistypen um verwaltete Typen handelt. Die CLR sorgt dafür, dass Objekte nach ihrem Gebrauch gelöscht werden. Sie kann aber auch ein Objekt im Speicher verschieben, wenn es Vorteile bringt. Für den Programmierer heißt das, die Adresse des Objekts kann sich ändern. Ist die ursprüngliche Adresse in einem Zeiger gespeichert (und das wird sie bei einem Verweistyp), dann zeigt der Zeiger auf einen Speicherbereich, an dem sich das Objekt nicht mehr befindet. Ein Zugriff hätte fatale Folgen.

Um diese Problematik zu umschiffen, wird ein anderer Mechanismus benötigt, der sich *Trackinghandle* nennt. Ein Trackinghandle auf String-Objekte sieht so aus:

```
String^ s;
```

Anstelle des bei herkömmlichen Zeigern üblichen * wird zur Definition eines Trackinghandles das Dach ^ verwendet. Dem Trackinghandle kann nun eine Zeichenkette zugewiesen werden:

```
s="André Willms";
```

---

4 Abschnitt 10.8, »Statische Klassenelemente«.
5 Tabelle 15.1 listet unter anderem die zur Verfügung stehenden elementaren Werttypen auf.

Aus der Zeichenkette wird automatisch ein `String`-Objekt erzeugt. Der Zugriff auf die Elemente des Objekts erfolgt wie gewohnt über den Zeigeroperator. Die folgende Anweisung gibt die Anzahl der Zeichen im String aus:

```
Console::WriteLine(s->Length);
```

Nach unserem Kenntnisstand müsste es sich bei `Length` um ein Attribut handeln. Eine Methode kann es aufgrund der fehlenden Parameterliste nicht sein. Bevor Sie sich aber wegen einem vermeintlichen Verlust der Datenkapselung an die Stirn fassen, kann Entwarnung gegeben werden. Es liegt hier ein neues Klassenelement namens Eigenschaft vor. Eigenschaften werden in Abschnitt 17.3, »Eigenschaften«, genauer unter die Lupe genommen.

Im Gegensatz zu herkömmlichen Zeigern ist das Trackinghandle in der Lage, das Verschieben des Objekts, auf das es verweist, mitzuverfolgen und verweist damit immer auf das gültige Objekt.

Zeiger, die auf nichts zeigen, werden mit dem Wert 0 initialisiert. Bei Trackinghandles ist dies `nullptr`;

```
s = nullptr;
```

Das Trackinghandle s verweist nun offiziell auf nichts mehr.

16.4   Trackingreferenz

Manchmal ist es notwendig, einen Verweis auf ein Trackinghandle zu besitzen. Nehmen wir folgende Funktion:

```
void test(String^ x) {
  x="C++/CLI";
}
```

Diese Funktion wird mit folgendem Codefragment aufgerufen:

```
String^ s="C++";
test(s);
Console::WriteLine(s);
```

Was wird ausgegeben? Natürlich »C++«, weil die Zuweisung an x in `test` nur das x betrifft, aber keine Auswirkung auf s hat.

Was aber, wenn innerhalb von `test` das Trackinghandle s verändert werden soll? Dazu benötigen wir eine Referenz auf ein Trackinghandle, also eine *Trackingreferenz*.

Eine Trackingreferenz wird mit % definiert:

```
void test(String^% x) {
  x="C++/CLI";
}
```

Listing 16.2 Der Einsatz einer Trackingreferenz

Nun ist das an test übergebene s ebenfalls geändert, weil x als Trackingreferenz nur ein Alias für s ist. Zum besseren Verständnis könnte ein Vergleich mit den »normalen« Referenzen in Abschnitt 9.8, »Referenzen«, helfen.

16.5 Ausgabe

An dieser Stelle soll noch ein wenig die Ausgabe mit WriteLine und Write erläutert werden. Im ursprünglichen Beispiel wurde die Zeichenkette »Hello World« ausgegeben. Werttypen werden ebenso behandelt:

```
int b=4;
Console::WriteLine(b);
```

Was aber, wenn Text und Variablen gemischt ausgegeben werden sollen? Dazu bieten Write und WriteLine die Möglichkeit, eine Zeichenkette mit Platzhaltern anzugeben, wobei die Platzhalter bei der Ausgabe mit dem Wert eines Objekts ersetzt werden:

```
Console::WriteLine("Es ist {0} gespeichert!", b);
```

Der erste Parameter bildet den auszugebenden String mit Platzhaltern. Die Platzhalter bestehen aus einem geschweiften Klammernpaar, das den mit 0 beginnenden Index des zu verwendenden Objekts umschließt. Man nennt diesen Platzhalter auch *Parameterbezeichner*.

Es können mehrere Platzhalter in beliebiger Reihenfolge angegeben werden:

```
String^ a="André";
String^ b="Willms";

Console::WriteLine("Name: {0} {1}", a, b);
Console::WriteLine("Name: {1}, {0}", a, b);
```

Auf dem Bildschirm werden die Namen »André Willms« und »Willms, André« ausgegeben. Es überrascht auch positiv, dass Sonderzeichen nun korrekt ausgegeben und damit auch endlich Umlaute verwendet werden können.

Wenn zur Definition eines Parameterbezeichners geschweifte Klammern verwendet werden, dann muss es auch einen Trick geben, um geschweifte Klammern auf dem Bildschirm auszugeben. Genau: Einfach die gewünschte Klammer zweimal angeben:

```
int x=10;
Console::WriteLine("{{0}} gibt {0} aus", x);
```

16.5.1 Formatierte Ausgabe

Die Parameterbezeichner haben aber noch andere Tricks auf Lager. Wir haben bisher immer das Platzhalterformat {N} verwendet, wobei N der Index des auszugebenden Objekts ist. Das komplette Format lautet so:

```
{N [,B] [:F[S] ]}
```

Die Buchstaben sind Platzhalter und haben die in Tabelle 16.1 aufgeführten Bedeutungen. Elemente in eckigen Klammern sind optional. Tabelle 16.2 listet Die möglichen Formate auf.

Platzhalter	Bedeutung
N	Mit 0 beginnender Index des auszugebenden Objekts
B	Breite der Ausgabe in Zeichen (bei positiven Werten rechtsbündig, bei negativen linksbündig)
F	Ausgabeformat
S	Anzahl der signifikanten Stellen

Tabelle 16.1 Bedeutung der Platzhalter im Parameterbezeichner

Format	Bedeutung
C	Lokales Währungsformat (Currency)
D	Dezimale Ganzzahl
E	Exponentialschreibweise (3.5E2)
F	Fließkomma-Format
G	Automatische Wahl der kompakteren Form von E oder F
N	Numerische Zahl einschl. Separatoren
P	Prozentzahl
X	Hexadezimale Zahl

Tabelle 16.2 Die möglichen Formate der formatierten Ausgabe

Der nachstehende WriteLine-Aufruf gibt das Objekt mit einer reservierten Breite von 5 Zeichen in der Fließkommadarstellung mit 2 Nachkommastellen aus:

```
double x=3.1415926;
Console::WriteLine("!{0,5:F2}!", x);
```

Die Ausrufezeichen dienen nur der optischen Begrenzung des Ausdrucks, um die reservierte Breite von 5 Zeichen zu erkennen. Es ist auch angenehm zu sehen, dass .NET bei der Ausgabe das in Deutschland übliche Komma und nicht den amerikanischen Punkt verwendet.

16.6 Arrays

Für einen Vergleich der einzelnen Array-Arten sollen zunächst kurz die bekannten Möglichkeiten rekapituliert werden. Ein statisches Array mit einer zur Kompilationszeit bestimmten Größe, abgelegt auf dem Stack, wird so definiert:

```
int sf[20];
```

Ein Array dynamisch auf dem Heap reserviert der folgende Code:

```
int *df1=new int[20];
delete(df1);
```

Nur nicht `delete` vergessen, sonst lauern Speicherlecks. Unter .NET ist zu erwarten, von der CLR verwaltete Arrays vorzufinden. Dazu muss es sich um einen Verweistyp handeln, für dessen Adresse ein Trackinghandle benötigt wird:

```
array<int> ^f;
```

Das definierte Trackinghandle kann auf verwaltete `int`-Arrays zeigen. Im Gegensatz zu unverwalteten Elementen, die dynamisch mit `new` reserviert werden, heißt der Befehl zur dynamischen Erzeugung von Objekten verwalteter Typen **gcnew**. Bei der Erzeugung eines verwalteten Arrays steht die Größe in runden Klammern:

```
f = gcnew array<int>(10);
```

Die beiden letzten Anweisungen können zusammengefasst werden:

```
array<int> ^f = gcnew array<int>(10);
```

Auf Elemente des verwalteten Arrays wird wie gewohnt mit eckigen Klammern zugegriffen:

```
f[8]=3;
```

Nur eine Freigabe mit `delete` bleibt uns erspart, weil das zu den Aufgaben der CLR zählt.

16.6.1 Arrays initialisieren

Die Elemente eines Arrays können bei der Erzeugung desselben mit Werten initialisiert werden:

```
array<int>^ x={2,8,22,63,35};
```

Durch diese Schreibweise wird automatisch ein Array erzeugt, dessen Elemente mit den angegebenen Werten initialisiert sind und dessen Größe der Anzahl der Werte entspricht.

16.6.2 Mehrdimensionale Arrays

Um Arrays mit mehreren Dimensionen zu erzeugen, muss die Anzahl der Dimensionen, durch Komma getrennt, hinter dem Datentyp angegeben werden. Folgende Anweisung definiert ein Trackinghandle für ein zweidimensionales int-Array:

```
array<int,2> ^f;
```

Die Größen der einzelnen Dimensionen werden bei der Erzeugung ebenfalls durch Komma getrennt:

```
f = gcnew array<int,2>(8,3);
```

Die Separation der Dimensionen beim Elementzugriff erfolgt wiederum durch Komma:

```
f[3,2]=1;
```

16.6.3 for each

Um Arrays zu durchlaufen, bietet C++/CLI eine neue Schleife namens for each an. Mit ihr können alle Elemente eines Arrays durchlaufen werden:

```
array<int>^ f=gcnew array<int>(5);
for each(int i in f) {
  Console::WriteLine(i);
}
```
Listing 16.3 Die for each-Schleife

Innerhalb der runden Klammern von for each wird eine Variable beliebigen Namens definiert (hier i), die vom selben Typ wie die Elemente des Arrays sein sollte. Dahinter steht, durch das Schlüsselwort in getrennt, der Name des zu durchlaufenden Arrays.

Die Schleife wiederholt ihren Anweisungsblock so oft, wie Elemente im angegebenen Array sind. In jedem Schleifendurchlauf beinhaltet i ein Element des Arrays.

Die for each-Schleife ist nicht nur auf Arrays anwendbar, sondern auf jeden Typ, der die Schnittstelle[6] IEnumerable[7] implementiert.

16.7 Eingabe

Die Klasse Console bietet mit der Methode **ReadLine** auch die Möglichkeit, Eingaben über die Tastatur einzulesen. Die Eingabe wird durch Drücken der Eingabetaste beendet und als String-Objekt zurückgeliefert. Es ist also ein Trackinghandle vom Typ String erforderlich, um das Ergebnis aufzunehmen:

```
Console::Write("Ihre Eingabe:");
String ^s=Console::ReadLine();
Console::WriteLine("Ergebnis:{0}", s);
```

Andere Datentypen wie int oder double einzulesen, ist auf direktem Wege nicht möglich. Stattdessen muss das eingelesene String-Objekt in den gewünschten Datentyp konvertiert werden.

16.8 Typumwandlung

Die Klasse Convert stellt statische Methoden zur Typumwandlung bereit. Tabelle 16.3 listet sie auf. Jede Methode ist für alle aufgeführten Datentypen überladen. Es kann also beispielsweise jeder der aufgeführten Datentypen in double konvertiert werden.

Methode	Beschreibung
ToBoolean	Konvertiert Argument zu bool
ToByte()	Konvertiert Argument zu unsigned char
ToChar()	Konvertiert Argument zu wchar_t
ToDateTime	Konvertiert Argument zu System::DateTime^
ToDecimal()	Konvertiert Argument zu System::Decimal^
ToDouble	Konvertiert Argument zu double

Tabelle 16.3 Die statischen Methoden von Convert

---

6 Schnittstellen sind Thema in Abschnitt 18.5, »Schnittstellen«.

7 Die Schnittstelle IEnumerable wird in Abschnitt 22.4 erklärt.

Methode	Beschreibung
ToInt16()	Konvertiert Argument zu short
ToInt32()	Konvertiert Argument zu int
ToInt64()	Konvertiert Argument zu long long
ToSByte()	Konvertiert Argument zu char
ToSingle()	Konvertiert Argument zu float
ToString()	Konvertiert Argument zu System::String^
ToUInt16()	Konvertiert Argument zu unsigned short
ToUInt32()	Konvertiert Argument zu unsigned int
ToUInt64()	Konvertiert Argument zu unsigned long long

Tabelle 16.3 Die statischen Methoden von Convert (Forts.)

Die Methoden führen nur gültige Konvertierungen durch, das heißt, der zu konvertierende Wert darf den Wertebereich des Zieltyps nicht über- oder unterschreiten. Bei der folgenden Konvertierung werden die Nachkommastellen einfach abgeschnitten:

```
Convert::ToInt16(3.14);
```

Liegt der zu konvertierende Wert aber außerhalb des Wertebereichs, wird eine Ausnahme des Typs OverflowException geworfen:

```
Convert::ToInt16(80000); //OverflowException
```

Soll ein String-Objekt in einen Typ konvertiert werden, der ein anderes numerisches Format als das im String enthaltene erwartet, dann wird eine Ausnahme vom Typ FormatException geworfen.

```
Convert::ToInt16("3.14"); //FormatException
```

Für den Fall, dass riskante Typkonvertierungen vorgenommen werden, ist eine Ausnahmebehandlung unumgänglich.

16.9 Ausnahmen

Die Ausnahmebehandlung unter .NET funktioniert wie in Kapitel 13, »Ausnahmen«, besprochen, nur dass hier die Ausnahmetypen eine Klassenhierarchie bilden, die System::Exception als Basisklasse hat. Abbildung 16.3 zeigt einen Ausschnitt der Hierarchie.

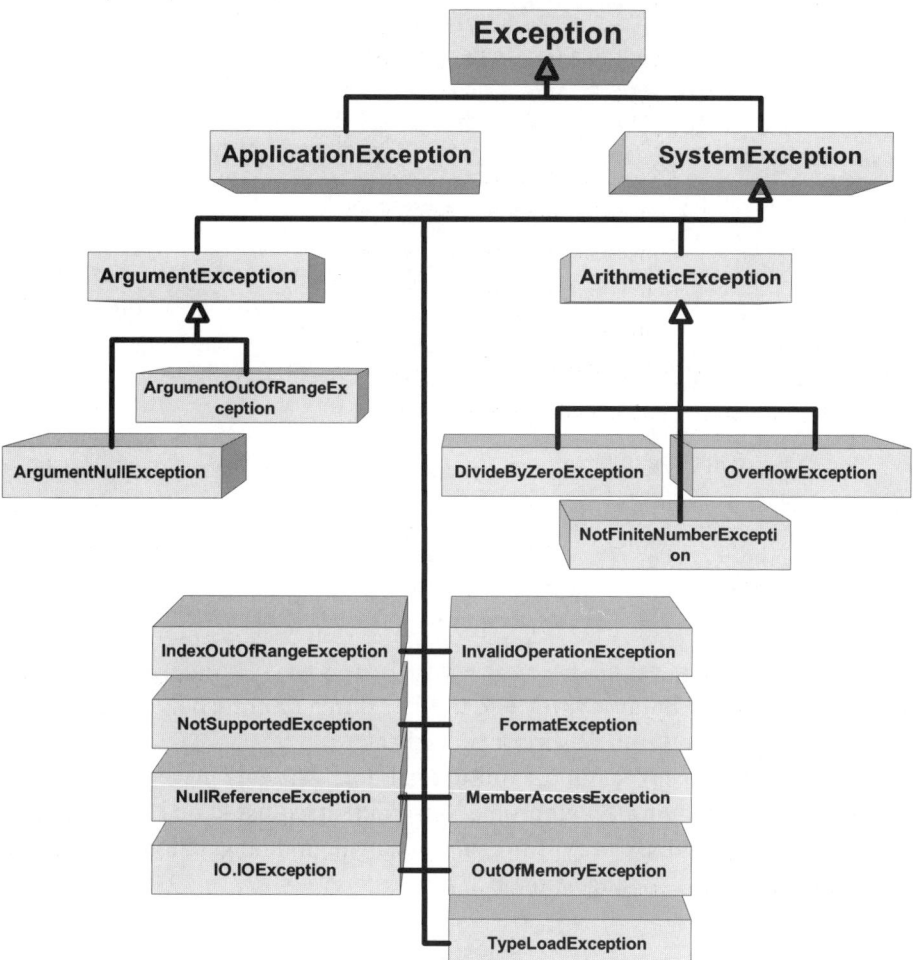

Abbildung 16.3 Ein Ausschnitt der Exception-Hierarchie

Von Exception sind zwei Klassen abgeleitet:

▶ SystemException. Basisklasse aller von der CLR geworfenen Ausnahmen.

▶ ApplicationException. Basisklasse aller von der Anwendung geworfenen Ausnahmen.

Ausnahmen, die von der eigenen Anwendung geworfen werden, sollten sich in diese Hierarchie eingliedern und von ApplicationException abgeleitet sein.

Die Klasse Exception stellt einige nützliche Eigenschaften bereit, die in Tabelle 16.4 aufgeführt sind.

Eigenschaft	Bedeutung
TargetSite	Liefert den Namen der Methode, die die Ausnahme geworfen hat.
StackTrace	Liefert die Aufrufreihenfolge zur Methode, in der die Ausnahme geworfen wurde.
Message	Liefert eine Beschreibung der Ausnahme als String.

Tabelle 16.4 Nützliche Eigenschaften der Klasse Exception

Das folgende Beispiel fängt eine der im vorigen Abschnitt erzeugten Ausnahmen wegen ungültiger Konvertierung auf und gibt die aus Exception ausgelesenen Informationen aus. Ausnahmen sind verwaltete Typen, weswegen die Ausnahme-Handler mit einem Trackinghandle arbeiten müssen:

```
try {
  Convert::ToInt16(80000);
}
catch(OverflowException^ e) {
  Console::WriteLine("{0}\n",e->TargetSite);
  Console::WriteLine("{0}\n",e->StackTrace);
  Console::WriteLine("{0}\n",e->Message);
}
```

In Kapitel 11, »Vererbung«, wurde erklärt, dass durch öffentliche Vererbung eine »ist ein(e)«-Beziehung zum Ausdruck gebracht wird. Eine OverflowException ist damit auch eine Exception und kann überall dort verwendet werden, wo eine Exception erwartet wird (Polymorphie). Im Umkehrschluss kann ein Ausnahme-Handler eine Ausnahme des Typs Exception fangen und fängt damit automatisch auch alle von Exception abgeleiteten Typen:

```
try {
  Convert::ToInt16(80000);
}
catch(OverflowException^ e) {
  // OverFlowException und Subtypen fangen
}
catch(Exception^ e) {
  // Exception und Subtypen fangen
}
```

Bei der Anordnung der Ausnahme-Handler ist darauf zu achten, dass die Subtypen immer zuerst aufgeführt werden. Stände im obigen Code der Exception-Handler vor dem OverflowException-Handler, dann hätte der Exception-Handler auch den Subtyp OverflowException aufgefangen. Der OverflowException-Handler würde niemals in Aktion treten.

16.9.1 finally

Unter .NET gibt es die Möglichkeit, hinter den Ausnahme-Handlern einen finally-Block zu definieren. Dieser Block wird immer ausgeführt, unabhängig davon, ob überhaupt eine Ausnahme aufgetreten ist, ob die Ausnahme gefangen wurde oder ob im Ausnahme-Handler eine neue Ausnahme aufgetreten ist. Sie haben die Garantie, dass der finally-Block auf jeden Fall abgearbeitet wird. Er eignet sich daher ideal für Aufräumarbeiten wie Dateien schließen oder Datenbankverbindungen trennen:

```
try {
  Convert::ToInt16(80000);
}
catch(OverflowException^ e) {
  // OverFlowException und Subtypen fangen
}
catch(Exception^ e) {
  // Exception und Subtypen fangen
}
finally {
  Console::WriteLine("Immer ausgeführter Code");
}
```

16.10 Zusammenfassung

Dieses Kapitel behandelte die wesentlichen Unterschiede von C++/CLI zu ANSI C++ und stellte einige Neuerungen vor.

Auf verwaltete Objekte wird nicht mit einem Zeiger, sondern mit einem Trackinghandle verwiesen. Trackinghandles werden mit ^ vor dem Handle-Namen definiert. Objekte verwalteter Verweistypen werden mit gcnew dynamisch erzeugt.

Die Ausgabe auf die Konsole wird über die statischen Console-Methoden Write und WriteLine abgewickelt. Mit ihnen können Datentypen formatiert ausgegeben werden.

Arrays sind unter .NET verwaltet und werden mit array erzeugt.

Die Eingabe über die Konsole läuft über die statische Console-Methode ReadLine. Andere Datentypen als String müssen mit den Methoden der Klasse Convert konvertiert werden.

Die Ausnahmebehandlung hat die Möglichkeit eines finally-Blocks bekommen, der immer ausgeführt wird, völlig unabhängig von der eingetretenen Situation.

Um ein tadelloses Mitglied einer Schafherde sein zu können,
muss man vor allem ein Schaf sein.
– Albert Einstein

17 Klassen II

Wie schon des Öfteren erwähnt, ist der objektorientierte Ansatz unter .NET stärker ausgeprägt als in ANSI C++. Diese Erweiterungen müssen noch besprochen werden, um ein besseres Verständnis von der .NET-Klassenbibliothek zu erhalten.

17.1 Eine verwaltete Klasse erstellen

Eine verwaltete Klasse wird in C++ zunächst wie eine herkömmliche Klasse definiert, nur dass vor `class` das Schlüsselwort `ref` gesetzt wird. Exemplarisch soll die wohlbekannte Klasse `Becher` als verwaltete Klasse implementiert werden:

```
ref class Becher
{
};
```

Listing 17.1 Definition einer verwalteten Klasse

Bei der Erstellung verwalteter Klassen bietet Visual C++ ebenfalls Unterstützung. Dabei wird die Klasse so erstellt, wie in Abschnitt 10.1.1 erklärt, nur der Klassen-Assistent unterscheidet sich in einem Punkt, wie Abbildung 17.1 zeigt.

Die Option **Verwaltet** ist nicht länger abgeblendet und kann verändert werden. Der Punkt bleibt natürlich abgehakt, weil eine verwaltete Klasse erstellt werden soll.

Wenn Sie sich den erstellten Quellcode anschauen, wird Ihnen der fehlende Destruktor auffallen. Die Aufräumarbeiten für verwaltete Klassen werden im Normalfall von der Garbage Collection, der CLR, erledigt, daher wird ein Destruktor nur noch in seltenen Fällen benötigt.

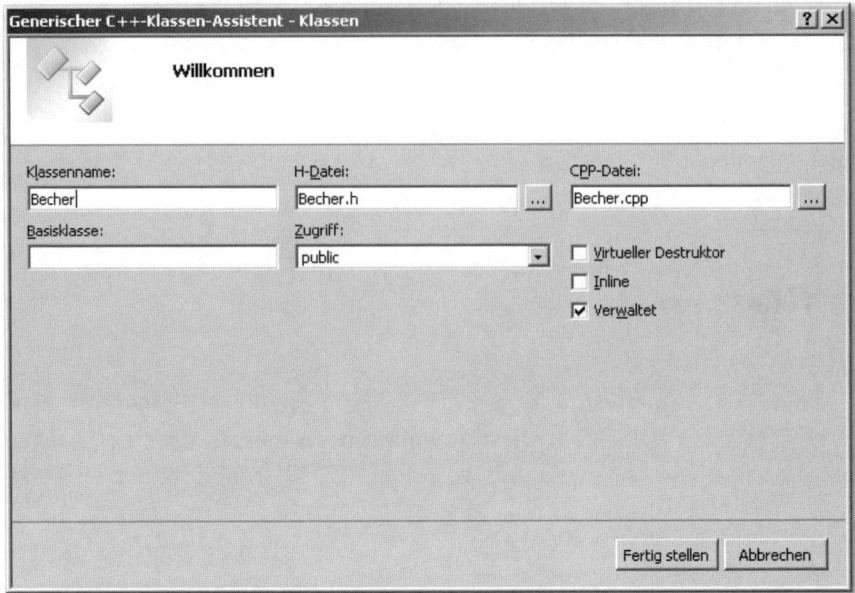

Abbildung 17.1 Der Klassen-Assistent unter .NET

Die Becher-Klasse wurde in den folgenden Listings bereits mit Attributen und Konstruktor versehen:

```
#pragma once

namespace Getraenke {
  ref class Becher
  {
    System::String^ inhalt;
    int fassungsvermoegen;
    float fuellhoehe;

  public:
    Becher(System::String^ i, int fa, float fu);
  };
}
```

Listing 17.2 Die Header-Datei für »Becher«

Die Klasse steht wieder in einem eigenen Namensbereich. Wie schon unter ANSI C++ wird in der Header-Datei kein using namespace verwendet.

Interessant ist auch, dass für die Verwendung der .NET-Bibliothek keine Header-Dateien eingebunden werden müssen.

Die von Visual C++ erstellte Quellcodedatei bindet `stdafx` bereits ein. Bei einer manuell erstellten Quellcodedatei muss dieses `include` unbedingt hinzugefügt und als Erstes ausgeführt werden.

```
#include "StdAfx.h"
#include "Becher.h"

using namespace System;

namespace Getraenke {
  Becher::Becher(String^ i, int fa, float fu)
    : inhalt(i), fassungsvermoegen(fa), fuellhoehe(fu) {
  }
}
```

Listing 17.3 Die Quellcodedatei für »Becher«

Ein Objekt der neuen Klasse ist schnell angelegt:

```
Becher^ b = gcnew Becher("Wasser",300, 90);
```

Ein Objekt eines verwalteten Typs wird mit `gcnew` erzeugt und einem Tracking-handle zugewiesen.

17.1.1 Zugriffsrecht auf die Klasse

Unter .NET kann jede Klasse mit einem Zugriffsrecht versehen werden. Mit `public` ist die Klasse überall zugänglich, mit `private` nur innerhalb der eigenen Assembly.

Soll auf die Klasse `Becher` uneingeschränkt zugegriffen werden können, dann muss sie mit `public` versehen werden:

```
public ref class Becher {
  // ...
};
```

Listing 17.4 Die Klasse »Becher« mit öffentlichem Zugriffsrecht

17.2 Die Ausgabe

Die ursprüngliche `Becher`-Klasse besaß eine Methode `ausgabe`. Erstaunlicherweise besitzt die verwaltete Klasse `Becher` bereits ebenfalls die Fähigkeit, ausgegeben zu werden:

```
Becher^ b = gcnew Becher("Wasser",300, 90);
Console::WriteLine(b);
```

Wenn das Ausgegebene vielleicht auch nicht erwartet wurde:

```
Getraenke.Becher
```

Aber wo kommt diese Ausgabe her? Unter .NET besitzen alle Klassen die Klasse Object als Basisklasse, auch wenn nicht explizit von ihr abgeleitet wurde. Object stellt unter anderem eine ToString-Methode bereit, die von Write und Write-Line zur Ausgabe des Objekts verwendet wird. Mit Object als Basisklasse hat Becher die Methode ToString geerbt. Um also eine an die Klasse angepasste Ausgabe zu erhalten, muss die Methode ToString überschrieben[1] werden. Der Übersichtlichkeit wegen wird sie inline definiert:

```
ref class Becher {
  // Hier stehen die Attribute

public:
  Becher(System::String^ i, int fa, float fu);
  System::String^ ToString() {
    return("Becher mit "+inhalt);
  }
};
```

Listing 17.5 Eine erste ToString-Methode

Im direkten Vergleich zur ausgabe-Methode der Ansi C++-Klasse fällt auf, dass die Methode nicht als konstanzwahrend[2] deklariert wurde. Noch eher wird wahrscheinlich auffallen, dass obiger Code nicht compiliert wird.

Der Compiler meckert, dass die ToString-Methode der Becher-Klasse mit der ToString-Methode von Object übereinstimmt, die Methode in Becher aber nicht als virtuell deklariert wurde. Unter .NET reicht es nicht aus, die Basisklassenmethode als virtuell zu deklarieren. Das Schlüsselwort virtual muss auch bei den Subklassenmethoden verwendet werden, weil .NET die Möglichkeit bietet, das virtuelle Verhalten einer Methode in einer Subklasse zu beenden (eben dann, wenn kein virtual mehr angegeben wird).

Ist die Methode dann explizit als virtuell deklariert, beschwert sich der Compiler immer noch, weil bestimmt werden muss, ob die virtuelle Methode der Subklasse die Basisklassenmethode nur überschreibt oder mit ihr eine neue Hierar-

---

1 Abschnitt 11.5, »Methoden überschreiben«
2 Abschnitt 10.6, »Konstanzwahrende Methoden«

chie beginnt. Hier soll die Basisklassenmethode nur überschrieben werden, deshalb wird das Schlüsselwort **override** verwendet:[3]

```
virtual System::String^ ToString() override {
    return("Becher mit "+inhalt);
}
```

Listing 17.6 Die korrekte ToString-Methode

Und jetzt werden die Becher auch über `Write` und `WriteLine` korrekt ausgegeben. Die Methode zeigt auch, dass .NET-Strings wie die Strings der C++-Standardbibliothek[4] mit + verknüpft werden können.

17.3 Eigenschaften

Die `Becher`-Klasse hat ihre Attribute – wie es sich gehört – als privat deklariert. Um diese Attribute zugänglich zu machen, müssen Methoden her, einmal zum Auslesen:

```
System::String^ getInhalt() {
    return(inhalt);
}
```

Listing 17.7 Die getInhalt-Methode

Und weil die Möglichkeit der Umetikettierung in der Lebensmittelindustrie immer wichtiger wird, soll auch eine `set`-Methode hinzugefügt werden:

```
void setInhalt(System::String^ i) {
    inhalt=i;
}
```

Listing 17.8 Die setInhalt-Methode

Wenn nun ein Becher Milch in Kakao umgewandelt und der Inhalt anschließend ausgegeben werden soll, dann sieht das so aus:

```
Becher^ b = gcnew Becher("Milch",200, 100);
b->setInhalt("Kakao");
Console::WriteLine(b->getInhalt());
```

---

3 Genauere Informationen über das Verhalten von Subklassenmethoden erhalten Sie in Kapitel 18, »Vererbung II«.
4 Abschnitt 8.3, »Strings«

Funktioniert alles bestens. Die Methodenaufrufe sind zwar syntaktisch aufwendiger als ein Zugriff auf Attribute, haben aber den Vorteil, Code zur Überprüfung der übergebenen Werte aufnehmen zu können.

Trotzdem ist der Zugriff auf Attribute einfach angenehmer. Diese Meinung ist weit verbreitet und ihr wird unter .NET mit *Eigenschaften* Rechnung getragen.

Eine Eigenschaft ist technisch gesehen eine Funktion, später in der Anwendung wird auf sie aber wie auf ein Attribut zugegriffen.

Definiert wird eine Eigenschaft mit dem Schlüsselwort `property`, gefolgt vom Datentyp und Namen der Eigenschaft. Wenn über die Eigenschaft ein Attribut der Klasse angesprochen werden soll, dann sollte der Datentyp der Eigenschaft mit dem Datentyp des Attributs übereinstimmen:

```
property System::String^ Inhalt {
}
```
Listing 17.9 Definition einer Eigenschaft

Innerhalb des Anweisungsblocks der Eigenschaft werden zwei Funktionen `get` und `set` definiert, mit denen die lesende und beschreibende Fähigkeit der Eigenschaft implementiert wird.

Die `get`-Funktion liefert einen Wert zurück und hat als Rückgabetyp den Datentyp der Eigenschaft:

```
System::String^ get() {
  return(inhalt);
}
```
Listing 17.10 Die get-Funktion der Eigenschaft

Die `set`-Funktion muss dem Attribut einen Wert zuweisen und benötigt dazu einen Funktionsparameter mit dem Datentyp der Eigenschaft:

```
void set(System::String^ i) {
  inhalt=i;
}
```
Listing 17.11 Die set-Funktion der Eigenschaft

In den `get`- und `set`-Funktionen können wie zuvor in den Zugriffsmethoden überprüfende Codeteile integriert werden, die im Fehlerfall eine Ausnahme werfen sollen. Die gesamte Eigenschaft sieht so aus:

```
property System::String^ Inhalt {
  System::String^ get() {
```

```
      return(inhalt);
   }
   void set(System::String^ i) {
     inhalt=i;
   }
}
```

Listing 17.12 Die komplette Eigenschaft

Eine Eigenschaft kann auch nur eine der beiden Funktionen beinhalten. In Abhängigkeit davon, welche Funktion implementiert wurde, ist die Eigenschaft nur lesend oder nur beschreibend.

Abbildung 17.2 fasst die Syntax einer Eigenschaft nochmal zusammen.

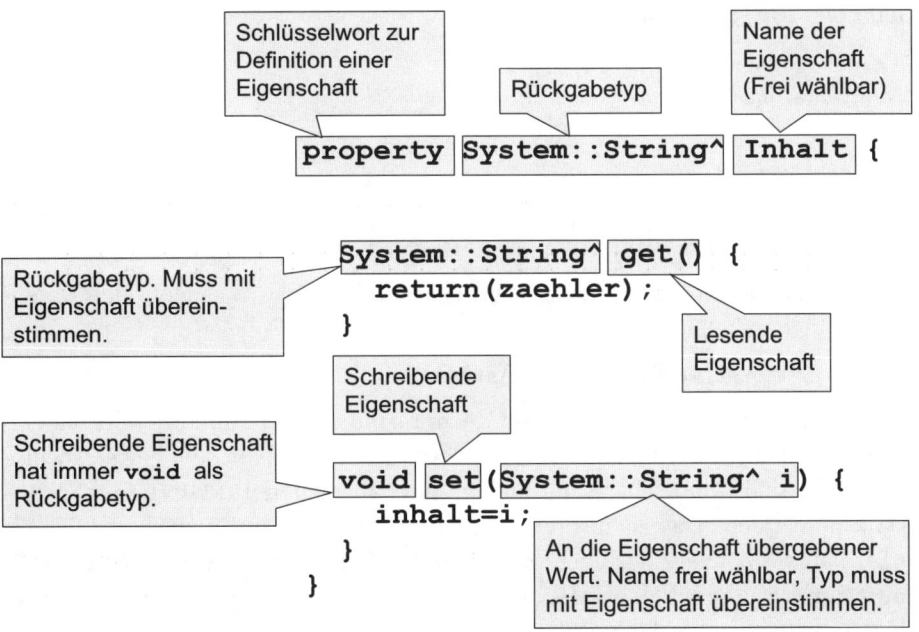

Abbildung 17.2 Die Syntax einer Eigenschaft

Es könnte bei dieser Eigenschaft der Eindruck entstehen, dass eine Forderung des CLS verletzt wird, nämlich, dass sich zwei Bezeichner im selben Bezugsrahmen nicht nur in ihrer Groß-/Kleinschreibung unterscheiden dürfen. Wir haben in der Klasse einmal das Attribut inhalt und die Eigenschaft Inhalt. Allerdings bezieht sich diese Forderung nur auf von außen zugängliche Elemente. Das private Attribut ist für Anwender aber verdeckt und daher nur die Eigenschaft sichtbar und somit überhaupt kein Konflikt vorhanden.

17.3.1 Externe Definition

Die get- und set-Funktionen einer Eigenschaft sind technisch nichts anderes als Methoden und können daher auch extern – also in der Quellcodedatei – definiert werden. Der Anweisungsblock der Eigenschaft enthält dann nur noch die Deklarationen:

```
property System::String^ Inhalt {
  System::String^ get();
  void set(System::String^ i);
}
```

Listing 17.13 Die Deklarationen der Eigenschaftsfunktionen

Bei der Definition muss für jede Funktion angegeben werden, zu welcher Klasse und Eigenschaft sie gehört:

```
String^ Becher::Inhalt::get() {
  return(inhalt);
}

void Becher::Inhalt::set(String^ i) {
  inhalt=i;
}
```

Listing 17.14 Die Definitionen der Eigenschaftsfunktionen

17.3.2 Unterschiedliche Zugriffsrechte

Manchmal ist es wünschenswert, auf die get- und die set-Funktion unterschiedliche Zugriffsrechte zu vergeben. Die lesende Eigenschaft soll beispielsweise öffentlich sein, die schreibende aber nur abgeleiteten Klassen zugänglich gemacht werden. Das ist insofern kein Problem, als dass Zugriffsspezifizierer innerhalb des Anweisungsblocks der Eigenschaft angegeben werden können. Es muss nur darauf geachtet werden, dass innerhalb der Klasse kein weniger restriktives Zugriffsrecht als das auf die Eigenschaft vergeben wird:

```
public:
property System::String^ Inhalt {
  System::String^ get();
protected:
  void set(System::String^ i);
}
```

Listing 17.15 »get« und »set« mit unterschiedlichen Zugriffsrechten

Der obige Code ist korrekt, weil das Zugriffsrecht der Eigenschaft `public` ist und innerhalb der Eigenschaft auf `protected` eingeschränkt wird. Folgender Code wird nicht kompiliert, obwohl von der Logik her das Gleiche formuliert wird:

```
protected:
  property System::String^ Inhalt {
    void set(System::String^ i);
  public:
    System::String^ get();
  }
```

Listing 17.16 Fehlerhafte Aufweichung des Zugriffsrechts

Hier wird innerhalb der Eigenschaft das vor der Eigenschaft deklarierte Zugriffsrecht aufgeweicht. Und das ist nicht erlaubt.

17.3.3 Eigenschaften ohne Attribute

Eigenschaften können nicht nur dazu verwendet werden, Attribute auszulesen und zu beschreiben. Mit ihnen können auch Attribute simuliert werden, die real nicht im Objekt existieren. Zum Beispiel könnte für die Klasse `Becher` eine Eigenschaft definiert werden, die die im `Becher` enthaltene Menge in Millilitern liefert:

```
property float AbsoluteMenge {
  float get() {
    return(fassungsvermoegen*fuellhoehe/100.0F);
  }
}
```

Listing 17.17 Ein simuliertes Attribut

Die obige Eigenschaft besitzt nur eine `get`-Funktion und kann deshalb nicht schreibend verwendet werden. Für den Anwender der Klasse steht nun ein Attribut `AbsoluteMenge` bereit, das in der Speicherstruktur des Objekts keine Entsprechung besitzt. Es ist nur durch Rechenleistung entstanden.

Diese Nur Lese-Eigenschaft ist bei simulierten Attributen häufig anzutreffen, weil die enthaltene Rechnung in ihrer inversen Form nicht immer eindeutig ist oder die Umkehrfunktion einen viel größeren Rechenaufwand erfordert.

Für die obige Eigenschaft wäre eine `set`-Funktion aber nicht schwer:

```
void set(float w) {
  fuellhoehe=w*100.0F/fassungsvermoegen;
}
```

Listing 17.18 Die set-Funktion für »AbsoluteMenge«

17.3.4 Virtuelle und statische Eigenschaften

Eigenschaften dürfen statisch sein, wobei dann alle vorhandenen Funktionen der Eigenschaft statisch sein müssen.

Virtuell dürfen die Eigenschaften auch sein, hier darf allerdings auch nur eine Funktion als virtuell deklariert werden.

17.4 Indexer

In Listing 12.1 wurde die Klasse `IntFeld` vorgestellt, die zu weiteren Anschauungszwecken nun in eine verwaltete Klasse umgewandelt wird:

```
ref class IntFeld {
  array<int>^ feld;

public:
  IntFeld(int g) {
    feld = gcnew array<int>(g);
  }

  void setWert(int pos, int wert) {
    feld[pos]=wert;
  }

  int getWert(int pos) {
    return(feld[pos]);
  }
};
```

Listing 17.19 »IntFeld« als verwaltete Klasse

Auf einen Destruktor kann verzichtet werden, weil die Klasse nur aus verwalteten Elementen besteht, die von der CLR freigegeben werden.

Die Klasse ist aber nur bedingt praxistauglich, weil die implementierte Funktionalität bereits im .NET-Array enthalten ist. Trotzdem ist sie für das folgende Thema ideales Anschauungsmaterial.

Der Zugriff auf die einzelnen Elemente des Feldes läuft wie bei der Vorgängerklasse über die Methoden `getWert` und `setWert`. Es wäre aber sehr schön, wenn die Feldelemente wie gewohnt über einen Indexoperator angesprochen werden könnten.

17.4.1 Eigenschaften-Indexer

Und genau dazu dienen die *Indexer*. Mit ihnen wird der Zugriff über einen Index-operator implementiert. Syntaktisch ist ein Indexer nichts anderes als eine mit einem Indexoperator erweiterte Eigenschaft:

```
property int Feld[int] {
}
```

Listing 17.20 Definition eines Indexers

Die get- und set-Methode benötigen jetzt jeweils einen Parameter mehr, damit ihnen der Index übergeben werden kann:

```
property int Feld[int] {
  int get(int idx) {
    return(feld[idx]);
  }
  void set(int idx, int wert) {
    feld[idx]=wert;
  }
}
```

Listing 17.21 Der vollständige Indexer

Der Bezeichner des Indexes ist im Rahmen der Namensregeln frei wählbar. Der Zugriff auf das Feld kann jetzt bequem über den Indexoperator vorgenommen werden:

```
IntFeld^ f = gcnew IntFeld(20);
f->Feld[10]=88;
Console::WriteLine(f->Feld[10]);
```

Es können beliebig viele Eigenschaften mit Indexern versehen werden.

17.4.2 Klassen-Indexer

Aber irgendwie ist der Zugriff auf die Arrayelemente noch nicht das Gelbe vom Ei, ist man es doch von Arrays gewohnt, in der Form f[] und nicht über ein Klassenelement (f->Feld[]) auf die Elemente zuzugreifen.

Für diesen Spezialfall gibt es die Klassen-Indexer, auch Default-Indexer genannt. Sie sind syntaktisch gleich aufgebaut wie die bisherigen Indexer, nur dass sie **default** heißen müssen:

```
property int default[int] {
  int get(int idx) {
    return(feld[idx]);
```

```
  }
  void set(int idx, int wert) {
    feld[idx]=wert;
  }
}
```

Listing 17.22   Ein Klassen-Indexer

Mit einem Klassen-Indexer kann der Indexoperator direkt auf das Klassenobjekt angewendet werden.

17.4.3   Mehrdimensionale Indexer

Es können auch mehrdimensionale Indexer geschrieben werden. Als kleines Beispiel soll die Klasse Matrix herhalten, die einen zweidimensionalen Klassen-Indexer besitzt:

```
ref class Matrix {
  array<float,2> ^a;
public:
  Matrix(int d1, int d2) {
    a=gcnew array<float,2>(d1,d2);
  }
  property float default[int,int] {
    float get(int i1, int i2) {
      float v=a[i1,i2];
      return(v);
    }
    void set(int i1, int i2, float v) {
      a[i1, i2]=v;
    }
  }
};
```

Listing 17.23   Eine Matrix-Klasse mit zweidimensionalem Indexer

Die mehrdimensionalen Indexer können auch für Eigenschaften-Indexer verwendet werden.

Falls Sie sich wundern, warum in der get-Funktion der aus dem Feld gelesene Wert vor der Rückgabe mit return in einer Variablen zwischengespeichert wird: Der Compiler hat in der aktuellen Version einen Fehler in einer der Optimierungsroutinen. Steht der Ausdruck a[i1,i2] direkt in den Klammern von return, dann stürzt er ab.

17.5   Ressourcenfreigabe

In den meisten Fällen besitzen Attribute verwalteter Klassen ebenfalls verwaltete Typen. Sie werden von der CLR freigegeben, sobald das Objekt nicht länger benötigt wird. Wann genau diese Freigabe erfolgt, ist nicht festgelegt und kann durchaus erst am Ende des Programms geschehen.

Andererseits gibt es Ressourcen, die nur so lange wie notwendig blockiert werden sollten. Dazu können Verbindungen zu Servern gehören oder Dateien mit exklusivem Zugriff, die möglichst schnell wieder anderen Programmen oder Prozessen zugänglich gemacht werden müssen.

Es stellt sich die Frage, wie vom Objekt belegte Ressourcen deterministisch[5] freigegeben werden können, um Engpässe oder Deadlocks zu vermeiden.

17.5.1   Deterministische Freigabe verwalteter Ressourcen

Nehmen wir als Beispiel die Klasse `Datei`, die im Konstruktor eine Datei öffnet,[6] deren Namen ihm übergeben wurde:

```
ref class Datei {
  System::IO::FileStream ^file;
public:
  Datei(System::String ^n) {
    file=gcnew System::IO::FileStream(n,
                     System::IO::FileMode::Open);
  }
};
```
Listing 17.24   Die Klasse »Datei«

Erzeugt wird ein Objekt dieser Klasse auf die bekannte Weise:

```
Datei^ d = gcnew Datei("test.txt");
```

Um das Objekt der Obhut des Garbage Collectors zu übergeben, müssen jegliche Verweise darauf gelöscht werden:

```
d=nullptr;
```

Wenn das Objekt abgebaut wird, geschieht das Gleiche mit seinen Attributen und im Zuge des Abbaus des `FileStream`-Objekts wird auch die Datei geschlos-

---

5   Unter »deterministisch« ist hier »zu einem fest definierten Zeitpunkt« zu verstehen.

6   Auch wenn die Dateiverwaltung erst in Kapitel 20, »Dateiverwaltung«, erklärt wird, soll sie hier verwendet werden, um ein möglichst realistisches Beispiel präsentieren zu können.

sen. Und das kann irgendwann zwischen dem Löschen des Trackinghandles und dem Programmende geschehen.

Was aber, wenn die Datei möglichst schnell geschlossen werden soll? Am besten zu einem festgelegten Zeitpunkt?

Die Lösung besteht im Anlegen eines Destruktors[7]:

```
ref class Datei {
  System::IO::FileStream ^file;
public:
  Datei(System::String ^n) {
    file=gcnew System::IO::FileStream(n,
                      System::IO::FileMode::Open);
  }
  ~Datei() {
    file->Close();
  }
};
```

Listing 17.25 Die Klasse »Datei« mit Destruktor

Die Definition eines Destruktors hat zur Folge, dass er in die Methode Dispose umgewandelt wird und die Klasse automatisch die Schnittstelle IDisposable implementiert.[8]

Die Dispose-Methode wird unter .NET verwendet, wenn Aufräumarbeiten nicht erst dann ausgeführt werden sollen, wenn der Garbage Collector das Objekt abbaut, sondern zu einem gewünschten Zeitpunkt. In anderen .NET-Sprachen muss die Dispose-Methode dazu explizit aufgerufen werden.

In C++ handelt es sich aber um einen Destruktor, und der wird nicht explizit aufgerufen, sondern wie in C++ üblich über den Aufruf von delete:

```
Datei^ d = gcnew Datei("test.txt");
delete(d); // Schließen der Datei
```

Es soll hier noch einmal klar erwähnt werden: Der Aufruf von delete hat nicht wie in ANSI C++ einen Abbau des Objekts zur Folge, sondern den Aufruf der Dispose-Methode. Es ist daher durchaus möglich – wenn vielleicht auch nicht immer sinnvoll –, dass der Destruktor mehrfach aufgerufen wird.

---

7 Destruktoren unter ANSI C++ finden Sie in Abschnitt 12.3, »Destruktoren«.

8 Wie Schnittstellen definiert und implementiert werden, erfahren Sie im Detail in Abschnitt 18.5, »Schnittstellen«.

Wenn die Aufräumarbeiten im Destruktor so gestaltet sind, dass sie nur einmal ausgeführt werden dürfen (z. B. weil nicht verwalteter Speicher freigegeben wird), dann muss die Klasse durch Implementierung eines geeigneten Mechanismus dafür sorgen, dass der Code im Destruktor nur einmal ausgeführt wird:

```
ref class Datei {
  System::IO::FileStream ^file;
  bool disposed;
public:
  Datei(System::String ^n)
    : disposed(false) {
    file=gcnew System::IO::FileStream(n,
                     System::IO::FileMode::Open);
  }
  ~Datei() {
    if(!disposed) {
      file->Close();
      disposed=true;
    }
  }
};
```

Listing 17.26 Schutz des Destruktors gegen mehrmaliges Aufrufen

Das boolesche Attribut `disposed` wird bei der Erzeugung des Objekts auf `false` gesetzt. Der Destruktorcode wird nur ausgeführt, wenn `disposed` den Wert `false` hat. Das ist nur einmal der Fall, weil `disposed` im Destruktor auf `true` gesetzt wird.

17.5.2 Freigabe nicht verwalteter Ressourcen

Auch unter .NET ist es in C++ problemlos möglich, unverwaltete Objekte, z. B. aus der C++-Standardbibliothek, in verwalteten Klassen zu verwenden. Leider weiß der Garbage-Collector nicht, wie unverwaltete Klassenelemente freizugeben sind.

Zur Demonstration wird eine Klasse `StrCon` implementiert, die dynamisch einen unverwalteten String aus `std` reserviert und ihn mit dem Konstruktorargument initialisiert:

```
ref class StrCon {
  std::string *str;
public:
  StrCon(const std::string &s) {
    str=new std::string(s);
```

```
    }
};
```

Listing 17.27   Die Klasse »StrCon«

In der Header-Datei der Klasse darf nicht vergessen werden, die Datei `string` einzubinden.

Es kann nun ein Objekt von `StrCon` angelegt und mit Löschen des Trackinghandles dem Garbage Collector übergeben werden:

```
StrCon^ s = gcnew StrCon("Test");
s=nullptr;
```

Das Objekt wird irgendwann vom Garbage Collector freigegeben. Aber was geschieht mit dem `string`-Objekt? Nichts, es vergammelt im Speicher, bis das Programm beendet wird. Für Programme mit langen Laufzeiten wie Server ein Unding, denn jedes `StrCon`-Objekt erzeugt eine neue `string`-Leiche.

Dass wir den Code zur Freigabe des `string`-Objekts selbst programmieren müssen, ist mittlerweile vermutlich klar. Aber wie bekommen wir den Garbage Collector dazu, unseren Code auszuführen? Das Zauberwort lautet *Finalizer*.

Ein Finalizer ist eine Methode, die vom Garbage Collector vor dem Abbau eines Objekts aufgerufen wird – wenn das Objekt einen Finalizer besitzt. Die Definition eines Finalizers hat in C++ eine besondere, leicht an Destruktoren angelehnte Syntax:

```
ref class StrCon {
  std::string *str;
public:
  StrCon(const std::string &s) {
    str=new std::string(s);
  }
  !StrCon() { // Finalizer
    delete(str);
  }
};
```

Listing 17.28   »StrCon« mit Finalizer

Vor dem Abbau eines `StrCon`-Objekts wird der Garbage Collector nun den Finalizer aufrufen, der das `string`-Objekt freigibt.

17.5.3 Deterministische Freigabe nicht verwalteter Ressourcen

Sollen nicht verwaltete Komponenten deterministisch freigegeben werden, müssen Destruktor und Finalizer kombiniert werden. Im Finalizer ist bereits der Freigabecode enthalten, der Destruktor wird über `delete` aufgerufen, also muss lediglich im Destruktor der Finalizer aufgerufen werden:

```
ref class StrCon {
  std::string *str;
public:
  StrCon(const std::string &s) {
    str=new std::string(s);
  }
  ~StrCon() {
    this->!StrCon(); //this ist zwingend
    System::GC::SuppressFinalize(this);
  }
  !StrCon() { // Finalizer
    delete(str);
  }
};
```

Listing 17.29 »StrCon« mit Finalizer und Destruktor

Im Destruktor wird die statische Methode `SuppressFinalize` für das Objekt aufgerufen, um dem Garbage Collector mitzuteilen, dass für dieses Objekt der Finalizer nicht mehr aufgerufen werden soll. Das ist im aktuellen Fall wichtig, weil der String nicht zweimal freigegeben werden kann.

17.5.4 Zusammenfassung

Die letzten Abschnitte können wie folgt zusammengefasst werden:

▶ Besteht die Klasse nur aus verwalteten Komponenten, dann sind Destruktor und Finalizer nicht notwendig.

▶ Ein Finalizer wird benötigt, wenn die Klasse nicht verwaltete Komponenten freigeben muss.

▶ Ein Destruktor muss eingesetzt werden, wenn die Klasse Komponenten zeitnah freigeben muss.

Für Objekte mit Finalizer muss bei der Freigabe durch den Garbage Collector ein erhöhter Aufwand betrieben werden, deshalb sollte eine Klasse nicht leichtfertig oder pauschal mit einem Finalizer ausgestattet werden.

17.6 Wertklassen

Im Gegensatz zu Verweisklassen werden Wertklassen nicht dynamisch mit gcnew erzeugt und über ein Trackinghandle angesprochen. Als Beispiel soll eine simple Klasse Lng dienen, die einen long-Wert speichern und über ToString ausgeben kann. Bei einer Wertklasse wird anstelle von ref das Schlüsselwort **value** verwendet:

```
value class Lng {
  long l;
public:
  Lng(long lo)
    : l(lo)
  {}
  property long Wert {
    long get() {
      return(l);
    }
    void set(long w) {
      l=w;
    }
  }
  virtual System::String^ ToString() override {
    return(l.ToString());
  }
};
```

Listing 17.30 Die Wertklasse »Lng«

Objekte von Wertklassen werden angelegt und deren Elemente angesprochen, wie es aus ANSI C++ bekannt ist:

```
Lng g(20);
Console::WriteLine(g);
g.Wert=30;
Console::WriteLine(g);
```

Wird ein Wertklassenobjekt einem anderen zugewiesen, dann wird das Zielobjekt mit den Werten des Quellobjekts überschrieben. Es existieren weiterhin zwei Objekte, die nach der Zuweisung nur den gleichen Inhalt besitzen.

Bei Verweisklassen wird bei einer Zuweisung lediglich der Inhalt des Trackinghandles zugewiesen.[9] Nach der Zuweisung zeigen die beiden Trackinghandles auf dasselbe Objekt.

---

9 Vergleichbar mit dem Zuweisen eines Zeigers an einen anderen.

In C++ können von Verweisklassen Wertobjekte und von Wertklassen Verweisobjekte erzeugt werden. .NET trennt die beiden Varianten aber strikt: Ein Objekt einer Wertklasse wird nie an ein Trackinghandle und ein Objekt einer Verweisklasse nie als Kopie übergeben.

Darüber hinaus gibt es bei Wertklassen noch andere Unterschiede:

▶ Sie dürfen keinen Destruktor oder Finalizer besitzen.

▶ Wertklassen dürfen nur von Schnittstellen erben, nicht aber von anderen Wert- oder Verweisklassen.

▶ Wertklassen können nicht als Basisklasse fungieren.

In C++/CLI gilt zusätzlich die Besonderheit, dass Wertklassen keinen Standardkonstruktor[10] besitzen dürfen.

17.7   Operatoren überladen

Einen Operator zu überladen heißt, die Funktionalität des Operators auf eigene Typen zu erweitern.

Nehmen wir als Beispiel den Werttypen Lng aus dem vorangegangenen Abschnitt. Letztlich repräsentiert ein Objekt dieser Klasse lediglich einen long-Wert, weshalb eine Addition solcher Objekte durchaus sinnig ist:

```
Lng a(20), b(30);
Lng c = a + b;
```

Sinnig ist es allemal, aber leider nicht möglich; Der Compiler wird die Addition von a und b nicht kompilieren.

Über die Technik des Überladens von Operatoren können wir dem Compiler mitteilen, wie zum Beispiel der +-Operator auf Objekte des Typs Lng anzuwenden ist. Ein Operator wird überladen, indem die Klasse mit bestimmten statischen Methoden ausgerüstet wird. Tabelle 17.1 zeigt die wichtigsten überladbaren Operatoren.

C++-Operator	Alternative Methode
+ (binär)	Add
+=	Add
=	Asign

Tabelle 17.1   Die wichtigsten überladbaren Operatoren

---

10 Als Standardkonstruktor wird der parameterlose Konstruktor bezeichnet.

C++-Operator	Alternative Methode
& (Binär)	BitwiseAnd
&=	BitwiseAnd
|	BitwiseOr
|=	BitwiseOr
--	Decrement
/	Divide
/=	Divide
==	Equals
^	Xor
^=	Xor
>	Compare
>=	Compare
++	Increment
!=	Compare
<<	LeftShift
<<=	LeftShift
<	Compare
<=	Compare
&&	And
||	Or
%	Mod
%=	Mod
*=	Multiply
* (Binär)	Multiply
~	OnesComplement
>>	RightShift
- (binär)	Subtract
-=	Subtract
- (Unär)	Negate
+ (Unär)	Plus

Tabelle 17.1 Die wichtigsten überladbaren Operatoren (Forts.)

Die für den jeweiligen Operator zu implementierende Methode heißt operator, gefolgt vom tatsächlichen Operator. Für den +-Operator heißt die Methode beispielsweise operator+. Zusätzlich zum Namen des Operators ist immer auch eine alternative Methode angegeben. Um CLS-konform zu sein, muss diese Methode für jeden überladenen Operator implementiert sein, weil nicht jede Sprache (z. B. Visual Basic) das Überladen von Operatoren erlaubt.

Vielleicht ist Ihnen aufgefallen, dass Compare mehrfach als alternative Methode vorkommt. Das hängt damit zusammen, dass das Ergebnis von Compare alle Vergleichsmöglichkeiten abdeckt. Tabelle 17.2 zeigt die Rückgabewerte für die einzelnen Möglichkeiten

Compare(a,b) mit	Ergebnis
a<b	<0
a==b	0
a>b	>0

Tabelle 17.2 Die Rückgabewerte von »Compare«

17.7.1 Operatoren für Werttypen

Im Folgenden wird der Additionsoperator für die Klasse Lng überladen:

```
value class Lng {
  long l;
public:
  Lng(long lo) : l(lo) {}
  property long Wert {
    long get() {return(l);}
    void set(long w) {l=w;}
  }
  virtual System::String^ ToString() override {
    return(l.ToString());
  }

  static Lng Add(Lng a, Lng b) {
    return(Lng(a.l+ b.l));
  }
  static Lng operator+(Lng a, Lng b) {
    return(Add(a,b));
  }
};
```

Listing 17.31 Die Klasse Lng mit überladenem +-Operator

Um Codeverdoppelungen zu vermeiden, sollte die Funktionalität in der alternativen Methode implementiert sein und von der operator-Methode nur noch aufgerufen werden.

17.7.2 Operatoren für Verweistypen

Bei Verweistypen sehen die Methoden etwas anders aus, da anstelle von Werten mit Verweisen gearbeitet und das neue Objekt dynamisch erzeugt werden muss.

Als Beispiel wird die Klasse `Becher` mit einem Additionsoperator versehen. Durch die Addition sollen die Becher bei gleichem Inhalt auf magische Weise zu einem neuen Becher verschmelzen, dessen Fassungsvermögen und Inhalt der Summe der beiden Becher entspricht:

```
ref class Becher {
// Hier steht der Rest der Klasse

  static Becher^ Add(Becher^ x, Becher^ y) {
    if(x->inhalt!=y->inhalt)
      throw gcnew System::Exception("Ungleicher Inhalt");
    Becher^ b = gcnew Becher(x->inhalt, 1,1);
    b->fassungsvermoegen=x->fassungsvermoegen+
                         y->fassungsvermoegen;
    b->fuellhoehe=(x->AbsoluteMenge+y->AbsoluteMenge)*100/
                  b->fassungsvermoegen;
    return(b);
  }

  static Becher^ operator+(Becher^ x, Becher^ y) {
    return(Add(x,y));
  }
};
```

Listing 17.32 Operator + für die Klasse »Becher«

Zuerst wird in der `Add`-Methode geprüft, ob die beiden Becher denselben Inhalt haben. Bedenken Sie, dass der Vergleich der beiden Strings mit != nur deshalb möglich ist, weil die Klasse `String` die Operatoren == und != überladen hat. Eigentlich würden durch diesen Vergleich die Inhalte der Trackinghandles verglichen.

Ausnahmen sind Verweistypen, daher muss das zu werfende Objekt mit `gcnew` erzeugt werden.

Im weiteren Verlauf wird die Summe der Fassungsvermögen gebildet und der prozentuale Inhalt des neuen Bechers berechnet.

Eigentlich wären die berechneten Werte direkt im Konstruktor des neuen Objekts angegeben worden, um gleich ein ordentlich konstruiertes Objekt zu haben. Der Zwischenschritt, zuerst ein Objekt mit unsinnigen Werten zu erstellen, ist hier nur der Übersicht wegen eingeführt worden.

17.7.3 Vergleichsoperatoren

Vergleichsoperatoren werden nach denselben Regeln überladen, die Sie bei dem Additionsoperator kennengelernt haben. Der einzige Unterschied besteht im Rückgabetyp, der hier `bool` ist.

Unter .NET gilt für Vergleichsoperatoren die Regel, dass sie immer symmetrisch überladen werden sollten. Das heißt, bei einem überladenen Gleichheitsoperator auch den Ungleichoperator mit überladen, bei <= auch >= und bei < auch >.

Schauen wir uns die Operatoren == und != für `Lng` an – ohne die umgebende Klasse:

```
static int Compare(Lng a, Lng b) {
  if(a.l<b.l) return(-1);
  if(a.l>b.l) return(1);
  return(0);
}

static bool Equals(Lng a, Lng b) {
  return(a.l==b.l);
}

static bool operator==(Lng a, Lng b) {
  return(Equals(a,b));
}

static bool operator!=(Lng a, Lng b) {
  return(!Equals(a,b));
}
```

Listing 17.33 Vergleichsoperatoren für »Lng«

Die Methode `Equals` hätte auch über einen Aufruf von `Compare` implementiert werden können, ich habe mich aber für die jetzige Lösung entschieden, weil sie performanter ist.

17.7.4 Umwandlungsoperatoren

Eine besondere Form von Operatoren definiert, in welchen anderen Typ der eigene Typ umgewandelt werden kann. Für die Klasse Lng bietet sich beispielsweise eine Umwandlung in long an, weil Lng-Objekte nichts anderes als long-Werte speichern.

Operatoren, die dies ermöglichen, werden *Umwandlungsoperatoren* genannt und sehen so aus:

```
static operator long(Lng ln) {
    return(ln.l);
}
```

Listing 17.34 Ein Umwandlungsoperator von »Lng« nach »long«

Ein Umwandlungsoperator ist immer eine statische Methode der Klasse, deren Typ umgewandelt werden soll. Hinter dem Schlüsselwort operator steht der Typ, in den umgewandelt werden soll. Der Umwandlungsoperator besitzt keinen expliziten Rückgabetyp, weil durch die Aussage, er wandelt in long um, automatisch als Rückgabetyp long feststeht.

Mit diesem Operator kann jetzt ein Lng-Objekt einer long-Variablen zugewiesen werden:

```
Lng lng(50);
long l=lng;
```

Manche Umwandlungen sind zwar in gewisser Hinsicht sinnvoll, aber nicht so intuitiv, dass sie implizit vollzogen werden sollten. Ein für solche Umwandlungen zuständiger Umwandlungsoperator kann dazu als explizit deklariert werden:

```
static explicit operator long(Lng ln) {
    return(ln.l);
}
```

Listing 17.35 Ein expliziter Umwandlungsoperator

Nun kann die Umwandlung nur noch explizit – mit static_cast – durchgeführt werden:

```
Lng lng(50);
long l=static_cast<long>(lng);
```

17.8   Literale

Literale bieten die Möglichkeit, Konstanten auf Klassenebene zu definieren, vergleichbar mit konstanten statischen Attributen.[11] Genau wie konstante statische Attribute werden sie bei der Definition initialisiert, erlauben aber alle elementaren Datentypen:

```
ref class Test {
public:
    literal int i=20;
    literal double d=3.14;
    literal wchar_t c='C';
    literal bool b=false;
};
```
Listing 17.36   Ein Beispiel für Literale

Angesprochen werden sie wie statische Attribute:

```
Console::WriteLine(Test::d);
```

Unter .NET sollten sie den konstanten statischen Attributen vorgezogen werden, weil sie über die Metadaten auch anderen Compilern zur Verfügung stehen.

17.9   Aufzählungen

Aufzählungen sind unter .NET ein weiterer Klassentyp. Sie dienen dazu, eine Gruppe von Konstanten zu kapseln.

Nehmen wir als Beispiel eine Klasse Waschmaschine, die sich gemäß ihres Waschprogramms in verschiedenen Zuständen (Vorwäsche, Hauptwäsche etc.) befinden kann. Der aktuelle Zustand wird dazu höchstwahrscheinlich als Attribut gespeichert. Ein erster, einfacher Ansatz könnte so aussehen:

```
ref class Waschmaschine {
    int zustand;
public:
    Waschmaschine()
        : zustand(0)
    {}
};
```

---

11   Abschnitt 10.8.2

Die Klasse besitzt ein Attribut zustand und einen Konstruktor, der den Zustand mit 0 initialisiert. Und jetzt müssten sich eigentlich zwei Fragen aufdrängen: Warum wird der Zustand gerade mit 0 initialisiert, und was bedeutet 0?

Wir könnten eine Interpretation wagen und mutmaßen, dass sich ein neu erzeugtes Objekt des Typs Waschmaschine zu Beginn wahrscheinlich im ausgeschalteten Zustand befindet und 0 daher wahrscheinlich der Wert für den Zustand »Ausgeschaltet« sein wird.

Diese Form des Erahnens zeichnet keinen guten Programmierstil aus. Eine Möglichkeit der Verbesserung kennen Sie bereits: Konstanten:

```
ref class Waschmaschine {
public:
  literal int Ausgeschaltet=0;
  literal int Vorwaesche=1;
  literal int Hauptwaesche=2;

  Waschmaschine()
    : zustand(Ausgeschaltet)
  {}
  void setZustand(int z) {
    zustand=z;
  }
private:
  int zustand;
};
```

Listing 17.37   Die Klasse »Waschmaschine« mit Konstanten

Die Konstanten werden – weil sie konstant sind – für alle Objekte denselben Wert haben, daher bietet es sich an, sie als statische Elemente zu deklarieren.

Über die Bezeichnung der Konstanten ist direkt klar, in welchem Zustand sich das Objekt befindet, und über setZustand kann der Zustand verändert werden:

```
Waschmaschine^ w=gcnew Waschmaschine;
w->setZustand(Waschmaschine::Vorwaesche);
```

So weit, so gut. Dumm nur, dass auch Folgendes möglich ist:

```
w->setZustand(10);
```

In welchem Zustand befindet sich die Waschmaschine jetzt? Um diese Problematik etwas einzudämmen und die Konstanten stärker zu kapseln, gibt es spezielle Klassen, die nur Konstanten definieren. Dadurch entsteht ein neuer Typ, der zur

Definition des Attributs verwendet werden kann. Diese besonderen Klassen heißen Aufzählungen und werden mit dem Schlüsselwort enum definiert:

```
ref class Waschmaschine {
public:
  enum class Zustand {Ausgeschaltet,
                      Vorwaesche,
                      Hauptwaesche};

  Waschmaschine()
    : zustand(Zustand::Ausgeschaltet)
  {}

  void setZustand(Zustand z) {
    zustand=z;
  }

private:
  Zustand zustand;
};
```

Listing 17.38   Die Klasse »Waschmaschine« mit Aufzählung

Die Konstanten der Aufzählung sind technisch gesehen statische Konstanten und müssen über den Klassennamen angesprochen werden. Das Attribut ist nun vom Typ der Aufzählung und kann nur noch in der Aufzählung definierte Werte aufnehmen. Wenn der Zustand über die Methode setZustand geändert werden soll, müssen ihr Konstanten der Aufzählung übergeben werden:

```
w->setZustand(Waschmaschine::Zustand::Vorwaesche);
```

Damit die Aufzählung außerhalb der Klasse ansprechbar ist, muss sie öffentliches Zugriffsrecht besitzen.[12]

Eine implizite Konvertierung in den Typ Zustand ist nicht möglich, daher lässt sich die folgende Anweisung nicht kompilieren:

```
w->setZustand(10); // FEHLER!
```

Die Holzhammermethode funktioniert natürlich immer:

```
w->setZustand(static_cast<Waschmaschine::Zustand>(10));
```

Aber das ist Vorsatz, und der wird von keiner Versicherung abgedeckt.

---

12 Aufzählungsklassen können auch eigenständig in einem Namenbereich stehen und müssen nicht zwangsläufig als Unterklasse implementiert werden.

Die Werte der Aufzählungskonstanten beginnen bei 0 und werden jeweils um eins erhöht. Es können aber auch explizit Werte zugewiesen werden:

```
enum class Buchstaben {A=8,
                       B=3,
                       C,
                       d=-5};
```

Im obigen Beispiel hat C den Wert 4, weil die vorhergehende Konstante den Wert 3 besitzt.

17.9.1 Explizite Typangabe

Ohne besondere Vorkehrungen sind die Datentypen der Aufzählungskonstanten int. Manchmal sollen aber Attribute eines Aufzählungstyps abgespeichert werden und können dadurch an einen bestimmten Datentyp gebunden sein. Auch aus ökonomischer Sicht ist es beispielsweise nicht sinnvoll, bei der Waschmaschine ein 4 Byte großes Attribut zu besitzen, dessen Wertebereich mit dem 1 Byte großen Typ Byte auch hätte abgedeckt werden können.

Deshalb kann hinter dem Namen der Aufzählung der gewünschte Typ, durch Doppelpunkt getrennt, angegeben werden:

```
enum class Zustand : System::Byte {Ausgeschaltet,
                                   Vorwaesche,
                                   Hauptwaesche};
```

Natürlich sollten explizit angegebene Werte im Bereich des verwendeten Typs liegen.

17.9.2 Flags

Stellen Sie sich folgende Problematik vor: Sie möchten einen Datentyp besitzen, der den aktuellen Zustand eines einfachen Joysticks repräsentiert. Im Gegensatz zu einer Waschmaschine, die sich immer exakt in einem Zustand befindet, können bei einem Joystick mehrere Zustände gleichzeitig eintreten, denn jemand kann den Hebel nach oben rechts bewegen und dabei den Feuerknopf gedrückt halten.

Wie aber können diese in Kombination auftretenden Zustände mit einem Attribut abgedeckt werden?

Der Trick ist simpel: Jeder Wert ist nichts anderes als eine Folge von Bits. Jedes dieser Bits kann den Wert 0 oder 1 besitzen. Mit diesen beiden Werten kann ein einzelnens Bit eine ja-/nein-, an-/aus-, gedrückt-/nicht gedrückt-, etc -Aussage speichern, je nach Interpretation. Der Datentyp `Byte` besteht aus 8 Bit, die jedes für sich 0 oder 1 sein können. Wenn wir die Bits einzeln ansprechen, dann haben wir mit diesem Byte acht einzelne, voneinander unabhängige Möglichkeiten, einen ja-nein-Zustand zu speichern.

Genau wie im Dezimalsystem die Ziffer einer Zahl für eine Zehnerpotenz steht (365 ist nicht anderes als $3*10^2 + 6*10^1 + 5*10^0$, also $3*100 + 6*10 + 5*1$), so steht jedes Bit für eine Zweierpotenz (der binäre Wert 1011 entspricht $1*2^3 + 0*2^2 + 1*2^1 + 1*2^0$, also $1*8 + 0*4 + 1*2 + 1*1$). Die 8 Bit eines Bytes haben damit die Wertigkeit von 2^0 bis 2^7, also 1, 2, 4, 8, 16, 32, 64 und 128. Bei einem Wert von 49 wissen wir, dass die Bits 0, 4 und 5 gesetzt sind, weil 49 aus der Summe der Zweierpotenzen $2^0 + 2^4 + 2^5$, also $1 + 16 + 32$ besteht.

Die Bits eines Werts, die eine eigenständige Bedeutung haben, nennt man Flag, auf Deutsch soviel wie Flagge (Eine Flagge ist gehisst oder nicht).

Der erste Schritt, das ursprüngliche Problem mit dem Joystick zu lösen, liegt in Konstanten, die jede für sich dem Wert eines Bits entsprechen:

```
enum class Controls : System::Byte {Fire=1, Up=2, Down=4,
                                     Left=8, Right=16};
```

Doch wie können die einzelnen Flags verknüpft werden? Als erster Gedanke bietet sich die Addition an, denn in den obigen Rechenbeispielen wurden die Bitwerte auch aufaddiert.

An dieser Stelle soll aber Gebrauch von den bitweisen Operatoren gemacht werden. Die logischen Operatoren kennen Sie bereits aus Abschnitt 4.5, »Logische Operatoren«. Die bitweisen Operatoren funktionieren ähnlich, nur dass die logische Operation auf Bitebene ausgeführt wird. Tabelle 17.3 listet die bitweisen Operatoren auf.

Operator	Bedeutung
&	bitweises Und
|	bitweises inklusives Oder
^	bitweises exklusives Oder
~	bitweise Negation

Tabelle 17.3 Die bitweisen Operatoren

Werden beispielsweise zwei Werte bitweise Und-verknüpft, dann hat das Ergebnis nur dort Bits mit dem Wert 1, wo beide Operanden eine 1 haben. 6&13 ergibt damit 4, weil nur Bit2 bei beiden Werten gesetzt ist.

Bei der bitweisen inklusiven Oder-Verknüpfung reicht es aus, wenn das Bit mindestens in einem der beiden Operanden gesetzt ist, damit es im Ergebnis ebenfalls gesetzt ist. Diese Verknüpfung ist damit wie geschaffen, um zwei Flags zu verknüpfen:

```
Controls a=Controls::Fire;
Controls b=Controls::Down;
Controls c=a|b;
Console::WriteLine(c);
```

Für c wird nach der Zuweisung der Wert 5 ausgegeben, weil die Bits der Operanden beide im Ergebnis gesetzt sind.

Um dem Compiler mitzuteilen, dass es sich bei der Aufzählung um Flags handelt, kann davor ein .NET-Attribut[13] gesetzt werden:

```
[System::Flags]
enum class Controls : System::Byte {Fire=1, Up=2, Down=4,
                                    Left=8, Right=16};
```

Das Attribut hat zur Folge, dass nun bei der Ausgabe eines Objekts vom Typ Controls die einzelnen Flagnamen ausgegeben werden.

Wenn im Nachhinein in Erfahrung gebracht werden soll, welche Flags in c gesetzt sind, dann muss jedes einzelne Flag mit einer bitweisen Und-Verknüpfung geprüft werden. Ein Objekt vom Typ Controls kann nicht ohne explizite Umwandlung mit einem int verglichen werden, daher wird die Aufzählung um den Wert für »gar nichts gedrückt« erweitert:

```
[System::Flags]
enum class Controls : System::Byte {None=0, Fire=1, Up=2,
                                    Down=4, Left=8,
                                    Right=16};
```

Jetzt kann der Vergleich formuliert werden:

```
if((c&Controls::Fire)!=Controls::None)
  Console::WriteLine("Feuer gedrückt");
```

Da Fire nur ein Bit gesetzt hat, kann die Und-Verknüpfung nur dann einen Wert ungleich Null ergeben, wenn dieses Bit auch in c gesetzt ist (Bei der Und-Verknüpfung ist ein Bit im Ergebnis nur dann gesetzt, wenn das Bit in beiden Operanden gesetzt ist).

---

13 Die in eckigen Klammern stehenden .NET-Attribute dürfen nicht mit den Attributen innerhalb der Klassen verwechselt werden.

17.10 Zusammenfassung

In diesem Kapitel ging es hauptsächlich um das Erstellen von Klassen unter .NET.

Unter .NET muss zwischen Verweisklassen und Wertklassen unterschieden werden. Das Schlüsselwort zur Definition von Verweisklassen lautet `ref`, das für Wertklassen `value`. Objekte von Wertklassen werden dynamisch mit `gcnew` erzeugt, die Objekte von Verweisklassen statisch.

Zusätzlich zu den Attributen und Methoden kommen in .NET noch die mit `property` definierten Eigenschaften hinzu, die technisch als Methoden implementiert sind, sich im Gebrauch jedoch wie Attribute verhalten.

Eine Sonderform der Eigenschaften sind die Indexer, mit denen für eine Eigenschaft der Indexoperator implementiert wird, beziehungsweise der Defaultindexer namens `default`, der den Indexoperator für das Klassenobjekt definiert.

Wichtig unter .NET ist die zeitnahe Freigabe von Ressourcen, die in C++ über den Destruktor abgehandelt wird. Für die Freigabe nicht verwalteter Ressourcen muss ein Finalizer implementiert werden.

Unter .NET können sowohl für die Verweisklassen als auch für die Wertklassen Operatoren überladen werden. Damit lässt sich die Anwendung der von der Sprache bereitgestellten Operatoren auf eigene Typen ausweiten.

Ein weiterer Klassentyp sind die Aufzählungen, die nur aus Konstanten bestehen. Mit den Aufzählungen ist es möglich, für Konstanten einen eigenen Datentyp zu schaffen.

17.11 Übungen

Üben Sie ein wenig die Definition von Klassen, indem Sie bereits in früheren Übungen implementierte Klassen nun nochmals unter .NET programmieren.

Wer weinende Erben hinterlassen will,
darf keine Lebensversicherung abschließen.
– Marcel Pagnol

18 Vererbung II

Vererbung war bereits Thema in Kapitel 11. An dieser Stelle soll lediglich besprochen werden, wie sich unter .NET die Vererbung syntaktisch verändert und in ihren Möglichkeiten erweitert hat.

Zur Demonstration sollen einfache, aber sinnlose Klassen herhalten, bei denen der Fokus auf das programmtechnische Verhalten gelegt werden kann. Begonnen wird mit der Klasse Basis, die später die Rolle der Basisklasse übernehmen soll:

```
ref class Basis {
  int basis;
public:
  Basis(int i)
    : basis(i)
  {}
  property int Wert {
    int get() {
      return(basis);
    }
    void set(int i) {
      basis=i;
    }
  }
  void ausgabe() {
    System::Console::WriteLine("Basis:"+basis);
  }
};
```

Listing 18.1 Die Klasse Basis

Sie besitzt als Attribut einen int-Wert, der über den Konstruktor initialisiert wird. Für den Zugriff steht eine Eigenschaft Wert und die Methode ausgabe zur Verfügung. Sie wissen bereits, wie eigene Klassen mit der Console-Klasse ausgegeben werden können[1], um aber nicht bereits eine geerbte Methode überschreiben zu müssen (denn jede verwaltete Klasse hat `Object` als Basisklasse und erbt damit die `ToString`-Methode), wird zu Anschauungszwecken eine eigene Ausgabemethode implementiert. Ein Objekt von `Basis` ist schnell angelegt und die Methoden ausgetestet:

```
Basis^ b=gcnew Basis(20);
b->ausgabe();
Console::WriteLine(b->Wert);
```

Nun folgt eine von `Basis` abgeleitete Klasse mit dem passenden Namen `Abgeleitet`. Sie definiert eine eigene `ausgabe`-Methode und eine neue Eigenschaft Wert:

```
ref class Abgeleitet : Basis {
  int ab;
public:
  Abgeleitet(int i, int a)
    : Basis(i), ab(a)
  {}
  property int Wert {
    int get() {
      return(ab);
    }
    void set(int i) {
      ab=i;
    }
  }
  void ausgabe() {
    System::Console::WriteLine("Abgeleitet:"+ab);
  }
};
```

Listing 18.2 Die Klasse »Abgeleitet«

Ein Unterschied zu ANSI C++ tritt bereits zutage: Weil es unter .NET nur öffentliche Vererbung gibt, kann auf das Schlüsselwort `public` vor der Basisklasse verzichtet werden.

Auch von der abgeleiteten Klasse ist ein Objekt problemlos erstellt:

```
Abgeleitet^ a=gcnew Abgeleitet(20,30);
a->ausgabe();
Console::WriteLine(a->Wert);
```

Als Nächstes soll über einen Basisklassenzeiger zugegriffen werden:

---

1 Abschnitt 17.2, »Ausgabe«

```
b=a;
b->ausgabe();
Console::WriteLine(b->Wert);
```

Über den Basisklassenzeiger verhält sich das `Abgeleitet`-Objekt wie ein `Basis`-Objekt. Mit den grundlegenden Vererbungsmechanismen bereits vertraut, erkennen Sie die Ursache. Die Methoden der Basisklasse sind nicht virtuell.

Basisklassen sollten die potenziell für Überschreiben infrage kommenden Methoden immer als virtuell deklarieren. Das folgende Listing zeigt die Änderungen in komprimierter Darstellung:

```
ref class Basis {
  int basis;
public:
  Basis(int i) : basis(i) {}
  property int Wert {
    virtual int get() {return(basis);}
    virtual void set(int i) {basis=i;}
  }
  virtual void ausgabe() {
    System::Console::WriteLine("Basis:"+basis);
  }
};
```

Listing 18.3 Die Klasse »Basis« mit virtuellen Funktionen

Der Compiler wird sich nun beschweren, dass die Methoden der abgeleiteten Klasse keine Kennzeichnung haben, ob es sich um eine überschreibende oder eine neue Methode handelt. Um das gewünschte Verhalten zu erreichen, müssen die Methoden der Basisklasse überschrieben und die Methoden der abgeleiteten Klasse daher mit `override` versehen werden. Zusätzlich muss die Subklasse ihre Methoden explizit als virtuell deklarieren:

```
ref class Abgeleitet : Basis {
  int ab;
public:
  Abgeleitet(int i, int a) : Basis(i), ab(a) {}
  property int Wert {
    virtual int get() override {return(ab);}
    virtual void set(int i) override {ab=i;}
  }
  virtual void ausgabe() override {
    System::Console::WriteLine("Abgeleitet:"+ab);
  }
};
```

Listing 18.4 Die Klasse »Abgeleitet« mit virtuellen Methoden

18.1 override vs. new

Um den Unterschied zwischen override und new zu erklären, soll folgende Klassenhierarchie aus vier Klassen herhalten, die allesamt eine Methode Print besitzen, mit der ausgegeben wird, um welche Klasse es sich handelt. Die Methoden sind virtuell und überschreiben jeweils die Methode der Basisklasse, damit bei Aufrufen über Basisklassenzeiger die korrekte Methode aufgerufen wird:

```
ref class A {
public:
  virtual void Print() {Console::WriteLine("A");}
};
ref class B : public A {
public:
  virtual void Print() override {Console::WriteLine("B");}
};
ref class C : public B {
public:
  virtual void Print() override {Console::WriteLine("C");}
};
ref class D : public C {
public:
  virtual void Print() override {Console::WriteLine("D");}
};
```

Listing 18.5 Eine Klassenhierarchie

Nun werden zwei D-Objekte erzeugt und unterschiedlichen Basisklassenzeigern zugewiesen. Die Ergebnisse der Methodenaufrufe sind wie erwartet:

```
A ^a=gcnew D;
C ^c=gcnew D;
a->Print();   // Ausgabe D
c->Print();   // Ausgabe D
```

Jetzt wird die Methode in der Klasse C mit **new** deklariert:

```
ref class C : public B {
public:
  virtual void Print() new {Console::WriteLine("C");}
};
```

Durch new beginnt für die Methode Print in Klasse C eine neue Klassenhierarchie. Die dynamische Typprüfung endet für Print daher vor C, also bei Klasse B, beziehungsweise beginnt bei C neu.

Oder anders ausgedrückt: Die Methode `Print` der Klasse `B` wird in Klasse `C` nicht überschrieben, sondern die Methode `Print` in `C` ist eine komplett neue Methode.

Wenn über ein Trackinghandle des Typs `A` oder `B` jetzt die `Print`-Methode eines Typs `D` aufgerufen wird, dann wird die Print-Methode von `B` ausgeführt, da ab `C` eine neue Hierarchie beginnt. Für alle Zeiger ab Klasse `C` bleibt das Verhalten gleich:

```
A ^a=gcnew D;
C ^c=gcnew D;
a->Print();    // Ausgabe B
c->Print();    // Ausgabe D
```

Diese Eigenschaft wird zugegebenermaßen weitaus seltener eingesetzt als `override`.

18.2 Abstrakte Methoden und Klassen

Beim Klassendesign kommt es häufiger vor, dass eine Basisklasse bereits eine gewisse Funktionalität zur Verfügung stellt, zur korrekten Ausführung dieser Funktionalität aber Informationen notwendig sind, die erst in den Subklassen bereitgestellt werden.

Nehmen wir die Klasse `Mitarbeiter`. Sie kann eine Methode `getMonatsgehalt` bereitstellen, die aus dem Jahresgehalt das durchschnittliche Monatsgehalt ermittelt. Wie das Jahresgehalt ausfällt, entscheidet sich aber erst in der Subklasse, weil ein einfacher Angestellter höchstwahrscheinlich eine andere Gehaltstruktur haben wird als ein Abteilungsleiter. Werfen wir einen Blick auf einen ersten Entwurf der Klasse `Mitarbeiter`:

```
ref class Mitarbeiter {
public:
  float getMonatsgehalt() {
    return(getJahresGehalt()/12);
  }
};
```

Die Klasse wird sich so noch nicht kompilieren lassen, weil der Compiler nicht weiß, wo die Methode `getJahresgehalt` zu finden ist. Sie muss in der Klasse verfügbar gemacht werden, aber in den Subklassen durch eine spezialisiertere Variante ersetzt werden können. Die Wahl fällt daher auf eine virtuelle Methode.

Die Methode kann in `Mitarbeiter` aber keinen sinnvollen Rückgabewert liefern, also muss es eine bereits besprochene rein virtuelle Methode[2] werden, die auch

---

2 Abschnitt 11.10.1

abstrakte Methode genannt wird. Unter .NET kann zwar auch die aus ANSI C++ bekannte Schreibweise =0 verwendet werden, passender ist aber das Schlüsselwort **abstract**.

Eine Klasse mit abstrakten Methoden wird automatisch ebenfalls abstrakt, das heißt, von ihr können keine Objekte erzeugt werden. Das macht im Falle der Klasse Mitarbeiter auch Sinn, denn ihr fehlt schließlich eine funktionsfähige Methode getJahresgehalt. Obwohl die Klasse durch die abstrakte Methode schon abstrakt ist, muss sie unter .NET explizit als abstrakt deklariert werden:

```
ref class Mitarbeiter abstract {
public:
  float getMonatsgehalt() {
    return(getJahresgehalt()/12);
  }

  virtual float getJahresgehalt() abstract;
};
```
Listing 18.6   Die Klasse »Mitarbeiter«

Eine von einer abstrakten Basisklasse abgeleitete Subklasse erbt die abstrakte Methode und ist zunächst auch abstrakt. Erst, wenn alle abstrakten Methoden überschrieben wurden, wird die Klasse konkret und kann instanziiert werden.

Unter .NET ist es auch möglich, eine Klasse ohne abstrakte Methoden als abstrakt zu deklarieren. Eine davon abgeleitete Klasse ist automatisch konkret (weil sie keine abstrakten Methoden geerbt hat).

Doch zurück zu unserer Firmenhierarchie. Um eine konkrete Klasse zu erhalten, soll die Klasse Abteilungsleiter abgeleitet werden, die ein Jahresgehalt und Weihnachtsgeld erhält:

```
ref class Abteilungsleiter : Mitarbeiter {
  float jahresgehalt;
  float weihnachtsgeld;
public:
  Abteilungsleiter(float jg, float wg)
    : jahresgehalt(jg), weihnachtsgeld(wg)
  {}
  virtual float getJahresgehalt() override {
    return(jahresgehalt+weihnachtsgeld);
  }
};
```
Listing 18.7   Die Klasse »Abteilungsleiter«

Von dieser Klasse kann ein Objekt erzeugt und die geerbte Methode `getMonats-`
`gehalt` aufgerufen werden:

```
Abteilungsleiter^ p=gcnew Abteilungsleiter(4000,2000);
Console::WriteLine(p->getMonatsgehalt());
```

18.3   Versiegelte Methoden

Eine Methode ist versiegelt, wenn sie nicht mehr überschrieben werden kann.

Falls Sie zu dem Schluss kommen sollten, die Methode `getJahresgehalt` in
`Abteilungsleiter` sei der Weisheit letzter Schluss und einfach undenkbar, dass
jemand eine noch bessere oder sinnvollere Methode implementieren könnte,
dann deklarieren Sie die Methode als `sealed`:

```
ref class Abteilungsleiter : Mitarbeiter {
  float jahresgehalt;
  float weihnachtsgeld;
public:
  Abteilungsleiter(float jg, float wg)
    : jahresgehalt(jg), weihnachtsgeld(wg)
  {}
  virtual float getJahresgehalt() override sealed {
    return(jahresgehalt+weihnachtsgeld);
  }
};
```

Listing 18.8   Eine versiegelte Methode in »Abteilungsleiter«

Nur virtuelle Methoden können versiegelt werden.

18.4   Versiegelte Klassen

Es ist aber auch möglich, eine komplette Klasse zu versiegeln. Von dieser Klasse
kann dann nicht mehr abgeleitet werden.

In der darzustellenden Firmenhierarchie gibt es vielleicht keine Erweiterung
mehr von `Abteilungsleiter` und Sie wollen eventuellen Versuchen, doch noch
eine Subklasse zu erstellen, im Vorfeld bereits eine Abfuhr erteilen, dann deklarieren Sie einfach die Klasse als `sealed`:

```
ref class Abteilungsleiter sealed : Mitarbeiter {
  float jahresgehalt;
```

```
    float weihnachtsgeld;
public:
    Abteilungsleiter(float jg, float wg)
      : jahresgehalt(jg), weihnachtsgeld(wg)
    {}
    virtual float getJahresgehalt() override sealed {
      return(jahresgehalt+weihnachtsgeld);
    }
};
```

Listing 18.9 Die versiegelte Klasse »Abteilungsleiter«

Das `sealed` bei der Methode `getJahresgehalt` könnte theoretisch eingespart werden, denn wenn von einer Klasse nicht mehr abgeleitet werden kann, dann ist auch das Überschreiben einer ihrer Methoden nicht mehr möglich.

Die beiden Klassen funktionieren einwandfrei, sind aber nicht gerade .NET-mäßig programmiert. Unter .NET sollten die Zugriffsmethoden durch Eigenschaften ersetzt werden:

```
ref class Mitarbeiter abstract {
public:
  property float Monatsgehalt {
    float get() {
      return(Jahresgehalt/12);
    }
  }
  property float Jahresgehalt {
    virtual float get() abstract;
  }
};


ref class Abteilungsleiter sealed : Mitarbeiter {
  float jahresgehalt;
  float weihnachtsgeld;
public:
  Abteilungsleiter(float jg, float wg)
    : jahresgehalt(jg), weihnachtsgeld(wg)
  {}
  property float Jahresgehalt {
    virtual float get() override sealed {
      return(jahresgehalt+weihnachtsgeld);
    }
  }
};
```

Listing 18.10 »Mitarbeiter« und »Abteilungsleiter« mit Eigenschaften

Die get- und set-Funktionen der Eigenschaften können ebenso virtuell, abstrakt oder versiegelt sein wie normale Methoden. Wichtig ist nur, dass sich die Deklarationen auf die einzelnen Funktionen der Eigenschaft beziehen, nicht auf die gesamte Eigenschaft. Eine Eigenschaft könnte theoretisch eine abstrakt-virtuelle get-Funktion und eine versiegelte set-Funktion besitzen.

18.5 Schnittstellen

In Abschnitt 11.10, »Schnittstellen«, wurde das Grundprinzip von Schnittstellen bereits besprochen. Hier soll die Definition einer Schnittstelle unter .NET behandelt werden. Schnittstellen kommen immer dann zum Einsatz, wenn an eine Subklasse gestellte Anforderungen von der Basisklasse nicht geleistet werden können oder sollen. Gewissermaßen war das auch Thema des vorangegangenen Abschnitts, denn die Klasse Mitarbeiter hat von ihren Subklassen eine Eigenschaft Jahresgehalt gefordert.

In ANSI C++ ist eine Schnittstelle nichts anderes als eine Klasse, die nur aus rein virtuellen Methoden besteht. Unter .NET existiert ein eigenes Konstrukt, dass mit dem Schlüsselwort interface eingeleitet wird. Im Folgenden wird eine Schnittstelle IAusgebbar definiert, die eine Methode ausgeben fordert:

```
interface class IAusgebbar {
  void ausgeben();
};
```

Listing 18.11 Definition einer Schnittstelle

Eine Klasse, die von der Schnittstelle ableitet – im Zusammenhang mit Schnittstellen wird die Formulierung »Eine Klasse implementiert eine Schnittstelle« verwendet – ist abstrakt, bis sie die von der Schnittstelle geforderten Methoden implementiert. Die in der Schnittstelle deklarierten Methoden entsprechen in ihrem Verhalten einer abstrakten Methode.

Syntaktisch gibt es zu Klassen und deren Methoden aber einige Besonderheiten:

► Die Methoden einer Schnittstelle sind automatisch öffentlich, eine Angabe von public ist nicht notwendig. Das ist logisch, denn nur eine öffentliche Methode ist überschreibbar und von außen zugänglich.

► Um eine Methode sinnvoll überschreiben bzw. implementieren zu können, muss sie virtuell sein. Eine Methode ohne Definition ist darüber hinaus auch noch abstrakt. Aus diesem Grund ist eine Schnittstellenmethode immer virtuell und abstrakt, ohne dass die entsprechenden Schlüsselwörter angegeben werden müssen.

▶ Schnittstellen dürfen Deklarationen von Methoden, Eigenschaften und deren Funktionen sowie Ereignissen[3] enthalten.

▶ Eine Schnittstelle darf keine Definitionen – also Anweisungsblöcke – für Methoden, Eigenschaftsfunktionen oder Ereignisse besitzen.

▶ Die Definition von statischen Elementen (Attribute, Eigenschaften, Methoden, Ereignisse) ist allerdings erlaubt.

▶ Von einer Schnittstelle können Wert- und Verweisklassen sowie andere Schnittstellen abgeleitet werden.

▶ Die implementierende Methode der Subklasse darf kein Schlüsselwort `override` besitzen, da die Schnittstellenmethode nicht überschrieben, sondern implementiert wird.

Die Klasse `Ganzzahl` implementiert die Schnittstelle `IAusgebbar`:

```
ref class Ganzzahl : IAusgebbar {
  int zahl;
public:
  Ganzzahl(int i)
    :zahl(i)
  {}
  virtual void ausgeben() {
    System::Console::WriteLine(zahl);
  }
};
```

Listing 18.12 Die Klasse »Ganzzahl«

Wie oben erwähnt, ist die implementierte Methode virtuell, besitzt aber kein `override`.

18.5.1 Schnittstellen und Mehrfachvererbung

.NET unterstützt zwar keine Mehrfachvererbung, aber eine Klasse kann mehrere Schnittstellen implementieren. In den meisten Fällen lässt sich ein auf Mehrfachvererbung basierendes Klassendesign auf die Mehrfachimplementierung von Schnittstellen reduzieren, von daher treten die Vorteile einer echten Mehrfachvererbung gegenüber der damit einhergehenden Nachteile und Schwierigkeiten in den Hintergrund.

Zur Demonstration soll das obige Beispiel um eine Schnittstelle `IGanzzahlig` ergänzt werden, die `Ganzzahl` dann ebenfalls implementiert. Für Abwechslung sorgt der Einsatz einer Eigenschaft anstelle einer Methode:

---

3 Eigenschaften sind Thema von Abschnitt 21.2, »Ereignisse«.

```
interface class IGanzzahlig {
  property int Zahl {
    int get();
  }
};
```

Listing 18.13 Die Schnittstelle »IGanzzahlig«

Es folgt die Implementierung in der Klasse:

```
ref class Ganzzahl : IAusgebbar, IGanzzahlig {
  int zahl;
public:
  Ganzzahl(int i)
    :zahl(i)
  {}
  virtual void ausgeben() {
    System::Console::WriteLine(zahl);
  }
  property int Zahl {
    virtual int get() {
      return(zahl);
    }
  }
};
```

Listing 18.14 Mehrfachimplementierung bei »Ganzzahl«

Die zu implementierenden Schnittstellen werden einfach durch Komma getrennt im Klassenkopf aufgeführt.

18.5.2 Identische Methoden

Wenn es möglich ist, in einer Klasse mehrere Schnittstellen zu implementieren, dann kann es theoretisch auch passieren, dass zwei Schnittstellen zwei Methoden mit demselben Namen und derselben Signatur vorgeben:

```
interface class A {
  void ausgabe();
};

interface class B {
  void ausgabe();
};
```

Listing 18.15 Zwei Schnittstellen mit derselben Methode

Wenn diese beiden Methoden dieselbe Bestimmung haben – es also ausreicht, für beide Methoden eine Implementierung zu besitzen – unterscheidet sich der Mechanismus nicht von dem bisher angewandten:

```
ref class C : A, B {
public:
  virtual void ausgabe() {
    Console::WriteLine("Ausgabe");
  }
};
```

Listing 18.16   Gemeinsame Implementierung

Unerheblich, über welche Schnittstelle die Methode ausgerufen wird, das Ergebnis ist dasselbe:

```
C^ c=gcnew C;
A^ a=c;
B^ b=c;
a->ausgabe();
b->ausgabe();
```

Es ist aber durchaus möglich, dass die Methoden der beiden Schnittstellen, obwohl gleichen Namens, eine unterschiedliche Implementierung benötigen. Dazu ist eine spezielle Syntax notwendig, weil es keine zwei Methoden im selben Gültigkeitsbereich mit gleichem Namen und Signatur geben kann:

```
ref class C : A, B {
public:
  virtual void ausgabea() = A::ausgabe {
    Console::WriteLine("A");
  }
  virtual void ausgabeb() = B::ausgabe {
    Console::WriteLine("B");
  }
};
```

Listing 18.17   Individuelle Implementierung

Die Namen der Methoden in der implementierenden Klasse (hier `ausgabea` und `ausgabeb`) sind beliebig wählbar. Der Aufruf über die Schnittstellentypen bleibt gleich:

```
C^ c=gcnew C;
A^ a=c;
B^ b=c;
```

```
a->ausgabe();
b->ausgabe();
```

Müssen die Methoden über C aufgerufen werden, dann ist der neue Name zu verwenden:

```
c->ausgabea();
c->ausgabeb();
```

18.6 Zusammenfassung

In diesem Kapitel wurde die .NET-Vererbung unter die Lupe genommen.

Das Überschreiben von virtuellen Methoden muss mit dem Schlüsselwort override kenntlich gemacht werden. Zusätzlich gibt es mit new die Möglichkeit, eine geerbte Methode nicht zu überschreiben, sondern eine neue Hierarchie für diese Methode zu beginnen.

Schnittstellen werden unter .NET durch eine eigene Konstruktion (interface) unterstützt. Die in einer Schnittstelle deklarierten Methoden sind automatisch öffentlich und abstrakt.

Deutsch ist eine seltsame Sprache. Wenn es ernst wird, sagen die Leute:
»Das kann ja heiter werden.«
– Unbekannter Verfasser

19 Strings & StringBuilder

Mit Strings haben wir eigentlich schon in den bisherigen .NET-Kapiteln gearbeitet, hier wird das Wissen vertieft und zusätzlich die Klasse `StringBuilder` vorgestellt, die effizient Änderungen an einem String erlaubt. Dazu muss aber zunächst auf das Phänomen eingegangen werden, warum beispielsweise bei der Ausgabe von Fließkommazahlen das in Deutschland übliche Komma und nicht der amerikanische Punkt erscheint.

Dieses Kapitel muss nicht unbedingt komplett durchgearbeitet werden. Je nach Geschmack können Sie auch lediglich bei Bedarf die notwendigen Methoden nachschlagen.

19.1 CultureInfo

Heutzutage wird Software international vermarktet und auf allen Erdteilen eingesetzt. Einmal abgesehen von der offensichtlichsten Problematik der unterschiedlichen Sprachen und Nationalitäten ihrer Anwender, gilt es auch noch andere Unterschiede zu berücksichtigen. Es beginnt bei der Sortierung von Text, die abhängig vom verwendeten Zeichensatz sein kann, über den verwendeten Kalender und der damit einhergehenden Darstellung des Datums, bis hin zur Darstellung von Währungen, numerischen und prozentualen Werten.

Diese Informationen werden unter .NET in Objekten des Typs `CultureInfo` gespeichert. Jede laufende .NET-Anwendung verwendet ein solches Objekt, um die oben angesprochenen Punkte der ausgewählten Kultur gemäß darzustellen. Um innerhalb des Programms an das eingesetzte `CultureInfo`-Objekt zu gelangen, muss zunächst ein Trackinghandle auf den laufenden Thread[1] ermittelt werden. Die Klasse `Thread` steht im Namensbereich `System::Threading` und besitzt

---

1 Laufende Anwendungen werden im Betriebssystem als Threads geführt. Jeder Thread kann wiederum mehrere Prozesse besitzen, die parallel abgearbeitet werden (Multithreading).

eine statische Eigenschaft `CurrentThread`, die einen Verweis auf den aktuellen Thread liefert.

```
Threading::Thread^ th=Threading::Thread::CurrentThread;
```

Über die Eigenschaft `CultureInfo` des Threads kann das aktuell verwendete `CultureInfo`-Objekt ermittelt oder neu gesetzt werden. Die Klasse `CultureInfo` gehört zum Namensbereich `System::Globalization`:

```
Globalization::CultureInfo^ ci;
ci=Threading::Thread::CurrentThread->CurrentCulture;
```

Einige Eigenschaften von `CultureInfo` sind in Tabelle 19.1 aufgeführt.

Eigenschaft	Beschreibung
DateTimeFormat	Liefert oder setzt das verwendete `DateTimeFormatInfo`-Objekt, das die Darstellung von Datum und Uhrzeit festlegt.
DisplayName	Liefert den Kulturnamen in der Sprache der Kultur.
EnglishName	Liefert den Kulturnamen in Englisch.
Name	Liefert Sprach- und Regionscode der Kultur.
NumberFormat	Liefert oder setzt das verwendete `NumberFormatInfo`-Objekt, das die Darstellung von Zahlen, Währungen und Prozenten definiert.
OptionalCalendars	Liefert ein Array von `Calendar`-Objekten, die von der Kultur verwendet werden können.

Tabelle 19.1   Einige Eigenschaften von CultureInfo

Auf den Aufbau der `DateTimeFormatInfo`- und `NumberFormatInfo`-Klasse soll an dieser Stelle nicht weiter eingegangen werden. Als Beispiel nur die Abfrage, welches Zeichen bei Fließkommazahlen als Komma verwendet wird:

```
String^ komma=ci->NumberFormat->NumberDecimalSeparator;
Console::WriteLine(komma);
```

19.2   String

Die Klasse `String` gehört zum Namensbereich `System`. Ein Objekt kann durch dynamisches Erzeugen mit `gcnew` oder dem Zuweisen einer Zeichenkette erstellt werden:

```
String^ s1=gcnew String("André");
String^ s2="Willms";
```

Für Strings ist der +-Operator überladen, der die einzelnen Zeichenketten zu einer Zeichenkette verknüpft:

```
String^ s3=s1+" "+s2;
Console::WriteLine(s3);
```

Die Eigenschaft `Length` dient der Ermittlung der Zeichenanzahl im String.

Die Klasse `String` stellt einige Methoden zur Verfügung, die den Stringinhalt scheinbar ändern. Aber Achtung: Diese Methoden ändern nicht den bestehenden String, sondern erzeugen einen neuen String, der die vorgenommenen Änderungen enthält. Dementsprechend schlecht ist auch die Performanz. Wenn viele Änderungen an Strings vorgenommen werden müssen, sollten Objekte der Klasse `StringBuilder` verwendet werden.

19.2.1 Stringinhalte ansprechen

Die rudimentärste Methode, Inhalte des Strings zu erhalten, ist der zeichenweise Zugriff über den Indexer der Klasse. Der folgende Code gibt einen String zeichenweise aus:

```
s1=".NET ist nett";
for(int i=0; i<s1->Length; i++)
  Console::Write(s1[i]);
Console::WriteLine();
```

Substring

```
String^ Substring(int position);
String^ Substring(int position, int laenge);
```

Mit der Methode `Substring` kann ein Teilstring herauskopiert werden. Die Methode gibt es in zwei Ausführungen. Wird nur die Position angegeben, besteht der Teilstring aus allen Zeichen ab der angegebenen Position bis zum Ende des Originalstrings.

Bei zusätzlicher Längenangabe ist der Teilstring so lang wie angegeben. Sind ab der angegebenen Position weniger Zeichen im Originalstring als bei Länge angegeben, dann wird eine `ArgumentOutOfRangeException` geworfen.

```
s1=".NET ist nett";
Console::WriteLine(s1->Substring(1,3)); // Liefert "NET"
```

Split

```
array<String^>^ Split(array<wchar_t>^ trennzeichen);
```

Die Methode `Split` zerlegt einen String in Teilstrings, wobei die als Trennzeichen übergebenen Zeichen als Trennkriterium verwendet werden. Das folgende Beispiel zerlegt einen String und gibt die erzeugten Teilstrings mit einer Schleife aus:

```
s1=".NET ist nett";
array<String^>^ sa = s1->Split(' ');
for(int i=0; i<sa->Length; i++)
  Console::WriteLine(sa[i]);
```

Abgesehen von der oben aufgeführten Version, ist Split noch mit einigen Varianten überladen, bei denen zum Beispiel die maximale Anzahl an erzeugten Teilstrings angegeben werden kann.

19.2.2 Stringinhalte verändern

Replace

```
String^ Replace(wchar_t altesZeichen,
                wchar_t neuesZeichen);
String^ Replace(String^ alterTeilstring,
                String^ neuerTeilstring);
```

Die Methode ersetzt jedes Vorkommen des alten Zeichens/Strings durch das neue Zeichen bzw. den neuen String.

ToLower

```
String^ ToLower();
String^ ToLower(CultureInfo^ kultur);
```

Wandelt den String gemäß der aktuellen oder der übergebenen Kultur in Kleinbuchstaben um. Das Ergebnis wird zurückgeliefert.

ToUpper

```
String^ ToUpper();
String^ ToUpper(CultureInfo^ kultur);
```

Wandelt den String gemäß der aktuellen oder der übergebenen Kultur in Großbuchstaben um. Das Ergebnis wird zurückgeliefert.

19.2.3 Stringinhalte hinzufügen

Insert

```
String^ Insert(int position, String^ string);
```

Insert fügt in den aufrufenden String an der angegebenen Position einen anderen String ein und liefert den neuen String zurück.

Ist die Position nicht im gültigen Bereich, wird eine `ArgumentOutOfRangeException` geworfen. Sollte als einzufügender String `nullptr` übergeben werden, wird eine `ArgumentNullException` geworfen.

```
String ^s1="A Willms";
s1=s1->Insert(1,"ndre");
Console::WriteLine(s1);
```

Damit `s1` auf den neuen String verweist, muss dem Handle der Rückgabewert von `Insert` zugewiesen werden.

PadLeft

```
String^ PadLeft(int gesamtbreite);
String^ PadLeft(int gesamtbreite, wchar_t fuellzeichen);
```

Die Methode fügt so lange Leerzeichen (oder das Zeichen `fuellzeichen`) am Anfang des Strings ein, bis seine Breite `gesamtbreite` entspricht und richtet den String damit rechtsbündig aus. Sollte `gesamtbreite` zu Beginn kleiner sein als die Länge des Strings, dann wird der String unverändert zurückgeliefert.

PadRight

```
String^ PadRight(int gesamtbreite);
String^ PadRight(int gesamtbreite, wchar_t fuellzeichen);
```

Die Methode fügt so lange Leerzeichen (oder das Zeichen `fuellzeichen`) am Ende des Strings ein, bis seine Breite `gesamtbreite` entspricht und richtet den String damit linksbündig aus. Sollte `gesamtbreite` zu Beginn kleiner sein als die Länge des Strings, dann wird der String unverändert zurückgeliefert.

19.2.4 Stringinhalte löschen

Remove

```
String^ Remove(int position);
String^ Remove(int position, int länge);
```

Durch `Remove` kann ein Teilstring aus einem String entfernt werden. Das Ergebnis wird von der Methode zurückgeliefert.

Wird nur die Position angegeben, fällt der Teilstring ab der Position bis zum Ende des Strings dem Löschen zum Opfer. Bei einer zusätzlichen Längenangabe bezieht sich das Entfernen nur auf die angegebene Länge.

Sollten `position` oder `länge` einzeln oder in Kombination einen ungültigen Bereich des Strings ansprechen, wird eine `ArgumentOutOfRangeException` geworfen.

```
String ^s1="André Willms";
s1=s1->Remove(1,4)->Insert(1,".");
Console::WriteLine(s1); // Liefert "A. Willms"
```

Weil die Methoden von String das Ergebnis zurückliefern, kann im obigen Beispiel für das von Remove zurückgelieferte Objekt gleich die Methode Insert aufgerufen werden, deren Ergebnis dann s1 zugewiesen wird.

Trim

```
String^ Trim()
String^ Trim(array<wchar_t>^ zuLoeschendeZeichen);
String^ TrimEnd(array<wchar_t>^ zuLoeschendeZeichen);
String^ TrimStart(array<wchar_t>^ zuLoeschendeZeichen);
```

Die Methode Trim löscht alle Leerzeichen und Whitespaces (bzw. die im Array zuLoeschendeZeichen angegebenen Zeichen) am Anfang und am Ende des Strings und liefert das Ergebnis zurück.

TrimEnd löscht die angegebenen Zeichen nur am Ende des Strings, TrimStart nur am Anfang.

19.2.5 Strings vergleichen

Zum einen sind für die Klasse String die Vergleichsoperatoren == und != überladen, zum anderen stehen folgende Methoden zur Verfügung.

Compare

```
static int Compare(String^ s1, String^ s2);
static int Compare(String^ s1,
                   String^ s2,
                   bool ignoriereGrossKlein)
```

Die Methode vergleicht zwei Strings und liefert ein Ergebnis gemäß Tabelle 19.2. Die zweite Variante von Compare erlaubt es, beim Vergleich die Groß- und Kleinschreibung zu ignorieren.

Compare(s1,s2) mit	Ergebnis
a<b	<0
a==b	0
a>b	>0

Tabelle 19.2 Die Rückgabewerte von »String::Compare«

CompareTo

```
int CompareTo(String^ s2);
```

Die Methode vergleicht den aufrufenden String mit dem übergebenen String und liefert einen der in Tabelle 19.2 aufgeführten Rückgabewerte.

EndsWith

```
bool EndsWith(String^ s);
bool EndsWith(String^ s,
              bool ignoriereGrossKlein,
              CultureInfo^ kultur);
```

Die Methode liefert `true`, wenn der aufrufende String mit den Zeichen in s beginnt. Andernfalls liefert sie `false`. In der zweiten Fassung kann zusätzlich noch bestimmt werden, ob Groß- und Kleinschreibung berücksichtigt und für welche Kultur der Vergleich durchgeführt werden soll.

StartsWith

```
bool StartsWith(String^ s);
bool StartsWith(String^ s,
                bool ignoriereGrossKlein,
                CultureInfo^ kultur);
```

Die Methode liefert `true`, wenn der aufrufende String mit den Zeichen in s endet. Andernfalls liefert sie `false`. In der zweiten Fassung kann zusätzlich noch bestimmt werden, ob Groß- und Kleinschreibung berücksichtigt und für welche Kultur der Vergleich durchgeführt werden soll.

19.2.6 Suchen in Strings

IndexOf

```
int IndexOf(String^ s)
int IndexOf(String^ s, int startposition)
int IndexOf(String^ s, int startposition, int anzahl)
```

Die oben angegebenen Methoden sind auch noch für einzelne Zeichen überladen.

Die Methode sucht ab Beginn des Strings oder ab `startposition` bis zum Ende oder für maximal `anzahl` Positionen nach dem String s. Wird er gefunden, liefert die Methode den Index der Fundstelle zurück. Bei erfolgloser Suche ist der Rückgabewert –1.

IndexOfAny

```
int IndexOfAny(array<wchar_t>^ zeichen);
int IndexOfAny(array<wchar_t>^ zeichen, int startPosition);
int IndexOfAny(array<wchar_t>^ zeichen,
               int startPosition,
               int anzahl);
```

Die Methode sucht ab dem Beginn des Strings oder ab startposition bis zum Ende oder für maximal anzahl Positionen nach einem der im Array zeichen befindlichen Zeichen. Wird eines gefunden, liefert die Methode den Index der Fundstelle zurück. Bei erfolgloser Suche ist der Rückgabewert –1.

LastIndexOf

```
int LastIndexOf(String^ s)
int LastIndexOf(String^ s, int startposition)
int LastIndexOf(String^ s, int startposition, int anzahl)
```

Die oben angegebenen Methoden sind auch noch für einzelne Zeichen überladen.

Die Methode sucht ab dem Ende des Strings oder ab startposition bis zum Anfang oder für maximal anzahl Positionen nach dem String s. Wird er gefunden, liefert die Methode den Index der Fundstelle zurück. Bei erfolgloser Suche ist der Rückgabewert –1.

LastIndexOfAny

```
int LastIndexOfAny(array<wchar_t>^ zeichen);
int LastIndexOfAny(array<wchar_t>^ zeichen,
                   int startPosition);
int LastIndexOfAny(array<wchar_t>^ zeichen,
                   int startPosition,
                   int anzahl);
```

Die Methode sucht ab dem Ende des Strings oder ab startposition bis zum Anfang oder für maximal anzahl Positionen nach einem der im Array zeichen befindlichen Zeichen. Wird eines gefunden, liefert die Methode den Index der Fundstelle zurück. Bei erfolgloser Suche ist der Rückgabewert –1.

19.2.7 Strings formatieren

Format

```
static String^ Format (String^ format, Object^ argument);
static String^ Format (String^ format,
                       array<Object^>^ argumente;)
```

Um Strings vergleichbar mit der Ausgabe von Write und WriteLine zu formatieren, existiert die statische Methode Format.

```
int x=20;
String^ s2=String::Format("Der Wert lautet {0}",x);
Console::WriteLine(s2);
```

19.3 StringBuilder

Die Klasse **StringBuilder** gehört zum Namensbereich System::Text. Ihre Objekte repräsentieren genau wie String-Objekte eine Zeichenkette. Sie sind jedoch auf die Zeichenverarbeitung spezialisiert. Änderungen am String werden immer direkt am Objekt vorgenommen und nicht wie bei String in einem neuen Objekt abgelegt.

Die Methoden von StringBuilder liefern zwar auch Verweise auf Objekte zurück, es ist aber ein Verweis auf das aufrufende Objekt, um kaskadierte Aufrufe wie im Beispiel zu Remove zu ermöglichen.

Genau wie String stellt StringBuilder die Eigenschaft Length zur Verfügung, um die Anzahl der im Objekt gespeicherten Zeichen ermitteln zu können.

Aus einem StringBuilder-Objekt kann über die Methode ToString ein String-Objekt erzeugt werden.

19.3.1 Stringinhalte ansprechen

Um den Inhalt eines Objekts anzusprechen, stellt die Klasse StringBuilder nur einen Indexer zur Verfügung, mit dem Zeichen gelesen und beschrieben werden können.

Werden Methoden wie Substring benötigt, dann muss aus dem StringBuilder-Objekt ein String erzeugt werden.

19.3.2 Stringinhalte hinzufügen

Append

```
StringBuilder^ Append(CLSTyp obj);
```

Für `CLSTyp` kann einer der in Tabelle 15.1 vorgestellten Datentypen eingesetzt werden. Die Methode wandelt den entsprechenden Typ in eine Zeichenkette um und hängt diese an die Zeichenkette im `StringBuilder`-Objekt an.

Zurückgeliefert wird ein Verweis auf das aufrufende `StringBuilder`-Objekt.

AppendFormat

```
StringBuilder^ AppendFormat(String^ format,
                            Object^ argument);
StringBuilder^ AppendFormat(String^ format,
                            array<Object^>^ argumente);
```

Erzeugt eine formatierte Zeichenkette, vergleichbar mit der Ausgabe von `Write` und `WriteLine` , und hängt diese an die Zeichenkette im `StringBuilder`-Objekt an.

Zurückgeliefert wird ein Verweis auf das aufrufende `StringBuilder`-Objekt.

Insert

```
StringBuilder^ Insert(int position, CLSTyp obj);
```

Für `CLSTyp` kann einer der in Tabelle 15.1 vorgestellten Datentypen eingesetzt werden. Die Methode wandelt den entsprechenden Typ in eine Zeichenkette um und fügt in an Position `position` in die Zeichenkette im `StringBuilder`-Objekt ein.

Zurückgeliefert wird ein Verweis auf das aufrufende `StringBuilder`-Objekt.

19.3.3 Stringinhalte verändern

Zum zeichenweisen Verändern des Inhalts steht der Indexer der Klasse bereit, sowie die Methode `Replace`.

Replace

```
StringBuilder^ Replace(wchar_t altesZeichen,
                       wchar_t neuesZeichen);
StringBuilder^ Replace(String^ alterTeilstring,
                       String^ neuerTeilstring);
```

Die Methode ersetzt jedes Vorkommen des alten Zeichens/Strings durch das neue Zeichen bzw. den neuen String.

Zurückgeliefert wird ein Verweis auf das aufrufende `StringBuilder`-Objekt.

19.3.4 Stringinhalte löschen

Remove

```
StringBuilder^ Remove(int position, int laenge);
```

Durch `Remove` wird ein `laenge` Zeichen langer Teilstring an Position `position` aus einem `StringBuilder`-Objekt entfernt. Zurückgeliefert wird ein Verweis auf das aufrufende `StringBuilder`-Objekt.

Sollten `position` oder `laenge` einzeln oder in Kombination einen ungültigen Bereich des Strings ansprechen, dann wird eine `ArgumentOutOfRangeException` geworfen.

19.3.5 StringBuilder-Objekte vergleichen

Equals

```
bool Equals(StringBuilder^ sb);
```

Liefert `true` zurück, wenn das aufrufende und das übergebene `StringBuilder`-Objekt den gleichen Inhalt besitzen. Andernfalls ist der Rückgabewert `false`.

19.4 Char

Die Klasse `Char` repräsentiert ein Unicode-Zeichen des Typs `wchar_t`. Sie bietet Methoden zur Bestimmung, welcher Art das Zeichen ist. Tabelle 19.3 listet die wichtigsten Methoden auf. Sie kommen in zwei Arten vor:

```
static bool isXX(wchar_t zeichen);
static bool isXX(String^ s, int zeichenposition);
```

Die erste Variante bekommt das zu prüfende Zeichen direkt übergeben. Die zweite Fassung prüft das Zeichen im String `s` an Position `zeichenposition`.

Methode	Liefert true, wenn
IsControl	Steuerzeichen
IsDigit	Dezimalzahl
IsLetter	Buchstabe

Tabelle 19.3 Die wichtigsten Prüfmethoden von »Char«

Methode	Liefert true, wenn
IsLetterOrDigit	Dezimalzahl oder Buchstabe
IsLower	Kleinbuchstabe
IsNumber	Zahl
IsPunctuation	Satzzeichen
IsSeparator	Trennzeichen
IsSymbol	Symbolzeichen
IsUpper	Großbuchstabe
IsWhiteSpace	Whitespace[2]

Tabelle 19.3 Die wichtigsten Prüfmethoden von »Char« (Forts.)

Genau wie String besitzt Char die Umwandlungsmethoden ToLower und ToUpper, bei denen nur das zu konvertierende Zeichen oder auch ein CultureInfo-Objekt übergeben werden kann:

```
static wchar_t ToLower(wchar_t zeichen);
static wchar_t ToLower(wchar_t zeichen,
                       CultureInfo^ kultur);
static wchar_t ToUpper(wchar_t zeichen);
static wchar_t ToUpper(wchar_t zeichen,
                       CultureInfo^ kultur);
```

19.5   Zusammenfassung

Dieses Kapitel behandelte die Klassen zur Zeichenbearbeitung. Dazu zählen

▸ String. Repräsentation einer unveränderlichen Zeichenkette. Änderungen resultieren immer in einem neuen Objekt.

▸ StringBuilder. Repräsentation einer veränderlichen Zeichenkette. Optimal, wenn an einer Zeichenkette viele Änderungen vorgenommen werden müssen.

▸ Char. Repräsentation eines einzelnen Zeichens. Stellt Methoden zur Überprüfung der Zeichenart bereit.

Darüber hinaus wurde in diesem Kapitel noch die Klasse CultureInfo vorgestellt, die kulturspezifische Informationen für die Anwendung bereitstellt.

---

2 Leerzeichen, FF, NL, CR, HT oder VT

19.6 Übungen

1. Erstellen Sie eine Klasse Stringtools und implementieren Sie darin eine statische Methode umdrehen, die einen String übergeben bekommt, ihn umdreht und das Ergebnis zurückliefert. (Aus »Josef« wird dann »fesoJ«)

2. Ergänzen Sie die Klasse Stringtools um eine statische Methode zaehleziffern, die einen String übergeben bekommt und als int-Wert zurückliefert, wie viele Ziffern im String enthalten sind.

3. Ergänzen Sie die Klasse Stringtools um eine statische Methode loescheleerzeichen, die einen String übergeben bekommt, alle Leerzeichen entfernt und das Ergebnis zurückliefert. (Aus dem String »C++ ist cool« wird dann »C++istcool«.)

Fehler, die ein Computer macht, sind nie seine eigenen.
– Unbekannter Verfasser

20 Dateiverwaltung

Dieses Kapitel erklärt die zur Dateiverwaltung notwendigen Klassen und liefert viele Informationen, die auch erst dann nachgeschlagen werden können, wenn sie benötigt werden. Um einen Überblick über die Funktionsweise zu erhalten, kann die Lektüre zunächst auch auf den praktischen Abschnitt 20.9, »Praktische Anwendung«, beschränkt werden. Ein komplettes Durcharbeiten dieses Kapitels ist insbesondere dann nicht sinnvoll, wenn Sie zunächst keine Dateiverwaltung programmieren möchten.

Auf Konsolenebene lassen sich bereits komplexere Programme schreiben. Die mit den Programmen erstellten Ergebnisse oder verwalteten Daten sind aber nicht von langer Dauer, weil wir noch keine Möglichkeit kennen, Daten persistent zu speichern.

Dem soll dieses Kapitel Abhilfe schaffen. Wir werden uns von der obersten Ebene, den Laufwerken, über die Verzeichnisse zu den Dateien durcharbeiten, um diese schlussendlich zu lesen und zu beschreiben.

Eins haben alle hier besprochenen Klassen gemeinsam: Sie gehören zum Namensbereich `System::IO`. In den folgenden Kapiteln wird davon ausgegangen, dass der Namensbereich IO über `using namespace` verfügbar gemacht wurde:

```
using namespace System;
using namespace IO;
```

In der zweiten Anweisung reicht IO als Angabe aus, weil zuvor der Namensbereich `System` global verfügbar gemacht wurde, der IO enthält. Ohne `using namespace System` müsste der Namensbereich IO voll qualifiziert werden:

```
using namespace System::IO;
```

Es bietet sich an, immer die ausführliche Schreibweise zu verwenden, um unabhängig von anderen `using`-Anweisungen zu bleiben, die vielleicht einmal entfernt werden könnten.

20.1 DateTime

Im Zusammenhang mit Dateien und Verzeichnissen liefern oder erwarten einige Methoden den Typ `DateTime`. Er dient dazu, ein Datum mitsamt Uhrzeit im Bereich 1.1.0001 bis zum Jahr 9999 bis auf 100 Nanosekunden[1] genau anzugeben. Von den zahlreichen Konstruktoren des Werttyps sollen hier nur drei vorgestellt werden:

```
DateTime(long long ticks);
DateTime(int jahr, int monat, int tag);
DateTime(int jahr, int monat, int tag,
         int stunde, int minute, int sekunde);
```

Der Heilige Abend 2006 könnte so definiert werden:

```
DateTime ha(2006,12,24,18,0,0);
```

20.1.1 Öffentliche Eigenschaften

Tabelle 20.1 listet die wichtigsten Eigenschaften von `DateTime` auf.

Eigenschaft	Beschreibung
Date	Liefert das Datum als `DateTime`. Die Uhrzeit ist auf 00:00:00 gesetzt.
Day	Liefert den Tag des Monats (1–31).
DayOfWeek	Liefert den Wochentag als `DayOfWeek`.
DayOfYear	Liefert den Tag des Jahres (1–366).
Hour	Liefert die Stunden (0–23).
Millisecond	Liefert die Millisekunden (0–999).
Minute	Liefert die Minuten (0–59).
Month	Liefert den Monat (1–12).
Now	Statisch. Liefert das lokale Datum und die lokale Uhrzeit als `DateTime`.[2]
Second	Liefert die Sekunden (0–59).
Ticks	Liefert die Ticks als `long long`.
TimeOfDay	Liefert die seit Mitternacht vergangene Zeit als `TimeSpan`.
Today	Statisch. Liefert das aktuelle Datum als `DateTime`. Die Uhrzeit ist auf 00:00:00 gesetzt.
Year	Liefert das Jahr (1–9999).

Tabelle 20.1 Die wichtigsten Eigenschaften von DateTime

---

1 100 Nanosekunden entsprechen 0,0001 Millisekunden oder 0,0000001 Sekunden. Ein Lichtstrahl, der ca. 300000 Kilometer in der Sekunde zurücklegt, kommt in dieser Zeit nur ca. 30 Meter weit. Unter .NET wird die Einheit von 100 Nanosekunden *Tick* genannt.

2 Die Klasse `TimeSpan` repräsentiert eine Zeitspanne. Nähere Informationen entnehmen Sie bitte der .NET-Dokumentation.

Die `DayOfWeek`-Aufzählung enthält die Konstanten `Monday, Tuesday, Wednesday, Thursday, Friday, Saturday` und `Sunday`.

20.1.2 Öffentliche Methoden

Die Klasse `DateTime` bietet einige Methoden, um Zeitabschnitte hinzuzuaddieren oder abzuziehen. Sie alle beginnen mit `Add` (`AddDays`, `AddHours` etc.) und sollen hier nicht weiter ausgeführt werden.

Zum Vergleich von `DateTime`-Objekten sind alle Vergleichsoperatoren für diese Klasse überladen.

DaysInMonth

```
public static int DaysInMonth(int jahr, int monat);
```

Diese Methode liefert die Anzahl der Tage im angegebenen Monat.

IsDaylightSavingTime

```
bool IsDaylightSavingTime()
```

Liefert `true`, wenn sich der durch das `DateTime`-Objekt definierte Zeitpunkt in der Sommerzeit der aktuellen Zeitzone befindet. Andernfalls liefert die Methode `false`.

IsLeapYear

```
static bool IsLeapYear(int jahr);
```

Liefert `true`, wenn es sich bei dem übergebenen Jahr um ein Schaltjahr handelt. Andernfalls liefert die Methode `false`.

ParseExact

```
public static DateTime ParseExact(string s,
                                  string format,
                                  IFormatProvider kultur);
```

Liefert ein `DateTime`-Objekt zurück, das die in s enthaltenen Datums- und Zeitangaben enthält. Das Format der Angaben wird über den String `format` definiert. Über `kultur` kann ein entsprechendes `CultureInfo`-Objekt[3] übergeben werden, um Besonderheiten einer Kultur zu berücksichtigen. Bei Angabe von `nullptr` wird die aktuelle Kultur verwendet. Tabelle 20.2 listet die verwendbaren Formatmuster auf.

---

3 Abschnitt 19.1, »CultureInfo«

Format	Beschreibung
d	Tag des Monats ohne führende 0 (1–31)
dd	Tag des Monats mit führender 0 (01–31)
ddd	Abkürzung des Wochentagnamens (Mo–So)[4]
dddd	Ausgeschriebener Wochentagsname (Montag–Sonntag)
M	Monat ohne führende 0 (1–12)
MM	Monat mit führender 0 (01–12)
MMM	Abgekürzter Monatsname (Jan-Dez)
MMMM	Ausgeschriebener Monatsname (Januar-Dezember)
y	Zweistellige Jahreszahl ohne führende 0 (0–99)
yy	Zweistellige Jahreszahl mit führender 0 (00–99)
yyyy	Vierstellige Jahreszahl mit führenden Nullen (0001–9999)
h	Stunden in 12-Stunden-Schreibweise ohne führende 0 (1–12)
hh	Stunden in 12-Stunden-Schreibweise mit führender 0 (01–12)
H	Stunden in 24-Stunden-Schreibweise ohne führende 0 (0–23)
HH	Stunden in 24-Stunden-Schreibweise mit führender 0 (00–23)
m	Minuten ohne führende 0 (0–59)
mm	Minuten mit führender 0 (00–59)
s	Sekunden ohne führende 0 (0–59)
ss	Sekunden mit führender 0 (00-59)
f-fffffff	Sekundenbruchteile auf 1–7 Stellen genau mit führenden Nullen
F-FFFFFFF	Sekundenbruchteile auf 1–7 Stellen genau ohne führende Nullen
t	Erstes Zeichen des AM/PM-Kennzeichners (A,P)
tt	AM/PM-Kennzeichner (AM, PM)
z	Zeitzonenoffset in Stunden ohne führende 0 (–12 bis +12)
zz	Zeitzonenoffset in Stunden mit führender 0 (–12 bis +12)
zzz	Kompletter Zeitzonenoffset mit führenden Nullen (–12:00 bis +12:00)
:	Standardtrennzeichen für Zeitangaben[5]
/	Standardtrennzeichen für Datumsangaben[6]

Tabelle 20.2 Die Formatangaben zur Datums- und Uhrzeitformatierung

---

4 Beachten Sie, dass im Gegensatz zu den amerikanischen dreistelligen Abkürzungen (Mon-Sun), die deutschen Abkürzungen zweistellig sind.

5 Unter Standardtrennzeichen ist hier das in der aktuellen Kultur übliche Trennzeichen für Zeitangaben zu verstehen (in Deutschland :).

6 Unter Standardtrennzeichen ist hier das in der aktuellen Kultur übliche Trennzeichen für Datumsangaben zu verstehen (in Deutschland .).

Schauen wir uns ein Beispiel an:

```
String^ s="01.03.2006";
DateTime d=DateTime::ParseExact(s,"d/M/yyyy",nullptr);
```

Obwohl der Tag eine führende Null besitzt, wird bei der Erkennung das Formatzeichen von Tagen ohne führende Null verwendet. Dies gilt auch für andere Elemente wie Monate oder Minuten. Ein Element ohne führende Null mit einem Formatmuster für Elemente mit führender Null einzulesen, erzeugt eine Ausnahme.

Im Formatstring wurde zur Trennung das Zeichen / verwendet, weil es, wie aus der Tabelle zu entnehmen ist, für das über die Kultur definierte Datumstrennzeichen steht.

Wird ein aus einem Zeichen bestehendes Formatmuster isoliert verwendet (z. B. »d«), dann muss vor dieses Zeichen ein % gesetzt werden (»%d«)

Subtract

```
TimeSpan Subtract(DateTime objekt);
DateTime Subtract(TimeSpan objekt);
```

Zieht die entsprechende Zeit oder Zeitspanne vom aufrufenden `DateTime`-Objekt ab.

ToString

```
String^ ToString(String^ format);
```

Liefert das aufrufende `DateTime`-Objekt als String zurück, dessen Formatierung dem in `format` übergebenen Format entspricht. Die zur Verfügung stehenden Formatmuster sind in Tabelle 20.2 aufgeführt.

Soll ein Zeichen ausgegeben werden, welches einem Formatmuster entspricht, muss vor dieses Zeichen ein Backslash gesetzt werden. Der Backslash selbst wird mit \\ ausgegeben.

20.2　Laufwerke

Kommen wir jetzt zur Dateiverwaltung und beginnen mit den Laufwerken. Alle Informationen über verfügbare Laufwerke werden von der Klasse `DriveInfo` zur Verfügung gestellt. Deren wichtigste Methode `GetDrives` ist statisch und liefert ein Array von Verweisen auf `DriveInfo`-Objekte, die die verfügbaren Laufwerke repräsentieren:

```
array<DriveInfo^>^ laufwerke=DriveInfo::GetDrives();
```

Ist ein Laufwerksbuchstabe bekannt, dann kann auch gezielt ein Objekt erzeugt werden:

```
DriveInfo^ d=gcnew DriveInfo("C");
```

Bei der Angabe der Laufwerksbuchstaben sind Groß- und Kleinbuchstaben erlaubt.

Die Klasse `DriveInfo` stellt einige interessante Eigenschaften bereit, die in Tabelle 20.3 aufgeführt sind.

Eigenschaft	Beschreibung
AvailableFreeSpace	Liefert den für den aktuellen Anwender freien Speicherplatz des Laufwerks in Byte als `long long`.
DriveFormat	Liefert den Namen des Dateiformats (z. B. »NTFS«).
DriveType	Liefert den Laufwerkstyp als `DriveType` (Tabelle 20.4).
IsReady	Liefert einen booleschen Wert, der Auskunft darüber gibt, ob das Laufwerk bereit ist.
Name	Liefert den Namen des Laufwerks.
RootDirectory	Liefert das Stammverzeichnis des Laufwerks als `DirectoryInfo` (Tabelle).
TotalFreeSpace	Liefert den gesamten freien Speicherplatz in Byte als `long long`.
TotalSize	Liefert die Gesamtgröße des Speicherplatzes des Laufwerks in Byte als `long long`.
VolumeLabel	Liefert die Datenträgerbezeichnung.

Tabelle 20.3 Die Eigenschaften von »DriveInfo«

DriveType	Beschreibung
CDRom	Optischer Datenträger wie CD, DVD etc.
Fixed	Festplatte
Network	Netzlaufwerk
NoRootDirectory	Ein Laufwerk ohne Stammverzeichnis
Ram	RAM-Datenträger
Removable	Wechseldatenträger wie Disk, USB-Stick etc.
Unknown	Unbekannter Laufwerkstyp

Tabelle 20.4 Die Elemente der Aufzählung »DriveType«

Das folgende Beispiel listet die vorhandenen Laufwerke mitsamt ihrer Datenträgerbezeichnung auf:

```
array<DriveInfo^>^ laufwerke=DriveInfo::GetDrives();
Console::WriteLine("{0,-10}{1,-12}", "Laufwerk",
                                     "Bezeichnung");
for each(DriveInfo^ d in laufwerke) {
  Console::Write("{0,-10}",d->Name);
  if(!d->IsReady)
    Console::WriteLine("Nicht bereit");
  else
    Console::WriteLine("{0,-12}",d->VolumeLabel);
}
```
Listing 20.1   Die Auflistung aller Laufwerke

Wenn auf Informationen des Laufwerks zugegriffen werden soll, dann muss vorher geprüft werden, ob das Laufwerk bereit ist, denn von einer nicht eingelegten CD kann schlecht die Datenträgerbezeichnung ermittelt werden.

Sollten Sie es trotzdem versuchen, wird eine IOException geworfen.

20.3   Verzeichnisse

Die wesentlichen Klassen zur Verwaltung von Verzeichnissen sind Directory und DirectoryInfo. Die Objekte der Klasse DirectoryInfo repräsentieren ein Verzeichnis, auf das sich alle Klassenelemente beziehen.

Die Klasse Directory dagegen stellt ausschließlich statische Methoden zur Verfügung, bei denen der Name des betrffenden Verzeichnisses angegeben werden muss. Bei häufigem Zugriff auf dasselbe Verzeichnis ist aus Gründen der Performanz die Klasse DirectoryInfo vorzuziehen.

20.3.1   Directory

Dieser Abschnitt behandelt die statischen Methoden der Klasse Directory.

Sollte für die Ausführung der Methoden (z. B. Verzeichnis löschen) nicht die notwendige Berechtigung vorhanden sein, wird eine UnauthorizedAccessException geworfen.

CreateDirectory – Verzeichnis erstellen

```
static DirectoryInfo^ CreateDirectory(String^ pfad);
```

erzeugt ein Verzeichnis und liefert ein DirectoryInfo-Objekt auf das erstellte Verzeichnis zurück. Dabei werden alle nicht vorhandenen Verzeichnisse erstellt.

Ist beispielsweise als Pfad »C:\AB\CDE\F« angegeben, wird das Verzeichnis »AB«, darin das Verzeichnis »CDE« und wiederum darin das Verzeichnis »F« angelegt, wenn diese nicht existieren sollten. Zumindest das letzte Verzeichnis »F« darf noch nicht existieren, sonst wird eine Ausnahme geworfen.

Delete – Verzeichnis löschen

```
static void Delete(String^ pfad);
static void Delete(String^ pfad, bool komplett);
```

löscht das durch `pfad` spezifizierte, leere Verzeichnis, oder für den Fall, dass für `komplett` der Wert `true` übergeben wird, das Verzeichnis mitsamt enthaltener Dateien und Unterverzeichnisse.

Exists – existiert Verzeichnis?

```
static bool Exists(String^ pfad);
```

liefert `true`, wenn das mit `pfad` spezifizierte Verzeichnis existiert. Andernfalls wird `false` zurückgeliefert.

GetCreationTime – Erstellungsdatum

```
static DateTime GetCreationTime(String^ pfad);
```

liefert Erstellungsdatum und -uhrzeit des über `pfad` spezifizierten Verzeichnisses.

Mit der Methode `SetCreationTime` kann das Erstellungsdatum gesetzt werden.

GetCurrentDirectory – aktuelles Verzeichnis

```
static String^ GetCurrentDirectory();
```

liefert das aktuelle Verzeichnis der Anwendung.

GetDirectories – alle Unterverzeichnisse

```
static array<String^>^ GetDirectories(String^ pfad);
static array<String^>^ GetDirectories(String^ pfad,
                                      String^ filter);
static array<String^>^ GetDirectories(String^ pfad,
                                      String^ filter,
                                      SearchOption option);
```

liefert alle in `pfad` befindlichen Verzeichnisse als Array von Strings.

Über `filter` kann der unter Windows bekannte Filter verwendet werden, bei dem ? für ein beliebiges Zeichen und * für kein, ein oder mehrere beliebige Zeichen stehen. Zum Beispiel liefert der Ausdruck »*.cpp« alle Quellcodedateien.

Durch `option` kann angegeben werden, ob auch in Unterverzeichnissen gesucht werden soll (`SearchOption::AllDirectories`) oder nur im angegebenen Verzeichnis (`SearchOption::TopDirectoryOnly`).

GetDirectoryRoot – Wurzelverzeichnis

```
static String^ GetDirectoryRoot(String^ pfad);
```

liefert das Stammverzeichnis des mit `pfad` spezifizierten Verzeichnisses.

GetFiles – alle Dateien

```
static array<String^>^ GetFiles(String^ pfad);
static array<String^>^ GetFiles(String^ pfad,
                                String^ filter;)
static array<String^>^ GetFiles(String^ pfad,
                                String^ filter,
                                SearchOption option);
```

liefert alle in `pfad` befindlichen Dateien als Array von Strings.

Die Parameter `filter` und `option` verhalten sich wie bei `GetDirectories` erklärt.

GetFileSystemEntries – alle Verzeichnisse und Dateien

```
static array<String^>^ GetFileSystemEntries(String^ pfad);
static array<String^>^ GetFileSystemEntries(String^ pfad,
                                            String^ filter);
```

liefert die Namen aller Unterverzeichnisse und Dateien des über `pfad` spezifizierten Verzeichnisses.

Der Parameter `filter` verhält sich wie bei `GetDirectories` erklärt.

GetLastAccessTime – Zeit des letzten Zugriffs

```
static DateTime GetLastAccessTime(String^ pfad);
```

liefert Datum und Uhrzeit des letzten Zugriffs auf das über `pfad` angegebene Verzeichnis.

Mit der Methode `SetLastAccessTime` können Datum und Uhrzeit des letzten Zugriffs gesetzt werden.

GetLastWriteTime – Zeit des letzten Schreibens

```
static DateTime GetLastWriteTime(String^ pfad);
```

liefert Datum und Uhrzeit des letzten Schreibzugriffs auf das über `pfad` angegebene Verzeichnis.

Mit der Methode `SetLastWriteTime` können Datum und Uhrzeit des letzten Schreibzugriffs gesetzt werden.

GetLogicalDrives – logische Laufwerke

```
static array<String^>^ GetLogicalDrives();
```

liefert die Namen aller logischen Laufwerke.

GetParent – übergeordnetes Verzeichnis

```
static DirectoryInfo^ GetParent(String^ pfad);
```

liefert das übergeordnete Verzeichnis von `pfad` als `DirectoryInfo`.

Move – Verzeichnis verschieben

```
static void Move(String^ quellpfad, String^ zielpfad);
```

verschiebt das über `quellpfad` spezifizierte Verzeichnis nach `zielpfad`.

SetCurrentDirectory – aktuelles Verzeichnis setzen

```
static void SetCurrentDirectory(String^ pfad);
```

setzt das aktuelle Verzeichnis der Anwendung.

20.3.2 FileSystemInfo

Die abstrakte Klasse `FileSystemInfo` stellt unter anderem die in Tabelle 20.5 aufgeführten Eigenschaften bereit, die von den Klassen `DirectoryInfo` und `FileInfo` geerbt werden.

Eigenschaft	Beschreibung
Attributes	Liefert und setzt die Dateiattrubute über die `FileAttributes`-Aufzählung. (Tabelle 20.6 zeigt die wichtigsten Flags der Aufzählung.)
CreationTime	Liefert oder setzt den Erstellungszeitpunkt.
Exists	Liefert `true`, wenn Datei oder Verzeichnis existieren.
Extension	Liefert die Dateiendung (z. B. ».exe«).
FullName	Liefert den vollständigen Datei-/Verzeichnispfad.
LastAccessTime	Liefert oder setzt den Zeitpunkt des letzten Zugriffs.
LastWriteTime	Liefert oder setzt den Zeitpunkt des letzten Schreibzugriffs.

Tabelle 20.5 Die wichtigsten Eigenschaften von »FileSystemInfo«

Attribut	Beschreibung
Archive	Archivstatus der Datei
Compressed	Komprimierte Datei
Directory	Datei ist ein Verzeichnis
Encrypted	Verschlüsselte Datei oder Verzeichnis
Hidden	Versteckte Datei
Normal	Normale Datei. Es existieren keine weiteren Attribute.
NotContentIndexed	Keine Inhaltsindizierung durch das Betriebssystem.
Offline	Die Datei ist offline und damit nicht sofort verfügbar.
ReadOnly	Schreibgeschützte Datei
System	Systemdatei
Temporary	Temporäre Datei. Wird bevorzugt im Arbeitsspeicher abgelegt und sollte nicht länger als nötig existieren.

Tabelle 20.6 Die wichtigsten Flags der FileAttributes-Aufzählung

20.3.3 DirectoryInfo

Objekte der Klasse DirectoryInfo repräsentieren ein Verzeichnis. Der Konstruktor erwartet den Pfad des Verzeichnisses als Parameter. Die bereitgestellten Methoden entsprechen denen von Directory, nur dass es sich hier nicht um statische, sondern um Objektmethoden handelt.

Zusätzlich zu den von FileSystemInfo geerbten Eigenschaften besitzt die Klasse noch die Eigenschaft Parent, die das übergeordnete Verzeichnis enthält, sowie Root, über die das Stammverzeichnis verfügbar ist.

20.4 Dateien

Die Aufteilung der Dateiklassen läuft analog zu den Verzeichnissen. Die Klasse File stellt statische Methoden mit dem entsprechenden Dateinamen als Argument bereit, wohingegen die Objekte von FileInfo eine Datei repräsentieren, für die dann die Methoden aufgerufen werden können.

20.4.1 File

Eine Datei kann durch Delete gelöscht, über Move verschoben und mit Copy kopiert werden.

Zur Abfrage und Veränderung der Erstellungs- oder Änderungszeit existieren die bei `Directory` erklärten Methoden `GetCreationTime`, `GetLastAccessTime`, `GetLastWriteTime`, sowie die dazugehörigen `Set`-Methoden.

Zusätzlich bietet `File` noch einige andere interessante Methoden:

AppendAllText – Text anhängen

```
static void AppendAllText(String^ pfad, String^ inhalt);
static void AppendAllText(String^ pfad,
                          String^ inhalt,
                          Encoding^ codierung);
```

hängt die in einem `String` gespeicherten Zeichen an eine Textdatei. Sollte die Datei noch nicht existieren, wird sie angelegt.

Ohne explizite Codierung wird UTF-8 ohne Bytereihenfolgemarkierung verwendet.

AppendText

```
static StreamWriter^ AppendText(String^ pfad);
```

erstellt einen `StreamWriter`[7], über den Text an die in `pfad` angegebene Datei angehängt werden kann.

ReadAllBytes – Bytes lesen

```
static array<unsigned char>^ ReadAllBytes(String^ pfad);
```

Die Methode liest eine Binärdatei in ein `unsigned char`-Array und liefert dieses zurück.

ReadAllLines – Zeilen lesen

```
static array<String^>^ ReadAllLines(String^ pfad);
static array<String^>^ ReadAllLines(String^ pfad,
                                    Encoding^ codierung);
```

liest eine Textdatei zeilenweise ein, speichert sie in ein `String`-Array und liefert dieses zurück.

Der Parameter `codierung` bestimmt die verwendete Zeichencodierung. Ohne Angabe einer Codierung wird UTF-8 und UTF-32 erkannt.

---

7 Abschnitt 20.7.1, »Zeichenströme«

ReadAllText – Text lesen

```
static String^ ReadAllText(String^ pfad);
static String^ ReadAllText(String^ pfad,
                           Encoding^ codierung);
```

liest eine Textdatei in einen String und liefert diesen zurück.

Der Parameter codierung bestimmt die verwendete Zeichencodierung. Ohne Angabe einer Codierung wird UTF-8 und UTF-32 erkannt.

WriteAllBytes – Bytes schreiben

```
static void WriteAllBytes(String^ pfad,
                          array<unsigned char>^ bytes);
```

speichert den Inhalt eines unsigned char-Arrays in eine Binärdatei.

WriteAllLines – Zeilen schreiben

```
static void WriteAllLines(String^ pfad,
                          array<String^>^ zeilen);
static void WriteAllLines(String^ pfad,
                          array<String^>^ zeilen,
                          Encoding^ codierung);
```

speichert die in einem String-Array gespeicherten Zeilen in eine Textdatei.

Ohne explizite Codierung wird UTF-8 ohne Bytereihenfolgemarkierung verwendet.

WriteAllText – Text schreiben

```
static void WriteAllText(String^ pfad, String^ inhalt);
static void WriteAllText(String^ pfad,
                         String^ inhalt,
                         Encoding^ codierung);
```

speichert die in einem String gespeicherten Zeichen in eine Textdatei.

Ohne explizite Codierung wird UTF-8 ohne Bytereihenfolgemarkierung verwendet.

20.4.2 FileInfo

Die Klasse FileInfo besitzt auch die von FileSystemInfo geerbten Eigenschaften, fügt aber noch einige hinzu, von denen die interessantesten in Tabelle 20.7 aufgelistet sind.

Eigenschaft	Beschreibung
Directory	Liefert das übergeordnete Verzeichnis als `DirectoryInfo`-Objekt.
DirectoryName	Liefert den vollständigen Pfad des Verzeichnisses.
IsReadOnly	Liefert `true`, wenn die Datei schreibgeschützt ist.
Length	Liefert die Dateigröße als `long long`.

Tabelle 20.7 Die wichtigsten Eigenschaften von »FileInfo«

20.5 Dateiströme

Die vorigen Abschnitte gaben einen Einblick in das Dateisystem und boten allerlei Möglichkeiten, Informationen über Laufwerke, Verzeichnisse und Dateien zu erhalten.

Jetzt steht der wichtigste Punkt der Dateiverwaltung an – das Lesen und Beschreiben von Dateien. Das Grundprinzip dieses Vorgangs ist in Abbildung 20.1 dargestellt.

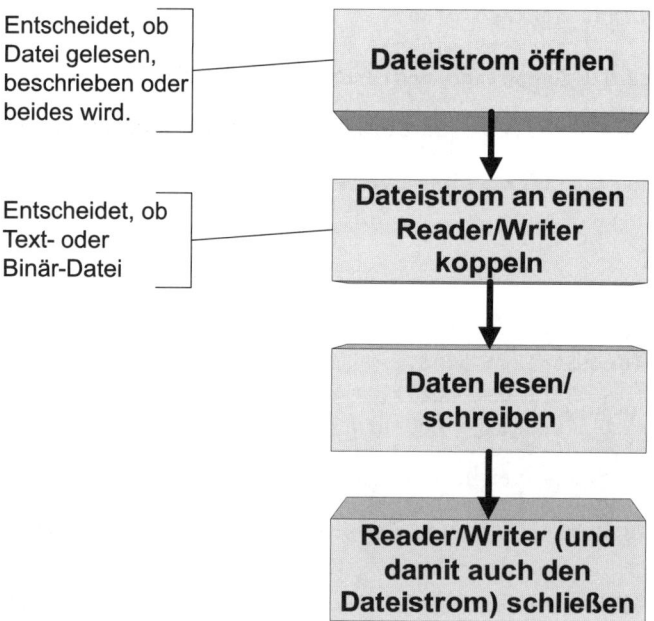

Abbildung 20.1 Der Vorgang des Lesens und Beschreibens von Dateien

Die Verbindung zu einer Datei stellt ein Dateistrom (filestream) her, der die betreffende Datei öffnet und auf den anschließend spezielle Leser- oder Schreiber-Klassen zugreifen. Diese Leser und Schreiber bilden die Schnittstelle der Datenübertragung von und zu einer Datei.

20.5.1 FileStream

Wie Abbildung 20.1 zeigt, besteht der erste Schritt zum Datenaustausch mit Dateien in der Erzeugung eines Dateistroms.

Konstruktoren

Von den über zwei Dutzend FileStream-Konstruktoren sollen hier nur die wichtigsten besprochen werden.

```
FileStream(String^ pfad, FileMode modus);
FileStream(String^ pfad,
          FileMode modus,
          FileAccess zugriff);
FileStream(String^ pfad,
          FileMode modus,
          FileAccess zugriff,
          FileShare fremdzugriff);
```

Der Parameter pfad spezifiziert den Pfad der zu öffnenden Datei.

Die Aufzählung FileMode (Tabelle 20.8) legt fest, wie die Datei geöffnet werden soll.

Die Aufzählung FileAccess (Tabelle 20.9) definiert die Art des Dateizugriffs.

Über FileShare schließlich kann mitgeteilt werden, ob noch andere FileStream-Objekte auf die Datei zugreifen können.

Eine andere Möglichkeit, einen Dateistrom zu erzeugen, bietet die statische Methode Open der Klasse File. Sie besitzt als Parameter den Dateipfad sowie die hier besprochenen FileMode, FileAccess und FileShare und liefert den geöffneten Dateistrom zurück.

FileMode	Beschreibung
Append	Öffnet eine Datei (oder erstellt eine neue) und setzt den Dateipositionszeiger an das Dateiende.
Create	Erstellt eine neue Datei. Eine bereits vorhandene wird auf Länge 0 reduziert. (Kombination von CreateNew und Truncate)
CreateNew	Erstellt eine neue Datei. Die Datei darf noch nicht existieren.

Tabelle 20.8 Die Elemente von »FileMode«

FileMode	Beschreibung
Open	Öffnet eine Datei und setzt den Dateipositionszeiger an den Dateianfang. Die Datei muss existieren.
OpenOrCreate	Wie Open, nur das ggfs. eine Datei erstellt wird.
Truncate	Eine vorhandene Datei wird geöffnet und auf die Länge 0 reduziert.

Tabelle 20.8 Die Elemente von »FileMode« (Forts.)

FileAccess	Beschreibung
Read	Die Datei wird zum Lesen geöffnet.
Write	Die Datei wird zum Schreiben geöffnet.
ReadWrite	Die Datei wird zum Lesen und Schreiben geöffnet.

Tabelle 20.9 Die Elemente von »FileAccess«

FileShare	Beschreibung
None	Auf die Datei besteht exklusiver Zugriff.
Read	Andere Anwendungen dürfen die Datei nur zum Lesen öffnen.
Write	Andere Anwendungen dürfen die Datei nur zum Schreiben öffnen.
ReadWrite	Andere Anwendungen dürfen die Datei beliebig öffnen.
Delete	Die Datei kann anschießend gelöscht werden.

Tabelle 20.10 Die Elemente von »FileShare«

Eigenschaften

Informationen über den Dateistrom sind über einige in Tabelle 20.11 aufgeführte Eigenschaften abfragbar.

Eigenschaft	Beschreibung
CanRead	Liefert true, wenn aus dem Dateistrom gelesen werden kann. Liefert false, wenn der Strom geschlossen oder nur zum Schreiben geöffnet ist.
CanSeek	Liefert true, wenn über den Strom beliebige Dateipositionen anwählbar sind.
CanWrite	Liefert true, wenn in den Dateistrom geschrieben werden kann. Liefert false, wenn der Strom geschlossen oder nur zum Lesen geöffnet ist.
Length	Liefert die Länge des Stroms als long long.
Position	Liefert oder setzt die aktuelle Position des Stroms in der Datei.

Tabelle 20.11 Die Eigenschaften von »FileStream«

Ob ein Dateistrom als Text- oder Binärdatei interpretiert wird, hängt von dem verwendeten Reader oder Writer ab.

20.6 Binärströme

In diesem Abschnitt werden die Klassen für Binärströme besprochen, sie heißen
`BinaryReader` und `BinaryWriter`. Obwohl wir sie in diesem Kapitel im Zusammenhang mit Dateiströmen behandeln, können sie auch auf jeden anderen
Strom[8] angewendet werden.

20.6.1 BinaryWriter

Der Konstruktor von `BinaryWriter` erwartet einen zum Schreiben geöffneten
Strom.[9] Zusätzlich kann noch eine Codierung angegeben werden:

```
BinaryWriter(Stream^ strom);
BinaryWriter(Stream^ strom, Encoding^ codierung);
```

Abgesehen von der Eigenschaft `BaseStream`, die den verwendeten Dateistrom
liefert, gibt es noch nützliche Methoden:

Close – Writer schließen

```
void Close();
```

Diese Methode schließt den Writer und den mit ihm verbundenen Strom.

Flush – gepufferte Daten speichern

```
void Flush();
```

Die Methode `Flush` schreibt alle noch gepufferten Daten in den Strom.

Seek – Position im Strom verändern

```
long long Seek(int offset, SeekOrigin ausgangsposition);
```

Mit `Seek` kann die Position im Strom verändert werden. Der Offset bezieht sich
auf die über `ausgangsposition` bestimmte Ausgangsposition, deren Möglichkeiten in Tabelle 20.12 aufgeführt sind.

---

8 Andere Ströme könnten zum Beispiel auf einem String, einer Datenbankabfrage oder einer
   Netzwerkverbindung basieren.
9 Es gibt noch einen weiteren Konstruktor, dem zusätzlich eine Codierung übergeben wird.
   Näheres erfahren Sie in der .NET-Dokumentation.

SeekOrigin	Beschreibung
Begin	Der Offset bezieht sich auf den Anfang des Stroms.
Current	Der Offset bezieht sich auf die aktuelle Position.
End	Der Offset bezieht sich auf das Ende des Stroms.

Tabelle 20.12 Die Elemente von »SeekOrigin«

Write – Daten schreiben

```
void Write(Typ wert);
```

Die Methode Write ist für alle CLS-Datentypen (oben stellvertretend mit Typ bezeichnet) überladen und schreibt einen Wert in den Strom.

20.6.2 BinaryReader

Die Klasse BinaryReader ist das Gegenstück zu BinaryWriter und erlaubt das Lesen eines Dateistroms. Dazu muss ihrem Konstruktor ein zum Lesen geöffneter Dateistrom übergeben werden (und optional eine Codierung):

```
BinaryReader(Stream^ strom);
BinaryReader(Stream^ strom, Encoding^ codierung);
```

Der mit dem Reader verknüpfte Dateistrom kann über die Eigenschaft Base-Stream ausgelesen werden. Zusätzlich existieren noch Methoden:

Close – Reader schließen

```
void Close();
```

Diese Methode schließt den Reader und den mit ihm verbundenen Strom.

PeekChar – nächstes Zeichen ansehen

```
int PeekChar();
```

liefert das nächste verfügbare Zeichen, ohne den Dateipositionszeiger zu verändern. Sollte kein Zeichen mehr verfügbar sein, wird –1 zurückgegeben.

Read – Daten lesen

```
int Read();
int Read(array<unsigned char>^ puffer,
         int index,
         int anzahl);
```

Die parameterlose Variante besitzt die gleiche Funktionsweise wie PeekChar, nur dass der Dateipositionszeiger weiter bewegt wird.

Die zweite Version liest `anzahl` Zeichen in das übergebenes Array `puffer`, beginnend bei Index `index`. Zurückgegeben wird die Anzahl der tatsächlich gelesenen Zeichen.

ReadBytes – Bytes lesen

```
array<unsigned char>^ ReadBytes (int anzahl);
```

Die Methode liest `anzahl` Bytes aus dem Strom und liefert sie als Array zurück.

ReadChars – Zeichen lesen

```
array<wchar_t>^ ReadChars(int anzahl);
```

Die Methode liest `anzahl` Zeichen aus dem Strom und liefert sie als Array zurück.

ReadCLSTyp – Datentypen lesen

```
CLSTyp ReadCLSTyp();
```

Für jeden CLS-Datentyp existiert eine eigene `Read`-Methode, mit der dieser Datentyp aus dem Strom gelesen wird. Um den Datentyp `bool` aus dem Strom zu lesen, wird beispielsweise `ReadBoolean` verwendet.

20.7   Zeichenströme

Häufig ist es sinnvoll, Ströme – und damit auch Dateien – als Folge von Zeichen zu betrachten. Dazu dienen die Klassen `StreamReader` und `StreamWriter`.

20.7.1   StreamWriter

Die für uns interessantesten Konstruktoren sehen so aus:

```
StreamWriter(Stream^ strom);
StreamWriter(Stream^ strom, Encoding^ codierung);
```

Er koppelt einen Strom an den neu erzeugten `StreamWriter`.

Über `AutoFlush` kann ausgelesen oder bestimmt werden, ob der Ausgabepuffer bei jedem Schreibvorgang direkt in den Strom geschrieben wird (`true`) oder nicht (`false`).

Wie auch bei `BinaryWriter` liefert `BaseStream` den zum Schreiben verwendeten Strom.

Close – Writer schließen

```
void Close();
```

Diese Methode schließt den Writer und den mit ihm verbundenen Strom.

Flush – gepufferte Daten schreiben

```
void Flush();
```

Die Methode Flush schreibt alle noch gepufferten Daten in den Strom.

Write – Daten schreiben

```
void Write(CLSTyp wert);
```

Die Methode Write ist für alle CLS-Datentypen (oben stellvertretend mit CLSTyp bezeichnet) überladen und schreibt einen Wert in den Strom.

```
void Write(String^ format, array<Object^>^ argumente);
```

Mit dieser Variante von Write kann die Ausgabe formatiert werden, wie wir es von der Write-Methode von Console gewohnt sind.

WriteLine – Zeile schreiben

```
void WriteLine(Typ wert);
void WriteLine(String^ format, array<Object^>^ argumente);
```

Die Methoden besitzen dieselbe Funktionalität wie Write, nur dass eine Zeilen-endekennung mit in den Strom geschrieben wird.

20.7.2 StreamReader

Zum Lesen von Text aus einem Strom dient die Klasse StreamReader.

Mit den bisherigen Abschnitten im Hinterkopf ist es nicht weiter verwunderlich, dass die Konstruktoren einen Strom erwarten und im zweiten Fall noch eine Codierung:

```
StreamReader(Stream^ strom);
StreamReader(Stream^ strom, Encoding^ codierung);
```

Außer der bekannten Eigenschaft BaseStream, über die der eingesetzte Strom ermittelt werden kann, steht noch EndOfStream bereit, die einen wahren Wert liefert, wenn das Ende des Stroms erreicht ist.

Close – Reader schließen

```
void Close();
```

Diese Methode schließt den Reader und den mit ihm verbundenen Strom.

Peek – nächstes Zeichen ansehen

```
int Peek();
```

liefert das nächste verfügbare Zeichen, ohne den Dateipositionszeiger zu verändern. Sollte kein Zeichen mehr verfügbar sein, wird –1 zurückgegeben.

Read – Zeichen lesen

```
int Read();
```

Funktionsweise wie `Peek`, nur dass die Streamposition verändert wird.

ReadLine – Zeile lesen

```
String^ ReadLine();
```

liest eine Zeile aus dem Strom und liefert sie als `String` zurück. Wurde bereits das Ende des Stroms erreicht, wird `nullptr` zurückgeliefert.

ReadToEnd – Bis zum Dateiende lesen

```
String^ ReadToEnd();
```

liest von der aktuellen Position aus alle Zeichen bis zum Ende des Stroms und liefert sie als `String` zurück. Wurde bereits das Ende des Stroms erreicht, wird ein leerer String zurückgegeben.

20.8   Serialisierung

Unter Serialisierung versteht man die Konvertierung eines Objekts in ein Format, das sich speichern oder übertragen lässt. Die Umkehrung dieses Vorgangs wird Deserialisierung genannt.

Diese Vorgänge werden von .NET ausgesprochen komfortabel unterstützt und bieten eine einfache Möglichkeit, Objekte oder ganze Objektsammlungen in einen Strom zu schreiben oder sie aus einem Strom zu lesen.

Dreh- und Angelpunkt der Serialisierung sind die Formatter-Klassen, von denen wir uns die Klasse `BinaryFormatter` herauspicken, die Objekte in ein binäres Format serialisiert beziehungsweise aus einem binären Format deserialisiert. Die

Klasse befindet sich im Namensbereich `System::Runtime::Serialization::Formatters::Binary`.

Die Klasse besitzt unter anderem einen parameterlosen Konstruktor:

```
BinaryFormatter();
```

und zwei wichtige Methoden:

Serialize

```
void Serialize(Stream^ strom, Object^ objekt);
```

Die Methode serialisiert das Objekt `objekt` sowie alle Objekte, auf die `objekt` verweist, in ein binäres Format und schreibt es in den Strom `strom`.

Deserialize

```
Object^ Deserialize(Stream^ strom);
```

Aus dem Strom `strom` werden binäre Daten gelesen, deserialisiert und als Objekt des Typs `Object` zurückgeliefert.

20.8.1 SerializableAttribute

Damit eine Klasse serialisiert werden kann, muss sie mit dem .NET-Attribut[10] `SerializableAttribute` versehen werden. Im Fall der altbekannten Klasse `Becher` sieht das so aus:

```
[System::SerializableAttribute]
ref class Becher {
};
```

Listing 20.2   Die serialisierbare Klasse »Becher«

Die so ausgezeichnete Klasse ist nun serialisierbar:[11]

```
Getraenke::Becher^ b;
b=gcnew Getraenke::Becher("Brause", 300,50);
BinaryFormatter^ formatter=gcnew BinaryFormatter;
FileStream^ strom=gcnew FileStream("test.dat",
                          FileMode::Create,
                          FileAccess::Write);
```

---

10 Unter den .NET-Attributen sind nicht Attribute zu verstehen, wie wir sie bei den Klassen kennengelernt haben. Es handelt sich vielmehr um zusätzliche, auslesbare Beschreibungen von Programmcode.

11 Nicht vergessen, den Namensbereich von `BinaryFormatter` mit `using namespace` global verfügbar zu machen.

```
formatter->Serialize(strom, b);
strom->Close();
```
Listing 20.3   Die Serialisierung eines »Bechers«

Deserialisiert wird der Becher wie folgt:

```
Getraenke::Becher^ b;
BinaryFormatter^ formatter=gcnew BinaryFormatter;
FileStream^ strom=gcnew FileStream("test.dat",
                                    FileMode::Open,
                                    FileAccess::Read);
b=dynamic_cast<Getraenke::Becher^>
                    (formatter->Deserialize(strom));
strom->Close();
Console::WriteLine(b);
```
Listing 20.4   Die Deserialisierung des »Bechers«

20.9   Praktische Anwendung

Dieser Abschnitt soll nach der geballten Theorie des bisherigen Kapitels anhand typischer Situationen die Dateiverwaltung in der Praxis demonstrieren.

Um alle Eventualitäten zu berücksichtigen, müssten potenziell auftretende Ausnahmen aufgefangen werden. Bei den folgenden Beispielen steht jedoch die grundsätzliche Vorgehensweise im Vordergrund. Sie verzichten daher auf eine Ausnahmebehandlung.

20.9.1   Einlesen einer Textdatei
Zur Bewältigung dieser Aufgabe gibt es verschiedene Möglichkeiten.

Komplettes Einlesen mit ReadAllText
Die Methode `ReadAllText` der Klasse `File` liest die gesamte Textdatei in einen `String`:

```
String^ inhalt=File::ReadAllText("Readme.txt",
                                  System::Text::Encoding::UTF7);
Console::WriteLine(inhalt);
```
Listing 20.5   Textdatei einlesen mit »ReadAllText«

Die automatisch erzeugte Readme-Datei im Projektverzeichnis ist in UTF7 codiert. Eine automatische Erkennung funktioniert nur bei UTF8 und UTF32, deshalb ist eine explizite Angabe der Codierung notwendig.

Komplettes Einlesen mit ReadAllLines

Diese Methode von File liest die Textdatei zeilenweise und liefert ein String-Array zurück:

```
array<String^>^ inhalt;
inhalt=File::ReadAllLines("Readme.txt",
                        System::Text::Encoding::UTF7);
for each(String^ s in inhalt)
  Console::WriteLine(s);
```

Listing 20.6 Textdatei einlesen mit »ReadAllLines«

Zeichenweises Einlesen mit einem StreamReader

```
FileStream^ dat=gcnew FileStream("Readme.txt",
                        FileMode::Open,
                        FileAccess::Read);
StreamReader^ rdr;
Rdr==gcnew StreamReader(dat,
                    System::Text::Encoding::UTF7);
while(!rdr->EndOfStream) {
  wchar_t c=rdr->Read();
  Console::Write(c);
}
rdr->Close();
```

Listing 20.7 Textdatei zeichenweise einlesen

Die beiden Anweisungen in der while-Schleife hätten auch zu einer zusammengefasst werden können:

```
Console::Write(static_cast<wchar_t>(rdr->Read()));
```

20.9.2 Beschreiben einer Log-Datei

Eine Log-Datei ist eine Textdatei, in die entsprechende Informationen über aufgetretene Ereignisse während der Laufzeit geschrieben werden.

Zum Beschreiben einer solchen Datei bietet sich die statische Methode Append-AllText der Klasse File an, die einen String an eine Datei hängt:

```
String^ s="Programm läuft";
File::AppendAllText("log.txt",s);
```
Listing 20.8   Text an eine Datei hängen

20.9.3   Datei byteweise kopieren

Für das byteweise Lesen und Schreiben kommen die Klassen `BinaryReader` und `BinaryWriter` zum Einsatz. Leider besitzt `BinaryReader` keine Eigenschaft `EndOfStream` wie `StreamReader`, sodass vor dem konkreten Lesevorgang mit `PeekChar` nachgesehen werden muss, ob noch Daten im Strom enthalten sind.

```
FileStream^ sin;
sin=gcnew FileStream("Readme.txt",
                     FileMode::Open,
                     FileAccess::Read);
FileStream^ sout;
sout=gcnew FileStream("Readme.bak.txt",
                      FileMode::Create,
                      FileAccess::Write);
BinaryReader^ bin=gcnew BinaryReader(sin);
BinaryWriter^ bout=gcnew BinaryWriter(sout);
while(bin->PeekChar()!=-1)
  bout->Write(bin->ReadByte());
bin->Close();
bout->Close();
```
Listing 20.9   Datei byteweise kopieren

20.10   Zusammenfassung

Dieses Kapitel stellte die für die Dateiverwaltung notwendigen Klassen vor.

Auf oberster Ebene liefert die Klasse `DriveInfo` Informationen über die Laufwerke. Die Klassen `Directory` und `DirectoryInfo` ermitteln die Informationen für Verzeichnisse und die Klassen `File` und `FileInfo` schließlich geben Aufschluss über die Dateiinformationen.

Um Dateien lesen und beschreiben zu können, werden Dateiströme der Klasse `FileStream` benötigt.

Das konkrete Lesen und Beschreiben erledigen binär die Klassen `BinaryReader` und `BinaryWriter`, und auf Textbasis die Klassen `StreamReader` und `StreamWriter`.

Speziell für die Serialisierung und Deserialisierung existiert unter anderem die Klasse `BinaryFormatter`, die Objekte binär serialisiert und deserialisiert.

20.11 Übungen

1. Geben Sie für ein Verzeichnis (fest verdrahtet oder vom Anwender erfragt) alle darin enthaltenen Dateien mit ihrem Namen (ohne Pfad) und Länge in Kilobyte aus.

2. Erweitern Sie Übung 1 so, dass auch für alle Unterverzeichnisse die Dateinamen mit Dateigröße in Kilobyte ausgegeben werden. Geben Sie zur besseren Übersicht nicht nur den Dateinamen, sondern den kompletten Pfad an.

3. Erweitern Sie Übung 2 so, dass auch für Verzeichnisse die Größe in Kilobyte angegeben wird. Dazu muss die Summe der Größen der im Verzeichnis befindlichen Dateien berechnet werden.

4. Schreiben Sie ein Programm, das eine Textdatei einliest und für jeden Buchstaben (nicht zwischen Groß- und Kleinschreibung unterscheiden) ausgibt, wie oft er vorkam.

5. Erweitern Sie Übung 4 so, dass zusätzlich der prozentuale Anteil des Buchstabens am Gesamttext ausgegeben wird.

Input, Output, Kaputt
– Unbekannter Verfasser

21 Delegaten & Ereignisse

Dieses Kapitel dreht sich um die klassenüberschreitende Übermittlung von Informationen. Im Kern geht es dabei um folgende Probleme:

▶ Programmcode ihrer Klasse soll die Methode einer anderen Klasse aufrufen, diese andere Klasse ist aber zur Kompilationszeit nicht bekannt.

▶ Programmcode ihrer Klasse soll beliebig viele, aber zur Kompilationszeit unbekannte Adressaten über das Auftreten einer bestimmten Situation informieren.

Die Lösung dieser Probleme benötigt neue Mechanismen, die im weiteren Verlauf vorgestellt und erklärt werden.

21.1 Delegaten

Wie Sie an allen Beispielen bisher gesehen haben, läuft die Kommunikation zwischen Objekten primär über Methodenaufrufe. Der Aufruf einer Methode kann Daten an das Objekt übergeben oder Daten aus dem Objekt liefern. Bezeichnend für die bisherige Kommunikation ist die Passivität der Objekte zwischen den Methodenaufrufen.

Ein `Becher`-Objekt führt keinen Programmcode aus und ändert auch seinen Zustand nicht, wenn keine Methoden von ihm aufgerufen werden. Und weil allein unser Programm Methoden aufruft, kann sich der Zustand des Objekts auch nur durch unsere Aufrufe ändern.

Etwas schwieriger wird es, wenn nicht nur unser Programm den Zustand eines Objekts ändert,[1] wir aber über eine fremde Zustandsänderung informiert werden wollen.

---

1 In Multithreading-Umgebungen können mehrere Threads Methoden eines Objekts aufrufen. Oder der Benutzer ändert den Objektzustand über eine grafische Benutzeroberfläche.

Der erste Schritt zur Lösung dieser Problematik besteht in einem Mechanismus, mit dem sich zur Laufzeit bestimmen lässt, welche Methoden aufgerufen werden sollen.

Grundlage unserer Betrachtungen sind die in Listing 21.1 vorgestellten Testklassen.

```
ref class KlasseA {
public:
  void fktA(String^ s) {
    Console::WriteLine("Klasse A:"+s);
  }
};

ref class KlasseB {
public:
  static void fktB(String^ s) {
    Console::WriteLine("Klasse B:"+s);
  }
};
```

Listing 21.1 Die Testklassen »KlasseA« und »KlasseB«

Die Klasse KlasseA besitzt eine herkömmliche Objektmethode, KlasseB ist mit einer statischen Methode[2] ausgestattet.

Wenn jetzt während der Laufzeit entschieden werden soll, ob die Methode von KlasseA oder KlasseB aufgerufen wird, ließ sich dies bisher nur mit einer Verzweigung programmieren:

```
KlasseA^ objA=gcnew KlasseA;
Console::Write("1 für KlasseA, 2 für KlasseB:");
int x=Convert::ToInt32(Console::ReadLine());
if(x==1)
  objA->fktA("test");
else if(x==2)
  KlasseB::fktB("test");
```

Listing 21.2 Methodenverweise zur Laufzeit ohne Delegaten

Wir zeigten bisher aber noch keine Möglichkeit, die ermittelte Methode einer anderen Methode zu übergeben, gewissermaßen ein Verweis auf eine Methode. Und genau hier kommen die Delegaten ins Spiel.

---

2 Abschnitt 10.8.1

Ein Delegat ist nämlich von seiner Bedeutung nichts anderes, als ein Verweis auf eine Methode. Wird der Delegat aufgerufen, ruft dieser die Methode auf, auf die er verweist. Abbildung 21.1 stellt diesen Sachverhalt grafisch dar.

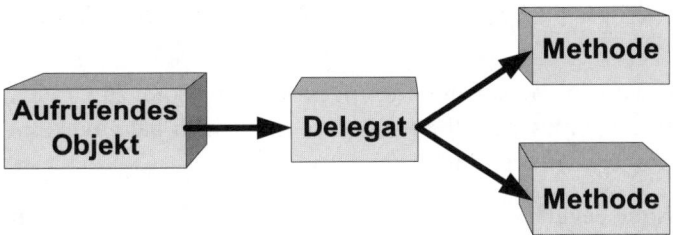

Abbildung 21.1　Die Funktionsweise eines Delegaten

Um einen Delegaten zu definieren, muss zuerst der gewünschte Delegattyp spezifiziert werden. Der Delegattyp sieht aus wie eine Funktions- oder Methodendeklaration, wird aber mit dem Schlüsselwort `delegate` eingeleitet:

```
delegate void DelegatTyp(String^);
```

Die Definition eines Delegattyps kann außerhalb einer Klasse stehen oder Bestandteil einer Klasse sein. Im letzteren Fall kann der Zugriff auf den Delegattyp über ein entsprechendes Zugriffsrecht eingeschränkt werden (vergleichbar mit `typedef`[3]).

Wie Abbildung 21.1 zeigt, verweist ein Delegat auf Methoden. Auf welche Methoden er verweisen kann, wird über seine Signatur festgelegt. Der oben definierte Typ `DelegatTyp` kann nur auf Methoden zeigen, die keinen Rückgabewert und einen Funktionsparameter des Typs `String^` besitzen.

Wird ein Delegat erzeugt, dann wird dem Konstruktor entweder ein Objekt und eine Methode der Klasse übergeben, wenn es sich um eine Objektmethode handelt, oder nur eine Methode, wenn auf eine statische Methode verwiesen werden soll.

Delegaten selbst sind Verweistypen. Im Folgenden macht das Beispiel aus Listing 21.2 Gebrauch von einem Delegaten:

```
KlasseA^ objA=gcnew KlasseA;
Console::Write("1 für KlasseA, 2 für KlasseB:");
int x=Convert::ToInt32(Console::ReadLine());
DelegatTyp^ dlg;
if(x==1)
  dlg=gcnew DelegatTyp(objA, &KlasseA::fktA);
```

3　Abschnitt 10.9, »Typedef«

```
else if(x==2)
  dlg=gcnew DelegatTyp(&KlasseB::fktB);

dlg->Invoke("test");
```
Listing 21.3 Methodenverweise mit Delegaten

Um die Methode selbst von einem Aufruf derselbigen unterscheiden zu können, wird ein & davor gesetzt. Bei dieser Methodenangabe muss auch bei Objektmethoden die Klasse mit angegeben werden.

Über die Delegat-Methode Invoke – sie besitzt dieselbe Signatur wie der Delegattyp – werden die Methoden, auf die der Delegat verweist, aufgerufen.

Der Delegat selbst ist ein Objekt und könnte daher einer Methode übergeben werden.

21.1.1 Multicast-Delegaten

Ein Delegat kann auch auf mehrere Methoden verweisen, man spricht in diesem Fall von einem Multicast-Delegaten. Dazu werden bestehende Delegaten mit dem Operator + verknüpft. Daraus entsteht ein neuer Delegat:

```
KlasseA^ objA=gcnew KlasseA;

DelegatTyp^ dlg1=gcnew DelegatTyp(objA, &KlasseA::fktA);
DelegatTyp^ dlg2=gcnew DelegatTyp(&KlasseB::fktB);
DelegatTyp^ mdlg=dlg1+dlg2;
mdlg->Invoke("test");
```
Listing 21.4 Beispiel eines Multicast-Delegaten

Ein Delegat kann auch mit += einem anderen hinzugefügt werden:

```
dlg1+=dlg2;
```

Methodenverweis entfernen

Um einen Methodenverweis aus einem Multicast-Delegaten zu entfernen, muss die zu entfernende Methode zuerst in einen Delegaten gepackt und dieser dann mit -= entfernt werden. Die folgende Anweisung entfernt den Verweis auf KlasseB::fktB aus dem Delegaten dlg1:

```
dlg1-=gcnew DelegatTyp(&KlasseB::fktB);
```

21.2 Ereignisse

Kommen wir wieder auf das ursprüngliche Problem dieses Kapitels zu sprechen; wir wollen über eine von fremdem Code ausgeführte Änderung eines Objektzustands informiert werden. Der Schlüssel dazu sind die Ereignisse (events), deren Funktionsweise in Abbildung 21.2 zusammengefasst ist.

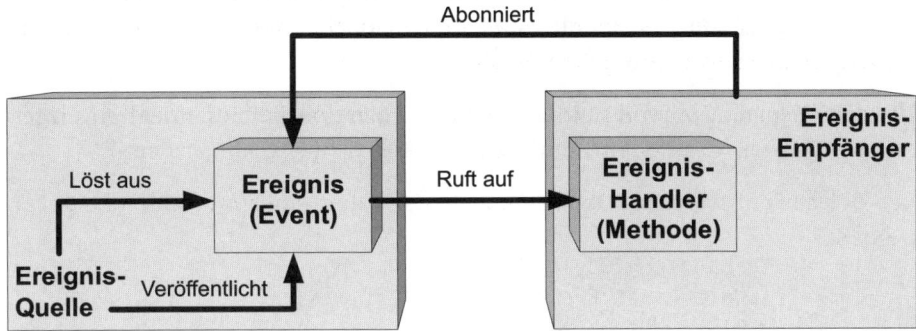

Abbildung 21.2 Die Funktionsweise von Ereignissen

Ein Objekt kann die Änderung seines Objektzustands über ein Ereignis zugänglich machen. Dieses Objekt ist die Ereignisquelle. Sie veröffentlicht das Ereignis, sodass andere Objekte es abonnieren können. Sie werden damit zu Ereignisempfängern. Bei einer Auslösung des Ereignisses werden alle Ereignisempfänger benachrichtigt.

Gehen wir diesen Mechanismus Schritt für Schritt durch. Die Art, wie ein Ereignis sein Auslösen mitteilt, wird über einen Delegattyp bestimmt. In unserem Fall soll die Ereignisquelle lediglich einen String übermitteln.

Die einem Ereignis zugrunde liegenden Delegaten werden »Ereignis-Handler« beziehungsweise »event handler« genannt, der besseren Wiedererkennung wegen enden die Namen dieser Delegattypen unter .NET mit »EventHandler«. Wir folgen dieser Konvention und nennen unseren Delegattypen TextEvent-Handler:

```
delegate void TextEventHandler(String^);
```

Die Ereignisquelle stellt nun ein auf diesem Delegaten basierendes Ereignis bereit:

```
ref class Ereignisquelle {
public:
  event TextEventHandler^ Text;
```

```
    void EreignisAuslösen() {
      Text("Ereignistext"); // Auslösen des Ereignisses
    }
};
```

Listing 21.5   Die Ereignisquelle

Ein Ereignis kann nur innerhalb der Klasse ausgelöst werden. Daher besitzt Ereignisquelle eine Hilfsmethode EreignisAuslösen, mit der später das Auftreten des Ereignisses simuliert wird.

Um das Beispiel zu vervollständigen, kommt noch eine an diesem Ereignis interessierte Klasse Ereignisempfänger hinzu:

```
ref class Ereignisempfänger {
public:
    void eventbehandlung(String^ s) {
      Console::WriteLine("Ereignis ausgelöst:"+s);
    }
};
```

Listing 21.6   Der Ereignisempfänger

Die Klasse Ereignisempfänger besteht nur aus einer Methode, die bei der Auslösung des Ereignisses aufgerufen werden soll.

Damit ein Ereignis auftreten und auf dieses reagiert werden kann, sind entsprechende Objekte nötig:

```
Ereignisquelle^ q=gcnew Ereignisquelle;
Ereignisempfänger^ e=gcnew Ereignisempfänger;
```

Abonniert wird ein Ereignis, indem die gewünschte Methode in einen Delegaten gepackt und dieser dem Ereignis mit += hinzugefügt wird:

```
q->Text+=gcnew TextEventHandler(e,
          &Ereignisempfänger::eventbehandlung);
```

Schlussendlich kann über EreignisAuslösen das Ereignis ausgelöst werden:

```
q->EreignisAuslösen();
```

Bei einer sauberen Programmierung sorgt der Ereignisempfänger selbst für ein Abonnement des gewünschten Ereignisses, wie Sie im nachfolgenden Beispiel sehen werden.

21.2.1 Die Klasse Becher mit Ereignissen

Dieser Abschnitt stattet die Klasse Becher zu Demonstrationszwecken mit einem Ereignis aus, das bei einem leeren Becher ausgelöst wird. Dazu benötigen wir zuerst die Methoden Leeren und Fuellen, mit denen die Füllmenge des Bechers verändert werden kann:

```
int Leeren(int menge) {
  if(menge>=AbsoluteMenge) {
    int m=static_cast<int>(AbsoluteMenge);
    fuellhoehe=0;
    return(m);
  }
  else {
    AbsoluteMenge-=menge;
    return(menge);
  }
}

int Fuellen(int menge) {
  if(menge>(fassungsvermoegen-AbsoluteMenge)) {
    int m=static_cast<int>(fassungsvermoegen-AbsoluteMenge);
    fuellhoehe=100;
    return(m);
  }
  else {
    AbsoluteMenge+=menge;
    return(menge);
  }
}
```

Listing 21.7 Die Methoden »Leeren« und »Fuellen« von »Becher«

Die Methoden geben die hinzuzufügende oder abzuziehende Menge in Millilitern an und liefern die tatsächliche hinzugefügte/abgezogene Menge in Millilitern zurück.

Wie im vorigen Abschnitt besprochen, benötigen wir zuallererst einen Delegaten, der die Signatur des Ereignisses festlegt. In diesem Fall reicht der bloße Aufruf einer Methode, Parameter sind nicht notwendig. Der Delegat soll BecherLeer-EventHandler heißen[4] und wird vor die Klassendefinition von Becher platziert:

```
delegate void BecherLeerEventHandler();
```

---

4 Falls Sie sich über den langen Namen des Delegaten wundern, dann warten Sie einmal ab, bis Sie mit den Event-Handlern von .NET konfrontiert werden.

Darauf fußend bekommt die Klasse `Becher` ein Ereignis geschneidert, das `BecherLeer` genannt wird:

```
ref class Becher {
// ...
public:
  event BecherLeerEventHandler^ BecherLeer;
// ...
};
```

Das hinzugefügte Ereignis muss jetzt noch bei leerem Becher ausgelöst werden. Das geschieht passenderweise in der Methode `Leeren`:

```
int Leeren(int menge) {
  if(menge>=AbsoluteMenge) {
    int m=static_cast<int>(AbsoluteMenge);
    fuellhoehe=0;
    BecherLeer();
    return(m);
  }
  else {
    AbsoluteMenge-=menge;
    return(menge);
  }
}
```

Listing 21.8   Die Methode »Leeren« mit Ereignisauslöser

Wer wäre prädestinierter, auf einen leeren Becher zu reagieren, als ein Kellner? Schnell schreiben wir eine solche Klasse, stellen sein Licht aber insofern unter den Scheffel, als dass der Kellner hier nur einen Becher beobachten kann:

```
ref class Kellner {
  Becher^ becher;
  void nachfuellen() {
    Console::WriteLine("Nachfüllen: "+becher);
  }
public:
  Kellner(Becher^ b)
  : becher(b) {
    becher->BecherLeer+=gcnew BecherLeerEventHandler(this,
                             &Kellner::nachfuellen);
  }
};
```

Listing 21.9   Die Klasse »Kellner«

Der Konstruktor des Kellners bekommt den zu beobachtenden Becher übergeben und abonniert sein Ereignis `BecherLeer`.

Folgendes Fragment zeigt die Funktionsweise:

```
Becher^ b=gcnew Becher("Milch", 300, 100);
Kellner^ k=gcnew Kellner(b);

Console::WriteLine(b->Leeren(200));
Console::WriteLine(b->Leeren(200));
```

Beim zweiten Aufruf von `Leeren` werden die noch im Becher verbliebenen 100 ml geleert und der Kellner benachrichtigt.

21.3 Zusammenfassung

Dieses Kapitel behandelte die Kommunikation zwischen Objekten. Die Basis dazu bilden die Delegaten. Delegaten sind Objekte, denen zur Laufzeit Methoden zugewiesen werden können, die dann bei Bedarf vom Delegaten aufgerufen werden können.

Mit diesen Delegaten wurden Ereignisse implementiert, die interessierte Objekte abonnieren können und somit bei einem Auftreten des Ereignisses informiert werden.

21.4 Übungen

Wenn Sie die Übungen bisher immer umgesetzt haben, dann werden Sie bereits einige Klassen besitzen. Überlegen Sie sich, welche dieser Klassen mit sinnvollen Ereignissen ausgestattet werden können. Vielleicht lässt sich bei dem ein oder anderen Projekt mit Ereignissen sogar die Kommunikation zwischen den Objekten verbessern.

Wenn der Computer wirklich alles kann,
dann kann er mich mal kreuzweise.
– Manfred Schmidt

22 Collections

Unter Collections (Auflistungen) versteht man Klassen, deren Objekte Gruppen anderer Objekte verwalten. Eine Collection haben Sie unter .NET bereits mit dem Array kennengelernt.

Die verschiedenen Collections sowie die mit ihnen zusammenhängenden Klassen und Schnittstellen befinden sich im Namensbereich `System::Collections`.

Bevor wir tiefer in diese Thematik einsteigen, steht noch die Betrachtung einiger Schnittstellen an, die von Methoden einer Auflistung verwendet werden.

22.1 IComparer

Die Schnittstelle `IComparer` fordert die Implementierung einer `Compare`-Methode:

```
int Compare(Object^ obj1, Object^ obj2);
```

Die Rückgabewerte von `Compare` müssen den in Tabelle 17.2 aufgeführten Werten entsprechen.

Durch `IComparer` abgeleitete Klassen kommen immer dann zum Einsatz, wenn ein auf ein bestimmtes Problem zugeschnittener Vergleich benötigt wird. Betrachten wir als Beispiel die Klasse `BecherVergleich`, die eine `Compare`-Methode für `Becher`-Objekte bereitstellt:

```
ref class BecherVergleich : IComparer {
public:
  virtual int Compare(Object^ obj1, Object^ obj2) {
    float am1=(dynamic_cast<Becher^>(obj1))->AbsoluteMenge;
    float am2=(dynamic_cast<Becher^>(obj2))->AbsoluteMenge;
    if(am1<am2)
      return(-1);
```

```
      if(am1>am2)
        return(1);
      return(0);
    }
};
```

Listing 22.1 Die Klasse »BecherVergleich«

Um die `Becher`-Eigenschaft `AbsoluteMenge` aufrufen zu können, muss auf die `Object`-Verweise zunächst ein Downcast[1] ausgeführt werden. Dabei ist es essenziell, dass die an die `Compare`-Methode übergebenen Objekte tatsächlich der Klasse `Becher` oder von ihr abgeleiteten Klassen angehören. In allen anderen Fällen wird eine Ausnahme geworfen.

22.2   IComparable

Die `IComparable`-Schnittstelle besteht nur aus einer Methode namens `CompareTo`, die das aufrufende Objekt mit dem übergebenen Objekt vergleicht und einen Rückgabewert gemäß Tabelle 17.2 besitzt:

```
int CompareTo(Object^ objekt);
```

Die Schnittstelle sollte von allen Klassen implementiert werden, deren Objekte sich vergleichen lassen können oder müssen. Die Klasse `Becher` könnte diese Schnittstelle beispielsweise implementieren, um die absolute Füllmenge zweier Becher vergleichen zu können:

```
ref class Becher : System::IComparable {
  // ...
public:
  virtual int CompareTo(Object^ b) {
    float am=(dynamic_cast<Becher^>(b))->AbsoluteMenge;
    if(AbsoluteMenge<am)
      return(-1);
    if(AbsoluteMenge>am)
      return(1);
    return(0);
  }

  // ...
};
```

Listing 22.2 Die Klasse »Becher« implementiert IComparable

---

1 Abschnitt 11.11, »Downcasts«

22.3 Collection-Schnittstellen

Collections unterscheiden sich in der internen Datenstruktur und den bereitgestellten Zugriffsmöglichkeiten. Grundlage aller Collections bilden die in Abbildung 22.1 dargestellten Schnittstellen, die selbst wiederum eine Hierarchie bilden.

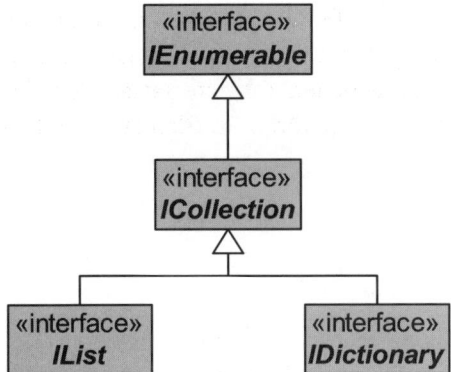

Abbildung 22.1 Die Collection-Schnittstellen

Diese Schnittstellen sollen nun im Einzelnen betrachtet werden.

22.4 IEnumerable

Die Schnittstelle `IEnumerable` fordert von einer Collection, aufzählbar zu sein. Dazu bietet sie die Methode `GetEnumerator`, die einen die Schnittstelle `IEnumerator` implementierenden Enumerator liefert. Abbildung 22.2 zeigt die beiden Klassen mit den für uns wichtigen Elementen.

Eigenschaften zählen technisch zu den Methoden, deshalb sind sie in der UML unter den Methoden aufgeführt. Um sie im Diagramm dennoch von den Methoden unterscheiden zu können, habe ich mich entschlossen, vor den Namen der Eigenschaft das Stereotyp `<<property>>` zu setzen.

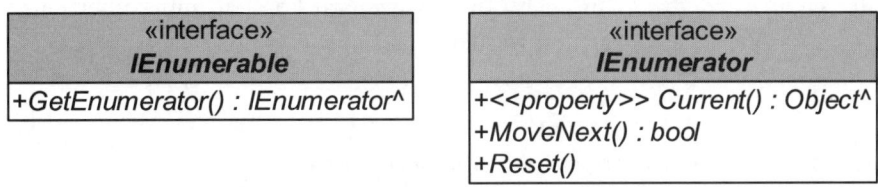

Abbildung 22.2 Die Schnittstellen IEnumerable und IEnumerator

Ein Enumerator bietet die Möglichkeit, eine Collection vom Anfang bis zum Ende sequenziell zu durchlaufen.[2]

Mit der Methode `Reset` wird die Position des Enumerators *vor* das erste Element gesetzt. Durch den ersten Aufruf von `MoveNext` springt der Enumerator auf das nächste – in diesem Fall erste – Element. Ob es ein solches Element gibt, teilt die Methode mit ihrem booleschen Rückgabewert mit. Liefert `MoveNext` den Wert `true`, dann ist der aktuelle Wert über `Current` verfügbar.

Das folgende Beispiel durchläuft ein herkömmliches Array mit einem Enumerator:[3]

```
array<int>^ x={2,8,22,63,35};

IEnumerator^ e=x->GetEnumerator();
e->Reset();
while(e->MoveNext())
  Console::WriteLine(e->Current);
```
Listing 22.3 Ein Array mit Enumerator durchlaufen

Im obigen Beispiel dient der Aufruf von `Reset` nur der Demonstration, da der Enumerator nach seiner Erzeugung immer vor dem ersten Element steht. Die Methode `Reset` muss nur aufgerufen werden, wenn derselbe Enumerator ein weiteres Mal über die Elemente traversieren soll.

22.5   ICollection

Wie in Abbildung 22.3 zu sehen, erweitert die Schnittstelle `ICollection` die Schnittstelle `IEnumerable` um die Eigenschaft `Count`, mit der die Anzahl der Elemente in der Collection bestimmt werden kann, und der Methode `CopyTo`, die ein Kopieren der Collection in ein Array erlaubt.

Listing 22.4 zeigt den Einsatz der von `ICollection` deklarierten Elemente. Die Inhalte zweier Arrays werden über die `CopyTo`-Methode in ein Array kopiert, dessen Größe später ausgegeben wird. Die Größe des Arrays ist über die Eigenschaft Length verfügbar. Um auch Count nutzen zu können, muss über einen `ICollection`-Verweis zugegriffen werden.

---

2 In der STL von ANSI-C++ entspricht das einem Forward-Iterator.
3 Dies setzt voraus, dass ein Array die Schnittstelle `IEnumerable` implementiert, was natürlich der Fall ist.

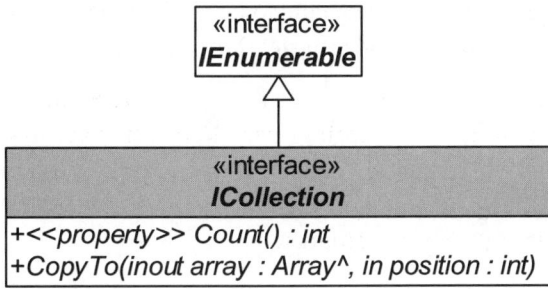

Abbildung 22.3   Die Schnittstelle ICollection

```
array<int>^ a1={1,2,3};
array<int>^ a2={4,6,8};
array<int>^ x=gcnew array<int>(6);

a1->CopyTo(x,0);
a2->CopyTo(x,3);
ICollection^ c=x;
Console::WriteLine(c->Count);

for each(int i in c)
  Console::WriteLine(i);
```
Listing 22.4   ICollection im Einsatz

Zwei Collections, welche die Schnittstelle ICollection implementieren, sind Queue und Stack.

22.5.1   Queue

Der Begriff »Queue« bezeichnet eine Schlange im Sinne von Menschen- oder Warteschlange. Genau wie bei einer Warteschlange ist das zuerst in die Schlange getretene Element auch das erste, das die Schlange wieder verlässt. Man spricht von einer FIFO-Struktur[4].

Die Klasse besitzt unter anderem einen parameterlosen Konstruktor und einen Konstruktor, der den Inhalt der Queue aus einer übergebenen ICollection konstruiert:

```
Queue();
Queue(ICollection^ collection);
```

---

4 »First in first out«, auf Deutsch soviel wie »Zuerst rein, zuerst raus«.

Abgesehen von implementierten Schnittstellenmethoden besitzt die Klasse noch andere interessante Methoden, von denen die wichtigsten hier aufgeführt sind:

Dequeue – Element entfernen

```
Object^ Dequeue();
```

entfernt das Objekt am Anfang der Queue und liefert es zurück.

Enqueue – Element hinzufügen

```
void Enqueue(Object^ objekt);
```

hängt das übergebene Objekt an das Ende der Queue an.

Peek – Element ansehen

```
Object^ Peek();
```

liefert wie `Dequeue` das Objekt am Anfang der Queue, entfernt es aber nicht.

ToArray – Als Array zurückliefern

```
array<Object^>^ ToArray();
```

liefert ein Array mit den Elementen der Queue zurück.

Weitere Methoden

Über die von `ICollection` geforderte Funktionalität hinaus bietet `Queue` noch die Methoden `Clear` und `Contains`, die bei `IList` erklärt werden.

Anwendungsbeispiel

Im Folgenden werden drei `int`-Werte in eine Queue geschrieben und anschließend Werte aus der Queue gelesen und entfernt, bis keine Elemente mehr enthalten sind:

```
Queue^ q=gcnew Queue;
q->Enqueue(23);
q->Enqueue(34);
q->Enqueue(45);
while(q->Count!=0)
  Console::WriteLine(q->Dequeue());
```

Listing 22.5 Ein Beispiel für Queue

22.5.2 Stack

Bei einem Stack (zu Deutsch »Stapel«) handelt es sich um eine LIFO-Struktur[5]; das zuletzt auf den Stapel gelegte Element ist das erste, das wieder entfernt wird.

Typisches Anwendungsbeispiel für einen Stack ist die Verwaltung der Rücksprungadressen bei Methodenaufrufen. Der Punkt, von dem zuletzt zu einer Methode gesprungen wurde, zu dem muss nach Beendigung der Methode als Erstes wieder zurückgesprungen werden.

Die Klasse besitzt einige Konstruktoren, von denen hier zwei vorgestellt werden.

```
Stack();
Stack(ICollection^ collection);
```

Wie bei einer Queue kann ein leerer oder ein aus einer übergebenen `ICollection` konstruierter Stack erzeugt werden. Die Klasse ergänzt die Schnittstellenmethoden noch um folgende Methoden:

Peek – Element ansehen

```
Object^ Peek();
```

liefert wie `Pop` das oberste Objekt des Stacks, entfernt es aber nicht.

Pop – Element entfernen

```
Object^ Pop();
```

entfernt das oberste Element des Stacks und liefert es zurück.

Push – Element hinzufügen

```
void Push(Object^ objekt);
```

legt das übergebene Objekt oben auf dem Stack ab.

ToArray – Als Array zurückliefern

```
array<Object^>^ ToArray();
```

liefert ein Array mit den Elementen des Stacks zurück.

Weitere Methoden

Wie `Queue` besitzt `Stack` noch die bei `IList` erklärten Methoden `Clear` und `Contains`.

---

5 LIFO steht für »Last in, first out«, auf Deutsch etwa »Letzter rein, erster raus«.

Anwendungsbeispiel

Um den Unterschied zu verdeutlichen, wird im Folgenden das Beispiel der Queue verwendet und auf Stacks umgeändert:

```
Stack^ s=gcnew Stack;
s->Push(23);
s->Push(34);
s->Push(45);
while(s->Count!=0)
  Console::WriteLine(s->Pop());
```
Listing 22.6 Ein Beispiel für Stack

Die Zahlen werden in umgekehrter Reihenfolge ihres Einfügens ausgegeben.

22.6   IList

Die Schnittstelle IList stellt eine Erweiterung von ICollection dar und bildet die Grundlage aller Collections mit wahlfreiem Zugriff[6]. Abbildung 22.4 zeigt die Schnittstelle im Überblick, und Tabelle 22.1 stellt die Elemente detaillierter dar.

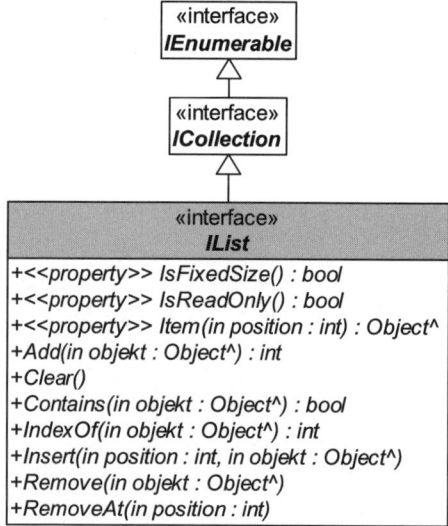

Abbildung 22.4 Die Schnittstelle IList

---

6 Unter »wahlfreiem Zugriff« wird die Möglichkeit verstanden, jedes Element einer Collection direkt ansprechen zu können. Im Gegensatz dazu muss bei einem sequenziellen Zugriff immer am Anfang der Collection begonnen und die Collection bis zum gewünschten Element durchlaufen werden.

Element	Beschreibung
IsFixedSize	Liefert true, wenn die Größe der Liste nicht verändert werden kann (was bei Arrays der Fall ist).
IsReadOnly	Liefert true, wenn die Listeninhalte nicht verändert werden können.
Item	Der Klassen-Indexer der Liste.[7] Über ihn kann auf die Elemente wahlfrei zugegriffen werden.
Add	Fügt ein Element hinzu und liefert den Index des neuen Elements zurück.
Clear	Löscht den Listeninhalt.
Contains	Liefert true, wenn das übergebene Objekt in der Liste enthalten ist.
IndexOf	Liefert den Index des übergebenen Objekts in der Liste oder −1, falls das Objekt nicht in der Liste enthalten ist.
Insert	Fügt ein Objekt an eine spezielle Position in der Liste ein.
Remove	Entfernt das übergebene Objekt aus der Liste.
RemoveAt	Entfernt das am übergebenen Index befindliche Objekt aus der Liste.

Tabelle 22.1 Die von IList geforderten Methoden und Eigenschaften

Nachstehend werden die Klassen vorgestellt die IList implementieren.

22.6.1 ArrayList

Die Klasse ArrayList basiert intern auf einem Array. Die Klasse sorgt jedoch dafür, dass sich das Array bei Bedarf dynamisch vergrößert.

Die wichtigsten Konstruktoren dieser Klasse erzeugen eine leere oder aus einer Collection erzeugte ArrayList:

```
ArrayList();
ArrayList(ICollection^ collection);
```

Als die Schnittstelle IList implementierende Klasse besitzt ArrayList alle von IList, ICollection und IEnumerator geforderten Methoden und darüber hinaus auch die folgenden:

AddRange – Bereich hinzufügen

```
void AddRange(ICollection^ collection);
```

Die Elemente der übergebenen Collection werden an die ArrayList angehängt,

---

7 Indexer werden in Abschnitt 17.4 erklärt.

BinarySearch – binäre Suche

Die `BinarySearch`-Methoden implementieren den Suchalgorithmus »Binäre Suche«. Voraussetzung für diesen Algorithmus ist eine sortierte `ArrayList`.

```
int BinarySearch(Object^ objekt);
```

sucht in der `ArrayList` nach dem Objekt `objekt`. Der Typ von `objekt` muss die Schnittstelle `IComparable`[8] implementieren.

```
int BinarySearch(Object^ objekt, IComparer^ vergleicher);
```

sucht in der`ArrayList` nach `objekt` und verwendet für die Vergleiche das Objekt `vergleicher`.[9] Die `Compare`-Methode von `vergleicher` sollte daher in der Lage sein, den entsprechenden Typ zu vergleichen.

```
int BinarySearch(int position,
                 int anzahl,
                 Object^ objekt,
                 IComparer^ vergleicher);
```

sucht in den `anzahl` Objekten ab der Indexposition `position` das Element `objekt` und verwendet für die Vergleiche `vergleicher`. Wird für `vergleicher` ein `nullptr` übergeben, dann kommt der Standardvergleicher zum Einsatz.

GetRange – Bereich liefern

```
ArrayList^ GetRange(int position, int anzahl);
```

liefert die `anzahl` Elemente ab Position `position` als `ArrayList` zurück.

InsertRange – Bereich einfügen

```
void InsertRange(int position, ICollection^ collection);
```

fügt in die `ArrayList` ab `position` die Elemente von `collection` ein.

LastIndexOf – Element von hinten suchen

```
int LastIndexOf(Object^ objekt);
int LastIndexOf(Object^ objekt, int position);
int LastIndexOf(Object^ objekt, int position, int anzahl);
```

liefert durch sequenzielle Suche die Position des letzten Vorkommens von `objekt`. Wird `objekt` nicht gefunden, dann ist das Ergebnis −1.

---

8 Abschnitt 22.2, »IComperable«
9 Die Schnittstelle `IComparer` ist in Abschnitt 22.1 erklärt.

Optional kann noch die Startposition der Suche (position) und die Anzahl der Zeichen, in denen gesucht werden soll (anzahl), angegeben werden.

RemoveRange – Bereich entfernen

```
void RemoveRange(int position, int anzahl);
```

entfernt aus der ArrayList ab Position position anzahl Elemente.

Reverse – Reihenfolge umdrehen

```
void Reverse();
void Reverse(int position, int anzahl);
```

dreht die Reihenfolge der ArrayList-Elemente, beziehungsweise der anzahl Elemente ab position, um.

Sort – Sortieren

sortiert die ArrayList mithilfe des Quicksort-Algorithmus.

```
void Sort();
```

sortiert die gesamte ArrayList. Der Elementtyp der ArrayList muss die IComparable-Schnittstelle implementieren.

```
void Sort(IComparer^ vergleicher);
```

sortiert die gesamte ArrayList, wobei die Vergleiche über das Objekt vergleicher vorgenommen werden.

```
void Sort(int position, int anzahl, IComparer^ vergleicher);
```

sortiert anzahl Elemente ab Position position und verwendet für die Vergleiche vergleicher. Bei Übergabe von nullptr für vergleicher wird der Standardvergleich verwendet.

22.7 IDictionary

Die Schnittstelle IDictionary ist von ICollection abgeleitet und ist die Basis aller Schlüssel-Wert-Collections.

Ein Eintrag in einem Dictionary[10] besteht immer aus zwei Komponenten; dem Schlüssel, der für die Sortierung und das Wiederauffinden des Eintrags erforder-

---

10 Der Name wurde gewählt in Anlehnung an ein Wörterbuch (englisch: Dictionary), welches als Schlüssel das Wort und als Wert die Erklärung des Wortes beinhaltet.

lich ist, und dem damit verknüpften Wert. Der Schlüssel muss dabei innerhalb des Dictionary eindeutig sein.

Abbildung 22.5 zeigt die Elemente von IDictionary sowie den dazugehörigen IDictionaryEnumerator. Tabelle 22.2 erklärt die Funktion der Methoden und Eigenschaften.

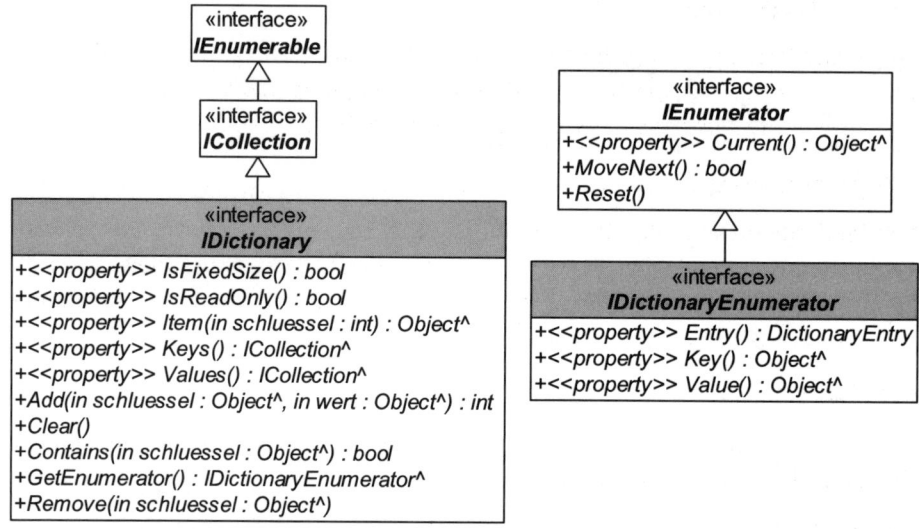

Abbildung 22.5   Die Schnittstelle IDictionary mit Enumerator

Element	Beschreibung
IsFixedSize	Liefert true, wenn die Größe des Dictionary nicht geändert werden kann.
IsReadOnly	Liefert true, wenn die Elemente des Dictionary nicht geändert werden können.
Item	Der Klassen-Indexer[11] des Dictionary. Über den Schlüssel kann der dazugehörige Wert ermittelt werden.
Keys	Liefert alle Schlüssel des Dictionary als ICollection.
Values	Liefert alle Werte des Dictionary als ICollection.
Add	Fügt ein Schlüssel-Wert-Paar dem Dictionary hinzu.
Clear	Löscht alle Elemente des Dictionary.
Contains	Liefert true, wenn ein Paar mit dem angegebenen Schlüssel existiert.
GetEnumerator	Liefert einen IDictionaryEnumerator für das Dictionary.
Remove	Entfernt das Schlüssel-Wert-Paar mit dem angegebenen Schlüssel.

Tabelle 22.2   Die von IDictionary geforderten Methoden und Eigenschaften

---

11 Abschnitt 17.4, »Indexer«.

Der IDictionaryEnumerator liefert über die Eigenschaft Entry ein Objekt des Werttyps DictionaryEntry, der die Eigenschaften Key und Value besitzt.

Die Schnittstelle IDictionary wird von den Klassen SortedList und Hashtable implementiert.

22.7.1 Hashtable

Die Klasse Hashtable speichert ihre Elemente mithilfe einer Hash-Tabelle.[12] Um in einer Hashtable gespeichert werden zu können, muss der Schlüsseltyp die von Object geerbte Methode GetHashCode überschreiben:

```
int GetHashCode();
```

Die Methode muss einen für jedes Objekt eindeutigen Wert liefern. Zwei gleiche Objekte müssen auch denselben Hashcode besitzen. Dazu muss meist auch die Equals-Methode überschrieben werden, die true liefert, wenn das aufrufende und das übergebene Objekt gleich sind:

```
bool Equals (Object^ objekt);
```

Hashtable besitzt über ein Dutzend Konstruktoren, hier sollen aber nur die beiden einfachsten vorgestellt werden:

```
Hashtable();
Hashtable(IDictionary^ dictionary);
```

Der erste Konstruktor erzeugt eine leere Hashtable, der zweite konstruiert die Hashtable aus den Elementen des übergebenen IDictionary.

Die Hashtable implementiert die Methoden von IEnumerable, ICollection und IDictionary und besitzt zusätzlich:

ContainsKey – ist Schlüssel enthalten?

```
bool ContainsKey(Object^schluessel);
```

liefert true, wenn die Hashtable einen Eintrag mit dem angegebenen Schlüssel enthält.

ContainsValue – ist Wert enthalten?

```
bool ContainsValue(Object^ wert);
```

---

12 Das Erklären des Hashverfahrens würde an dieser Stelle zu weit führen. Für eine Betrachtung in C++ sei auf [Willms01], für einen mathematischen Ansatz auf [Knuth98] verwiesen.

liefert `true`, wenn die `Hashtable` einen Eintrag mit dem angegebenen Wert enthält.

22.7.2 SortedList

Die `SortedList` ist in gewisser Weise eine Hybrid-Collection, denn sie erlaubt einerseits den wahlfreien Zugriff über einen Index, wie man es von `IList` gewohnt ist.

Andererseits implementiert sie aber die `IDictionary`-Schnittstelle, die es ermöglicht, Elemente über einen Schlüssel anzusprechen. Die Schlüssel müssen dabei in der `SortedList` eindeutig sein.

Die hier betrachteten Konstruktoren können eine leere `SortedList` oder eine mit den Elementen des übergebenen `IDictionary` gefüllte konstruieren.

```
SortedList();
SortedList(IDictionary^ dictionary);
```

Die Klasse implementiert die Methoden von `IEnumerable`, `ICollection` und `IDictionary` und ergänzt diese um einige eigene:

ContainsKey – ist Schlüssel enthalten?

```
bool ContainsKey(Object^ schluessel);
```

liefert `true`, wenn die `SortedList` einen Eintrag mit dem angegebenen Schlüssel enthält.

ContainsValue – ist Wert enthalten?

```
bool ContainsValue(Object^ wert);
```

liefert `true`, wenn die `SortedList` einen Eintrag mit dem angegebenen Wert enthält.

GetByIndex – hole Objekt über Index

```
Object^ GetByIndex(int position);
```

liefert den Wert an der angegebenen Position.

GetKey – hole Schlüssel über Index

```
Object^ GetKey(int position);
```

liefert den Schlüssel an der angegebenen Position.

GetKeyList – hole Schlüsselliste

```
IList^ GetKeyList();
```

liefert eine IList mit allen in der SortedList gespeicherten Schlüsseln.

GetValueList – hole Wertliste

```
IList^ GetValueList();
```

liefert eine IList mit allen in der SortedList gespeicherten Werten.

IndexOfKey – Index eines Schlüssels

```
int IndexOfKey(Object^ schluessel);
```

liefert die Position des angegebenen Schlüssels oder –1, wenn der Schlüssel nicht in der SortedList enthalten ist.

IndexOfValue – Index eines Werts

```
int IndexOfValue(Object^ wert);
```

liefert die Position des ersten Vorkommens von wert oder –1, wenn der Wert nicht in der SortedList enthalten ist.

RemoveAt – an Position entfernen

```
void RemoveAt(int position);
```

löscht das Schlüssel-Wert-Paar an der angegebenen Position.

SetByIndex – Wert über Index setzen

```
void SetByIndex(int position, Object^ wert);
```

Setzt den Wert an Position position auf wert.

22.8 Generische Collections

Die bisher in diesem Kapitel vorgestellten Collections sind bereits ganz nett – wenn auch für einen STL-gewohnten C++-Programmierer etwas spärlich –, aber sie haben einen großen Nachteil: Der Verlust von Typinformation. Ein Beispiel:

```
ArrayList^ al=gcnew ArrayList;
al->Add(gcnew Becher("Milch", 200,90));
al->Add(gcnew Becher("Kaffee", 300,80));
al->Add(gcnew Becher("Tee", 300,90));
```

```
Becher^ b=dynamic_cast<Becher^>(al[0]);
if(b!=nullptr)
  Console::WriteLine(b);
else
  Console::WriteLine("Kein Becher");
```

Listing 22.7 Ein Beispiel für verloren gegangene Typinformation

In die `ArrayList` werden drei `Becher`-Objekte gespeichert. Wenn nun einer dieser Becher angesprochen und einem `Becher`-Verweis zugewiesen werden soll, dann ist ein `dynamic_cast` unabdingbar, weil die `ArrayList` alle ihre Elemente als vom Typ `Object` verwaltet und der tatsächliche Typ dadurch verloren gegangen ist.

Schlimmer noch, es ist ohne Weiteres möglich, ein Objekt anderen Typs zwischen die Becher zu mogeln:

```
al->Add(1);
```

Bevor in Listing 22.7 über den Verweis b auf den Becher zugegriffen werden soll, ist daher zu überprüfen, ob es sich wirklich um ein `Becher`-Objekt handelt. Wir wissen, dass der `dynamic_cast` einen `nullptr` liefert, wenn die Umwandlung nicht durchgeführt werden konnte. Ist b ungleich `nullptr`, dann handelt es sich tatsächlich um ein `Becher`-Objekt.

Es wäre doch viel schöner, wenn sich die Collection »merken« würde, dass sie `Becher`-Objekte speichert.

Und genau dazu sind die in .NET 2.0 hinzugekommenen *generischen Collections* da. Sie stehen im Namensbereich **System.Collections.Generic**. Alle bisher besprochenen Collections gibt es auch in einer generischen, gleichnamigen Fassung. Lediglich die `ArrayList` heißt nun schlicht `List`.

Den generischen Collections muss ähnlich den C++Templates[13] in spitzen Klammern angegeben werden, welcher Typ zu verwalten ist.

Die Definition einer Liste für `Becher` sieht demnach so aus:

```
List<Becher^>^ l;
```

Schreiben wir das obige Beispiel so um, dass es generische Collections verwendet. Um den Unterschied klarer hervorzuheben, wurde der `Generic`-Namensbereich explizit angegeben:

---

13 Kapitel 14, »Templates«

```
Generic::List<Becher^>^ al=gcnew Generic::List<Becher^>;
al->Add(gcnew Becher("Milch", 200,90));
al->Add(gcnew Becher("Kaffee", 300,80));
al->Add(gcnew Becher("Tee", 300,90));

Becher^ b=al[0];
Console::WriteLine(b);
```
Listing 22.8 Der Einsatz generischer Collections

Nun bleibt die Typinformation erhalten, die Zuweisung eines Listenelements an einen Becher-Verweis erfordert keinen Downcast mehr.

Wenn Sie sich nun fragen, warum überhaupt noch die »alten« Collections besprochen wurden: Die meisten der Klassen, denen wir später bei der Oberflächenprogrammierung begegnen werden, setzen diese ein.

22.8.1 Die generischen Schnittstellen

Die Methoden der Schnittstellen IEnumerable, ICollection, IList und IDictionary sind bei den generischen Versionen unterschiedlich zugeordnet worden. Abbildung 22.6 zeigt die generischen Schnittstellen im Klassendiagramm.

Bleibt noch zu klären, wie IDictionary, die zwei variable Typen (TKey und TValue) besitzt, von einer Schnittstelle mit nur einem variablen Datentyp (ICollection) abgeleitet werden kann. Die Lösung besteht in einem Werttyp KeyValuePair, der die beiden variablen Datentypen von IDicionary als Attribute besitzt. Dieser eine Typ (KeyValuePair<TKey, TValue>) ist dann der Typ von ICollection. In C++ gesprochen sieht dieses Vererbungsverhältnis so aus:

```
generic<typename TKey, typename TValue>
public interface class IDictionary
                : ICollection<KeyValuePair<TKey, TValue>>
```

Hier ist auch schön zu sehen, wie eigene generische Klassen programmiert werden können; mit dem Schlüsselwort **generic**, und dahinter, in spitzen Klammern und durch Komma getrennt, die variablen Typen, jeweils eingeleitet mit dem Schlüsselwort **typename**.

Zusätzlich zu den bekannten Collections gibt es bei den generischen Collections noch zwei Neuzugänge, LinkedList und SortedDictionary: Diese sollen hier aber nicht weiter besprochen werden.

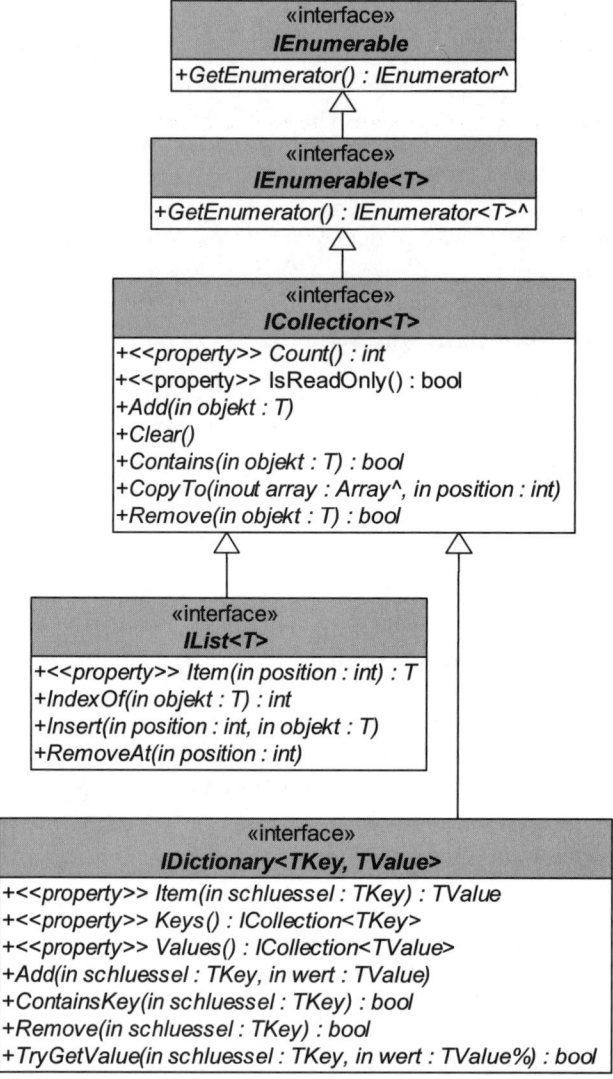

Abbildung 22.6 Die Schnittstellen der generischen Collections

22.9 Anwendungsbeispiele

Die Arbeit mit den Collections wird Sie unter .NET verfolgen, deshalb zeigt dieser Abschnitt die Anwendung einiger Klassen, um das Verständnis zu vertiefen.

22.9.1 Personen verwalten mit List

Es soll ein Programm geschrieben werden, das Personen mit Vornamen, Nachnamen und Sternzeichen verwalten kann. Die Personen sollen primär nach Nachnamen und sekundär nach Vornamen sortiert sein. Die Klasse heißt `PersonHoroskop`:

```
01:   ref class PersonHoroskop
          : System::IComparable<PersonHoroskop^> {
02:     System::String^ vorname;
03:     System::String^ nachname;
04:     System::String^ sternzeichen;

05:   public:
06:     PersonHoroskop(System::String^ vn,
                       System::String^ nn,
                       System::String^ sz)
07:       : vorname(vn), nachname(nn), sternzeichen(sz)
08:     { }

09:     PersonHoroskop() {
10:       Eingabe();
11:     }

12:     virtual System::String^ ToString() override {
13:       return(nachname+", "+vorname+": "+sternzeichen);
14:     }

15:     void Eingabe() {
16:       System::Console::Write("Nachname:");
17:       nachname=System::Console::ReadLine();
18:       System::Console::Write("Vorname:");
19:       vorname=System::Console::ReadLine();
20:       System::Console::Write("Sternzeichen:");
21:       sternzeichen=System::Console::ReadLine();
22:     }

23:     virtual int CompareTo(PersonHoroskop^ p) {
24:       int x=nachname->CompareTo(p->nachname);
25:       if(x!=0) return(x);
26:       return(vorname->CompareTo(p->vorname));
27:     }
28:   };
```

Listing 22.9 Die Klasse »PersonHoroskop«

▶ 01: Objekte der Klasse sollen von einer generischen Collection gespeichert werden. Daher leitet `PersonHoroskop` von der generischen `IComparable`-Version ab. Als Typ wird `PersonHoroskop^` angegeben.

▶ 02–04: Die Attribute der Klasse.

▶ 06–08: Der Konstruktor zur Initialisierung der Attribute.

▶ 09–11: Der parameterlose Konstruktor, der über den Aufruf von `Eingabe` den Anwender zur manuellen Initialisierung der Attribute zwingt.

▶ 12–14: Die überschriebene `ToString`-Methode, um Objekte der Klasse mit `Write` und `WriteLine` ausgeben zu können.

▶ 15–22: Die `Eingabe`-Methode.

▶ 23–27: Die `CompareTo`-Methode, die von der Schnittstelle `IComparable` gefordert wird. Die Methode vergleicht zuerst die Nachnamen der beiden Personen. Sollten diese gleich sein, werden noch die Vornamen zum Vergleich herangezogen.

Die Verwaltung beschränkt sich auf das Hinzufügen und Auflisten der Personen. Zu Übungszwecken können Sie noch weitere Funktionalität hinzufügen. Die notwendigen Namensbereiche sind durch `using namespace` global verfügbar gemacht:

```
01:  List<PersonHoroskop^>^ li=gcnew List<PersonHoroskop^>;
02:  wchar_t input;
03:  PersonHoroskop^ p;

04:  do {
05:    Console::WriteLine("h - Neue Person hinzufügen");
06:    Console::WriteLine("l - Personen auflisten");
07:    Console::WriteLine("0 - Ende");
08:    Console::Write("\nEingabe:");
09:    input=Convert::ToChar(Console::ReadLine());

10:    switch(input) {
11:      case 'h':
12:        p=gcnew PersonHoroskop;
13:        li->Add(p);
14:        li->Sort();
15:        break;

16:      case 'l':
17:        for(int i=0; i<li->Count; ++i)
18:          Console::WriteLine(i+": "+li[i]);
19:        Console::WriteLine("");
20:        break;
```

```
21:    }
22:  }while(input!='0');
```

Listing 22.10 Die Verwaltung der Personen

► 01: Anlegen der zu verwendenden Auflistung.

► 02: Char-Variable, die später die Menüauswahl des Anwenders speichert.

► 05–09: Ausgabe des Auswahlmenüs und Abfrage der Anwenderwahl.

► 11–15: Person hinzufügen. Ein neues Objekt vom Typ PersonHoroskop wird mit dem parameterlosen Konstruktor erzeugt, der über die Methode Eingabe die Daten der Person vom Anwender erfragt. Die neue Person wird mit Add an die Auflistung angehängt und die Auflistung anschließend mit Sort sortiert. Die Sort-Methode greift dazu auf die Schnittstelle IComparable zu, die von PersonHoroskop implementiert wurde.

► 16–20: Personen auflisten. Theoretisch hätten die Elemente der Auflistung auch mit einer for each-Schleife aufgelistet werden können.[14] Da aber der Index der Person mit ausgegeben werden soll, ist eine normale for-Schleife angebrachter.

22.9.2 Eine Collection mit int-Werten absteigend sortieren

Die Art und Weise, wie Elemente einer Auflistung sortiert werden, lässt sich an zwei Stellen manipulieren:

► Bei eigenen Klassen über die Implementierung der IComparable-Schnittstelle

► Bei fremden Klassen über die Bereitstellung einer zusätzlichen, die IComparer-Schnittstelle implementierenden Klasse.

Die erste Variante kam bereits im vorigen Abschnitt bei der Personenverwaltung zum Einsatz, daher soll im Folgenden die Sortierung von int-Elementen verändert werden. Die Int32-Klasse lässt sich von uns nicht ändern, daher ist ein IComparer die einzige Möglichkeit, Einfluss auf die Sortierung zu nehmen.

```
ref class IntAbwärtsVergleicher : IComparer<int> {
public:
  virtual int Compare(int i1,int i2) {
    return(i2.CompareTo(i1));
  }
};
```

Listing 22.11 Eine eigene Implementierung von IComparer

---

14 Zur Erinnerung: Die for each-Schleife kann den Inhalt jeden Typs durchlaufen, der die IEnumerable-Schnittstelle implementiert.

Die implementierte `Compare`-Methode ruft die `CompareTo`-Methode von `Int32` mit vertauschten Operanden auf, sodass aus der aufsteigenden eine absteigende Sortierung wird.

```
List<int>^ li=gcnew List<int>;

Random^ rnd=gcnew Random;
for(int i=0; i<10; ++i) {
  int zahl=rnd->Next();
  Console::WriteLine(zahl);
  li->Add(zahl);
}
Console::WriteLine("---");

li->Sort(gcnew IntAbwärtsVergleicher);
for each(int z in li)
  Console::WriteLine(z);
```

Listing 22.12 Eine int-Liste, absteigend sortiert

Das Beispiel nutzt die in Abschnitt 23.1, »Random – Zufallszahlen«, erklärte Klasse `Random` zur Erzeugung von Zufallszahlen. Die Zufallszahlen werden an die Liste angehängt und danach mit `Sort` sortiert. Damit `Sort` unseren eigenen Vergleicher verwendet, wird ihr ein Objekt des Typs `IntAbwärtsVergleicher` übergeben.

Und schon ist die Liste absteigend sortiert. Der Komplexität eines eigenen Vergleichers oder der gewünschten Vergleichsregeln sind dabei keine Grenzen gesetzt.

22.10 Zusammenfassung

Dieses Kapitel stellte die Auflistungen unter .NET vor.

Damit Elemente von Auflistungen verglichen werden können, was immer dann notwendig ist, wenn über binäre Suche gesucht oder über den Quicksort-Algorithmus sortiert werden soll, müssen ihre Klassen die `IComparable`-Schnittstelle implementieren.

Die einfachste Auflistung wird über die `IEnumerable`-Schnittstelle bereitgestellt. Sie kann lediglich eine Auflistung vom Anfang bis zum Ende sequenziell durchlaufen.

Durch die ICollection-Schnittstelle lässt sich in Erfahrung bringen, wie viele Elemente in der Auflistung enthalten sind, und wird von den Klassen Queue und Stack implementiert.

IList schließlich bietet wahlfreien Zugriff auf die Elemente und wird von Array-List implementiert.

Eine Möglichkeit, Schlüssel-Wert-Paare zu speichern, bietet die IDictionary-Schnittstelle, die von Hashtable und SortedList implementiert wird.

In .NET2.0 sind die generischen Auflistungen hinzugekommen, die den herkömmlichen Auflistungen sehr ähnlich sind, nur zusätzlich die Typinformation der gespeicherten Elemente nachhalten können.

22.11 Übungen

Versuchen Sie überall dort, wo Sie mit Arrays gearbeitet haben, diese sinnvoll mit einer Auflistung zu ersetzen.

Ich würde ja die Welt verbessern,
aber Gott rückt den Quellcode nicht heraus.
– Unbekannter Verfasser

23 Nützliche Klassen

Dieses Kapitel stellt einige nützliche Klassen vor, die thematisch keinen direkten Bezug zu den anderen Themen haben, trotzdem aber von Interesse sind. Es ist nicht notwendig, dieses Kapitel komplett durchzuarbeiten. Es eignet sich zum Stöbern und Nachschlagen.

23.1 Random – Zufallszahlen

Bei der Programmierung kommt es ab und an vor, dass Zufallszahlen benötigt werden. Wirklich zufällig sind die Zahlen dabei nicht, weil ein herkömmlicher Computer die Zahlen nur mithilfe eines Algorithmus erzeugen kann. Von einem solchen Algorithmus wird allerdings erwartet, dass die von ihm produzierten Zahlen – wie bei echten Zufallszahlen – gleich verteilt sind.

Die Klasse, die diesen Zufallsgenerator implementiert, heißt `Random` und befindet sich im Namensbereich `System`.

Ein Algorithmus ist nichts anderes als eine Rechenvorschrift. Wenn der Algorithmus daher mit den gleichen Werten beginnt, dann erzeugt er auch die gleiche Folge von Zufallszahlen. In den meisten Fällen ist man daher bestrebt, den Algorithmus immer mit einem anderen Startwert beginnen zu lassen. Dazu bietet Random einen parameterlosen Konstruktor, der den Startwert aus der aktuellen Uhrzeit berechnet. Über den einparametrigen Konstruktor kann der Startwert manuell festgelegt werden.

```
Random();
Random(int startwert);
```

Nachstehend sind die zur Erzeugung von Zufallszahlen implementierten Methoden aufgeführt.

Next – nächste Zufallszahl

Diese Methode liefert eine int-Zufallszahl größer gleich 0 zurück. Die verschiedenen Überladungen erlauben eine Einschränkung des Wertebereichs.

`int Next();`

liefert einen zufälligen int-Wert zwischen einschließlich 0 und ausschließlich Int32::MaxValue[1].

`int Next(int maxwert);`

liefert einen zufälligen int-Wert zwischen einschließlich 0 und ausschließlich maxwert. Dabei muss maxwert größer oder gleich 0 sein.

`int Next(int minwert, int maxwert);`

liefert einen zufälligen int-Wert zwischen einschließlich minwert und ausschließlich maxwert. Dabei müssen folgende Bedingungen gelten:

▶ minwert ist größer oder gleich Int32::MinValue.[2]

▶ maxwert ist kleiner oder gleich Int32::MaxValue;

▶ maxwert ist größer oder gleich minwert.

NextBytes – zufällige Byte-Werte

`void NextBytes(array<unsigned char>^ puffer);`

füllt das übergebene Array mit zufälligen Byte-Werten (Bereich 0–255).

NextDouble – nächster zufälliger double

`double NextDouble();`

liefert einen zufälligen double-Wert zwischen einschließlich 0 und ausschließlich 1.

23.2   Math – mathematische Funktionen

Mathematischen Funktionen stehen in Form statischer Methoden der Klasse Math bereit, die sich im Namensbereich System befindet. Die wichtigsten Methoden sind hier aufgeführt.

---

1 Entspricht dem Wert 2147483647.
2 Entspricht dem Wert –2147483648.

23.2.1 Methoden

Die trigonometrischen Funktionen geben `Double::NaN` zurück, wenn der Parameter nicht im gültigen Bereich liegt.

Abs – Absolutwert

Diese Methode ist für alle vorzeichenbehafteten CLR-Typen überladen und liefert den Betrag des übergebenen Werts zurück.

Acos – Arcus Cosinus

```
static double Acos(double kosinus);
```

liefert den Winkel im Bogenmaß für einen übergebenen Kosinus.

Asin – Arcus Sinus

```
static double Asin(double sinus);
```

liefert den Winkel im Bogenmaß für einen übergebenen Sinus.

Atan – Arcus Tangens

```
static double Atan(double sinus);
```

liefert den Winkel im Bogenmaß für einen übergebenen Tangens.

BigMul – Multiplizieren großer Zahlen

```
static long long BigMul(int a, int b);
```

multipliziert zwei `int`-Werte und liefert das Ergebnis als `long long` zurück.

Ceiling –-Aufrunden

```
static Decimal Ceiling(Decimal wert);
```

```
static double Ceiling(double wert);
```

Der übergebene Wert wird auf die nächste Ganzzahl aufgerundet zurückgegeben.

Cos – Kosinus

```
static double Cos(double winkel);
```

liefert den Kosinus für einen im Bogenmaß übergebenen Winkel.

Cosh – Kosinus Hyperbolicus

```
static double Cosh(double winkel);
```

liefert den hyperbolischen Kosinus für einen im Bogenmaß übergebenen Winkel.

Exp

```
static double Exp(double d);
```

liefert e^d zurück.

Floor – Abrunden

```
static Decimal Floor(Decimal wert);
```

```
static double Floor(double wert);
```

Der übergebene Wert wird auf die nächste Ganzzahl abgerundet zurückgegeben.

Log – natürlicher Logarithmus

```
static double Log(double wert);
```

liefert den Logarithmus von `wert` zur Basis e.

```
static double Log(double wert, double basis);
```

liefert den Logarithmus von `wert` zur Basis `basis`.

Log10

```
static double Log10(double wert);
```

liefert den Logarithmus von `wert` zur Basis 10.

Max – Maximum

Überladen für alle numerischen Typen der CLR. Erwartet zwei Werte und liefert den größeren der beiden Werte zurück.

Min – Minimum

Überladen für alle numerischen Typen der CLR. Erwartet zwei Werte und liefert den kleineren der beiden Werte zurück.

Pow – Potenz

```
static double Pow(double x, double y);
```

liefert die Potenz x^y.

Round – Runden

Diese Methode rundet den übergebenen Wert. Liegt er genau zwischen zwei Zahlen, dann wird zur geraden Zahl hin gerundet.

```
static Decimal Round(Decimal wert);
```

```
static double Round(double wert);
```

rundet wert auf eine Ganzzahl.

```
static Decimal Round(Decimal wert, int dezimalstellen);
```

```
static double Round(double wert, int dezimalstellen);
```

liefert den auf dezimalstellen Stellen gerundeten Wert wert zurück.

Es gibt noch weitere Überladungen von Round, bei denen unter anderem die Art des Rundens verändert werden kann, dazu sei aber auf die .NET-Dokumentation verwiesen.

Sign – Vorzeichen

Für alle vorzeichenbehafteten CLR-Typen überladen. Die möglichen Rückgabewerte sind in Tabelle 23.1 aufgeführt.

Übergebener Wert	Rückgabewert
<0	−1
=0	0
>0	+1

Tabelle 23.1 Die möglichen Rückgabewerte von »Sign«

Sin – Sinus

```
static double Sin(double winkel);
```

liefert den Sinus für einen im Bogenmaß übergebenen Winkel.

Sinh – Sinus hyperbolicus

```
static double Sinh(double winkel);
```

liefert den hyperbolischen Sinus für einen im Bogenmaß übergebenen Winkel.

Sqrt – Quadratwurzel

```
static double Sqrt(double wert);
```

liefert die Quadratwurzel von wert.

Tan – Tangens

```
static double Tan(double winkel);
```

liefert den Tangens für einen im Bogenmaß übergebenen Winkel.

Tanh – Tangens Hyperbolicus

```
static double Tanh(double winkel);
```

liefert den hyperbolischen Tangens für einen im Bogenmaß übergebenen Winkel.

23.2.2 Konstanten

Die Klasse `Math` definiert noch zwei Konstanten, die in Tabelle 23.2 zu sehen sind.

Konstante	Wert
E	Die Eulersche Zahl
PI	Die Kreiszahl

Tabelle 23.2 Die Konstanten von »Math«

23.3 Console – Konsole

Mithilfe der Klasse `Console` haben wir bereits Text auf der Konsole ausgegeben und Eingaben über die Tastatur eingelesen. Die Klasse kann aber noch viel mehr, insbesondere, was die Darstellung und Positionierung von Text im Konsolenfenster betrifft.

Darüber hinaus können mit ihr auch die Standardströme (Eingabe-, Ausgabe- und Fehlerstrom) und deren Codierung verändert werden. Dies wird in diesem Buch aber nicht weiter vertieft.

23.3.1 Eigenschaften

Die Konsole unterscheidet den Pufferbereich, bei dem es sich um den Bereich handelt, in dem Eingaben stattfinden können, und den Konsolenfensterbereich, das ist der Bereich des Pufferbereichs, der im Konsolenfenster sichtbar ist.

Der Pufferbereich muss mindestens so groß sein wie der Konsolenfensterbereich. Ist er größer, kann der Konsolenfensterbereich mit Scrollbalken im Pufferbereich bewegt werden.

Tabelle 23.3 zeigt die für uns interessanten Eigenschaften von `Console`. Die Eigenschaften `BackgroundColor` und `ForegroundColor` liefern oder erwarten einen der in Tabelle 23.4 aufgeführten Werte der `ConsoleColor`-Aufzählung.

Eigenschaft	Beschreibung
BackgroundColor	Liefert oder setzt die Hintergrundfarbe der Konsole als `Console-Color`-Wert.
BufferHeight	Liefert oder setzt die Höhe des Pufferbereichs.
BufferWidth	Liefert oder setzt die Breite des Pufferbereichs.
CapsLock	Liefert `true`, wenn die Feststelltaste aktiviert ist.
CursorLeft	Liefert oder setzt die Spaltenposition des Cursors im Pufferbereich.
CursorSize	Liefert oder setzt die prozentuale Höhe des Cursors bezogen auf eine Zeichenzelle.
CursorTop	Liefert oder setzt die Zeilenposition des Cursors im Pufferbereich.
CursorVisible	Liefert oder setzt die Sichtbarkeit des Cursors als booleschen Wert (`true` = Cursor sichtbar).
ForegroundColor	Liefert oder setzt die Vordergrundfarbe der Konsole als `Console-Color`-Wert.
LargestWindowHeight	Liefert die durch Schriftart und Bildschirmauflösung bestimmte maximale Anzahl an Fensterzeilen.
LargestWindowWidth	Liefert die durch Schriftart und Bildschirmauflösung bestimmte maximale Anzahl an Fensterspalten.
NumberLock	Liefert `true`, wenn die Num-Taste aktiviert ist.
Title	Liefert oder setzt den Titel des Konsolenfensters.
WindowHeight	Liefert oder setzt die Höhe des Konsolenfensterbereichs in Zeilen.
WindowLeft	Liefert oder setzt die horizontale Position des Konsolenfensters bezogen auf den Bildschirmpuffer.
WindowTop	Liefert oder setzt die vertikale Position des Konsolenfensters bezogen auf den Bildschirmpuffer.
WindowWidth	Liefert oder setzt die Breite des Konsolenfensterbereichs in Spalten.

Tabelle 23.3 Die Eigenschaften von »Console«

Konstante	Farbe
Black	Schwarz
Blue	Blau
Cyan	Zyan
DarkBlue	Dunkelblau

Tabelle 23.4 Die Farben der Aufzählung »ConsoleColor«

Konstante	Farbe
DarkCyan	Dunkelzyan
DarkGray	Dunkelgrau
DarkGreen	Dunkelgrün
DarkMagenta	Dunkelmagenta
DarkRed	Dunkelrot
DarkYellow	Ocker
Gray	Grau
Green	Grün
Magenta	Magenta
Red	Rot
White	Weiß
Yellow	Gelb

Tabelle 23.4 Die Farben der Aufzählung »ConsoleColor« (Forts.)

23.3.2 Methoden

Auch bei den Methoden werden nur diejenigen vorgestellt, die sich auf die Ausgabe beziehen. Weitere Funktionalitäten lesen Sie bitte in der .NET-Dokumentation nach.

Beep – Lautsprecherton

```
static void Beep();
```

```
static void Beep(int frequenz, int dauer);
```

erzeugt einen 200ms dauernden und 800Hz hohen Ton über den Konsolenlautsprecher.

In der zweiten Fassung von Beep kann die Frequenz und Dauer frei gewählt werden. Die Frequenz muss im Bereich von 37Hz bis 32767Hz liegen.

Folgendes Codefragment erzeugt einen Toneffekt, der für ernsthafte Anwendungen vermutlich nur bedingt geeignet ist:

```
for(int x=100; x<2000; x+=50)
  for(int i=50; i<4000; i+=x)
    Console::Beep(i,2);
```

Clear – Bildschirm löschen

```
static void Clear();
```

löscht den Inhalt des Pufferbereichs und damit auch den des Konsolenfensters. Der Hintergrund wird vollständig in der mit `BackgroundColor` definierten Farbe ausgefüllt.

ResetColor – Farben zurücksetzen

```
static void ResetColor();
```

setzt die Vorder- und Hintergrundfarbe der Konsole auf die Standardfarben zurück.

SetBufferSize

```
static void SetBufferSize(int breite, int hoehe);
```

setzt die Größe des Pufferbereichs auf die angegebene `breite` in Spalten und `hoehe` in Zeilen.

SetCursorPosition – Cursorposition setzen

```
static void SetCursorPosition(int x, int y);
```

setzt die Position des Cursors im Pufferbereich.

SetWindowPosition

```
static void SetWindowPosition(int x, int y);
```

positioniert den sichtbaren Bereich des Konsolenfensters innerhalb des Pufferbereichs.

SetWindowSize – Fenstergröße setzen

```
static void SetWindowSize(int breite, int hoehe);
```

setzt die Größe des Konsolenfensters auf die angegebene `breite` in Spalten und `hoehe` in Zeilen.

23.4 Environment – die Umgebung

Die Umgebung, in der das Programm läuft, kann von entscheidendem Interesse sein, aus diesem Grund existiert im `System`-Namensbereich des .NET Frameworks die Klasse `Environment`, über die sich entsprechende Informationen ermitteln lassen.

23.4.1 Eigenschaften

Tabelle 23.5 zeigt eine Auswahl der verfügbaren Eigenschaften.

Eigenschaft	Beschreibung
CommandLine	Liefert die Befehlszeile des Prozesses.
CurrentDirectory	Liefert oder setzt den Pfad des aktuellen Prozess-Verzeichnisses.
MachineName	Liefert den NetBIOS-Namen des lokalen Computers.
OSVersion	Liefert die Bezeichnung und Versionsnummer der Plattform als OperatingSystem-Objekt.
ProcessorCount	Liefert die Anzahl der Prozessoren im Computer.
SystemDirectory	Liefert den Pfad des Systemverzeichnisses.
TickCount	Liefert die seit dem Systemstart vergangenen Millisekunden.
UserDomainName	Liefert den Netzwerkdomänennamen des aktuellen Benutzers.
UserInteractive	Liefert true, wenn der Prozess im interaktiven Modus ausgeführt wird, eine Kommunikation mit dem Anwender über GUI-Elemente also möglich ist.
UserName	Liefert den Namen der Person, die den aktuellen Thread gestartet hat.
Version	Liefert ein Version-Objekt mit Informationen über die Version der CLR.

Tabelle 23.5 Die Eigenschaften von Environment

23.4.2 Methoden

Exit – Programm verlassen

```
static void Exit(int exitcode);
```

beendet das Programm mit dem übergebenen exitcode. Der übergebene exitcode entspricht dem Wert, der bei einem Programmende durch Beendigung der main-Funktion mit return am Ende derselben zurückgegeben wird.

GetCommandLineArgs

```
static array<String^>^ GetCommandLineArgs();
```

liefert die an das Programm übergebenen Kommandozeilenparameter als String-Array.

GetEnvironmentVariable

```
static String^ GetEnvironmentVariable(String^ variable);
```

Die einfache Form von `GetEnvironmentVariable` liefert den Wert der Umgebungsvariablen mit dem Namen `variable`. Sie liefert `nullptr`, wenn unter dem angegebenen Namen keine Umgebungsvariable existiert.

```
static String^ GetEnvironmentVariable(String^ variable,
                      EnvironmentVariableTarget suchgebiet);
```

Bei der zweiten Version lässt sich über einen Wert der Aufzählung `Environment-VariableTarget` bestimmen, wo nach der Umgebungsvariablen gesucht werden soll.

Tabelle 23.6 listet die Elemente der Aufzählung auf.

Konstante	Beschreibung
Machine	Die Umgebungsvariable wird im **HKEY_LOCAL_MACHINE\System\CurrentControlSet\Control\Session Manager\Environment**-Pfad der Registrierung gesucht.
Process	Die Umgebungsvariable wird im dem aktuellen Prozess zugeordneten Umgebungsblock gesucht (gleichbedeutend mit der einfachen Version von GetEnvironmentVariable).
User	Die Umgebungsvariable wird im **HKEY_CURRENT_USER\Environment**-Pfad der Registrierung gesucht.

Tabelle 23.6 Die Werte der Aufzählung EnvironmentVariableTarget

GetEnvironmentVariables

```
static IDictionary^ GetEnvironmentVariables();
```

```
static IDictionary^ GetEnvironmentVariables(
        EnvironmentVariableTarget suchgebiet);)
```

liefert alle Umgebungsvariablen der angegebenen Umgebung (Eine Auflistung der möglichen Umgebungen finden Sie in Tabelle 23.6). Wird keine Umgebung angegeben, dann werden alle Umgebungsvariablen im dem Prozess zugeordneten Umgebungsblock geliefert.

Innerhalb von `IDictionary` bilden der Name einer Umgebungsvariable und deren Wert jeweils ein Schlüssel-Wert-Paar. Das nachstehende Codefragment gibt alle Umgebungsvariablen des Umgebungsblocks auf dem Bildschirm aus.

```
for each(DictionaryEntry d
        in Environment::GetEnvironmentVariables())
    Console::WriteLine(d.Key+":"+d.Value);
```

GetFolderPath

```
static String^ GetFolderPath(SpecialFolder ordner);
```

Mit dieser Methode lassen sich die Pfade spezieller Ordner (wie z.B. den Internet-Cache, das Verzeichnis für Cookies, des Startmenüs etc.) ermitteln. Die Elemente der Aufzählung SpecialFolder lesen Sie bitte in der .NET-Dokumentation nach.

SetEnvironmentVariable

```
static void SetEnvironmentVariable(String^ variable,
                                   String^ wert);
```

```
static void SetEnvironmentVariable(String^ variable,
                                   String^ wert,
                      EnvironmentVariableTarget ziel);
```

setzt die Umgebungsvariable variable auf den Wert wert. Optional kann die Zielumgebung spezifiziert werden (Eine Auflistung der möglichen Umgebungen finden Sie in Tabelle 23.6).

Ohne Angabe einer Zielumgebung wird der aktuelle Umgebungsblock verwendet.

23.5 GC – Garbage Collector

Obwohl die Garbage-Collection im Hintergrund verlässlich ihren Dienst verrichtet, kann es manchmal notwendig sein, ihr »auf die Sprünge« zu helfen.

Dieser Abschnitt soll nicht in Tiefen des GC-Algorithmus einsteigen, sondern kurz die wichtigsten Methoden vorstellen, die über die Klasse GC im Namensbereich System bereitgestellt werden.

Collect

```
static void Collect();
```

erzwingt den Versuch, den gesamten verwalteten Speicher freizugeben, auf den kein Zugriff mehr besteht. Es besteht jedoch keine Garantie, dass der komplette Speicher freigegeben wird, auf den kein Zugriff mehr besteht.

Diese Methode greift in den Algorithmus der Garbage Collection ein und sollte nur aufgerufen werden, wenn wirklich viel Speicher freizugeben ist, zum Beispiel, weil große Objekte nicht mehr benötigt werden.

GetTotalMemory

```
static long long GetTotalMemory(bool erzwingeFreigabe);
```

Die Methode liefert eine möglichst genaue Schätzung des belegten verwalteten Speichers. Bei Übergabe von `true` für `erzwingeFreigabe` wird vorher noch eine Garbage Collection durchgeführt.

KeepAlive

```
static void KeepAlive(Object^ objekt);
```

Manchmal kommt es vor, dass ein Objekt nicht freigegeben werden darf, obwohl kein verwalteter Verweis mehr darauf existiert. Diese Situation tritt beispielsweise immer dann ein, wenn das Objekt noch von nicht verwaltetem Code benötigt wird.

Um künstlich einen Verweis zu verwenden und der Garbage Collection damit mitzuteilen, dass ein Objekt nicht freigegeben werden darf, muss für dieses Objekt `KeepAlive` aufgerufen werden.

Dabei wird mit dem Aufruf von `KeepAlive` der Punkt angegeben, *bis* zu dem das Objekt nicht freigegeben werden darf, denn der Aufruf ist die letzte Verwendung des Verweises. Danach kann das Objekt freigegeben werden.

ReRegisterForFinalize

```
static void ReRegisterForFinalize(Object^ objekt);
```

fordert den Garbage Collector auf, für `objekt` bei der Freigabe den Finalizer[3] aufzurufen. Diese Methode ist nur dann sinnvoll, wenn im Vorfeld der potenzielle Aufruf des Finalizers mit `SuppressFinalize` unterbunden wurde.

SuppressFinalize

```
static void SuppressFinalize(Object^ objekt);
```

hindert den Garbage Collector daran, bei der Freigabe von `objekt` dessen Finalizer aufzurufen.

---

3 Anwendungszweck und Implementierung eines Finalizers wird in Abschnitt 17.5 besprochen.

23.6 Timer – Taktgeber

Die Klasse `Timer` befindet sich im `System::Threading`-Namensbereich. Objekte der Klasse `Timer` dienen dazu, in regelmäßigen Abständen eine Methode aufzurufen. Die Klasse wird immer dann eingesetzt, wenn in immer wiederkehrender Folge kleine Aufgaben ausgeführt werden sollen, die unabhängig vom Hauptprogramm laufen.

Diese Fähigkeit kann später dazu verwendet werden, in regelmäßigen Abständen das Neuzeichnen eines Fensters in Auftrag zu geben oder andere Aktualisierungen durchzuführen.

Konstruktoren

Die wichtigsten Konstruktoren sind im Folgenden aufgelistet.

```
Timer (TimerCallback^ delegat, Object^ status,
       int startverzoegerung, int intervall);

Timer (TimerCallback^ delegat, Object^ status,
       long long startverzoegerung, long long intervall);
```

Dem Konstruktor wird die aufzurufende Methode als `TimerCallback`-Delegat übergeben. Das Objekt `status` wird vom `Timer`-Objekt an die aufzurufende Methode übergeben. Auf diese Weise kann eine Methode von verschiedenen `Timer`-Objekten aufgerufen werden und die einzelnen Objekte über `status` unterscheiden.

Die `startverzoegerung` ist die Zeit in Millisekunden, die verstreichen muss, bis der Timer zum ersten Mal die Methode aufruft. Wird die Konstante `Timeout::Infinite` angegeben, dann startet der Timer nie.

Ab dem ersten Start wird die Methode alle `intervall` Millisekunden aufgerufen. Wird für `intervall` der Wert `Timeout::Infinite` angegeben, dann findet keine Wiederholung des Methodenaufrufs statt.

Die Zeiten können als `int`- oder als `long long`-Wert übergeben werden.

Der TimerCallback-Delegat sieht so aus:

```
delegate void TimerCallback(Object^ state);
```

Es wird also eine Methode ohne Rückgabewert und mit einem `Object` als Parameter erwartet.

Change

```
bool Change (int startverzoegerung, int intervall);
bool Change (long long startverzoegerung, long long intervall);
```

Mit der Methode `Change` können die Startverzögerung und das Zeitintervall zwischen den Methodenaufrufen verändert werden.

23.6.1 Ein Beispiel

Im folgenden Beispiel soll jede Sekunde das aktuelle Datum mit Uhrzeit ausgegeben werden. Dazu wird zunächst eine Klasse entworfen, die eine statische Methode besitzt, die Datum und Uhrzeit auf dem Bildschirm ausgibt:[4]

```
class Ticker {
public:
  static void ticker(Object^ o) {
    Console::WriteLine(DateTime::Now.ToString());
  }
};
```

Listing 23.1 Die Klasse Ticker

In der `main`-Funktion wird das entsprechende Timer-Objekt erstellt. Es soll direkt beginnen und die Methode dann jede Sekunde (=1000 Millisekunden) aufrufen.

Damit das Programm nicht gleich beendet ist, wurde eine Eingabe hinzugefügt.

```
int main(array<System::String ^> ^args) {
  Timer ^t=gcnew Timer(gcnew TimerCallback(&Ticker::ticker),
                       nullptr, 0, 1000);
  Console::Write("Eingabe:");
  String^ s=Console::ReadLine();
}
```

Listing 23.2 Die main-Funktion

---

4 Der Namensbereich `System::Threading` wurde vorher mit `using namespace` verfügbar gemacht.

23.7 Zusammenfassung

Dieses Kapitel stellte einige Klassen vor, die bei der Arbeit mit .NET hilfreich sein können. Dazu zählen:

- ▶ `Console`. Stellt Methoden für das Konsolenfenster bereit.
- ▶ `Environment`. Liefert Informationen über die Umgebung des Programms.
- ▶ `GC`. Eine Klasse mit Zugang zum Garbage Collector.
- ▶ `Math`. Eine Klasse voller mathematischer Funktionen.
- ▶ `Random`. Eine Klasse zur Erzeugung von Zufallszahlen.
- ▶ `Timer`. Ein Taktgeber für wiederkehrende Aufgaben.

Innerhalb der Computergemeinschaft lebt man nach der Grundregel, die Gegenwart sei ein Programmfehler, der in der nächsten Ausgabe behoben sein wird.
– Clifford Stoll

24 Der Debugger

Der Debugger (zu Deutsch »Entwanzer«) ist ein Diagnosewerkzeug zur genaueren Untersuchung des Programmlaufs. Er wurde schon einmal in Abschnitt 13.1, »Ausnahmen werfen«, eingesetzt, um Informationen über die Aufrufhierarchie der Funktionen zu erhalten. In diesem Kapitel soll seine Anwendung weiter vertieft werden.

Um ein Programm im Debugger zu starten, wählen Sie entweder im Menü **Debuggen • Debuggen starten** oder Sie drücken F5 .

Wenn Sie ein fehlerfreies Programm im Debugmodus starten, wird das Programm einfach durchlaufen und beendet, nicht einmal das Ausgabefenster bleibt am Programmende geöffnet.

Als erste Handlung wollen wir eine Unterbrechung über eine ungefangene Ausnahme erzeugen. Abbildung 24.1 zeigt den Debugger, nachdem die Programmausführung durch die Ausnahme unterbrochen wurde.

Das untere rechte Fenster zeigt die bereits bekannte Aufrufliste. Sollte sie nicht als Karteireiter verfügbar sein, dann kann sie über **Debuggen • Fenster • Aufrufliste** geöffnet werden.

Das untere linke Fenster namens »Auto« zeigt die Variablen, die in der aktuellen Anweisung (gelber Pfeil) und der davor verwendet wurden. Ist das Fenster nicht vorhanden, können Sie es über **Debuggen • Fenster • Auto** öffnen.

Ein weiteres Fenster ist in Abbildung 24.2 zu sehen (Zu öffnen über **Debuggen • Fenster • Lokal**), das alle lokalen Variablen der aktuellen Methode auflistet.

Für Klassenobjekte kann über das +-Symbol der Inhalt aufgeklappt werden. Selbst die Eigenschaften (deren Werte mitunter wie bei `AbsoluteMenge` berechnet werden müssen) sind aufgeführt.

Über die Fenster lassen sich die Werte der Variablen sogar ändern.

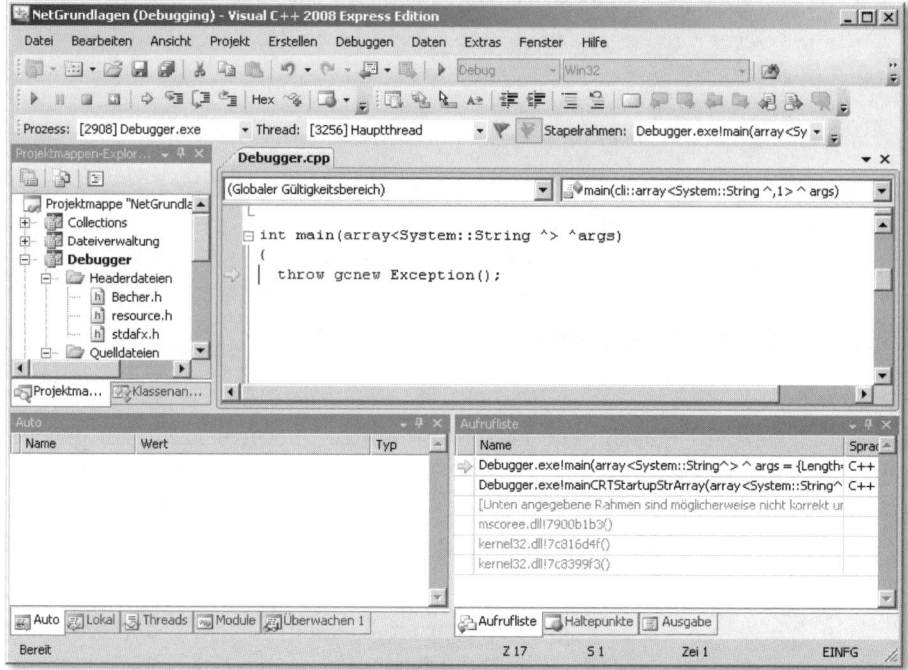

Abbildung 24.1   Der Debugger nach einer Ausnahme

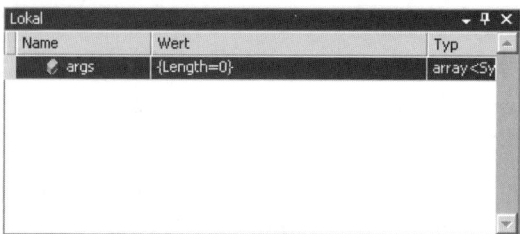

Abbildung 24.2   Das Fenster »lokal«

Auch sehr praktisch sind die sogenannten *Datatips*, kleine Fenster, die sich öffnen und den Inhalt einer Variablen anzeigen, wenn der Anwender mit der Maus auf den Variablennamen fährt. Die Datatips sind nur auf Variablen des aktuellen Gültigkeitsbereichs anwendbar. Um den von einem Datatip verborgenen Code zu sehen, kann Strg gedrückt werden. Solange die Taste gehalten wird, ist das Fenster Datatip transparent.

24.1   Haltepunkte

Es ist jedoch recht unpraktisch, jedes Mal eine Ausnahme werfen zu müssen, um in den Debugger zu wechseln. Eine einfachere Variante sind die Haltepunkte (breakpoints), die im Programm an beliebigen Stellen gesetzt werden können und den Programmlauf unterbrechen.

Um die Bedienung des Debuggers genauer erläutern zu können, wird das Programm in Listing 24.1 verwendet, das aus einer Funktion IsPrim besteht, die einen übergebenen Wert daraufhin überprüft, ob er prim ist, und einem Hauptprogramm, das eine vom Anwender eingegebene Zahl auf prim prüft und alle Primzahlen im Bereich von 1–50 auflistet.

```
01:   bool IsPrim(int x) {
02:     for(int i=2; i<=x/2; i++)
03:       if(x%i==0)
04:         return(false);
05:     return(true);
06:   }

07:   int main(array<System::String ^> ^args) {
08:     Console::Write("Zahl eingeben:");
09:     int z=Convert::ToInt32(Console::ReadLine());
10:     bool p=IsPrim(13);

11:     if(p)
12:       Console::WriteLine("{0} ist prim", z);
13:     else
14:       Console::WriteLine("{0} ist nicht prim", z);
15:     Console::WriteLine("---");

16:     for(int q=2; q<=50; q++)
17:       if(IsPrim(q))
18:         Console::WriteLine(q);
19:   }
```

Listing 24.1 Das Beispielprogramm für den Debugger

Ein Haltepunkt wird definiert, indem an der gewünschten Stelle im Programm links in die graue Spalte neben dem Programmcode geklickt wird. Wie in Abbildung 24.3 zu sehen, wird der Haltepunkt durch einen roten Ball gekennzeichnet.

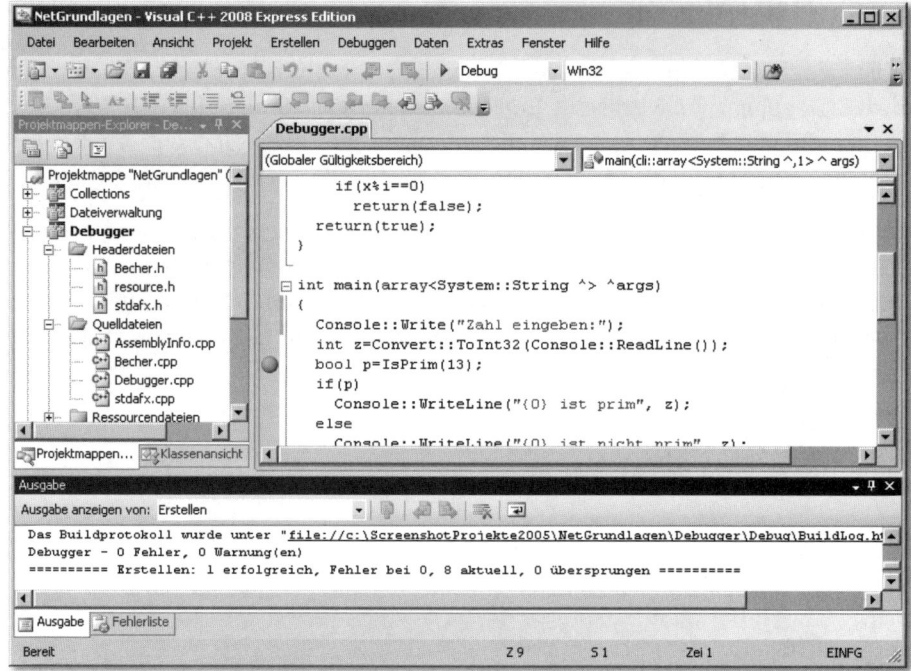

Abbildung 24.3 Ein Haltepunkt im Programm

Wird das Programm im Debugmodus gestartet, so wird die Abarbeitung am Haltepunkt unterbrochen. Der gelbe Pfeil zeigt auf die Anweisung, vor der das Programm angehalten wurde.

24.2 Schrittweise Abarbeitung

Ist das Programm einmal angehalten, gibt es verschiedene Möglichkeiten, den Programmlauf fortzusetzen, die im Menü unter **Debuggen** zu finden sind. Für alle in Tabelle 24.1 aufgeführten Optionen gilt: Die Abarbeitung des Programms wird grundsätzlich durch einen Haltepunkt unterbrochen.

Menüpunkt	Tastenkürzel	Bedeutung
Weiter	F5	Das wird fortgeführt, bis sein Ende erreicht ist.
Debuggen beenden	⇧ + F5	Der Debugmodus – und damit der Programmlauf – wird abgebrochen.
Neu starten	Strg + ⇧ + F5	Das Programm wird im Debugmodus neu gestartet.

Tabelle 24.1 Möglichkeiten des weiteren Programmablaufs

Menüpunkt	Tastenkürzel	Bedeutung
Einzelschritt	F11	Die nächste Anweisung wird ausgeführt. Sollte es sich um einen Methodenaufruf handeln, bleibt das Programm vor der ersten Anweisung der Methode stehen.
Prozedurschritt	F10	Die nächste Anweisung wird ausgeführt. Sollte es sich um einen Methodenaufruf handeln, dann wird der Aufruf komplett ausgeführt und das Programm bleibt hinter dem Methodenaufruf stehen.
Ausführen bis Rücksprung	⇧ + F11	Die aktuelle Methode wird komplett abgearbeitet und das Programm hinter dem Rücksprung angehalten.

Tabelle 24.1 Möglichkeiten des weiteren Programmablaufs (Forts.)

Betrachten wir die in Tabelle 24.1 geschilderten Varianten genauer. Angenommen, im Beispielprogramm in Listing 24.1 würde in Zeile 10 ein Haltepunkt gesetzt. Das Programm hält an dieser Stelle an und die weitere Abarbeitung hängt von der Wahl des entsprechenden Punkts ab.

▶ **Weiter.** Das Programm läuft bis zum Ende durch.

▶ **Debuggen beenden.** Das Debuggen und der Programmlauf werden abgebrochen und die Entwicklungsumgebung wechselt wieder zum Editor.

▶ **Neu starten.** Das Programm wird im Debugmodus neu gestartet und hält wieder am Haltepunkt in Zeile 10 an.

▶ **Einzelschritt.** Das Programm springt in die Methode IsPrim und hält vor der Anweisung in Zeile 2 an.

▶ **Prozedurschritt.** Das Programm arbeitet den Aufruf von IsPrim vollständig ab und hält vor der Anweisung in Zeile 11 an.

▶ **Ausführen bis Rücksprung.** Das Programm läuft weiter und hält hinter dem Rücksprung aus main an. Da dieser Code nicht von uns stammt, ist kein Quellcode verfügbar. Der Debugger teilt dies mit und bietet an, stattdessen Maschinencode darzustellen.

Sollte ein Haltepunkt innerhalb einer eigenen Methode – beispielsweise in Zeile 2 – gesetzt sein und das Programm dann mit »Ausführen bis Rücksprung« weiter ausgeführt werden, hält das Programm erst nach dem Rücksprung aus der Methode vor der Anweisung in Zeile 11 an.

24.3 Komplexere Haltepunkte

Wenn Sie einmal mit der rechten Maustaste auf einen Haltepunkt klicken, werden Sie feststellen, dass mit ihnen weitaus nuancierter gearbeitet werden kann als nur bei jedem Erreichen das Programm anzuhalten. Einige der Möglichkeiten sollen in den kommenden Abschnitten demonstriert werden.

24.3.1 Halten bei Bedingung

Wenn das Kontextmenü des Haltepunkts geöffnet und dort der Punkt **Bedingung** ausgewählt wird, erscheint der in Abbildung 24.4 gezeigte Dialog.

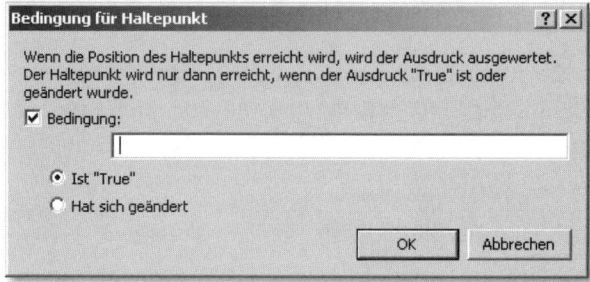

Abbildung 24.4 Definition einer Bedingung für den Haltepunkt

Dort kann eine Bedingung in Form eines C++-Ausdrucks definiert werden, der auch Gebrauch von den Variablen machen kann, die am Haltepunkt zugänglich sind.

Ist die Option **ist True** ausgewählt, wird das Programm genau dann angehalten, wenn die angegebene Bedingung wahr ist. Bei **Hat sich geändert** reicht es aus, wenn die formulierte Bedingung von wahr nach falsch oder umgekehrt wechselt.

Wird beispielsweise in Listing 24.1 in Zeile 2 ein Haltepunkt gesetzt und dieser mit der Bedingung x==25 und der Option **Ist True** versehen, hält dieser Punkt das Programm nur dann an, wenn IsPrim mit dem Wert 25 aufgerufen wird.

24.3.2 Halten bei Trefferzahl

Eine andere Variante, die Wirkung des Haltepunkts einzuschränken, ist die Definition einer Trefferanzahl. Diese kann über den Punkt **Trefferanzahl** im Kontextmenü des Haltepunkts festgelegt werden. Abbildung 24.5 zeigt den dafür zuständigen Dialog. Der Haltepunkt wird das Programm erst anhalten, wenn er zum dritten Mal besucht wird.

Trefferanzahl für Haltepunkt

Ein Haltepunkt wird erreicht, wenn seine Position erreicht wird und die Bedingung erfüllt ist. Die Trefferanzahl gibt an, wie oft der Haltepunkt erreicht wurde.

Wenn der Haltepunkt erreicht wird:

Anhalten, wenn die Trefferanzahl gleich: 3

Aktuelle Trefferanzahl: 0

Zurücksetzen   OK   Abbrechen

Abbildung 24.5   Definition einer Trefferzahl für den Haltepunkt

Der Haltepunkt kann aber nicht nur dann ausgeführt werden, wenn die Trefferzahl genau dem angegebenen Wert entspricht. Es gibt folgende Optionen:

▸ Anhalten, wenn die Trefferzahl gleich

▸ Anhalten, wenn die Trefferzahl ein Vielfaches ist von

▸ Anhalten, wenn die Trefferzahl größer oder gleich

24.4 Variablen überwachen

Wenn Sie im Beispielprogramm in Listing 24.1 vor Zeile 3 einen Haltepunkt setzen und von dort aus das Programm fortfahren lassen, bis es wieder an diesem Haltepunkt anhält, dann wird sich im Fenster »Lokal« der Wert von i rot einfärben (Abbildung 24.6). Die rote Einfärbung kennzeichnet eine Wertänderung seit dem letzten Halt und dient der besseren Überwachung von Variablen.

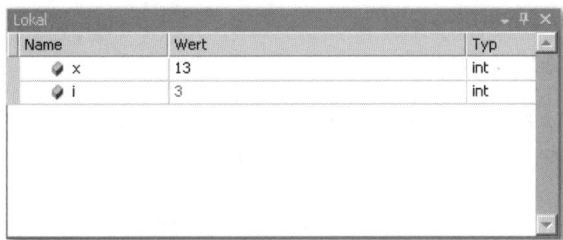

Name	Wert	Typ
x	13	int
i	3	int

Abbildung 24.6   Hervorgehobene Wertänderung

Zur Überwachung ausgewählter Variablen stehen bis zu vier Überwachungsfenster bereit, die über **Debuggen · Fenster · Überwachen** geöffnet werden können. In diese Fenster können die zu überwachenden Variablen geschrieben oder im Codefenster markiert und in das Überwachungsfenster gezogen werden. So können Sie die für Sie interessanten Variablen in einem Fenster zusammenstellen, ohne von irrelevanten Werten abgelenkt zu werden. Diese Vorgehensweise bietet sich gerade bei größeren Projekten mit vielen Variablen an.

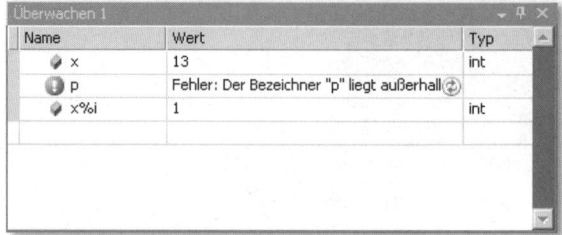

Abbildung 24.7 Ein individuelles Überwachungsfenster

Abbildung 24.7 zeigt ein Überwachungsfenster, mit dem eine Variable der Funktion `IsPrim` (x) und eine Variable von `main` (p) überwacht wird. Weil sich das Programm augenblicklich in der `IsPrim`-Funktion befindet, liegt p außerhalb des gültigen Bereichs, was entsprechend gekennzeichnet ist.

Es ist auch möglich, komplette Ausdrücke in das Fenster einzutragen, deren Ergebnis dann in der Wert-Spalte angezeigt wird. In Abbildung 24.7 wurde exemplarisch der Ausdruck `x%i` hinzugefügt, dessen Wert im aktuellen Fall 1 ist.

24.5 Zusammenfassung

In diesem Kapitel wurde die Bedienung des Debuggers erklärt.

Der Debugger hält das Programm immer dann an, wenn eine nicht gefangene Ausnahme aufgetreten ist oder – und das ist er übliche Weg – im Programm ein Haltepunkt gesetzt wurde.

Über die Fenster des Debuggers können die Werte der Variablen und Objekte zum aktuellen Zeitpunkt eingesehen werden und dadurch helfen, Fehler im Programm zu finden.

24.6 Übungen

Debuggen Sie Ihre Programme und dringen Sie tiefer in ihr Laufzeitverhalten ein.

TEIL III
Oberflächenprogrammierung

Wenn Architekten so bauen würden, wie Programmierer Ihre Programme machen, könnte ein einziger Specht ganze Städte zerstören.
– Unbekannter Verfasser

25 Windows Forms

Endlich ist es soweit. Die Konsolenebene wird verlassen und der Sprung zur Oberflächenprogrammierung gewagt. Wie jede Reise beginnt auch diese mit dem ersten Schritt, der unter Visual C++ 2008 denkbar einfach ausfällt.

Ob Sie, wie in Abschnitt 1.3, »Anlegen eines Projekts«, erklärt, ein neues Projekt mitsamt einer neuen Projektmappe anlegen oder ein neues Projekt zu einer bestehenden Projektmappe hinzufügen, Sie gelangen irgendwann zu dem in Abbildung 25.1 dargestellten Dialog.

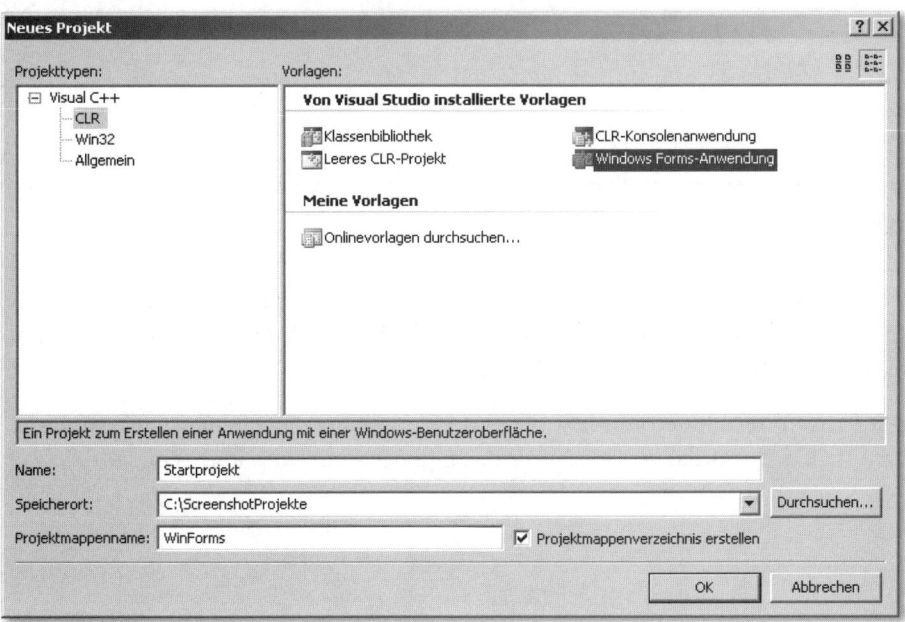

Abbildung 25.1 Das Anlegen einer Windows Forms-Anwendung

Dort wählen Sie unter **Projekttypen** den Punkt **CLR** und daraufhin im rechten Bereich **Windows Forms-Anwendung**. Sie müssen dem Projekt – wie immer – einen Namen geben und im dargestellten Fall auch noch einen Projektmappennamen. Nach der Erzeugung des Projekts bietet sich die in Abbildung 25.2 gezeigte Ansicht.[1]

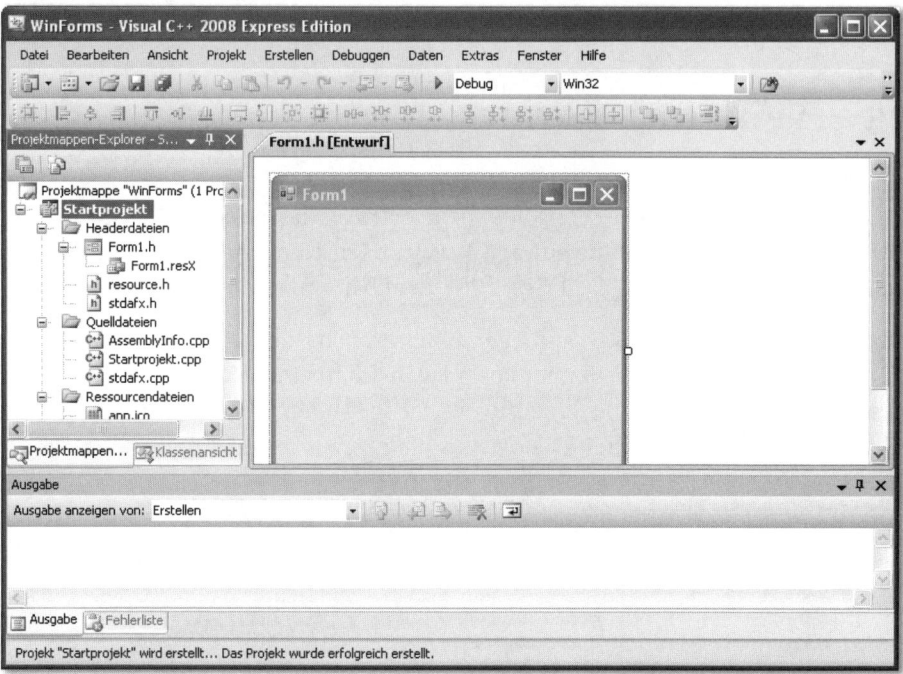

Abbildung 25.2   Das erzeugte Windows Forms-Projekt

Das Projekt lässt sich bereits kompilieren und starten. Es erscheint das erste, in Abbildung 25.3 zu sehende, eigene Fenster, ohne auch nur einen programmiertechnischen Handschlag gerührt haben zu müssen.

Das Fenster besitzt bereits alle üblichen Eigenschaften wie einen Titel, veränderbare Größe, Schaltflächen für Minimierung, Maximierung und Schließen.

---

1   Die bisherigen Screenshots wurden wegen der Übersichtlichkeit in der klassischen Ansicht von XP gezeigt. Weil nun die eigene Oberfläche im Mittelpunkt steht, stellen die Screenshots ab jetzt das XP-typische Design dar.

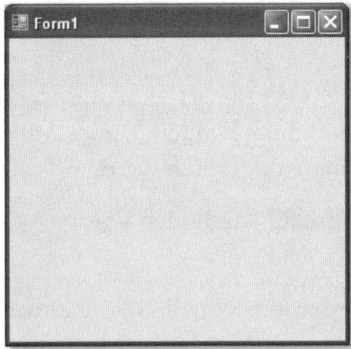

Abbildung 25.3 Das erste eigene Fenster

25.1 Das Hauptprogramm

Wie kommt das Fenster zustande? Schauen wir zunächst in die Datei, die den Namen des Projekts trägt – hier »Hauptprojektdatei.cpp« –, denn dort ist die main-Funktion zu finden:[2]

```
#include "stdafx.h"
#include "Form1.h"

using namespace Startprojekt;

[STAThreadAttribute]
int main(array<System::String ^> ^args) {
  Application::EnableVisualStyles();
  Application::SetCompatibleTextRenderingDefault(false);

  Application::Run(gcnew Form1());
  return 0;
}
```

Listing 25.1 Das Hauptprogramm der Windows Forms-Anwendung

Wie in jeder cpp-Datei einer CLR-Anwendung wird zuallererst die Datei »stdafx.h« eingebunden.[3] Daraufhin folgt »Form1.h«, die Datei, die das dargestellte Fenster enthält und zu Beginn bereits als Entwurf im Editor geöffnet ist.

Wie Sie im nächsten Abschnitt sehen werden, steht die Klasse des Fensters im Namensbereich des Projektnamens (hier Startprojekt). Deshalb wird dieser

---

2 Die Kommentare wurden bereits entfernt.
3 Abschnitt 16.2.1

Namensbereich vor der main-Funktion mit using namespace global verfügbar gemacht.

Direkt vor der main-Funktion wird mit [STAThreadAttribute] zum Ausdruck gebracht, dass es sich um eine Single Threaded-Anwendung handelt. Dieses Attribut hat nur Auswirkungen, wenn COM-Komponenten aufgerufen werden.

Innerhalb von main befinden sich drei Aufrufe statischer Methoden von Application.

▶ **EnableVisualStyles**. Mit dieser Methode werden die visuellen Stile eingeschaltet. Mit visuellen Stilen lässt sich das Aussehen von Steuerelementen massiv verändern.

▶ **SetCompatibleTextRenderingDefault**. .NET basiert auf der grafischen Bibliothek GDI+, der Ablösung von GDI. Wegen der Abwärtskompatibilität sind einige Steuerelemente in der Lage, sich wahlweise über CDI+ oder GDI zeichnen zu lassen. Mit der Übergabe von false an die Methode wird allen Steuerelementen mitgeteilt, die GDI+-Bibliothek zu verwenden.

▶ **Run**. Diese Methode stellt das übergebene Form-Objekt dar und übergibt diesem die Ausführung. Die Methode endet erst, nachdem das Fenster geschlossen wurde.

25.2 Die Form-Datei

Die Datei des automatisch erzeugten Fensters (»Form1.h«) ist bereits in der Entwurfsansicht geöffnet. Wenn Sie den Dateinamen links im Projektmappen-Explorer mit der rechten Maustaste anklicken und im erscheinenden Kontextmenü den Punkt »Code anzeigen« wählen, öffnet sich im Editor ein weiteres Fenster für die Datei, diesmal in der Codeansicht. Der Inhalt der Datei – bereits bereinigt von den für uns unwichtigen Inhalten – ist nachstehend aufgeführt.

```
01:   #pragma once

02:   namespace Startprojekt {
03:     using namespace System;
04:     using namespace System::ComponentModel;
05:     using namespace System::Collections;
06:     using namespace System::Windows::Forms;
07:     using namespace System::Data;
08:     using namespace System::Drawing;

09:     public ref class Form1
       : public System::Windows::Forms::Form {
```

```
10:    public:
11:      Form1(void) {
12:        InitializeComponent();
13:      }
14:    protected:
15:      ~Form1() {
16:        if (components) {
17:          delete components;
18:        }
19:      }
20:    private:
21:      System::ComponentModel::Container ^components;

22:  #pragma region Windows Form Designer generated code

23:      void InitializeComponent(void) {
24:        // Inhalt unerheblich
25:      }
26:  #pragma endregion
27:    };
28:  }
```

Listing 25.2 Der Code von »Form1.h«

▶ 01: Durch `pragma once` wird sichergestellt, dass die Header-Datei pro Quell-codedatei nur einmal eingebunden wird.[4]

▶ 03–08: Obwohl der Designer[5] für jede Klasse den kompletten Namensbereich angibt, wurden für den Entwickler die häufig verwendeten Namensbereiche global verfügbar gemacht. Wirklich wichtig sind die Namensbereiche `System::Windows::Forms`, in dem die Fenster- und Steuerelementeklassen stehen, sowie `System::Drawing`, Heimat der grafischen GDI+-Bibliothek, von der häufiger Elemente benötigt werden, wenn beispielsweise Positions-, Größen- oder Farbangaben gefordert sind.

▶ 09: Das eigene Fenster ist von der Klasse `Form` abgeleitet,[6] der Basisklasse aller Fenster und eigenen Dialoge.

---

4 Abschnitt 6.6.4

5 Der Designer ist der Teil der Entwicklungsumgebung, der die grafische Erstellung der Oberfläche in Quellcode umsetzt.

6 Wenn Sie sich für die hier besprochenen Steuerelemente zusätzliche Informationen aus der .NET-Dokumentation beschaffen wollen, behalten Sie bitte im Hinterkopf, dass die meisten Elemente zweimal vorkommen, einmal als die für uns interessanten Oberflächenelemente im Namensbereich `System::Windows::Forms` und dann nochmal unter demselben Namen, aber mit anderer Funktionalität im Namensbereich `System::Web::UI`, der die für Webdokumente erforderlichen Steuerelemente beinhaltet.

▸ 11–13: Der Konstruktor ruft bisher nur die vom Designer erzeugte `Initiali-zeComponents`-Methode auf, kann aber später vom Anwender ergänzt werden.

▸ 15–19: Der Destruktor[7] der Klasse. Er löscht die vom Designer erstellten Steuerelemente und kann bei Bedarf vom Anwender erweitert werden.

▸ 21: Der Container, der die vom Designer erstellten und in `InitializeCompo-nents` erzeugten Steuerelemente aufnimmt.

▸ 22: Der Befehl `#pragma region` markiert den Anfang eines thematisch zusammengehörigen Bereichs, der im Quellcodeeditor über das Minus-Zeichen vor der Zeile optisch zusammengeklappt werden kann. Hinter dem Befehl kann eine Beschreibung des Bereichsinhalts stehen.

▸ 23–25: Die Methode `InizializeComponents`. Ihr Inhalt ist vom Designer erstellt und enthält alle Steuerelemente, die dem Fenster über den Designer hinzugefügt wurden. Ihr Quellcode sollte niemals von Hand, sondern immer nur über den Designer geändert werden.

▸ 26: Der Befehl `#pragma endregion` beendet einen mit `#pragma region` begonnenen Bereich.

25.3   Das Eigenschaftenfenster des Designers

Damit Sie die im weiteren Verlauf besprochenen Eigenschaften des Fensters direkt anwenden können, werfen wir an dieser Stelle einen Blick auf den Designer und die von ihm gebotenen Möglichkeiten, Eigenschaften eines Fensters oder Steuerelements zu verändern.

Abbildung 25.4 zeigt die Datei »Form1.h« im Entwurfsmodus, mit eingeblendetem Eigenschaftenfenster auf der rechten Seite. Sollte das Eigenschaftenfenster bei Ihnen nicht zu sehen sein, dann können Sie es über das Menü **Ansicht • Weitere Fenster • Eigenschaftenfenster** öffnen.

Wenn Sie mit der Maus auf das im Entwurfsmodus zu sehende Fenster klicken, zeigt Ihnen das Eigenschaftenfenster die veränderbaren Eigenschaften des Fensters. Abbildung 25.5 zeigt die Darstellungsmodi des Eigenschaftenfensters.

---

7   Abschnitt 17.5.1

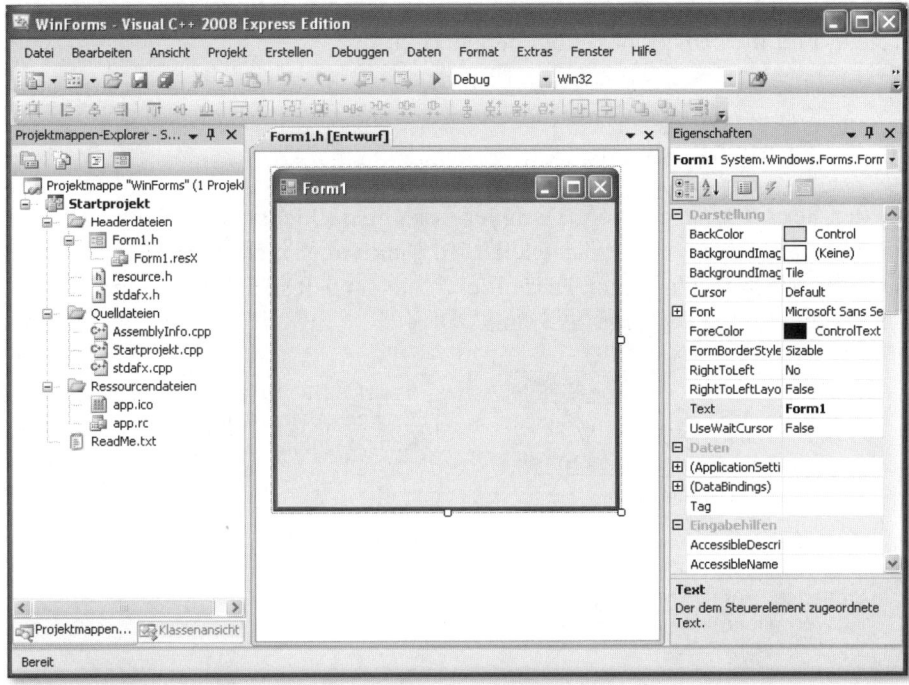

Abbildung 25.4   Das Eigenschaftenfenster des Designers

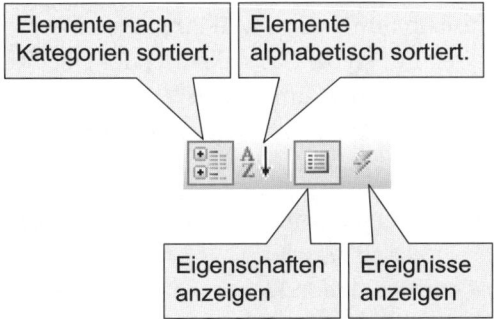

Abbildung 25.5   Die Darstellungsmodi des Eigenschaftenfensters

Sie können zwischen der Darstellung der Eigenschaften und Ereignisse wählen. Die aufgeführten Elemente sind entweder nach Kategorie oder alphabetisch sortiert. Um eine entsprechende Eigenschaft oder ein Ereignis schnell zu finden, bietet sich die alphabetische Sortierung an.

Um den Wert einer Eigenschaft zu ändern, klicken Sie einfach in die rechte Spalte und tragen den neuen Wert ein. Beispielsweise enthält die Eigenschaft Text den

Titel des Fensters. Ändern Sie ihn, kompilieren und starten Sie anschließend das Projekt, und Ihr Fenster hat einen neuen Titel.

25.4 Component

Bei der Betrachtung des vom Designer erzeugten Quellcodes fiel auf, dass die neue Fensterklasse von Form abgeleitet ist. Damit aber nicht genug, ist Form von ContainerControl abgeleitet. Diese Hierarchie hangelt sich durch einige Klassen, die in Abbildung 25.6 dargestellt sind.

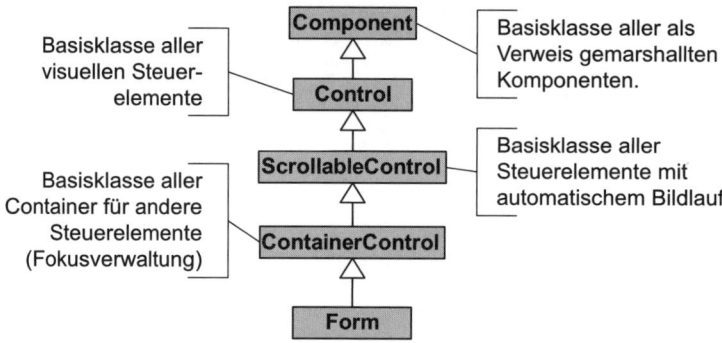

Abbildung 25.6 Die Basisklassen von Form

Alle diese Basisklassen sind nicht nur deshalb interessant, weil ihre Elemente von Form geerbt werden. Die einzelnen Klassen bilden die Basis aller bei der Oberflächenprogrammierung eingesetzten Steuerelemente. Eine in die einzelnen Klassen aufgeteilte Betrachtung der Elemente erleichtert daher später das Erkennen von Gemeinsamkeiten.

Die folgende Auflistung der Klassenelemente muss nicht unbedingt komplett durchgelesen werden. Sie können auch direkt zu Abschnitt 25.8, »Ereignisse im Designer«, springen und bei Bedarf das entsprechende Element nachschlagen.

Beginnen wir mit der Klasse **Component**. Von der hier betrachteten Klassenhierarchie ist sie die einzige, die nicht im Namensbereich System::Windows::Forms steht, sondern in System::ComponentModel. Sie selbst ist von MarshalByRefObject[8] abgeleitet, deren Basisklasse schließlich Object ist. Abgesehen von der

---

8 Die Klasse MarshalByRefObject ist Basisklasse aller Objekte, die bei Marshalling nicht als Kopie, sondern nur als Verweis weitergegeben werden. Marshalling ist notwendig, wenn Objekte über Betriebssystem- und Computergrenzen hinweg – also remote – angesprochen werden sollen.

gleich betrachteten Klasse `Control` ist sie die Basisklasse von `ToolStrip`, der Basisklasse für Leisten aller Art (Menü-, Symbol-, Statusleisten) und Klassen zur Datenbankverwaltung.

Darüber hinaus besitzt sie für dieses Buch keine weiteren erwähnenswerten Merkmale.

25.5 Control – Basis aller Steuerelemente

Mit der Klasse `Control` beginnt es, aufschlussreich zu werden, denn schließlich ist sie die Basisklasse aller visuellen Steuerelemente. Viele der Eigenschaften verwenden als Argumente Objekte von Klassen, die im anschließenden Kapitel erklärt werden.

25.5.1 Öffentliche Eigenschaften

Die Klasse bietet sehr viele Eigenschaften, von denen nur die wichtigsten hier besprochen werden können.

AllowDrop – Drag&Drop erlaubt?

Diese Klasse liefert oder setzt die Fähigkeit, per Drag&Drop auf das Steuerelement gezogene Daten annehmen zu können (`true`) oder nicht (`false`). Standard ist `false`.

Anchor – verankerte Ränder

Mit dieser Eigenschaft kann festgelegt oder ausgelesen werden, welche Ränder des Steuerelements bezogen auf die Ränder des umgebenen Containers einen festen Abstand besitzen. Man sagt auch, das Steuerelement ist am Rand des Containers verankert. Standard ist `Top` und `Left`.

Die Möglichkeiten der Verankerung werden über die Aufzählung `AnchorStyles` definiert, die auch in Kombination auftreten dürfen.

Konstante	Beschreibung
Bottom	Der untere Rand des Steuerelements ist am Container verankert.
Left	Der linke Rand des Steuerelements ist am Container verankert.
None	Kein Rand des Steuerelements ist am Container verankert.
Right	Der rechte Rand des Steuerelements ist am Container verankert.
Top	Der obere Rand des Steuerelements ist am Container verankert.

Tabelle 25.1 Die Attribute der Aufzählung »AnchorStyles«

In Abbildung 25.7 sehen Sie ein Fenster mit vier Schaltflächen, die unterschiedliche Werte für Anchor besitzen. Die Vergrößerung des Fensters zeigt, wie sich die einzelnen Attribute bei Anchor auswirken. Werden gegenüberliegende Ränder eines Steuerelements verankert, dann hat die Größenänderung des Containers auch eine Größenänderung des Steuerelements zur Folge.

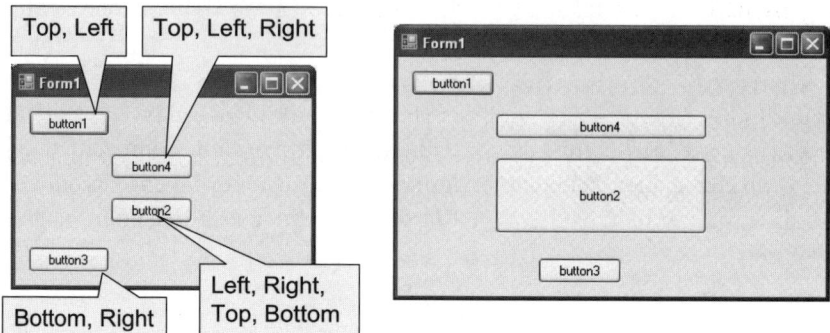

Abbildung 25.7 Die Wirkungsweise von Anchor

Klicken Sie den Wert von Anchor im Designer an, erscheint ein kleines Fenster (Abbildung 25.8), in dem die einzelnen Ankerpunkte ein- und ausgeschaltet werden können.

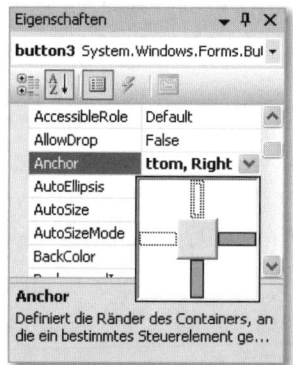

Abbildung 25.8 Die Einstellung von Anchor über den Designer

AutoSize – automatische Größenanpassung an den Inhalt?

Dies liefert oder setzt, ob sich die Größe des Steuerelements automatisch seinem Inhalt anpasst (true) oder nicht (false).

Diese Eigenschaft wird erst von abgeleiteten Klassen mit Leben gefüllt.

BackColor – Hintergrundfarbe

Diese Eigenschaft liefert oder setzt die Hintergrundfarbe des Steuerelements über ein `Color`-Objekt.

BackgroundImage – Hintergrundbild

Diese Eigenschaft liefert oder setzt das Hintergrundbild des Steuerelements über ein `Image`-Objekt.

BackgroundImageLayout – wie wird das Hintergrundbild angepasst?

Diese Eigenschaft liefert oder setzt das Layout des Hintergrundbildes über die `ImageLayout`-Aufzählung.

Konstante	Beschreibung
`Center`	Zentriert das Bild in seiner Originalgröße im Clientbereich des Steuerelements. Bei zu kleinem Clientbereich werden die Bildränder abgeschnitten.
`None`	Das Bild sitzt oben links im Clientbereich des Steuerelements. Ist der Clientbereich zu klein, werden der rechte und untere Bildrand abgeschnitten.
`Stretch`	Passt die Größe des Bildes so an, dass es den gesamten Clientbereich ausfüllt. Dabei kann sich auch das Seitenverhältnis des Bildes ändern.
`Tile`	Kachelt das Bild in seiner Originalgröße im Clientbereich.
`Zoom`	Passt die Größe des Bildes dem Clientbereich an, ohne das Seitenverhältnis zu verändern. Stimmt das Seitenverhältnis des Clientbereichs nicht mit dem des Bildes überein, stellen sich im Clientbereich nicht vom Bild ausgefüllte Ränder ein.

Tabelle 25.2 Die Attribute von »ImageLayout«

Bottom – unterer Rand

Dies liefert oder setzt den Abstand zwischen unterem Steuerelementrand und dem oberen Clientbereichrand des umgebenden Containers in Pixel.

Bounds – Abmessungen

Dies liefert oder setzt die Position und Größe des Steuerelements als `Rectangle`-Objekt (Abschnitt 26.4, »Rectangle – rechteckiger Bereich«).

CausesValidation – Inhaltsüberprüfung?

Dies liefert oder setzt, ob das Steuerelement überprüft wird (`true`) oder nicht (`false`). Standard ist `true`.

ClientRectangle – Clientbereich

Dies liefert den Clientbereich des Steuerelements als `Rectangle`-Objekt.[9] Der Clientbereich definiert die Abgrenzungen des Steuerelements abzüglich aller Rahmen, Leisten und Menüs.

ClientSize – Größe des Clientbereichs

Diese Eigenschaft liefert die Größe des Clientbereichs als `Size`-Objekt (Abschnitt 26.2, »Size – Größenangabe«).

ContextMenuStrip – Kontextmenü

Diese Eigenschaft liefert oder setzt das mit dem Steuerelement verbundene Kontexmenü als `ContextMenuStrip`-Objekt.

Diese löst die vor .NET 2.0 gebräuchliche Eigenschaft `ContextMenu` ab, obwohl diese aus Gründen der Abwärtskompatibilität weiterhin verwendet werden kann. Sind sowohl `ContextMenu` als auch `ContextMenuStrip` gesetzt, dann hat das `ContextMenu` Vorrang.

Controls – Unterelemente

Diese Eigenschaft liefert die Auflistung der im Steuerelement enthaltenen Steuerelemente als `ControlCollection`. Mit dieser Eigenschaft kann jedes Steuerelement als Container anderer Steuerelemente fungieren.

Die Klasse `ControlCollection` implementiert die Schnittstelle `IList`[10] und darüber hinaus noch Methoden, um Steuerelemente über ihren Namen zu suchen.

Cursor – Darstellung des Mauszeigers

Dies liefert oder setzt den darzustellenden Cursor als `Cursor`-Objekt. Dieser Cursor ist immer dann zu sehen, wenn sich der Mauszeiger über dem Steuerelement befindet.

DefaultBackColor, DefaultForeColor, DefaultFont – Standardfarben

Statische Eigenschaften. Sie liefern die Standardhintergrundfarbe, -vordergrundfarbe und den Standardzeichensatz des Steuerelements. Die aktuellen Einstellungen sind über `BackColor`, `ForeColor` und `Font` erhältlich.

---

9 Abschnitt 26.4, »Rectangle – rechteckiger Bereich«
10 Abschnitt 22.6, »IList«

DisplayRectangle – Darstellungsbereich

Diese Eigenschaft liefert den Darstellungsbereich des Steuerelements als `Rectangle`-Objekt (Abschnitt 26.4). Dieser kann beispielsweise bei einem scrollbaren Element größer sein als der Clientbereich.

Dock – angedockte Ränder

Mit dieser Eigenschaft kann festgelegt oder ausgelesen werden, welcher Rand des Steuerelements an den entsprechenden Rand des Containers andockt. Standard ist `None`.

Die Möglichkeiten des Dockings spezifiziert die Aufzählung `DockStyle`, deren Elemente in Tabelle 25.3 zu sehen sind.

Konstante	Beschreibung
Bottom	Der untere Rand des Steuerelements dockt an den Container an.
Fill	Alle Ränder des Steuerelements docken an den Container an.
Left	Der linke Rand des Steuerelements dockt an den Container an.
None	Kein Docking
Right	Der rechte Rand des Steuerelements dockt an den Container an.
Top	Der obere Rand des Steuerelements dockt an den Container an.

Tabelle 25.3 Die Elemente von »DockStyle«

In Abbildung 25.9 ist die Auswirkung von Dock am Beispiel dreier Schaltflächen zu sehen.

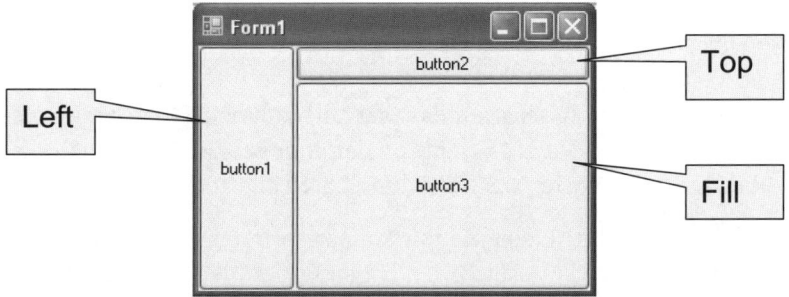

Abbildung 25.9 Die Wirkung von Dock

Der erste Button hat als `Dock` den Wert `Left`, deswegen dockt er links an und füllt den linken Rand in seiner kompletten Höhe aus. Der zweite Button ist über `Top` an den oberen Rand gedockt und deckt daher die gesamte, noch freie Breite des oberen Randes ab.

Vielleicht fragen Sie sich, warum der erste Button bezogen auf die Platzvergabe Priorität genießt, denn es wäre ja auch möglich gewesen, dass der zweite Button die komplette Breite ausfüllt und der erste Button sich dann nur noch in der verbleibenden Containerhöhe »breitmachen« kann.

Die Lösung liegt in der Reihenfolge der Buttons in der `ControlCollection` des Containers. Diese wiederum hängt zunächst einmal von der Reihenfolge ab, in der die Buttons mit dem Designer erstellt wurden.

Das zuletzt mit dem Designer erstelle Steuerelement besitzt in der Auflistung den Index 0, das zuerst erzeugte Element liegt daher am höchsten Index. Daraus lässt sich ableiten, dass die Elemente mit höherem Index eine höhere Priorität bei der Platzvergabe genießen.

Dieser Index spielt auch eine Rolle bei sich überlappenden Steuerelementen, denn welches Element wird dann durch ein anderes verdeckt? Abbildung 25.10 zeigt unsere drei Buttons mit `Dock` auf `None`, aber derart arrangiert, dass sie sich überlappen.

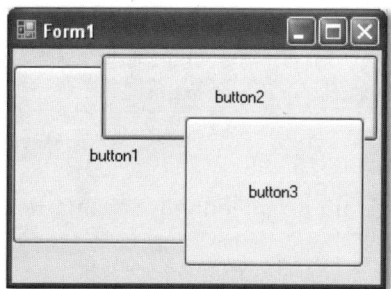

Abbildung 25.10 Überlappende Elemente

Von den obigen Abschnitten ist bekannt, dass das zuletzt hinzugefügte Steuerelement (hier button3) in der `ControlCollection` den Index 0 hat. Und genau dieses Element überlagert im Fenster aus Abbildung 25.10 alle anderen.

Daraus lässt sich ableiten, dass Elemente mit kleinerem Index die Elemente mit größerem Index überlagern. Gewissermaßen haben wir es hier mit einer dritten Dimension zu tun, nämlich mit der Containertiefe. Daher wird diese Reihenfolge der Darstellung auch *z-order* beziehungsweise *z-Reihenfolge* genannt.

Betrachten Sie zum Schluss noch in Abbildung 25.11, wie über den Designer das Docking festgelegt werden kann.

Abbildung 25.11 Die Einstellung von Dock mit dem Designer

Enabled – Steuerelement aktiviert?

Diese Einstellung liefert oder setzt, ob das Steuerelement aktiviert (true) ist, also auf Benutzerinteraktionen reagieren kann. Deaktivierte Elemente (false) werden abgeblendet (in »Geisterschrift«) dargestellt. Standard ist true.

Alle Unterelemente des Steuerelements werden ebenfalls deaktiviert.

Focused – hat das Element den Fokus?

Diese Einstellung liefert true, wenn das Steuerelement den Eingabefokus besitzt.

Font – Schriftart

Dies liefert oder setzt die im Steuerelement verwendete Schriftart als Font-Objekt.

ForeColor – Vordergrundfarbe

Dies liefert oder setzt die Vordergrundfarbe des Steuerelements über ein Color-Objekt.

HasChildren – existieren untergeordnete Steuerelemente?

Diese Einstellung liefert true, wenn das Steuerelement untergeordnete Steuerelemente besitzt.

Obwohl diese Information auch durch Prüfen ermittelt werden kann, ob die über Controls erhaltene ControlCollection Elemente beinhaltet, ist HasChildren performanter, weil nicht auf die ControlCollection zugegriffen werden muss.

Height – Höhe

Dies liefert oder setzt die Höhe des Steuerelements in Pixel.

Left – linker Rand

Diese Einstellung liefert oder setzt den Abstand zwischen dem linken Steuerelementrand und dem linken Clientbereichrand des umgebenden Containers in Pixel.

Location – Position des Elements

Dies liefert oder setzt die Position der oberen linken Ecke des Steuerelements bezogen auf die obere linke Ecke des Containers in Pixel als `Point`-Objekt (Abschnitt 26.3, »Point – Positionsangabe«).

Margin – Abstände zu anderen Steuerelementen

Hierdurch werden die Abstände des Steuerelements zu anderen Steuerelementen über ein `Padding`-Objekt geliefert oder gesetzt.

MaximumSize, MinimumSize – maximale und minimale Größe

Diese Einstellung liefert oder setzt die maximale beziehungsweise minimale Größe, die das Steuerelement annehmen kann, als `Size`-Objekt (Abschnitt 26.2, »Size – Größenangabe«).

Diese Eigenschaften sind primär für Elemente interessant, deren Größe vom Anwender verändert werden kann.

ModifierKeys – welche Tasten sind gedrückt?

Statische Eigenschaft. Liefert über eine `Keys`-Aufzählung, welche der Tasten Umschalten, Strg oder Alt gerade gedrückt sind.

MouseButtons – welche Maustasten sind gedrückt?

Statische Eigenschaft. Liefert über eine `MouseButtons`-Aufzählung[11], welche Maustasten aktuell gedrückt sind.

MousePosition – wo ist die Maus?

Statische Eigenschaft. Liefert über ein `Point`-Objekt (Abschnitt 26.3, »Point – Positionsangabe«) die aktuelle Mausposition bezogen auf die obere linke Bildschirmecke.

---

11 Tabelle 25.11

Name – Name des Steuerelements

Diese Eigenschaft liefert oder setzt den Namen des Steuerelements. Über den Namen kann beispielsweise in einer `ControlCollection` nach dem Steuerelement gesucht werden.

Padding – Abstände innerhalb des Steuerelements

Diese Eigenschaft liefert oder setzt die Abstände innerhalb des Steuerelements über ein `Padding`-Objekt.

Parent – übergeordnetes Steuerelement

Diese Eigenschaft liefert oder setzt den übergeordneten Steuerelementecontainer als `Control`-Objekt.

Region – Fensterbereich als Region

Dies liefert oder setzt den Fensterbereich des Steuerelements als `Region`-Objekt.

Bei dem Fensterbereich handelt es sich um den Bereich des Steuerelements, innerhalb dessen gezeichnet werden kann. Die Position des Fensterbereichs wird bezogen auf die obere linke Ecke des Steuerelements angegeben.

Right – rechter Rand

Diese Einstellung liefert oder setzt den Abstand zwischen dem rechten Steuerelementrand und dem linken Clientbereichrand des umgebenden Containers in Pixel.

Size – Größe des Elements

Dies liefert oder setzt die Größe des Steuerelements in Pixel über ein `Size`-Objekt (Abschnitt 26.2, »Size – Größenangabe«).

TabIndex – welche Tabulatorreihenfolge?

Diese Eigenschaft liefert oder setzt die Reihenfolge, in der die einzelnen Steuerelemente den Fokus über die Tabulatortaste erhalten.

Es handelt sich hierbei um eine ordinale Reihenfolge. Je höher der Wert ist, desto später wird das Steuerelement über die Tabulatortaste erreicht. Bei gleichen Werten entscheidet der Index der Steuerelemente in der `ControlCollection` von `Controls`.

TabStop – ist Element über Tab erreichbar?

Dies liefert oder setzt, ob das Steuerelement über die Tabulatortaste den Fokus bekommen kann (`true`) oder nicht (`false`).

Tag – Verweis auf Daten

Diese Einstellung liefert oder setzt ein Objekt als `Object`, das Zusatzinformationen zu dem Steuerelement besitzt.

Dies könnte beispielsweise ein Verweis auf eine Datenstruktur sein, deren Daten vom Steuerelement angezeigt werden. Diese Eigenschaft wird nicht vom System ausgewertet. Sie steht zur freien Verfügung des Programmierers.

Text – Text des Steuerelements

Dies liefert oder setzt den mit dem Steuerelement verbundenen Text als `String`.

Viele Steuerelemente erlauben es, eine sogenannte Zugriffstaste zu definieren. Durch Drücken dieser Zugriffstaste zusammen mit `Alt` wird der durch das Steuerelement dargestellte Befehl ausgeführt. (Beispielsweise bei einem Button oder Menüpunkt der Klick.)

Definiert wird diese Zugriffstaste, indem in der Text-Eigenschaft vor dem gewünschten Buchstaben ein & gesetzt wird. Bei einem OK-Button würde der Text »&OK« für dieses Element die Zugriffstaste `ALT`+`O` definieren. Soll im Text ein &-Zeichen ausgegeben werden, dann muss dafür && geschrieben werden.

Zugriffstasten sind nur bei Steuerelementen möglich, die den Fokus erhalten können.

Top – oberer Rand

Diese Eigenschaft liefert oder setzt den Abstand zwischen oberem Steuerelementrand und dem oberen Clientbereichrand des umgebenden Containers in Pixel.

TopLevelControl – oberstes Steuerelement in der Hierarchie

Diese Eigenschaft liefert das oberste Steuerelement der Hierarchie als `Control`-Objekt. Diesem Element ist kein weiteres Element übergeordnet. Es handelt sich hierbei meist um ein `Form`-Objekt.

UseWaitCursor – soll die Sanduhr erscheinen?

Mit dieser Eigenschaft wird bestimmt, ob der Wartecursor gezeigt werden soll (`true`), wenn sich der Mauszeiger über dem Steuerelement befindet, oder nicht (false). Die Darstellung des Wartecursors wirkt sich auch auf die untergeordneten Steuerelemente aus.

Visible – ist das Element sichtbar?

Mit dieser Eigenschaft wird eingestellt, ob das Steuerelement sichtbar ist (true) oder nicht (false). Standard ist true.

Width – Breite des Elements

Diese Eigenschaft liefert oder setzt die Breite des Steuerelements in Pixel.

25.5.2 Öffentliche Methoden

BringToFront – hole Element nach vorne

```
void BringToFront();
```

Das Steuerelement bekommt in der ControlCollection des übergeordneten Steuerelements den Index 0 und wird damit in der z-Reihenfolge über alle anderen Elemente gezeichnet.

Contains – ist Steuerelement enthalten?

```
bool Contains(Control^ steuerelement);
```

liefert true, wenn steuerelement ein in der ControlCollection des aufrufenden Steuerelements enthalten ist.

CreateGraphics

```
Graphics^ CreateGraphics();
```

liefert ein Graphics-Objekt, mit dessen Hilfe in das Steuerelement gezeichnet werden kann.

Das Graphics-Objekt muss nach Gebrauch über den Aufruf seiner Dispose-Methode freigegeben werden. Dies geschieht in C++/CLI mit dem Befehl delete[12].

DrawToBitmap – zeichnet Steuerelement in eine Bitmap

```
void DrawToBitmap(Bitmap^ bitmap, Rectangle zielgrenzen);
```

zeichnet das Steuerelement in das über zielgrenzen definierte Rechteck der Bitmap bitmap.

---

12 Abschnitt 17.5.1

FindForm – liefere das umgebende Form-Objekt

```
Form^ FindForm();
```

liefert das übergeordnete Form-Objekt des Steuerelements.

Focus – gib dem Steuerelement den Fokus

```
bool Focus();
```

versucht, dem Steuerelement den Eingabefokus zu geben. Liefert bei Erfolg true, andernfalls false.

GetChildAtPoint – welches Element ist an dieser Position?

```
Control^ GetChildAtPoint(Point punkt);
```

liefert das untergeordnete Steuerelement, welches sich an der Position punkt im Clientbereich des aufrufenden Steuerelements befindet. Ist an der angegebenen Position kein Steuerelement vorhanden, wird nullptr zurückgegeben.

Hide – mach das Element unsichtbar

```
void Hide();
```

verbirgt das Steuerelement. Der Effekt ist der Gleiche, als wäre Visible auf false gesetzt worden.

Invalidate – erzwinge ein Neuzeichnen

Die Invalidate-Methode erklärt ein komplettes Steuerelement oder Teile davon für ungültig, was ein Neuzeichnen des für ungültig erklärten Bereichs zur Folge hat.

```
void Invalidate();
```

Das gesamte Steuerelement wird für ungültig erklärt.

```
void Invalidate(bool invalidateChildren);
```

erklärt das Steuerelement für ungültig. Zusätzlich kann noch angegeben werden, ob die untergeordneten Steuerelemente ebenfalls für ungültig erklärt werden sollen.

```
void Invalidate(Rectangle bereich);
void Invalidate(Region^ bereich);
void Invalidate(Rectangle bereich, bool invalidateChildren);
void Invalidate(Region^ bereich, bool invalidateChildren);
```

erklärt einen bestimmten Bereich des Steuerelements für ungültig. Wahlweise können die untergeordneten Steuerelemente auch für ungültig erklärt werden.

IsKeyLocked

```
static bool IsKeyLocked(Keys tastaturwert);
```

Für `tastaturwert` kann der `Keys`-Wert der Feststelltaste, Num oder Scrollen angegeben werden. Die Methode liefert `true`, wenn die angegebene Taste aktiviert ist.

PointToClient

```
Point PointToClient(Point koordinaten);
```

rechnet die übergebenen Bildschirmkoordinaten in Clientbereich-Koordinaten des Steuerelements um und liefert diese zurück.

PointToScreen

```
Point PointToScreen(Point koordinaten);
```

rechnet die übergebenen Clientbereich-Koordinaten des Steuerelements in Bildschirmkoordinaten um und liefert diese zurück.

RectangleToClient

```
Rectangle RectangleToClient(Rectangle bereich);
```

rechnet den übergebenen Bildschirmkoordinatenbereich in Clientbereich-Koordinaten um und liefert diese zurück.

RectangleToScreen

```
Rectangle RectangleToScreen(Rectangle bereich);
```

rechnet den übergebenen Clientkoordinatenbereich in Bildschirmkoordinaten um und liefert diese zurück.

Refresh – Erzwinge Neuzeichnen

```
void Refresh();
```

erklärt den Clientbereich des Steuerelements für ungültig (`Invalidate`) und erzwingt ein Neuzeichnen (`Update`).

SendToBack – setze Steuerelement nach hinten

```
void SendToBack();
```

Das Steuerelement bekommt in der `ControlCollection` des übergeordneten Steuerelements den höchsten Index und wird damit in der z-Reihenfolge von allen anderen Elementen überzeichnet.

Show – mach das Steuerelement sichtbar

```
void Show();
```

zeigt das Steuerelement. Der Effekt ist der Gleiche, als wäre `Visible` auf `true` gesetzt worden.

25.5.3 Öffentliche Ereignisse

Ein Großteil der Ereignisse von `Control` dient der Benachrichtigung über Änderungen von Eigenschaftswerten. Für die im Buch erläuterten `Control`-Eigenschaften sind in Tabelle 25.4 die verfügbaren Ereignisse aufgelistet. Der Ereignisname setzt sich aus dem Namen der Eigenschaft und der Endung »Changed« zusammen.

`BackColorChanged`	`BackgroundImageChanged`
`BackgroundImageLayoutChanged`	`CausesValidationChanged`
`ClientSizeChanged`	`ContextMenuChanged`
`ContextMenuStripChanged`	`CursorChanged`
`DockChanged`	`EnabledChanged`
`FontChanged`	`ForeColorChanged`
`LocationChanged`	`MarginChanged`
`PaddingChanged`	`ParentChanged`
`RegionChanged`	`SizeChanged`
`TabIndexChanged`	`TabStopChanged`
`TextChanged`	`VisibleChanged`

Tabelle 25.4 Die Changed-Ereignisse von »Control«

Alle Changed-Ereignisse basieren auf dem `EventHandler`-Delegaten:

```
delegate void EventHandler(Object^ sender, EventArgs^ e);
```

Das übergebene `EventArgs`-Objekt besitzt keine zusätzlichen Informationen.

Die folgende Auflistung der wichtigsten Ereignisse führt immer den zum Ereignis gehörenden Delegaten auf, weil an ihm ablesbar ist, wie die Signatur einer eigenen EventHandler-Methode auszusehen hat.[13]

Click – angeklickt

```
delegate void EventHandler(Object^ sender, EventArgs^ e);
```

wird bei einem Mausklick mit der linken Taste auf das Steuerelement ausgelöst.

Dieses Ereignis wird auch über auch über vergleichbare Mechanismen ausgelöst, wie bei einem Button beispielsweise das Drücken von ⏎ oder Leertase, wenn der Button den Fokus besitzt.

Sollen unterschiedliche Maustasten ausgewertet werden, ist das `MouseClick`-Ereignis geeigneter.

DoubleClick – Doppelklick

```
delegate void EventHandler(Object^ sender, EventArgs^ e);
```

wird bei einem Doppelklick auf das Steuerelement ausgelöst.

DragDrop, DragEnter, DragLeave, DragOver

Diese Ereignisse sind für die Bereitstellung von Drag&Drop-Funktionalität notwendig.

Enter – Element hat den Fokus

```
delegate void EventHandler(Object^ sender, EventArgs^ e);
```

wird ausgelöst durch Erhalt des Eingabefokus.

Dieses Ereignis ist das Erste einer Reihe von Ereignissen, die durch den Erhalt und Verlust des Eingabefokus ausgelöst werden, wie Tabelle 25.5 zeigt.[14]

Reihenfolge	Ereignis
1.	Enter
2.	Leave
3.	Validating
4.	Validated

Tabelle 25.5 Die Ereignisreihenfolge in Bezug auf den Eingabefokus

---

13 Der grundsätzliche Aufbau von Ereignissen und ihr Zusammenspiel mit Delegaten sind Thema von Abschnitt 21.2, »Ereignisse«.

14 Die für die normale Programmierung uninteressanten Low-Level-Ereignisse `GotFocus` und `LostFocus` werden hier vernachlässigt.

HelpRequested

```
delegate void HelpEventHandler(Object^ sender,
                               HelpEventArgs^ e);
```

wird ausgelöst durch ein Hilfeersuchen des Anwenders über die Taste $\boxed{\text{F1}}$ oder in Kombination mit der Direkthilfe.

Wie und ob der Programmierer auf das Ereignis reagiert, bleibt ihm überlassen, er sollte jedoch dem System über die Eigenschaft Handled von **HelpEventArgs** (Tabelle 25.6) mitteilen, ob er das Hilfegesuch bearbeitet hat.

Eigenschaft	Beschreibung
Handled	Liefert oder setzt, ob das Hilfeereignis behandelt wurde (true) oder nicht (false).
MousePos	Liefert die Bildschirmkoordinaten des Mauszeigers bei der Auslösung des Ereignisses (als Point-Objekt[15]).

Tabelle 25.6 Die Eigenschaften von »HelpEventArgs«

Invalidated – Neuzeichnen steht an

```
delegate void InvalidateEventHandler(Object^ sender,
                                     InvalidateEventArgs^ e);
)
```

wird ausgelöst, wenn das Steuerelement oder Teile davon neu gezeichnet werden müssen.

Die Eigenschaft InvalidRect der Klasse InvalidateEventArgs liefert den neu zu zeichnenden Bereich als Rectangle-Objekt (Abschnitt 26.4).

KeyDown, KeyUp – Taste gedrückt oder losgelassen

```
delegate void KeyEventHandler(Object^ sender, KeyEventArgs^ e);
```

wird durch Drücken beziehungsweise Freigeben einer Taste ausgelöst, während das Steuerelement den Eingabefokus hat.

Das Drücken (und anschließende Freigeben) einer Taste löst insgesamt drei Ereignisse aus, deren Reihenfolge in Tabelle 25.7 aufgeführt ist.

---

15 Abschnitt 26.3, »Point – Positionsangabe«

Reihenfolge	Ereignis
1.	KeyDown
2.	KeyPress
3.	KeyUp

Tabelle 25.7 Die Ereignisreihenfolge in Bezug auf die Tastatur

Das an den Event-Handler übergebene `KeyEventArgs`-Objekt besitzt aussagekräftige Elemente, von denen die wichtigsten in Tabelle 25.8 vorgestellt werden.

Eigenschaft	Beschreibung
Alt	Liefert `true`, falls die Taste ⌊Alt⌋ gedrückt wurde.
Control	Liefert `true`, falls die Taste ⌊Strg⌋ gedrückt wurde.
Handled	Liefert oder setzt, ob das Hilfeereignis behandelt wurde (`true`) oder nicht (`false`).
KeyCode	Liefert die gedrückte Taste als `Keys`-Wert.
KeyData	Liefert die gedrückte Taste inklusive zusätzlicher Tasten wie ⌊Alt⌋ oder ⌊⇧⌋ als `Keys`-Wert.
KeyValue	Liefert die gedrückte Taste als `int`-Wert.
Modifiers	Liefert die gedrückten Zusatztasten wie ⌊Alt⌋ oder ⌊⇧⌋ als `Keys`-Wert .
Shift	Liefert `true`, falls die ⌊⇧⌋ gedrückt wurde.

Tabelle 25.8 Die Eigenschaften von »KeyEventArgs«

KeyPress

```
delegate void KeyPressEventHandler(Object^ sender,
                                   KeyPressEventArgs^ e);
```

wird durch Drücken beziehungsweise Freigeben einer Taste ausgelöst, während das Steuerelement den Eingabefokus hat.

Die an den Event-Handler übergebenen Informationen in Form eines `KeyPress-EventArgs`-Objekts unterscheiden sich jedoch von denen für `KeyDown` und `KeyUp`. Tabelle 25.9 listet sie auf.

Eigenschaft	Beschreibung
Handled	Liefert oder setzt, ob das Hilfeereignis behandelt wurde (`true`) oder nicht (`false`).
KeyChar	Liefert das der gedrückten Taste entsprechende Zeichen als `wchar_t`.

Tabelle 25.9 Die Eigenschaften von »KeyPressEventArgs«

Leave – Element, das den Fokus verlor

```
delegate void EventHandler(Object^ sender, EventArgs^ e);
```

wird ausgelöst durch Verlust des Eingabefokus.

Sollte `CausesValidation` auf `true` gesetzt sein, werden nach diesem Ereignis noch die Ereignisse `Validating` und `Validated` ausgelöst. Die Ereignisreihenfolge ist in Tabelle 25.5 zu sehen.

MouseClick – Maustaste gedrückt

```
delegate void MouseEventHandler(Object^ sender,
                                MouseEventArgs^ e);
```

wird ausgelöst, wenn die Maustaste über dem Steuerelement gedrückt und losgelassen wurde.

Das übergebene `MouseEventArgs`-Objekt (Tabelle 25.10) liefert Informationen über die gedrückten Maustasten und die Mauszeigerposition.

Eigenschaft	Beschreibung
Button	Liefert die gedrückten Maustasten als Kombination von `MouseButtons`-Werten (Tabelle 25.11).
Clicks	Liefert die Anzahl der Mausklicks. Interessant, wenn außer Einfach- und Doppelklicks auch noch Mehrfachklicks benötigt werden.
Delta	Liefert einen `int`-Wert mit Aussagen über die Bewegung des Mausrads (Bei positiven Werten wurde das Rad vom Benutzer weg, bei negativen zum Anwender hin gedreht.)
Location	Liefert die Position des Mauszeigers zum Zeitpunkt der Ereignisauslösung als `Point`-Wert.[16]
X	Liefert die x-Koordinate des Mauszeigers zum Zeitpunkt der Ereignisauslösung.
Y	Liefert die x-Koordinate des Mauszeigers zum Zeitpunkt der Ereignisauslösung.

Tabelle 25.10 Die Eigenschaften von »MouseEventArgs«

Konstante	Beschreibung
Left	Die linke Maustaste wurde gedrückt.
Middle	Die mittlere Maustaste wurde gedrückt.
None	Keine Maustaste wurde gedrückt.

Tabelle 25.11 Die Elemente der Aufzählung »MouseButtons«

---

16 Abschnitt 26.3, »Point – Positionsangabe«

Konstante	Beschreibung
Right	Die rechte Maustaste wurde gedrückt.
XButton1	XButton 1 wurde gedrückt (Bei einer Maus mit fünf Tasten).
XButton2	XButton 2 wurde gedrückt (Bei einer Maus mit fünf Tasten).

Tabelle 25.11 Die Elemente der Aufzählung »MouseButtons« (Forts.)

MouseDoubleClick – Doppelklick

```
delegate void MouseEventHandler(Object^ sender,
                               MouseEventArgs^ e);
```

wird durch einen Doppelklick auf das Steuerelement ausgelöst. Die Eigenschaften von MouseEventArgs sind in Tabelle 25.10 aufgeführt.

MouseDown – Maustaste wurde gedrückt

```
delegate void MouseEventHandler(Object^ sender,
                               MouseEventArgs^ e);
```

wird ausgelöst, wenn die Maustaste über dem Steuerelement gedrückt wird. Die Eigenschaften von MouseEventArgs sind in Tabelle 25.10 aufgeführt.

MouseEnter – Mauszeiger ist da

```
delegate void EventHandler(Object^ sender, EventArgs^ e);
```

wird ausgelöst, wenn der Mauszeiger in den Bereich des Steuerelements bewegt wird.

MouseHover – Mauszeiger ist schon längere Zeit da

```
delegate void EventHandler(Object^ sender, EventArgs^ e);
```

wird ausgelöst, wenn sich der Mauszeiger im Bereich des Steuerelements eine Zeit lang aufhält. Typisches Anwendungsbeispiel ist die Anzeige von Quickinfos.

MouseLeave – Mauszeiger ist weg

```
delegate void EventHandler(Object^ sender, EventArgs^ e);
```

wird ausgelöst, wenn der Mauszeiger den Bereich des Steuerelements verlässt.

MouseMove – Mauszeiger wurde bewegt

```
delegate void MouseEventHandler(Object^ sender,
                               MouseEventArgs^ e);
```

wird ausgelöst, wenn der Mauszeiger über dem Steuerelement bewegt wird. Die Eigenschaften von MouseEventArgs sind in Tabelle 25.10 aufgeführt.

MouseUp – Maustaste wurde losgelassen

```
delegate void MouseEventHandler(Object^ sender,
                                MouseEventArgs^ e);
```

wird ausgelöst, wenn die Maustaste über dem Steuerelement gedrückt und an beliebiger Stelle – auch außerhalb des vom Steuerelement belegten Bereichs – losgelassen wird. Die Eigenschaften von MouseEventArgs sind in Tabelle 25.10 aufgeführt.

MouseWheel – Mausrad wurde gedreht

```
delegate void MouseEventHandler(Object^ sender,
                                MouseEventArgs^ e);
```

wird ausgelöst, wenn das Mausrad gedreht wird, während das Steuerelement den Eingabefokus hat. Die Eigenschaften von MouseEventArgs sind in Tabelle 25.10 aufgeführt.

Move – Steuerelement hat die Position verändert

```
delegate void EventHandler(Object^ sender, EventArgs^ e);
```

wird ausgelöst durch Bewegen des Steuerelements.

Paint – Neuzeichnen beginnt

```
delegate void PaintEventHandler(Object^ sender,
                                PaintEventArgs^ e);
```

wird bei einem Neuzeichnen des Steuerelements ausgelöst. Der neu zu zeichnende Bereich sowie das zum Zeichnen verwendete Graphics-Objekt kann über das an den Handler übergebene PaintEventArgs-Objekt (Tabelle 25.12) ermittelt werden.

Eigenschaft	Beschreibung
ClipRectangle	Liefert den neu zu zeichnenden Bereich des Steruerelements als Rectangle-Objekt[17].
Graphics	Liefert das zum Zeichnen verwendete Graphics-Objekt.

Tabelle 25.12 Die Eigenschaften von »PaintEventArgs«

---

17 Abschnitt 26.4, »Rectangle – rechteckiger Bereich«

Resize – Größe wurde geändert

```
delegate void EventHandler(Object^ sender, EventArgs^ e);
```

wird ausgelöst durch Größenveränderung des Steuerelements.

Validated – Überprüfung ist abgeschlossen

```
delegate void EventHandler(Object^ sender, EventArgs^ e);
```

wird ausgelöst, wenn CausesValidation auf true gesetzt ist und die Überprüfung des Steuerelements abgeschlossen wurde.

Validating – Überprüfung ist im Gange

```
delegate void CancelEventHandler(Object^ sender,
                                 CancelEventArgs^ e);
```

wird während der Überprüfung des Steuerelements ausgelöst, wenn Causes-Validation auf true gesetzt ist.

Über die Eigenschaft Cancel von CancelEventArgs kann dem System mitgeteilt werden, ob die Bearbeitung des Ereignisses abgebrochen (true) oder weitergeführt (false) werden soll. Standard ist false.

25.6 ScrollableControl – scrollbare Container

Die Klasse ScrollableControl ist von Control abgeleitet und ergänzt diese um die Fähigkeit eines Bildlaufs. Damit kann die virtuelle Größe des Steuerelements größer sein als seine dargestellte Größe. Um trotzdem den gesamten virtuellen Bereich des Steuerelements betrachten zu können, werden Bildlaufleisten hinzugefügt, mit deren Hilfe sich im virtuellen Bereich bewegt werden kann.

Sie kennen diesen Effekt zur Genüge aus Ihrer alltäglichen Arbeit mit Windows. Beispielsweise kann ein Blatt in Excel oder ein Dokument in Word größer sein als der Bildschirm, über Bildlaufleisten kann aber jeder Bereich des Dokuments betrachtet werden.

Abbildung 1.1 zeigt am Beispiel eines eigenen Fensters die Bildlaufleisten im Einsatz. Der virtuelle Fensterbereich ist weitaus größer als die tatsächlichen Ausmaße des Fensters. Über die Bildlaufleisten rechts und unten ist eine Navigation über den gesamten virtuellen Bereich möglich.

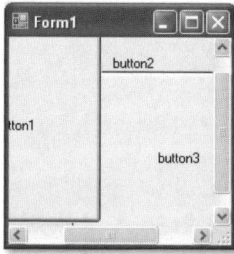

Abbildung 25.12   Bildlaufleisten im eigenen Formular

Die Klasse `ScrollableControl` ist Basisklasse der weiter unten noch zu betrachtenden `ContainerControl`-Klasse, sowie der Klassen `Panel` und `ToolStrip`.

25.6.1   Öffentliche Eigenschaften

Über die Eigenschaften von `ScrollableControl` können die Bildlaufleisten aktiviert und entsprechende Ränder definiert werden.

AutoScroll – sollen Bildlaufleisten verwendet werden?

Diese Eigenschaft liefert oder setzt, ob bei Bedarf automatisch Bildlaufleisten eingeblendet werden (`true`) oder nicht (`false`). Standard ist `false`.

AutoScrollMargin – Abstand zu den Bildlaufleisten

Mit dieser Eigenschaft wird der Abstand des virtuellen Bereichs zu den Bildlaufleisten über ein `Size`-Objekt (Abschnitt 26.2) geliefert oder gesetzt.

Abbildung 25.13 zeigt das Fenster einmal ohne Rand (links) und einmal mit Rand (rechts).

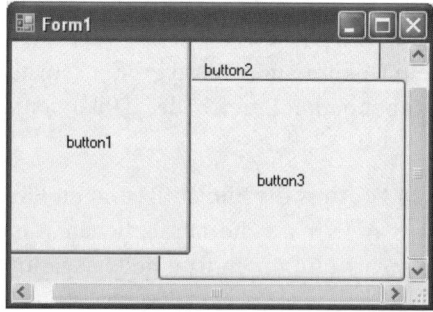
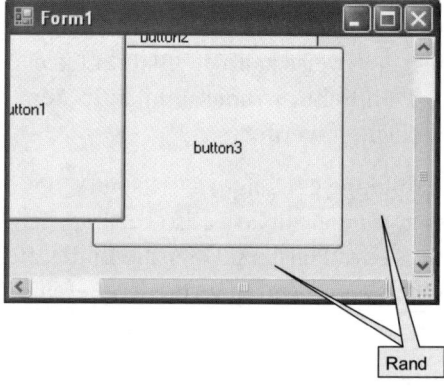

Abbildung 25.13   Die Auswirkung von AutoScrollMargin

AutoScrollMinSize – ab wann erscheinen Bildlaufleisten?

Diese Eigenschaft liefert oder setzt über ein `Size`-Objekt[18] die Steuerelement-größe, ab der die Bildlaufleisten dargestellt werden, unabhängig davon, ob sich untergeordnete Elemente im nicht dargestellten Bereich befinden oder nicht.

AutoScrollPosition – welcher Bereich ist gerade sichtbar?

Diese Eigenschaft liefert oder setzt die Position des sichtbaren Bereichs als `Point`-Objekt (Abschnitt 26.3).

Beim Auslesen wird die Position der oberen linken Ecke des virtuellen Bereichs bezogen auf die Position der oberen linken Ecke des dargestellten Bereichs gelie-fert. Die Werte sind daher 0 oder negativ.

Über das Setzen wird die Position der oberen linken Ecke des dargestellten Bereichs bezogen auf die Position der oberen linken Ecke des virtuellen Bereichs bestimmt. Die angegebenen Werte müssen deswegen 0 oder positiv sein.

HorizontalScroll – Einstellungen der horizontalen Bildlaufleiste

Liefert ein `HScrollProperties`-Objekt, über das die Einstellungen der horizonta-len Bildlaufleiste ausgelesen oder verändert werden können.

Die Klasse `HScrollproperties` besitzt nur die von `ScrollProperties` geerbten Eigenschaften, die in Tabelle 25.13 aufgeführt sind.

Eigenschaft	Beschreibung
Enabled	Liefert oder setzt, ob die Bildlaufleiste verwendet werden kann (true) oder abgeblendet ist (false).
LargeChange	Liefert oder setzt die Entfernung als int-Wert, um die das Bildlauf-leistenfeld bei einem großen Bildlauf verschoben wird (z. B. über die Tasten Bild↑ oder Bild↓ oder das Klicken in die Bildlaufleiste neben das Bildlaufleistenfeld).
Maximum	Liefert oder setzt den maximalen Wert als int, den die Bildlaufleiste darstellen kann.
Minimum	Liefert oder setzt den minimalen Wert als int, den die Bildlaufleiste darstellen kann.
SmallChange	Liefert oder setzt die Entfernung als int, um die das Bildlaufleisten-feld bei einem kleinen Bildlauf verschoben wird (z. B. durch Ankli-cken der Pfeile der Bildlaufleiste).

Tabelle 25.13 Die Eigenschaften von »ScrollProperties«

---

18 Abschnitt 26.2, »Size – Größenangabe«

Eigenschaft	Beschreibung
Value	Liefert oder setzt den numerischen Wert als int, für den die aktuelle Position des Bildlaufleistenfelds steht.
Visible	Liefert oder setzt, ob die Bildlaufleiste sichtbar ist (true) oder nicht (false).

Tabelle 25.13 Die Eigenschaften von »ScrollProperties« (Forts.)

VerticalScroll – Einstellungen der vertikalen Bildlaufleiste

Diese Eigenschaft liefert ein VScrollProperties-Objekt, über das die Einstellungen der vertikalen Bildlaufleiste ausgelesen oder verändert werden können.

Die Klasse VScrollproperties besitzt nur die von ScrollProperties geerbten Eigenschaften, die in Tabelle 25.13 aufgeführt sind.

25.6.2 Öffentliche Methoden

Die öffentlich ansprechbaren Methoden sind dünn besetzt.

ScrollControlIntoView – ab in den sichtbaren Bereich

```
void ScrollControlIntoView(Control^ steuerelement);
```

positioniert den sichtbaren Bereich des Steuerelements so im virtuellen Bereich, dass das untergeordnete steuerelement (möglichst komplett) sichtbar ist.

25.6.3 Öffentliche Ereignisse

Auch die Ereignisse fallen spärlich aus.

Scroll – ein Bildlauf hat stattgefunden

```
delegate void ScrollEventHandler(Object^ sender,
                                 ScrollEventArgs^ e);
```

wird durch einen Bildlauf ausgeführt, unabhängig davon, ob er vom Anwender oder vom Programm initiiert wurde.

Über die Eigenschaften des an den Handler übergebenen ScrollEventArgs-Objekts (Tabelle 25.14) können weitere Details ermittelt werden.

Eigenschaft	Beschreibung
NewValue	Liefert oder setzt den neuen Wert der Bildlaufleiste.
OldValue	Liefert den alten Wert der Bildlaufleiste.

Tabelle 25.14 Die Eigenschaften von »ScrollEventArgs«

Eigenschaft	Beschreibung
ScrollOrientation	Liefert die Ausrichtung der auslösenden Bildlaufleiste als Scroll-Orientation-Wert (Tabelle 25.15).
Type	Liefert den Typ des ausgelösten Ereignisses als ScrollEventType-Wert (Tabelle 25.16).

Tabelle 25.14 Die Eigenschaften von »ScrollEventArgs« (Forts.)

Konstante	Beschreibung
HorizontalScroll	Horizontale Bildlaufleiste
VerticalScroll	Vertikale Bildlaufleiste

Tabelle 25.15 Die Elemente der Aufzählung »ScrollOrientation«

Konstante	Beschreibung
EndScroll	Das Verschieben des Bildlauffelds wurde beendet.
First	Das Bildlauffeld wurde an die Minimum-Position verschoben.
LargeDecrement	Es wurde ein großer, negativer Bildlauf durchgeführt.[19]
LargeIncrement	Es wurde ein großer, positiver Bildlauf durchgeführt.
Last	Das Bildlauffeld wurde an die Maximum-Position verschoben.
SmallDecrement	Es wurde ein kleiner, negativer Bildlauf durchgeführt.
SmallIncrement	Es wurde ein kleiner, positiver Bildlauf durchgeführt.
ThumbPosition	Das Bildlauffeld wurde verschoben.
ThumbTrack	Das Bildlauffeld wird momentan verschoben.

Tabelle 25.16 Die Elemente von »ScrollEventType«

25.7   Form – die Formularklasse

Die Klasse ContainerControl bietet für uns keine wichtigen Elemente, deshalb geht es direkt zur Klasse **Form**, der Basisklasse aller eigenen Fenster und Dialoge. An dieser Stelle werden die Elemente der Form im Detail betrachtet. Wie sie zusammenspielen und wie wir als Programmierer mit ihnen umgehen, wird später noch ausführlich gezeigt.

25.7.1   Öffentliche Eigenschaften

Über die Eigenschaften werden viele Funktionalitäten definiert, die Verhalten, Positionierung und Aussehen des Formulars bestimmen.

---

19 Weitere Informationen über große und kleine Bildläufe finden Sie in Tabelle 25.13.

AcceptButton – welcher Button ist der OK-Button?

Diese Eigenschaft liefert oder setzt den Button, der mit der Eingabetaste des Formulars verbunden ist. Speziell bei Dialogen kann damit bei Drücken der Eingabetaste direkt der OK-Button ausgeführt und der Dialog erfolgreich geschlossen werden.

Der hier anzugebende Button muss die IButtonControl-Schnittstelle implementieren.

ActiveForm – welches Formular ist aktiv?

Statische Eigenschaft. Liefert das momentan aktive Formular der Anwendung als Form-Objekt.

CancelButton – welcher Button ist der Abbrechen-Button?

Diese Eigenschaft liefert oder setzt den Button, der mit der Esc-Taste des Formulars verbunden ist. Speziell bei Dialogen kann damit bei Drücken der Esc-Taste direkt der Abbrechen-Button ausgeführt und der Dialog abgebrochen werden.

Der hier anzugebende Button muss die IButtonControl-Schnittstelle implementieren.

ControlBox – Systemmenüfeld erwünscht?

Diese Eigenschaft liefert oder setzt, ob die Titelleiste des Formulars ein Systemmenüfeld besitzt (true) oder nicht (false). Der Standard ist true.

Abbildung 25.14 zeigt ein Formular einmal mit ControlBox auf true und einmal auf false.

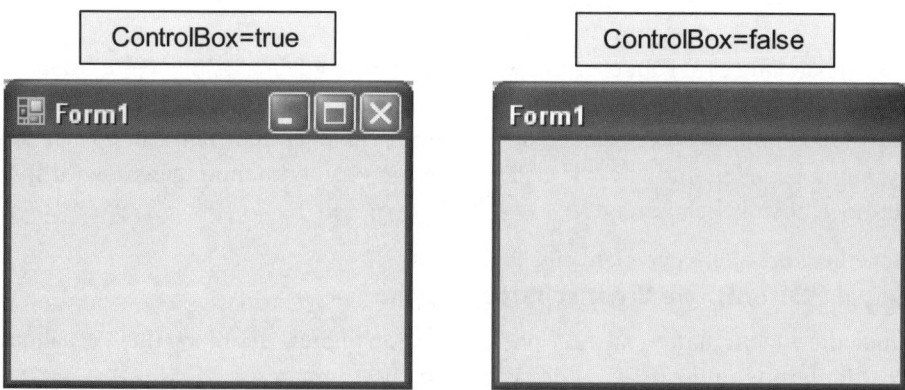

Abbildung 25.14 Die Auswirkungen von ControlBox

Nicht nur das über das Icon zugängliche Menü, auch die Buttons am rechten Titelleistenrand zum Minimieren, Maximieren und Schließen verschwinden, wenn `ControlBox` auf `false` gesetzt ist.

Im obigen Fall wäre das strategisch ausgesprochen unklug, da das Fenster nur noch über den Taskmanager geschlossen werden kann.

DesktopBounds – Ausmaße auf dem Desktop

Diese Einstellung liefert oder setzt den vom Formular auf dem Desktop eingenommenen Bereich über ein `Rectangle`-Objekt. Mit dieser Eigenschaft lässt sich das Formular positionieren und dimensionieren.

DesktopLocation – Position auf dem Desktop

Dies liefert oder setzt die Position des Formulars auf dem Desktop über ein `Point`-Objekt (Abschnitt 26.3).

DialogResult – mit welchem Ergebnis schließt das Formular?

Diese Eigenschaft liefert oder setzt das Dialogergebnis des Formulars über einen `DialogResult`-Wert. Wurde das Formular durch den Aufruf von `ShowDialog` geöffnet, hat ein Setzen dieses Werts automatisch ein Schließen des Formulars zur Folge. Tabelle 25.17 zeigt die Möglichkeiten von DialogResult.

Konstante	Beschreibung
Abort	Typisches Ergebnis des Buttons »Abbrechen«
Cancel	Typisches Ergebnis des Buttons »Abbrechen«
Ignore	Typisches Ergebnis des Buttons »Ignorieren«
No	Typisches Ergebnis des Buttons »Nein«
None	Der modale Dialog wird noch ausgeführt
OK	Typisches Ergebnis des Buttons »OK«
Retry	Typisches Ergebnis des Buttons »Wiederholen«
Yes	Typisches Ergebnis des Buttons »Ja«

Tabelle 25.17 Die Elemente der Aufzählung »DialogResult«

FormBorderStyle – wie sieht der Rahmen aus?

Mit dieser Eigenschaft wird die Art des Formularrahmens als `FormBorderStyle`-Wert geliefert oder gesetzt. Standard ist `Sizable`.

Tabelle 25.18 listet die Elemente der `FormBorderStyle`-Aufzählung auf, Abbildung 25.15 zeigt die optischen Auswirkungen der einzelnen Werte auf den Formularrahmen.

Der Typ None ist die Fensterart, mit der häufig zu Beginn eines Programms während des Ladens der Programmname mit Logo und Copyrightinformationen eingeblendet werden.

Konstante	Beschreibung
Fixed3D	dreidimensionaler Rahmen, Größe nicht veränderbar
FixedDialog	Dialogfeldstil, Größe nicht veränderbar
FixedSingle	dünner Rahmen, Größe nicht veränderbar
FixedToolWindow	Toolfensterrahmen, Größe nicht veränderbar
None	kein Rahmen
Sizable	Standardrahmen, Größe änderbar
SizableToolWindow	Toolfensterrahmen, Größe änderbar

Tabelle 25.18 Die Elemente der Aufzählung »FormBorderStyle«

HelpButton – gibt es einen Hilfebutton?

Diese Eigenschaft liefert oder setzt, ob neben dem Schließen-Symbol des Formulars eine Hilfe-Schaltfläche erscheint (true) oder nicht (false). Standard ist false.

Damit die Hilfe-Schaltfläche erscheint, müssen die Maximieren-Schaltfläche (MaximizeBox) und die Minimieren-Schaltfläche (MinimizeBox) abgeschaltet sein.

Abbildung 25.15 zeigt ein Fenster mit Hilfe-Schaltfläche.

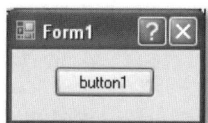

Abbildung 25.15 Die Hilfe-Schaltfläche

Icon – welches Icon?

Hiermit wird das Icon des Formulars über ein Icon-Objekt geliefert oder gesetzt.

MainMenuStrip – Hauptmenü

Mit dieser Eigenschaft wird das verwendete Hauptmenü des Formulars über ein MenuStrip-Objekt geliefert oder gesetzt. Besitzt das Formular keine Menüleiste, hat MainMenuStrip den Wert nullptr.

MaximizeBox – Schaltfläche Maximieren

Dies liefert oder setzt, ob die Maximieren-Schaltfläche in der Fensterleiste des Formulars erscheint (`true`) oder nicht (`false`). Standard ist `true`.

MinimizeBox – Schaltfläche Minimieren

Dies liefert oder setzt, ob die Minimieren-Schaltfläche in der Fensterleiste des Formulars erscheint (`true`) oder nicht (`false`). Standard ist `true`.

Modal – modales Fenster?

Liefert `true`, wenn das Formular modal angezeigt wird, ansonsten `false`. Modale Formulare müssen geschlossen werden, bevor Eingaben in anderen Formularen getätigt werden können.

Opacity – Transparenz

Liefert oder setzt die Transparenz des Formulars über einen `double`-Wert. Bei einem Wert von 100 (Standard) ist das Formular massiv, bei einem Wert von 0 völlig durchsichtig.

OwnedForms – im Besitz befindliche Formulare

Diese Eigenschaft liefert ein Array mit allen von diesem Formular besessenen Formularen. Der Vorteil dieses Besitzes liegt im Verhalten. Wird ein Formular minimiert, dann werden alle von ihm besessenen Formulare ebenfalls minimiert. Ein Formular wird niemals hinter seinem Besitzerformular angezeigt.

Verwaltet werden die Besitztümer über die Methoden `AddOwndedForm` und `RemoveOwnedForm`.

ShowIcon – ist das Icon zu sehen?

Diese Eigenschaft liefert oder setzt, ob in der Titelleiste des Formulars ein Icon gezeigt wird (`true`) oder nicht (`false`). Standard ist `true`.

Abbildung 25.16 zeigt ein Formular ohne Icon. Das Icon wird auch nicht in der Taskleiste gezeigt. Dort erscheint lediglich ein Standard-Icon.

Abbildung 25.16 Die Wirkungsweise von ShowIcon

ShowInTaskbar – erscheint das Formular in der Taskbar?

Liefert oder setzt, ob das Formular in der Windows-Taskleiste gezeigt wird (`true`) oder nicht (`false`). Standard ist `true`.

StartPosition – wo steht das Formular zu Beginn?

Liefert oder setzt die Startposition[20] des Formulars als `FormStartPosition`-Wert. Standard ist `WindowsDefaultLocation`. Tabelle 25.19 zeigt die möglichen Werte.

Konstante	Beschreibung der Position
CenterParent	zentriert innerhalb des übergeordneten Formulars
CenterScreen	zentriert auf dem Desktop
Manual	Positionsbestimmung über die Location-Eigenschaft
WindowsDefaultBounds	Windows-Standardposition[21] und Standardabmessungen
WindowsDefaultLocation	Windows-Standardposition

Tabelle 25.19 Die Elemente der Aufzählung FormStartPosition

TopMost – immer als oberstes Fenster?

Diese Einstellung liefert oder setzt, ob das Formular immer über allen anderen Formularen angezeigt wird (`true`) oder nicht (`false`). Standard ist `false`.

25.7.2 Öffentliche Methoden

Activate – Formular aktivieren

```
void Activate();
```

aktiviert das Formular und gibt diesem den Eingabefokus. Ist es ein Formular der aktiven Anwendung, dann tritt es in den Vordergrund, andernfalls blinkt sein Symbol in der Windows-Taskleiste (wenn nicht abgeschaltet).

AddOwnedForm

```
void AddOwnedForm(Form^ zubesitzendeform);
```

trägt das aufrufende Formular als Besitzer von `zubesitzendeform` ein.

Close – Formular schließen

```
void Close();
```

---

20 Mit Startposition ist die Position gemeint, die das Formular nach dem Öffnen einnimmt.

21 Die Windows-Standardposition hat die Eigenart, das Formular bei jedem Öffnen etwas versetzt zu positionieren.

schließt das Formular. Vor dem endgültigen Schließen wird das `Closing`-Ereignis ausgelöst, über das das Schließen noch verhindert werden kann.

RemoveOwnedForm

```
void RemoveOwnedForm(Form^ besesseneform);
```

trägt das aufrufende Formular als Besitzer von `besesseneform` aus.

SetDesktopBounds – Ausmaße festlegen

```
void SetDesktopBounds(int x, int y,
                      int breite, int hoehe);
```

setzt Position und Größe des Formulars auf dem Desktop in Pixel.

SetDesktopLocation – Position festlegen

```
void SetDesktopLocation(int x, int y);
```

setzt die Position des Formulars auf dem Desktop in Pixel.

Show – nichtmodale Darstellung

```
void Show();
```

zeigt das Formular nichtmodal an. Andere Formulare der Anwendung können bearbeitet werden, während dieses Formular zu sehen ist.

ShowDialog – modale Darstellung

```
DialogResult ShowDialog();
```

zeigt das Formular als modales Fenster (üblicherweise als Dialog) an und liefert das Ergebnis der Formularausführung als `DialogResult`-Aufzählung (Tabelle 25.17) zurück. Modale Fenster erlauben keine Bearbeitung anderer Fenster der Anwendung, solange sie geöffnet sind.

25.7.3 Öffentliche Ereignisse

Activated – Formular wurde aktiviert

```
delegate void EventHandler(Object^ sender, EventArgs^ e);
```

wird durch Aktivieren des Formulars ausgelöst.

Deactivate – Formular wurde deaktiviert

```
delegate void EventHandler(Object^ sender, EventArgs^ e);
```

wird ausgelöst, wenn das Formular den Eingabefokus verliert.

FormClosed – Formular ist geschlossen

```
delegate void FormClosedEventHandler(Object^ sender,
                                     FormClosedEventArgs^ e);
```

wird nach erfolgreichem Schließen des Formulars ausgelöst.

Die Eigenschaft `CloseReason` des übergebenen `FormClosedEventArgs`-Objekts liefert den Grund des Schließens als `CloseReason`-Wert (Tabelle 25.20).

Konstante	Beschreibung
ApplicationExitCall	Die Anwendung wird über `Application::Exit` geschlossen.
FormOwnerClosing	Das Besitzerformular wird geschlossen.
MdiFormClosing	Dieses Formular ist ein MDI-Formular und das übergeordnete Formular wird geschlossen.
None	Ursache unbekannt oder nicht definiert.
TaskManagerClosing	Die Anwendung wurde über den Windows Task-Manager geschlossen.
UserClosing	Das Formular wurde vom Anwender geschlossen.
WindowsShutDown	Das Betriebssystem fährt herunter.

Tabelle 25.20 Die Elemente der Aufzählung CloseReason

FormClosing – Formular soll geschlossen werden

```
delegate void FormClosingEventHandler(Object^ sender,
                                      FormClosingEventArgs^ e);
```

wird vor dem Schließen des Formulars ausgelöst.

Die Eigenschaft `CloseReason` des übergebenen `FormClosingEventArgs`-Objekts liefert den Grund des Schließens als `CloseReason`-Wert (Tabelle 25.20).

Über die Eigenschaft `Cancel` von `FormClosingEventArgs` kann dem System mitgeteilt werden, ob das Formular wirklich geschlossen werden soll (`false`) oder nicht (`true`). Standard ist `false`.

HelpButtonClicked – Hilfebutton angeklickt

```
delegate void CancelEventHandler(Object^ sender,
                                 CancelEventArgs^ e);
```

wird ausgelöst durch das Anklicken der Hilfe-Schaltfläche.

Über die Eigenschaft `Cancel` von `CancelEventArgs` kann dem System mitgeteilt werden, ob die Bearbeitung des Ereignisses abgebrochen (`true`) oder weitergeführt (`false`) werden soll. Standard ist `false`.

Wird das Ereignis abgebrochen, erscheint der Mauszeiger, der dazu auffordert, zwecks Hilfegesuch ein Steuerelement anzuklicken, nicht.

Load

```
delegate void EventHandler(Object^ sender, EventArgs^ e);
```

wird vor dem ersten Anzeigen des Formulars ausgelöst.

ResizeBegin

```
delegate void EventHandler(Object^ sender, EventArgs^ e);
```

wird durch den vom Anwender ausgelösten Wechsel des Formulars in den Größenänderungsmodus ausgelöst. Größen- oder Positionsänderungen über das Programm lösen das Ereignis nicht aus.

ResizeEnd

```
delegate void EventHandler(Object^ sender, EventArgs^ e);
```

wird ausgelöst, wenn das Formular durch den Anwender den Größenänderungsmodus verlässt. Größen- oder Positionsänderungen über das Programm lösen das Ereignis nicht aus.

25.8 Ereignisse im Designer

Zum Schluss wollen wir noch einen Blick darauf werfen, wie der Designer die Arbeit mit Ereignissen unterstützt.

25.8.1 Handler hinzufügen

Wenn im Entwurfmodus ein Steuerelement angeklickt wird und die Darstellung im Eigenschaftenfenster auf Ereignisse steht, dann kann aus der dargestellten Liste das gewünschte Ereignis herausgesucht und angeklickt werden. Es gibt nun drei Möglichkeiten, für das ausgewählte Ereignis einen Ereignis-Handler bereitzustellen.

Eigenschaften
button1 System.Windows.Forms.Bu
CausesValidatior
ChangeUICues
Click
button3_Click
button2_Click
neuToolStripMenuItem_Click
CursorChanged
Click
Tritt auf, wenn auf die Komponente geklickt wird.

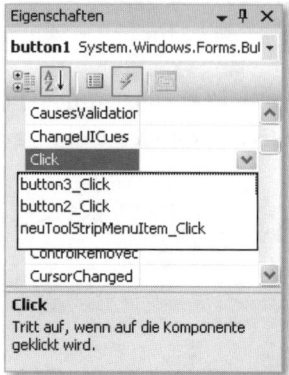

Abbildung 25.17 Ereignisse im Designer

- Der Name der Handler-Methode wird direkt in die rechte Spalte neben das Ereignis geschrieben.
- Es wird auf den nach unten zeigenden Pfeil geklickt. Eine Liste aller Methoden des Formulars erscheint, deren Signatur einen Einsatz als Handler dieses Ereignisses zulässt (Abbildung 25.17). Von den Methoden kann dann die Gewünschte ausgewählt werden. Dieses Vorgehen ist dann sinnvoll, wenn eine Handler-Methode für die Verwaltung mehrerer Ereignisse dienen soll.
- Es wird doppelt auf den Namen des Ereignisses geklickt. Der Designer fügt eine neu erstellte Methode in das Formular ein, trägt die neue Methode als Handler des Ereignisses ein und wechselt in die Codeansicht der neuen Methode (Abbildung 25.18).

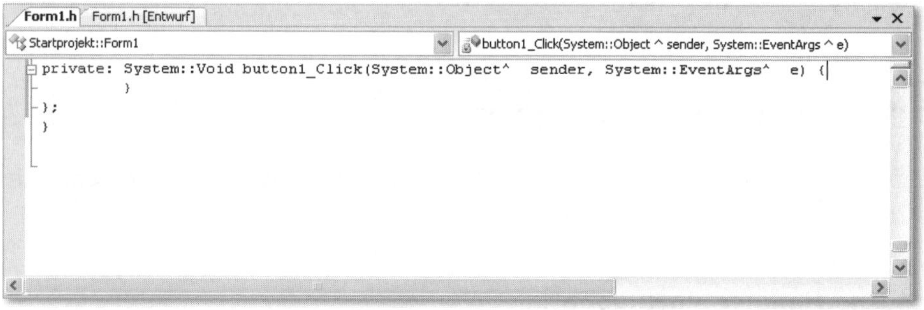

Form1.h
Form1.h [Entwurf]
Startprojekt::Form1
button1_Click(System::Object ^ sender, System::EventArgs ^ e)
private: System::Void button1_Click(System::Object^ sender, System::EventArgs^ e) {
}
};
}

Abbildung 25.18 Die vom Designer erzeugte Handler-Methode

25.8.2 Handler entfernen

Ein Ereignis-Handler wird entfernt, indem im Designer der Methodenname rechts neben dem Ereignis gelöscht wird.

Das Ereignis besitzt nun keinen Handler mehr, der Quellcode des ehemaligen Handlers bleibt jedoch im Formular erhalten und muss bei Bedarf manuell entfernt werden.

25.9 Zusammenfassung

Diese Kapitel bildete die Grundlage zur Oberflächenprogrammierung. Es wurde gezeigt, wie eine Windows Forms-Anwendung erstellt wird.

Die Klasse zur Erstellung eines Formulars heißt `Form`. Von dieser Klasse müssen eigene Formulare ableiten. Die Klasse `Form` steht am Ende einer Vererbungshierarchie, zu deren interessanteren Stationen `ScrollableControl` und `Control` zählen.

Fehler sind nützlich, aber nur, wenn man sie schnell findet.
– John Maynard Keynes

26 Nützliche Klassen II

Im vorigen Kapitel wurden einige Verweis- und Werttypen wie `Point` und `Size` verwendet, ohne den genauen Aufbau zu erklären. Das soll hier nachgeholt werden.

Betrachten Sie dieses Kapitel als Nachschlagewerk mit nützlichen Informationen, die aber auch erst bei Bedarf nachgelesen werden können.

Viele der hier vorgestellten Klassen sind Werttypen. Diese werden nicht mit `gcnew` erzeugt, sondern wie lokale Variablen:

```
Size s(20,40);
```

Sie werden auch nicht als Verweis, sondern als Kopie zugewiesen:

```
Size q=s; // q ist Kopie von s
```

26.1 Assembly-Verweise hinzufügen

Viele der im Folgenden erklärten Klassen befinden sich im Namensbereich `System::Drawing`, der bei einer Windows Forms-Anwendung auch ohne Schwierigkeiten zugänglich ist. Versuchen Sie aber, diesen Namensbereich in einer CLR-Konsolenanwendung anzusprechen, dann beschwert sich der Compiler, es gäbe diesen Namensbereich nicht.

Der Grund ist einfach. Das .NET-Framework ist nicht in einer Datei untergebracht, sondern auf viele Bibliothekassemblies mit der Endung dll verteilt. Damit der Compiler einen Namensbereich und dessen Inhalt kennt, muss ein Verweis auf die Bibliothek vorhanden sein, die den Namensbereich beinhaltet.

Wenn Sie also einen bestimmten Typ verwenden möchten, müssen Sie wissen, in welchem Namensbereich er steht und in welcher Assembly der Namensbereich enthalten ist.

Diese Informationen sind schnell beschafft. Um sie beispielsweise für `Size` zu erhalten, öffnen Sie die .NET-Dokumentation über den Menüpunkt **Hilfe • Index**, geben den Namen der Klasse an,[1] und wählen im Indexeintrag »Informationen über ...«. Es sollte sich in etwa der in Abbildung 26.1 gezeigte Anblick bieten.

Im zweiten Absatz der Hilfeseite steht der Namensbereich, bei dem in C++ anstelle der Punkte der Bezugsrahmenoperator `::` verwendet werden muss, also `System::Drawing`. Darunter ist die dazugehörige Assembly (»System.Drawing.dll«) aufgeführt. Es muss dem Projekt also einen Verweis auf diese dll mitgegeben werden.

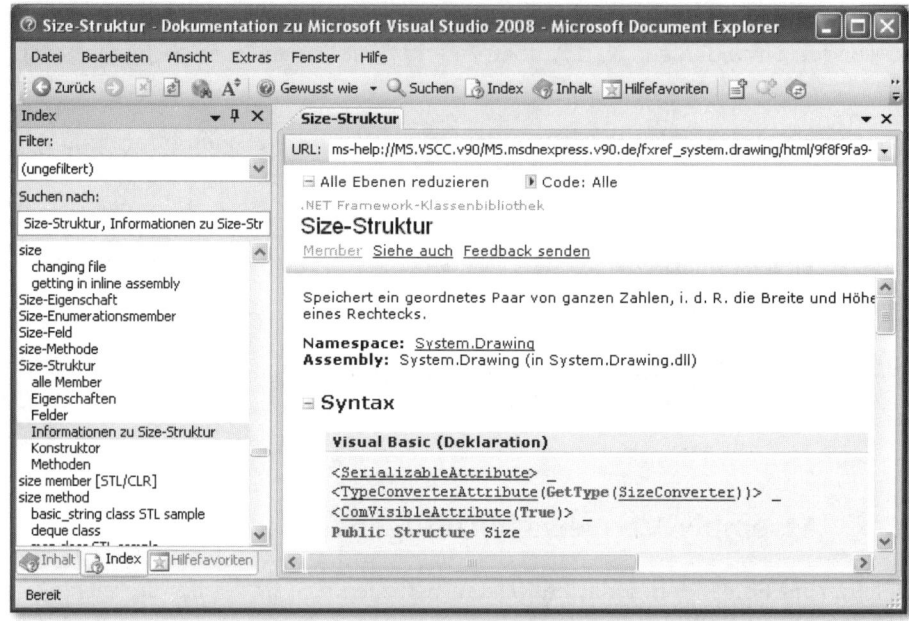

Abbildung 26.1   Die Hilfe von Visual C++ 2008 Express

Dazu klicken Sie im Projektmappen-Explorer mit der rechten Maustaste auf den Projektnamen und wählen den Menüpunkt **Eigenschaften** aus. In den sich dann öffnenden Eigenschaftenseiten wählen Sie in der linken Spalte den obersten Punkt **Allgemeine Eigenschaften** aus. Es zeigt sich ein Bild wie in Abbildung 26.2.

Unter »Framework und Verweise« ist zu sehen, auf welche Assemblies bereits verwiesen wird. Um einen weiteren Verweis hinzuzufügen, klicken Sie auf **Neuen Verweis hinzufügen**. Es öffnet sich das in Abbildung 26.3 dargestellte Fenster.

---

1 Wundern Sie sich nicht: Unter .NET werden Wertklassen als Strukturen bezeichnet.

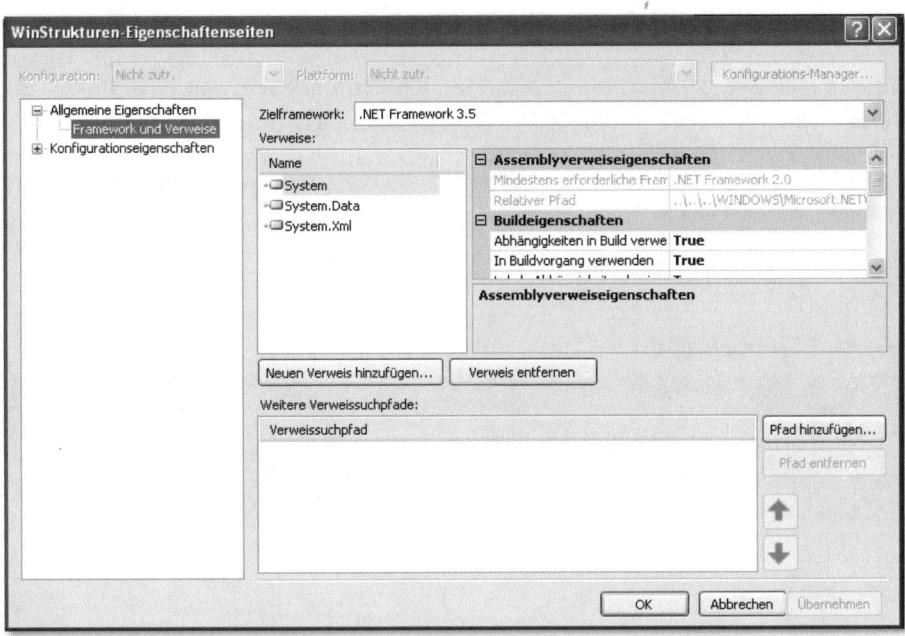

Abbildung 26.2 Die allgemeinen Eigenschaften eines Projekts

Abbildung 26.3 Einen Verweis hinzufügen

Unter dem Karteireiter **.NET** ist dann System.Drawing zu finden. Mit **OK** wird der Verweis hinzugefügt und ist nun auch im Compiler bekannt.

26.2   Size – Größenangabe

Diese Wertklasse definiert ein geordnetes, ganzzahliges Wertepaar, das meist als Breite und Höhe interpretiert wird. Sie befindet sich im Namensbereich `Sys-tem::Drawing` und besitzt folgende Konstruktoren:

```
Size(Point punkt);
```

```
Size(int breite, int hoehe);
```

26.2.1   Eigenschaften

Eigenschaft	Beschreibung
Height	Liefert oder setzt die Höhe.
IsEmpty	Liefert true, wenn Breite und Höhe des Size-Objekts 0 sind.
Width	Liefert oder setzt die Breite.

Tabelle 26.1   Die Eigenschaften von Size

26.2.2   **Methoden**

Für die Klasse `Size` sind der Additions- und Subtraktionsoperato sowie der Gleichheits- und Ungleichheitsoperator überladen.

`Size`-Objekte können implizit in `SizeF`-Objekte und explizit in `Point`-Objekte umgewandelt werden.[2]

Ceiling

```
static Size Ceiling(SizeF objekt);
```

Wandelt ein `SizeF`-Objekt in ein `Size`-Objekt um, wobei die `float`-Werte zu den nächsthöheren Ganzzahlen aufgerundet werden.

Round

```
static Size Round(SizeF objekt);
```

wandelt ein `SizeF`-Objekt in ein `Size`-Objekt um, wobei die `float`-Werte gerundet werden.

Truncate

```
static Size Ceiling(SizeF objekt);
```

---

2   Umwandlungsoperatoren sind Thema in Abschnitt 17.7.4.

wandelt ein `SizeF`-Objekt in ein `Size`-Objekt um, wobei die `float`-Werte zu den nächstkleineren Ganzzahlen abgerundet werden.

26.3 Point – Positionsangabe

Diese Wertklasse definiert ein geordnetes, ganzzahliges Wertepaar, das meist Koordinaten interpretiert. Sie befindet sich im Namensbereich `System::Drawing` und besitzt unter anderem folgende Konstruktoren:

```
Point(Size groesse);
```

```
Point(int x, int y);
```

26.3.1 Eigenschaften

Eigenschaft	Beschreibung
IsEmpty	Liefert `true`, wenn Breite und Höhe des Size-Objekts 0 sind.
X	Liefert oder setzt die x-Koordinate.
Y	Liefert oder setzt die y-Koordinate.

Tabelle 26.2 Die Eigenschaften von Point

26.3.2 Methoden

Über den Additions- und Subtraktionsoperator können `Size`-Objekte zu einem `Point`-Objekt hinzuaddiert und abgezogen werden. Es existieren der Gleichheits- und Ungleichheitsoperator.

`Point`-Objekte können implizit in `PointF`-Objekte und explizit in `Size`-Objekte umgewandelt werden.

Ceiling

```
static Point Ceiling(PointF objekt);
```

wandelt ein `PointF`-Objekt in ein `Point`-Objekt um, wobei die `float`-Werte zu den nächsthöheren Ganzzahlen aufgerundet werden.

Round

```
static Point Round(PointF objekt);
```

wandelt ein `PointF`-Objekt in ein `Point`-Objekt um, wobei die `float`-Werte gerundet werden.

Truncate

```
static Point Ceiling(PointF objekt);
```

wandelt ein `PointF`-Objekt in ein `Point`-Objekt um, wobei die `float`-Werte zu den nächstkleineren Ganzzahlen abgerundet werden.

26.4   Rectangle – rechteckiger Bereich

Diese Wertklasse definiert ein Rechteck über Position und Größe. Sie befindet sich im Namensbereich `System::Drawing` und besitzt folgende Konstruktoren:

```
Rectangle(Point position, Size groesse);
```

```
Rectangle(int x, int y, int breite, int hoehe);
```

26.4.1   Eigenschaften

Eigenschaft	Beschreibung
Bottom	Liefert die y-Koordinate des unteren Randes (Y+Height).
Height	Liefert oder setzt die Höhe.
IsEmpty	Liefert `true`, wenn x, y, Breite und Höhe den Wert 0 besitzen.
Left	Liefert die x-Koordinate des linken Randes.
Location	Liefert oder setzt die Position über ein `Point`-Objekt.
Right	Liefert die x-Koordinate des rechten Randes (X+Width).
Size	Liefert oder setzt die Größe über ein `Size`-Objekt.
Top	Liefert die y-Koordinate des oberen Randes.
Width	Liefert oder setzt die Breite.
X	Liefert oder setzt die x-Koordinate der oberen linken Ecke.
Y	Liefert oder setzt die y-Koordinate der oberen linken Ecke.

Tabelle 26.3   Die Eigenschaften von »Rectangle«

26.4.2   Methoden

Der Gleichheits- und Ungleichheitsoperator sind überladen.

Ceiling

```
static Rectangle Ceiling(RectangleF objekt);
```

wandelt ein `RectangleF`-Objekt in ein `Rectangle`-Objekt um, wobei die `float`-Werte zu den nächsthöheren Ganzzahlen aufgerundet werden.

Contains

```
bool Contains(int x, int y);

bool Contains(Point punkt);

bool Contains(Rectangle rechteck);
```

liefert `true`, falls der angegebene Punkt oder das angegebene Rechteck vollständig im aufrufenden Rechteck enthalten sind. Andernfalls wird `false` zurückgegeben.

FromLTRB

```
static Rectangle FromLTRB(int links, int oben,
                          int rechts, int unten);
```

erzeugt aus den Positionsangaben der vier Rechteckränder ein `Rectangle`-Objekt.

Inflate

```
void Inflate(int breite, int hoehe);

void Inflate(Size groesse)
```

vergrößert ein Rechteck so, dass sein geometrischer Mittelpunkt an derselben Stelle bleibt. Abbildung 26.4 zeigt ein um die Breite 30 und die Höhe 15 vergrößertes Rechteck.

```
static Rectangle Inflate(Rectangle rechteck,
                         int breite, int hoehe);
```

liefert ein Rechteck zurück, welches das übergebene `rechteck` um `breite` und `hoehe` vergrößert darstellt.

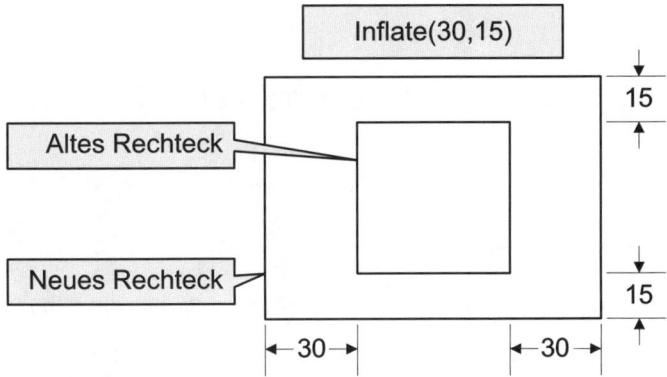

Abbildung 26.4 Die Wirkungsweise von Inflate

Intersect

```
void Intersect(Rectangle rechteck);
```

Das aufrufende Rechteck wird überschrieben mit der Schnittmenge des aufrufenden Rechtecks mit dem übergebenen Rechteck. Die Schnittmenge ist der Bereich, an dem sich beide Rechtecke überlappen Abbildung 26.5).

```
static Rectangle Intersect(Rectangle a, Rectangle b);
```

liefert die Schnittmenge der beiden übergebenen Rechtecke zurück.

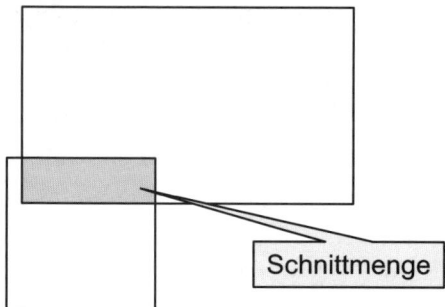

Abbildung 26.5 Die Schnittmenge zweier Rechtecke

IntersectsWith

```
bool IntersectsWith(Rectangle rechteck);
```

liefert `true`, wenn das aufrufende und das übergebene Rechteck eine Schnittmenge (Abbildung 26.5) bilden.

Offset

```
void Offset(Point position);
```

```
void Offset(int x, int y);
```

verschiebt das Rechteck um die angegebene Position. Die Größe bleibt unverändert.

Round

```
static Rectangle Round(RectangleF objekt);
```

wandelt ein `RectangleF`-Objekt in ein `Rectangle`-Objekt um, wobei die `float`-Werte gerundet werden.

Truncate

```
static Rectangle Ceiling(RectangleF objekt);
```

wandelt ein `PointF`-Objekt in ein `Point`-Objekt um, wobei die `float`-Werte zu den nächstkleineren Ganzzahlen abgerundet werden.

Union

```
static Rectangle Union(Rectangle a, Rectangle b);
```

liefert die Vereinigungsmenge der übergebenen Rechtecke. Die Vereinigungsmenge ist der kleinste rechteckige Bereich, der beide Rechtecke beinhaltet (Abbildung 26.6).

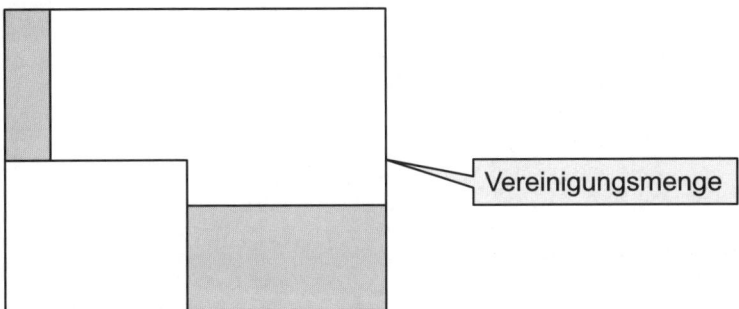

Abbildung 26.6   Die Vereinigungsmenge zweier Rechtecke

26.5   Color – Farbangaben

Diese Wertklasse definiert eine ARGB-Farbe. Diese Farben setzen sich aus den Komponenten Alpha, Rot, Grün und Blau zusammen. Die Alpha-Komponente beschreibt die Transparenz, die mit dem Wert 0 vollkommen ist.

Die Klasse befindet sich im Namensbereich `System::Drawing`.

26.5.1   Eigenschaften

Die meisten Eigenschaften der Klasse liefern ein `Color`-Objekt mit einer bestimmten Farbe. Diese sind in Tabelle 26.4 aufgelistet.

AliceBlue	AntiqueWhite	Aqua
Aquamarine	Azure	Beige
Bisque	Black	BlanchedAlmond

Tabelle 26.4   Die Farbeigenschaften von »Color«

Blue	BlueViolet	Brown
BurlyWood	CadetBlue	Chartreuse
Chocolate	Coral	CornflowerBlue
Cornsilk	Crimson	Cyan
DarkBlue	DarkCyan	DarkGoldenrod
DarkGray	DarkGreen	DarkKhaki
DarkMagenta	DarkOliveGreen	DarkOrange
DarkOrchid	DarkRed	DarkSalmon
DarkSeaGreen	DarkSlateBlue	DarkSlateGray
DarkTurquoise	DarkViolet	DeepPink
DeepSkyBlue	DimGray	DodgerBlue
Firebrick	FloralWhite	ForestGreen
Fuchsia	Gainsboro	GhostWhite
Gold	Goldenrod	Gray
Green	GreenYellow	Honeydew
HotPink	IndianRed	Indigo
Ivory	Khaki	Lavender
LavenderBlush	LawnGreen	LemonChiffon
LightBlue	LightCoral	LightCyan
LightGoldenrodYellow	LightGray	LightGreen
LightPink	LightSalmon	LightSeaGreen
LightSkyBlue	LightSlateGray	LightSteelBlue
LightYellow	Lime	LimeGreen
Linen	Magenta	Maroon
MediumAquamarine	MediumBlue	MediumOrchid
MediumPurple	MediumSeaGreen	MediumSlateBlue
MediumSpringGreen	MediumTurquoise	MediumVioletRed
MidnightBlue	MintCream	MistyRose
Moccasin	NavajoWhite	Navy
OldLace	Olive	OliveDrab
Orange	OrangeRed	Orchid
PaleGoldenrod	PaleGreen	PaleTurquoise
PaleVioletRed	PapayaWhip	PeachPuff
Peru	Pink	Plum
PowderBlue	Purple	Red
RosyBrown	RoyalBlue	SaddleBrown

Tabelle 26.4 Die Farbeigenschaften von »Color« (Forts.)

Salmon	SandyBrown	SeaGreen
SeaShell	Sienna	Silver
SkyBlue	SlateBlue	SlateGray
Snow	SpringGreen	SteelBlue
Tan	Teal	Thistle
Tomato	Transparent	Turquoise
Violet	Wheat	White
WhiteSmoke	Yellow	YellowGreen

Tabelle 26.4 Die Farbeigenschaften von »Color« (Forts.)

Abgesehen von der Color-Objekte erzeugenden Eigenschaft sind noch die aus Tabelle 26.5 erwähnenswert.

Eigenschaft	Beschreibung
A	Liefert den Alphawert.
B	Liefert den Blauanteil der Farbe.
G	Liefert den Grünanteil der Farbe.
Name	Liefert den Namen der Farbe. Ist kein Name vorhanden, wird der RGB-Wert zurückgeliefert.
R	Liefert den Rotanteil der Farbe.

Tabelle 26.5 Weitere Eigenschaften von »Color«

26.5.2 Methoden

Zusätzlich zum überladenen Gleichheits- und Ungleichheitsoperator können die folgenden Methoden noch nützlich sein.

FromArgb

```
static Color FromArgb(int argb);
```

erzeugt aus einem die ARGB-Komponenten enthaltenden 32-Bit-Wert ein Color-Objekt.

```
static Color FromArgb(int alpha, Color farbe);
```

erzeugt aus farbe ein neues Color-Objekt mit der Alphakomponente alpha (im Bereich 0-255).

```
static Color FromArgb(int rot, int gruen, int blau);
```

erzeugt aus der übergebenen Rot-, Grün- und Blaukomponente im Bereich 0–255 ein Color-Objekt.

```
static Color FromArgb(int alpha, int rot, int gruen, int blau);
```

erzeugt aus der übergebenen Rot-, Grün-, Blau- und Alphakomponente im Bereich 0-255 ein `Color`-Objekt.

FromKnownColor

```
static Color FromKnownColor(KnownColor farbe);
```

erstellt anhand eines übergebenen Werts der `KnownColor`-Aufzählung ein `Color`-Objekt.

GetBrightness

```
float GetBrightness();
```

liefert den Helligkeitswert des HSB-Systems[3] im Bereich 0–1.

GetHue

```
float GetHue();
```

liefert den Farbtonwert des HSB-Systems im Bereich 0–1.

GetSaturation

```
float GetSaturation();
```

liefert den Sättigungswert des HSB-Systems im Bereich 0–1.

ToArgb

```
int ToArgb();
```

liefert eine 32Bit-Zahl, welche die Alpha-, Rot-, Grün- und Blaukomponente in der Form AARRGGBB beinhaltet, wobei die Buchstabenpaare zweistelligen hexadezimalen Zahlen entsprechen.

26.5.3 Farben im Designer

Für die Eigenschaften eines Steuerelements, die eine Farbe erwarten (wie z. B. `BackColor` und `ForeColor`), bietet der Designer ein spezielles Fenster. Wird eine solche Eigenschaft im Eigenschaftenfenster zum Editieren angeklickt, öffnet sich das in Abbildung 26.7 gezeigte Fenster.

---

3 Das HSB-System beschreibt eine Farbe über die drei Komponenten Hue (Farbot), Saturation (Sättigung) und Brightness (Helligkeit).

Die unter dem Karteireiter **System** aufgeführten Farben sind die der `KnownColor`-Aufzählung. Soll eine eigene Farbe erstellt werden, wählen Sie den Karteireiter **Benutzerdefiniert** (Abbildung 26.8).

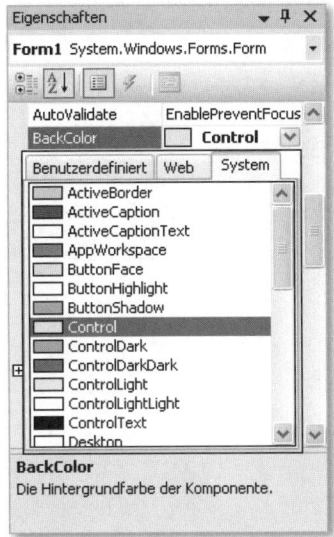

Abbildung 26.7 Das Farbfenster im Designer

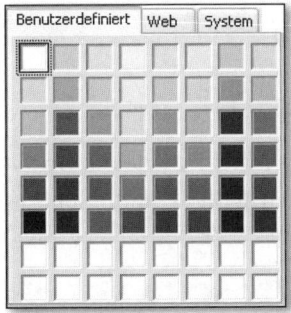

Abbildung 26.8 Der Karteireiter »Benutzerdefiniert«

Wenn Sie eine der Farben aus den unteren beiden Reihen mit der rechten Maustaste anklicken, öffnet sich das in Abbildung 26.9 dargestellte Farbdefinitionsfenster, über das eine beliebige Farbe gemischt werden kann. Vergessen Sie nicht, den Regler ganz rechts nach oben zu schieben, andernfalls bleibt die Farbe schwarz.

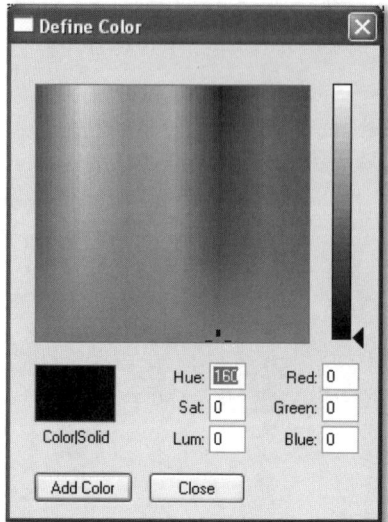

Abbildung 26.9   Das Farbdefinitionsfenster

26.6   Font – Schriftart

Die Verweisklasse definiert eine Schriftart für Text. Ihre wichtigsten Konstruktoren sind hier aufgeführt:

```
Font(String^ schriftname, float punktgroesse);
```

```
Font(String^ schriftname, float punktgroesse, FontStyle stil);
```

Den Konstruktoren werden der Name der gewünschten Schrift, sowie die Größe in Punkt übergeben. Optional kann der gewünschte Schriftstil als Kombination von FontStyle-Werten (Tabelle 26.6) angegeben werden.

Konstante	Beschreibung
Bold	gefetteter Text
Italic	kursiver Text
Regular	normaler Text
Strikeout	durchgestrichener Text
Underline	unterstrichener Text

Tabelle 26.6   Die Elemente von »FontStyle«

26.6.1 Eigenschaften

Eigenschaft	Beschreibung
Bold	Liefert true, wenn die Schriftart gefettet ist.
FontFamily	Liefert die der Schriftart zugeordnete FontFamily.
Height	Liefert den Zeilenabstand in Pixel.
Italic	Liefert true, wenn die Schriftart kursiv ist.
Name	Liefert den Schriftartnamen.
SizeInPoints	Liefert die Schriftgröße in Punkt.
Strikeout	Liefert true, wenn die Schriftart durchgestrichen ist.
Style	Liefert die Schriftformatierung als FontStyle-Wert.
Underline	Liefert true, wenn die Schriftart unterstrichen ist.

Tabelle 26.7 Die Eigenschaften von »Font«

26.6.2 Fonts im Designer

Im Designer kann einer Eigenschaft ganz einfach über den Font-Dialog (Abbildung 26.10) eine Schriftart zugewiesen werden. Er öffnet sich, wenn im Eigenschaftenfenster neben der Eigenschaft in der rechten Spalte auf die ... geklickt wird.

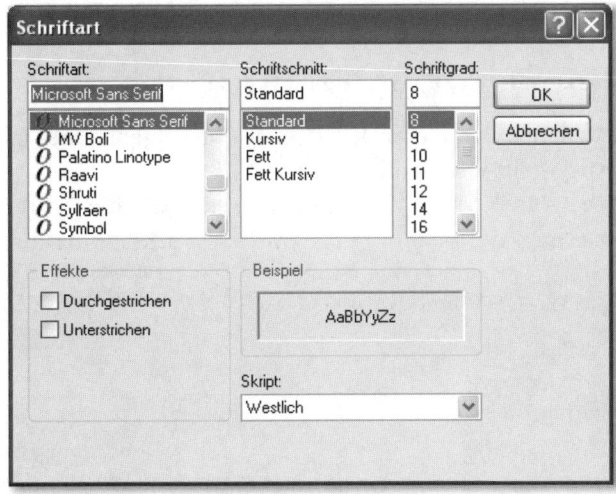

Abbildung 26.10 Der Font-Dialog im Designer

26.7 MessageBox – Nachrichtenfenster

Diese Klasse findet sich im Namensbereich `System::Windows::Forms` und dient dazu, einen kleinen Nachrichtendialog zu öffnen, der im gewissen Rahmen individuell angepasst werden kann.

Von der Klasse können keine Objekte erzeugt werden. Sie stellt lediglich die Methode `Show` in unterschiedlichen Varianten bereit, über die das Nachrichten fenster angezeigt wird, und die den angeklickten Button als `DialogResult`-Wert[4] zurückliefert.

```
static DialogResult Show(String^ text);
```

Die einfachste Variante gibt lediglich einen Text aus, der über die OK-Schaltfläche quittiert wird. Der Text ist nur rudimentär formatierbar über die in Tabelle 2.1 vorgestellten Escape-Sequenzen.

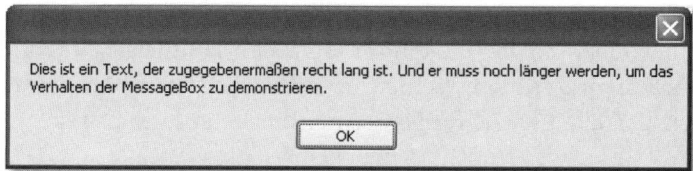

Abbildung 26.11   Eine einfache MessageBox

```
static DialogResult Show(String^ text, String^ titel);
```

Diese Version besitzt als zusätzlichen Parameter den Titel der Messagebox, der in der Titelleiste des Fensters dargestellt wird (Abbildung 26.12).

Abbildung 26.12   Eine MessageBox mit Titel

```
static DialogResult Show(String^ text, String^ titel,
                         MessageBoxButtons buttons);
```

Diese `Show`-Methode erlaubt es, den zu verwendenden Buttonsatz über einen Wert der `MessageBoxButtons`-Aufzählung (Tabelle 26.8) zu bestimmen.

---

4   Die möglichen Werte von `DialogResult` stehen in Tabelle 25.17.

Konstante	Dargestellte Schaltflächen
AbortRetryIgnore	Abbrechen, Wiederholen und Ignorieren
OK	OK
OKCancel	OK und Abbrechen
RetryCancel	Wiederholen und Abbrechen
YesNo	Ja und Nein
YesNoCancel	Ja, Nein und Abbrechen

Tabelle 26.8   Die Elemente der Aufzählung »MessageBoxButtons«

```
static DialogResult Show(String^ text, String^ titel,
                         MessageBoxButtons buttons,
                         MessageBoxIcon icon);
```

Hier kommt die Möglichkeit hinzu, ein Icon vor den auszugebenden Text zu setzen. Dazu wird einer der `MessageBoxIcon`-Werte angegeben, die in Abbildung 26.13 zusammen mit den produzierten Icons aufgeführt sind.

Asterisk, Information

Error, Hand, Stop

Exclamation, Warning

Question

Abbildung 26.13   Die Symbole und Konstanten von »MessageBoxIcon«

```
static DialogResult Show(String^ text, String^ titel,
                         MessageBoxButtons buttons,
                         MessageBoxIcon icon,
                         MessageBoxDefaultButton standardbutton);
```

In dieser Fassung kann noch angegeben werden, welcher Button zu Beginn den Fokus hat. Dieser Button kann durch Drücken von Space oder ⏎ ausgelöst werden. Die möglichen Werte stehen in Tabelle 26.9.

Konstante	Gedrückt wurde
Button1	Die erste Schaltfläche.
Button2	Die zweite Schaltfläche.
Button3	Die dritte Schaltfläche.

Tabelle 26.9   Die Elemente von »MessageBoxDefaultButton«

Es gibt noch weitere Versionen der Show-Methode, die hier aber den Rahmen sprengen würden.

26.8 Image – Grundlage der Bilder

Die abstrakte Klasse `Image` aus dem Namensbereich `System::Drawing` stellt Methoden und Eigenschaften zur Verarbeitung von Bildern bereit, die unter anderem von der Klasse `Bitmap` verwendet werden.

26.8.1 Eigenschaften

Die wichtigsten Eigenschaften von Image sind in Tabelle 26.10 aufgeführt.

Eigenschaft	Beschreibung
Height	Liefert die Höhe in Pixel.
PropertyItems	Liefert die Metadaten als Array von `PropertyItem`-Objekten.
RawFormat	Liefert das Grafikformat als `ImageFormat`-Objekt.
Size	Liefert Breite und Höhe als `Size`-Objekt.
Tag	Liefert oder setzt einen frei verwendbaren Verweis auf zusätzliche Informationen.
Width	Liefert die Breite in Pixel.

Tabelle 26.10 Die wichtigsten Eigenschaften von »Image«

26.8.2 Methoden

Im Folgenden sind die interessantesten Methoden aufgeführt. Nicht alle Methoden sind enthalten und von den vorgestellten Methoden auch nicht unbedingt alle Überladungen.

FromFile – Bild aus Datei laden

```
static Image^ FromFile(String^ dateiname);
```

erzeugt ein `Image`-Objekt aus der angegebenen Datei. Bei nicht unterstütztem Grafikformat wird eine `OutOfMemoryException` geworfen.

FromStream – Bild aus Strom laden

```
static Image^ FromStream(Stream^ strom);
```

erzeugt ein `Image`-Objekt aus dem angegebenen Strom. Bei nicht unterstütztem Grafikformat wird eine `OutOfMemoryException` geworfen.

RotateFlip – Drehen und Kippen

```
void RotateFlip(RotateFlipType rotatefliptyp);
```

dreht und/oder kippt das Bild. Die Art und Weise des Drehens und Kippens wird über einen RotateFlipType-Wert sepzifiziert.

Save – Abspeichern des Bildes

```
void Save(String^ dateiname);
```

speichert das Bild in seinem Format (RawFormat) unter dem angegebenen Namen.

```
void Save(Stream^ ausgabestrom, ImageFormat^ format);
```

```
void Save(String^ dateiname, ImageFormat^ format);
```

speichert das Bild unter dem angegebenen Dateinamen, beziehungsweise im angegebenen Strom im Format format.

Für alle Save-Methoden gilt: Existiert für das gewünschte Format ein Encoder, wird das Bild im PNG-Format gespeichert.

26.9   Bitmap – Klasse für konkrete Bilder

Obwohl Bilder meist über den Basisklassentyp Image verwaltet werden, kann ein Bild nur von einer konkreten Klasse wie **Bitmap** erzeugt werden. Die Klasse ist von Image abgeleitet und befindet sich ebenfalls im Namensbereich System::Drawing. Nachstehend sehen Sie eine Auswahl der Konstruktoren:

```
Bitmap(Image^ originalbild);
```

```
Bitmap(Stream^ strom);
```

```
Bitmap(String^ dateiname);
```

erzeugt eine Bitmap aus einem anderen Image, aus einem Strom oder einer Datei.

```
Bitmap(Image^ originalbild, Size neuegroesse);
```

erzeugt aus dem übergebenen Bild eine neue Bitmap der Größe neuegroesse. Das ursprüngliche Bild wird an diese Größe angepasst.

```
Bitmap(int breite, int hoehe);
```

erzeugt eine leere Bitmap mit der angegebenen breite und hoehe.

26.9.1 Methoden

Hier finden Sie eine Auswahl der wichtigsten Methoden.

GetPixel – Pixelfarbe ermitteln

```
Color GetPixel(int x, int y);
```

liefert die Farbe des Pixels mit den Koordinaten x und y als `Color`-Objekt.

MakeTransparent – Transparente Farbe bestimmen

```
void MakeTransparent(Color transparentefarbe);
```

Die übergebene Farbe wird in der Bitmap die transparente Farbe.

SetPixel – Pixelfarbe setzen

```
void SetPixel(int x, int y, Color farbe);
```

setzt das Pixel mit den Koordinaten x und y auf die Farbe `farbe`.

26.10 Icon – kleine Bilder

Häufig werden Icons benötigt, zum Beispiel bei den Formularen. Icons sind kleine Bilder, meist 16 x 16 oder 32 x 32 Pixel groß, die beispielsweise in der Taskleiste oder Startleiste oder im Windows-Explorer vor dem Programmnamen stehen.

Die Klasse `Icon` gehört zum Namensbereich `System::Drawing` und besitzt viele Konstruktoren, von denen einige hier aufgeführt sind.

Konstruktoren

```
Icon(Stream^ strom);
Icon(String^ dateiname);
```

erzeugt ein Icon aus dem angegebenen Strom oder der angegebenen Datei.

```
Icon(Icon^ originalicon, Size groesse);
Icon(Stream^ strom, Size groesse);
Icon(String^ dateiname, Size groesse);
```

erzeugt ein Icon aus den angegebenen Quellen mit der angegebenen Größe. Diese drei Konstruktoren gibt es auch noch in einer Version mit zwei `int`-Werten anstelle des `Size`-Parameters.

26.10.1 Eigenschaften

Eigenschaft	Beschreibung
Height	Liefert die Höhe in Pixel.
Size	Liefert die Größe als Size-Objekt.
Width	Liefert die Breite in Pixel.

Tabelle 26.11 Die Eigenschaften von »Icon«

26.10.2 Methoden

ExtractAssociatedIcon – Icon aus Datei extrahieren.

```
static Icon^ ExtractAssociatedIcon(String^ dateiname);
```

extrahiert ein Icon aus einer Datei, die selbst ein Icon beinhaltet. Dazu zählen beispielsweise die meisten exe-Dateien.

Save – Icon speichern

```
void Save(Stream^ ausgabestrom);
```

speichert das Icon in den übergebenen Ausgabestrom.

ToBitmap – Umwandeln in eine Bitmap

```
Bitmap^ ToBitmap();
```

erzeugt aus dem Icon eine Bitmap.

26.10.3 SystemIcons – Klasse mit den System-Icons

Die Klasse SystemIcons besitzt einige statische Eigenschaften, über die Sie die Standard-Icons des Systems ermitteln können.

Eigenschaft	Art des Icons
Application	Standardanwendungssymbol
Asterisk	Sternchensymbol
Error	Fehlersymbol
Exclamation	Ausrufezeichensymbol
Hand	Handsymbol
Information	Informationssymbol
Question	Fragezeichensymbol
Warning	Warnungssymbol
WinLogo	Windows-Logo

Tabelle 26.12 Die statischen Eigenschaften von »SystemIcons«

26.11 ImageList – Bilderliste

Objekte der Klasse `ImageList` verwalten Icons und Bilder in einer Liste, die dann bestimmten Steuerelementen an die Eigenschaft `ImageList` übergeben werden kann. Innerhalb des Steuerelements kann dann über die Eigenschaft `ImageIndex` das darzustellende Bild ausgewählt werden. Bei einem Index von −1 wird kein Bild angezeigt. Über diesen Mechanismus können viele Elemente (z. B. Listenelemente) dieselben Grafiken verwenden.

Die in der Bilderliste gespeicherten Grafiken sind alle gleich groß und dürfen maximal 256 × 256 Pixel besitzen.

Die Klasse `ImageList` gehört zum Namensbereich `System::Windows::Forms`, ist von `Component` abgeleitet und besitzt unter anderem einen Standardkonstruktor, der in den meisten Fällen ausreicht.

26.11.1 Eigenschaften

Dieser Abschnitt enthält die wichtigsten Eigenschaften.

Images – Auflistung der Bilder

Diese Eigenschaft liefert alle in der Bilderliste gespeicherten Bilder als `ImageCollection`-Objekt.

ImageSize – Größe aller Bilder

Mit dieser Eigenschaft werden die Größe aller Bilder in dieser Bilderliste über ein `Size`-Objekt geliefert oder gesetzt. Die Größe darf 256 × 256 Pixel nicht überschreiten. Es ist empfehlenswert, die Bildgröße festzulegen, bevor die Bilder in die Liste eingefügt werden.

Tag – frei verwendbare Zusatzinformationen

Die Eigenschaft liefert oder setzt ein Objekt, das Zusatzinformationen zur Bilderliste enthält. Die Verwendung dieser Eigenschaft steht dem Programmierer frei und hat keine Auswirkungen auf das Programmverhalten.

26.11.2 Methoden

Die Klasse besitzt eigentlich nur eine sinnvolle Methode, die aber in mehreren Ausführungen.

Draw – zeichnet ein Bild

```
void Draw(Graphics^ g, Point position, int index);
```

zeichnet das Bild mit dem Index `index` an die Position `position` des durch das Graphics-Objekt bestimmten Ziels.

```
void Draw(Graphics^ g, int x, int y, int index);
```

Funktionsweise wie die vorige Variante, nur die Koordinaten werden hier einzeln übergeben.

```
void Draw(Graphics^ g, int x, int y,
          int breite, int hoehe, int index);
```

Diese Version kann zusätzlich noch bestimmten, wie groß das gewünschte Bild gezeichnet wird.

26.12 Cursor – Mauszeiger

Objekte der Klasse `Cursor` repräsentieren die Grafik eines Mauszeigers.[5] Die Klasse unterstützt aber nur animationslose Schwarzweißgrafiken, die üblicherweise in Dateien mit der Endung .cur gespeichert sind.

Konstruktoren

```
Cursor(Stream^ strom);
```

```
Cursor(String^ dateiname);
```

Ein Cursor-Objekt kann unter anderem aus einem Strom oder einer Datei erstellt werden.

26.12.1 Eigenschaften

Eigenschaft	Beschreibung
Clip	Statisch. Liefert oder setzt in Bildschirmkoordinaten den vom Mauszeiger eingenommenen Bereich als Rectangle-Objekt.
Current	Statisch. Liefert oder setzt die aktuell vom Mauszeiger verwendete Grafik als Cursor-Objekt.

Tabelle 26.13 Die Eigenschaften der Cursor-Klasse

---

5 Für jedes Steuerelement kann der darzustellende Mauszeiger über die Cursor-Eigenschaft (Abschnitt 25.5.1) bestimmt werden.

Eigenschaft	Beschreibung
Position	Statisch. Liefert oder setzt die Mauszeigerposition in Bildschirmkoordinaten als Point-Objekt.
Size	Liefert die Größe der Mauszeigergrafik im Objekt als Size-Objekt.

Tabelle 26.13 Die Eigenschaften der Cursor-Klasse (Forts.)

26.12.2 Methoden

Draw – zeichnet den Mauszeiger

```
void Draw(Graphics^ g, Rectangle zielbereich);
```

zeichnet die Mauszeigergrafik in den angegebenen Zielbereich von g. Die Grafik wird dabei nicht skaliert, sondern gegebenenfalls nur abgeschnitten.

DrawStretched – zeichnet den Mauszeiger

```
void Draw(Graphics^ g, Rectangle zielbereich);
```

zeichnet die Mauszeigergrafik in den angegebenen Zielbereich von g. Die Grafik wird so skaliert, dass sie den gesamten Bereich einnimmt.

Hide – Mauszeiger ausblenden

```
static void Hide();
```

Der Mauszeiger wird nicht mehr dargestellt.

Show – Mauszeiger darstellen

```
static void Show();
```

macht den Hide-Aufruf wieder rückgängig und sorgt für die Darstellung des Mauszeigers.

26.12.3 Cursors – ein Mauszeiger für jede Situation

Die Klasse Cursors stellt Dutzende von Mauszeigergrafiken als statische Eigenschaften bereit, mit denen fast alle Anwendungsbereiche abgedeckt sind. Eine Auflistung wäre an dieser Stelle aber zu umfangreich. Es sei auf die .NET-Dokumentation verwiesen.

26.13 Padding – Abstände und Ränder

Die im Namensbereich `System::Windows::Forms` befindliche Wertklasse wird eingesetzt zur Definition von Abständen (padding) und Rändern (margin) um ein Objekt herum.

Konstruktoren

`Padding(int alleseiten);`

Alle vier Abstände werden auf den Wert `alleseiten` gesetzt.

`Padding(int links, int oben, int rechts, int links);`

Die Abstände werden auf die angegebenen Werte gesetzt.

26.13.1 Eigenschaften

Eigenschaft	Beschreibung
All	Liefert oder setzt alle vier Abstände. Sind beim Auslesen nicht alle vier Abstände gleich, wird –1 zurückgegeben.
Bottom	Liefert oder setzt den unteren Abstand.
Horizontal	Liefert die Summe von Left und Right.
Left	Liefert oder setzt den linken Abstand.
Right	Liefert oder setzt den rechten Abstand.
Size	Liefert die Werte Horizontal und Vertical als Size-Objekt.
Top	Liefert oder setzt den oberen Abstand.
Vertical	Liefert die Summe von Top und Bottom.

Tabelle 26.14 Die Eigenschaften von Padding

26.13.2 Methoden

Überladen sind der Gleichheits- und Ungleichheitsoperator sowie der Additions- und Subtraktionsoperator für zwei Padding-Objekte, die wiederum ein Padding-Objekt liefern.

26.14 Zusammenfassung

Dieses Kapitel stellte einige nützliche Klassen vor, die bei der Arbeit mit Oberflächenelementen häufiger benötigt werden.

- ▶ Bitmap. Repräsentiert ein Bild.

- ▶ Color. Die Klasse für Farbangaben im RGB-Farbraum.

- ▶ Font. Stellt eine Schriftart mitsamt den für Schriften üblichen Parametern Größe, kursiv, fett, unterstrichen etc.

- ▶ Icon. Die Repräsentation eines Icons. Wird für Bilderlisten, Schaltflächen, Menüpunkte etc. benötigt.

- ▶ Image. Die abstrakte Klasse aller Bilder.

- ▶ ImageList. Eine Sammlung von Bildern und Icons, aus der sich Steuerelemente das gewünschte Bild über einen Index aussuchen können.

- ▶ MessageBox. Stellt ein flexibles Nachrichtenfenster bereit, über das dem Anwender kurze Mitteilungen oder Anfragen zugestellt werden können.

- ▶ Padding. Die Klasse zur Definition von Abständen und Rändern.

- ▶ Point. Repräsentiert einen Punkt in einem ganzzahligen Koordinatensystem.

- ▶ Rectangle. Repräsentiert ein Rechteck in einem ganzzahligen Koordinatensystem.

- ▶ Size. Drückt eine ganzzahlige, zweidimensionale Größe aus.

Man sollte alles so einfach wie möglich sehen –
aber auch nicht einfacher.
– Albert Einstein

27 Einfache Steuerelemente

Dieses Kapitel stellt die einfacheren Steuerelemente vor und beschreibt ihre Eigenschaften und Fähigkeiten. Im darauffolgenden Kapitel werden die Elemente im praktischen Einsatz gezeigt. Wenn Sie die hier vorgestellten Steuerelemente lieber direkt im praktischen Einsatz sehen möchten und in diesem Kapitel nur die Einzelheiten nachschlagen wollen, dann springen Sie gleich zu Kapitel 28, »Praktische Anwendung I«.

Alle hier vorgestellten Klassen liegen im Namensbereich `System::Windows::Forms`.

27.1 Label – Beschriftungen

Das einfachste Steuerelement, mit dem eigentlich nichts gesteuert werden kann, wird durch die Klasse `Label` repräsentiert, deren Objekte einfachen Text in einer frei wählbaren Schriftart oder ein Bild darstellen.

Abbildung 27.1 zeigt ein Label mit anderer Schriftart als der Standardschriftart und einem `Borderstyle`.

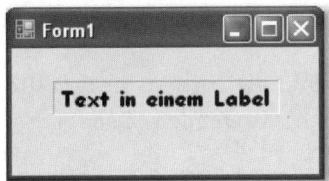

Abbildung 27.1 Ein Label im Fenster

Abgesehen von den von `Control` geerbten Elementen besitzt Label noch andere Eigenschaften und Methoden, von denen einige hier vorgestellt werden.

27.1.1 Eigenschaften

AutoEllipsis – wie wird zu langer Text behandelt?

Diese Eigenschaft liefert oder setzt als booleschen Wert, ob bei einem für das Label zu langen Text das Ende der Darstellung mit ... markiert (true) oder der nicht mehr darzustellende Text einfach abgeschnitten wird (false). Standard ist false.

BorderStyle – Darstellung des Rahmens

Liefert oder setzt die Art des Rahmens über einen Wert der BorderStyle-Aufzählung. Die Werte sind in Tabelle 27.1 zu sehen. Standard ist None.

Konstante	Rahmenart
Fixed3D	dreidimensionaler Rahmen
FixedSingle	einfacher Rahmen
None	kein Rahmen

Tabelle 27.1 Die Elemente von »BorderStyle«

FlatStyle – Möglichkeiten der flachen Darstellung

Liefert oder setzt die Art der Darstellung über einen der FlatStyle-Werte aus Tabelle 27.2. Standard ist Standard.

Konstante	Darstellung
Flat	flache Darstellung
Popup	Flache Darstellung. Dreidimensionale Darstellung, wenn Mauszeiger auf das Element bewegt wird
Standard	dreidimensionale Darstellung
System	Darstellung wird durch das Betriebssystem des Benutzers bestimmt.

Tabelle 27.2 Die Elemente von »FlatStyle«

Image – das dargestellte Bild

Diese Eigenschaft liefert oder setzt das dargestellte Bild als Image-Objekt. Wird kein Bild dargestellt oder soll das Bild entfernt werden, verwenden Sie nullptr.

ImageAlign – Ausrichtung des Bildes

Liefert oder setzt die Ausrichtung der Grafik über einen ContentAlignment-Wert. Standard ist MiddleCenter. Die möglichen Werte stehen in Tabelle 27.3.

Konstante	Ausrichtung
BottomCenter	vertikal unten, horizontal zentriert
BottomLeft	vertikal unten, horizontal linksbündig
BottomRight	vertikal unten, horizontal rechtsbündig
MiddleCenter	vertikal mittig, horizontal zentriert
MiddleLeft	vertikal mittig, horizontal linksbündig
MiddleRight	vertikal mittig, horizontal rechtsbündig
TopCenter	vertikal oben, horizontal zentriert
TopLeft	vertikal oben, horizontal linksbündig
TopRight	vertikal oben, horizontal rechtsbündig

Tabelle 27.3 Die Elemente von »ContentAlignment«

ImageList, ImageIndex

Dieses Steuerelement erlaubt die Auswahl eines Bildes aus einer Bilderliste. Näheres erfahren Sie in Abschnitt 26.11, »ImageList – Bilderliste«.

TextAlign – Ausrichtung des Textes

Liefert oder setzt die Ausrichtung des Textes über einen ContentAlignment-Wert (Tabelle 27.3). Standard ist TopLeft.

27.1.2 LinkLabel – anklickbare Beschriftungen

Von Label abgeleitet ist die Klasse LinkLabel, die es ermöglicht, den dargestellten Text wie einen aus dem Internet bekannten Link anzuklicken. Die Details dieser Klasse können leicht in der .NET-Dokumentation nachgelesen werden.

27.2 GroupBox – Gruppierungen

Mit Steuerelementen der Klasse GroupBox können andere Steuerelemente gruppiert werden. Diese Gruppierung hat zunächst einmal optischen Charakter (siehe Abbildung 27.2); Der Anwender sieht, welche Elemente thematisch zusammengehören.

Im Designer wirkt sich diese Gruppierung ebenfalls aus. Wird die Gruppenbox verschoben, verschieben sich die in ihr platzierten Elemente mit.

Schließlich hat die Gruppierung auch noch programmiertechnische Effekte. Wird eine Gruppenbox abgeblendet oder unsichtbar gemacht, dann wirkt sich das auch auf die in ihr befindlichen Elemente aus.

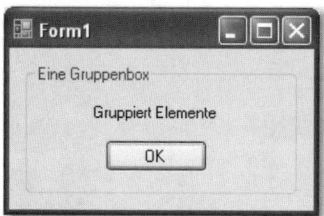

Abbildung 27.2   Eine Gruppenbox im Fenster

Von den von GroupBox zusätzlich bereitgestellten Eigenschaften ist eigentlich nur eine erwähnenswert.

AutoSizeMode – automatische Größenanpassung?

Diese Eigenschaft liefert oder setzt über einen AutoSizeMode-Wert (Tabelle 27.4), in welchem Rahmen sich die Größe der Gruppenbox ändert, wenn AutoSize auf true ist.

Konstante	Beschreibung
GrowAndShrink	Das Steuerelement wird uneingeschränkt vergrößert oder verkleinert.
GrowOnly	Das Steuerelement wird uneingeschränkt vergrößert, aber nicht weiter verkleinert als bis zu den Werten der Size-Eigenschaft.

Tabelle 27.4   Die Elemente von »AutoSizeMode«

27.3   ButtonBase – Basis der Buttons

Diese von Control abgeleitete, abstrakte Klasse bildet die Basis für die Klassen Button, CheckBox und RadioButton.

27.3.1   Eigenschaften

AutoEllipsis – wie wird zu langer Text behandelt?

Liefert oder setzt als booleschen Wert, ob bei einem für den Button zu langen Text das Ende der Darstellung mit ... markiert (true) oder der nicht mehr darzustellende Text einfach abgeschnitten wird (false). Standard ist true.

FlatStyle – Möglichkeiten der flachen Darstellung

Diese Eigenschaft liefert oder setzt die Art der Darstellung über einen der FlatStyle-Werte aus Tabelle 27.2. Standard ist Standard.

Image – dargestelltes Bild

Liefert oder setzt das dargestellte Bild als Image-Objekt. Wird kein Bild dargestellt oder soll das Bild entfernt werden, dann verwenden Sie nullptr.

ImageAlign – Ausrichtung des Bildes

Dies liefert oder setzt die Ausrichtung der Grafik über einen ContentAlignment-Wert (Tabelle 27.3). Standard ist MiddleCenter.

ImageList, ImageIndex

Dieses Steuerelement erlaubt die Auswahl eines Bildes aus einer Bilderliste. Näheres erfahren Sie in Abschnitt 26.11, »ImageList – Bilderliste«.

TextAlign – Ausrichtung des Textes

Dieses Element liefert oder setzt die Ausrichtung des Textes über einen Content-Alignment-Wert (Tabelle 27.3). Standard ist MiddleCenter.

TextImageRelation – wie verhalten sich Bild und Grafik zueinander?

Diese Eigenschaft liefert oder setzt über einen TextImageRelation-Wert (Tabelle 27.5) die Beziehung der Bild- und Textposition zueinander.

Konstante	Beschreibung
ImageAboveText	Bild vertikal über dem Text
ImageBeforeText	Bild horizontal vor dem Text
Overlay	Bild und Text auf gleichem Raum
TextAboveImage	Text vertikal über dem Bild
TextBeforeImage	Text horizontal vor dem Bild

Tabelle 27.5 Die Elemente von »TextImageRelation«

27.4 Button – Schaltfläche

Schaltflächen, auch Buttons genannt, sind Objekte der Klasse **Button**, die von ButtonBase abgeleitet ist, und stellen als Steuerelement einen anklickbaren Knopf dar. Abbildung 27.3 zeigt zwei typische Buttons.

Zusätzlich zu den Elementen der Basisklasse gibt es noch ein paar Eigenschaften und Methoden, die hier kurz erwähnt werden sollen.

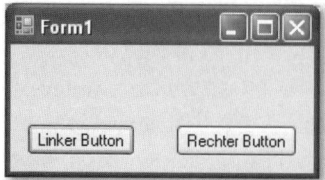

Abbildung 27.3   Ein Beispiel für Buttons

AutoSizeMode – automatische Größenanpassung?

Diese Methode liefert oder setzt über einen `AutoSizeMode`-Wert (Tabelle 27.4), in welchem Rahmen sich die Größe des Buttons ändert, wenn `AutoSize` auf `true` ist.

DialogResult – ist ein Klick auf diesen Button ein Dialogergebnis?

Liefert oder setzt den Wert als `DialogResult`-Wert (Tabelle 25.17), der bei Anklicken an das übergeordnete Formular übergeben wird.

PerformClick – Klicksimulation

```
void PerformClick();
```

erzeugt für die aufrufende Schaltfläche ein `Click`-Ereignis.

27.5   CheckBox – Elemente zum Abhaken

Objekte der Klasse `Checkbox` werden dazu verwendet, Texte mit abhakbaren Boxen zu versehen, wie Abbildung 27.4 zeigt. Üblicherweise besitzen diese Checkboxen zwei Zustände (Haken, kein Haken). Es ist aber auch möglich, noch einen dritten Zustand zu verwenden, der als »unbestimmt« bezeichnet wird.

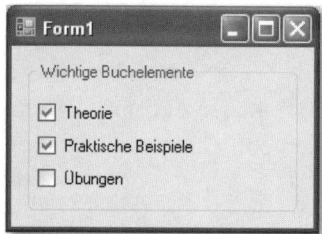

Abbildung 27.4   Ein Beispiel für Checkboxen

27.5.1 Eigenschaften

Appearance – Darstellung der Checkbox

Liefert oder setzt über einen `Appearance`-Wert (Tabelle 27.6), ob das Steuerelement als Checkbox oder als Schaltfläche erscheinen soll. Bei einer Darstellung als Schaltfläche werden die Zustände »abgehakt« und »nicht abgehakt« durch »Button gedrückt« und »Button nicht gedrückt« zum Ausdruck gebracht. Der dritte Zustand ist in der Button-Darstellung nicht möglich. Standard ist `Normal`.

Konstante	Beschreibung
Button	Darstellung als Schaltfläche
Normal	übliche Darstellung des Steuerelements

Tabelle 27.6 Die Elemente von »Appearance«

AutoCheck – automatische Zustandsänderung bei Klick?

Liefert oder setzt, ob sich der Zustand der Checkbox bei einem Anklicken automatisch ändert (`true`) oder nicht (`false`). Standard ist `true`.

CheckAlign – Ausrichtung der Checkbox zum Text

Diese Eigenschaft liefert oder setzt über einen `ContentAlignment`-Wert (Tabelle 27.3) die Ausrichtung der Checkbox bezogen auf ihren Text. Mit dieser Eigenschaft kann die Checkbox beispielsweise rechts neben den Text gesetzt werden. Standard ist `MiddleLeft`.

Checked – abgehakt?

Diese Eigenschaft liefert oder setzt, ob die Checkbox abgehakt ist (`true`) oder nicht (`false`). Bei aktiviertem `ThreeState` ist dieser Wert für alle Zustände außer dem nicht abgehakten Zustand `true`. Standard ist `false`.

CheckState – welchen Zustand hat die Checkbox?

Liefert oder setzt den Zustand der Checkbox über einen `CheckState`-Wert. Standard ist `Unchecked`. Die Elemente der Aufzählung `CheckState` sind in Tabelle 27.7 aufgelistet.

Konstante	Beschreibung
Checked	abgehakt
Indeterminate	Unbestimmt. Wird über eine Schattierung oder ein Quadrat dargestellt.
Unchecked	nicht abgehakt

Tabelle 27.7 Die Elemente von »CheckState«

ThreeState – zwei oder drei Zustande?

Liefert oder setzt, ob die Checkbox zwei Zustände (`false`) oder drei Zustände (`true`) annehmen kann. Standard ist `false`.

27.5.2 Ereignisse

Die Checkboxen besitzen zur Erfassung der Zustandsänderungen eigene Ereignisse.

CheckedChanged

```
delegate void EventHandler(Object^ sender, EventArgs^ e);
```

wird ausgelöst durch eine Änderung der `Checked`-Eigenschaft.

CheckStateChanged

```
delegate void EventHandler(Object^ sender, EventArgs^ e);
```

wird ausgelöst durch eine Änderung der `CheckState`-Eigenschaft.

27.6 RadioButton – Optionen zur Auswahl

Die Klasse `RadioButton` stellt Optionsfelder bereit, die ähnlich wie die `CheckBox`-Elemente ausgewählt werden können (Abbildung 27.5). Pro Gruppe kann jedoch immer nur ein Element ausgewählt sein. Bei der Auswahl eines anderen Elements wird automatisch die vorherige Auswahl aufgehoben.

Gruppiert werden die `RadioButton`-Objekte über `GroupBox`-Elemente. Pro Gruppe ist immer nur ein Element ausgewählt. Stehen alle Radiobuttons direkt im Hauptfenster, bilden sie dort eine Gruppe.

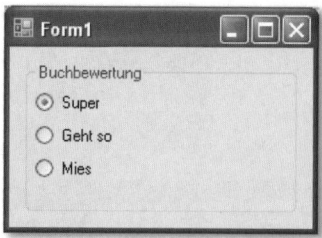

Abbildung 27.5 Die Darstellung von »Radiobuttons«

27.6.1 Eigenschaften

Appearance – Darstellung des Radiobuttons

Liefert oder setzt über einen `Appearance`-Wert (Tabelle 27.6), ob das Steuerelement als Radiobutton oder als Schaltfläche erscheinen soll. Standard ist `Normal`. Bei einer Darstellung als Schaltfläche werden die Zustände »ausgewählt« und »nicht ausgewählt« durch »Button gedrückt« und »Button nicht gedrückt« zum Ausdruck gebracht.

AutoCheck – automatische Zustandsänderung bei Klick?

Liefert oder setzt, ob sich der Zustand des Radiobuttons bei Anklicken automatisch ändert (`true`) oder nicht (`false`). Standard ist `true`.

CheckAlign – Ausrichtung des Radiobuttons zum Text

Diese Eigenschaft liefert oder setzt über einen `ContentAlignment`-Wert (Tabelle 27.3) die Ausrichtung des Radiobuttons bezogen auf seinen Text. Standard ist `MiddleLeft`. Mit dieser Eigenschaft kann der Radiobutton beispielsweise rechts neben den Text gesetzt werden.

Checked – ausgewählt?

Liefert oder setzt, ob der Radiobutton ausgewählt ist (`true`) oder nicht (`false`). Standard ist `false`.

27.6.2 Methoden

PerformClick – Klicksimulation

```
void PerformClick();
```

erzeugt für den aufrufenden Radiobutton ein `Click`-Ereignis.

27.6.3 Ereignisse

CheckedChanged

```
delegate void EventHandler(Object^ sender, EventArgs^ e);
```

wird ausgelöst durch eine Änderung der `Checked`-Eigenschaft.

27.7 PictureBox – Bilderrahmen

Mit den Objekten der Klasse `PictureBox` können Bilder in das Formular gebracht werden (Abbildung 27.6).

Über den Designer kann für die `PictureBox` das darzustellende Bild ausgewählt werden. Das Bild wird in die Assembly eingebunden.

Abbildung 27.6   Eine PictureBox im Fenster

27.7.1 Eigenschaften

BorderStyle – Darstellung des Rahmens

Mit dieser Eigenschaft wird die Art des Rahmens über einen Wert der `Border-Style`-Aufzählung geliefert oder gesetzt. Standard ist `None`. Die Werte sind in Tabelle 27.1 zu sehen.

ErrorImage – gewähltes Fehlerbild

Diese Eigenschaft liefert oder setzt über ein `Image`-Objekt das Bild, das immer dann angezeigt wird, wenn die Darstellung des tatsächlichen Bildes aufgrund eines Fehlers nicht möglich ist. Definieren Sie kein eigenes Fehlerbild, wird das Standardfehlerbild genommen.

Image – darzustellendes Bild

Liefert oder setzt über einen `Image`-Objekt das darzustellende Bild.

ImageLocation – woher soll das Bild geladen werden?

Hiermit wird der Dateipfad des darzustellenden Bildes geliefert oder gesetzt. Das Steuerelement lädt die Datei automatisch. Sollte die Datei nicht gefunden werden, erscheint das Fehlerbild.

InitialImage – Ladebild

Diese Eigenschaft liefert oder setzt über einen Image-Objekt das Bild, das während des Ladevorgangs des eigentlich darzustellen Bildes angezeigt wird. Dieses Bild wird immer in seinen originalen Ausmaßen dargestellt.

SizeMode – wie wird das Bild der Picturebox angepasst?

Liefert oder setzt über einen Wert der PictureBoxSizeMode-Aufzählung (Tabelle 27.8) die Art der Bilddarstellung. Standard ist Normal.

Konstante	Beschreibung
AutoSize	Die Größe der Picturebox wird der Bildgröße angepasst.
CenterImage	Das Bild wird in seiner Originalgröße in der Picturebox zentriert. Bei zu kleiner Picturebox werden die Ränder des Bildes abgeschnitten.
Normal	Das Bild wird in seiner Originalgröße in der linken oberen Ecke der Picturebox platziert. Ist die Picturebox zu klein, werden der rechte und untere Rand des Bildes abgeschnitten.
StretchImage	Das Bild wird ohne Rücksicht auf sein Seitenverhältnis an die Größe der Picturebox angepasst.
Zoom	Das Bild wird unter Berücksichtigung seines Seitenverhältnisses an die Größe der Picturebox angepasst.

Tabelle 27.8 Die Elemente der PictureBoxSizeMode-Aufzählung

WaitOnLoad – synchrones oder asynchrones Laden?

Liefert oder setzt, ob das Formular auf das Laden des Bildes wartet (true) oder mit dem Formular während des Bildladens weitergearbeitet werden kann (false).[1] Standard ist false.

27.7.2 Methoden

CancelAsync – asynchrones Laden abbrechen

```
void CancelAsync();
```

bricht einen asynchronen Ladevorgang ab.

Load – synchron laden

```
void Load();
```

```
void Load(String^ url);
```

---

1 Das Einfrieren des Formulars bis zur Beendigung des Ladevorgangs wird auch als »synchrones Laden« bezeichnet. Die andere Variante nennt sich »asynchrones Laden«.

lädt das über `url` bestimmte Bild synchron. `url` kann eine Netzadresse oder ein Dateipfad sein. Ohne Angabe von `url` wird das unter `ImageLocation` angegebene Bild synchron geladen.

LoadAsync – asynchron laden

```
void LoadAsync();
```

```
void LoadAsync(String^ url);
```

lädt das über `url` bestimmte Bild asynchron. `url` kann eine Netzadresse oder ein Dateipfad sein. Ohne Angabe von `url` wird das unter `ImageLocation` angegebene Bild synchron geladen.

27.7.3 Ereignisse

LoadCompleted

```
delegate void AsyncCompletedEventHandler(Object^ sender,
                            AsyncCompletedEventArgs^ e);
```

wird ausgelöst, wenn der asynchrone Ladevorgang beendet wurde. Das übergebene `AsyncCompletedEventArgs`-Objekt (Tabelle 27.9) liefert genauere Informationen, wie der Vorgang beendet wurde.

Eigenschaft	Beschreibung
Cancelled	Liefert, ob der asynchrone Vorgang abgebrochen wurde (true) oder nicht (false).
Error	Liefert ein Exception-Objekt, das einen aufgetretenen Fehler spezifiziert, oder `nullptr`, falls kein Fehler auftrat.

Tabelle 27.9 Die wichtigsten Eigenschaften von »AsyncCompletedEventArgs«

LoadProgressChanged

```
delegate void ProgressChangedEventHandler(Object^ sender,
                            ProgressChangedEventArgs^ e);
```

wird ausgelöst, wenn sich der Ladefortschritt des asynchronen Vorgangs verändert hat.

Die Eigenschaft `ProgressPercentage` des übergebenen `ProgressChangedEventArgs`-Objekts informiert über den prozentualen Fortschritt des Ladevorgangs.

27.8 TextBoxBase – Basis der Texeingabefelder

Diese von `Control` abgeleitete, abstrakte Klasse stellt die Grundfunktionalität eines Texteingabefeldes zur Verfügung, von der die Subklassen `TextBox`, `Masked-TextBox` und `RichTextBox` Gebrauch machen.

27.8.1 Eigenschaften

AcceptsTab – Tabulator bei der Eingabe?

Üblicherweise wird mit [⇆] der Fokus an das nächste Steuerelement weitergegeben. Diese Eigenschaft liefert oder setzt, ob bei mehrzeiligen Textfeldern mit TAB der Fokus wechselt (`false`) oder das Tabzeichen in das Feld eingegeben wird (`true`). Standard ist `false`.

BorderStyle – Darstellung des Rahmens

Diese Eigenschaft liefert oder setzt die Art des Rahmens über einen Wert der `BorderStyle`-Aufzählung. Die Werte sind in Tabelle 27.1 zu sehen. Standard ist `Fixed3D`.

CanUndo – Rückgängigmachen erlaubt?

Die Eigenschaft liefert `true`, wenn die Eingaben über Undo (z. B. [Strg]+[Z]) rückgängig gemacht werden können. Andernfalls `false`.

HideSelection – bleibt Textauswahl sichtbar?

Liefert oder setzt, ob die Textauswahl im Eingabefeld auch noch bei Verlust des Fokus sichtbar ist (`false`) oder nicht (`true`). Standard ist `true`.

Lines – Inhalt des Eingabefeldes

Diese Eigenschaft liefert oder setzt den Inhalt des Eingabefeldes in Zeilen aufgeteilt über ein `String`-Array.

MaxLength – Größenbegrenzung

Liefert oder setzt als `int`-Wert, wie viele Zeichen das Eingabefeld maximal aufnehmen kann.

Modified – Änderungen vorgenommen?

Diese Eigenschaft liefert oder setzt, ob seit einem gewissen Zeitpunkt Änderungen am Inhalt vorgenommen wurden (`true`) oder nicht (`false`). Diese Eigenschaft wird nicht automatisch mit einem Wert versehen, sondern kann vom Programmierer dazu verwendet werden, Änderungen nachzuhalten. Standard ist `false`.

Multiline – mehrzeiliges Eingabefeld?

Liefert oder setzt, ob es sich um ein mehrzeiliges Eingabefeld handelt (`true`) oder nicht (`false`). Standard ist `false`.

ReadOnly – nur lesbar?

Dies liefert oder setzt, ob der Inhalt dieses Eingabefeldes nur gelesen (`true`) oder auch beschrieben werden kann (`false`). Standard ist `false`

SelectedText – markierter Text

Diese Eigenschaft liefert oder setzt den im Eingabefeld markierten Text. Ist kein Text markiert, liefert `SelectedText` einen leeren `String`. Bei einem schreibenden Zugriff wird der aktuell markierte Text mit dem zugewiesenen überschrieben.

SelectionLength – Anzahl der markierten Zeichen

Liefert oder setzt über einen `int`-Wert die Anzahl der markierten Zeichen im Eingabefeld.

SelectionStart – Beginn des markierten Textes

Dies liefert oder setzt über einen `int`-Wert die Position des ersten markierten Zeichens im Eingabefeld.

ShortcutsEnabled – Tastaturkürzel erlaubt?

Liefert oder setzt, ob Tastaturkürzel wie [Strg]+[C] erlaubt sind (`true`) oder nicht (`false`).

TextLength – Textlänge

Liefert die Anzahl der Zeichen im Eingabefeld als `int`-Wert.

WordWrap – automatischer Zeilenumbruch erwünscht?

Diese Eigenschaft liefert oder setzt, ob bei mehrzeiligen Eingabefeldern ein automatischer Zeilenumbruch durchgeführt wird (`true`) oder nicht (`false`). Standard ist `true`.

27.8.2 Methoden

AppendText – Text anhängen

```
void AppendText(String^ text);
```

hängt an den Text des Eingabefeldes den Inhalt von `text` an.

Clear – Inhalt löschen

```
void Clear();
```

löscht den gesamten Inhalt des Eingabefeldes.

ClearUndo – Undo-Puffer löschen

```
void ClearUndo();
```

löscht den kompletten Undo-Puffer. Ein Undo ist danach nicht mehr möglich.

Copy – Text kopieren

```
void Copy();
```

kopiert den markierten Text in die Zwischenablage.

Cut – Text verschieben

```
void Cut();
```

verschiebt den markierten Text in die Zwischenablage.

DeselectAll – Textmarkierung aufheben

```
void DeselectAll();
```

hebt die Textmarkierung im Eingabefeld auf. Die Eigenschaft `SelectionLength` hat danach den Wert 0.

GetCharIndexFromPosition

```
virtual int GetCharIndexFromPosition(Point punkt);
```

Die Eigenschaft liefert den Index des Zeichens, das dem angegebenen Punkt am nächsten ist. Der Punkt wird in Pixel angegeben, bezogen auf den Clientbereich des Eingabefeldes.

GetFirstCharIndexFromLine

```
int GetFirstCharIndexFromLine(int zeilennummer);
```

liefert den Index des ersten Zeichens der angegebenen Zeile. Der Zeilenindex beginnt bei 0.

GetFirstCharIndexOfCurrentLine

```
int GetFirstCharIndexOfCurrentLine();
```

liefert den Index des ersten Zeichens der aktuellen Zeile. Die aktuelle Zeile ist die Zeile, in der sich der Textcursor befindet.

GetLineFromCharIndex

```
virtual int GetLineFromCharIndex(int position);
```

liefert die nullbasierte Zeilennummer der Zeile, in der sich das Zeichen mit dem Index `position` befindet.

Paste – Text ersetzen

```
void Paste();
```

ersetzt den markierten Text mit dem Inhalt der Zwischenablage.

Select – Text markieren

```
void Select(int start, int laenge);
```

markiert im Eingabefeld einen `laenge` Zeichen langen Text, der an der Position `start` beginnt.

SelectAll – kompletten Text markieren

```
void SelectAll();
```

markiert den gesamten Text des Eingabefeldes.

Undo – Undo ausführen

```
void Undo();
```

führt ein Undo aus und macht damit die letzte Aktion im Eingabefeld rückgängig.

27.8.3 Ereignisse

Die Klasse `TextBoxbase` stellt primär Ereignisse bereit, die auf die Änderung einer Eigenschaft reagieren. Sie verwenden alle den `EventHandler`-Delegaten.

AcceptsTabChanged	BorderStyleChanged
HideSelectionChanged	ModifiedChanged
MultilineChanged	ReadOnlyChanged

Tabelle 27.10 Die Changed-Ereignisse von »TextBoxBase«

27.9 TextBox – ein einfaches Texteingabefeld

Die Klasse **Textbox**, abgeleitet von TextBoxBase, stellt einfache Texteingabeele-mente bereit, die einzeilig oder mehrzeilig sein können (Abbildung 1.1).

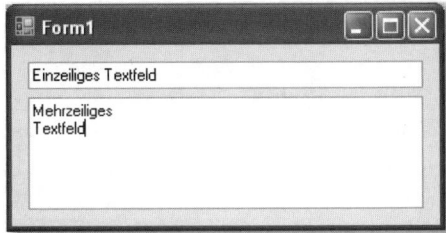

Abbildung 27.7 Verschiedene Textboxen

Abgesehen von den von TextBoxBase geerbten Funktionalitäten kann eine Text-box noch all das:

27.9.1 Eigenschaften

AcceptsReturn – Return drücken erlaubt?

Diese Eigenschaft liefert oder setzt, ob das Drücken von Return innerhalb des Textfeldes in eine neue Zeile wechselt (true) oder die Standardschaltfläche des Formulars betätigt (false). Für letzteren Punkt muss eine Standardschaltfläche (AcceptButton von Form) existieren. Standard ist false.

AutoCompleteCustomSource – eigene Quelle für Autovervollständigung

Die Eigenschaft liefert oder setzt die verwendete AutoCompleteStringCollec-tion, in der die für die Autovervollständigung[2] anfallenden Strings gespeichert werden. Damit die hier angegebene AutoCompleteStringCollection verwendet wird, muss AutoCompleteSource den Wert CustomSource besitzen.

---

2 Unter Autovervollständigung wird die Fähigkeit von Textfeldern verstanden, bei der Eingabe von Text, der bereits eingegebenen Texten im Anfang gleicht, die bereits eingegebenen Texte zur Auswahl zu stellen.

AutoCompleteMode – welche Autovervollständigung ist gewünscht?

Liefert oder setzt die Art der Autovervollständigung über einen Wert der `Auto-CompleteMode`-Aufzählung (Tabelle 27.11). Standard ist `None`.

Konstante	Beschreibung
Append	Hängt den möglichen Vervollständigungstext als markierte Zeichen an den eingegebenen Text an.
None	Autovervollständigung deaktiviert. (Standard)
Suggest	Die zur Wahl stehenden Autovervollständigungstexte werden in einer Dropdownliste angezeigt.
SuggestAppend	Kombination von Suggest und Append.

Tabelle 27.11   Die Elemente der AutoCompleteMode-Aufzählung

AutoCompleteSource – Quelle der Autovervollständigung

Liefert oder setzt die Quelle der Autovervollständigungstexte über den Wert einer `AutoCompleteSource`-Aufzählung (Tabelle 27.12).

Konstante	Quelle der Autovervollständigungstexte
AllSystemSources	Kombination von FileSystem und AllUrl. Standard bei nicht dem Standard entsprechenden AutoCompleteMode
AllUrl	Kombination von HistoryList und RecentlyUsedList
CustomSource	Eigene Quelle über AutoCompleteStringCollection
FileSystem	Dateisystem (Dateien und Verzeichnisse)
FileSystemDirectories	nur Verzeichnisnamen
HistoryList	URLs der Verlaufsliste
ListItems	Elemente der Combobox
None	Es wird keine AutoCompleteSource verwendet. (Standard)
RecentlyUsedList	die Liste der zuletzt verwendeten URLs

Tabelle 27.12   Die Elemente der AutoCompleteSource-Aufzählung

CharacterCasing – Groß- oder Kleinbuchstaben?

Diese Eigenschaft liefert oder setzt über einen `CharacterCasing`-Wert (Tabelle 27.13), ob und wie die Groß- und Kleinschreibung des eingegebenen Textes verändert wird. Standard ist `Normal`.

Konstante	Beschreibung
Lower	Konvertierung in Kleinbuchstaben.
Normal	Die Groß- oder Kleinschreibung wird beibehalten.
Upper	Konvertierung in Großbuchstaben

Tabelle 27.13 Die Elemente der CharacterCasing-Aufzählung

PasswordChar – Maskierung der Eingabe?

Liefert oder setzt über einen wchar_t-Wert, welches Zeichen für die Maskierung der Eingabe verwendet werden soll. Der Wert 0 steht für »keine Maskierung«.

ScrollBars – Textfeld mit Scrollbalken?

Liefert oder setzt über einen Wert der ScrollBars-Aufzählung (Tabelle 27.14), ob und welche Bildlaufleisten zur Verfügung stehen. Standard ist None.

Konstante	Dargestellte Bildlaufleisten
Both	horizontale und vertikale Bildlaufleiste
Horizontal	horizontale Bildlaufleiste
None	keine Bildlaufleisten
Vertical	vertikale Bildlaufleiste

Tabelle 27.14 Die Elemente der ScrollBars-Aufzählung

TextAlign – Ausrichtung des Textes

Liefert oder setzt die Ausrichtung des Textes über einen HorizontalAlignment-Wert (Tabelle 27.15). Standard ist Left.

Konstante	Beschreibung
Center	zentrierte Ausrichtung
Left	linksbündige Ausrichtung
Right	rechtsbündige Ausrichtung

Tabelle 27.15 Die Elemente der HorizontalAlignment-Aufzählung

27.10 MaskedTextBox – Eingabe nach Vorschrift

Diese ebenfalls von TextBoxBase abgeleitete Klasse, stellt ein Textfeld zur Verfügung, mit dem Eingaben in einem fest vorgegebenen Format möglich sind. Abbildung 27.8 zeigt ein Beispiel für eine formatierte Eingabe der Uhrzeit. Vor und hinter dem Doppelpunkt können jeweils nur zwei Ziffern angegeben werden, wobei vor dem Doppelpunkt auch nur eine Ziffer ausreichen würde, hinter dem Doppelpunkt aber zwingend zwei Ziffern stehen müssen.

Abbildung 27.8 Eine MaskedTextBox

Über die Mask-Eigenschaft kann die Maske wie bei einem regulären Ausdruck angegeben werden. Die Möglichkeiten dieser Maske können wegen ihrer Vielfältigkeit hier nicht besprochen werden. Detaillierte Informationen finden Sie in der .NET-Dokumentation.

Zu erwähnen sind hier noch die booleschen Eigenschaften MaskCompleted, die true liefert, wenn alle obligatorischen Eingaben gemacht wurden, und MaskFull, die true liefert, wenn alle notwendigen und optionale Eingaben vorhanden sind.

Darüber hinaus ähneln die Fähigkeiten stark der TextBox-Klasse, obwohl einige der von TextBoxBase geerbten Funktionalitäten nur eingeschränkt oder überhaupt nicht verfügbar sind (wie z. B. der Undo-Mechanismus).

27.11 RichTextBox – kleine Textverarbeitung

Die Klasse RichTextBox – abgeleitet von TextBoxBase – erlaubt die Eingabe unterschiedlich formatierten Textes. Die Möglichkeiten der Formatierung werden wie bei den anderen Steuerelementen auch über Eigenschaften, Methoden und Ereignisse zugänglich gemacht.

Wollen Sie dem Anwender die Möglichkeit der Formatierung geben, dann müssen Sie die Funktionalität mit einer eigenen GUI-Schnittstelle bereitstellen.

Abbildung 27.9 zeigt den Anfang dieses Abschnitts in einer RichTextBox.

Abbildung 27.9 Eine RichTextBox

Soll die obige Formatierung über Programmcode vonstatten gehen, dann muss zunächst der Text über die Eigenschaft Text gesetzt werden (die verwendete Richttextbox ist unter dem Verweis richTextBox1 ansprechbar):

```
richTextBox1->Text="27.11 RichTextBox - Die kleine"+
            " Textverarbeitung\nDie Klasse RichTextBox"+
            " - abgeleitet von TextBoxBase - erlaubt"+
            " die Eingabe...";
```

Um die Überschrift zu formatieren, muss sie über die Select-Methode (Abschnitt 27.9.1) selektiert werden:

```
richTextBox1->Select(0,47);
```

Nun kann über die Eigenschaft SelectionFont dem ausgewählten Text eine neue Schriftart zugewiesen werden:

```
richTextBox1->SelectionFont=
  gcnew System::Drawing::Font("Arial", 10, FontStyle::Bold);
```

Zum Schluss noch die Textmarkierung aufheben:

```
richTextBox1->Select(0,0);
```

Damit der Anwender der RichTextBox diese Formatierungen selbst vornehmen kann, müssen Sie die obigen Aufrufe der Eigenschaften und Methoden über Oberflächenelemente verfügbar machen.

27.12 ListControl – Basis aller Listenelemente

Die Klasse ListControl bildet die Grundlage der Listensteuerelemente ListBox und Combobox.

Listen besitzen zwei Möglichkeiten, gefüllt zu werden; durch Hinzufügen von Elementen oder durch Verknüpfung mit einer Datenstruktur, welche die darzustellenden Elemente beinhaltet. Obwohl die Listen nur einspaltig sind, kann die Datenquelle mehrspaltig sein. Die Liste erlaubt daher die Unterscheidung zwischen den Elementen, die dargestellt werden, und den Elementen, die den Wert repräsentieren. Bei einem Webshop könnten die Darstellungselemente die Produktnamen sein, die Werteelemente wären die Artikelnummern.

27.12.1 Eigenschaften

DataSource – Quelle der Daten

Diese Eigenschaft liefert oder setzt als `Object`-Typ, von welcher Datenquelle die Liste ihren Inhalt beziehen soll. Bei `nullptr` wird keine Datenquelle verwendet.

DisplayMember – darzustellende Elemente

Liefert oder setzt als `String` die Spalte der `DataSource`, deren Elemente zur Darstellung in der Liste verwendet werden sollen. Ein leerer String (`""`) definiert keine spezielle Spalte.

`DisplayMember` kann auch eine Eigenschaft der in `DataSource` gespeicherten Objekte benennen, die dann ausgelesen wird.

SelectedIndex – ausgewählter Index

Hierdurch wird der Index des ausgewählten Elements geliefert oder gesetzt. Existiert keine Auswahl, ist der Wert –1.

SelectedValue – ausgewählter Wert

Diese Eigenschaft setzt oder liefert den ausgewählten Wert als `Object`. Dieser Wert stammt entweder aus der mit `ValueMember` definierten Spalte der `Data-Source` oder aus der internen Elementauflistung.

ValueMember – Werte der Elemente

Die Eigenschaft liefert oder setzt als `String` die Spalte der `DataSource`, deren Elemente die zur Darstellung passenden Werte der Liste verwendet werden sollen. Ein leerer String (`""`) definiert keine spezielle Spalte.

`ValueMember` kann auch eine Eigenschaft der in `DataSource` gespeicherten Objekte benennen, die dann ausgelesen wird.

27.13 ListBox – einfache Auflistung

Steuerelemente vom Typ `ListBox` dienen der einfachen Auflistung von Elementen (Abbildung 27.10). Die Klasse ist von `ListControl` abgeleitet, nimmt aber einige Erweiterungen vor.

Abbildung 27.10   Eine ListBox

27.13.1 Eigenschaften

BorderStyle – Darstellung des Rahmens

Diese Eigenschaft liefert oder setzt die Art des Rahmens über einen Wert der BorderStyle-Aufzählung. Die Werte sind in Tabelle 27.1 zu sehen. Standard ist Fixed3D.

ColumnWidth – Spaltenbreite einer mehrzeiligen Listbox

Liefert oder setzt die Spaltenbreite einer mehrspaltigen Listbox.

HorizontalScrollbar – horizontale Bildlaufleiste?

Hierdurch wird geliefert oder gesetzt, ob bei zu breiten Elementen eine horizontale Bildlaufleiste eingeblendet wird (true) oder nicht (false). Standard ist false.

IntegralHeight – immer ganze Zeilen sichtbar?

Die Eigenschaft liefert oder setzt, ob die Höhe der Listbox immer in Zeilenhöhen geändert werden kann, sodass keine unvollständigen Zeilen zu sehen sind (true), oder ob die Höhe pixelweise frei bestimmbar ist (false). Standard ist true.

Items – Elemente der Listbox

Liefert die Elemente der Listbox als ObjectCollection.

MuliColumn – mehrere Spalten?

Diese Eigenschaft liefert oder setzt, ob die Listbox die Elemente in mehreren Spalten darstellt (true) oder nicht (false). Bei mehrspaltigen Listboxen verschwindet die vertikale Bildlaufleiste. Standard ist false.

ScrollAlwaysVisible – Bildlaufleiste immer sichtbar?

Liefert oder setzt, ob die vertikale Bildlaufleiste der Listbox immer sichtbar ist (`true`) oder nur bei Bedarf eingeblendet wird (`false`). Standard ist `false`.

SelectedIndices – Indizes der ausgewählten Elemente

Dies liefert oder setzt die Indizes der ausgewählten Elemente über eine `SelectedIndexCollection`. Diese Eigenschaft sollte bei Listen mit Mehrfachauswahl anstelle des geerbten `SelectedIndex` verwendet werden.

SelectedItem – ausgewähltes Element

Liefert oder setzt das aktuell ausgewählte Element als `Object`-Verweis. Nur sinnvoll bei Listen mit Einfachauswahl.

SelectedItems – ausgewählte Elemente

Die Eigenschaft liefert die ausgewählten Elemente über eine `SelectedObject-Collection`. Diese Eigenschaft sollte bei Listen mit Mehrfachauswahl anstelle von `SelectedItem` verwendet werden.

SelectionMode – wie werden Elemente ausgewählt?

Liefert oder setzt die Art und Weise, wie Elemente ausgewählt werden, über einen Wert der `SelectionMode`-Aufzählung (Tabelle 27.16). Standard ist `One`.

Konstante	Beschreibung
`MultiExtended`	Mehrfachauswahl nach Windows-Art über ⟨⇧⟩ oder ⟨Strg⟩.
`MultiSimple`	Mehrfachauswahl durch Anklicken.
`None`	Keine Auswahl.
`One`	Auswahl eines Elements.

Tabelle 27.16 Die Elemente der SelectionMode-Aufzählung

Sorted – sortierte Liste?

Liefert oder setzt, ob die Liste alphabetisch sortiert ist (`true`) oder in der vorgegebenen Reihenfolge dargestellt wird (`false`).

27.13.2 Methoden

BeginUpdate, EndUpdate – für umfangreiche Änderungen.

```
void BeginUpdate();
void EndUpdate();
```

Im Normalfall wird die Darstellung der Listbox bei jeder Änderung aktualisiert. Wenn umfangreiche Änderungen vorgenommen werden müssen, dann sollte vorher die optische Aktualisierung mit `BeginUpdate` ausgeschaltet und nach der Änderung mit `EndUpdate` wieder eingeschaltet werden.

ClearSelected – Elementauswahl aufheben

```
void ClearSelected();
```

hebt die komplette Elementauswahl auf.

FindString – Teilstring suchen

```
int FindString(String^ teilstring);
```

```
int FindString(String^ teilstring, int startposition);
```

sucht das erste Element, das mit `teilstring` beginnt. Wird keine Übereinstimmung gefunden, liefert die Methode `ListBox::NoMatches` zurück.

Zusätzlich kann noch die Startposition als Index des vor dem Startelement liegenden Elements angegeben werden. Bei –1 wird mit dem ersten Element begonnen.

FindStringExact – exakte Übereinstimmung suchen

```
int FindStringExact(String^ string);
```

```
int FindStringExact(String^ string, int startposition);
```

Funktionsweise wie `FindString`, nur dass der Index des ersten, komplett mit `string` übereinstimmenden Elements zurückgeliefert wird.

GetSelected – Element ausgewählt?

```
bool GetSelected(int position);
```

Liefert zurück, ob das an Position `position` befindliche Element ausgewählt ist (`true`) oder nicht (`false`).

SetSelected – Auwahlstatus setzen

```
void SetSelected(int position, bool wert);
```

Wenn für `wert` der Wert `true` übergeben wird, dann wird das an `position` befindliche Element ausgewählt. Mit `wert` auf `false` wird das Element deselektiert.

27.13.3 Ereignisse

Das wichtigste Ereignis von Listbox lautet:

SelectedIndexChanged – Auswahl hat sich geändert

```
delegate void EventHandler(Object^ sender, EventArgs^ e);
```

wird ausgelöst, wenn sich die Elementauswahl geändert hat.

27.13.4 ComboBox

Die Klasse ComboBox ist eine Kombination aus TextBox und ListBox (Abbildung 27.11).

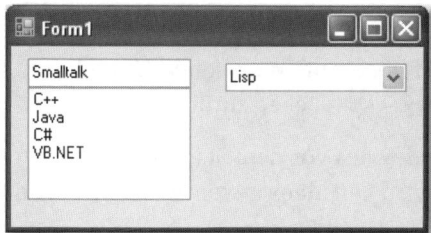

Abbildung 27.11   Zwei Beispiele für ComboBox

Die obere Zeile ähnelt einer Textbox und erlaubt freie Eingaben, wohingegen der untere Teil bei der linken Combobox einer Listbox gleichkommt. Die Combobox kann in einer aufgeklappten Form (links im Bild) und in einer aufklappbaren Form (rechts im Bild) dargestellt werden.

27.14 ProgressBar – Fortschrittsbalken

Ein Objekt der Klasse ProgressBar dient dazu, den Anwender über den Fortschritt eines gewissen Vorgangs zu informieren. Abbildung 27.12 zeigt die Darstellung eines Fortschrittbalkens.

Die Fortschrittsbalken können mit einem Minimal- (0 %) und Maximalwert (100 %) versehen werden. Dadurch besteht die Möglichkeit, dem Fortschrittsbalken genau den Wertebereich zuzuordnen, den die zu erledigende Aufgabe abdeckt. Wenn beispielsweise in einem 132 Elemente umfassenden Array alle Elemente bearbeitet werden müssen, dann kann das Minimum auf 0 und das Maximum auf 131 gesetzt werden. Der Index im Feld entspricht damit dem Fortschrittswert im Steuerelement und kann direkt übernommen werden.

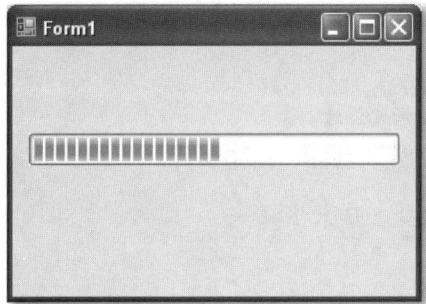

Abbildung 27.12 Ein Fortschrittsbalken

27.14.1 Eigenschaften

Maximum – maximaler Wert

Diese Eigenschaft liefert oder setzt den Wert, der im Steuerelement für 100 % Fortschritt steht.

Minimum – minimaler Wert

Hierdurch wird der Wert, der im Steuerelement für 0 % Fortschritt steht, geliefert oder gesetzt.

Step – Schrittweite

Liefert oder setzt den Wert, um den der Fortschrittsbalken bei einem Aufruf von `PerformStep` weitergesetzt wird.

Style – Darstellung des Balkens

Diese Eigenschaft liefert oder setzt die Art der Balkendarstellung über einen `ProgressBarStyle`-Wert. Diese Eigenschaft ist bei der Verwendung der visuellen Stile nur beschränkt verwendbar.

Value – aktueller Wert des Balkens

Diese Eigenschaft liefert oder setzt den Wert, den der Balken gerade repräsentiert. Ist dieser Wert gleich `Minimum`, ist von dem Balken noch nichts zu sehen (0 %). Bei einem Wert gleich `Maximum` ist der Balken komplett sichtbar (100 %).

27.14.2 Methoden

Increment – Erhöhung um einen Wert

`void Increment(int wert);`

erhöht die `Value`-Eigenschaft des Steuerelements um den angegebenen Wert.

PerformStep – Erhöhung um den Step-Wert

`void PerformStep();`

erhöht die `Value`-Eigenschaft um den in `Step` angegebenen Wert.

27.15 Zusammenfassung

Dieses Kapitel hatte die einfacheren Steuerelemente zum Thema.

- ▶ `Button`. Eine einfache Schaltfläche zum Anklicken.
- ▶ `CheckBox`. Eine Beschriftung mit abhakbarem Kästchen. Das Kästchen kann insgesamt drei verschiedene Zustände annehmen.
- ▶ `ComboBox`. Eine Mischung aus Textbox und Listbox.
- ▶ `Label`. Eine einfache Beschriftung ohne Funktionalität.
- ▶ `LinkedLabel`. Die Erweiterung von Label; der Text ist wie ein Hyperlink anklickbar.
- ▶ `ListBox`. Eine optische Auflistung verschiedener Elemente, von denen eins oder mehrere ausgewählt sein können.
- ▶ `GroupBox`. Fasst andere Steuerelemente zu einer Gruppe zusammen.
- ▶ `MaskedTextBox`. Bietet die Möglichkeit, klar formatierte Inhalte vom Anwender zu erhalten.
- ▶ `PictureBox`. Ein Steuerelement zur Darstellung eines Bildes.
- ▶ `ProgressBar`. Repräsentiert einen Fortschrittsbalken.
- ▶ `RadioButton`. Eine durch Anklicken auswählbare Beschriftung, die eine von mehreren Optionen darstellt. Aus der Optionengruppe kann immer nur eine ausgewählt werden. Gruppiert werden die Optionen durch das Formular oder eine GroupBox.
- ▶ `RichTextBox`. Erlaubt die Eingabe und optische Formatierung von Text. Von den Fähigkeiten her vergleichbar mit der Anwendung Wordpad.
- ▶ `TextBox`. Eine einzeilige oder mehrzeilige Textbox zur Eingabe von Text.

Darüber hinaus wurden auch noch die Basisklassen der oben aufgeführten Steuerelemente vorgestellt.

Die Praxis sollte das Ergebnis des Nachdenkens sein, nicht umgekehrt.
– Hermann Hesse

28 Praktische Anwendung I

Die letzten Kapitel beinhalteten ziemlich viel Stoff, ohne ihn in der praktischen Anwendung zu zeigen. Dem soll hier Abhilfe geschaffen werden. An kleineren bis kleinsten Projekten soll das Zusammenspiel von Steuerelementen und die Kommunikation unter ihnen über Ereignisse demonstriert werden. Die einzelnen Projekte eignen sich durchaus dazu, während des Lesens gleich aktiv an der Entwicklungsumgebung mitverfolgt zu werden.

28.1 Bei Buttonklick den eingegebenen Text anzeigen

In diesem Projekt namens ButtonClick soll ein kleines Formular mit einem Label, einer Textbox und einer Schaltfläche erstellt werden, zu sehen in Abbildung 28.1.

In die Textbox kann etwas eingegeben werden. Durch Drücken auf die Schaltfläche öffnet sich eine Messagebox mit dem in der Textbox eingegebenen Text.

Sollte kein Text eingegeben worden sein, dann steht in der Textbox »Kein Text eingegeben!«.

Abbildung 28.1 Der eingegebene Text erscheint in einer MessageBox

28.1.1 Entwurf im Designer

Das Formular ist mit dem Designer schnell erstellt. Die vom Designer vergebenen Namen lauten für die Textbox `textBox1` und für den Button `button1`.

28.1.2 Implementierung der Ereignis-Handler

Um auf Anklicken der Schaltfläche zu reagieren, statten wir sie über den Designer mit einem Handler für das Click-Ereignis aus.[1]

```
System::Void button1_Click(System::Object^  sender,
                           System::EventArgs^  e) {
  if(textBox1->Text=="")
    MessageBox::Show("Kein Text eingegeben!");
  else
    MessageBox::Show("Eingegebener Text: "+textBox1->Text);
}
```

Listing 28.1   Der Click-Handler für »ButtonClick«

Der in der Textbox eingegebene Text wird über die Eigenschaft Text ausgelesen.

28.2   Auf Mausbewegungen reagieren

In diesem Projekt namens MausReaktion soll auf die Bewegung der Maus reagiert werden.

Wenn sich die Maus außerhalb des Fensters befindet, lautet der Fenstertitel »So alleine...«, und das Label schreibt »Maus weg!« (Abbildung 28.2, linkes Fenster). Betritt die Maus aber den Fensterbereich, ändert sich der Fenstertitel und das Label zeigt die aktuellen Mauskoordinaten (Abbildung 28.2, rechtes Fenster).

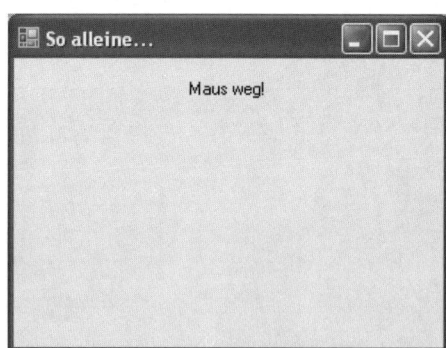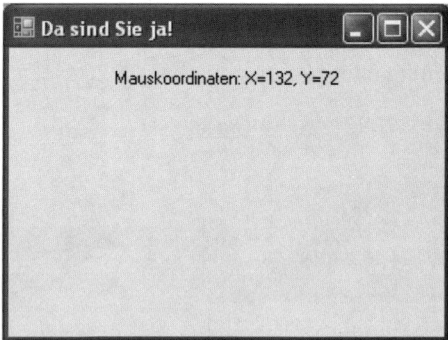

Abbildung 28.2   Fensterveränderung durch Mausbewegung

---

1   Wie Ereignis-Handler über den Designer erstellt werden, zeigt Abschnitt 25.8, »Ereignisse im Designer«.

28.2.1 Entwurf im Designer

Im Designer wird das Formular zunächst optisch so entworfen, wie es Abbildung 28.2, linkes Fenster zeigt.

Damit das Label später bei der Anzeige der Koordinaten seinen Text weiterhin mittig darstellt, wird `AutoSize` auf `false` gesetzt. Nun lässt sich die Breite des Labels anpassen. Im Beispiel sind der linke und rechte Rand bis zum Erscheinen der Abstandshilfslinien an den Fensterrand gezogen.

Der linke und rechte Rand des Labels soll sich bei einer Größenänderung des Fensters automatisch anpassen. Dazu wird `Anchor` auf `Left` und `Right` gesetzt. Die Abstände des linken Labelrandes zum linken Fensterrand, sowie der Abstand des rechten Labelrandes zum rechten Fensterrand sind damit fest. Der Wert `Top` bei `Anchor` kann erhalten bleiben, damit der Abstand des Labels zum oberen Fensterrand ebenfalls unveränderlich ist.

28.2.2 Implementierung der Ereignis-Handler

Zunächst ermitteln wir, auf welche Ereignisse wir reagieren müssen und an welches Element sie gebunden sind. Reagieren muss das Programm, wenn

▶ die Maus das Fenster betritt; betroffenes Steuerelement: das Fenster,

▶ die Maus das Fenster verlässt; betroffenes Steuerelement: das Fenster,

▶ die Maus sich im Fenster bewegt; betroffenes Steuerelement: das Fenster.

MouseEnter

Beginnen wir mit dem Betreten des Fensters. Das entsprechende Ereignis heißt `MouseEnter`. Über den Designer erzeugen wir einen Handler:

```
System::Void Form1_MouseEnter(System::Object^ sender,
                              System::EventArgs^ e) {
   this->Text="Da sind Sie ja!";
}
```
Listing 28.2 »MouseEnter« für das Formular

Der Handler muss nichts weiter machen als den Fenstertitel zu setzen.

MouseLeave

Die Reaktion auf das Verlassen des Fensters ist ähnlich einfach, nur dass zusätzlich noch der Text des Labels gesetzt werden muss. Denn wenn das `MouseLeave`-Ereignis ausgelöst wird, heißt das, die Maus befand sich davor auf dem Formular und im Label stehen noch Koordinaten:

```
System::Void Form1_MouseLeave(System::Object^ sender,
                              System::EventArgs^ e) {
  this->Text="So alleine...";
  label1->Text="Maus weg!";
}
```

Listing 28.3 »MouseLeave« für das Formular

MouseMove

Das Bewegen der Maus schließlich fängt das `MouseMove`-Ereignis ein:

```
System::Void Form1_MouseMove(System::Object^ sender,
            System::Windows::Forms::MouseEventArgs^ e) {
  label1->Text="Mauskoordinaten: X="+e->X+
               ", Y="+e->Y;
}
```

Listing 28.4 »MouseMove« für das Formular

Um die aktuellen Koordinaten der Maus zu ermitteln, werten wir das an den Handler übergebene `MouseEventArgs`-Objekt[2] aus.

Wenn Sie mit der Maus auf das Label fahren, reagiert das Programm interessanterweise so. als hätten Sie das Formular verlassen. Und das haben Sie technisch ja auch, denn Sie sind jetzt mit der Maus auf dem Label.

28.3 Die Listboxauswahl mit Zusatzinfos versehen

Hier im Projekt ListboxInfos soll, wie in Abbildung 28.3 dargestellt, eine Listbox die Auswahl einer Programmiersprache ermöglichen. Zu der ausgewählten Programmiersprache wird rechts daneben in einem Label ein entsprechender Informationstext präsentiert.

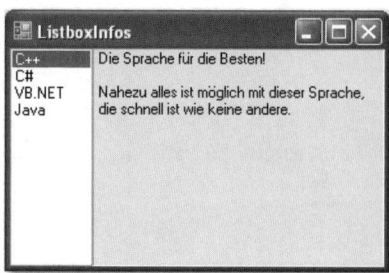

Abbildung 28.3 Infotexte über Listboxauswahl ändern

---

2 Die Elemente des `MouseEventArgs`-Objekts sind in Tabelle 25.10 aufgeführt.

28.3.1 Entwurf im Designer

Zuerst wird die Listbox in das Fenster gezogen und `Dock` auf `Left` gesetzt. Dadurch dockt die Listbox über die gesamte Fensterhöhe an den linken Fensterrand an.

Je nachdem, welche Höhe das Fenster hat, werden Sie feststellen, dass die Listbox nicht bündig mit dem unteren Rand abschließt. Das liegt an der Eigenschaft `IntegralHeight`, die für eine Höhe sorgt, in der nur ganze Zeilen Platz haben. Wird diese Eigenschaft auf `false` gesetzt, ist alles wie gewollt.

Dann wird das Label auf das Fenster gezogen, `AutoSize` auf `false` gesetzt und `Dock` auf `Fill`. Der Schönheit wegen setzen wir `BorderStyle` noch auf `Fixed3D`.

Um das Layout einigermaßen zu sichern, wird die aktuelle Fenstergröße als `MinimumSize` eingetragen. Das Vergrößern des Fensters hat wegen des Dockings keine negativen Auswirkungen.

28.3.2 Arbeiten im Konstruktor

Eine wichtige Frage ist natürlich noch zu klären: Wie kommen die Inhalte in die Steuerelemente?

Die simpelste aber unflexibelste Methode ist der Weg über den Designer. Dort könnten zumindest die Einträge für die Listbox generiert werden.

In der Praxis werden solche Informationen höchstwahrscheinlich aus einer Datei oder noch eher aus einer Datenbank kommen. Auch wenn dies hier eine primitive Anwendung wird, sollten wir an ihr erklären, wie die Steuerelemente dynamisch mit Inhalt gefüllt werden können.

Im Beispielfall, wo die Informationen als im Programm hinterlegter Text vorliegen, ist der beste Zeitpunkt für die Verarbeitung der Daten die Formularkonstruktion. In komplexeren Anwendungen könnten die Daten auch noch während der Laufzeit eintreffen oder sich verändern. Das Prinzip bleibt aber das Gleiche, nur dass die Verarbeitung dann nicht im Konstruktor, sondern in einer Methode oder einem Ereignis-Handler stattfände.

Werfen wir einen kurzen Blick auf den vom Designer erstellten Konstruktor:

```
Form1(void)
{
    InitializeComponent();
    //
    //TODO: Konstruktorcode hier hinzufügen.
    //
}
```

Listing 28.5 Der vom Designer erstellte Konstruktor

Die Methode `InitializeComponent` erstellt alle vom Designer verwalteten Elemente. Wir können also sicher sein, dass die Listbox und das Label bereits in der gewünschten Form existieren. Wir halten uns also an den dezent im Konstruktor platzierten Kommentar und schreiben unseren eigenen Code hinter `Initialize-Component`.

Aber wie nun die Inhalte in die Listbox manövrieren? Am einfachsten wäre es, über die `Items`-Eigenschaft der Listbox die `ObjectCollection` zu ermitteln und dort dann mit `Add` die Elemente hinzuzufügen:

```
listBox1->Items->Add("C++");
listBox1->Items->Add("C#");
listBox1->Items->Add("VB.NET");
listBox1->Items->Add("Java");
```

Listing 28.6 Die Elemente einfügen über Items

Nun sind die Daten in der Listbox abgelegt. Aber auch nur dort. Wegen der Datenkapselung und der Trennung der Verantwortlichkeiten wäre es besser, wenn wir eine eigene Datenstruktur für die Daten hätten, die dann zum Füllen der Listbox verwendet wird.

Wir erweitern dazu die Klasse `Form1` um zwei eigene Attribute. Diese werden ganz oben in der Klasse im `private`-Bereich platziert, um nur nicht mit den designergenerierten Attributen ins Gehege zu kommen:

```
System::Collections::ArrayList^ sprachen;
System::Collections::Generic::List<String^>^ texte;
```

Listing 28.7 Die Attribute zur Aufnahme der Auflistungen

Das Trackinghandle `sprachen` wird auf eine Auflistung verweisen, die die Sprachen für die Listbox beinhalten wird. Die Auflistung `texte` wird die Infotexte enthalten.

Wir hätten für die Sprachen ebenfalls eine generische Auflistung verwenden können, so haben wir aber zu Demonstrationszwecken etwas Abwechslung im Programm.

Im Konstruktor müssen die zu verwendenden Auflistungen erst erzeugt werden, denn `sprachen` und `texte` sind lediglich Verweise:

```
sprachen=gcnew System::Collections::ArrayList;
texte=gcnew System::Collections::Generic::List<String^>;
```

Als Nächstes werden die Sprachen gespeichert. Anschließend wird der Listbox die Auflistung `sprachen` als `DataSource` zugewiesen:

```
sprachen->Add("C++");
sprachen->Add("C#");
sprachen->Add("VB.NET");
sprachen->Add("Java");
listBox1->DataSource=sprachen;
```

Listing 28.8 Füllen der Auflistung und Zuweisung als »DataSource«

Dieser viermalige Aufruf würde später von einer Schleife ersetzt, die die Sprachen aus einer Datei oder Datenbank einliest und in die Datenstruktur speichert.

Weil die Listbox `sprachen` als `DataSource` hat, werden die Inhalte der Auflistung automatisch in der Listbox angezeigt. Jetzt müssen noch die Infotexte generiert werden. Um die Zuordnung später so einfach wie möglich zu halten, bekommen die Infotexte in der Auflistung die gleichen Indizes wie die dazugehörigen Sprachen in `sprachen`:[3]

```
texte->Add("Die Sprache für die Besten!\n\n... ");
texte->Add("Die Sprache des .NET\n\n... ");
texte->Add("Die Sprache für VB-Umsteiger\n\n...");
texte->Add("Die Sprache für Unabhängige\n\n... ");
```

Um die Startsituation zu vervollständigen,[4] wird noch das erste Element der Listbox selektiert und der Infotext in das Label geschrieben:

```
listBox1->SelectedIndex=0;
label1->Text=texte[0];
```

Die zweite Zuweisung funktioniert nur deshalb, weil `texte` eine generische Auflistung für `String` ist. Bei einer normalen Auflistung müsste der Typ `String` manuell mit einem Downcast wiederhergestellt werden, weil normale Auflistungen nur Objekte des Typs `Object` verwalten.

28.3.3 Implementierung des Ereignis-Handlers

Der Ereignis-Handler ist in diesem Beispiel das einfachste Stück Programm. Wir reagieren auf eine Änderung der Listboxauswahl und brauchen daher ein Ereignis der Listbox, nämlich `SelectedIndexChanged`:

---

3 Hier im abgedruckten Listing werden die Infotexte in verkürzter Form präsentiert.
4 Nach dem Start des Programms ist C++ ausgewählt und der entsprechende Infotext steht im Label.

```
System::Void
  listBox1_SelectedIndexChanged(System::Object^ sender,
                                System::EventArgs^ e) {
  label1->Text=texte[listBox1->SelectedIndex];
}
```

Da die Indizes der Sprachen zu denen der Infotexte identisch sind, braucht im Handler nur der Index des selektierten Listboxelements (SelectedIndex) ausgelesen und darüber der Infotext ermittelt werden, der dann der Text-Eigenschaft des Labels zugewiesen wird.

28.4 Ein primitiver Texteditor

Im jetzt anstehenden Projekt Texteditor wollen wir die schnittigen File-Dialoge des Systems einsetzen, von denen einer in Abbildung 28.4 zu sehen ist.

Dazu müssen wir allerdings zuerst einen Blick auf die drei damit zusammenhängenden Klassen werfen.

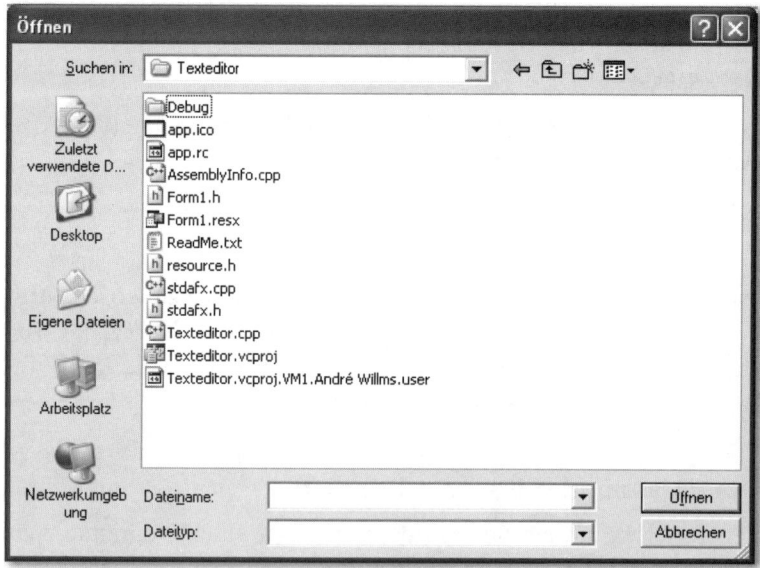

Abbildung 28.4 Ein Beispiel eines File-Dialogs

28.4.1 FileDialog

Die Basisklasse dieser File-Dialoge ist die Klasse `FileDialog`, deren wichtigste Elemente wir uns kurz anschauen. In der folgenden alphabetischen Auflistung werden Eigenschaften, Methoden und Ereignisse gemeinsam betrachtet.

AddExtension – automatisches Anhängen der Dateierweiterung?

Diese Eigenschaft liefert oder setzt, ob einem ohne Dateierweiterung[5] angegebenen Namen automatisch eine Dateierweiterung angehängt wird (`true`) oder nicht (`false`). Standard ist `true`.

CheckFileExists – auf Existenz der Datei prüfen?

Hiermit wird geliefert oder gesetzt, ob bei der Angabe einer nicht existierenden Datei eine Warnung ausgegeben wird (`true`) oder nicht (`false`). Standard ist `false`.

CheckPathExists – auf Existenz des Pfades prüfen?

Liefert oder setzt, ob bei der Angabe eines nicht existierenden Pfades eine Warnung ausgegeben wird (`true`) oder nicht (`false`). Standard ist `true`.

DefaultExt – Standard-Dateierweiterung

Diese Eigenschaft liefert oder setzt die Standard-Dateierweiterung für diesen Dialog. Die Dateierweiterung wird ohne Punkt angegeben.

DereferenceLinks – Verknüpfungen auflösen?

Liefert oder setzt, ob der Dialog bei der Auswahl einer Verknüpfung die Verknüpfungs-Datei (`false`) oder die Datei, auf die die Verknüpfung verweist (`true`), zurückliefert. Standard ist `true`.

FileName – kompletter Dateiname mit Pfad und Erweiterung

Diese Eigenschaft liefert oder setzt den im Dialog ausgewählten/dargestellten Dateinamen mitsamt Dateierweiterung und Dateipfad. Wurde im Dialog nichts ausgewählt, liefert `FileName` einen leeren `String`.

---

5 Dateierweiterungen sind die meist dreistelligen Kürzel am Ende des Dateinamens, die den Dateityp erahnen lassen, wie »txt«, »cpp« oder »doc«, aber auch »h« oder »resx«.

FileOk

```
delegate void CancelEventHandler(Object^ sender,
                                 CancelEventArgs^ e);
```

wird ausgelöst durch Anklicken der »Öffnen«- oder »Speichern«-Schaltfläche.

Über die Eigenschaft `Cancel` von `CancelEventArgs` kann dem Dialog mitgeteilt werden, ob der Dialog wirklich geschlossen werden soll (`false`) oder nicht (`true`). Standard ist `false`.

Ein sinnvoller Grund, den Dialog nicht zu schließen, wäre die aus Sicht des Programms falsche Datei- oder Namenwahl. Dem Anwender sollte aber auf jeden Fall mitgeteilt werden (z. B. über eine Messagebox), warum der Dialog nicht geschlossen wurde.

FileNames – alle Dateinamen mit Pfad und Erweiterung

Hierdurch werden bei einer Mehrfachauswahl alle ausgewählten Dateinamen mitsamt Dateierweiterung und Dateipfad geliefert oder gesetzt.

Filter –Dateifilter

Diese Eigenschaft liefert oder setzt den Dateifilter. Der Dateifilter ist die in Abbildung 28.5 dargestellte Möglichkeit, nur bestimmte Dateitypen angezeigt zu bekommen.

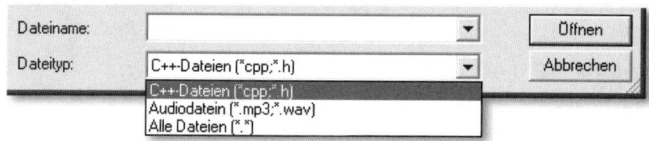

Abbildung 28.5   Beispiel eines Dateifilters

Jeder Eintrag im Dateifilter hat den Aufbau

```
Angezeigter Text|Filter
```

Der angezeigte Text ist der im Dialog sichtbare Text, der Filter ist der konkrete Dateifilter. Ein Beispiel:

```
Meine Codes|*.cpp;*.h
```

Der Dialog zeigt den Text »Meine Codes« an, verwendet aber den Dateifilter »*.cpp;*.h«. Es hat sich allerdings eingebürgert, dem Anwender über die Darstellung den verwendeten Filter in Klammern zu präsentieren:

```
Meine Codes (*.cpp;*.h )|*.cpp;*.h
```

Es ist nur wichtig zu beachten, dass die in Klammern stehenden Filter lediglich der Darstellung dienen und keinen programmtechnischen Effekt haben. Weitere Dateifilteroptionen können | angehängt werden:

```
Meine Codes (*.cpp;*.h )|*.cpp;*.h|Word (*.doc)|*.doc
```

Der Anwender hat dann im Dialog die Möglichkeit, »Meine Codes« oder Word-Dateien anzeigen zu lassen. Häufig ist es sinnvoll, den Filter für alle Dateien anzubieten:

```
Alle Dateien (*.*)|*.*
```

Er entspricht einer ungefilterten Ausgabe.

FilterIndex – welcher Filter wird verwendet?

Diese Eigenschaft liefert oder setzt den Index des verwendeten Filters. Wenn der Dialog mehrere Filter besitzt, kann hiermit einer ausgewählt oder ermittelt werden, welchen der Anwender verwendet hat. Achtung: Im Gegensatz zur sonst üblichen Vorgehensweise hat hier der erste Eintrag den Index 1!

InitialDirectory – Startverzeichnis

Liefert oder setzt das Startverzeichnis des Dialogs als `String`.

Reset – Zurücksetzen auf Standardwerte

```
void Reset();
```

setzt alle Eigenschaften des Dialogs auf seine Standardwerte zurück.

RestoreDirectory – altes Arbeitsverzeichnis wiederherstellen?

Diese Eigenschaft liefert oder setzt, ob das im Dialog geöffnete Verzeichnis zum Arbeitsverzeichnis der Anwendung (`false`) oder das ursprüngliche Arbeitsverzeichnis wiederhergestellt wird (`true`). Standard ist `false`.

ShowDialog – Dialog anzeigen

```
DialogResult ShowDialog();
```

zeigt den Dialog an und liefert das Ergebnis (sprich: Die gedrückte Schaltfläche) als `DialogResult`-Wert (Tabelle 25.17) zurück.

ShowHelp – Hilfeschaltfläche anzeigen?

Dies liefert oder setzt, ob im Dialog eine Hilfe-Schaltfläche angezeigt wird (`true`) odert nicht (`false`). Standard ist `false`.

Title – Dialogtitel

Hierdurch wird der Titel des Dialogs geliefert oder gesetzt.

ValidateNames – nur gültige Dateinamen?

Liefert oder setzt, ob der Dialog nur gültige Win32-Dateinamen zulässt (true) oder auch ungültige Namen (false). Standard ist true.

28.4.2 OpenFileDialog

Abgeleitet von FileDialog wird OpenFileDialog immer dann eingesetzt, wenn nach einer Datei zum Öffnen/Lesen gefragt wird.

MultiSelect – Mehrfachauswahl?

Diese Eigenschaft liefert oder setzt, ob mehrere Dateien ausgewählt werden können (true) oder nicht (false). Standard ist false.

OpenFile

```
Stream^ OpenFile();
```

öffnet die vom Anwender ausgewählte Datei schreibgeschützt. Der Aufruf dieser Methode macht nur dann Sinn, wenn der Dialog vom Anwender erfolgreich geschlossen wurde.

ReadOnlyChecked – Checkbox für Schreibschutz abgehakt?

Diese Methode liefert oder setzt, ob die Checkbox für das schreibgeschützte Öffnen (ShowReadOnly) abgehakt ist (true) oder nicht (false). Standard ist false.

ShowReadOnly – Checkbox für Schreibschutz?

Dies liefert oder setzt, ob im Dialog eine Checkbox erscheint, über die der Anwender angeben kann, ob die ausgewählte Datei schreibgeschützt geöffnet werden soll (true), oder ob diese Checkbox nicht gezeigt wird (false). Standard ist false.

28.4.3 SaveFileDialog

Die Klasse SaveFileDialog, ebenfalls abgeleitet von FileDialog, wird für die Auswahl einer Datei zum Speichern verwendet.

CreatePrompt – Nachfrage bei neuer Datei?

Diese Methode liefert oder setzt, ob bei Angabe einer neuen Datei der Anwender gefragt, wird, ob er wirklich eine neue Datei anlegen will (`true`) oder ob die Frage nicht gestellt wird (`false`). Standard ist `false`.

OpenFile

```
Stream^ OpenFile();
```

öffnet die vom Anwender ausgewählte Datei im Schreib-/Lese-Modus. Eine vorhandene Datei wird dadurch überschrieben. Der Aufruf dieser Methode macht nur dann Sinn, wenn der Dialog vom Anwender erfolgreich geschlossen wurde.

OverwritePrompt – Nachfrage bei Überschreiben?

Liefert oder setzt, ob bei Angabe einer vorhandenen Datei der Anwender gefragt, wird, ob er die Datei wirklich überschreiben will (`true`), oder ob die Frage nicht gestellt wird (`false`). Standard ist `true`.

28.4.4 Problembeschreibung

Kommen wir zum eigentlichen Projekt. Der Texteditor kann nichts anderes, als eine Textdatei einzulesen, dem Anwender die Möglichkeit zu geben, über eine RichTextBox Änderungen vorzunehmen und die Änderungen wieder abzuspeichern. Es kann auch gleich Text in die zu Beginn leere Box geschrieben und abgespeichert werden. Das Startbild des Editors soll sich wie in Abbildung 28.6 dargestellt präsentieren.

Abbildung 28.6 Der eigene Texteditor

In professionellen Anwendungen ist es üblich, Datenverluste zu vermeiden oder zumindest den Anwender darauf aufmerksam zu machen, dass seine geplante Aktion einen Datenverlust zur Folge hat, damit er die Aktion noch abbrechen kann.

Dies soll in unserem Texteditor ansatzweise implementiert werden; befindet sich ungesicherter Text in der Box und die Aktion »Fenster schließen« oder »Datei laden« wird ausgeführt, erscheint eine Warnmeldung, dass die geänderten Daten noch nicht gespeichert sind, und der Anwender wird gefragt, ob der Vorgang wirklich fortgesetzt werden soll. Wenn er auf »Nein« klickt, bricht die Aktion ab.

28.4.5 Entwurf im Designer

Die Buttons »Datei laden« (button1) und »Datei speichern« (button2) werden mit den Anchor-Werten Bottom und Right versehen, damit sie bei einer Größenänderung des Fensters in der unteren rechten Ecke bleiben.

Die RichTextBox wird über Anchor an allen vier Rändern festgeankert, denn sie soll sich in allen Richtungen der Fenstergröße anpassen.

Zusätzlich wird in der Box noch WordWrap ausgeschaltet und die Schriftart, wie bei einfachen Texteditoren üblich, über Font auf »Courier New« und die Größe 8 gesetzt.

Das Formular selbst besitzt nur eine Minimalgröße, um das Verschwinden der Schaltflächen bei zu kleiner Breite zu verhindern.

28.4.6 Implementierung der Ereignis-Handler

Um den Schutz vor Datenverlust implementieren zu können, wird ein Attribut benötigt, welches festhält, ob seit der letzten Datensicherung eine Änderung vorgenommen wurde. Dazu bietet sich die Modified-Eigenschaft aus TextBoxBase an. Der Wert von Modified ist zu Beginn false, wir brauchen daher im Konstruktor keine Initialisierung vorzunehmen.

Hilfsmethoden

Als erster Schritt wird eine Hilfsmethode SindDatenSicher implementiert, die true zurückliefert, wenn die Daten in der RichTextBox nicht gefährdet sind. Andernfalls liefert sie false zurück:

```
bool SindDatenSicher() {
  if(!richTextBox1->Modified)
    return(true);
  return(System::Windows::Forms::DialogResult::Yes==
        MessageBox::Show(
        "Die aktuellen Daten gehen verloren! Fortfahren?",
        "Achtung!",
        MessageBoxButtons::YesNo,
        MessageBoxIcon::Warning));
}
```

Listing 28.9 Die Methode »SindDatenSicher« des Texteditors

Als erste Amtshandlung prüft die Methode, ob geänderte Daten vorhanden sind. Wenn nicht, können auch keine gefährdet sein.

Sollten geänderte Daten vorliegen, dann wird eine `MessageBox` geöffnet, die den Anwender darüber informiert und ihn fragt, ob er fortfahren möchte. Wenn er auf »Ja« klickt, liefert die Methode `true` zurück (Die Daten sind sicher, weil sie offensichtlich wertlos für den Anwender sind), bei »Nein« ist ihr Rückgabewert `false` (Der Anwender will keinen Datenverlust).

FormClosing

Diese Methode wird beispielsweise vom `FormClosing`-Handler des Formulars verwendet, den wir implementieren:

```
System::Void Form1_FormClosing(System::Object^ sender,
        System::Windows::Forms::FormClosingEventArgs^ e) {
  e->Cancel=!SindDatenSicher();
}
```
Listing 28.10 Der FormClosing-Handler des Formulars

Wenn das Schließen des Formulars abgebrochen werden soll, muss der `Cancel`-Eigenschaft des an den Handler übergebenen `FormClosingEventArgs`-Objekts der Wert `true` zugewiesen werden. Aus diesem Grund wird `Cancel` der negierte Rückgabewert von `SindDatenSicher` zugewiesen; sind die Daten nicht sicher, muss das Schließen abgebrochen werden.

TextChanged der RichTextBox

Um überhaupt eine Änderung des RichTextBox-Inhalts zu registrieren, muss auf ihr `TextChanged`-Ereignis reagiert werden.

```
System::Void richTextBox1_TextChanged(
        System::Object^ sender,
        System::EventArgs^ e) {
  richTextBox1->Modified=true;
}
```
Listing 28.11 Der TextChanged-Handler der RichTextBox

Der Handler setzt das `Modified`-Ereignis auf `true`.

Click der »Datei laden«-Schaltfläche

Eine der beiden wichtigsten Funktionalitäten steckt im Click-Handler der »Datei laden«-Schaltfläche, denn dieser ermittelt die zu ladende Datei und lädt sie auch.

```
01:   System::Void button1_Click(System::Object^ sender,
                              System::EventArgs^ e) {
02:     if(!SindDatenSicher())
03:       return;
04:     OpenFileDialog^ dlg=gcnew OpenFileDialog();
05:     dlg->Filter="Textdateien (*.txt)|*.txt";
06:     if(System::Windows::Forms::DialogResult::OK==
           dlg->ShowDialog()) {
07:       try {
08:         IO::StreamReader^ rdr=gcnew IO::StreamReader(
                              dlg->OpenFile(),
                              System::Text::Encoding::UTF7);
09:         richTextBox1->Text=rdr->ReadToEnd();
10:         rdr->Close();
11:         richTextBox1->Modified=false;
12:       }
13:       catch(Exception^ ex) {
14:         MessageBox::Show(
                  "Datei konnte nicht gelesen werden");
15:       }
16:     }
17:   }
```

Listing 28.12 Der Click-Handler der »Datei laden«-Schaltfläche

▶ 02–03: Zuerst wird geprüft, ob die aktuellen Daten mit den zu ladenden überschrieben werden dürfen. Wenn nicht, bricht der Handler die Bearbeitung ab.

▶ 04: Ein neuer OpenFileDialog wird erzeugt.

▶ 05: Der Dateifilter begrenzt die einzulesenden Dateien auf Textdateien.

▶ 06: Ruft den OpenFileDialog auf und prüft, ob der Anwender eine Datei ausgewählt hat.

▶ 07: Beim Öffnen und Laden der Datei können Ausnahmen auftreten, die aufgefangen werden sollen.

▶ 08: Es wird ein neuer StreamReader[6] erzeugt. Als Datenstrom wird ihm der über die OpenFile Methode von OpenFileDialog Strom übergeben. Als Zeichencodierung wird UTF7 verwendet.

▶ 09: Wir nutzen die StreamReader-Methode ReadToEnd, die alle Zeichen von der aktuellen Stromposition (in diesem Fall der Dateianfang) bis zum Stromende als String zurückliefert, und weisen diesen der Text-Eigenschaft der RichTextBox zu. So gelangt die Textdatei in die Textbox.

---

6 Der StreamReader dient zum Lesen von Textdateien (Abschnitt 20.7.2).

▶ 10: Der Reader und der Strom werden geschlossen.

▶ 11: Da der Inhalt der RichTextBox gerade eingelesen wurde, existieren keine Änderungen; die `Modified`-Eigenschaft wird auf `false` gesetzt.

▶ 13–15: Sollte eine Ausnahme geworfen worden sein, informieren wir hier den Anwender über die Panne beim Einlesen der Datei.

Click der »Datei speichern«-Schaltfläche

Mit der ausführlichen Erklärung des vorigen Handlers dürfte dieser hier gut zu verstehen sein:

```
System::Void button2_Click(System::Object^ sender,
                           System::EventArgs^ e) {
  SaveFileDialog^ dlg=gcnew SaveFileDialog();
  dlg->Filter="Textdateien (*.txt)|*.txt";
  if(System::Windows::Forms::DialogResult::OK==
     dlg->ShowDialog()) {
    try {
      IO::StreamWriter^ wrt=gcnew IO::StreamWriter(
                      dlg->OpenFile(),
                      System::Text::Encoding::UTF7);
      wrt->Write(richTextBox1->Text);
      wrt->Close();
      richTextBox1->Modified=false;
    }
    catch(Exception^ ex) {
      MessageBox::Show(
             "Datei konnte nicht geschrieben werden");
    }
  }
}
```

Listing 28.13   Der Click-Handler der »Datei speichern«-Schaltfläche

28.5   Ein einfacher Bildbetrachter

Das hier vorgestellte Projekt Bildbetrachter soll es ermöglichen, auf einfache Weise Bilder zu betrachten (Abbildung 28.7).

Über eine Schaltfläche soll ein File-Dialog geöffnet werden, mit dessen Hilfe in einem Verzeichnis die zu betrachtenden Bilder ausgewählt werden können. Die ausgewählten Bilder werden dann in einer Listbox angezeigt. Das dort ausgewählte Bild erscheint in der rechts daneben positionierten Picturebox.

Abbildung 28.7 Der Bildbetrachter

28.5.1 Entwurf im Designer

Anstatt wie im vorigen Beispiel die File-Dialoge bei Bedarf immer wieder neu zu erzeugen, wollen wir für dieses Projekt einen einzigen File-Dialog erstellen, der immer wieder verwendet wird. Für dieses Vorgehen bietet sich der Designer an. Wird ein `OpenFileDialog` auf das Formular gezogen, erscheint unterhalb eine neue Leiste, in der der Dialog abgelegt ist (Abbildung 28.8).

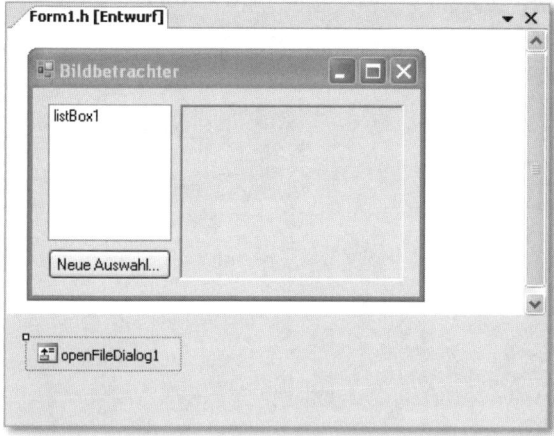

Abbildung 28.8 Der OpenFileDialog im Designer

In dieser Leiste unterhalb des zu entwerfenden Formulars werden alle Elemente abgelegt, die im Formular keine direkte visuelle Entsprechung haben.

Wenn Sie dort auf den Dialog klicken, können Sie rechts im Eigenschaftenfenster seine Eigenschaften editieren.

Als wichtige Änderung gilt in unserem Beispiel das Setzen der `Filter`-Eigenschaft auf:

```
Bilddateien (*.tif;*.jpg;*.jpeg;*.gif;*.png)|
*.tif;*.jpg;*.jpeg;*.gif;*.png
```

Die beiden Zeilen stehen natürlich zusammen in einer Zeile, was sich hier aber nicht darstellen lässt.

Zusätzlich ist `Multiselect` auf `true` gesetzt, um mehrere Bilder auswählen zu können.

Die Listbox hat `Anchor` auf `Top`, `Left` und `Bottom` sowie `IntegralHeight` auf `false` und `HorizontalScrollbar` auf `true` gesetzt.

Die Picturebox hat über `Anchor` alle vier Ränder verankert, um sich der Fenstergröße anzupassen. Zur optischen Abgrenzung ist ihr `BorderStyle` auf `Fixed3D` gesetzt. Um das dargestellte Bild komplett, aber unverzerrt sehen zu können, steht `SizeMode` auf `Zoom`.

28.5.2 Implementierung der Ereignis-Handler

Die erste Handlung des Anwenders bei der Bedienung des Bildbetrachters ist das Anklicken der Schaltfläche, um die zu betrachtenden Bilder auszuwählen.

Click der Schaltfläche

Werfen wir daher zuerst einen Blick auf den Click-Handler der Schaltfläche.

```
01:  System::Void button1_Click(System::Object^ sender,
                            System::EventArgs^ e) {
02:    if(System::Windows::Forms::DialogResult::OK==
    openFileDialog1->ShowDialog()) {
03:      pictureBox1->Image=nullptr;
04:      listBox1->BeginUpdate();
05:      listBox1->Items->Clear();
06:      for each (String^ s in openFileDialog1->FileNames){
07:        String^ name=s->Substring(s->LastIndexOf("\\")+
                                1);
08:        listBox1->Items->Add(name);
09:      }
10:      listBox1->EndUpdate();
11:    }
12:  }
```

Listing 28.14 Der Click-Handler der Schaltfläche

▶ 02: Der über den Designer erzeugte Dialog wird geöffnet und geprüft, ob er mit OK beendet wurde. Für diesen Fall ist eine neue Auswahl verfügbar, die in die Listbox übertragen werden muss.

▶ 03: Das aktuell in der Picturebox dargestellte Bild wird gelöscht, damit später kein Bild zu sehen ist, das vielleicht nicht zur aktuellen Auswahl gehört.

▶ 04: Über Update wird das Neuzeichnen der Listbox deaktiviert. Eine sinnvolle Maßnahme, da sie mit komplett neuem Inhalt gefüllt wird.

▶ 05: Der aktuelle Inhalt der Listbox wird gelöscht.

▶ 06: Alle im File-Dialog ausgewählten Dateinamen werden mit der for each-Schleife durchlaufen.

▶ 07: Die Dateinamen aus dem File-Dialog bestehen aus dem kompletten Pfad. In der Listbox soll aber nur der reine Dateiname stehen, daher wird er extrahiert. Der Dateiname steht hinter dem letzten »\«.

▶ 08: Der Dateiname wird der Listbox hinzugefügt.

▶ 10: Der Update-Vorgang wird beendet.

Die Indizes der Dateinamen in der Listbox entsprechen jetzt den Indizes der kompletten Pfade im File-Dialog. Der über den Designer angelegte File-Dialog ist in der gesamten Klasse verfügbar, daher lässt sich auch später noch auf die Pfade zugreifen, ohne sie in einer zusätzlichen Datenstruktur zwischenspeichern zu müssen.

SelectedIndexChanged der Listbox

```
System::Void listBox1_SelectedIndexChanged(
                        System::Object^  sender,
                        System::EventArgs^  e) {
  if(listBox1->SelectedIndex!=-1) {
    pictureBox1->ImageLocation=
      openFileDialog1->FileNames[listBox1->SelectedIndex];
  }
}
```
Listing 28.15 Der SelectedIndexChanged-Handler der Listbox

Im Handler wird zuerst geprüft, ob ein Element ausgewählt ist. Nur weil sich das ausgewählte Element geändert hat, muss nicht zwangsläufig auch ein Element ausgewählt sein.

Anschließend wird der komplette Pfad des selektierten Bildes aus dem File-Dialog ausgelesen und der ImageLocation-Eigenschaft der Picturebox zugewiesen, die daraufhin das Bild lädt und einliest.

Der Narr scheitert, weil er schwierige Dinge für leicht hält. Der kluge
Mann scheitert, weil er leichte Dinge für schwierig hält.
– John Churton Collins

29 Komplexere Steuerelemente

Dieses Kapitel stellt die etwas komplexeren Steuerelemente vor. Über weitere
Gruppierungselemente führt uns der Weg zu den ListViews und Treeviews.

29.1 Panel – Basis komplexerer Gruppierungen

Ein `Panel`-Objekt ist vergleichbar mit einer Groupbox, nur dass ein Panel mit
Bildlaufleisten ausgestattet ist und sein Inhalt damit größer sein kann, als der dar-
gestellte Bereich. Abbildung 29.1 zeigt ein Panel, das einen Button und eine leere
Listbox enthält, die weiter auseinanderliegen, als das Panel an darstellbarem
Raum bietet. Daher die Bildlaufleiste. Die Elemente sind frei im Panel platzierbar.

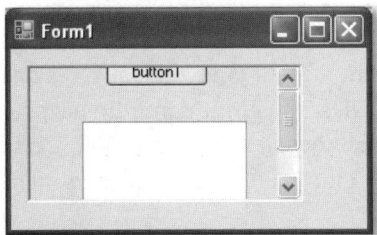

Abbildung 29.1   Ein Beispiel eines Panels

29.1.1 Eigenschaften
Die wenigen Eigenschaften sind schnell vorgestellt.

BorderStyle – Darstellung des Rahmens
Diese Eigenschaft liefert oder setzt die Art des Rahmens über einen Wert der
`BorderStyle`-Aufzählung. Die Werte sind in Tabelle 27.1 zu sehen. Standard ist
`None`.

TabStop – mit Tab erreichbar?

Diese Eigenschaft liefert oder setzt, ob das Panel über die Taste ⇥ den Fokus bekommen kann (true) oder nicht (false). Standard ist false.

29.2 FlowLayoutPanel – Gruppierung wie Fließtext

Die Klasse FlowLayoutPanel, von Panel abgeleitet, ist ebenfalls ein Gruppierungselement, nur sind die Elemente nicht frei positionierbar, sondern werden vom Steuerelement nach gewissen Regeln angeordnet (Abbildung 29.2).

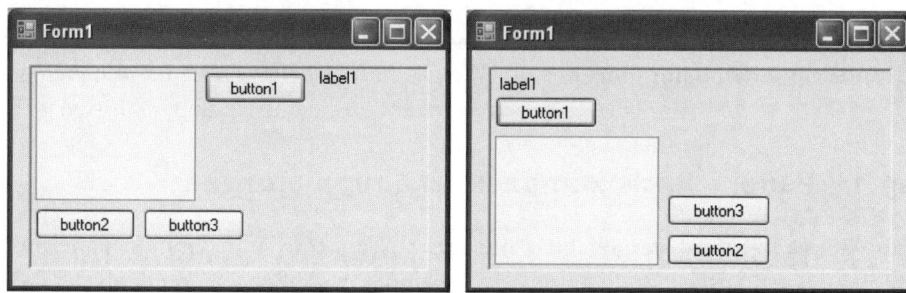

Abbildung 29.2 Zwei Beispiele für »FlowLayoutPanel«

Im Falle des FlowLayoutPanel werden die Elemente wie Fließtext aneinandergereiht. In Abbildung 29.2 wurden die Elemente in der Reihenfolge textBox1, button1, label1, button2 und button3 in das Panel eingefügt. Linkes Bild zeigt die Anordnung von links nach rechts. Die Elemente füllen eine Zeile aus, bis das erste Element (button2) keinen Platz mehr hat. Dieses beginnt dann die nächste Zeile. Die Höhe einer Zeile wird dabei vom höchsten Element der Zeile bestimmt. Im linken Fenster würde daher auch eine weitere Schaltfläche nicht höher platziert als button2 und button3.

Das rechte Fenster verwendet einen Fluss von unten nach oben. Hier wird die Spaltenbreite vom breitesten Element der Spalte vorgegeben.

29.2.1 Eigenschaften

FlowDirection – Flussrichtung

Diese Eigenschaft liefert oder setzt die Art des Elementflusses im Panel über einen Wert der FlowDirection-Aufzählung (Tabelle 2.1). Standard ist LeftTo-Right.

Konstante	Fluss
BottomUp	innerhalb einer Spalte unten nach oben, spaltenweise von links nach rechts
LeftToRight	innerhalb einer Zeile von links nach rechts, zeilenweise von oben nach unten
RightToLeft	innerhalb einer Zeile von rechts nach links, zeilenweise von oben nach unten
TopDown	innerhalb einer Spalte oben nach unten, spaltenweise von links nach rechts

Tabelle 29.1 Die Elemente von FlowDirection

WrapContents – Inhalt umbrechen?

Diese Eigenschaft liefert oder setzt, ob Elemente, die keinen Platz mehr haben, in die nächste Zeile/Spalte verschoben (true) oder ob sie optisch abgeschnitten werden (false). Standard ist true.

29.3 TableLayoutPanel – Gruppierung zu Tabellenform

Die ebenfalls von Panel abgeleitete Klasse TableLayoutPanel ordnet die zu gruppierenden Elemente in einer Tabellenform an. Abbildung 29.3 zeigt ein Beispiel mit explizitem BorderStyle. Die Standarddarstellung der Panels ist rahmenlos.

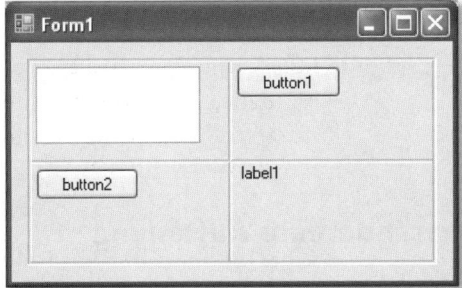

Abbildung 29.3 Ein Beispiel für ein »TableLayoutPanel«

29.3.1 Eigenschaften

CellBorderStyle – Rahmen der Tabellenzellen

Liefert oder setzt über einen Wert der TableLayoutPanelCellBorderStyle-Aufzählung (Tabelle 29.2) die Art der Zellenrahmen.

Konstante	Zellrahmenart
Inset	ein eingelassener Rahmen mit einfacher Linie
InsetDouble	ein eingelassener Rahmen mit doppelter Linie
None	kein Rahmen
Outset	ein hervortretender Rahmen mit einfacher Linie
OutsetDouble	ein hervortretender Rahmen mit doppelter Linie
OutsetPartial	optisch kein Unterschied zu OutsetDouble
Single	ein Rahmen mit einfacher Linie

Tabelle 29.2 Die Elemente von »TableLayoutPanelCellBorderStyle«

ColumnCount – Spaltenanzahl

Diese Eigenschaft liefert oder setzt die Anzahl der Spalten.

GrowStyle – Art der automatischen Vergrößerung

Liefert oder setzt über einen TableLayoutPanelGrowStyle-Wert (Tabelle 29.3), wie sich ein volles Panel beim Hinzufügen eines weiteren Elements verhält.

Konstante	Element hinzufügen bei vollem Panel, dann
AddColumns	zusätzliche Spalte
AddRows	zusätzliche Zeile
FixedSize	Feste Größe; eine Ausnahme wird geworfen.

Tabelle 29.3 Die Elemente von »TableLayoutPanelGrowStyle«

RowCount – Zeilenanzahl

Liefert oder setzt die Anzahl der Zeilen.

29.4 SplitContainer – größenveränderbare Aufteilung

Ein SplitContainer unterteilt ein Containerelement (Formular, Panel etc.) in zwei horizontale oder vertikale Bereiche (Panels), deren Trennlinie vom Anwender verschoben werden kann, wie beispielsweise die Trenner zwischen den einzelnen Fenstern in Visual C++ 2008. Abbildung 29.4 zeigt ein einfaches Beispiel einer vertikalen Aufteilung.

Die beiden Bereiche des SplitContainers sind Objekte des Typs SplitterPanel.

Abbildung 29.4 Ein SplitContainer

29.4.1 Eigenschaften

Wenn bei den Eigenschaften von Panel1 und Panel2 die Rede ist, dann steht Panel1 je nach Aufteilung für das linke oder obere Panel, und Panel2 für das rechte oder untere Panel.

BorderStyle – Darstellung des Rahmens

Diese Eigenschaft liefert oder setzt die Art des Rahmens über einen Wert der BorderStyle-Aufzählung. Die Werte sind in Tabelle 27.1 zu sehen. Standard ist Fixed3D.

FixedPanel – welche Panels sind größenveränderlich?

Liefert oder setzt über einen Wert der FixedPanel-Aufzählung (Tabelle 29.4), auf welche Panels sich eine Größenveränderung des SplitContainers nicht auswirkt, also fixiert sind. Standard ist None.

Konstante	Beschreibung
None	Kein Panel ist fixiert.
Panel1	Nur Panel1 ist fixiert.
Panel2	Nur Panel2 ist fixiert.

Tabelle 29.4 Die Elemente der FixedPanel-Aufzählung

IsSplitterFixed – ist die Trennleiste beweglich?

Diese Eigenschaft liefert oder setzt, ob der Trenner der beiden Bereiche beweglich ist (false) oder nicht (true). Standard ist false.

Orientation – horizonale oder vertikale Trennung?

Liefert oder setzt über einen Wert der `Orientation`-Aufzählung (Tabelle 29.5), ob die Bereiche horizontal oder vertikal getrennt werden.

Konstante	Ausrichtung
Horizontal	Horizontale Ausrichtung.
Vertical	Vertikale Ausrichtung.

Tabelle 29.5 Die Elemente der Orientation-Aufzählung

Panel1, Panel2 – die beiden Splitterbereiche

Hierdurch wird das entsprechende Panel als `SplitterPanel`-Objekt geliefert.

Panel1Collapsed, Panel2Collapsed – weggeklappter Bereich?

Diese Eigenschaft liefert oder setzt, ob das entsprechende Panel weggeklappt ist (`true`) oder nicht (`false`). Standard ist `false`. Ein weggeklapptes Panel ist vollkommen unsichtbar, auch die Trennleiste verschwindet, da durch das Wegklappen eines Panels nur noch ein Panel sichtbar ist. Demzufolge können niemals zwei Panels gleichzeitig weggeklappt sein.

Panel1MinSize, Panel2MinSize – minimale Größe der Bereiche

Diese Eigenschaft liefert oder setzt die minimale Größe des entsprechenden Panels in Pixel. Kleiner kann das Panel über das Verschieben der Trennleiste nicht gemacht werden. Standard ist 25.

SplitterDistance – Abstand der Trennleiste

Liefert oder setzt den Abstand der Trennleiste zum linken oder oberen Rand in Pixel. Standard ist 40.

SplitterIncrement – Schrittgröße der Trennleistenbewegung

Diese Eigenschaft liefert oder setzt in Pixel, in welchen Schritten sich die Trennleiste vom Anwender bewegen lässt. Standard ist 1.

SplitterWidth – Breite der Trennleiste

Hierdurch wird die Breite der Trennleiste in Pixel geliefert oder gesetzt. Standard ist 4.

29.4.2 Ereignisse

SplitterMoved – Trennleiste wurde bewegt

```
delegate void SplitterEventHandler(Object^ sender,
                                   SplitterEventArgs^ e);
```

wird ausgelöst nach Abschließen einer Trennleistenbewegung. Die Eigenschaften des übergebenen SplitterEventArgs-Objekts sind in Tabelle 29.6 aufgeführt.

Eigenschaft	Beschreibung
SplitX	Liefert oder setzt die x-Koordinate der Trennleiste bezogen auf den Clientbereich des Splitcontainers.
SplitY	Liefert oder setzt die y-Koordinate der Trennleiste bezogen auf den Clientbereich des Splitcontainers.
X	Liefert die x-Koordinate des Mauszeigers bezogen auf den Clientbereich des Splitcontainers.
Y	Liefert die y-Koordinate des Mauszeigers bezogen auf den Clientbereich des Splitcontainers.

Tabelle 29.6 Die Eigenschaften der SplitterEventArgs-Klasse

SplitterMoving – Trennleiste ist in Bewegung

```
delegate void SplitterCancelEventHandler(Object^ sender,
                                         SplitterCancelEventArgs^ e);
```

wird durch Bewegen der Trennleiste ausgelöst. Die Eigenschaften des übergebenen SplitterCancelEventArgs-Objekts sind in Tabelle 29.7 aufgeführt.

Eigenschaft	Beschreibung
Cancel	Liefert oder setzt, ob das Ereignis abgebrochen werden soll (true) oder nicht (false). Standard ist false.
MouseCursorX	Liefert die x-Koordinate des Mauszeigers bezogen auf den Clientbereich des Splitcontainers.
MouseCursorY	Liefert die y-Koordinate des Mauszeigers bezogen auf den Clientbereich des Splitcontainers.
SplitX	Liefert oder setzt die x-Koordinate der Trennleiste bezogen auf den Clientbereich des Splitcontainers.
SplitY	Liefert oder setzt die y-Koordinate der Trennleiste bezogen auf den Clientbereich des Splitcontainers.

Tabelle 29.7 Die Eigenschaften der SplitterCancelEventArgs-Klasse

29.5 TabControl – Gruppierung über Registerkarten

Die Klasse `TabControl` bietet die Möglichkeit, verschiedene Registerkarten zu beinhalten, die sich wie Panels verhalten. Die einzelnen Registerkarten sind Objekte der Klasse `TabPage`. Abbildung 29.5 zeigt ein Beispiel.

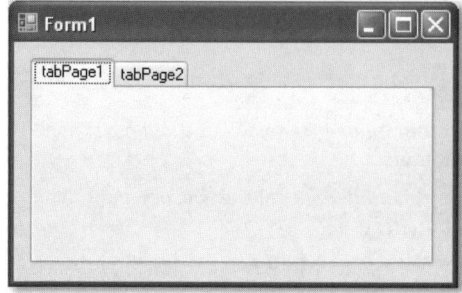

Abbildung 29.5   Ein TabControl mit zwei Registerkarten

29.5.1 Eigenschaften

Appearance – Darstellung der Registerkarten

Liefert oder setzt über einen Wert der `TabAppearance`-Aufzählung (Tabelle 29.8), wie die Registerkarten dargestellt werden. Standard ist `Normal`.

Konstante	Darstellung
Buttons	dreidimensionale Schaltflächen
FlatButtons	flache Schaltflächen
Normal	Standarddarstellung

Tabelle 29.8   Die Elemente der TabAppearance-Aufzählung

ImageList

Dieses Steuerelement erlaubt die Auswahl eines Bildes aus einer Bilderliste. Näheres erfahren Sie in Abschnitt 26.11. Die dazugehörige `ImageIndex`-Eigenschaft ist in den Registerkarten untergebracht.

Multiline – mehrzeilige Register

Die Eigenschaft liefert oder setzt, ob die Registerleiste einzeilig (`false`) oder mehrzeilig (`true`) ist. Standard ist `false`. Passen bei einer einzeiligen Darstellung nicht mehr alle Registerkarten in die Leiste, dann kann die Ansicht der Leiste durch Pfeile verschoben werden.

RowCount – Größe der Registerleiste

Die Eigenschaft liefert die Anzahl der Zeilen in der Registerleiste als `int`.

SelectedIndex – Index der ausgewählten Registerkarte

Liefert oder setzt den Index der ausgewählten Registerkarte. Ist keine Registerkarte ausgewählt, liefert die Eigenschaft den Wert –1.

SelectedTab – ausgewählte Registerkarte

Liefert oder setzt als `TabPage`-Objekt die ausgewählte Registerkarte. Bei `nullptr` ist keine Registerkarte ausgewählt.

ShowToolTips – sollen Tooltipps eingeblendet werden?

Diese Eigenschaft liefert oder setzt, ob für die einzelnen Registerkarten Tooltipps eingeblendet werden (`true`) oder nicht (`false`). Standard ist `false`. Die Tooltipps werden über die `ToolTipText`-Eigenschaft der Registerkarten gesetzt.

TabCount – Anzahl der Registerkarten

Dadurch wird die Anzahl der Registerkarten als `int` geliefert.

TabPages – Auflistung aller Registerkarten

Hiermit wird eine Auflistung aller Registerkarten dieses Tabcontrols als `TabPageCollection` geliefert.

29.5.2 Ereignisse

Deselected – Registerkarte wurde deselektiert

```
delegate void TabControlEventHandler(Object^ sender,
                                     TabControlEventArgs^ e);
```

wird ausgelöst durch das Deselektieren einer Registerkarte. Die Eigenschaften des übergebenen `TabControlEventArgs`-Objekts sind in Tabelle 29.9 zu sehen.

Eigenschaft	Beschreibung
`Action`	Liefert das eingetretene Ereignis als `TabControlAction` (Tabelle 29.10).
`TabPage`	Liefert die betreffende Registerkarte als `TabPage`-Objekt.
`TabPageIndex`	Liefert den Index der betreffenden Registerkarte.

Tabelle 29.9 Die Eigenschaften von »TabControlEventArgs«

Konstante	Eingetretenes Ereignis
Deselected	Deselected-**Ereignis**
Deselecting	Deselecting-**Ereignis**
Selected	Selected-**Ereignis**
Selecting	Selecting-**Ereignis**

Tabelle 29.10   Die Elemente der TabControlAction-Aufzählung

Deselecting – Registerkarte wird deselektiert

```
delegate void TabControlCancelEventHandler(Object^ sender,
                              TabControlCancelEventArgs^ e);
```

wird ausgelöst, wenn eine Registerkarte deselektiert werden soll.

Das `TabControlCancelEventArgs`-Objekt besitzt zusätzlich zu den Eigenschaften von `TabControlEventArgs` (Tabelle 29.9) die Eigenschaft `Cancel`, mit der bestimmt werden kann, ob das Ereignis fortgeführt (`false`) oder abgebrochen wird (`true`). Der Standard ist `false`.

Selected – Registerkarte wurde selektiert

```
delegate void TabControlEventHandler(Object^ sender,
                              TabControlEventArgs^ e);
```

wird ausgelöst durch das Selektieren einer Registerkarte. Die Eigenschaften des übergebenen `TabControlEventArgs`-Objekts sind in Tabelle 29.9 zu sehen.

Selecting – Registerkarte wird selektiert

```
delegate void TabControlCancelEventHandler(Object^ sender,
                              TabControlCancelEventArgs^ e);
```

wird ausgelöst, wenn eine Registerkarte selektiert werden soll.

Das `TabControlCancelEventArgs`-Objekt besitzt zusätzlich zu den Eigenschaften von `TabControlEventArgs` (Tabelle 29.9) die Eigenschaft `Cancel`, mit der bestimmt werden kann, ob das Ereignis fortgeführt (`false`) oder abgebrochen wird (`true`). Der Standard ist `false`.

29.5.3   TabPage – Registerkarte

Die Registerkarten des `TabControl`-Steuerelements sind Objekte der Klasse `TabPage`. Sie sind von Panels (Abschnitt 29.1) abgeleitet und besitzen folgende, für uns interessante Attribute:

ImageIndex – welches Bild?

Diese Eigenschaft liefert oder setzt, welches Bild aus der Bilderliste des zugehörigen Tabcontrols angezeigt werden soll. Bei einem Index von –1 wird kein Bild dargestellt.

ToolTipText – anzuzeigender Tooltipp

Dies liefert oder setzt den für diese Registerkarte anzuzeigenden Tooltipptext als `String`. Damit die Tooltipps angezeigt werden, muss `ShowToolTips` von `TabControl` den Wert `true` haben.

29.6   ListView – zweidimensionale Listen

Die mit der Klasse `ListView` erstellten Steuerelemente kennt jeder, der bereits mit dem Windows-Explorer gearbeitet hat. Die rechte Hälfte, die den Inhalt des Verzeichnisses anzeigt, ist eine dem `ListView`-Element sehr ähnliche Darstellung. Genau wie im Explorer können die Daten in unterschiedlichen Sichten präsentiert werden.

Abbildung 29.6 zeigt einen nicht ganz ernst zu nehmenden Inhalt mit den fünf Darstellungsformen, die `ListView` bietet.

Die Besonderheit gegenüber den bisherigen Steuerelementen ist die Möglichkeit, einem Eintrag mehrere Elemente zuordnen zu können. Beispielsweise besteht in Abbildung 29.6 jeder Eintrag aus den Punkten »Sprache« und »Aussprache«, wie in der Darstellungsform »Details« schön zu sehen ist, denn dort sind die Spaltenüberschriften angezeigt.

Wie gut zu erkennen ist, lassen sich die Einträge der ListView in Gruppen aufteilen. Wird im Detailmodus die Darstellung der Gruppen ausgeschaltet, dann können Gitterlinien eingeschaltet werden, die gewissermaßen eine sechste Darstellungsart eröffnen, wie das untere rechte Fenster in Abbildung 29.6 zeigt.

Die ListView benötigt einige zusätzliche Klassen, die in den nächsten Abschnitten erklärt werden.

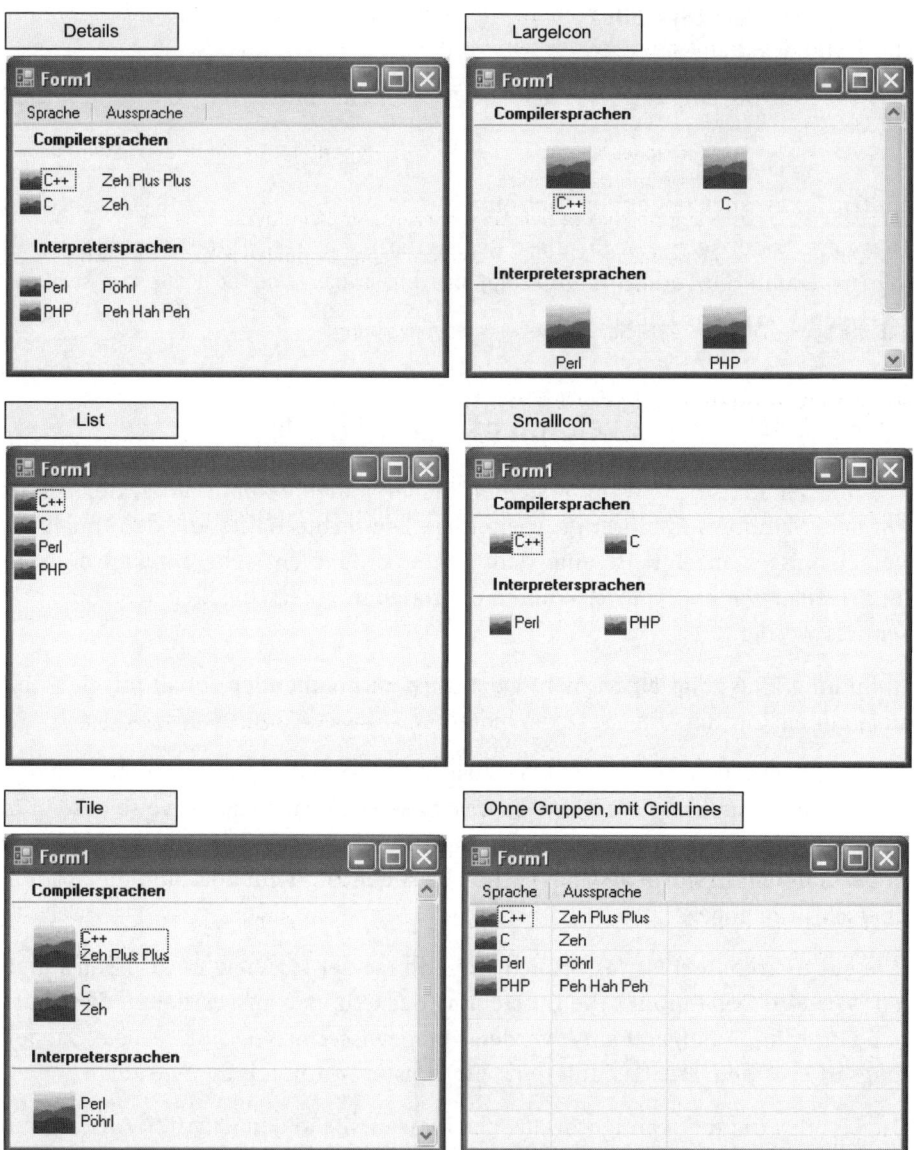

Abbildung 29.6 Die Darstellungsformen der ListView

29.6.1 Eigenschaften

Activation – Art der Elementaktivierung

Diese Eigenschaft liefert oder setzt über einen Wert der ItemActivation-Aufzählung (Tabelle 29.11), wie ein Listenelement aktiviert wird. Standard ist Standard. Dabei darf das Aktivieren (wie das Starten eines Programms oder Öffnen einer

Datei im Windows-Explorer) nicht mit dem Auswählen (optisches Markieren in der Liste) des Elements verwechselt werden.

Konstante	Aktivierungsart
OneClick	Einfaches Klicken (wie bei einem Hyperlink). Der Mauszeiger wird dabei als Hand dargestellt.
Standard	Doppelklicken (wie üblicherweise im Windows-Explorer)
TwoClick	Zweifacher Klick. Im Gegensatz zum Doppelklick kann ein größerer Zeitraum zwischen den Klicks liegen.

Tabelle 29.11 Die Elemente der ItemActivation-Aufzählung

Alignment – Ausrichtung der Elemente

Diese Eigenschaft liefert oder setzt über einen Wert der ListViewAlignment-Aufzählung (Tabelle 29.12), wie die Elemente in der Liste ausgerichtet werden. Gilt nur für die SmallIcon- und LargeIcon-Darstellung. Standard ist Top.

Konstante	Ausrichtung
Default	Die vom Benutzer durch Verschiebung zugewiesene Position wird beibehalten.
Left	Ausrichtung am linken Rand der Liste
SnapToGrid	Verschobene Elemente rasten in einem unsichtbaren Raster ein.
Top	Ausrichtung am oberen Rand der Liste

Tabelle 29.12 Die Elemente der ListViewAlignment-Aufzählung

AllowColumnReorder – Spalten verschieben möglich?

Diese Eigenschaft liefert oder setzt, ob die Spalten in der Detailansicht frei vom Anwender angeordnet werden dürfen (true) oder eine feste Reihenfolge besitzen (false). Standard ist false.

AutoArrange – Anordnung automatisch anpassen?

Liefert oder setzt, ob die Elementeanordnung zum Beispiel bei Größenveränderung des Steuerelements automatisch angepasst wird (true) oder nicht (false). Gilt nur für die SmallIcon- und LargeIcon-Darstellung. Standard ist true.

BorderStyle – Darstellung des Rahmens

Diese Eigenschaft liefert oder setzt die Art des Rahmens über einen Wert der BorderStyle-Aufzählung. Die Werte sind in Tabelle 27.1 zu sehen. Standard ist Fixed3D.

CheckBoxes – Listenelemente mit Checkboxen?

Diese Eigenschaft liefert oder setzt, ob vor jedem Listenelement eine abhakbare Checkbox dargestellt wird (`true`) oder nicht (`false`). Standard ist `false`.

CheckedIndices – Indizes der abgehakten Listenelemente

Hierdurch werden die Indizes der abgehakten Listenelemente in einer `Checked-IndexCollection` geliefert. Nur sinnvoll mit dargestellten Checkboxen.

CheckedItems – abgehakte Listenelemente

Diese Eigenschaft liefert die abgehakten Elemente der Liste als `CheckedListView-ItemCollection`. Nur sinnvoll mit dargestellten Checkboxen.

Columns – Spaltenüberschriften

Liefert die Spaltenüberschriften der Liste als `ColumnHeaderCollection`. Die einzelnen Spaltenüberschriften sind Objekte der Klasse `ColumnHeader`.[1] Die Spaltenüberschriften sind nur in der Detaildarstellung zu sehen.

FullRowSelect – ganze Zeile anklickbar?

Diese Eigenschaft liefert oder setzt, ob in der Detaildarstellung ein Element in seiner ganzen Zeile anklickbar ist (`true`) oder wie beim Windows-Explorer nur die erste Spalte (`false`). Standard ist `false`.

GridLines – Darstellung von Gitterlinien?

Liefert oder setzt, ob in der Detaildarstellung Gitterlinien gezeichnet werden, die Zeilen und Spalten optisch trennen (`true`) oder nicht `false`. Standard ist `false`. Die Gitterlinien werden nur bei abgeschalteter Gruppendarstellung angezeigt.

Groups – Gruppen

Liefert die Gruppen der Liste als `ListViewGroupCollection`. Die einzelnen Gruppen sind Objekte der Klasse `ListViewGroup`.[2]

HeaderStyle – Darstellung der Spaltenüberschriften

Diese Eigenschaft liefert oder setzt über einen Wert der `ColumnHeaderStyle`-Aufzählung (Tabelle 29.13), wie die Spaltenüberschriften in der Detailansicht dargestellt werden. Standard ist `Clickable`.

---

1 Die Klasse `ColumnHeader` ist in Abschnitt 29.6.4 erklärt.
2 Weitere Informationen zu `ListViewGroup` finden Sie in Abschnitt 29.6.5.

Konstante	Darstellung der Spaltenüberschriften
Clickable	Die Überschriften sind anklickbar wie Schaltflächen.
Nonclickable	Die Überschriften sind nicht anklickbar.
None	Die Überschriften werden nicht angezeigt.

Tabelle 29.13 Die Elemente der ColumnHeaderStyle-Aufzählung

HideSelection – bleibt Elementauswahl sichtbar?

Liefert oder setzt, ob die Elementauswahl in der Liste auch noch bei Verlust des Fokus sichtbar ist (false) oder nicht (true). Standard ist true.

HotTracking – Darstellung als Hyperlink?

Diese Eigenschaft liefert oder setzt, ob sich ein Listenelement optisch zu einem Hyperlink verwandelt, wenn der Mauszeiger darauf fährt (true) oder nicht (false). Standard ist false. Nur anwendbar, wenn Activation auf OneClick steht.

HoverSelection – automatische Auswahl?

Liefert oder setzt, ob ein Listenelement automatisch ausgewählt wird, wenn der Mauszeiger eine gewisse Zeit darauf verweilt (true) oder nicht (false). Standard ist false.

Items – Listenelemente

Hiermit werden die Elemente der Liste als ListViewItemCollection geliefert. Die einzelnen Elemente sind Objekte der Klasse ListViewItem.

LabelEdit – sind Listenelemente editierbar?

Diese Eigenschaft liefert oder setzt, ob der Haupteintrag eines Listenelements vom Anwender editierbar ist (true) oder nicht (false). Standard ist false.

LabelWrap – wird der Elementtext umgebrochen?

Liefert oder setzt, ob in der SmallIcon- oder LargeIcon-Darstellung zu langer Elementtext umgebrochen (true) oder abgeschnitten wird (false). Standard ist true.

LargeImageList, SmallImageList – Icons der Elemente

Diese Eigenschaft liefert oder setzt die Bilderlisten für die großen und für die kleinen Icons.

ListViewItemSorter – wie werden die Elemente sortiert?

Liefert oder setzt das für die Sortierung der ListView verwendete `IComparer`-Objekt.[3]

MultiSelect – Mehrfachauswahl möglich?

Liefert oder setzt, ob mehrere Elemente zur gleichen Zeit ausgewählt sein können (`true`) oder immer nur eins (`false`). Standard ist `true`.

Scrollable – sollen Bildlaufleisten verwendet werden?

Diese Eigenschaft liefert oder setzt, ob bei entsprechender Elementemenge eine Bildlaufleiste zum Einsatz kommt (`true`) oder nicht (`false`). Standard ist `true`.

SelectedIndices – Indizes der ausgewählten Listenelemente

Hierdurch werden die Indizes der ausgewählten Listenelemente in einer `SelectedIndexCollection` geliefert.

SelectedItems – ausgewählte Listenelemente

Hierdurch werden die ausgewählten Elemente der Liste als `SelectedListViewItemCollection` geliefert.

ShowGroups – Aufteilung in Gruppen?

Liefert oder setzt, ob die Elemente optisch in ihre Gruppen aufgeteilt werden (`true`) oder nicht (`false`). Standard ist `true`.

ShowItemToolTips – Tooltipps für Elemente anzeigen?

Diese Eigenschaft liefert oder setzt, ob die Tooltipps der Listenelemente angezeigt werden (`true`) oder nicht (`false`). Standard ist `true`.

Sorting – Sortierreihenfolge

Diese Eigenschaft liefert oder setzt als Wert der `SortOrder`-Aufzählung (Tabelle 29.14), wie die Elemente sortiert werden. Standard ist `None`.

Konstante	Sortierung
`Ascending`	aufsteigend
`Descending`	absteigend
`None`	keine Sortierung

Tabelle 29.14 Die Elemente der SortOrder-Aufzählung

---

3 Die `IComparer`-Schnittstelle wurde in Abschnitt 22.1, »IComparer«, vorgestellt.

StateImageList – Liste für besondere Zustände

Diese Eigenschaft liefert oder setzt die für Statusdarstellungen verwendete Bilderliste. Informationen über den Einsatz finden Sie in Abschnitt 29.6.6 .

TopItem – oberstes Element im sichtbaren Bereich

Liefert oder setzt das `ListViewItem`-Objekt, das an oberste Stelle im sichtbaren Bereich der ListView steht.

View – Darstellungsmodus

Liefert oder setzt den Darstellungsmodus als Wert der `View`-Aufzählung (Tabelle 29.15). Beispiele der Darstellungsformen sind in Abbildung 29.6 zu sehen. Standard ist `LargeIcon`.

Konstante	Darstellungsmodus
Details	zeilenweise Darstellung mit kleinem Symbol und Spalte für jedes `ListViewSubItem`
LargeIcon	Darstellung als großes Symbol mit Bezeichnung darunter
List	spaltenweise Darstellung der Bezeichnung mit kleinem Symbol
SmallIcon	Darstellung als kleines Symbol mit Bezeichnung daneben
Tile	Darstellung als großes Symbol mit allen Informationen daneben. Erst verfügbar ab Windows XP und Windows Server 2003

Tabelle 29.15 Die Elemente der View-Aufzählung

29.6.2 Methoden

Die wichtigsten Methoden im Überblick.

BeginUpdate, EndUpdate – für umfangreiche Änderungen.

```
void BeginUpdate();
void EndUpdate();
```

Bei umfangreichen Änderungen sollte vorher die optische Aktualisierung mit `BeginUpdate` ausgeschaltet und nach der Änderung mit `EndUpdate` wieder eingeschaltet werden.

Clear – Inhalte löschen

```
void Clear();
```

löscht alle Elemente und! Spalten. Sollen nur die Elemente gelöscht, die Spalten-struktur aber beibehalten werden, muss die `Clear`-Methode der über `Items` ermittelten `ListViewItemCollection` aufgerufen werden.

FindItemWithText – Suche nach Text in Elementen

```
ListViewItem^ FindItemWithText(String^ text);
```

```
ListViewItem^ FindItemWithText(String^ text,
                        bool auchunterelemente,
                        int startposition);
```

sucht nach dem ersten Element, das mit dem Text beginnt.

In der zweiten Fassung kann zusätzlich noch die Startposition angegeben und bestimmt werden, ob in den Unterelementen ebenfalls gesucht werden soll.

Sort – Elemente sortieren

```
void Sort();
```

sortiert die `ListView` anhand der bei `ListViewItemSorter` und `Sorting` angege-benen Objekte und Werte.

29.6.3 Ereignisse

Das Element stellt eine große Menge an Ereignissen bereit, von denen die am meisten gebrauchten hier aufgeführt werden.

AfterLabelEdit – nach der Änderung eines Elements

```
delegate void LabelEditEventHandler(Object^ sender,
                        LabelEditEventArgs^ e);
```

wird ausgelöst nach Beendigung der Änderungsarbeiten des Benutzers. Die Eigenschaften des übergebenen `LabelEditEventArgs`-Objekts sind in Tabelle 29.16 zu sehen.

Eigenschaft	Beschreibung
CancelEdit	Liefert oder setzt, ob die Änderung übernommen wird (`false`) oder nicht (`true`). Standard ist `false`.
Item	Liefert den Index des bearbeiteten `ListViewItem`-Objekts.
Label	Liefert die neue Bezeichnung des `ListViewItem`-Objekts.

Tabelle 29.16   Die Eigenschaften der LabelEditEventArgs-Klasse

BeforeLabelEdit – vor der Änderung eines Elements

```
delegate void LabelEditEventHandler(Object^ sender,
                              LabelEditEventArgs^ e);
```

wird ausgelöst, bevor der Anwender die Möglichkeit bekommt, die Bezeichnung zu ändern. Die Eigenschaften des übergebenen `LabelEditEventArgs`-Objekts sind in Tabelle 29.16 zu sehen.

ColumnClick – Überschrift wurde angeklickt

```
delegate void ColumnClickEventHandler(Object^ sender,
                              ColumnClickEventArgs^ e);
```

wird ausgelöst durch Anklicken einer Spaltenüberschrift. Die Eigenschaft `Column` des übergebenen `ColumnClickEventArgs`-Objekts liefert den Index der angeklickten Spaltenüberschrift.

ItemActivate – Elementaktivierung

```
delegate void EventHandler(Object^ sender, EventArgs^ e);
```

wird ausgelöst durch Aktivierung ein oder mehrerer Listenelemente. Da einer Aktivierung eine Selektierung vorausgehen muss, können die aktivierten Elemente über `SelectedIdices` oder `SelectedItems` ermittelt werden.

ItemCheck – Änderung des Zustands

```
delegate void ItemCheckEventHandler(Object^ sender,
                              ItemCheckEventArgs^ e);
```

wird ausgelöst durch die Änderung des Checkbox-Zustands eines Listenelements. Die Eigenschaften des übergebenen `ItemCheckEventArgs`-Objekts stehen in Tabelle 29.17.

Eigenschaft	Beschreibung
CurrentValue	Liefert den aktuellen Zustand der Checkbox als CheckState-Wert[4].
Index	Liefert den Index des zu ändernden ListViewItem-Objekts.
NewValue	Liefert oder setzt den neuen Zustand der Checkbox als CheckState-Wert.

Tabelle 29.17 Die Eigenschaften der ItemCheckEventArgs-Klasse

---

4 Die Werte der CheckState-Aufzählung stehen in Tabelle 27.7.

ItemChecked – nach Änderung des Zustands

```
delegate void ItemCheckedEventHandler(Object^ sender,
                                      ItemCheckedEventArgs^ e);
```

wird ausgelöst, nachdem sich der Zustand eines Listenelements geändert hat. Die Eigenschaft `Item` des übergebenen `ItemCheckedEventArgs`-Objekts liefert das `ListViewItem`-Objekt, dessen Zustand sich geändert hat.

SelectedIndexChanged – Auswahl hat sich geändert

```
delegate void EventHandler(Object^ sender, EventArgs^ e);
```

wird ausgelöst, wenn sich der Index des ausgewählten Elements ändert.

Es gibt noch ein `ItemSelectionChanged`-Ereignis, mit dem auf die Änderung des Auswahlzustands eines speziellen Elements reagiert werden kann.

29.6.4 ColumnHeader – Überschriften der Liste

Die `ColumnHeader`-Objekte stellen die Spaltenüberschriften der Liste dar und werden der `ColumnHeaderCollection` (zu ermitteln über `Columns` von `ListView`) hinzugefügt.

Konstruktoren

```
ColumnHeader();
```

```
ColumnHeader(int bildindex);
```

Der Bildindex bezieht sich auf die `SmallImageList` der `ListView`.

Eigenschaften

Eigenschaften	Beschreibung
DisplayIndex	Liefert den Index der Darstellungsposition. Nicht zu verwechseln mit dem Index in der `ColumnHeaderCollection`.
ImageIndex	Liefert oder setzt den Index des verwendeten Bildes aus der `Small-ImageList` der `ListView`.
Index	Liefert den Index innerhalb der `ColumnHeaderCollection`.
ListView	Liefert die `ListView`, zu der die Überschrift gehört.
Name	Liefert oder setzt den Namen der Überschrift. Nicht zu verwechseln mit dem dargestellten Text.
Tag	Liefert oder setzt ein `Object` mit Zusatzinformationen.
Text	Liefert oder setzt den dargestellten Text.

Tabelle 29.18 Die Eigenschaften der ColumnHeader-Klasse

Eigenschaften	Beschreibung
TextAlign	Liefert oder setzt die Textausrichtung als HorizontalAlignment-Wert (Tabelle 27.15).
Width	Liefert oder setzt die Breite der Spalte in Pixel.

Tabelle 29.18 Die Eigenschaften der ColumnHeader-Klasse (Forts.)

29.6.5 ListViewGroup – Gruppen der Liste

Ein Objekt der Klasse ListViewGroup beschreibt eine Gruppe der ListView, nach denen die Listenelemente gruppiert werden können.

Konstruktoren

```
ListViewGroup();
```

```
ListViewGroup(String^ gruppentext);
```

Der String gruppentext beschreibt den dargestellten Titel der Gruppe.

Eigenschaften

Eigenschaften	Beschreibung
Header	Liefert oder setzt den für die Gruppe dargestellten Text.
HeaderAlignment	Liefert oder setzt die Textausrichtung als HorizontalAlignment-Wert (Tabelle 27.15).
Items	Liefert alle zu dieser Gruppe gehörenden ListViewItem-Objekte als ListViewItemCollection.
ListView	Liefert die ListView, zu der diese Gruppe gehört.
Name	Liefert oder setzt den Namen der Gruppe.
Tag	Liefert oder setzt ein Object mit Zusatzinformationen.

Tabelle 29.19 Die Eigenschaften der ListViewGroup-Klasse

29.6.6 ListViewItem – Elemente der Liste

Objekte der Klasse ListViewItem fungieren als Elemente der Liste. Von den zahlreichen Konstruktoren ist hier ein kleiner Ausschnitt zu sehen:

```
ListViewItem();
```

```
ListViewItem(ListViewGroup^ gruppe);
```

```
ListViewItem(String^ text);
```

Die Gruppe, zu der das Element gehört, kann über gruppe bestimmt werden. Über text lässt sich die Bezeichnung des Elements angeben.

Eigenschaften

Eigenschaften	Beschreibung
BackColor	Liefert oder setzt die Hintergrundfarbe als Color-Objekt.[5]
Checked	Liefert oder setzt, ob die Checkbox des Listenelements abgehakt ist (true) oder nicht (false). Standard ist false.
Focused	Liefert oder setzt, ob das Listenelement den Fokus besitzt (true) oder nicht (false).
Font	Liefert oder setzt die verwendete Schriftart als Font-Objekt.[6]
ForeColor	Liefert oder setzt die Vordergrundfarbe als Color-Objekt.
Group	Liefert oder setzt die Gruppe, zu der dieses Elemente gehört, als ListViewGroup. Der Wert nullptr bedeutet »keine Gruppe«.
ImageIndex	Liefert oder setzt den Index des verwendeten Bildes. Je nach Darstellungsart wird das Bild aus der LargeImageList oder der SmallImageList der ListView geholt.
IndentCount	Liefert oder setzt, um wie viele Breiten von SmallImage-List-Bildern das Element eingerückt werden soll. Auf diese Weise lassen sich hierarchische Strukturen ähnlich eines Baums darstellen. (Hat nur Auswirkungen auf die Detaildarstellung der ListView.)
Index	Liefert den Index des Listenelements in der ListView.
ListView	Liefert die ListView, zu der das Listenelement gehört.
Name	Liefert oder setzt den Namen des Elements.
Selected	Liefert oder setzt, ob das Listenelement ausgewählt ist (true) oder nicht (false).
StateImageIndex	Liefert oder setzt den Index des zu verwendenden StateImageList-Bildes der ListView.
SubItems	Liefert die Unterelemente als ListViewSubItemCollection. Die einzelnen Unterelemente sind vom Typ ListViewSubItem.
Tag	Liefert oder setzt ein Object mit Zusatzinformationen.
Text	Liefert oder setzt den dargestellten Text.
ToolTipText	Liefert oder setzt den Tooltiptext für dieses Element.
UseItemStyleForSubItems	Liefert oder setzt, ob die Unterelemente die Einstellungen der Eigenschaften Font, ForeColor und BackColor übernehmen sollen (true) oder nicht (false). Standard ist true.

Tabelle 29.20   Die Eigenschaften der ListViewItem-Klasse

Eine besondere Bewandtnis hat es mit der Eigenschaft StateImageIndex. Wird über sie ein Bild der StateImageList aus ListView ausgewählt, dann erscheint

---

5 Die Color-Klasse wurde in Abschnitt 26.5 behandelt.
6 Die Klasse Font war Thema in Abschnitt 26.6.

dieses Bild noch vor dem eigentlichen Bild des Listenelements. Auf diese Weise hat man die Möglichkeit, den Zustand des Elements genauer zu beschreiben.

Beispielsweise könnte `ListView` eine aus dem Internet zu ladende Dateien anzeigen. Über die Statusbilder kann dann der Zustand (ladend, fertig geladen etc.) grafisch dargestellt werden.

Sollten bei vorhandener `StateImageList` die Checkboxen eingeschaltet sein, werden anstelle der Checkboxen Bilder aus der Statusliste gezeigt; das Bild mit Index 0 für die nicht abgehakte Checkbox, das Bild mit dem Index 1 für den abgehakten Zustand.

29.6.7 ListViewSubItem – Unterelemente der Liste

Während die `ListViewItem`-Objekte in der Detailansicht gewissermaßen die erste Spalte repräsentieren, können für die weiteren Spalten Unterelemente als `ListViewSubItem`-Objekte erstellt werden, die dem `ListViewItem` hinzugefügt werden.

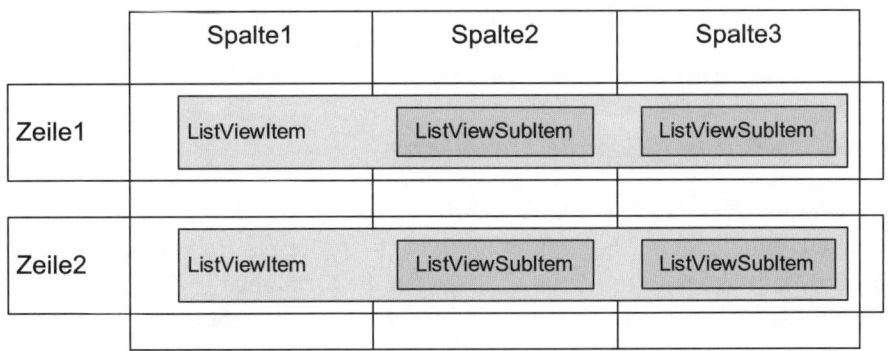

Abbildung 29.7 Die Beziehung zwischen ListViewItem und ListViewSubItem

Abbildung 29.7 zeigt den Zusammenhang. Für jede Zeile existiert ein `ListView-Item`-Objekt, das in der ersten Spalte zu sehen ist. Sollen in der Zeile des `ListViewItem`-Objekts weitere Spalten einen Inhalt besitzen, dann muss dem `ListViewItem`-Objekt für jede weitere Spalte ein `ListViewSubItem`-Objekt hinzugefügt werden.

Konstruktoren

```
ListViewSubItem();
```

```
ListViewSubItem(ListViewItem^ besitzer, String^ text);
```

Der zweite Konstruktor bekommt das `ListViewItem`-Objekt übergeben, zu welchem das `ListViewSubItem`-Objekt hinzugefügt werden soll, sowie den darzustellenden Text.

Die Klasse ListViewSubItem ist eine lokale Klasse von ListViewItem. Um ein Objekt der Klasse ListViewSubItem zu erzeugen, muss daher geschrieben werden:

```
gcnew ListViewItem::ListViewSubItem();
```

Eigenschaften

Eigenschaften	Beschreibung
BackColor	Liefert oder setzt die Hintergrundfarbe als Color-Objekt.
Font	Liefert oder setzt die verwendete Schriftart als Font-Objekt.
ForeColor	Liefert oder setzt die Vordergrundfarbe als Color-Objekt.
Name	Liefert oder setzt den Namen des ListViewSubItem-**Objekts.**
Tag	Liefert oder setzt ein Object mit Zusatzinformationen.
Text	Liefert oder setzt den dargestellten Text.

Tabelle 29.21 Die Eigenschaften der ListViewSubItem-Klasse

29.7 TreeView – Baumdarstellung

Im Gegensatz zu einer `ListView` erlaubt die **TreeView** die hierarchische Darstellung der Listenelemente. Abbildung 29.8 zeigt ein Beispiel mit eingeschalteten Checkboxen. Wie bei der `ListView` müssen für die Elemente die Zustände »abgehakt«, wie das Element »C++«, »ausgewählt«, wie »Compilersprachen« und »Aktiviert«, in dem sich in der Abbildung kein Element befindet, unterschieden werden. Dabei schließen sich diese Zustände nicht gegenseitig aus.

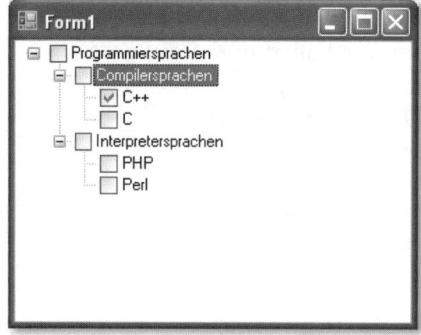

Abbildung 29.8 Ein Beispiel einer TreeView

Eigenschaften

Viele Eigenschaften der TreeView haben eine identische bis ähnliche Auswirkung wie bei der ListView. Diese Eigenschaften werden hier kurz tabellarisch aufgeführt. Genauere Informationen finden Sie bei der ListView.

Eigenschaft	Beschreibung
BorderStyle	Liefert oder setzt die Darstellungsart des Rahmens.
CheckBoxes	Bestimmt, ob Checkboxen dargestellt werden.
FullRowSelect	Kann der Baumknoten über die gesamte Zeile angewählt werden?
HideSelection	Ist die Auswahl auch bei Verlust des Fokus sichtbar?
HotTracking	Verhalten sich die Baumknoten wie Weblinks?
ImageList	Die für die Symbole der Baumknoten verwendete Bilderliste.
LabelEdit	Kann die Baumknotenbeschreibung vom Anwender editiert werden?
Scrollable	Besitzt die TreeView bei Bedarf Bildlaufleisten?
ShowNodeToolTips	Werden die Tooltipps der Baumknoten angezeigt? Vergleichbar mit ShowItemToolTips.
Sorted	Welche Sortierungsreihenfolge wird verwendet?
StateImageList	Die Bilderliste für die Zustandssymbole.
TopNode	Liefert oder setzt den obersten sichtbaren Baumknoten. Vergleichbar mit TopItem.
TreeViewNodeSorter	Das zum Sortieren verwendete Objekt. Vergleichbar mit ListViewItemSorter.

Tabelle 29.22 Die ListView-ähnlichen Eigenschaften von TreeView

Im Folgenden sind die speziellen Eigenschaften von TreeView beschrieben.

ImageIndex – Standardsymbol

Diese Eigenschaft liefert oder setzt den Index des zu verwendenden Symbols, wenn das Baumelement kein spezielles Symbol angibt. Das Symbol wird aus der ImageList der TreeView genommen. Standard ist 0. Hat nur Auswirkungen, wenn eine Bilderliste existiert.

Indent – Tiefe des Einrückens

Liefert oder setzt die Tiefe des Einrückens für jede Hierarchieebene in Pixel. Standard ist 19.

ItemHeight – Elementhöhe

Diese Eigenschaft liefert oder setzt in Pixel die Höhe der Baumknoten. Standard ist 16.

LineColor – Farbe der Baumlinien

Liefert oder setzt als `Color`-Objekt die Farbe der Baumlinien.

Nodes – Knoten der ersten Ebene

Hierdurch werden die Baumknoten der ersten Ebene als `TreeNodeCollection` geliefert. Die einzelnen Baumknoten sind Objekte von `TreeNode`.

PathSeparator – Trennzeichenfolge im Pfad

Liefert oder setzt die Zeichenfolge, die zum Trennen der einzelnen Baumknoten in einem Pfad verwendet wird. Näheres erfahren Sie bei `FullPath` von `TreeNode`. Standard ist der Backslash \.[7]

SelectedNode –ausgewählter Knoten

Diese Eigenschaft liefert oder setzt den ausgewählten Knoten als `TreeNode`-Objekt. Ist kein Knoten ausgewählt, liefert die Eigenschaft `nullptr`.

ShowLines – werden Baumlinien dargestellt?

Diese Eigenschaft liefert oder setzt, ob die Linien der TreeView dargestellt werden (`true`) oder nicht (`false`). Standard ist `true`.

ShowPlusMinus – Darstellung der Plus-/Minuszeichen?

Liefert oder setzt, ob vor den Baumknoten die Plus- und Minus-Kästchen zum Erweitern und Reduzieren des Knotens angezeigt werden (`true`) oder nicht (`false`). Standard ist `false`.

ShowRootLines – Darstellung der Baumlinien?

Diese Eigenschaft liefert oder setzt, ob die Linien zur Verbindung der Baumknoten dargestellt werden (`true`) oder nicht (`false`). Standard ist `true`.

---

[7] Bedenken Sie, dass Sie bei der Angabe des Backslashs in einer Zeichenkette zwei Backslashs schreiben müssen (\\), weil mit \ eine Escape-Sequenz eingeleitet wird (Tabelle 2.1).

29.7.1 Methoden

BeginUpdate, EndUpdate – für umfangreiche Änderungen

```
void BeginUpdate();
void EndUpdate();
```

Bei umfangreichen Änderungen sollte vorher die optische Aktualisierung mit `BeginUpdate` ausgeschaltet und nach der Änderung mit `EndUpdate` wieder eingeschaltet werden.

CollapseAll – Baum komplett reduzieren

```
void CollapseAll();
```

Der komplette Baum inklusive aller Unterknoten wird reduziert.

ExpandAll – Baum komplett erweitern

```
void ExpandAll();
```

Der komplette Baum inklusive aller Unterknoten wird erweitert.

GetNodeCount – Anzahl der Baumknoten

```
int GetNodeCount(bool mitunterknoten);
```

liefert die Anzahl der Baumknoten auf oberster Ebene. Ist `mitunterknoten` auf `true` gesetzt, werden zusätzlich alle Unterknoten mitgezählt.

Sort – Elemente sortieren

```
void Sort();
```

sortiert die `TreeView` anhand der bei `TreeViewNodeSorter` und `Sorting` angegebenen Objekte und Werte.

29.7.2 Ereignisse

AfterCheck, AfterCollapse, AfterExpand, AfterSelect

```
delegate void TreeViewEventHandler(Object^ sender,
                          TreeViewEventArgs^ e);
```

wird ausgelöst, nachdem sich der Checkbox-Zustand eines Knotens geändert hat, oder ein Knoten reduziert, erweitert oder ausgewählt wurde. Die Eigenschaften des übergebenen `TreeViewEventArgs`-Objekts sehen Sie in Tabelle 29.23.

Eigenschaft	Beschreibung
Action	Liefert den Aktionstyp als Wert der TreeViewAction-Aufzählung (Tabelle 29.24).
Node	Liefert den Baumknoten, für den das Ereignis ausgelöst wurde.

Tabelle 29.23 Die Eigenschaften der TreeViewEventArgs-Klasse

Konstante	Auslöser des Ereignisses
ByKeyboard	Tastatureingabe
ByMouse	Mausvorgang
Collapse	Reduzierung des Knotens
Expand	Erweiterung des Knotens
Unknown	Unbekannte Aktion

Tabelle 29.24 Die Elemente der TreeViewAction-Aufzählung

AfterLabelEdit – nach Bearbeitung der Bezeichnung

```
delegate void NodeLabelEditEventHandler(Object^ sender,
                            NodeLabelEditEventArgs^ e);
```

wird ausgelöst nach Beendigung der Änderungsarbeiten des Benutzers. Die Eigenschaften des übergebenen NodeLabelEditEventArgs-Objekts sind in Tabelle 29.25 zu sehen.

Eigenschaft	Beschreibung
CancelEdit	Liefert oder setzt, ob die Änderung übernommen wird (false) oder nicht (true). Standard ist false.
Label	Liefert die neue Bezeichnung des ListViewItem-Objekts.
Node	Liefert den Index des bearbeiteten TreeNode-Objekts.

Tabelle 29.25 Die Eigenschaften der NodeLabelEditEventArgs-Klasse

BeforeCheck, BeforeCollapse, BeforeExpand, BeforeSelect

```
delegate void TreeViewCancelEventHandler(Object^ sender,
                            TreeViewCancelEventArgs^ e);
```

wird ausgelöst, bevor sich der Checkbox-Zustand eines Knotens ändert, oder ein Knoten reduziert, erweitert oder ausgewählt wird. Die Eigenschaften des übergebenen TreeeViewCancelEventArgs-Objekts sehen Sie in Tabelle 29.26.

Eigenschaft	Beschreibung
Action	Liefert den Aktionstyp als Wert der TreeViewAction-Aufzählung (Tabelle 29.24).
Cancel	Liefert oder setzt, ob das Ereignis fortgeführt (false) oder abgebrochen werden soll (true). Standard ist false.
Node	Liefert den Baumknoten, für den das Ereignis ausgelöst wurde.

Tabelle 29.26 Die Eigenschaften der TreeViewCancelEventArgs-Klasse

BeforeLabelEdit – vor Bearbeitung der Bezeichnung

```
delegate void NodeLabelEditEventHandler(Object^ sender,
                              NodeLabelEditEventArgs^ e);
```

wird ausgelöst nach Beendigung der Änderungsarbeiten des Benutzers. Die Eigenschaften des übergebenen NodeLabelEditEventArgs-Objekts sind in Tabelle 29.25 zu sehen.

NodeMouseClick, NodeMouseDoubleKlick – Anklicken eines Baumknotens

```
delegate void TreeNodeMouseClickEventHandler(Object^ sender,
                              TreeNodeMouseClickEventArgs^ e);
```

wird ausgelöst durch einen Klick oder Doppelklick auf einen Baumknoten. Die von MouseEventArgs (Tabelle 25.10) abgeleitete Klasse TreeNodeMouseClickEventArgs erweitert die Basisklasse um die Eigenschaft Node, die das angeklickte TreeNode-Objekt enthält.

29.7.3 TreeNode – Knoten des Baumes

Ein TreeNode-Objekt bildet den Knoten einer TreeView und besitzt selbst wiederum eine Auflistung von untergeordneten TreeNode-Objekten. Auf diese Weise lässt sich eine beliebige Verschachtelungstiefe erreichen.

Konstruktoren

```
TreeNode();
```

```
TreeNode(String^ text);
```

erzeugt ein neues TreeNode-Objekt, wahlweise mit Angabe der Bezeichnung.

Eigenschaften

Eigenschaft	Beschreibung
BackColor	Liefert oder setzt die Hintergrundfarbe als Color-Objekt.
Checked	Liefert oder setzt, ob der Baumknoten abgehakt ist (true) oder nicht (false).
ContextMenuStrip	Liefert oder setzt das Kontextmenü des Knotens.
FirstNode	Liefert den ersten untergeordneten Knoten.
ForeColor	Liefert oder setzt die Vordergrundfarbe als Color-Objekt.
FullPath	Liefert den Pfad vom Wurzelknoten zu diesem Knoten. Der Pfad ist die Aneinanderreihung der Bezeichnungen, jeweils getrennt durch die in PathSeparator von TreeView angegebene Zeichenfolge.
ImageIndex	Liefert oder setzt den Index des aus ImageList von TreeView darzustellenden Bildes für den nicht selektierten Zustand.
Index	Liefert den Index, den der Knoten in der Auflistung des übergeordneten Knotens besitzt.
IsEditing	Liefert, ob die Beschreibung editierbar ist (true) oder nicht (false).
IsExpanded	Liefert, ob der Knoten erweitert ist.
IsSelected	Liefert, ob der Knoten selektiert ist.
LastNode	Liefert den letzten untergeordneten Knoten.
Level	Liefert die mit 0 beginnende Tiefe des Knotens in der TreeView.
Name	Liefert oder setzt den Namen des Knotens.
NextNode	Liefert aus der Auflistung des übergeordneten Knotens den Nachfolger dieses Knotens, oder nullptr, falls kein Nachfolger existiert.
NodeFont	Liefert oder setzt die Schriftart für diesen Knoten als Font-Objekt.
Nodes	Liefert die Auflistung der untergeordneten Knoten als TreeNode-Collection-Objekt.
Parent	Liefert den übergeordneten Knoten.
PrevNode	Liefert aus der Auflistung des übergeordneten Knotens den Vorgänger dieses Knotens, oder nullptr, falls kein Vorgänger existiert.
SelectedImageIndex	Liefert oder setzt den Index des aus ImageList von TreeView darzustellenden Bildes für den selektierten Zustand.
StateImageIndex	Liefert oder setzt den Index des aus StateImageList von TreeView darzustellenden Bildes für den aktuellen Zustand. Nur anwendbar mit ausgeschalteten Checkboxen.
Tag	Liefert oder setzt ein Object mit Zusatzinformationen.
Text	Liefert oder setzt die darzustellende Bezeichnung des Knotens.
ToolTipText	Liefert oder setzt den für diesen Knoten darzustellenden Tooltipptext.
TreeView	Liefert die TreeView, zu der dieser Knoten gehört.

Tabelle 29.27 Die Eigenschaften der TreeNode-Klasse

Collapse – Knoten reduzieren

```
void Collapse();
```

```
void Collapse(bool unterknotenignorieren);
```

reduziert den aufrufenden Knoten. Wird unterknotenignorieren auf true gesetzt, behalten die Unterknoten ihren Zustand bei.

Expand – Knoten erweitern

```
void Expand();
```

erweitert den aufrufenden Knoten.

ExpandAll – Knoten mitsamt der Unterknoten erweitern

```
void ExpandAll();
```

erweitert den aufrufenden Knoten, sowie alle seine Unterknoten.

GetNodeCount – Anzahl der Unterknoten

```
int GetNodeCount(bool mitunterknoten);
```

liefert die Anzahl der direkten Unterknoten. Ist mitunterknoten auf true gesetzt, werden alle Unterknoten gezählt.

Remove – Knoten mit Unterknoten entfernen

```
void Remove();
```

entfernt den aufrufenden Knoten mitsamt seiner Unterknoten aus der TreeView. Die Struktur seiner Unterknoten bleibt erhalten.

Toggle – zwischen erweitert und reduziert wechseln

```
void Toggle();
```

Der aufrufende Knoten wechselt in den jeweils anderen Zustand (von erweitert nach reduziert oder umgekehrt).

29.8 Zusammenfassung

Dieses zweite Kapitel über Steuerelemente behandelte einige nicht ganz so einfach handzuhabende Elemente. Dazu zählten:

▶ FlowLayoutPanel. Ein Container, der seine Steuerelemente fließend anordnet.

▶ ListView. Ein Steuerelement zur listenartigen Darstellung von Inhalten.

▶ Panel. Ein einfacher Container, der bei Bedarf Bildlaufleisten bereitstellt.

▶ SplitContainer. Ein Element, das den einnehmenden Bereich in zwei horizontale oder vertikale Bereiche teilt, die jeweils als eigenes Panel fungieren und deren Trenner vom Anwender verschoben werden kann.

▶ TabControl. Ein Container, der seinen Inhalt über Karteikarten gruppiert.

▶ TableLayoutPanel. Ein Container, der seine Elemente tabellarisch anordnet.

▶ TreeView. Ein Steuerelement zur baumartigen Darstellung von Inhalten.

Unter Intuition versteht man die Fähigkeit gewisser Leute,
eine Lage in Sekundenschnelle falsch zu beurteilen.
– Friedrich Dürrenmatt

30 Menüs & Leisten

Dieses Kapitel behandelt die Menüleiste, Kontextmenüs, Symbol- und Statusleisten. Obwohl diese Elemente im ersten Moment nicht viele Gemeinsamkeiten besitzen mögen, basieren sie doch alle auf den gleichen Basisklassen.

30.1 ToolStrip – Symbolleiste

Die Klasse `ToolStrip` ist nicht nur für Symbolleisten zuständig, sie fungiert auch als Basisklasse für Menü- und Statusleisten.

Eine Symbolleiste besteht – wie der Name vermuten lässt – primär aus anklickbaren Symbolen. Unter .NET und seinem objektorientierten Ansatz sind die Elemente der verschiedenen Leisten problemlos austauschbar, sodass in einer Symbolleiste auch ein aus Menüleisten bekanntes Dropdown-Element eingesetzt werden kann. Abbildung 30.1 zeigt eine typische Symbolleiste mit einer Auswahl an verschiedenen Elementen.

Abbildung 30.1   Eine Symbolleiste mit Symbolen

30.1.1 Eigenschaften

CanOverflow – abgeschnittene Elemente aufklappbar?

Diese Eigenschaft liefert oder setzt, ob für den Fall, dass die Elemente nicht genügend Platz in der Leiste haben, die nicht mehr passenden Elemente in einen aufklappbaren Bereich überlaufen (`true`) oder einfach abgeschnitten werden (`false`). Standard ist `true`.

GripMargin – Abstand zum Verschiebepunkt

Liefert oder setzt den Abstand um den Verschiebepunkt herum als `Padding`-Objekt.

GripStyle – Darstellung des Verschiebepunkts

Diese Eigenschaft liefert oder setzt über einen Wert der `ToolStripGripStyle`-Aufzählung (Tabelle 30.1) die Darstellung des Verschiebepunkts.

Konstante	Bedeutung
Hidden	Verschiebepunkt nicht sichtbar
Visible	Verschiebepunkt sichtbar

Tabelle 30.1 Die Elemente der ToolStripGripStyle-Aufzählung

ImageList – Bilderliste

Liefert oder setzt die verwendete Bilderliste als `ImageList`-Objekt.

ImageScalingSize – Größe der Symbolbilder

Dies liefert oder setzt die Größe der in der Symbolleiste verwendeten Bilder als `Size`-Objekt.

Items – Symbolleistenelemente

Diese Eigenschaft liefert die in der Symbolleiste enthaltenen Elemente als `ToolStripItemCollection`. Die einzelnen Objekte sind vom Typ `ToolStripItem`.

LayoutStyle – Anordnung der Elemente

Liefert oder setzt die Anordnung der Element als Wert der `ToolStripLayoutStyle`-Aufzählung (Tabelle 30.2).

Konstante	Verhalten der Elemente
Flow	Elemente fließen nach Bedarf in die nächste Zeile oder Spalte.
HorizontalStackWithOverflow	horizontale Anordnung mit Überlauf
StackWithOverflow	automatische Anordnung
Table	linksbündige Anordnung
VerticalStackWithOverflow	vertikale Anordnung mit Überlauf

Tabelle 30.2   Die Elemente der ToolStripLayoutStyle-Aufzählung

ShowItemToolTips – Tooltips für Symbolleistenelemente?

Die Eigenschaft liefert oder setzt, ob für die Elemente der Symbolleiste Tooltipps angezeigt werden (true) oder nicht (false). Standard ist true.

Stretch – komplette Ausdehnung?

Diese Eigenschaft liefert oder setzt, ob sich die Symbolleiste in einem Container auf die verfügbare Breite/Höhe ausdehnt (true) oder nur den benötigten Platz einnimmt (false). Standard ist false.

30.2   MenuStrip – Menüleiste

Die Klasse **MenuStrip** ist von ToolStrip abgeleitet und stellt die Funktionalität der wohl jedem bekannten Menüleiste bereit. Sie löst die bis .NET1.1 verwendete MainMenu-Klasse ab.

Abbildung 30.2 zeigt eine typische, mit MenuStrip erstellte Menüleiste.

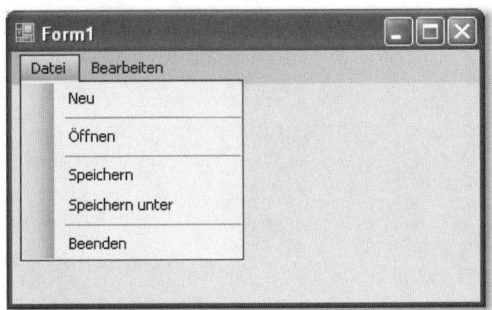

Abbildung 30.2   Eine Menüleiste

MenuStrip besitzt bis auf die Optik und das Verhalten keine weiteren, hier erwähnenswerten Erweiterungen.

30.3 StatusStrip – Statusleiste

Eine weitere Subklasse von `ToolStrip` ist die für Statusleisten verantwortliche Klasse **StatusStrip**. Abbildung 30.3 zeigt ein Beispiel.

Abbildung 30.3 Eine Statusleiste

Die Statusleiste kann mit unterschiedlichen Elementen gefüllt werden.

Eine Besonderheit ist das kleine Dreieck – Ziehpunkt oder Größenanpassungs-handle genannt – am rechten Ende, mit dem die Größe des Fensters verändert werden kann. Dieser Ziehpunkt kann über die Eigenschaft `SizingGrip` eingeschaltet (`true`) oder ausgeschaltet (`false`) werden. Standardmäßig ist der Ziehpunkt eingeschaltet.

30.4 ContextMenuStrip – Kontextmenü

Die Klasse **ContextMenuStrip** besitzt ebenfalls `ToolStrip` als Basisklasse, wenn auch nicht als direkte Basisklasse.

Abbildung 30.4 zeigt ein Label mit Kontextmenü.

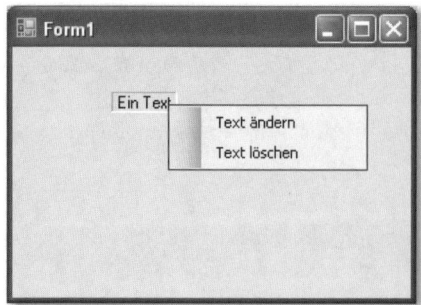

Abbildung 30.4 Ein Kontextmenü für ein Label

Die Elemente eines Kontextmenüs werden genauso aufgebaut wie die eines normalen Menüs. Um das Kontextmenü einem Steuerelement zuzuweisen, wird es dessen `ContextMenuStrip`-Eigenschaft zugewiesen.

30.5 Die ToolStrip-Elemente

In diesem Abschnitt werfen wir einen Blick auf die Elemente, die in Leisten verwendet werden können.

30.5.1 ToolStripItem – Basis der ToolStrip-Elemente

Alle ToolStrip-Elemente basieren auf der `ToolStripItem`-Klasse, deren Eigenschaften wir hier genauer betrachten.

Eigenschaft	Beschreibung
Alignment	Liefert oder setzt über einen `ToolStripItemAlignment`-Wert, ob das Element am linken oder rechten Rand der Leiste ausgerichtet wird.
Anchor	Liefert oder setzt die Verankerung der Ränder über einen `AnchorStyles`-Wert.
AutoSize	Liefert oder setzt, ob die Größe des Elements automatisch festgelegt wird.
AutoToolTip	Liefert oder setzt, ob die Eigenschaft Text als Tooltipp verwendet werden soll (`true`) oder `ToolTipText` (`false`). Standard ist `true`.
BackColor	Liefert oder setzt die Hintergrundfarbe.
BackgroundImage	Liefert oder setzt das Hintergrundbild.
BackgroundImageLayout	Liefert oder setzt das Layout über einen ImageLayout-Wert (Tabelle 25.2) .
DisplayStyle	Liefert oder setzt über einen `ToolStripItemDisplayStyle`-Wert, ob Text und/oder Bilder dargestellt werden.
Dock	Liefert oder setzt über einen `DockStyle`-Wert (Tabelle 25.3), welche Ränder angedockt sind.
DoubleClickEnabled	Liefert oder setzt, ob das Element mit einem Doppelklick aktiviert werden kann.
Font	Liefert oder setzt die Schriftart.
ForeColor	Liefert oder setzt die Vordergrundfarbe.
Height	Liefert oder setzt die Elementhöhte in Pixel.
Image	Liefert oder setzt das dargestellte Bild.

Tabelle 30.3 Die Eigenschaften von »ToolStripItem«

Eigenschaft	Beschreibung
ImageAlign	Liefert oder setzt die Bildausrichtung über einen Content-Alignment-Wert (Tabelle 27.3).
ImageIndex	Liefert oder setzt den Index des aus der Bilderliste der Leiste darzustellenden Bildes.
Margin	Liefert oder setzt die Elementabstände als Padding-Wert.
Name	Liefert oder setzt den Elementnamen.
Owner	Liefert oder setzt die übergeordnete Leiste als ToolStrip-Objekt.
OwnerItem	Liefert ein eventuell übergeordnetes ToolStripItem.
Padding	Liefert oder setzt die internen Abstände als Padding-Objekt.
Pressed	Liefert, ob sich das Element in einem gedrückten Zustand befindet.
Selected	Liefert, ob das Element selektiert ist.
Size	Liefert oder setzt die Elementgröße als Size-Objekt.
Tag	Liefert oder setzt ein Object mit Zusatzinformationen.
Text	Liefert oder setzt den darzustellenden Text.
TextAlign	Liefert oder setzt die Textausrichtung eines ToolStripLabel.
TextDirection	Liefert die Textausrichtung des Elements.
TextImageRelation	Liefert die Position von Bild und Text zueinander als Text-ImageRelation-Wert (Tabelle 27.5).
ToolTipText	Liefert oder setzt den Tooltiptext.
Visible	Liefert oder setzt, ob das Element sichtbar ist.
Width	Liefert oder setzt die Breite des Elements in Pixel.

Tabelle 30.3 Die Eigenschaften von »ToolStripItem« (Forts.)

Die Klasse ToolStripItem besitzt einige Ereignisse, die an anderer Stelle schon aufgezeigt wurden, daher werden sie nur tabellarisch aufgeführt.

BackColorChanged	Click
DoubleClick	EnabledChanged
ForeColorChanged	MouseDown
MouseEnter	MouseHover
MouseLeave	MouseMove
MouseUp	Paint
TextChanged	VisibleChanged

Tabelle 30.4 Die Ereignisse von »ToolStripItem«

30.5.2 ToolStripButton – einfacher Button

Die Klasse `ToolStripButton` – von `ToolStripItem` abgeleitet – stellt einen einfachen, anklickbaren Button dar. Abbildung 30.5 zeigt drei dieser Buttons, einmal nur als Bild, dann als Mischung von Bild und Text und als Letztes nur Text.

Abbildung 30.5   Drei ToolStripButton-Objekte

Diese Buttons haben zwei wichtige Eigenschaften:

Eigenschaft	Bedeutung
Checked	Liefert oder setzt, ob der Button gedrückt ist (`true`) oder nicht (`false`). Standard ist `false`.
CheckOnClick	Liefert oder setzt, ob der Button bei einem Klick automatisch zwischen gedrückt/nicht gedrückt wechselt (`true`) oder nicht (`false`). Standard ist `false`.

Tabelle 30.5   Die Eigenschaften von »ToolStripButton«

Als zusätzliches Ereignis sei hier noch `CheckedChanged` zu erwähnen, das wie bei den normalen Schaltflächen ausgelöst wird, wenn sich der Wert von `Checked` ändert.

30.5.3 ToolStripComboBox – Combobox für ToolStrips

Wie die normale Combobox (Abschnitt 27.13.4) ist die `ToolStripComboBox` eine Kombination aus Textbox mit freier Texteingabemöglichkeit und Listbox mit vorgegebenen, zur Auswahl stehenden Elementen.

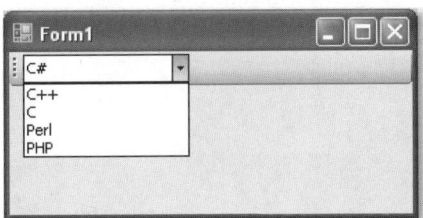

Abbildung 30.6   Eine ToolStripComboBox

30.5.4 ToolStripDropDownButton – aufklappbare Schaltfläche

Das `ToolStripDropDownButton` ist funktional eine Weiterentwicklung der »normalen« Symbolleistenschaltfläche, technisch aber abgeleitet von `ToolStripDrop-`

`DownItem`, der Basisklasse aller aufklappbaren Leistenelemente, die wiederum `ToolStripItem` ihre Basisklasse nennt.

Die Darstellung wirkt zunächst wie eine Symbolleistenschaltfläche, die Text und Bild getrennt oder in Kombination enthält. Ein Klick auf diese offenbart jedoch ihre wahre Natur, denn dann klappen menüartig die Unterpunkte der Schaltfläche auf. Abbildung 30.7 zeigt ein Beispiel.

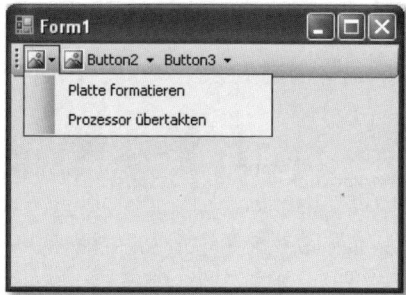

Abbildung 30.7   Ein Beispiel für ToolStripDropDownButton

Ein `ToolStripDropDownButton` dient als Container für andere Elemente und besitzt bis auf `DropDownItems`, welche die enthaltenen Elemente als `ToolStripItemCollection` liefert, keine nennenswerten Eigenschaften.

30.5.5 ToolStripLabel, ToolStripStatusLabel – Leistenbeschriftung

Leistenbeschriftungen werden mit Objekten der Klasse `ToolStripLabel` vorgenommen. Eine Ausnahme bildet die Statusleiste, denn für sie existiert die von `ToolStripLabel` abgeleitete Klasse `ToolStripStatusLabel`, die um die Möglichkeit erweitert wurde, Rahmen zu besitzen. Abbildung 30.8 zeigt die Beschriftungen jeweils in einer Symbol- und Statusleiste, wobei die Statusleistenbeschriftung demonstrativ dreidimensional umrahmt ist.

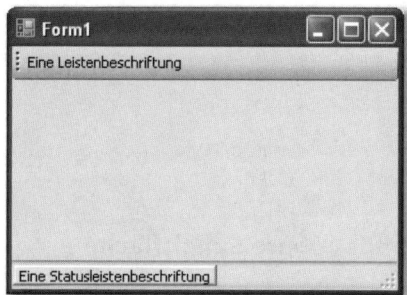

Abbildung 30.8   Beschriftungen in Leisten

Zur Bestimmung der Rahmenbeschaffenheit bietet `ToolStripStatusLabel` zwei Eigenschaften, die in Tabelle 30.6 aufgeführt sind.

Eigenschaft	Beschreibung
BorderSides	Liefert oder setzt über eine Kombination von `ToolStripStatusLabelBorderSides`-Werten, welche Ränder des Elements mit Rahmen versehen werden.
BorderStyle	Liefert oder setzt die Rahmenart über einen `Border3DStyle`-Wert.

Tabelle 30.6 Die Eigenschaften von »ToolStripStatusLabel«

30.5.6 ToolStripMenuItem – Menüpunkt

Elemente der Klasse `ToolStripMenuItem` – Abgeleitet von `ToolStripDropDownItem` – stellen Menüeinträge dar. Sie besitzen die Eigenschaften, mit denen das von Menüpunkten gewohnte Verhalten erzeugt werden kann, wie zum Beispiel die mit Menüpunkten verknüpften Tastenkombinationen. Abbildung 30.9 zeigt ein Beispiel.

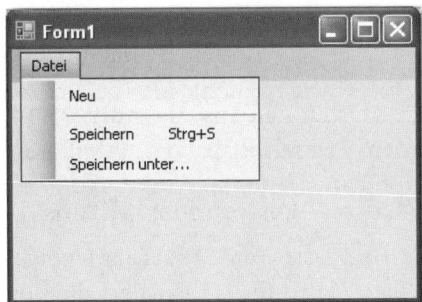

Abbildung 30.9 Die Darstellung von Menüeinträgen

Die wichtigsten Eigenschaften von `ToolStripMenuItem` sind in Tabelle 30.7 aufgeführt.

Eigenschaft	Beschreibung
Checked	Liefert oder setzt, ob das Element abgehakt ist (`true`) oder nicht (`false`). Standard ist `false`.
CheckOnClick	Liefert oder setzt, ob das Element bei einem Klick automatisch seinen `Checked`-Zustand ändert (`true`) oder nicht (`false`). Standard ist `false`.

Tabelle 30.7 Die Eigenschaften von »ToolStripMenuItem«

Eigenschaft	Beschreibung
CheckState	Liefert oder setzt den Checked-Zustand als Checkstate-Wert (Tabelle 27.7). Auf diese Weise stehen auch hier alle drei Zustände zur Verfügung.
Enabled	Liefert oder setzt, ob das Element aktiviert (true) oder abgeblendet (false) ist. Standard ist true.
ShortcutKeyDisplay-String	Liefert oder setzt die Zeichenkette, die anstelle der tatsächlichen Tastenkombination dargestellt wird. Standard ist "".
ShortcutKeys	Liefert oder setzt die Tastenkombination des Elements über eine Kombination von Keys-Werten.
ShowShortcutKeys	Liefert oder setzt, ob die dem Element zugeordnete Tastenkombination im Menü angezeigt wird (true) oder nicht (false). Standard ist true.

Tabelle 30.7　Die Eigenschaften von »ToolStripMenuItem« (Forts.)

Um auf Änderungen der Checked- und CheckState-Eigenschaft zu reagieren, implementiert ToolStripMenuItem die schon von den Checkboxen (Abschnitt 27.5) bekannten Ereignisse CheckedChanged und CheckStateChanged.

30.5.7　ToolStripProgressBar – Fortschrittsbalken in der Leiste

ToolStripProgressBar implementiert für die Leisten den aus Abschnitt 27.14, »ProgressBar – Fortschrittsbalken«, bekannten Fortschrittsbalken. Abbildung 30.10 zeigt ihn einer Symbolleiste und in einer Statusleiste.

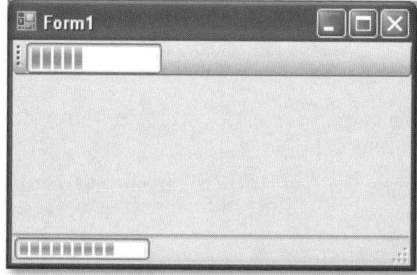

Abbildung 30.10　Fortschrittsbalken in der Symbol- und Statusleiste

Zu ihm gibt es nicht viel zu sagen, außer dass er genau wie sein großer Bruder die Eigenschaften Maximum, Minimum, Step, Style und Value sowie die Methoden Increment und PerformStep besitzt.

30.5.8 ToolStripSeparator – Spalter unter den Elementen

Das wohl einfachste Leistenelement wird von der Klasse `ToolStripSeparator` bereitgestellt; ein Trennstrich. Abbildung 30.11 zeigt den Einsatz als optische Trennung von Schaltflächengruppen.

Abbildung 30.11   Der Separator zwischen Buttons

Abgesehen von der optischen Komponente besitzt der Separator keine weiteren Fähigkeiten.

30.5.9 ToolStripSplitButton – Kombischaltfläche

Optisch ist der `ToolStripSplitButton` kaum vom `ToolStripDropDownButton` zu unterscheiden. Lediglich, wenn sich die Maus auf ihm befindet, wie in Abbildung 30.12 zu sehen, ist die Trennung der Funktionalität zu erkennen. Denn bei einem `ToolStripSplitButton` handelt es sich gewissermaßen um die Kombination einer einfachen Schaltfläche mit einem `ToolStripDropDownButton`.

Abbildung 30.12   Ein ToolStripSplitButton

Der Schaltflächenteil ist in seiner Funktion im Vergleich zu `ToolStripButton` eingeschränkt; der Button ist nur anklickbar, kann aber den gedrückten Zustand nicht beibehalten.

Die Klasse besitzt die Eigenschaft `DropDownItems`, die alle Unterelemente als `ToolStripItemCollection` liefert.

Zur Reaktion auf das Anklicken des Schaltflächenteils bietet die Klasse die Ereignisse `ButtonClick` und `ButtonDoubleClick`.

30.5.10 ToolStripTextBox – Textbox in der Leiste

Zum Schluss der Betrachtung der Leistenelemente kommt noch die `ToolStripTextBox`, mit der eine Textbox in die Symbolleiste gebracht werden kann. Abbildung 30.13 zeigt ein Beispiel.

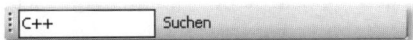

Abbildung 30.13   Eine Textbox in einer Symbolleiste

Die `ToolStripTextBox` bietet alle wichtigen Eigenschaften, Methoden und Ereignisse, die bereits bei den normalen Textboxen in Abschnitt 27.8, »TextBoxBase – Basis der Texteingabefelder«, besprochen wurden.

30.6 ToolStripContainer – Spielwiese für Leisten

Um eine größtmögliche Flexibilität im Umgang mit Symbolleisten zu erhalten, kann der `ToolStripContainer` eingesetzt werden. Er wird üblicherweise komplett im Formular angedockt und besitzt an jedem Rand einen `ToolStripPanel`, in dem die Symbolleisten frei positioniert werden können. Abbildung 30.14 zeigt, wie das aussehen kann.

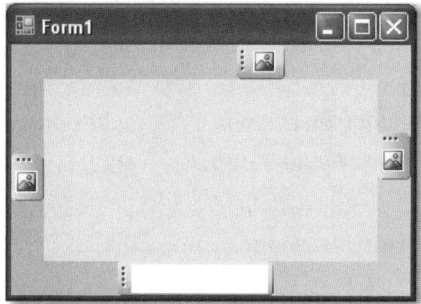

Abbildung 30.14 Ein Toolstripcontainer mit vier Symbolleisten

Die einzelnen Symbolleiten sind aber nicht nur in ihrem jeweiligen Bereich frei verschiebbar, Sie können sie auch in ein anderes Panel verschieben. Beispielsweise könnten Sie die Leiste mit der Textbox am unteren Rand in den oberen Bereich ziehen. Die Panels unterstützen auch mehrere Zeilen, sodass Leistenanordnungen, wie sie aus der Entwicklungsumgebung von Visual C++ 2008 Express bekannt sind, ohne Weiteres umgesetzt werden können.

Der Container besitzt keine wichtigen Methoden oder Ereignisse. Die Eigenschaften sind in Tabelle 30.8 zu sehen.

Eigenschaft	Beschreibung
`BottomToolStripPanel`	Liefert das untere `ToolStripPanel`.
`BottomToolStripPanelVisible`	Liefert oder setzt, ob das untere `ToolStripPanel` sichtbar ist (`true`) oder nicht (`false`). Standard ist `true`.
`ContentPanel`	Liefert den zentralen Bereich als ToolStripContentPanel.
`LeftToolStripPanel`	Liefert das linke `ToolStripPanel`.

Tabelle 30.8 Die Eigenschaften von »ToolStripContainer«

Eigenschaft	Beschreibung
LeftToolStripPanelVisible	Liefert oder setzt, ob das linke ToolStripPanel sichtbar ist (true) oder nicht (false). Standard ist true.
RightToolStripPanel	Liefert das rechte ToolStripPanel.
RightToolStripPanelVisible	Liefert oder setzt, ob das rechte ToolStripPanel sichtbar ist (true) oder nicht (false). Standard ist true.
TopToolStripPanel	Liefert das obere ToolStripPanel.
TopToolStripPanelVisible	Liefert oder setzt, ob das obere ToolStripPanel sichtbar ist (true) oder nicht (false). Standard ist true.

Tabelle 30.8 Die Eigenschaften von »ToolStripContainer« (Forts.)

30.7 Zusammenfassung

Leisten und Menüs bildeten den Schwerpunkt dieses Kapitels.

Unter .NET basieren alle Leisten und Menüs auf der Klasse ToolStrip, die selbst die gerne eingesetzte Symbolleiste implementiert.

Weitere vorgestellte Leisten waren die Statusleiste für den unteren Fensterbereich und die klassische Menüleiste. Kontextmenüs – auch eine Subklasse von ToolStrip – wurden ebenfalls besprochen.

Ein großer Abschnitt widmete sich den verschiedenen Leistenelementen.

Das Kapitel endete mit der Vorstellung von ToolStripContainer, der an allen vier Rändern ToolStripPanel-Objekte bereitstellt, die Platz für ToolStrip-Objekte bieten. Dabei können die in den Panels enthaltenen Leisten zu jedem beliebigen Rand verschoben werden.

Alles, was lediglich wahrscheinlich ist, ist wahrscheinlich falsch.
– René Descartes

31 GDI+

Dieses Kapitel behandelt das Zeichnen. Wir werden uns anschauen, wie in beliebige Steuerelemente gezeichnet werden kann. Der Kern dieser Funktionalität
wird von GDI+, dem Graphical Device Interface, bereitgestellt. Springen wir
direkt ins kalte Wasser und betrachten ein Beispiel:

```
01:  this->Visible=true;
02:  Graphics^ g=this->CreateGraphics();
03:  Point p1(this->ClientRectangle.Left,
             this->ClientRectangle.Top);
04:  Point p2(this->ClientRectangle.Right,
             this->ClientRectangle.Bottom);
05:  g->DrawLine(gcnew Pen(Color::Black),p1,p2);
06:  delete(g);
```
Listing 31.1 Ein kleines Beispiel zum Zeichnen

Wenn dieses Codefragment in den Konstruktor platziert wird, dann sieht das
Ergebnis aus wie in Abbildung 31.1 dargestellt.

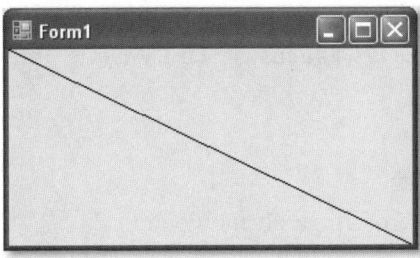

Abbildung 31.1 Das Ergebnis der ersten Zeichnung

Das Ergebnis des obigen Codes ist allerdings ausgesprochen flüchtig. Werden
Teile der Linie einmal von anderen Fenstern überdeckt, dann sind sie wie vom
Erdboden verschluckt. Wie das zu beheben ist, schauen wir uns später an, jetzt
geht es erst einmal um die Grundlagen des Zeichnens.

▶ 01: Zuerst wird das Fenster sichtbar gemacht. Dies ist nur notwendig, weil wir die Linie etwas unkonventionell zeichnen. Später wird der gesamte Zeichenvorgang aus dem Konstruktor verschwinden, dann ist auch das Visible nicht mehr nötig.

▶ 02: Dreh- und Angelpunkt des Zeichnens ist das `Graphics`-Objekt. Das `Graphics`-Objekt bildet die Schnittstelle, über die wir unsere Zeichenoperationen ausführen, und legt fest, wohin gezeichnet wird. In unserem Fall ermitteln wir ein `Graphics`-Objekt für das Formular und können daher in das Formular zeichnen. Auf diese Weise kann auch in Bitmaps oder auf den Drucker gezeichnet werden.

▶ 03–04: Wir ermitteln die obere, linke und die untere, rechte Position des Clientbereichs, das ist der Bereich, der im leeren Formular grau dargestellt wird.

▶ 05: Es wird eine Linie gezeichnet. Dazu muss angegeben werden, mit welchem Stift und in welcher Farbe gezeichnet werden soll. Natürlich wird auch der Start- und Endpunkt benötigt.

▶ 06: Wenn das Graphics-Objekt nicht mehr gebraucht wird, muss es wieder freigegeben werden.[1]

Bevor wir das Zeichnen weiter vertiefen, soll ein Überblick über die dafür relevanten Klassen gegeben werden.

31.1   Brush – Pinsel

Pinsel werden primär zum Füllen von Flächen verwendet, können aber auch die Grundlage für Stifte sein, die später noch besprochen werden.

Basisklasse aller Pinsel ist die abstrakte Klasse `Brush`, zu finden im Namensbereich `System::Drawing`. Sie besitzt aber keine erwähnenswerten Elemente. Interessant wird es mit ihren Subklassen.

31.1.1   SolidBrush – eine solide Füllung

Die Verweisklasse `SolidBrush` stellt simple, einfarbige Pinsel bereit.

Konstruktor

```
SolidBrush(Color farbe);
```

---

1 Es sei noch einmal daran erinnert, dass `delete` unter .NET keinen Speicher freigibt, sondern die `Dispose`-Methode aufruft.

Da es sich bei einem `SolidBrush` um einen einfarbigen Pinsel handelt, bietet die Klasse nur einen Konstruktor, dem die entsprechende Farbe übergeben wird.

Folgender Code setzt den Pinsel mit unseren bisherigen Kenntnissen im Konstruktor des Formulars ein:

```
this->Visible=true;
Graphics^ g=this->CreateGraphics();
Brush^ b=gcnew SolidBrush(Color::LightBlue);
g->FillRectangle(b, this->ClientRectangle);
delete(g);
```
Listing 31.2 Der Clientbereich des Formulars mit einem Pinsel gefüllt

31.1.2 TextureBrush – Stempel

Pinsel des Verweistyps `TextureBrush` – zu finden im Namensbereich `System::Drawing` – verwenden eine Grafik, um damit zu füllen. Optisch wirkt der Einsatz eines Texturenpinsels wie ein Stempel, der flächenfüllend verwendet wird.

Konstruktor

```
TextureBrush(Image^ bild);
```

Die Klasse besitzt viele Konstruktoren, der einfachste erwartet das Bild, mit dem der Pinsel arbeiten soll. Abbildung 31.2, linkes Fenster, zeigt einen `TextureBrush`, der mit dem Standard-Icon der Anwendung initialisiert ist. Der Code sieht so aus:

```
TextureBrush^ b=gcnew TextureBrush(
    (gcnew System::Drawing::Icon("app.ico"))->ToBitmap());
```

Das Icon in der Datei »app.ico« wird geladen, aus ihm eine Bitmap erzeugt und diese dem Pinsel übergeben. Diese Anweisung funktioniert so nur, wenn das Programm über die Entwicklungsumgebung gestartet wird, weil das Arbeitsverzeichnis dann dem Projektordner entspricht, in dem sich »app.ico« befindet.

Methoden

Die Klasse besitzt Transformationsmethoden, um die Textur zu drehen, zu skalieren oder zu verschieben. Abbildung 31.2, rechtes Fenster, zeigt den Einsatz einer Rotation um 22,5 Grad. Der Code dazu sieht so aus:

```
b->RotateTransform(22.5);
```

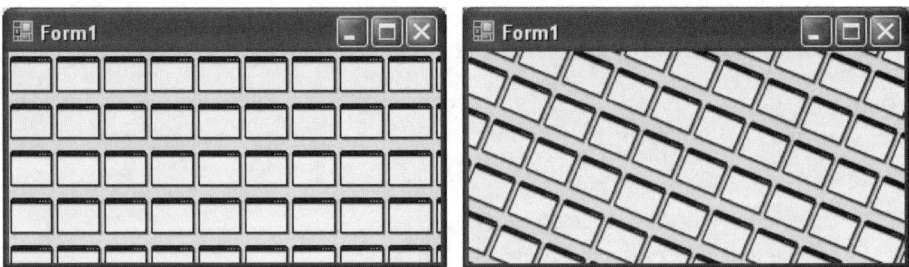

Abbildung 31.2   Der Einsatz von »TextureBrush«

31.1.3   LinearGradientBrush – Farbverlauf

Mit einem Pinsel des Verweistyps `LinearGradientBrush` – zu finden in `System::Drawing::Drawing2D` – können Farbverläufe erzeugt werden.

Konstruktoren

Von den zahlreichen Konstruktoren sind hier zwei herausgepickt, die den größten Teil des Einsatzgebiets abdecken.

```
LinearGradientBrush(Point punkt1, Point punkt2,
                    Color farbe1, Color farbe2);
```

Die beiden Punkte definieren den Start- und Endpunkt des Farbverlaufs. Diese Punkte beziehen sich nicht! auf die zu füllende Fläche, sondern auf die Größe des verfügbaren Zeichenbereichs. Im Falle des Füllens eines Formulars beziehen sich die Punkte auf das gesamte Formular, nicht nur auf den von der Zeichenmethode betroffenen Bereich.

Die beiden Farben definieren den Verlauf von `farbe1` nach `farbe2`. Wenn die beiden Punkte nicht an den Rändern des zu füllenden Bereichs liegen, dann beginnt der Verlauf davor und dahinter von neuem, wie in Abbildung 31.3 zu sehen ist.

```
LinearGradientBrush(Rectangle rechteck,
Color farbe1, Color farbe2, float winkel);
```

Hier wird der Bereich des Farbverlaufs durch ein Rechteck definiert. Der Winkel bestimmt die Richtung des Farbverlaufs, dabei liegen 0 Grad im Osten und laufen im Uhrzeigersinn.

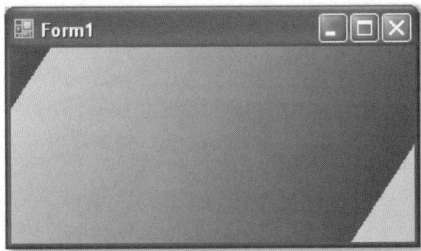

Abbildung 31.3   Ein Farbverlauf mit »LinearGradientBrush«

Abschließend fehlt noch der Code zur Erzeugung des Pinsels, mit dem das Formular in Abbildung 31.3 gefüllt wurde:

```
Point p1(this->ClientRectangle.Left,
         this->ClientRectangle.Top);
p1=Point::Add(p1,System::Drawing::Size(40,40));
Point p2(this->ClientRectangle.Right,
         this->ClientRectangle.Bottom);
p2=Point::Add(p2,System::Drawing::Size(-20,-20));
Drawing2D::LinearGradientBrush^ b=
  gcnew Drawing2D::LinearGradientBrush(p1,p2,
                                Color::LightBlue,
                                Color::DarkGreen);
    b->RotateTransform(22.5);
```

Wie am Code zu sehen ist, besitzt dieser Pinsel auch Transformationsmethoden.

31.1.4   HatchBrush – Pinsel mit Muster

Die Verweisklasse `HatchBrush` steht im Namensbereich `System::Drawing::Drawing2D` und stellt Pinsel mit Muster bereit. Abbildung 31.4 zeigt ein Beispiel

Abbildung 31.4   Ein »HatchBrush« füllt das Fenster

Konstruktoren

Diese Klasse besitzt nur zwei Konstruktoren:

```
HatchBrush(HatchStyle muster, Color vordergrundfarbe);
```

```
HatchBrush(HatchStyle muster,
           Color vordergrundfarbe, Color hintergrundfarbe);
```

Der Konstruktor bekommt das Muster als Wert der HatchStyle-Aufzählung. Diese Aufzählung besitzt über 50 Konstanten, deren Auflistung Ihnen hier erspart bleibt. Wird keine Hintergrundfarbe angegeben, ist sie automatisch schwarz.

31.1.5 Brushes – Pinsel für alle Fälle

Um nicht immer mühselig einen soliden Pinsel mit einer gewünschten Farbe erstellen zu müssen, bietet die Klasse `Brushes` für alle in Tabelle 26.4 vorgestellten Farben eine statische Eigenschaft, die einen Pinsel mit der gewünschten Farbe liefert.

31.2 Pen – Stift

Immer, wenn Linien gezogen werden müssen, wird ein Objekt der Verweisklasse `Pen` benötigt, die im Namensbereich `System::Drawing` beheimatet ist.

Konstruktoren

```
Pen(Brush^ pinsel);
```

```
Pen(Color farbe);
```

```
Pen(Brush^ pinsel, float breite);
```

```
Pen(Color farbe, float breite);
```

Ein Stift kann aus einer Farbe oder einem Pinsel erzeugt werden. Zusätzlich ist noch die Angabe der Stiftbreite möglich.

Die Klasse besitzt Eigenschaften zur Feineinstellung des Verhaltens. So kann beispielsweise bestimmt werden, wie sich der Stift optisch am Anfang oder am Ende einer Linie verhält.

31.2.1 Pens – für jede Farbe einen Stift

Vergleichbar mit `Brushes` liefert die Klasse `Pens` für jede Farbe aus Tabelle 26.4 über eine statische Eigenschaft den jeweiligen Stift dazu.

31.3 Graphics – Zeichenbrett

Wie zu Beginn dieses Kapitels bereits erwähnt, stellt die `Graphics`-Klasse die Schnittstelle zu dem Bereich dar, in den gezeichnet werden kann. Diese Schnittstelle besteht im Wesentlich aus Zeichenfunktionen, auf die wir uns hier auch beschränken wollen. Lediglich ein paar Ausnahmen werden die Regel bestätigen.

31.3.1 Methoden

Für alle Winkelangaben gilt, dass der Winkel im Osten beginnt und dann im Uhrzeigersinn wächst, also 0 Grad ist Osten, 90 Grad liegt im Süden, 180 Grad im Westen und 270 Grad schließlich liegt im Norden.

Von den überladenen Methoden werden immer die mit ganzzahligen Werten vorgestellt. Es gibt aber meist auch Varianten mit Fließkommazahlen (`Rectangle` statt `Rectangle`, beziehungsweise `float` statt `int`).

DrawArc – Ellipsenbogen zeichnen

```
void DrawArc(Pen^ stift, Rectangle rechteck,
             float startwinkel, float spannwinkel);
```

```
void DrawArc(Pen^ stift, int x, int y, int breite, int hoehe,
             int startwinkel, int spannwinkel);
```

zeichnet einen Ellipsenbogen, dessen Ellipse durch das angegebene Rechteck definiert ist. Der Bogen beginnt bei `startwinkel` und spannt sich über den Bereich `spannwinkel`.

DrawEllipse – Ellipse zeichnen

```
void DrawEllipse(Pen^ stift, Rectangle rechteck);
```

```
void DrawEllipse(Pen^ stift,
                 int x, int y, int breite, int hoehe);
```

zeichnet eine Ellipse, deren Ausmaße durch das angegebene Rechteck definiert sind.

DrawIcon – Icon zeichnen

```
void DrawIcon(Icon^ icon, Rectangle zielbereich);
```

```
void DrawIcon(Icon^ icon, int x, int y);
```

zeichnet ein Icon an die angegebene Position. Bei Angabe eines Zielbereichs wird das Icon auf die Abmessungen skaliert.

DrawIconUnstreched – Icon unskaliert zeichnen

```
void DrawIconUnstretched(Icon^ icon, Rectangle zielbereich);
```

zeichnet ein Icon unskaliert in den angegebenen Zielbereich. Ist das Icon zu groß, wird es abgeschnitten.

DrawImage – Bild zeichnen

```
void DrawImage(Image^ bild, int x, int y);
```

zeichnet das Bild an die angegebene Position. Dies ist nur eine der 30 Überladungen, mit denen Teile des Bildes skaliert an eine gewünschte Position gezeichnet werden können.

DrawImageUnscaled – Bild unskaliert zeichnen

```
void DrawImageUnscaled(Image^ bild, int x, int y);
```

zeichnet das Bild unskaliert an die angegebene Position. Wenn keine Skalierung notwendig ist, sollte diese Methode wegen der besseren Performanz `DrawImage` vorgezogen werden.

DrawLine – zeichnet Linie

```
void DrawLine(Pen^ stift, Point punkt1, Point punkt2);
```

```
void DrawLine(Pen^ stift, int x1, int y1, int x2, int y2);
```

zeichnet zwischen den angegebenen Punkten eine Linie.

DrawPie – Kuchenstück zeichnen

```
void DrawPie(Pen^ stift, Rectangle rechteck,
             float startwinkel, float spannwinkel);
```

```
void DrawPie(Pen^ stift, int x, int y, int breite, int hoehe,
             int startwinkel, int spannwinkel);
```

zeichnet ein Stück eines Kuchendiagramms, dessen Ausmaße durch das angegebene Rechteck definiert sind. Das Kuchenstück beginnt bei `startwinkel` und spannt sich über den Bereich `spannwinkel`.

DrawPolygon – Polygon zeichnen

```
void DrawPolygon(Pen^ stift, array<Point>^ punkte);
```

zeichnet ein geschlossenes Polygon, indem die im Array befindlichen Punkte verbunden werden. Zum Schließen der Fläche wird zusätzlich der letzte mit dem ersten Punkt verbunden.

DrawRectangle – Rechteck zeichnen

```
void DrawRectangle(Pen^ stift, Rectangle rechteck);

void DrawRectangle(Pen^ stift,
                   int x, int y, int breite, int hoehe);
```

zeichnet ein Rechteck.

DrawString – zeichnet einen String

```
void DrawString(String^ text, Font^ schriftart,
                Brush^ pinsel, PointF position);
```

zeichnet den Text text mit der Schriftart schriftart und dem Pinsel pinsel an die Position position.

Es existieren auch noch Überladungen, denen ein Stringformat übergeben werden kann.

FillEllipse – gefüllte Ellipse zeichnen

```
void FillEllipse(Brush^ pinsel, Rectangle rechteck);

void FillEllipse(Brush^ pinsel,
                 int x, int y, int breite, int hoehe);
```

zeichnet eine gefüllte Ellipse, deren Ausmaße durch das angegebene Rechteck definiert sind.

FillPie – gefülltes Kuchenstück zeichnen

```
void FillPie(Brush^ pinsel, Rectangle rechteck,
             float startwinkel, float spannwinkel);

void FillPie(Brush^ pinsel, int x, int y, int breite, int hoehe,
             int startwinkel, int spannwinkel);
```

zeichnet ein Stück eines gefüllten Kuchendiagramms, dessen Ausmaße durch das angegebene Rechteck definiert sind. Das Kuchenstück beginnt bei startwinkel und spannt sich über den Bereich spannwinkel.

FillPolygon – gefülltes Polygon zeichnen

```
void FillPolygon(Brush^ pinsel, array<Point>^ punkte);
```

zeichnet ein gefülltes Polygon, indem die im Array befindlichen Punkte verbunden werden. Zum Schließen der Fläche wird zusätzlich der letzte mit dem ersten Punkt verbunden.

FillRectangle – gefülltes Rechteck zeichnen

```
void FillRectangle(Brush^ pinsel, Rectangle rechteck);

void FillRectangle(Brush^ pinsel,
                   int x, int y, int breite, int hoehe);
```

zeichnet ein gefülltes Rechteck.

FromImage – Graphics für Image erstellen

```
static Graphics^ FromImage(Image^ bild);
```

Diese statische Methode liefert für das angegebene Bild ein `Graphics`-Objekt, mit dem dann in das Bild gezeichnet werden kann.

MeasureString – Stringausmaße bestimmen

```
SizeF MeasureString(String^ text, Font^ sxhriftart);
```

liefert die Ausmaße, die der Text einnimmt, wenn er mit der angegebenen Schriftart gezeichnet würde.

31.4 Zeichnen über Paint

Kommen wir auf das Problem am Anfang des Kapitels zurück. Die in das Fenster gezeichnete Linie verschwand, wenn sie von etwas überdeckt wurde.

Wenn ein vormals verdecktes Fenster wieder sichtbar sein soll, muss es neu gezeichnet werden. Auch wenn es durch die enorme Geschwindigkeit nicht auffällt, jeder verdeckte Teil des Fensters wird neu gezeichnet. Nur unsere Linie nicht. Das ist der Grund ihres Verschwindens.

Wenn wir informiert würden, wann ein Neuzeichnen ansteht, dann könnten wir die Linie ebenfalls neu zeichnen und sie würde nicht mehr verschwinden. Wie es der Zufall so will, gibt es das `Paint`-Ereignis, das immer dann aufgerufen wird, wenn Bereiche neu gezeichnet werden müssen.

Das Ereignis ist über den Designer schnell abonniert und braucht nur noch mit Leben gefüllt zu werden. Das an den Handler übergebene `PaintEventArgs`-Objekt besitzt als Eigenschaft das zu verwendende `Graphics`-Objekt. Nun muss nur noch der Code aus dem Konstruktor in den Handler verschoben werden:

```
private: System::Void Form1_Paint(System::Object^ sender,
        System::Windows::Forms::PaintEventArgs^ e) {
  Graphics^ g=e->Graphics;
  Point p1(this->ClientRectangle.Left,
        this->ClientRectangle.Top);
  Point p2(this->ClientRectangle.Right,
        this->ClientRectangle.Bottom);
  g->DrawLine(gcnew Pen(Color::Black,5),p1,p2);
}
```

Listing 31.3 Ein Event-Handler für Paint

In diesem Beispiel wurde ein etwas dickerer Stift verwendet als im Konstruktor-Beispiel.

Das Anlegen des Verweises g ist nicht notwendig, verkürzt nur den späteren Zugriff auf das `Graphics`-Objekt. Wir haben das `Graphics`-Objekt nicht selbst erstellt, deswegen müssen wir es auch nicht mit `delete` freigeben.

31.4.1 Partielles Neuzeichnen

Wenn nun das Fenster im Hintergrund war oder teilweise verdeckt wurde, dann wird es neu gezeichnet. Allerdings treten jetzt seltsame Phänomene auf, wenn die Größe des Fensters verändert wird, wie Abbildung 31.5 zeigt.

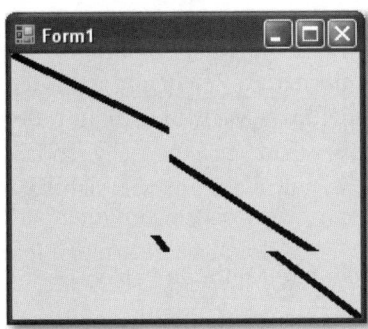

Abbildung 31.5 Auftretende Probleme bei der Größenänderung

Ursache dieser Merkwürdigkeiten ist der Algorithmus zum Neuzeichnen des Fensters, der diese Prozedur derart optimiert, dass nur die Bereiche des Fensters zum Neuzeichnen aufgefordert werden, die verdeckt waren oder durch Größenveränderung neu hinzugekommen sind. Diesen neu zu zeichnenden Bereich kann der Programmierer über die `ClipRectangle`-Eigenschaft des `PaintEventArgs`-Objekts ermitteln.

Da das Aussehen der Linie bei uns von der Größe abhängig ist, versagt dieses Verhalten hier. Wir müssen der Zeichenroutine also mitteilen, dass bei einer Größenänderung das komplette Element – hier das Formular – neu gezeichnet werden soll. Dazu stellt die Basisklasse Control die geschützte Eigenschaft `ResizeRedraw` bereit, die, wenn auf `true` gesetzt, ein komplettes Neuzeichnen bei Größenänderung bewirkt.

Die geschützten Elemente können nicht über den Designer gesetzt werden, deshalb muss diese Zuweisung im Konstruktor des Formulars vorgenommen werden:

```
ResizeRedraw=true;
```

31.4.2 Double Buffering

Wenn Sie im Paint-Handler aufwendigere Zeichenaktionen vornehmen, wie beispielsweise das Füllen des gesamten Clientbereichs:

```
g->FillRectangle(Brushes::Black, this->ClientRectangle);
```

dann kann bei einer kontinuierlichen Größenveränderung ein störendes Flimmern entstehen.[2] Das liegt daran, dass die Zeichenroutine vor jedem Neuzeichnen den Bildschirm erst einmal löschen muss. Um diese zwischenzeitliche Abwesenheit von Inhalt nicht zu sehen, kann die Technik des *Double Buffering* (zu Deutsch »doppeltes Puffern«) angewendet werden.

Bei diesem Verfahren werden zwei Zeichenbereiche eingesetzt. Während der eine Zeichenbereich noch zu sehen ist, werden die neuen Zeichenoperationen auf dem anderen Zeichenbereich unsichtbar ausgeführt. Nach Beendigung der Zeichenoperationen werden die beiden Zeichenbereiche ausgetauscht, sodass der gerade bearbeitete Zeichenbereich nun sichtbar ist und der vormals sichtbare im Hintergrund zum Zeichnen verwendet wird.

Double Buffering wird eingeschaltet über die geschützte Methode `SetStyle`, die eine Kombination von `ControlStyles`-Werten übergeben bekommt:[3]

---

2 Um dieses Flimmern zu sehen, muss unter Windows die Anzeige des Fensterinhalts bei Verschieben aktiviert sein.

3 Wie Werte einzelner Flags kombiniert werden, ist Thema in Abschnitt 17.9.2.

```
SetStyle(ControlStyles::DoubleBuffer|
        ControlStyles::UserPaint|
        ControlStyles::AllPaintingInWmPaint,true);
```

Wenn Double Buffering eingeschaltet wird, sollte das Zeichnen vom eigenen Code vorgenommen (UserPaint) und das Löschen des Hintergrunds abgeschaltet werden (AllPaintingInWmPaint).

Es gibt noch einige andere ControlStyles, die hier aber nicht aufgeführt werden.

31.5 Zusammenfassung

In diesem Kapitel stand die grafische Ausgabe im Mittelpunkt.

Es wurden verschiedenen Pinsel vorgestellt, die allesamt Subklassen von Brush und hauptsächlich für das Füllen von Flächen gedacht sind. Die Klasse Brushes stellt Pinsel für die gängigsten Farben bereit.

Ein Stift – Objekte der Klasse Pen – wird zum Zeichnen verwendet und kann aus einer Farbe oder einem Pinsel erstellt werden. Für die üblichen Farben liefert die Klasse Pens bereits fertige Stifte.

Zeichenoperationen werden normalerweise im Paint-Handler vorgenommen, weil dieser bei jedem Neuzeichnen aufgerufen und das eigene Zeichnen dadurch aktualisiert wird.

31.6 Übungen

1. Implementieren Sie einen eigenen Paint-Handler und wenden Sie einzelne Zeichenmethoden an.
2. Bilden Sie die in Abbildung 31.6 dargestellte Figur mit Zeichenmethoden nach.
3. Entwerfen Sie eigene komplexere Zeichenoperationen, die Sie mit den Graphics-Methoden umsetzen.

Abbildung 31.6 Ein Übungsbeispiel

Wenn man Spaß an einer Sache hat, dann nimmt man sie auch ernst.
– Gerhard Uhlenbruck

32 Praktische Anwendung II

Dieses Kapitel zeigt die neuen Elemente – auch im Zusammenspiel mit den vorher besprochenen – in der Praxis.

32.1 Ein Scherzdialog

Wir haben im vorigen Praxiskapitel die File-Dialoge eingesetzt und im Anhang werden Sie noch andere Dialoge kennenlernen. Wie aber werden eigene Dialoge programmiert?

Das soll an einem kleinen Projekt namens »SpassDialog« demonstriert werden, dessen Hauptfenster lediglich eine Schaltfläche besitzt, über die ein eigener Dialog geöffnet wird. Dieser Dialog stellt die nicht ernst gemeinte Frage, ob alle Festplatten formatiert werden sollen (Abbildung 32.1). Als kleiner Gag – und um das Beispiel nicht zu banal zu gestalten – wechselt die Beschriftung der Schaltflächen, wenn der Anwender auf »Nein« fährt.

Abbildung 32.1 Der »SpassDialog«

32.1.1 Entwurf im Designer

Das Erstellen des Hauptformulars mit der Schaltfläche und einem leeren Click-Handler sind mittlerweile keine Schwierigkeit mehr und sollen hier auch nicht weiter ausgeführt werden.

Wie aber wird nun der Dialog erstellt? Technisch ist ein Dialog zunächst einmal nichts anderes als ein Formular. Der erste Schritt zu einem eigenen Dialog liegt daher im Anlegen eines weiteren Formulars. Dazu klicken Sie Ihr Projekt mit der rechten Maustaste an, wählen **Hinzufügen** und dann **Neues Element**. Daraufhin öffnet sich das in Abbildung 32.2 zu sehende Fenster.

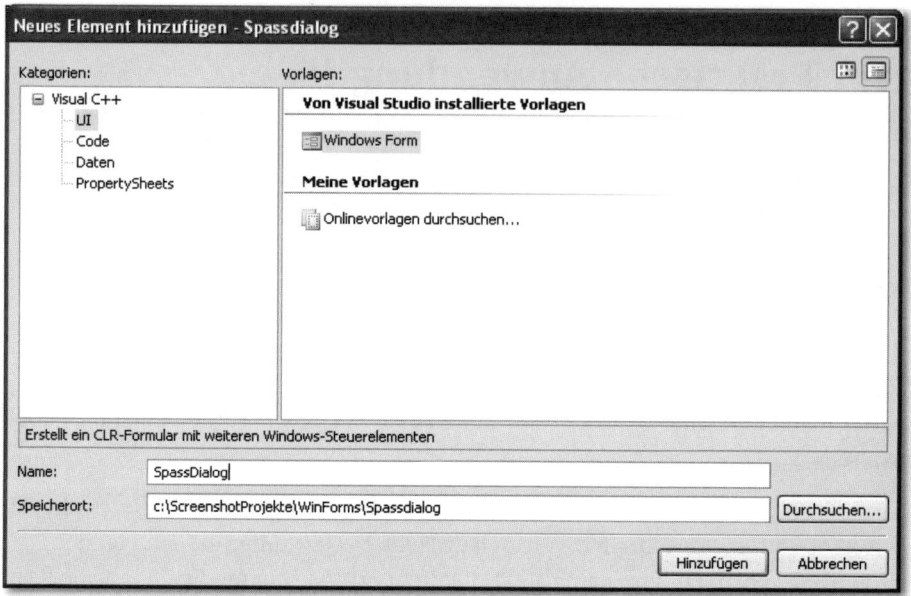

Abbildung 32.2   Neues Formular hinzufügen

Als Kategorie wählen Sie **UI** für User Inferface und finden dort eine einizge Vorlage: **Windows Form**. Geben Sie unter **Name** den Namen der neuen Formularklasse an und klicken Sie auf **Hinzufügen**.

Das neu angelegte Formular erscheint im Designer und wird dort genau so bearbeitet, wie Sie es von den bisherigen Formularen kennen.

Es werden die Beschriftung und die beiden Schaltflächen hinzugefügt und deren Schriftart angepasst. Die Schaltflächen besitzen eine Eigenschaft `DialogResult`, deren Wert bei Anklicken automatisch der DialogResult des Formulars zugewiesen wird. Weil das Anklicken der Schaltflächen hier nun keine echte Bedeutung hat, bekommen beide Schaltflächen den Wert `OK`.

32.1.2   Die Implementierung der Handler

Nun müssen wir das Spaßdialog-Formular als Dialog anzeigen lassen. Der Code dazu wird im Click-Handler der Hauptformularschaltfläche untergebracht. Damit dort die andere Formularklasse aber bekannt ist, muss, wie in C++ üblich, deren Header-Datei eingebunden werden. Ganz oben in Form1.h steht dann also

```
#include "SpassDialog1.h"
```

Die Entwicklungsumgebung hat die Datei eigenständig mit »SpassDialog1.h« benannt.

Nun legen wir im Handler einfach ein Objekt der neuen Klasse an und rufen für sie ShowDialog auf:

```
System::Void button1_Click(System::Object^  sender,
                           System::EventArgs^  e) {
  SpassDialog^ dlg=gcnew SpassDialog;
  dlg->ShowDialog();
}
```

Listing 32.1 Das Öffnen eines eigenen Dialogs

Durch den Showdialog-Aufruf wird das Formular modal geöffnet, wie es sich für einen Dialog gehört. Aber ShowDialog hat noch eine weitere Besonderheit:

> Wird ein Formular mit ShowDialog geöffnet, dann hat eine Zuweisung an die Eigenschaft DialogResult automatisch ein Schließen des Formulars zur Folge.

Weil die Schaltflächen durch das Setzen von DialogResult diesen Wert beim Anklicken automatisch dem Formular zuweisen, hat ein Anklicken der Buttons ein Schließen des Dialogs zur Folge. Das Formular liefert seinen DialogResult-Wert über den Rückgabewert von ShowDialog an den Aufrufer, der diesen Wert dann auswerten könnte. Diese Auswertung hat im konkreten Beispiel aber keinen Sinn.

Zum Schluss fehlen noch die beiden Ereignis-Handler für die Schaltflächen des Dialogs, die den Text vertauschen:

```
System::Void button1_MouseEnter(System::Object^ sender,
                                System::EventArgs^  e) {
  button1->Text="Ja";
  button2->Text="Nein";
}
System::Void button2_MouseEnter(System::Object^  sender,
                                System::EventArgs^  e) {
  button2->Text="Ja";
  button1->Text="Nein";
}
```

Listing 32.2 Die Click-Handler des Dialogs

32.2 Ein Telefonbuch

Dieses Projekt wird etwas aufwendiger. Von der Funktionalität her soll zwar nur ein einfaches Telefonbuch entstehen, das Namen mit dazugehörigen Telefonnummern verwalten kann, aber wir werden viele der besprochenen Elemente einsetzen und der Anwendung im Rahmen ihrer Möglichkeiten ein professionelles Verhalten mitgeben. Abbildung 32.3 zeigt das Hauptfenster des Telefonbuchs.

Folgende Punkte sollen programmtechnisch umgesetzt werden:

▶ Die Telefonbucheinträge stehen in einer ListView mit Detailansicht und zwei Spalten für Name und Telefonnummer. Die Einträge sind aufsteigend sortiert.

▶ Vor dem Eintrag macht eins von zwei Icons kenntlich, ob bei dem Eintrag noch die Telefonnummer fehlt oder der Eintrag komplett ist.

▶ Die für das Hinzufügen von Einträgen notwendigen Steuerelemente werden in einer Symbolleiste untergebracht.

▶ Wird ein Eintrag hinzugefügt, dessen Name bereits existiert, dann wird der alte Eintrag überschrieben.

▶ Nach dem Hinzufügen/Überschreiben werden die Textboxen in der Symbolleiste für die nächste Eingabe geleert.

▶ Damit die Telefonnummer auf einfache Weise verändert werden kann, werden Name und Telefonnummer einen Eintrag bei einem Doppelklick darauf in die Textboxen der Symbolleiste eingetragen.

▶ Die Statusleiste enthält ein Feld, das die Anzahl der Einträge im Telefonbuch darstellt.

▶ Die Menüleiste besitzt einen Hauptpunkt »Datei« mit den in Abbildung 32.4 gezeigten Unterpunkten.

▶ Im Titel des Fensters ist der Name der momentan geöffneten Telefonbuchdatei zu sehen.

▶ Wenn eine Aktion ausgeführt werden soll, die den Verlust nicht gespeicherter Daten zur Folge hat (»Neu«, »Laden« und »Fenster schließen«), dann soll der in Abbildung 32.5 zu sehende Dialog eingeblendet werden. Klickt der Anwender auf »Abbrechen«, wird die Aktion abgebrochen. Klickt er auf »Nein«, wird die Aktion fortgeführt und die nicht gespeicherten Daten gehen verloren. Klickt er auf »Ja«, werden die Daten vor dem Ausführen der Aktion gespeichert. Sollte noch kein Dateiname existieren, wird der Anwender über einen File-Dialog nach diesem gefragt.

▶ Es können mehrere Einträge selektiert und über den Punkt »Löschen« des Kontextmenüs gelöscht werden.

Abbildung 32.3   Das Telefonbuch in Aktion

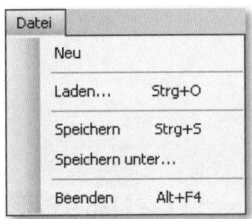

Abbildung 32.4   Die Menüpunkte der Menüleiste

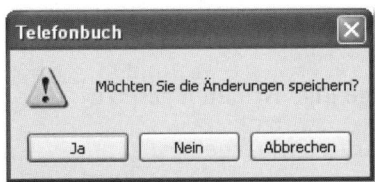

Abbildung 32.5   Der Dialog zum Schutz vor Datenverlust

32.2.1   Entwurf im Designer

Über den Designer werden die für das Projekt notwendigen Elemente zusammengestellt und positioniert. Abbildung 32.6 zeigt das Projekt im Designer.

Die Symbolleiste besteht aus zwei Beschriftungen, zwei Texboxen und einer Schaltfläche. In der Statusleiste befindet sich nur eine Beschriftung mit Rahmen. Das Kontextmenü enthält als einzigen Punkt »Löschen«. Der Bilderliste werden die beiden Icons hinzugefügt. Das Icon für »Telefonnummer fehlt« liegt an Index 0, das für »Eintrag vollständig« an Index 1.

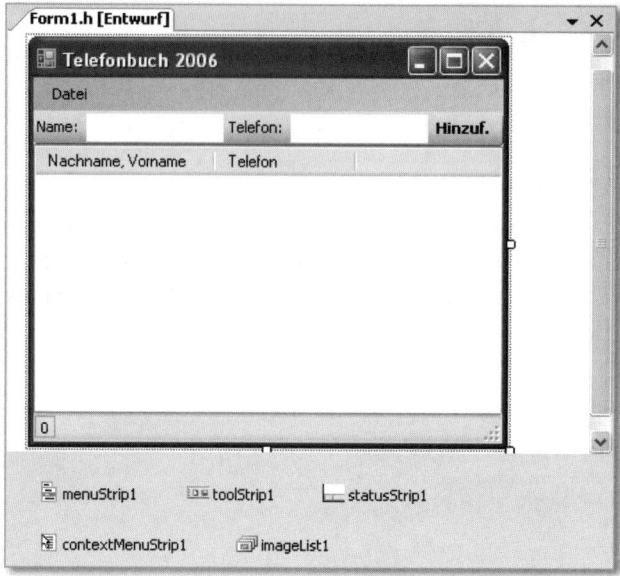

Abbildung 32.6 Das Telefonbuch im Designer

Das Formular

Das Formular bekommt eine Minimalgröße und über StartPosition gleich CenterScreen bei Programmstart eine zentrale Position auf dem Desktop.

Der Titel wird auf »Telefonbuch 2006« gesetzt.

Die ListView

Über den Designer werden für die ListView einige Eigenschaften gesetzt:

▶ Columns bekommt die beiden Spaltenüberschriften hinzugefügt.

▶ ContextMenuStrip bekommt contextMenuStrip1 zugewiesen, damit über der ListView ein Kontextmenü verfügbar ist.

▶ Dock wird auf Fill gesetzt, damit die ListView den ganzen Fensterbereich ausfüllt.

▶ FullRowSelect wird true für komplett anklickbare Zeilen in der ListView.

▶ ShowGroups wird false, weil Gruppen nicht benötigt werden.

▶ Sorting bekommt den Wert Ascending für aufsteigendes Sortieren.

▶ StateImageList verweist auf die im Designer angelegte imageList1

▶ View erzeugt mit Details die Detailansicht.

Die Menüleiste

Die entsprechenden Menüpunkte bekommen ihre Tastenkombination über ShortcutKeys zugewiesen.

32.2.2 Vorbereitende Programmierung

Damit später über die Oberfläche die Funktionalität der Anwendung ansprechbar ist, muss diese Funktionalität erst einmal programmiert werden. Wir schauen uns daher zunächst die grundlegenden Methoden an, auf die später die Ereignis-Handler zugreifen werden.

Private Attribute

Die Formularklasse wird manuell um zwei private Attribute erweitert.

```
String^ telbuchname;
bool geändert;
```

Das eine Attribut speichert den kompletten Pfad der aktuell dargestellten Telefonbuchdatei. Über geändert wird nachgehalten, ob in der Anwendung ungesicherte Dateien existieren.

UpdateAnzahl

Diese Methode aktualisiert die in der Statusleiste dargestellte Elementanzahl:

```
void UpdateAnzahl() {
  lblAnz->Text=listView1->Items->Count.ToString();
}
```
Listing 32.3 Die Methode UpdateAnzahl

Um einfacher auf das Label zugreifen zu können, wurde sein Verweis in lblAnz umbenannt. Die Anzahl der Listenelemente wird als Text in die Beschriftung geschrieben.

Der in der Anwendung verwendete Verweisname kann im Designer über die Eigenschaft (Name) geändert werden. Es handelt sich hierbei nicht um eine tatsächliche Eigenschaft des Steuerelements. Beachten Sie, dass sich diese Änderung nur auf den vom Designer erzeugten Programmcode auswirkt. Wenn beispielsweise nach der Programmierung von UpdateAnzahl der Name des Labels geändert wird, dann muss diese Änderung in UpdateAnzahl manuell vorgenommen werden.

UpdateTitel

Diese Methode setzt den Titel des Fensters. Ist keine Datei geöffnet, steht im Titel lediglich »Telefonbuch 2006«. Bei vorhandenem Dateinamen wird dieser aus dem Pfad extrahiert und in den Titel eingebaut:

```
void UpdateTitel() {
  if(telbuchname=="")
    this->Text="Telefonbuch 2006";
  else {
    String^ name=telbuchname->Substring(
             telbuchname->LastIndexOf("\\")+1);
    this->Text=name+" - Telefonbuch 2006";
  }
}
```

Listing 32.4   Die Methode »UpdateTitel«

SetIcon

Diese Methode prüft für ein übergebenes Listenelement nach, ob eine Telefonnummer vorhanden ist und setzt dementsprechend das dazugehörige Icon:

```
void SetIcon(ListViewItem^ lvi) {
  if(lvi->SubItems[1]->Text=="")
    lvi->StateImageIndex=0;
  else
    lvi->StateImageIndex=1;
}
```

Listing 32.5   Die Methode »SetIcon«

Auf den ersten Blick seltsam scheint der Index 1, um auf die Telefonnummer zuzugreifen, müsste darüber doch eigentlich das zweite `ListViewSubItem` angesprochen werden. Genauso ist es auch. Die Auflistung der Unterelemente enthält als erstes Unterelement ein Element mit dem Text des `ListViewItem`-Objekts. Auf diese Weise können alle Spalten gleich behandelt werden, obwohl technisch die erste Spalte einer `ListView` ein `ListViewItem` ist und alle anderen Spalten aus `ListViewSubItem`-Objekten bestehen.

DatenSpeichern

Diese Methode speichert losgelöst von jeglichem Kontext einfach alle in der List-View befindlichen Daten in die Datei mit dem übergebenen Pfad. Die in dieser Anwendung verwalteten Daten sind so simpel in ihrer Struktur, dass sich eine eigene Datenstruktur für sie nicht lohnt. Sie werden einfach direkt in der List-View abgelegt und von dort aus in eine Datei gespeichert:

```
01:    bool DatenSpeichern(String^ name) {
02:      try {
03:        IO::FileStream^ fs=
                gcnew IO::FileStream(name,
                                     IO::FileMode::Create,
                                     IO::FileAccess::Write);
04:        IO::BinaryWriter^ dat=gcnew IO::BinaryWriter(fs);
05:        dat->Write(listView1->Items->Count);
06:        for each(ListViewItem^ lvi in listView1->Items) {
07:          dat->Write(lvi->Text);
08:          dat->Write(lvi->SubItems[1]->Text);
09:        }
10:        dat->Close();
11:        return(true);
12:      }
13:      catch(IO::IOException^ e) {
14:        MessageBox::Show("Speicherfehler!",
                           "Telefonbuch",
                           MessageBoxButtons::OK,
                           MessageBoxIcon::Exclamation);
15:        return(false);
16:      }
17:    }
```

Listing 32.6 Die Methode »DatenSpeichern«

▶ 03: Öffnen eines Dateistroms zum Schreiben. Sollte die Datei bereits existieren, dann wird sie überschrieben.

▶ 04: Ein `BinaryWriter` zum binären Schreiben von Daten wird erzeugt.

▶ 05: Der erste in die Datei geschriebene Wert ist die Anzahl der folgenden Einträge. Damit ist später beim Einlesen die Anzahl der Elemente in der Datei bereits zu Beginn bekannt.

▶ 06–09: Über eine `for each`-Schleife werden die Texte aller Elemente der List-View in die Datei geschrieben.

▶ 10: Der Writer und damit auch der Strom werden geschlossen.

▶ 11: Das erfolgreiche Speichern wird als boolescher Wert zurückgeliefert.

▶ 13–16: Sollte ein Fehler aufgetreten sein, wird dies dem Anwender mitgeteilt und die Methode mit `false` beendet.

DatenLaden

Über die Methode `DatenLaden` werden die Daten aus einer Telefonbuchdatei in die ListView geladen. Die vorher in der ListView enthaltenen Einträge gehen verloren.

```
01:  bool DatenLaden(String^ name) {
02:    try {
03:      listView1->BeginUpdate();
04:      listView1->Items->Clear();
05:      IO::FileStream^ fs=
              gcnew IO::FileStream(name,
                                 IO::FileMode::Open,
                                 IO::FileAccess::Read);
06:      IO::BinaryReader^ dat=gcnew IO::BinaryReader(fs);
07:      int anz=dat->ReadInt32();
08:      for(int i=0; i<anz; ++i) {
09:        ListViewItem^ lvi=
                  gcnew ListViewItem(dat->ReadString());
10:        lvi->SubItems->Add(dat->ReadString());
11:        SetIcon(lvi);
12:        listView1->Items->Add(lvi);
13:      }
14:      dat->Close();
15:      UpdateAnzahl();
16:      return(true);
17:    }
18:    catch(IO::IOException^ e) {
19:      listView1->Items->Clear();
20:      MessageBox::Show("Ladefehler!",
                  "Telefonbuch",
                  MessageBoxButtons::OK,
                  MessageBoxIcon::Exclamation);
21:      return(false);
22:    }
23:    finally {
24:      listView1->EndUpdate();
25:    }
26:  }
```

Listing 32.7 Die Methode »DatenLaden«

▶ 03: Das Füllen der ListView mit gespeicherten Daten kann je nach Dateigröße viele Elemente betragen. Deshalb wird für diesen Vorgang das Neuzeichnen des Steuerelements abgeschaltet. Andernfalls würde bei jedem eingefügten

Element die ListView neu gezeichnet, was sich optisch als störendes Flackern präsentieren würde.

▸ 04: Alle in der Liste befindlichen Einträge werden gelöscht. Beachten Sie, dass die Clear-Methode von Items aufgerufen wurde, die nur ein Löschen der Elemente zur Folge hat. Bei einem Aufruf der Clear-Methode von ListView wären die Spaltenüberschriften ebenfalls der Reinigungsaktion zum Opfer gefallen.

▸ 05: Ein Dateistrom wird zum Lesen an eine Datei gebunden. Die Datei muss vorhanden sein.

▸ 06: Ein BinaryReader wird für diesen Dateistrom angelegt.

▸ 07: Die Anzahl der Einträge in der Datei wird gelesen.

▸ 08–13: Die Einträge werden gelesen, in ListViewItem-Objekte gepackt und diese der ListView hinzugefügt. Für jedes ListViewItem wird SetIcon aufgerufen, um das passende Icon zu bestimmen.

▸ 14: Die Datei wird geschlossen.

▸ 15: Die in der Statusleiste angezeigte Elementanzahl wird aktualisiert.

▸ 16: Das erfolgreiche Laden wird mitgeteilt.

▸ 18–22: Schlägt das Laden fehl, sind die bis dahin in die ListView übertragenen Daten bestenfalls unvollständig und werden sicherheitshalber gelöscht. Der Anwender bekommt eine Information über das Scheitern, anschließend wird die Methode mit false verlassen.

▸ 23–25: Egal ob das Laden erfolgreich war oder fehlschlug, das Steuerelement muss sich wieder zeichnen können, daher steht der Aufruf von EndUpdate im finally-Block der Ausnahmebehandlung, der immer ausgeführt wird.

SpeichernUnter

Die Methode DatenSpeichern ist für das technische Speichern der Daten verantwortlich. Die Kommunikation mit dem Anwender übernimmt SpeichernUnter:

```
01:    bool SpeichernUnter() {
02:      SaveFileDialog^ dlg=gcnew SaveFileDialog;
03:      dlg->Filter="Telefonbuchdateien (*.tbd)|*.tbd";
04:      dlg->AddExtension=true;
05:      dlg->DefaultExt="tbd";
06:      if(System::Windows::Forms::DialogResult::OK!=
             dlg->ShowDialog())
07:        return(false);
08:      bool res=DatenSpeichern(dlg->FileName);
09:      if(res) {
```

```
10:      telbuchname=dlg->FileName;
11:      UpdateTitel();
12:      geändert=false;
13:    }
14:    return(res);
15:  }
```

Listing 32.8 Die Methode »SpeichernUnter«

▶ 02–05: Es wird ein `SaveFileDialog` angelegt, der Filter auf das eigene Format .tbd gesetzt und die automatische Vervollständigung mit einer Dateinamenerweiterung aktiviert.

▶ 06–07: Wenn der Anwender den Dialog nicht mit OK beendet, wird die Aktion abgebrochen.

▶ 08: Die Daten werden gespeichert und der Ausgang in `res` abgelegt.

▶ 09: War das Speichern erfolgreich, wird der Dateiname zum Namen der augenblicklich in der ListView enthaltenen Daten, der Fenstertitel wird angepasst und das `geändert`-Flag auf `false` gesetzt.

▶ 14: Das Ergebnis des Speicherns wird zurückgegeben.

DatenSichern

Die Methode `DatenSichern` gibt dem Anwender die Gelegenheit, von Verlust bedrohte Daten zu speichern, die Daten zu verwerfen oder die bedrohte Aktion zu unterbrechen. Die Methode liefert `true` zurück, wenn der Anwender die Daten gespeichert hat oder ihm der Verlust der Daten nichts ausmacht. Der Wert `false` signalisiert einer aufrufenden Aktion den Abbruch.

```
01:  bool DatenSichern() {
02:    if(!geändert || listView1->Items->Count==0) {
03:      geändert=false;
04:      return(true);
05:    }
06:    System::Windows::Forms::DialogResult dr;
07:    dr=MessageBox::Show(
            "Möchten Sie die Änderungen speichern?",
            "Telefonbuch",
            MessageBoxButtons::YesNoCancel,
            MessageBoxIcon::Exclamation);
08:    if(dr==System::Windows::Forms::DialogResult::No)
09:      return(true);
10:    if(dr==System::Windows::Forms::DialogResult::Cancel)
11:      return(false);
12:    bool res;
```

```
13:     if(telbuchname=="")
14:         res=SpeichernUnter();
15:     else
16:         res=DatenSpeichern(telbuchname);
17:     if(res)
18:         geändert=false;
19:     return(res);
20: }
```
Listing 32.9 Die Methode »DatenSichern«

- ▶ 02–05: Wenn die Daten nicht geändert wurden oder keine Daten vorhanden sind, dann sind auch keine Daten in Gefahr; die Methode gibt `true` zurück.

- ▶ 06–07: Der Anwender wird mit dem Dialog aus Abbildung 32.5 konfrontiert und seine Reaktion in `dr` gespeichert.

- ▶ 08–09: Hat der Anwender auf »Nein« geklickt, dann dürfen die ungesicherten Daten verloren gehen; die Methode liefert `true`.

- ▶ 10–11: Hat der Anwender auf »Abbrechen« geklickt, soll die Aktion abgebrochen werden; die Methode liefert `false` zurück.

- ▶ 12: Kommt die Methode bis in diese Zeile, dann ist klar: der Anwender hat auf »Ja« geklickt.

- ▶ 13–16: Wurden die Daten früher bereits in eine Datei gespeichert, dann werden sie dort nochmals gespeichert, ohne den Anwender nach einem Speicherort zu fragen. Sind die Daten bisher noch nicht abgespeichert worden, dann wird der Anwender aufgefordert, eine Zieldatei auszuwählen.

- ▶ 17–18: Wenn die Daten erfolgreich abgespeichert wurden, dann wird `geändert` auf `false` gesetzt.

- ▶ 19: Das Ergebnis des Speichervorgangs wird zurückgegeben; war das Speichern erfolgreich, können die Daten verloren gehen, ging das Speichern schief, dann sind die Daten noch gefährdet und die Aktion muss abgebrochen werden.

Laden

Die Methode `Laden` bildet die Verbindung zwischen dem technischen Laden der Daten und der Kommunikation mit dem Anwender, um in Erfahrung zu bringen, welche Daten er geladen haben möchte.

```
01: bool Laden() {
02:     if(!DatenSichern())
03:         return(false);
04:     OpenFileDialog^ dlg=gcnew OpenFileDialog;
```

```
05:     dlg->Filter="Telefonbuchdateien (*.tbd)|*.tbd";
06:     dlg->AddExtension=true;
07:     dlg->DefaultExt="tbd";
08:     if(System::Windows::Forms::DialogResult::OK!=
            dlg->ShowDialog())
09:       return(false);
10:     if(DatenLaden(dlg->FileName)) {
11:       telbuchname=dlg->FileName;
12:       UpdateTitel();
13:       geändert=false;
14:       return(true);
15:     }
16:     else {
17:       telbuchname="";
18:       return(false);
19:     }
20:   }
```

Listing 32.10 Die Methode »Laden«

02–03: Es wird nach zu sichernden Daten geprüft. Wenn der Anwender die Ladeaktion abgebrochen haben möchte, dann endet die Methode mit `false`.

04–07: Es wird ein OpenFileDialog angelegt, der Filter auf das eigene Format .tbd gesetzt und die automatische Vervollständigung mit einer Dateinamenerweiterung aktiviert.

08–09: Wenn der Anwender den Dialog nicht mit OK beendet, gibt es nichts zu laden und die Methode endet.

10–15: Wenn das tatsächliche Laden der Daten erfolgreich war, wird der Dateiname übernommen, der Fenstertitel angepasst und `geändert` auf `false` gesetzt. Die Methode endet erfolgreich.

16–19: Wurde das Laden erfolglos abgebrochen, wird der Dateiname gelöscht und die Methode mit false beendet.

32.2.3 Behandlung der Ereignisse

Mit den zuvor besprochenen Methoden haben wir die grundlegende Funktionalität beisammen, um auf die Ereignisse der Steuerelemente zu reagieren.

Menüpunkt »Beenden«

Einer der beiden einfachsten Handler ist der für den Menüpunkt »Beenden«:

```
System::Void beendenToolStripMenuItem_Click(
                System::Object^  sender,
                System::EventArgs^  e) {
  this->Close();
}
```

Listing 32.11 Der Click-Handler für »Beenden«

Er ruft einfach die Methode `Close` des Formulars auf.

Formular schließen

Dieser Handler wird aufgerufen, wenn das Formular über den Menüpunkt »Beenden« oder über die entsprechende Schaltfläche in der Fenstertitelleiste geschlossen werden soll:

```
System::Void Form1_FormClosing(System::Object^ sender,
      System::Windows::Forms::FormClosingEventArgs^  e) {
  e->Cancel=!DatenSichern();
}
```

Listing 32.12 Der FormClosing-Handler des Formulars

Wenn die Methode `DatenSichern` den Wert `false` zurückliefert, die Aktion also abgebrochen werden muss, dann wird `Cancel` als Negation des Rückgabewerts auf `true` gesetzt und das Schließen damit abgebrochen.

Menüpunkt »Neu«

```
01:  System::Void neuToolStripMenuItem_Click(
              System::Object^  sender,
              System::EventArgs^  e) {
02:    if(DatenSichern()) {
03:      listView1->Items->Clear();
04:      telbuchname="";
05:      geändert=false;
06:      UpdateAnzahl();
07:      UpdateTitel();
08:    }
09:  }
```

Listing 32.13 Der Click-Handler des Menüpunkts »Neu«

▶ 03: Über `DatenSichern` bekommt der Anwender die Möglichkeit, noch ungesicherte Daten zu speichern oder die Aktion abzubrechen.

▶ 03–07: Um ein neues Telefonbuch zu beginnen, werden die Einträge in der
ListView und der Dateiname gelöscht, die Anzahl und der Fenstertitel aktualisiert sowie `geändert` auf `false` gesetzt.

Menüpunkt »Speichern«

Über »Speichern« werden vormals schon gespeicherte Daten unter dem bekannten Dateinamen gespeichert oder vorher ein Dateiname vom Anwender ermittelt:

```
System::Void speichernToolStripMenuItem_Click(
                 System::Object^ sender,
                 System::EventArgs^ e) {
  if(telbuchname=="")
    SpeichernUnter();
  else
    DatenSpeichern(telbuchname);
}
```

Listing 32.14 Der Click-Handler des Menüpunkts »Speichern«

Menüpunkt »Speichern unter«

Diese Methode dürfte keine Fragen aufwerfen:

```
System::Void speichernUnterToolStripMenuItem_Click(
                 System::Object^ sender,
                 System::EventArgs^ e) {
  SpeichernUnter();
}
```

Listing 32.15 Der Click-Handler des Menüpunkts »Speichern unter«

Menüpunkt »Laden«

Auch dieser Handler ist überschaubar:

```
System::Void ladenToolStripMenuItem_Click(
                 System::Object^ sender,
                 System::EventArgs^ e) {
  Laden();
}
```

Listing 32.16 Der Click-Handler des Menüpunkts »Laden«

Eintrag hinzufügen

Dieser Handler fügt einen neuen Eintrag hinzu oder aktualisiert einen bestehenden.

```
01:   System::Void tsbHinzu_Click(System::Object^ sender,
                                  System::EventArgs^ e) {
02:     if(tbName->Text=="") {
03:       MessageBox::Show(
            "Zumindest ein Name muss angegeben werden!",
            "Telefonbuch",
            MessageBoxButtons::OK,
            MessageBoxIcon::Exclamation);
04:       return;
05:     }
06:     ListViewItem^ lvi=
            listView1->FindItemWithText(tbName->Text);
07:     if(lvi!=nullptr) {
08:       lvi->SubItems[1]->Text=tbTelefon->Text;
09:     }
10:     else {
11:       lvi=gcnew ListViewItem(tbName->Text);
12:       lvi->SubItems->Add(tbTelefon->Text);
13:       listView1->Items->Add(lvi);
14:     }
15:     SetIcon(lvi);
16:     listView1->Sort();
17:     UpdateAnzahl();
18:     tbName->Text="";
19:     tbTelefon->Text="";
20:     geändert=true;
21:   }
```

Listing 32.17 Der Click-Handler der Schaltfläche »Hinzufügen«

▶ 02–05: Wenn der Anwender keinen Namen eingetragen hat, wird darüber informiert, dass die Eingabe eines Namens Minimalvoraussetzung für das Hinzufügen eines neuen Eintrags ist.

▶ 06: Es wird nach einem Eintrag in der ListView gesucht, dessen Namen mit dem eingegebenen übereinstimmt.

▶ 07–09: Wurde ein Eintrag gefunden, dann wird lediglich die Telefonnummer aktualisiert.

▶ 10–14: Es wird ein neues `ListViewItem` mitsamt `ListViewSubItem` erzeugt, das den neuen Namen und Telefonnummer enthält, und der `ListView` hinzugefügt. Die `ListViewSubItemCollection` besitzt eine `Add`-Methode, der ein `String` übergeben wird, und die daraus dann automatisch ein `ListViewSub-Item` macht. Sehr praktisch!

▸ 15: Das passende Icon für diesen Eintrag wird ermittelt.

▸ 16: Die Einträge werden sortiert.

▸ 17: Die in der Statusleiste angezeigte Anzahl an Einträgen wird aktualisiert.

▸ 18–19: Die Inhalte der beiden Textboxen werden gelöscht.

▸ 20: `geändert` wird auf `true` gesetzt.

Der Kontextmenüpunkt »Löschen«

Über das eigene Kontextmenü können die selektierten Einträge gelöscht werden.

```
01:  System::Void löschenToolStripMenuItem_Click(
                  System::Object^  sender,
                  System::EventArgs^  e) {
02:    ListView::SelectedIndexCollection^ c=
            listView1->SelectedIndices;
03:    if(c->Count>0) {
04:      listView1->BeginUpdate();
05:      for(int i=c->Count-1; i>=0; --i)
06:        listView1->Items->RemoveAt(c[i]);
07:      listView1->EndUpdate();
08:      UpdateAnzahl();
09:      geändert=true;
10:    }
11:  }
```

Listing 32.18 Der Click-Handler des Kontextmenüpunkts »Löschen«

▸ 02: Die Liste der Indizes der ausgewählten Elemente wird ermittelt.

▸ 03: Der Löschvorgang wird nur durchgeführt, wenn mindestens ein Element ausgewählt ist.

▸ 04: Für den Löschvorgang wird das Neuzeichnen des Steuerelements abgeschaltet.

▸ 05–06: Die Schleife durchläuft die Indizes von hinten nach vorne und löscht mit ihnen die Elemente. Liefe die Schleife von vorne nach hinten, würden gelöschte Elemente die Indizes der nachfolgenden Elemente verschieben. Diese Problematik ist so umschifft.

▸ 07: Das Neuzeichnen wird wieder erlaubt.

► 08: Die in der Statusleiste dargestellte Anzahl von Einträgen wird aktualisiert.

► 09: geändert wird auf true gesetzt.

Eintrag aktivieren

Der letzte Handler im Bunde ist der ItemActivate-Handler, der durch einen Doppelklick auf ein Listenelement ausgelöst wird. er wird verwendet, um die Daten des Eintrags in die Textboxen zu kopieren.

```
01:   System::Void listView1_ItemActivate(
                    System::Object^  sender,
                    System::EventArgs^  e) {
02:     if(listView1->SelectedItems->Count>0) {
03:       ListViewItem^ lvi=listView1->SelectedItems[0];
04:         tbName->Text=lvi->Text;
05:         tbTelefon->Text=lvi->SubItems[1]->Text;
06:     }
07:   }
```

Listing 32.19 Der ItemActivate-Handler der ListView

Es wird nur etwas kopiert, wenn bei der Aktivierung mindestens ein Eintrag selektiert war. Von den selektierten Einträgen wird der erste genommen.

32.3 Ein einfacher Dateiexplorer

In diesem Projekt wollen wir einen ganz einfachen Dateiexplorer wie in Abbildung 32.7 entwerfen.

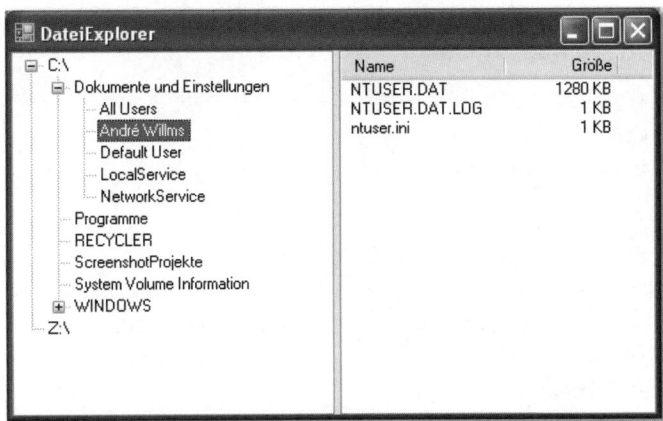

Abbildung 32.7 Der zu programmierende Dateiexplorer

Wenn Sie sich einmal ein typisches Windows Forms-Projekt anschauen, fällt Ihnen sicher auf, dass alle Ereignis-Handler im Hauptformular untergebracht werden. Egal, ob eine ListView verwendet oder eine Texbox eingesetzt wird, ihre Handler werden im Formular abgelegt. Diese Vorgehensweise ist kein gutes Design, denn die Funktionalitäten sind zentralisiert in einer Klasse untergebracht.

Vom objektorientierten Standpunkt aus wäre es sinnvoller, wenn jedes Steuerelement seine Funktionalität in seiner eigenen Klasse unterbringt. Für uns heißt das, eigene Klassen von den bestehenden Steuerelementen abzuleiten.

Diese Vorgehensweise soll in diesem Projekt einmal angewandt werden.

Wir wollen dazu im Designer nur den Splitcontainer erstellen, den Rest machen wir zu Fuß.

32.3.1 Die Klasse FolderTreeView

Für die Darstellung der Ordner in der linken Spalte leiten wir eine Klasse `FolderTreeView` von der Steuerelementeklasse `TreeView` ab:

```
ref class FolderTreeView : System::Windows::Forms::TreeView
{
};
```

Listing 32.20 Die von TreeView abgeleitete Klasse »FolderTreeView«

Diese Klasse soll völlig autonom in der Lage sein, verfügbare Laufwerke anzuzeigen und deren Verzeichnisstruktur darzustellen.

Konstruktor

Betrachten wir zunächst ihren Konstruktor

```
01:  FolderTreeView() {
02:    array<IO::DriveInfo^>^ drives;
03:    drives=IO::DriveInfo::GetDrives();
04:    for each(IO::DriveInfo^ drive in drives) {
05:      if(drive->IsReady) {
06:        TreeNode^ node=gcnew TreeNode;
07:        node->Tag=nullptr;
08:        node->Text=drive->Name;
09:        this->Nodes->Add(node);
10:        UnterknotenBilden(node);
11:      }
12:    }
```

```
13:    this->BeforeExpand+=
             gcnew TreeViewCancelEventHandler(this,
                 &FolderTreeView::Aufklappen);
14:    }
```

Listing 32.21 Der Konstruktor von »FolderTreeView«

▶ 02–03: Ein Array aller Laufwerke wird ermittelt.

▶ 04: Die Schleife durchläuft alle Laufwerke.

▶ 05: Falls das Laufwerk bereit ist, wird es in den Baum eingefügt.

▶ 07: Die Eigenschaft `Tag` wird hier eingesetzt, um nachzuhalten, ob für den Knoten bereits die Unterknoten bestimmt wurden. Der Wert `nullptr` bedeutet, dass noch keine Unterknoten existieren.

▶ 08: Der Name des Laufwerks wird zum Text des Knotens.

▶ 09: Der Knoten wird zum Baum hinzugefügt.

▶ 10: Für den Laufwerksknoten werden die Unterknoten ermittelt, damit gegebenenfalls ein Pluszeichen vor dem Namen erscheint und dem Anwender signalisiert, dass Unterpunkte existieren.

▶ 13: Vor dem Expandieren eines Knotens sollen wegen der Pluszeichen von dessen Unterknoten die weiteren Unterknoten bestimmt werden. Dazu wird der Event-Handler `BeforeExpand` verwendet.

Der BeforeExpand-Handler

Die auf das `BeforeExpand`-Ereignis reagierende Methode heißt `Aufklappen`.

```
void Aufklappen(Object^ sender,
                TreeViewCancelEventArgs^ e) {
  this->Cursor=Cursors::WaitCursor;
  this->BeginUpdate();
  for each(TreeNode^ n in e->Node->Nodes)
    UnterknotenBilden(n);
  this->EndUpdate();
  this->Cursor=Cursors::Default;
}
```

Listing 32.22 Die Methode »Aufklappen«

Die Methode bildet für jeden Unterknoten wiederum die Unterknoten. Da dies bei großen Verzeichnissen etwas dauern kann, wird für diesen Zeitraum der Wartemauszeiger dargestellt.

UnterknotenBilden

Diese Methode bildet für den übergebenen Knoten die Unterknoten.

```
01:   void UnterknotenBilden(TreeNode^ tn) {
02:     if(tn->Tag!=nullptr)
03:       return;
04:     String^ name=tn->FullPath;
05:     array<String^>^ folders;
06:     try {
07:       folders=IO::Directory::GetDirectories(name);
08:     }
09:     catch(Exception^ ex) {
10:       return;
11:     }
12:     for each(String^ s in folders) {
13:       TreeNode^ node=gcnew TreeNode;
14:       node->Tag=nullptr;
15:       node->Text=s->Substring(s->LastIndexOf("\\")+1);
16:       tn->Nodes->Add(node);
17:     }
18:     tn->Tag=tn->TreeView;
19:   }
```

Listing 32.23 Die Methode »UnterknotenBilden«

▶ 02–03: Wenn der Wert von `Tag` ungleich `nullptr` ist, wurden für diesen Knoten bereits die Unterknoten ermittelt und die Methode endet.

▶ 04: Durch `FullPath` wird der Pfad vom obersten Knoten bis zu diesem Unterknoten zu einem Dateipfad verknüpft.[1]

▶ 05–11: Die Pfade aller Unterverzeichnisse werden als `String`-Array ermittelt.

▶ 12–17: Für jedes Verzeichnis wird ein Knoten angelegt und als Unterknoten dem übergebenen Knoten hinzugefügt.

▶ 18: Der übergebene Knoten wird als bearbeitet markiert.

32.3.2 Die Klasse FolderListView

Die Klasse zur Darstellung der Dateien wird von ListView abgeleitet:

```
ref class FolderListView : System::Windows::Forms::ListView
{
  FolderTreeView^ tree;
};
```

Listing 32.24 Die von ListView abgeleitete Klasse »FolderListView«

---

1 Weil der `PathSeparator` das Zeichen \ ist.

Die Klasse besitzt ein Attribut `Tree`, das auf den `FolderTreeView` verweist, von dem die Verzeichnisinformationen stammen.

Konstruktor

Der Konstruktor stellt die Ansicht auf `Details` und legt die Spaltenüberschriften an:

```
FolderListView(void) {
  tree=nullptr;
  this->View=System::Windows::Forms::View::Details;
  ColumnHeader^ ch=gcnew ColumnHeader;
  ch->Text="Name";
  this->Columns->Add(ch);
  ch=gcnew ColumnHeader;
  ch->Text="Größe";
  ch->TextAlign=HorizontalAlignment::Right;
  this->Columns->Add(ch);
}
```

Listing 32.25 Der Konstruktor von »FolderListView«

Die Eigenschaft FolderTree

Die Klasse besitzt eine neue Eigenschaft `FolderTree`, mit der die Verknüpfung zum `FolderTreeView`-Objekt hergestellt werden kann:

```
01:  property FolderTreeView^ FolderTree {
02:    FolderTreeView^ get() {
03:      return(tree);
04:    }
05:    void set(FolderTreeView^ t) {
06:      if(tree!=nullptr) {
07:        tree->AfterSelect-=
                gcnew TreeViewEventHandler(this,
                  &FolderListView::VerzeichnisGewählt);
08:      }
09:      tree=t;
10:      tree->AfterSelect+=gcnew TreeViewEventHandler(this,
                  &FolderListView::VerzeichnisGewählt);
11:      this->Items->Clear();
12:    }
13:  }
```

Listing 32.26 Die Eigenschaft »FolderTree«

▶ 02–04: Die `get`-Funktion liefert das `FolderTreeView`-Objekt, mit dem die FolderList gerade verknüpft ist.

▶ 05: Die `set`-Funktion stellt eine Verknüpfung zu einem `FolderTreeView`-Objekt her.

▶ 06–08: War die FolderList bereits mit einem `FolderTreeView`-Objekt verknüpft, muss das Abonnement von dessen `AfterSelect`-Ereignis gekündigt werden.

▶ 09: Der neue FolderTree wird übernommen.

▶ 10: Vom neuen `FolderTreeView`-Objekt wird das `AfterSelect`-Ereignis abonniert.

▶ 11: Der aktuelle Inhalt der FolderList wird gelöscht.

Der Handler für AfterSelect

Nach der Auswahl eines Baumknotens durch den Anwender wird über diesen Handler die ListView mit den im ausgewählten Verzeichnis stehenden Dateien gefüllt.

```
01:  void VerzeichnisGewählt (Object^ sender,
02:                           TreeViewEventArgs^ e) {
03:    this->BeginUpdate();
04:    this->Cursor=Cursors::WaitCursor;
05:    tree->Cursor=Cursors::WaitCursor;
06:    this->Items->Clear();
07:    String^ name=e->Node->FullPath;
08:    array<String^>^ files;
09:    try {
10:       files=IO::Directory::GetFiles(name);
11:    }
12:    catch(Exception^ ex) {
13:       this->Cursor=Cursors::Default;
14:       tree->Cursor=Cursors::Default;
15:       MessageBox::Show(
       "Auf das Verzeichnis kann nicht zugegriffen werden",
       "DateiExplorer",
       MessageBoxButtons::OK,
       MessageBoxIcon::Error);
16:       this->EndUpdate();
17:       return;
18:    }
19:    for each(String^ n in files) {
20:       ListViewItem^ lvi=gcnew ListViewItem;
21:       lvi->Text=n->Substring(n->LastIndexOf("\\")+1);
```

```
22:        IO::FileInfo^ fi=gcnew IO::FileInfo(n);
23:        lvi->SubItems->Add(Math::Ceiling(
                  fi->Length/1024.0).ToString()+" KB");
24:        this->Items->Add(lvi);
25:     }
26:     this->Cursor=Cursors::Default;
27:     tree->Cursor=Cursors::Default;
28:     this->EndUpdate();
29:   }
```
Listing 32.27 Die Methode »VerzeichnisGewählt«

▶ 03–05: Für das Füllen der Struktur wird ihr Neuzeichnen ausgeschaltet. Der Wartemauszeiger wird sowohl für die Liste als auch für den Baum verwendet.

▶ 06: Der alte Inhalt der Liste wird gelöscht.

▶ 07: Der vom Baumknoten repräsentierte Pfad wird ermittelt.

▶ 08–18: Die Namen der im Verzeichnis enthaltenen Dateien werden als String-Array ermittelt. Sollte der Versuch fehlschlagen, wird der Anwender darüber in Kenntnis gesetzt.

▶ 19–25: Für jede Datei wird ein ListViewItem mit dem Dateinamen erstellt, um ein ListViewSubItem mit der Dateigröße in Kilobyte ergänzt und zur Liste hinzugefügt.

▶ 26–28: Die Standardmauszeiger werden wieder hergestellt und das Neuzeichnen erlaubt.

32.3.3 Zusammensetzen im Formular

Nachdem die beiden Klassen erstellt wurden, muss jeweils ein Objekt von ihnen in den Splitcontainer. Wir müssen den Konstruktor des Formulars daher ergänzen:

```
folder=gcnew FolderTreeView;
spContainer->Panel1->Controls->Add(folder);
folder->Dock=DockStyle::Fill;
files=gcnew FolderListView;
spContainer->Panel2->Controls->Add(files);
files->Dock=DockStyle::Fill;
files->FolderTree=folder;
```
Listing 32.28 Die Ergänzungen im Formularkonstruktor

Damit von den beiden Klassen Objekte erzeugt werden können, müssen ihre Header-Dateien in die Formulardatei eingebunden werden.

Schreiben ist hart; man kommt nur schwer dahinter,
wann man aufhören muss.
– Peter Ustinov

A   Nützliche Tipps

A.1   Festlegen des Arbeitsverzeichnisses

Wenn Sie sich einmal das Verzeichnis einer Ihrer Projektmappen ansehen, dann finden Sie für jedes Projekt einen eigenen Ordner, in dem die Dateien des Projekts enthalten sind. Das vom Compiler erstellte ausführbare Programm suchen Sie dort allerdings vergebens. Stattdessen gibt es im Ordner des Projektverzeichnisses den Ordner »debug«[1], in dem sich das ausführbare Programm befindet. Genau genommen befinden sich dort die ausführbaren Programme aller Projekte dieser Projektmappe.

Damit nicht genug, wird bei einem Start des Programms aus der Entwicklungsumgebung heraus als Arbeitsverzeichnis der Projektordner verwendet. Das Verzeichnis, das das Programm enthält, und das Arbeitsverzeichnis sind damit nicht identisch. Im Gegensatz dazu ist das Arbeitsverzeichnis des Programms bei einem direkten Start – wie es Anwender üblicherweise machen – identisch mit dem das Programm enthaltende Verzeichnis.

Dieser Umstand erschwert die Verwendung relativer Dateipfade. Deshalb wollen wir uns im Folgenden genauer anschauen, wie diese Pfade verändert werden können.

Wenn Sie mit der rechten Maustaste auf das Projekt klicken und dort **Eigenschaften** auswählen, dann erscheint das in Abbildung A.1 zu sehende Fenster.

---

1 Der Ordner »debug« wird verwendet, wenn das Projekt in der Debug-Konfiguration erstellt wurde. Bei der Release-Konfiguration heißt der Ordner entsprechend »release«.

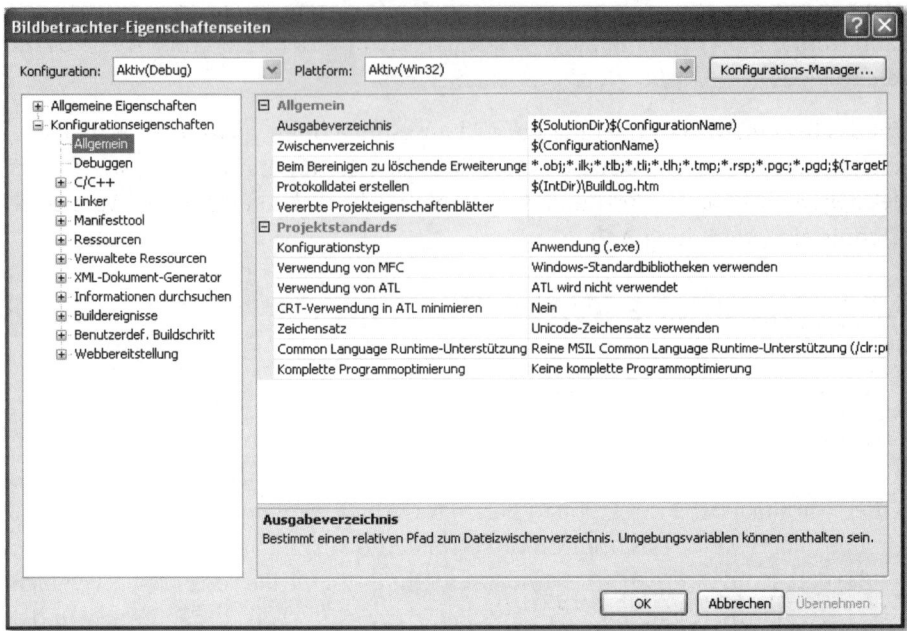

Abbildung A.1   Die allgemeinen Konfigurationseigenschaften

Die allgemeinen Konfigurationseigenschaften erhalten Sie durch einen Klick auf **Allgemein** in der linken Spalte unter **Konfigurationseigenschaften**.

Bei den Verzeichnisangaben sehen Sie Makros wie $(SolutionDir). Tabelle A.1 erklärt die in den Konfigurationseigenschaften verwendeten Makros. Die Beispielpfade in der Tabelle gehen von einem Projekt »Anwendung« mit debug-Konfiguration aus, das zur Projektmappe »MeineProgramme« gehört, die wiederum im Ordner »c:\meincpp« liegt. Der Gesamtpfad zum Projekt wäre damit »c:\meincpp\MeineProgramme\Anwendung\«.

Makro	Beschreibung
$(ConfigurationName)	der Name der aktuellen Projektkonfiguration (»debug«)
$(IntDir)	Inhalt der Eigenschaft »Zwischenverzeichnis«
$(OutDir)	Inhalt der Eigenschaft »Arbeitsverzeichnis«
$(SolutionDir)	das absolute Verzeichnis der Projektmappe mit abschließendem \. (»c:\meincpp\MeineProgramme\«)
$(TargetPath)	der komplette Pfad zur erzeugten Datei, inklusive Dateinamen (»C:\meincpp\MeineProgramme\debug\Anwendung.exe«)

Tabelle A.1   Einige Makros der Entwicklungsumgebung

Wenn die ausführbare Datei in ein anderes Verzeichnis geschrieben werden soll, dann können Sie dieses einfach bewerkstelligen, indem Sie unter **Ausgabeverzeichnis** das gewünschte Verzeichnis eintragen.

Um das bei einem Start über die Entwicklungsumgebung verwendete Arbeitsverzeichnis zu verändern, wechseln Sie unter den Konfigurationseigenschaften zu **Debuggen** und tragen dort unter **Arbeitsverzeichnis** das gewünschte Arbeitsverzeichnis ein (Abbildung A.2).

Befehl	$(TargetPath)
Befehlsargumente	
Arbeitsverzeichnis	
Anfügen	Nein
Debuggertyp	Automatisch
Umgebung	
Zusammenführungsumgebung	Ja

Abbildung A.2   Die Konfigurationseigenschaften für das Debuggen

A.2   Eingebettete Ressourcen

Angenommen, Sie möchten Ihrem Formular ein Hintergrundbild gönnen. Nun wollen Sie aber dem Formular das Bild nicht direkt über den Designer zuweisen. Vielmehr haben Sie zwei Bilder, von denen Sie beim Programmstart eines zufällig ermitteln und als Hintergrundbild verwenden möchten. Diese Hintergrundbilder sollen später im Verzeichnis der ausführbaren Datei liegen.

Im vorigen Abschnitt haben Sie erfahren, wie Ausgabe- und Arbeitsverzeichnis geändert werden können. Das Zuweisen eines in einer Datei gespeicherten Bildes geht recht einfach:

```
this->BackgroundImage=Image::FromFile("testlevel.jpg");
```

Die obige Anweisung erzeugt aus der im Arbeitsverzeichnis gespeicherten Datei »testlevel.jpg« eine Bitmap und weist sie der Eigenschaft BackgroundImage zu. Mithilfe eines Zufallszahlengenerators (Abschnitt 23.1, »Random – Zufallszahlen«) eine zufällige Entscheidung zwischen zwei Bildern zu programmieren, dürfte auch kein Problem mehr sein.

Nun gibt es Situationen, in denen man nicht möchte, dass die Bilder als eigenständige Dateien im Programmverzeichnis liegen. Speziell bei Icons wäre es schöner, wenn sie direkt in die ausführbare Datei integriert werden könnten. Solche im Programm befindliche Ressourcen werden *eingebettete Ressourcen* genannt und in Dateien mit der Endung resx gespeichert. Man nennt diese Dateien auch Assemblyressourcendatei.

Um eine solche Assemblyressourcendatei zu erstellen, würden Sie unter Visual C++ normalerweise einfach mit der rechten Maustaste auf Ihr Projekt klicken, **Hinzufügen** und dann **Neues Element** wählen und unter der Kategorie **Ressource** den Typ **Assemblyressourcendatei (.resx)** auswählen.

Wenn Sie diese Vorgehensweise mit Visual C++ 2008 Express umsetzen möchten, merken Sie schnell, warum oben »normalerweise« geschrieben wurde, denn in der Express-Version fehlt die Ressourcenkategorie.

Dann müssen wir eben tricksen. Wenn Sie ein neues Windows Forms-Projekt erstellen, sehen Sie, dass die Datei »Form1.h« eine Assemblyressourcendatei zugewiesen bekommen hat (»Form1.resX«) Diese können wir nicht verwenden, weil sie vom Designer verwaltet wird und Änderungen unsererseits nicht lange vorhalten.

Wir können aber über den Windows-Explorer diese Datei kopieren. Im folgenden Beispiel wurde diese Kopie »res.resX« genannt. Nun können Sie einfach mit der rechten Maustaste auf Ihr Projekt klicken, **Hinzufügen** und dann **Vorhandenes Element** wählen und die kopierte Datei dem Projekt hinzufügen.

Abbildung A.3 zeigt die Darstellung des Beispielprojekts »Einbetten« im Projektmappen-Explorer. Die hinzugefügte Datei wurde unten unter »Ressourcendateien« einsortiert.

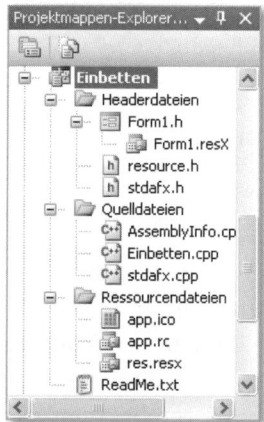

Abbildung A.3   Die neue resX-Datei im Projektmappen-Explorer

Glücklicherweise ist die Bearbeitung von Assemblyressourcendateien noch in der Entwicklungsumgebung enthalten. Wenn Sie doppelt auf die Assemblyressourcendatei klicken, öffnet sich das in Abbildung A.4 gezeigte Fenster

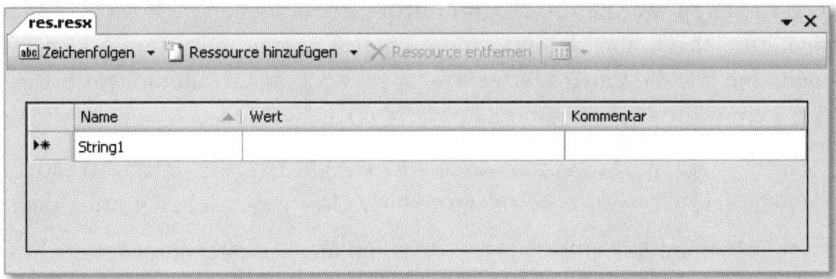

Abbildung A.4   Die geöffneteDatei res.resX

Sie haben dort die Möglichkeit, String-Ressourcen hinzuzufügen. Für unsere Zwecke klicken Sie bitte auf den kleinen Pfeil neben **Zeichenfolgen** und wählen den Ressourcentyp **Bilder** aus.

Nun klicken Sie auf den kleinen Pfeil rechts neben **Ressource hinzufügen** und wählen **Vorhandene Datei hinzufügen**. Im daraufhin erscheinenden Dialog wählen Sie die einzubindende Bildressource aus, hier im Beispiel ist das »testlevel.jpg«

Abbildung A.5 zeigt die hinzugefügte Ressource in der Entwicklungsumgebung.

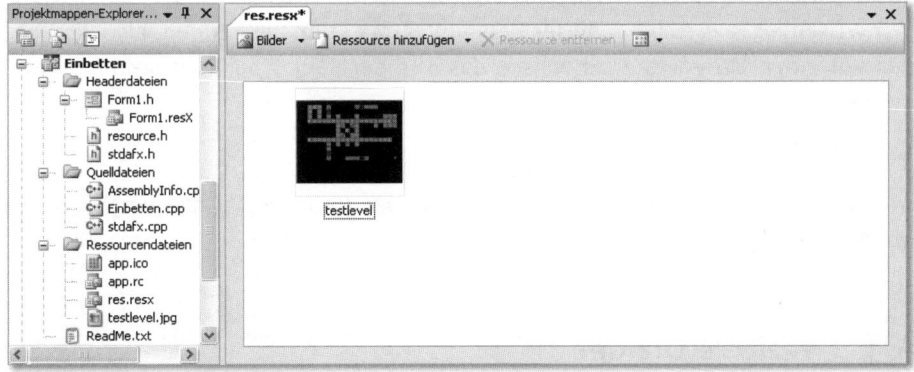

Abbildung A.5   Die hinzugefügte Ressource im Projekt

Die Datei »testlevel.jpg« ist jetzt ebenfalls unter den Ressourcendateien eingetragen. In der Assemblyressourcendatei wird unsere Bildressource unter der Bezeichnung »testlevel« geführt. Diese Bezeichnung kann abgeändert werden, ist in diesem Fall aber nicht sinnvoll.

Wenn Sie das Projekt nun kompilieren, wird die Größe der ausführbaren Datei einen Sprung nach vorne gemacht haben; die Ressource ist eingebettet.

Bleibt noch zu klären, wie wir im Programm an diese eingebettete Ressource herankommen. Zunächst einmal benötigen wir einen Verweis auf unsere Assembly. Dazu verwenden wir die statische Methode `GetEntryAssembly` der Klasse `Assembly`:

```
Reflection::Assembly^ ass;
ass=Reflection::Assembly::GetEntryAssembly();
```

Nun müssen wir einen `ResourceManager` erstellen, der auf eine eingebettete Ressourcendatei zugreifen kann:

```
System::Resources::ResourceManager^ rm;
rm=gcnew System::Resources::ResourceManager("Einbetten.res",
                                            ass);
```

Der Konstruktor des Ressourcenmanagers erwartet den Namen der Ressourcendatei ohne Endung, aber mit Projektbezeichnung. In diesem Fall heißt das Projekt »Einbetten«, die Datei »res«, daher »Einbetten.res«.

Der Ressourcenmanager stellt einige Get-Methoden bereit, von der wir hier die GetObject-Methode verwenden. Wir übergeben ihr den Namen der gewünschten Ressource:

```
Object^ obj=rm->GetObject("testlevel");
```

Wir wissen, dass es sich bei dieser Ressource um ein Image handelt, also verwenden wir einen Downcast und weisen das Bild der `BackgroundImage`-Eigenschaft des Formulars zu:

```
this->BackgroundImage=dynamic_cast<Image^>(obj);
```

Auf diese Weise können Sie beliebige Ressourcen in die resX-Datei einfügen und im Programm über den `ResourceManager` darauf zugreifen.

A.3   Weitere Dialoge

Dieser Abschnitt soll noch einige fertige Dialoge von .NET vorstellen, die ab und an ganz nützlich sein können. Sie befinden sich alle im Namensbereich `System::Windows::Forms`.

A.3.1   FolderBrowserDialog – Suche nach Verzeichnissen

Mit einem Dialog des Typs `FolderBrowserDialog` kann der Anwender ein Verzeichnis auswählen. Abbildung A.6 zeigt ein Beispiel.

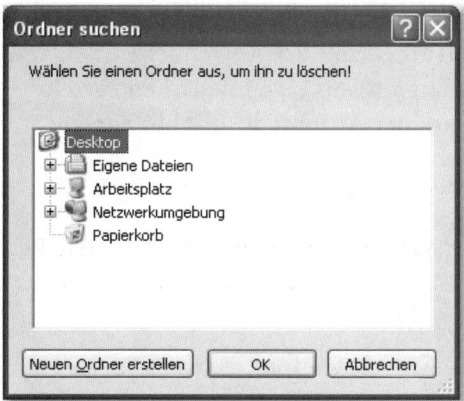

Abbildung A.6   Ein FolderBrowserDialog

Die Klasse bietet folgende Eigenschaften und Methoden:

Description – beschreibender Text

Diese Eigenschaft liefert oder setzt den über dem Ordnerauswahlelement stehenden Text.

RootFolder – Startverzeichnis

Die Eigenschaft liefert oder setzt den Ordner, von dem aus die Auswahl beginnt.

SelectedPath – ausgewähltes Verzeichnis

Liefert oder setzt das vom Anwender ausgewählte Verzeichnis mit komplettem Pfad.

ShowDialog – Dialog anzeigen

`DialogResult ShowDialog();`

zeigt den Dialog an und liefert das Ergebnis (sprich: Die gedrückte Schaltfläche) als `DialogResult`-Wert (Tabelle 25.17) zurück.

ShowNewFolderButton – neues Verzeichnis erstellen möglich?

Diese Methode liefert oder setzt, ob der Dialog eine Schaltfläche zur Erstellung eines neuen Verzeichnisses enthält (`true`) oder nicht (`false`). Standard ist `true`.

A.3.2 ColorDialog – bringt Farbe ins Leben

Mithilfe von Objekten der Klasse `ColorDialog` kann der Anwender Farben definieren, die dann im Programm Verwendung finden. Einen typischen Farbdialog mit aufgeklapptem Bereich für benutzerdefinierte Farben ist in Abbildung A.7 zu sehen.

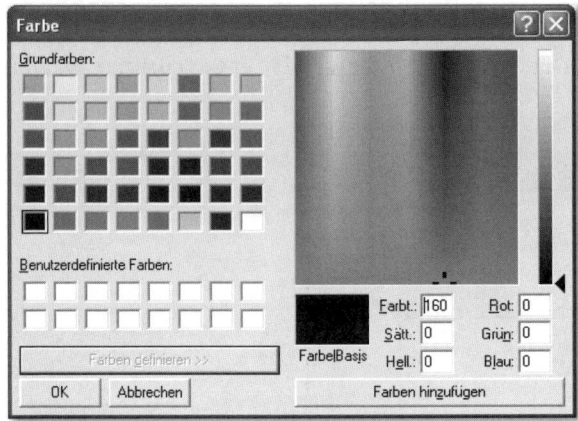

Abbildung A.7 Ein Color-Dialog

AllowFullOpen – benutzerdefinierte Farben möglich?

Diese Eigenschaft liefert oder setzt, ob der Anwender Farben selbst definieren (`true`) oder Farben nur aus der bestehenden Auswahl wählen kann (`false`). Standard ist `true`.

Color – ausgewählte Farbe

Diese Methode liefert oder setzt die vom Anwender ausgewählte Farbe als `Color`-Objekt.

CustomColors – eingestellte Farben

Diese Eigenschaft liefert oder setzt über ein `array<int>` die 16 vom Anwender definierbaren Farben. Änderungen werden nicht im übergebenen Array gespeichert, sondern als neues Array zurückgeliefert.

FullOpen – zusätzliche Steuerelemente aufgeklappt?

Die Eigenschaft liefert oder setzt, ob der Dialogbereich zur Erstellung benutzerdefinierter Farben bereits aufgeklappt ist (`true`) oder nicht (`false`). Standard ist `false`. Diese Eigenschaft hat nur Auswirkungen, wenn `AllowFullOpen` auf `true` steht.

ShowDialog – Dialog anzeigen

```
DialogResult ShowDialog();
```

zeigt den Dialog an und liefert das Ergebnis als `DialogResult`-Wert (Tabelle 25.17) zurück.

A.3.3   FontDialog – Auswahl der Schriftarten

Der mit `FontDialog` erzeugte Dialog lässt den Anwender eine Schriftart wählen (Abbildung A.8).

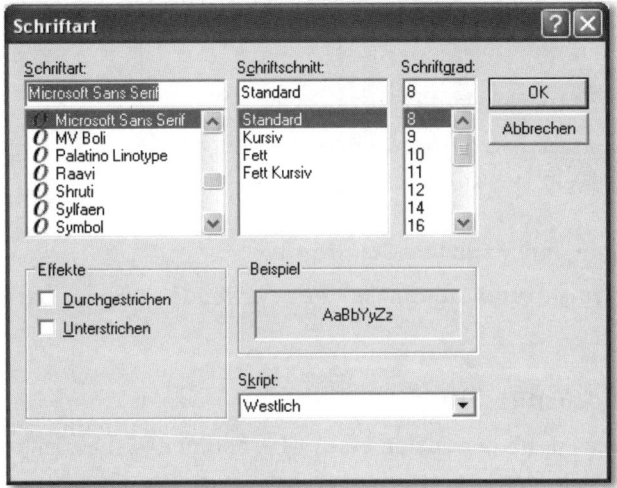

Abbildung A.8   Ein FontDialog

AllowScriptChange – Zeichensatz änderbar?

Diese Eigenschaft liefert oder setzt, ob der Anwender den Zeichensatz der Schriftart ändern kann (`true`) oder nicht (`false`). Standard ist `true`.

AllowVectorFonts – Vektorschriftarten auswählbar?

Liefert oder setzt, ob auch Vektorschriftarten angezeigt werden (`true`) oder nicht (`false`). Standard ist `true`.

AllowVerticalFonts – vertikale Schriftarten auswählbar?

Diese Eigenschaft liefert oder setzt, ob auch vertikale Schriftarten angezeigt werden (`true`) oder nicht (`false`). Standard ist `true`.

Color – Schriftfarbe

Diese Methode liefert oder setzt die Schriftfarbe, die von dem Beispieltext im Dialog verwendet wird.

FixedPitchOnly – nur Schriftarten mit fester Breite?

Liefert oder setzt, ob nur Schriftarten mit fester Breite angezeigt werden (`true`) oder auch andere Schriftarten (`false`). Standard ist `false`.

Font – ausgewählte Schriftart

Mit dieser Methode wird die vom Anwender ausgewählte Schriftart als `Font`-Objekt geliefert oder gesetzt.

FontMustExist – muss Schriftart existieren?

Diese Eigenschaft liefert oder setzt, ob die vom Anwender eingegebene Schriftart existieren muss (`true`) oder nicht (`false`). Standard ist `false`.

MaxSize, MinSize – minimale und maximale Schriftgröße

Liefert oder setzt die maximale und minimale vom Anwender auswählbare Schriftgröße.

ShowApply – Übernehmen-Schaltfläche?

Die Eigenschaft liefert oder setzt, ob der Dialog eine »Übernehmen«-Schaltfläche besitzt (`true`) oder nicht (`false`) Standard ist `false`.

ShowColo – Farbauswahl möglich?

Liefert oder setzt, ob im Dialog eine Schriftfarbe ausgewählt werden kann (`true`) oder nicht (`false`). Standard ist `false`.

ShowDialog – Dialog anzeigen

```
DialogResult ShowDialog();
```

zeigt den Dialog an und liefert das Ergebnis als `DialogResult`-Wert (Tabelle 25.17) zurück.

ShowEffects – Zusatzeffekte einstellbar?

Diese Methode liefert oder setzt, ob Effekte wir »unterstreichen« auswählbar sind (`true`) oder nicht (`false`). Standard ist `false`.

B   Literaturverzeichnis

[Knuth98]
Knuth, Donald E.: The art of computer programming. Vol. 3, Sorting and Searching. – 2nd. ed. Reading, Mass. : Addison-Wesley, 1998. ISBN 0-201-89685-0

[Willms01]
Willms, André: C++-Programmierung: Programmiersprache, Programmiertechnik, Datenorganisation/André Willms – 2. Aufl. – München; Boston [u. a.]: Addison-Wesley, 2001. ISBN 3-8273-1627-8

[Willms03]
Willms, André: Das C++ Codebook/André Willms – 1. Aufl. – München; Boston [u. a.]: Addison-Wesley, 2003. ISBN 3-8273-2083-6

[Willms05] Masterclass
Willms, André: Masterclass C++ : Einstieg für Anspruchsvolle/André Willms – [München]: Addison Wesley, 2005. – ISBN 3-8273-2182-4

Index

Q

T

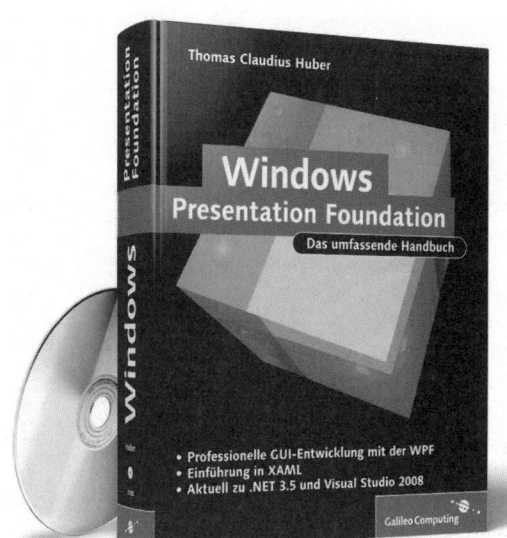
Thomas Claudius Huber

Windows Presentation Foundation

Moderne Benutzeroberflächen
programmieren und gestalten

Nach einem Überblick über die WPF geht das
Buch auf XAML ein und bringt dem Leser die neue
Beschreibungssprache mit vielen Praxisbeispielen
näher. Anschließend werden die neuen Controls der
WPF, insbesondere die neuen Layout-Möglichkeiten
mit Transformationen und Containern/Panels
umfassend dargestellt. Weiter geht es mit neuen
Features wie Dependency Properties, Routed Events
und Commands. Auch professionelle Themen wie
Styles, Templates, Triggers und Data-Binding werden
erläutert, sowie 2D, 3D, Animationen und Audio-/
Video-Unterstützung vollständig beschrieben.

>> www.galileocomputing.de/1615

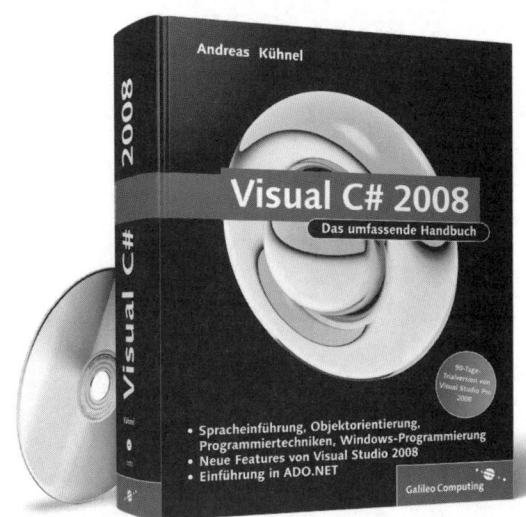

Hat Ihnen dieses Buch gefallen?
Hat das Buch einen hohen Nutzwert?

Wir informieren Sie gern über alle
Neuerscheinungen von Galileo Computing.
Abonnieren Sie doch einfach unseren
monatlichen Newsletter:

www.galileocomputing.de

Galileo Computing

Professionelle Bücher. Auch für Einsteiger.